中国历代文官制度/粟时勇　李忠昊主编

文官之选任

本书编委会　编著

國家圖書館出版社
National Library of China Publishing House

图书在版编目(CIP)数据

文官之选任/本书编委会编著. --北京:国家图书馆出版社,2014.12
(中国历代文官制度/粟时勇,李忠昊主编)
ISBN 978-7-5013-5491-7

Ⅰ.①文… Ⅱ.①本… ②粟… ③李… Ⅲ.①文官制度—研究—中国—古代
Ⅳ.①D691.42

中国版本图书馆 CIP 数据核字(2014)第 252477 号

书　　名　文官之选任
著　　者　本书编委会　编著
丛 书 名　中国历代文官制度
丛书主编　粟时勇　李忠昊
责任编辑　杨晓利

出　　版　国家图书馆出版社(100034　北京市西城区文津街 7 号)
(原书目文献出版社　北京图书馆出版社)
发　　行　010-66114536　66126153　66151313　66175620
66121706(传真),66126156(门市部)
E-mail　btsfxb@nlc.gov.cn(邮购)
Website　www.nlcpress.com ——→投稿中心
经　　销　新华书店
印　　装　北京科信印刷有限公司
版　　次　2014 年 12 月第 1 版　2014 年 12 月第 1 次印刷

开　　本　787×1092(毫米)　1/16
印　　张　33.75
字　　数　680 千字

书　　号　ISBN 978-7-5013-5491-7
定　　价　120.00 元

本书编写人员

统　　稿：粟时勇

撰写分工：钟垚博（第一编）

邓　亮　邓吉贵（第二编）

张大龙　邓吉明（第三编）

张园园　朱明泉　钟玲红（第四编）

邓吉贵　甘华春　许松柏（第五编）

张　捷　邓吉贵　张大龙（第六编）

甘光地　邓　亮（第七编）

总　序

四川的同志送来费时数年精心编写的《中国历代文官制度》丛书，希望我作序。他们之所以找到我，一是我在四川大学上学期间学的是历史专业，对历史特别是中国古代史有浓厚的兴趣；二是我长期在机构编制部门工作，亲历了改革开放以来几次大的政府管理体制改革的实践；三是我现在担任中国行政管理学会会长，这个学会是专门研究政府管理和创新的。开始我没敢答应，为这样一套丛书作序我不够格也担心作不好，但当我从头到尾读完了丛书清样后，我胆子大了，就写几句读后感吧。

厚厚的散发着墨香的书稿一下子吸引了我。浩瀚的信息、翔实的材料、按照历史沿革一环扣一环的记述，犹如一位历史导游带着我返穿于五千年文明史的时空隧道，回到了古代，回到华夏祖先创造的人类文明。在这里，我不仅看到了历朝历代中央和地方的机构设置以及官员的品级，而且透过字里行间看到了中华民族政治、经济、科技、文化发展的轨迹。掩卷静思，激情顿涌。伟哉，中华！壮哉，中国！

从遥远的古代到近代，中华文明一直处在人类文明的前列，长期引领世界文明的发展。在璀璨夺目的中华文明中，作为上层建筑最主要组成部分的中国古代文官制度，奇葩独秀，创造了制度建设的奇迹并适应了中国不同朝代的国情和经济社会发展的需要，给我们留下了宝贵的民族遗产。这些遗产，在浩如烟海的历史典籍里，既有《二十五史》《十通》等篇幅巨大、记载详细的资料，也有《职官志》《选举志》等分门别类、体例雷同的断代著述。但是，却没有一部全面地、完整地、系统地介绍和论述我国文官制度起源、演变和发展的史籍。该丛书填补了这一空白，实在是做了一件十分有意义的事。

丛书横叙纵述，循于沿革。中国历代文官制度内容广泛、情况复杂，包括衙门等级、官员品位、官员委任、官员晋升、官员处罚等。丛书一方面按照历史发展脉络，以断代为分期，逐朝逐代地叙述；另一方面又对文官制度的重要内容分门别类一一介绍。这样纵横结合，既整体介绍了历史沿袭，又重点剖析了历史事件；既避免了前后重复和事件叠加，又很好地把握了历史的精华和精髓。

丛书分类合理，内容完整。悠久的中国历史，使与之相生相伴的历代文官制度源远流长。丛书分别对奴隶社会、封建社会和近代文官制度进行叙述，回顾其产生、发展和变迁的历程，涵盖了文官制度的全部内容。为了便于读者理解，丛书对应现行的机构编制、干部管理、人事人才和纪检监察工作，将历代文官制度分为品级、选任、管理、监察四个方面，既体现了文官制度的不同侧面，便于不同需求的人群选读，又将历史与现实紧密结合，有助于读者以史为镜、鉴史观今。丛书注重内容的连贯性、事件发生发展的延续性以及相互关系的依赖性，从纷繁复杂的历史现象中寻找规律并实事求是地进行评述，客观公正地还原历史真相，使人们从中体会我国历代文官制度中的民主、进步、科学、合理元素，借鉴优秀文化的历史传承。

丛书简明扼要，通俗易懂。记述中国历代文官制度的古籍善本繁多，文字叙述冗长，加之机构、官职繁杂且名称易混，服饰、待遇以及品位、等级十分复杂，如何使读者读懂，很不容易。丛书按照历史唯物主义的准则，对所选用的历史资料进行了深入的考证，对引用后人的著述进行了客观的分析，对历史资料的原文和后人著述的观点加注了出处，去伪存真，去粗取精，言之有据，论之有理，体现了对历史事实高度负责的态度。丛书以文字叙述为主，适量辅以重要的历史图表，将繁杂的概念进行现代诠释，实现了真实性、知识性和趣味性的统一，从而做到了一目了然、通俗易懂。

新中国的建立，为我们创造了比历史上任何一个朝代都更先进、更能够促进生产力发展的行政体制，这一体制充分体现了社会主义制度的优越性，体现了社会主义经济、政治、文化、社会和生态文明建设融为一体的本质特征，从国体、政体上为经济发展、民族振兴、中华腾飞提供了重要的保障。改革开放以来，在经济发展的同时，我们不断对行政管理体制进行改革，其中集中的、大的改革就有八次。这些改革，一次比一次更深刻，一次比一次更加适应我国社会主义市场经济发展的需要。党的十七届二中全会提出，要在2020年建立起比较完善的中国特色社会主义行政管理体制，这为我国行政体制改革制订了目标、指明了方向。与行政管理体制改革相一致，我国的公务员制度也在不断完善。2006年开始实施的《公务员法》，是迄今为止最适合我国国情的规范机关官员的法律。

追昔抚今，在我们已经建立了先进的行政体制和公务员制度的今天，回溯我国历代文官管理制度，对于更好地进行行政体制改革，有着重要的借鉴意义。期望这套丛书的出版发行，能够使我们从古代文明中受到启迪，把今天的机构改革、编制管理、公务员队伍建设和人事人才工作做得更好。

王澜明

2011年3月于北京

目　录

第一编　先秦

中国是人类文明的发祥地之一,继尼罗河流域文明、两河流域文明、印度河流域文明之后,华夏文明勃兴,先后经历了上古五帝及夏、商、西周奴隶制王朝。在欧洲希腊半岛以雅典城邦为代表的古希腊文化繁荣之时,我国也处在春秋战国百家争鸣时期,其学术发展、文化昌盛达到了一个新的顶峰。先秦时期是我国历史的开篇时期,这一时期,官吏的设置、教育培养、选拔任用等制度尚处在萌芽与初步发展阶段。

第一章　氏族、部落联盟及国家兴起时期

上古时期氏族与国家还没有完全分离,国家组织不成熟,官吏选任制度也不成熟。我们从所接触到的为数不多的关于上古时期的文献中,只能了解到官吏选任制度的简略情况。

夏、商、西周时期,是我国古代早期国家初步形成发展时期,国家组织的建立与国家管理初步走上轨道。官吏的选拔与任用制度也同时发展起来。

第一节　氏族首领的任职与禅让

一、氏族首领

原始社会的基本组织形式是氏族和部落。氏族部落联盟的首领由"选贤任能"的民主选举产生。当时生产力低下、生产方式简单,人们共同劳动,收获共享,和睦相处。由于社会分工的需要,人们便推选富有生产经验的劳动能手和具有指挥才能的人充当本部落联盟的带领者、组织者、管理者和保卫者。如果这个首领死亡,必须马上补选继任者;如果被推选者不称职,便通过部族全体成员进行罢免,另推举在实践考验中有才能的人充任。可见,氏族部落本身就是最民主的组织。

传说中,我国氏族部落的首领有女娲、炎帝、黄帝、蚩尤、颛顼、帝喾、尧、舜、禹等。女娲是我国远古传说时代母系氏族的著名首领之一。最初记载女娲名字的典籍有《楚辞·天问》《礼记·明堂位篇》和《山海经·大荒西经》。女娲和伏羲二名并称则始于西汉《淮南子·览冥训》。相传女娲和伏羲一样,均出生于成纪,风姓,人首蛇身或人首龙身。伏羲和女娲系兄妹结合为夫妇,繁衍了子孙后代,据古文献记载和近代人类学家、考古学家考证研究,这是母系群婚的反映。作为母系社会首领之一的女娲,曾掌握

氏族生产大权，管理内外事务，甚至对外作战，为人类征服自然，战胜灾害，一次又一次做出了贡献，故后世文献尊称她为皇、为帝、为神。《山海经·大荒西经》称："女娲，古神女而帝者。"

黄帝画像砖

相传距今五千年前，黄河流域分布着许多部落，炎帝部落和黄帝部落最为强大，世代互通婚姻，关系密切。后来，同由西北发展到中原，结为炎黄联盟。传说炎帝姓姜，他制作耒耜，与民耕种，被尊称为炎帝神农。他教民播种五谷。他遍尝百草之滋味，发现了很多可以治病的药物。黄帝姓姬，号轩辕氏。他聪明能干，制作历法，指导人们根据季节的变化播种、收割。他还制作了加工谷物和蒸煮食物的用具。传说黄帝发明了船和车，他的史官仓颉创造了文字，他的妻子嫘祖发明了养蚕缫丝。相传弓箭、衣服、宫室、历法、音律、医药等，都是在黄帝时代发明的。

炎黄联盟后不久，炎黄部落联盟与一个以蚩尤为首领的东方部落大战于涿鹿之野①，蚩尤被杀，部分部落成员退到了南方。此后，中原的部落就推举黄帝为部落联盟的首领。相传黄帝生了二十五个儿子，他们不断发展壮大，逐渐成为后来华夏族的主干。炎帝和黄帝因此被尊奉为中华民族的人文初祖。

尧的哥哥挚曾经是部落联盟的首领，由于他为人不善而被部落成员所罢免，再推举尧接替了他的位置。据《尚书·虞书》记载，尧在晚年时曾问"四岳"（当时的四个部落联盟首领），有谁可以继承他自己的职位，"四岳"表示他们的德行都还不够，于是推举了贤能的舜。尧对舜进行了长期的考察，舜的表现十分优异。《史记·五帝本纪》："尧知子丹朱之不肖，不足授天下，于是乃授舜。授舜，则天下得其利而丹朱病；授丹朱，则天下病而丹朱得其利。尧曰'终不以天下之病而利一人'。"

尧死了以后，舜便接替尧的位置，担任了部落联盟的首领。舜晚年时，后继人问题又摆上了议事日程。部落首领们推举禹。舜对禹进行了考察，并让他获得很好的锻炼机会。舜还与十二州君长商量，选举弃担任后稷这项职务，以教导人民种植庄稼；选举契担任司徒，负责对人民进行教育；选举皋陶担任法官，命他根据犯人罪情大小，依法使用五种刑罚；选举垂、殳、斯和伯与担任百工；选举益掌管山林川泽中草木鸟兽；选举伯夷主持三礼，以负责祭祀鬼神；选举夔担任乐官，以音律教导人民；选举龙担任纳言，负责收集人民的意见。各部门人选确定以后，舜对他们说："咨！汝二十有二人，钦哉，惟时亮天功。三载考绩，三考，黜陟幽明。"②大意是说，你们二十二人，都要恭敬地对待自己的职务，时

① 地点可能在今河北省涿鹿县东南。

② 《尚书·舜典》。

刻想着接受上天的命令并帮助上天治理臣民。每隔三年,就要检查一下你们的政绩。凡是有功的人,便提拔、表彰;凡是有过错的人,便予以罢免,以示惩罚。

舜死后,禹正式出任部落联盟首领。禹继位后,又举皋陶为继承人,皋陶早死,又以伯益为继承人。尧舜禅让的传说,反映了氏族社会向国家过渡的朦胧形态。舜“命十二牧论帝德”,“使居官相事”①,即舜所选拔和任用的十二名官员,像禹、契、后稷、伯益等都是氏族首领。他们既执行着氏族管理职能,也执行着国家管理职能。氏族联盟与国家还难以区分开来。

大禹像

伯益像

二、禅让制

尧、舜、禹相继接替担任部落联盟首领是经过部落首领们民主推选实现的,舜和禹接替前任都是经过了推举、考察、接班“三步”,历史上称这一制度为“禅让”。禅让实质上就是部落首领民主推选部落联盟首领的一种方式。

最早记载“禅让”的是《尚书》。《尚书·尧典》载:“尧将逊于位,让于虞舜。”《尚书·大禹谟》也记载了舜禹禅让的故事。据《礼记·礼运》记载,孔子称赞“禅让”为大道:“大道之行也,天下为公。选贤与能,讲信修睦。故人不独亲其亲,不独子其子,使老有所终,壮有所用,幼有所长……”

禅让制是我国原始社会的历史投影,它反映了那个时代中部落联盟通过民主方式推选自己的领袖的方式。由于领袖是出于民主推举,所以权位不能世袭。随着生产力的不断发展、物质的不断丰富,“私”的观念逐渐形成,部落联盟领袖头脑中的民主观念也随之淡漠,史载尧、舜、禹传位中还存在着的矛盾纠结,正透露出这种信息。

① 《史记》卷1《五帝本纪》。

第二节　家天下的任职

一、夏代传子制——职务的世袭

我国历史的发展,在经历了漫长的没有阶级和剥削的原始社会以后,进入了阶级社会——奴隶制社会阶段并建立了国家。作为与旧氏族组织不同的国家,其重要特征之一就是与居民相脱离的"公共权力"的设立,并向公民收取"捐税"。官吏是国家的重要组成部分,恩格斯说:"官吏既然掌握着公共权力和征税权,他们就作为社会机关而凌驾于社会之上。"①研究奴隶制国家的官制及其任用,不仅对我国国家的产生、当时的阶级关系、组织社会生产和对外关系等方面的研究很有意义,而且奴隶制国家职官的设置也开了我国后世职官制度之先河。

禹在担任部落联盟首领的后期,握有很大的权力。虽然部落首领们已推举伯益做禹的后继者,但是禹的儿子启的势力也日益强大。禹建立夏朝(约前2070—前1600年)。据《史记》记载,大禹死后把天下交给伯益……后来,禹的儿子启杀死伯益,启成为最高统治者。

夏朝是我国历史上的第一个奴隶制王朝。夏朝职官现存的材料很少,要较好地说明夏代职官设置的情况,难度很大;但是古代文献也记载了一些有关夏朝国家组织的情况。夏朝统治的中心地区,在今河南西部和山西南部,相传夏初建都阳城。一般来看,对既有不少人民又有较广空间的地区进行统治,没有一定的行政管理机构和专门管理人员,是不符合历史实际的,这就证明了文字记载夏朝官制的可靠性。如"后非众,罔与守邦"②。又《左传·襄公十四年》引《夏书》:"遒人以木铎徇于路,官师相规,工执艺事以谏。"这就是说,设官是历史的必然,并有了初步的分工,"官"管行政,"师"主教化,"工"掌生产。不过,夏王朝疆域小,政事简,官员少,也是事实。《礼记·明堂位》追记:"夏后氏官百。"夏王左右有"四辅臣"。《史记·夏本纪》裴骃"集解"引《尚书大传》,"古者天子必有四邻:前曰疑,后曰丞,左曰辅,右曰弼"。辅臣是备夏王顾问咨询之人,均有学识经验和社会声望。辅臣的设立是氏族社会长老议事制的遗存和变化。

夏朝国家政权组织的核心是夏王,王亦称天子。其国家组织主要分为两个部分:一是政务官系统,一是神祇官系统。他们共同组成了国家权力组织的主体。不过,夏朝以及后来的商朝都还没有明显的文官与武官之区分。

夏朝建立了军队,制定了刑法,设置了官制、监狱,还修筑了城堡和宫殿,使国家机构初具规模。夏王掌握着国家的最高权力,例如高级官吏的任用、战争的发动等。

夏朝官吏的任免主要是职务的世袭。

---

① 中共中央马克思恩格斯列宁斯大林著作编译局.马克思恩格斯选集(第四卷).北京:人民出版社,1972:167.

② 《尚书·大禹谟》。

1. 世官制度

世官制度是早期国家选任官吏的必然形式。在氏族社会向国家组织过渡中，氏族首领成为国家的管理者。从夏王到夏王的大臣，乃至于社会观念都把政治权利与政治遗产，看作同家族的财产一样，是可以继承的。王位由王室家族成员继承，大臣的职位也自然由大臣的家族成员继承。

夏朝建国后，各级贵族仍然保持旧的氏族组织形式，严格区分姓氏。启继夏王就是一个典型的世袭。据《左传·隐公八年》记载："天子建德，因生以赐姓，胙之土而命之氏。"王室分封诸侯，按各国所出生的族类确定姓，有同姓、异姓之分，如夏的同姓国为姒姓，其他如姚、姬、姜等都是异姓；所封国名则为氏，如有肩氏、共工氏、有虞氏等；诸侯分封大夫，则以所封之邑为氏。这样，就在各级贵族之间建立了宗族关系，各宗族长就按各级贵族血缘之亲疏分别选任，实际上是按父权家长制的班辈来确定各级贵族的等级地位。奴隶主贵族掌握政权，各级官吏都是由国王、诸侯按自己亲属血缘关系的远近相应地把土地、臣民分封给他们作为食邑，让他们世代相传，称为"世卿世禄"制度。

2. 三宅法

根据《尚书·立政篇》记载，周公在将他长期主持的国政交于成王时，曾经告诉他理政的基本经验和教训，其中特别强调了夏、商两代任人以贤的政治经验。他说："宅乃事，宅乃牧，宅乃准，兹惟后矣。谋面用丕训德，则乃宅人，兹乃三宅无义民。"又说："乃用三有宅，克即宅，曰三有俊，克即俊。严惟丕式，克用三宅三俊。"意思是说：夏朝时诸侯们竞相选举贤人，经过考察他们的作为才相信他们是否能够按照一定的道德标准行事。这种标准就是官员各司其职，凡管理政务的能认真地管理臣民，使之安居乐业；负责司法的能够做到执法公平合理。假如不是这样，而是以貌取人，不是根据德行而是根据个人的喜好用人，那就不会得到贤能的人做国家的栋梁了。还有一点，就是商朝以夏"三宅"法为基础，特别强调从政务、理民、执法三方面来考核和选拔官吏。

3. 分封制

分封制，本来就是选任官员的一种办法。并不是周朝独有的专利。夏、商、西周三代大体是实行君主专制下"封诸侯，建藩卫"的地方管理体制。中央与地方的关系，主要是以分封为基础构建起来的。其结构具体表现为王朝与诸侯国的关系。在夏朝以前，有数目众多的部族，这些部族之间进行过长期的兼并战争，随着夏后氏的势力发展壮大，夏附近的部族逐渐向夏臣服。夏王朝就是建立在大量降服各部族并对之进行分封的基础之上的，相传"禹合诸侯于涂山，执玉帛者万国"①。

二、商朝"亲贵合一"制

商朝（约前1600年—前1046年）是我国历史上的第二个奴隶制王朝。据《史记·殷本纪》载，商人的始祖契与禹约略同时，"佐禹治水有功"。契以后有了明确的世系，说明商族自此进入父系氏族社会。"自契至汤八迁，汤始居亳。"通过一系列的战争，直到消灭

① 《左传·哀公七年》。

夏桀,"于是诸侯毕服,汤乃践天子位,平定海内",建立了商朝。

商汤像

盘庚是商汤的第九代孙子,商朝的第十九个王。盘庚即位前,商王朝已处于内外交困之中。商王盘庚将都城迁到殷①,史称"盘庚迁殷"。从此,国力日益强盛。

殷是我国历史上著名的古都之一。随着岁月的流逝,这座名都成为废墟,被埋在地下,无人知晓。直到 20 世纪 20 年代,人们才在河南安阳西北的小屯村发现商都殷的遗址。这里留存着大量刻有文字的甲骨、青铜器、陶器、玉器,以及房屋、墓葬的遗址,为我们研究商代历史提供了珍贵的实证史料。

"王"是商朝的最高统治者。王以下就是由大小奴隶主贵族担任的处理"内服"和"外服"政务的各级官吏——"殷正百辟"和"殷边侯甸"。

伴随着官职的设置及国家发展的需要而来的就是官员的选拔与任用。商朝官员的选拔与任用大致有以下几种:

1."亲贵合一"

"亲贵合一",按与商王的亲疏程度授官。

在商朝,宗法制度是一种社会制度,也是一种政治制度。它包含了家族血缘关系的传续、经济与政治地位的承继规则以及祭祀制度等。商朝的宗法制度虽然还没有像后来的西周那样严密,没有形成严格的嫡庶制度,但是已经有了宗法制度的基本内容。在这种宗法制度下,形成了亲贵合一的国家组织的组织原则,即国家的重要官员大都由商王的家族成员担任,而官员职位也大都在官员家族内部传承,或父死子继,或兄终弟及,与商王血缘关系的亲疏远近,决定一个人政治地位的高低贵贱。

2. 商代确立了嫡长子继承制

商代的国家政权机构是在夏代的基础上建立起来的。夏初所确立的世袭王权和由夏到商的王位继承,基本上是父死子继,辅之以兄终弟及,《史记·殷本纪》云:"汤崩,太子太丁未立而卒,于是乃立太丁之弟外丙,是为帝外丙。帝外丙即位三年,崩,立外丙之弟中壬,是为帝中壬。"这就是殷代兄终弟及的明证。

大约在商代前期,王位多由兄弟继承,至盘庚迁殷以后,父死子继的制度才逐渐占优势。王国维说:"自成汤至于帝辛,三十帝中,以弟继兄者,凡十四帝。其以子继父者,亦非兄之子,而多为弟之子……故商人祀其先王,兄弟同礼。即先王兄弟之未立者,其礼亦同。是未尝有嫡庶之别也。此不独王朝之制,诸侯以下亦然。"②

在商代中期以前,由于比较严格的王位继承制度还没有形成,因而,从中丁以后,连续发生了弟、子争位的混乱局面,《史记·殷本纪》说:"自中丁以来,废嫡而更立诸弟子,

① 今河南安阳附近。

② 《观堂集林》卷 10《殷周制度论》。

弟子或争相代立，比九世乱，于是诸侯莫朝。”

直至盘庚迁殷，殷商复兴，诸侯才重新来朝贡。由于王位的继承权问题没有彻底解决，自盘庚死后，继续产生内乱，从此殷商王朝便渐趋衰微。

3. 三宅三俊法

商朝根据夏朝的经验，特别强调从政务、理民、执法三方面来考核和选拔官吏。结果证明，那些获得任用的贤良官吏的确是有德之才，而不是徒具虚名。从此商朝把政务、理民、执法三方面作为严格选用官吏的标准规定下来，即商朝的三宅三俊法令。概括总结商朝的三宅三俊法令，不外就是德才兼备、名副其实。后来，三宅三俊作为选拔官吏的一项基本制度为周朝所发扬光大，成为乡举里选制度的重要内容之一。

4. 举贤

商代的国家机构不断扩大完善，并逐渐形成了一套比较复杂的官僚体制。这套机构大体说，在商王之下，地位最高，权力最大的有师尹或冢宰，他们是商王重要的辅佐大臣。任师尹或冢宰的，不一定都是贵族阶级，也可以从某些才干出众的平民或奴隶中提拔出来。据《史记·殷本纪》载，“伊尹名阿衡，阿衡欲奸汤而无由，乃为有莘氏媵臣，负鼎俎，以滋味说汤，致于王道。或曰：伊尹处士，汤使人聘迎之，五反然后肯往从汤，言素王及九主之事。汤举任以国政。伊尹去汤适夏。既丑有夏，复归于亳”。

商汤拜伊尹为相，授以国政。伊尹执政后，努力帮助商汤发展农耕、铸造兵器、训练军队，使商很快强盛起来。商汤打败了夏桀的军队，建立商朝。商汤和伊尹紧密合作，励精图治，爱护百姓，受到百姓的爱戴。商汤逝世后，伊尹辅佐他的后代，直至商汤的孙子太甲。太甲为商王时，暴虐乱德，伊尹把太甲放逐到桐宫，亲自摄政，接受诸侯的朝拜。太甲在桐宫住了三年，悔过自责，改恶从善，于是伊尹把太甲接出来，还政给他，自己告老还乡。太甲返位后，发扬商汤的德政，勤俭爱民，使诸侯归附，社会安宁。伊尹逝世后，沃丁（太甲的儿子）以天子之礼葬之。

伊尹像

史料典籍对伊尹的功德多有记载，《尚书·君奭》记载“成汤既受命，时则有若伊尹，格于皇天”；《孟子》记载，“伊尹相汤以王于天下”，“伊尹圣之任者也”；《论语》曰“大贤唯有伊尹”。

不管伊尹是以厨师的身份见汤，或是以处士而被汤所聘迎，都表明他出身于低贱阶层而被汤所选拔出来的。从这里可以看出，举贤也是文官选任的一种方式，也可以得到真才实干的能人，也能为历史的发展做出贡献。

傅说（约前1335—前1246年）是殷商王武丁的至高权臣——大宰相（即上三公第一位）。傅说从政之前，不知何因，曾在傅岩（今山西平陆县北）做苦役。这里两山高耸，涧水中流，每到夏季，洪水暴涨，冲毁道路，行旅受阻，奴隶们就在这里以传统的方式以土石阻拦。智者傅说在劳动中发明了版筑术，以此方式筑路堤，效率极高，且坚不可摧。后人从此沿用筑路造房,甚至现在仍可见实物于早期长城。当时的傅说,就靠从事版筑维持生计,虽有才干,无从施展。

《史记·殷本纪》这样记载:“武丁夜梦得圣人,名曰说。以梦所见视群臣百吏,皆非也。于是乃使百工营求之野,得说于傅险中。是时说为胥靡,筑于傅险。见于武丁,武丁曰是也,得而与之语,果圣人,举以为相,殷国大治。”

但是,师尹和相,在商代并不常置,地位稍次而常设的中枢官尹,乃为卿士,其中有司徒、司空、司寇、司马等职务,这些都是比较重要的政务官。他们及其僚佐,总称为“多尹”或“百僚”。在“多尹”之下,还有分管各项具体事务的“小臣”、“多宰”等,他们大都是由奴隶头目提拔而来的,地位较低,但都有一定的实权。由于他们在王的周围,直接为王管理各种具体事务,因而为王所信任而得以重用。他们与“多尹”并列,合称为“百执事之人”。

5. 分封制

商代的奴隶主贵族也担任着朝廷的主要官职,他们所担负的官职大部分在贵族家族中世袭。同时,商代还推行分封制,把商王的子孙封为诸侯,占有土地,享有特权,形成了一股王族势力。

三、周朝“宗法分封”、世卿世禄、嫡长子继承制及其他选任制度

周本是今陕西渭水流域的商朝属国,文王时逐渐强大起来。文王任用姜尚、周公旦等辅佐改革政治和军事,发展经济,到武王时成为西部强国。

在牧野之战中商纣王自焚而死,商朝灭亡。周武王建立了周朝(约前 1046 年—前 771 年),史称西周。

周是一个地域空前广袤的国家,国内各民族的联系和交往加强,在世界的东方具有重要地位。周朝接受殷商亡国的教训,采取合诸侯、营成周、安殷民的措施加强了对诸侯的制约。实行井田制、分封制、宗法制,使奴隶制经济和政治方面都趋于完善。西周为统治的稳固和持久,便将有关制度进行汇编并公布,这就出现了最早的成文吏典《周官》。

《周官》有丰富的官法内容,以六官分六典,以六典定六职,即天官管邦治,地官管邦教,春官管邦礼,夏官管邦政,秋官管邦禁,冬官管邦事。它首创了一国职官制度的体系,确立了以典设职、以典明责的原则,奠定了我国古代行政法的基础,并且显示出“文官制度”的雏形,开创了世界文明之林中中国文官制度的先河。

1. 西周初期的分封制

周天子把国都附近的地区划分为王畿,由王室直接统辖。王畿以外的广大地区分封给许多诸侯,各建邦国。诸侯主要有三种类型:一为周王的同姓(姬姓)亲属;二为功臣;三为古帝王之后,实际是其他一些较强大的部落或方国的首领。诸侯对天子保持着臣属的关系,要承担各种义务,如:镇守疆土,拱卫王室,交纳贡税,朝觐述职等。周朝分封大多在周初武王、成王、康王时进行,称为“封邦建国”,目的是为朝廷建立统一屏障。周初的主要封国有以下几个:

鲁国:是周公旦的长子伯禽的封国,建都曲阜。

齐国:是辅佐武王灭商的功臣吕尚(姜太公)的封国,建都营丘(今山东昌乐),后迁

临菑(今山东临淄)。齐国是当时比较强大的诸侯国之一。

卫国:是武王之弟康叔的封国,建都朝歌(今河南淇县),主要统治商的遗民。

晋国:是成王之弟叔虞的封国,这里原是夏人的主要居住地之一,戎人也很多。

燕国:是周的同姓召公奭的封国。

宋国:是纣王之兄微子启的封国,建都商丘(今河南商丘),周武王利用他以统治商的部分遗民。

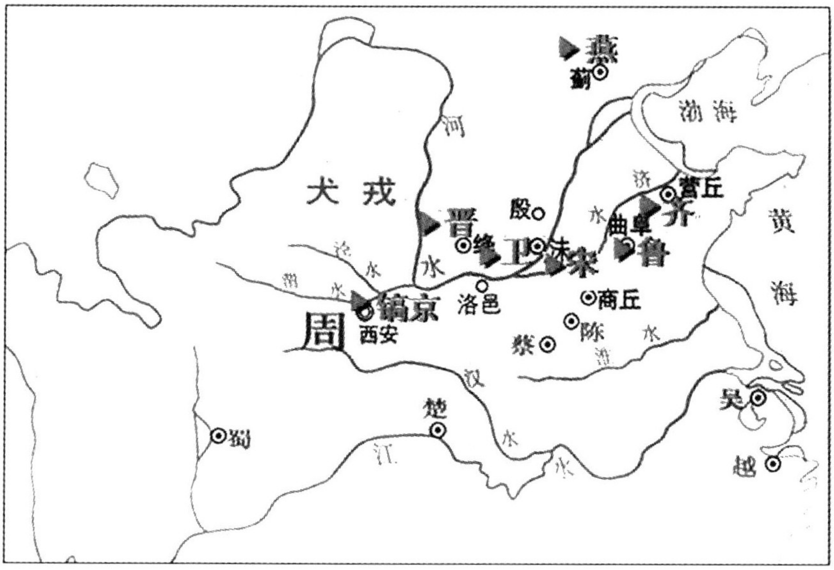

西周分封图

分封制使周朝巩固了统治,扩大了疆域。这些国家在初封时,与周王室的关系较密切。但是,由于当时的社会经济落后,交通不便,诸侯国与王室之间相距太远,彼此的政治、经济联系日渐减少,所以逐渐形成诸侯割据的状态。后来随着实力的变化,诸侯之间出现了强国兼并弱国的形势,从而使周天子的权威逐渐削弱。

2. 宗法制

西周的官员一般都要经过周王的册命。西周金文中很大一部分都是册命官员的内容,就是这些册命的官员为了光宗耀祖并垂范子孙而勒铭记录下来的。尽管官员的任命要经过周王的认可,但其选拔任命也是有一定依据的。

随着历史的发展和经验的总结,周朝的选官较之夏朝、商朝有了重要的发展。周朝的选官制度主要有:宗法分封,世卿世禄制,嫡长子继承,六德、六行推选法等。实际上,它们之间大多不能截然分开。如西周的宗法制是和分封制紧密结合在一起的,西周宗法制度的核心内容之一就是嫡长子继承制等。

宗法制度从氏族社会父系家长制发展起来,经夏、商两代至西周时期达到完备的程度。宗法制度是西周时期一项重要的宗族组织形式。宗法的“宗”,从“宀”从“示”。“宀”表示房顶,“示”指神主。因此,“宗”的本义是指宗庙。所谓宗法,就是宗庙之法。因此,西周的宗法制度,本质是一种规定宗族组织关系的社会制度。自武王以后,王位的继承由兄终弟及转为固定的父死子继制度。

西周宗法制的核心是嫡长子继承制。周王自称“天子”，王位由嫡长子继承，世代保持天下“大宗”的地位。嫡长子继承制的目的是防止诸子争夺王位，以确保王位的平稳更替。此外，西周还实行严格的宗庙祭祀制度，通过祭祀祖先的仪式来增强宗族的凝聚力和宗族成员之间的团结。

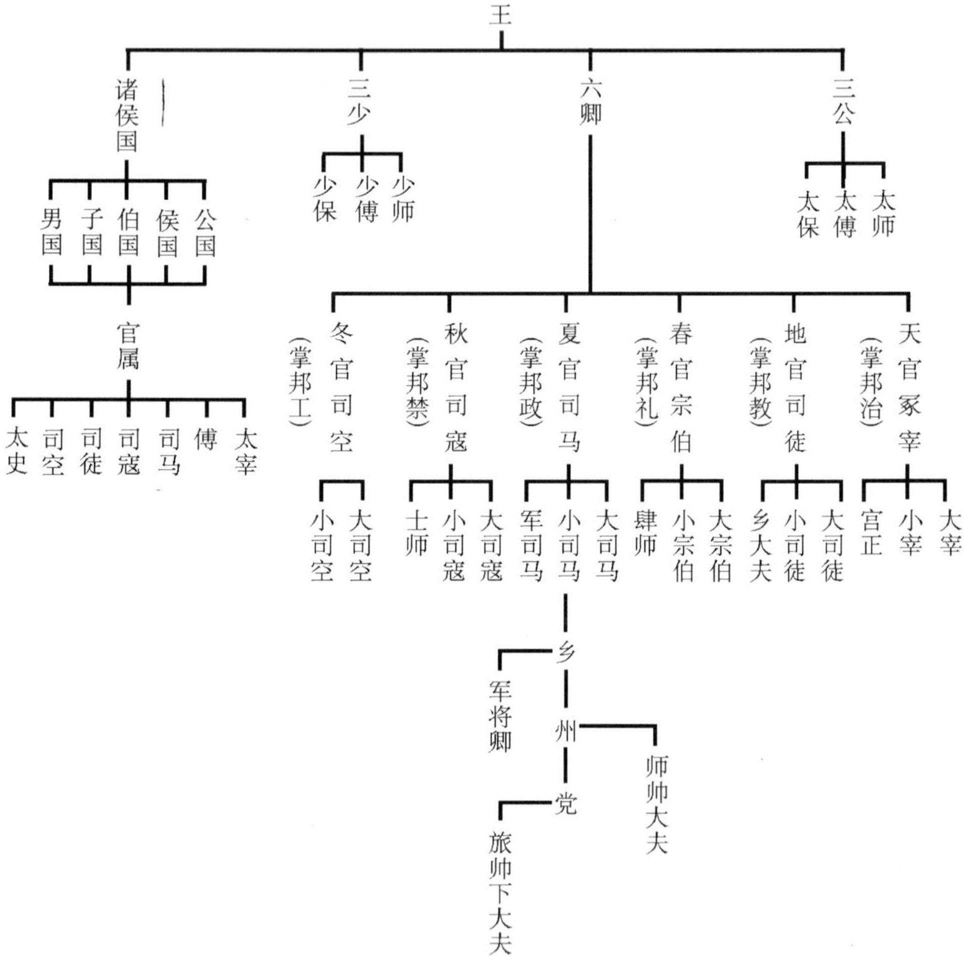

西周主要职官隶属简表

王国维说：“舍弟传子之法，实自周始，当武王之崩，天下未定，国赖长君。周公既相武王克殷胜纣，勋劳最高。以德以长，以历代之制，则继武王而自立，固其所矣。而周公乃立成王，而己摄之。后又反政焉。摄政者，所以济变也；立成王者，所以居正也。自是以后，子继之法，遂为百王不易之制矣。”①

父死传子的继承法的实行，使周王朝政权逐渐趋稳定，但一王多子，有嫡妻之子，有

① 《观堂集林》卷10《殷周制度论》。

庶妻之子，嫡庶并存，王位传授的原则又怎么办呢？对此，王国维又说："由传子之制，而嫡庶之制生焉。夫舍弟而传子者，所以息争也。兄弟之亲本不如父子，而兄之尊又不如父，故兄弟间常不免有争位之事。特如传弟既尽之后，则嗣立者当为兄之子欤？弟之子欤？以理论言之，自当立兄之子；以事实言之，则所立者，往往为弟之子。此商人所以有中丁以后九世之乱，而周人传子之制，正为救此弊而设也。然使于诸子之中，可以任择一人而立之，而此子又可任立其欲立者，则其争益甚。反不如商之兄弟以长幼相及者犹有次第矣。故有传子之法，而嫡庶之法亦与之俱生。"①

又据《吕氏春秋·慎势》记载："故先王之法，立天子，不使诸侯疑焉；立诸侯不使大夫疑焉，立嫈子不使庶孽疑焉。疑生争，争生乱。是故诸侯失位则天下乱，大夫无等则朝廷乱，妻妾不分则家室乱，嫈孽无别则宗族乱。"

这段话说明了建立宗法制度的意义，就在于防止各等级的贵族之间对于爵位财产的争夺。因为争夺会使贵族内部统治秩序遭到破坏，这对统治者是很不利的，所以必须制定一套严密的制度，来防止他们之间的争权夺利。

西周初年，周武王在建国以后，为保证周族家天下的稳固，将天下的土地和人民分封给自己的兄弟、亲族及功臣，当时称为"封邦建国"，即我们常说的"裂土封王"，逐渐形成了以周天子为中心的宗法体制。周天子把土地、人民分封给各级诸侯，称为"封国"；各级诸侯又把自己的"封国"分封给自己的兄弟、亲族、功臣，即"卿大夫"；卿大夫再把自己的领地"采邑"分封给自己的兄弟、亲族等，即"士"，士的领地称为"禄田"。这样层层分封，形成了周天子、诸侯、卿大夫、士等层层相依的等级结构。

据《左传·桓公二年》记载："天子建国，诸侯立家，卿置侧室，大夫有贰宗，士有隶子弟，庶人、工、商，各有分亲，皆有等衰。"这就是依据宗法关系确立的等级制度。这说明西周的宗法制是和分封制紧密结合在一起的。

西周的宗法制有三个基本原则：其一，从周天子到卿大夫、士，都实行嫡长子继承制。其二，小宗服从大宗，诸弟服从长兄。周天子相对于其他一切封国领地来说是大宗，其他诸侯相对而言皆为小宗。同样，在诸侯国中，诸侯为大宗，其他卿大夫皆为小宗。在各个相对关系中，小宗应服从大宗，有义务纳贡、帮助出兵征伐；大宗有义务保护小宗，调解小宗之间的纠纷。其三，各级诸侯、卿大夫、士既是一种家族组织，又各自构成一级国家政权，共同向最高宗主——周天子负责。这种宗法统治的特征在于家族统治。周王即周天子，既是国王，又是家族中的家长。在这种双重统治之下，官吏与各级行政机构的选择采用"任人唯亲"的原则，完全依照血缘关系的亲疏远近而定。因此，宗法制度的实质在于保证夺得政权的家族对全社会实行家长制的专制统治。

宗法制度构成了西周时期的基本政治制度。在宗法统治之下，家族组织与国家制度合二为一，家族观念、家族道德互为表里，由此而形成了西周法律制度的一些基本特征。

宗法制其后时间里，对中国社会结构产生了重大影响。直至今日，其内涵仍然体现在我们的日常生活和观念中。

① 《观堂集林》卷10《殷周制度论》。

3. 嫡长子继承制

西周宗法制度的核心内容之一就是嫡长子继承制，严格确定了嫡长子的继承权，并世代保持着天下"大宗"的地位。从天子、诸侯、卿大夫到士，各级领主的领地和身份只能由正妻（或称嫡妻）所生长子继承。嫡长子为大宗，其他兄弟相对于嫡长子是小宗。在财产方面，其余庶子也只能由嫡长子分给，而无所谓"权"。至于女子，自然也说不上继承"权"，只不过为了贵族的体面和联络感情，大多给予女子可观的嫁妆，但这同样只是出于父兄的赐予，而不是女子的法定权利。

4. 世卿世禄制

在西周的官僚体制中，还存在着一种世卿世禄的现象。这是西周官僚体制的一个重要特征。自天子和诸侯以下各官都是世袭的，称为世卿。就是说，他们世代享有卿的政治地位，执掌着政权。世卿制度的建立，说明大贵族阶级垄断着政治大权，某一官职都由同家族的人来担任，这在册命铭文中记载很多。如祝、宗、卜、史等宗教、文化官员，更是有明文规定必须世代相传。据《礼记·王制》记载："凡执技以事上者，祝、史、射、御、医、卜及百工。凡执技以事上者，不贰事，不移官。"

5. 举贤

个别较为贤明的统治者还通过举贤把才干出众的平民或奴隶提拔到官府中来，授以重要官职。据《史记·齐太公世家》载："吕尚盖尝穷困，年老矣，以渔钓奸周西伯。西伯将出猎，卜之，曰'所获非龙非螭，非虎非罴；所获霸王之辅'。于是周西伯猎，果遇太公于渭之阳，与语大悦，曰'自吾先君太公曰"当有圣人适周，周以兴"。子真是邪？吾太公望子久矣'。故号之曰'太公望'，载与俱归，立为师。"

周武王

姜尚辅佐文王，总管了全国的政治和军事。他对内发展生产，使人民安居乐业；对外征服各部族，开拓疆域，削弱商朝的势力，并先后打败了崇、犬戎、密须等部族，大作丰邑，形成"天下三分，其二归周"的局面，为最后灭商奠定了坚实基础。文王执政七年去世了。他的儿子姬发继位，史称周武王。武王继承其父的遗志，尊称姜尚为师尚父。武王在姜尚的帮助下，推翻了商王朝，建立了周朝。姜尚在建立周王朝的过程中，屡建奇功，被封在齐地（今山东中部和东部），成为西周最大的诸侯国——齐国的始祖。

武王的弟弟周公旦，受到父兄的影响，很早就懂得求贤才与建功立业的关系。他的地位虽然很显赫，但是对待贤能之士却非常敬重。有时他正在洗头，听说有贤才求见，就立刻停下来披着水漉漉头发去会见，有时甚至洗一次头发要中断三次。在吃饭时，遇有贤才求见，他也要赶快吐掉口中的食物去接见，有时吃一顿饭也要中断三次。周公礼贤下士的名声传遍天下，贤能之士都纷纷投奔到他的门下。周公对姜太公等贤能之臣也是很尊重的，遇事都虚心向他们求教。即使他自己的意见正确，别人的意见错误，也从不盛气凌人，恃势自傲。

6. 西周的六德、六行推选法

夏商两代末期因官员无德亡国，西周特别强调选拔官员时要以德行优、尊艺法、知技艺为标准，尤其是选用司法官员及掌握实权的官员，更要严格地反复推选和考察。周朝选拔官吏的理论和实践，概括起来，有如下要点：

(1)专门的选拔机构和人员

选拔官员的机构有中央政府和各部。中央政府主持选拔官吏的最高首长是大司徒，其职能是"以乡三物教万民而宾兴之"①。兴，就是推举或推荐；宾，是以乡饮之礼款待选举的官员。另外还规定以六典而设立的各部首长都有按照各部需求及国家标准选用官吏的职责。这样，官吏的选拔便作为政府官员的首要职责之一用官典加以确定，并付诸实行。

(2)特定的选拔程序

选拔官员的程序一般定为四个程序：

"乡先论士之秀者，升诸司徒，曰选士；司徒论选士之秀者而升诸学，曰俊士；既升而不征者，曰造士；大乐正论造士之秀者升诸司马，曰进士。"②"司马辨论官材，论进士之贤者，以告于王，而定其论，论定然后官之。"③

这就是选士、俊士、造士与进士四个层次的逐级选拔，以及最后确定是否任用的程序（见下表）。可以认为在升学之后做俊士，就是取得了入仕的最初资格；然后接受大乐正的教育，经过培养可晋升为造士；然后再提交给司马，由司马教育和考察，做出最后定论，这就达到进士，并且只有经过司马论定才可授官。程序周期一般要经过三年才能完成，正如《周礼 · 地官司徒》中所说："三年则大比，考其德行道艺，而兴贤者能者。"最后，在举行选拔大典中确定对贤者能者的选任。这一程序既有一定的时间限制，又有具体官吏的管辖，已初步具备了国家选拔文官的法定要件。

西周选士举官系统

顺序	主持者	考试性质	考核阶段	备注
1	乡大夫	入学试验	秀士	
		毕业考察	选士	
2	大司徒	入学试验	俊士	
		毕业考察	造士	
3	大乐正	入官考察	进士	候补官
4	大司马	辨论官材	正式授官	以内服、外服制授官

(3)选拔官吏的具体标准

据《通志》载："大司徒之职，以乡三物教万民而宾兴之。一曰六德、二曰六行、三曰六

① 《周礼 · 地官 · 大司徒》。

② 《通典》卷13《选举一》。

③ 《礼记 · 王制》。

艺,诗书礼乐谓之四术,四术既修,九年大成。”六德,即知、仁、圣、义、中、和;六行,即孝、友、睦、姻、任、恤;六艺,即礼、乐、射、御、书、数。凡具备这些标准者,在三年大比时被推举出来,作为贤能者奉献给王,“此谓使民兴贤,出使长之;使民兴能,入使治之”①。这种为政需顺民心的推举制度经过吏典《周官》的规定,即形成选拔行政官吏的法定标准。

周朝还十分重视对司法官员的选拔。在当时的历史条件下,司法的对象是生活于复杂社会关系中的各个阶层的臣民,特别是夏、商的后裔。法律的实施是否公平,关系到新建政权的存亡与前途,因此在选择执法者时必须严格把关。当时,周公旦就反复告诫说:“敬之哉!官伯族姓,朕言多惧。朕敬于刑,有德惟刑。”又说:“今往何监(鉴),非德?于民之中,尚明听之哉!哲人惟刑。”②他明确提出了选择司法人员要遵循“有德惟刑”和“哲人惟刑”的两大标准。如果说六德、六行、六艺是选拔行政官员的基本标准,那么,这里的“德”与刑、“哲”与刑就是对选拔掌握国家命运的最高层次的官员的特别规定。这既是德才兼备的理论与实践的统一,又是西周时代选拔官吏走向制度化的重要开端。

(4)选拔官吏的等级标准

周代的官吏选拔,最初由乡举里选产生士,即从秀士到进士的五个阶层,最后再由大司马进行全面考核,然后决定正式授官。大司马所考察三方面的内容:一是德行,二是知识,三是言语。三方面都具备的人授官,具备其一或其二并不都录用。司马本是武职官员,他主持辨材,是以武官身份负责一般政府官员的选举与考察。这样,武职和文职的选拔逐渐由武选改向文武双选,不再是单一的讲射弓、比武、论艺。至此,从最初的乡举里选过渡到具有一定选拔程序和考选标准的因才授官阶段,使乡举里选制度又有进一步的发展。

西周的六德、六行推选法,有三点很值得重视:

第一,它在夏、商“三宅三俊”的基础上,注重治事官、理民官和执法官的选拔,强调道德学问和治政才能并重,初步由单一的武职技艺转向治国才能的全面考核,从而确立了才德并重的基本标准。

第二,周朝选士与授官程序的分立,可视为建立文官考选制度的尝试。选士从通过四个层次的反复试验考察到最后完成辨才的程序,才能获得一种资格的认定,而取得这一资格的前提是必须通过正规的教育,即《孟子·滕文公章句上》所谓的“夏曰校,殷曰序,周曰庠;学则三代共之”的基础知识教育。此外每当通过这种乡学的结业考试后,要推举于君,乡大夫便为之举行“乡饮酒礼”送行,后来发展成为一种固定制度,这正是科举制度中乡试的起源。

第三,周朝在职官选任时考核才德的规定,把积学敦品作为一种荣誉灌输于有志仕途者的人生观中,开创了学而优则仕的先例,这对于选拔国家的优秀人才具有一定的社会意义,在当时不愧是一个巨大的进步。

应当看到,西周的选举对象,仅限于士以下的初级官吏,而不包括大夫以上的世官。

---

① 《周礼·地官·乡师》。

② 《尚书·吕刑》。

这样，乡举里选的意义也就仅限于地方基层，对占统治地位的世卿世禄制则毫无触及，这自然会形成选举和世袭相对峙的矛盾，体现出选举的局限性。

我们也应该认识到，虽然这个办法只限于低级官吏，但却对后代的选官制度产生了一定的影响。

7. 贡士

贡士，即各诸侯国按规定将有才学或技能之人进献给天子。

贡士一称缘起于《礼记·射义》："诸侯岁献，贡士于天子。"其贡士人数规定："大国三人，次国二人，小国一人。"贡士程序，封国的任何人不得僭越本国国君向周天子贡士，必须由国君在朝觐时贡献。天子王畿内则由"乡老及乡大夫群吏献贤能之书于王，王再拜受之，登于天府，内史贰之"①。

第三节　夏、商、西周官员的培养

教育是人类所特有的一种社会现象。自从有了人类社会，也就有了教育。起初，教育活动常常和政治活动联系在一起，经过一定的发展过程，到奴隶社会——夏、商，才逐渐形成为专门的教育机构。但是，由于文献材料的缺乏，将偶见的夏朝教育并在商朝一起加以讲述；由于历史因袭等原因，有的学校教育延续在不同的时期，我们主要择其一个时期或几个时期加以讲述。

一定社会的学校是由一定社会的政治和经济决定的。历史上任何一个统治阶级，总是把教育的领导权掌握在自己的手中，按照本阶级的意志确定教育对象和教育内容。教育离不开学校，学校是教育的主要场所，讲教育主要是讲学校教育。

我国夏、商、西周时期仅有官学而没有私学。

一、夏、商的教育

中国在四千多年前就有了学校。夏朝把学校又分成了四个等级，按级别叫作"学"、"东序"、"西序"、"校"。西周时学校的名字叫"庠"，高一级的大学叫"上庠"，低一级的小学叫"下庠"。孟子曾解释说："庠者，养也；校者，教也；序者，射也。"

1. 学

右学与左学。右学，相传是殷商时期的中央大学，相当于周朝的"太学"。左学，相传是殷商时期的中央小学。据《礼记·王制》记载："殷人养国老于右学，养庶老于左学。"据《事物原会·大学》记载："殷大学为右学，小学为左学。"

另有瞽宗，也称"西学"、"西雍"，是商朝的中央大学。

2. 小学

小学，我国古代对少年儿童进行启蒙教育的国有初级学校。相传早在虞夏时期已经

① 《文献通考》卷28《选举一》。

设有小学。但是称法不同,有下庠、西序、左学、虞庠之称谓。据考古发掘材料分析,早在殷商时代的甲骨文中就有“大学”之名,但到现在为止都没有见到“小学”的称法。既然有“大学”之名,便可推断那个时候应当有“小学”。

3. 序

序,传为中国夏代进行伦理和武术教育的场所。先秦的序,曾主要用来学习射,主要为地方官学。《孟子·滕文公上》:“序者,射也……殷曰序。”《周礼·地官·州长》:“春秋,以礼会民而射于州序。”郑玄注:“序、州党之学也。会民而射,所以正其志也。”《礼记·明堂位》:“序,夏后氏之序也。”郑玄注:“序,次序王事也。”孔颖达疏:“序,夏后氏之序也,是夏家之学也。”陈澔《礼记集说》:“序者,射也。射以观德,有先后之次焉。”《礼记·学记》:“古之教者……术有序。”郑玄注:“术当为遂,声之误也。”陈澔《礼记集说》:“术当为州。万二千五百家为州。州之学曰序。周礼,乡大夫春秋以礼会民,而射于乡序是也。序则教党学所升之人。”孔颖达疏:“术有序者,术,遂也。周礼,万二千五百家为遂。序,亦学名,于遂中立学,教党中所升者也。”然此术,“州”之乎?“遂”之乎?周朝在周天子和诸侯的直属领地内实行乡遂制度,城内和郊区称为“乡”,郊外称“遂”。乡内有州、党、族、闾、比等组织,居住着奴隶主贵族。《周礼·地官·大司徒》:“令五家为比,使之相保;五比为闾,使之相受;五闾为族,使之相葬;五族为党,使之相救;五党为州,使之相赒;五州为乡,使之相宾。”是知,州、序非一,而“序”当何者之学,陈、孔二人的说法究竟谁的正确,无从考证。但对“序”为地方学校的说法无异议。

夏朝是一个武人专政的朝代,统治者非常重视军事教育,所谓“夏道遵命”,“为政尚武”,后有“夏后氏以射造士”之说①。也就是说重戎尚武是夏代教育的一个特点。从这个意义上讲,夏序是以习射之类军事教育为主的学校,是可信的,其出现也是有其特定时代背景的。

东序,也称“东学”、“左学”,中国古代天子设在王城的中央大学之一。东序设立相传起源于夏代,周或称东胶。相当于有虞氏的上庠、周代的大学。《古今图书集成·学校部·汇考总则》亦云:“夏后氏设东序为大学,西序为小学。”起初,东序有着特定的学习内容,譬如《礼记·文王世子》有云:“凡学,世子及学士,必时。春夏学干戈,秋冬学羽龠,皆于东序。”又《礼记·文王世子》云:“凡祭与养老,乞言合语之礼,皆小乐正诏之于东序。”

西序,夏朝的中央小学。西序之设相传来源于有虞氏。

二、西周的教育

1. 西周教育概述

西周学校已有较完备的制度,从设置上看,可分为两类:一类是国学,一类是乡学。国学设于王城及诸侯国都。按学生的年龄与程度可分大学与小学。天子所设的大学,规模较大,有“五学”之称,即辟雍、成均、上庠、东序、瞽宗。其中辟雍是中心,四面环水。诸侯所设的大学,规模比较简单,仅有一学,半面临水,称“泮宫”。国学之外,又有乡学。乡

① 《文献通考》卷40《学校一》。

学是地方学校，按地方行政区划设立。由于地方区域的大小不等，设学也有不同名称，如闾塾、党庠、州序、乡校等。西周学校系统可参见右图。

官员是国家各级领导机构的重要组成部分，是国家行政管理职能的承担者、组织者和履行者。官员的培养直接关系到国家职能的实现程度。因此，历代统治者对这一问题倍加重视。夏朝对官员培养的具体方法，由于资料所限，具体详情有待考证，但是从商代开始，特别是周代就有了明确的记载，首先从职官培养来看，商周时期主要是通过学校来培养职官的。

商朝就出现了专门进行教育的机构“大学”和“庠”的名称。甲骨文中出现了“学”字。西周已有了相当规模的学校，已有国学与乡学之分，国学又有大学与小学之别。国学是专为上层贵族子弟而设的学校，其中以学生年龄的差异分为大学与小学。乡学，即地方学校。“古之教者，家有塾，党有庠，术有序，国有学。”①

- 西周学校系统
  - 国学
    - 大学
      - 天子所设大学
        - 辟雍（中）
        - 东序（东）
        - 成均（南）
        - 瞽宗（西）
        - 上庠（北）
      - 诸侯所设大学——泮宫
    - 小学
  - 乡学
    - 塾……设立于闾
    - 庠……设立于党
    - 序……设立于州
    - 校……设立于乡

西周学校系统参考表

西周时期重要的教育制度是“学在官府”，即官府所办的官学，那时还没有个人开办的私学。

“学在官府”是西周教育制度的主要特征。具体体现在学术和教育都为官方所把持，国家有文字记录的法制规章、典籍文献以及祭祀典礼用的礼器全都掌握在官府，普通百姓根本无缘接触。民间无学术，也就无学校教育可言，只有广义上的生产劳动和社会生活教育，而此类教育通常都是融合在生产和生活中进行的。西周的政治体制是领主贵族制度，诸侯、大夫都有自己的世袭领地，政府的官职也多是世袭的，史称“世卿世禄”。在这种体制下，培养统治阶级治国人才的学校教育，其对象必然以贵族子弟为主，即所谓“国子”，他们的教育自然由官方来安排。

学在官府具体表现为官师不分和政教合一。官吏既负行政职责，也有教学的任务。比如西周时国学的主持者称大司乐，负责祭祀和国家典礼，是国家最高礼乐官，同时兼管国学教育事务。大司乐属下的一些官员，如师氏、保氏、大胥、小胥、乐师等就是国学的教师。此时的教育机构与行政机构尚未分离，教育与政事合一。国学既是施教的场所，又是国家举行重大礼仪活动的地方，如祭祀、乡射、献俘等活动都在国学进行。各级乡学也是地方举行乡饮酒礼、乡射礼、士人议政、养老尊贤活动的场所。政事活动本身也就是学校教育的重要内容，学生在参与政事活动的过程中接受各种教育。

在“学在官府”体制下，形成了从中央到地方的较为完善的学校教育体制以及以礼、乐、射、御、书、数等六艺为主体的教育内容。

“礼”、“乐”是大学中最重要的课程。制礼作乐的主持人，是西周初年杰出的政治家

① 《礼记·学记》。

周公。西周的“礼”教，主要是国家政治生活中的行为规范、操作技能及个人素养的训练，是贵族子弟必须具备的。“乐”包括声乐、器乐和舞蹈，西周有乐德之教、乐语之教和乐舞之教。“乐”和“礼”紧密相连、互为表里，其教育作用也各有侧重，“乐所以修内也，礼所以修外也”。意思是说礼的作用在于约束人们的外部行为，具有一定的强制性；而乐则重在潜移默化地陶冶人们内心的情感。实际上，乐教主要是教礼仪中所要使用的乐，所以它又是礼教的组成部分。

“射”指射箭，“御”指驾车，西周时文武尚未分家，贵族子弟都有从军作战的责任。除了战时必用之外，平时有些典礼活动中也要表演“射”、“御”，而且有一定的技术标准要求，所以这也是贵族子弟必须掌握的。

“书”指写字，“数”指算术。读、写、算是学习一切文化的基础。西周已有供小学文字教学的字书。据《汉书·艺文志》载：“史籀十五篇。”注曰：“史籀篇者，周时史官教学童书也。”这是中国教育史上记载最早的儿童识字课本(今已失传)。据史书记载，西周识字教学是按字的构成方法分类施教的。“古者八岁入小学……教之六书，谓象形、象事、象意、象声、转注、假借，造字之本也。”这里的“六书”即“象形、指事、会意、形声、转注、假借”的造字之法。“数”的教育，是与“术”紧密相连的，故称“数术”。“数术”在西周有很大发展，西周时六岁儿童开始学数数，学从一至十的数目。九岁儿童学“数日”，指学习记日法，先学甲子纪日，然后再逐渐加深。十岁儿童开始学“计”，即计算能力的培养包括学习十进制的文字记数方法和计算的方法。后者包括学会使用“筹算”和“九数”的方法。

这种以“六艺”为主体的教学内容与教育传统对后世封建社会的教育产生了深刻的、积极的影响。

2. 中央官学

(1)国学

西周国学有大学与小学两级，按入学年龄和受教育程度划分。八至十岁的儿童入小学，十二至十五岁的成童入大学。但古籍所记载的入学年龄各有不同，或所说的对象不同，其原因现在已经无法考证。大致是幼年入小学，束发入大学。

西周天子所设的大学规模较大，或称“四学”，或称“五学”。清孙诒让在《周礼正义》第32卷“成均”疏中讲：“周之大学之名，见此经①者唯成均，见于《礼记》者则又有辟雍、上庠、东序、瞽宗与成均为五学，皆大学也……今通校诸经涉学制之文，知周制国中为小学，在王宫之左；南郊为五学，是为大学。辟雍即大学，在郊，与四学同处，殆无疑义。”

诸侯所设大学叫作“泮宫”(或作“頖宫”)，规模较为简单，仅有一学。

大学学习年限为九年，如《礼记·学记》记载：“一年视离经辨志……九年知类通达，强立而不反，谓之大成。”按文献的记载，大学的受教育者共有三类：第一类是王的太子和所有的庶子，卿大夫和元士的嫡子。其中由小学升入大学的，称为国子。如《太平御览》卷148引《尚书大传》记载：“古之帝王者必立大学、小学，使王太子、王子、群后之子，以及卿大夫、元士之嫡子，十有三年始入学，见小节焉，践小义焉。年二十入大学，见大节焉，

① 指《周礼》。

践大义焉。”第二类是王畿内乡遂大夫推举的贤能之人和经司徒考核而入大学的人，称为俊士。如《礼记·王制》记载：“命乡论秀士，升之司徒，曰选士。司徒论选士之秀者，而升之学，曰俊士。”第三类是诸侯国所贡之士人大学者，称为选士贡士。如《汉书·食货志上》记载：“诸侯岁贡小学之异者于天子，学于大学，选择士。”又《白虎通·贡士》记载：“诸侯三年一贡士。”以上三类大学学者，多数是贵族子弟，只有少数是庶民的子弟。

西周时期的大学是非常发达的，它们既是进行教育和教学活动的场所，同时也是教育行政管理机构。但是到了春秋中后期，随着封建官学的衰落与私学的兴起，辟雍和泮宫在形式上逐渐演变成王室宫室内的宫廷学校。

大、小学之分，只是一个相对的概念。大致是幼儿入小学，束发而就大学的一种统称。中国历代都很重视对儿童的启蒙教育，虽然教育内容有所不同，但都是以识字和道德训练为主要教育内容。自西周开始小学教育就以“六艺”（礼、乐、射、御、书、数）为主。所以，汉代以后借称“文字学”为小学。隋唐以后，成为文字学、训诂学、音韵学的总称。西周有关大、小学的称谓很复杂，分别如下：

一是大学的称谓。大学，也称“太学”。中国古代设在王城和国都，用来供贵族子弟读书肄业的中央官学。目前公认的看法是大学起源于西周。据《礼记·王制》记载：“天子命之教，然后为学……大学在郊，天子曰辟雍，诸侯曰泮宫。”又据《大戴礼记·保傅》记载：“束发而就大学，学大艺焉，履大节焉。”卢辩注：“大学王宫之东者，束发谓成童。”据《汉书·礼乐志》记载：“古之王者莫不以教化为大务。立大学以教于国，设庠序以化于邑。”由此可见，周的辟雍、泮官，汉以后的国子监、国子学、大学、四门学、玄学都是大学。

上庠与下庠。上庠，中国古代中央大学。下庠，传说为古代中央小学。传说上庠与下庠始置于虞舜时，周代沿设。上庠为王城天子五学之一，称为“北学”。据《礼记·王制》记载：“有虞氏养国老于上庠，养庶老于下庠。”郑玄注：“上庠……大学也。”又《文献通考·学校一》记载：“皆学名也，异者，四代相变，或上西，或上东，或贵在国，或贵在郊。上庠、右学，大学也，在西郊。下庠、左学，小学也，在国中王宫之东。东序、东胶，亦大学，在国中王宫之东。西序、虞庠，亦小学，西序在西郊，周立小学于西郊。国老谓卿大夫致仕者，庶老谓士及庶人在官者。养国老者为大学，养庶老者为小学。”又《礼记·文王世子》载：“礼在瞽宗，书在上庠。”郑玄注：“周立三代之学……夏后氏在上庠，郡国之大学为夏之制也。云学书于有虞氏之学，典谟之教所兴也。”孔颖达疏：“上庠，虞学名。”上庠是相对于下庠而言的，并且认为上庠是大学名，而下庠是小学名。

成均，相传为五帝时的学校名称。西周为中央大学，也是天子在中央设的五学之一，也称“南学”。据《周礼·春官·宗伯》记载：“大司乐掌成均之法，以治建国之学政，而合国之子弟焉。”郑玄注：“董仲舒云‘成均，五帝之学’。”孔颖达疏：“尧已上当代学亦各有名，无文可知。但五帝总名成均，当代则各有别称。”关于成均的教学内容，郑玄认为：“均，调也。乐师主调其音。”这是由“均”推论成均之学以乐教为主。他又说：“成均之法者，其遗礼可法者。”即成均的乐教传统流传后世，成为古代教育的借鉴，以致西周大司乐所掌仍为“成均之法”，以乐教贵胄子弟。刘师培《学校原始论》云：“古代教育之法，则有虞之学，名曰成均，均字即韵字之古文，古代教民，口耳相传，故重声教。而以声感人，莫善于乐。观舜使后夔典乐，复命后夔教胄子，则乐师即属教师。”唐高宗时，曾改国子监为成均监，后人也有称国子监为成均的。据《清史稿·选举一·学校一》记载：“雍正元年（1723年），礼部尚书陈元龙疏请严成均肄业之规。”或有谓成均即“大学”。据《清朝文献通考·学校三》记载：“太学。天子曰辟雍，又曰成均。郑康成释辟为明，雍为和，所以明和天下也。宋陈祥道谓明之以法，和之以道，曰辟雍；成其亏，均其过不及曰成均。盖学校为造士之地，而国学尤为首善之区。事则始于明伦。和行而功则全乎成德均才。故曰养士莫大乎大学。”

太学，亦作“大学”，亦称“大学馆”、“槐馆”，中国古代的中央官学，也就是国家最高级学府。据文献记载西周已有“大学”之名。太学作为周代王公贵族子弟的最高学府，即“大学”，比小学高一等。周制，十五岁入大学，束发受教，学习各种成年人礼仪。相传周代天子和太子要入小学和东学、南学、西学、北学、大学，因此有六学之称。《大戴礼记·保傅》：“帝入大学，承师而问道。”《礼记·王制》：“大学在郊，天子曰辟雍，诸侯曰泮宫。”大学的本义就是儒家经典中所说的大学。

瞽宗，亦称“西学”、“西雍”。周代沿袭殷代，也以贵族子弟为礼乐教育对象，也是收藏礼乐书籍的场所，亦由优秀乐官任教。

东胶，周朝天子设在王城的中央大学之一。起源于夏代，称东序，周朝称东胶。周制，天子五学，太学居中，四周环水，居东面的为东序。《礼记·王制》：“有虞氏养国老于上庠，养庶老于下庠；夏后氏养国老于东序，养庶老于西序；殷人养国老于右学，养庶老于左学；周人养国老于东胶，养庶老于虞庠。”郑玄注：“东序、东胶亦大学，在国中王宫之东。”孔颖达疏：“以此约之，故知皆学名。养老必在学者，以学教孝悌之处，故于中养老。”后泛指国学为东序。《三国志·魏书·管宁传》：“诚宜束帛加璧，备礼征聘，仍授几杖，延登东序，敷陈坟素，坐而论道。”章炳麟《旭书·官统中》：“七十一圣之官命，禄尽于今，陈诸东序，不为下国缀游。”毛奇龄《学校问》则云：“所云东序、西序、右学、左学，亦一学；而以楹东为东序、左学，楹西为西序、右学，非有二也。”

四学，相传是中国西周时期天子在王城所设四所中央大学的合称。但是关于这个问题的说法不一。《礼记·祭义》：“天子设四学。”郑玄注：“四学谓周四郊之虞庠也。”孔颖达疏：“天子设四学者，谓设四代之学：周学也，殷学也，夏学也，虞学也。”《大戴礼记·保傅》卢辩注：“四学者，东序、瞽宗、虞庠及四郊之学也。”周代辟雍规模较大，是天子国学的总称，实际包含五学。居中者名叫“辟雍”，也称“太学”，四周以水雍之，水之南者叫“成均”，也称“南学”；北叫“上庠”，也称“北学”；东叫“东序”，也称“东学”，或称“东胶”；西叫“瞽宗”，也称“西学”，或称“西雍”。而东、南、西、北之学合称“四学”。

五学，相传是中国西周天子在王城所设五所中央大学的合称。即东、南、西、北四学和大学，统称“五学”。《大戴礼记·保傅》：“《学礼》曰‘帝入东学，上亲而贵仁，则亲疏有序如恩相及矣；帝入南学，上齿而贵信，则长幼有差如民不诬矣；帝入西学，上贤而贵德，则圣智在位而功德不匮矣；帝入北学，上贵而尊爵，则贵贱有等而下不逾矣；帝入太学、承师问道，退习而端于太傅，太傅罚其不则而达其不及，则德智长而理道得矣’。”王聘珍解诂：“《学礼》者，《礼古经》五十六篇中之篇名也。”《三才图会·天子五学图》引宋陆佃云：

“《礼记》天子设四学，盖天子立四学，并中学而五，于一处并建。周人则辟雍居中，其南为成均，其北为上庠，其东为东序，其西为瞽宗。学礼者就瞽宗，学书者就上庠，学舞干戈羽龠者就东序，学乐德、乐语、乐舞者就成均，辟雍唯天子承师问道、养三老五更、又出师受成等就焉。天子入大学，则四学之人环水而观之，是谓辟雍。总而言之，四学亦大学也。”

北学，周朝设在京城的中央大学之一。

二是小学的称谓。中国古代的“小学”大都是相对于“大学”而言的。大学、小学是按照入学年龄和受教育程度不同而划分的。各朝各代对小学的入学年龄有着不同的规定。西周小学的入学年龄，文献记载不一。《白虎通·辟雍》：“八岁入学，学书计；十五成童志明，学经籍。”《礼记·王制》孔颖达正义引《尚书周传》：“王子、公卿、大夫、元士之嫡子，十三入小学，二十入大学。”又云：“书传略说，余子十五入小学，十八入大学。”《大戴礼记·保傅》：“古者八岁而出就外舍，学小艺焉，履小节焉；束发而就大学，学大艺焉，履大节焉。”清人胡元玉《壁沼集·视学考》认为入学期不一致，不必“以太子、世子、嫡子、余子强为区别”，而完全是由于“资质有高下，不可强以齐之，故分为二限：早成者八岁入小学，十五岁入大学；晚成者十五岁入小学，十八岁入大学；举中人之资言之，则十三入小学，十八入大学”。今人陈学恂等认为，西周诸侯国众多并且联系松散，不可能有统一的几百年不变的入学年龄的规定，并认为这种入学年龄的差异是贵族等级性的反映。

西学，周朝设在王城的中央贵胄小学。周有大学、小学之分，东学为大学，西学为小学。

虞庠，传为周代的中央小学。据《礼记·王制》记载：“周人养国老于东胶，养庶老于虞庠。虞庠在国之西郊。”郑玄注：“虞庠亦小学也，周立小学于西郊……周之小学为有虞氏之庠制，是以名庠云，其立乡学亦如之。”南朝宋颜延年《皇太子释奠会作》诗：“虞庠饰馆，睿图炳睟。”唐柳宗元《四门助教厅壁纪》：“周人置虞庠于四郊，以养国老，教胄子。”

需要说明的是，这些关于西周大学、小学的文献记载，大多不是当时的文献记载的，而是多成书于后世。大学究竟起源于何时，夏代甚至以前是否已经建有大学，目前文献还不足以佐证。据王贵民先生考释我国早在商代的甲骨文卜辞中就已经有大学之名，说明我国商代已经建立大学①。这一观点比传统观点认为我国大学起自西周要提早很多。

(2)明堂

明堂，中国古代帝王宣明政教的场所，是具有中央官学性质的学校。明堂传说起源于周代。周制，凡朝会、祭祀、学礼、军礼、养老、取士等盛典，都在这里举行。周的明堂建在国都近郊，有九室十二堂，以茅盖顶，上圆下方，用水环绕四周。也有的观点认为炎帝、黄帝时就已经有了，夏称“世屋”，商称“重屋”，西周时称“明堂”。

明堂之制，至今尚无定论，据《大戴礼记·明堂》记载：“明堂者，古有之也……以茅盖顶，上圆下方。明堂者，所以明诸侯尊卑。外水曰辟雍。”汉蔡邕《明堂月令论》亦称：“明堂者，天子太庙，所以祭祀。夏后氏世室，殷人重屋，周人明堂。飨功、养老、教学、选士，皆在其中。故言取正屋之貌则曰太庙，取其正室则曰太室，取其堂则曰明堂，取其四时之

① 王贵民．从殷墟甲骨文论古代学校教育．人文杂志，1982(2)．

学则曰太学,取其圆水则曰辟雍。虽名别而实同。"晋袁准《正论》不同意明堂与太庙、太室、太学、辟雍"虽名别而实同"的说法,认为:"明堂、宗庙、太学,礼之本物也。事义不同,各有所为。而世之论者,合以为一体,取《诗》、《书》放逸之文,经典相似之语,推而致之,考之人情,失之远矣。"清阮元作《明堂论》,综合前人的说法,认为:"上古水土荒沉,橧穴犹在,政教朴略,宫室未兴……明堂者,天子所居之初名也。是故祀上帝则于是,祭先祖则于是,朝诸侯则于是,养老、尊贤、教国子则于是,飨射、献俘馘则于是,治天文告朔则于是,抑且天子寝食恒于是。此古之明堂也。黄帝、尧、舜氏作,宫室乃备。洎夏商周三代,文治益隆。于是天子所居……后曰路寝……路寝犹袭古号曰明堂,若夫祭天则有圜丘、祭祖考则有应门内左之宗庙,朝诸侯则有朝廷,养老、尊贤、教国子、献俘馘则有辟雍、学校。其地既分,其礼益备,故城中无明堂也。然而圣人事必师古,礼不忘本,于近郊东南别建明堂,以存古制……非常典礼,乃于此行之。此后世之明堂也。"近人刘师培也以为,明堂即为辟雍、太学之所在。

(3)泮宫

泮宫,省称"泮"或"頖",亦作"頖宫",亦称"垣宫"。泮宫原是宴飨射的地方。周代是各诸侯国所设的大学。后代或作为地方官府所设之学宫。《礼记·王制》:"大学在郊,天子曰辟雍,诸侯曰泮宫。"《诗经·鲁颂·泮水》:"鲁侯戾止,在泮饮酒。"《史记·封禅书》:"天子曰明堂、辟雍,诸侯曰泮宫。"班固《白虎通·辟雍》:"诸侯曰泮宫者,半于天子宫也。明尊卑有差,所以化少也……言垣宫者,名之明尊卑也,明不得化四方也。"《三国志·魏书·武帝纪》:"(建安二十二年,即217年)五月作泮宫。"明清时期诸府、州、县所设的学校亦称泮宫(学宫棂星门内有半椭圆形水池,即泮池,或称月牙池),因称生员进学为"入泮"、"游泮",而学宫在泮教授为"主泮"。

(4)辟雍

辟雍,亦作"辟廱"、"壁廱"、"辟雝"。狭义的辟雍指周在王城西郊为天子设的五所中央大学之一的"中学",其南为成均,北为上庠,东为东序,西为瞽宗;广义的辟雍是指周代大学的总称,因为天子五学之中以辟雍为最尊,所以西周天子大学又统称为辟雍。

中国奴隶制国家的大学在组织形式上是典型的"政教合一",辟雍既是承师问道,天子自学的场所,也是举行"献俘"、"告功"等国家盛典的地方。早期的辟雍以习武教育为主,并且注重实战训练,教师大多也是来自军旅的太师、太保、太傅等。其实,"师"的本义是来源于军旅或军官的称号。根据文献记载,辟雍(包括泮宫)原为厅堂式建筑,四面敞开,没有院墙,四周有水泽环绕,主要为习射之地,也是天子举行大射之礼或以射艺考试贡士的场所。所以也称为"泽宫"、"射宫"、"射卢"、"大池"等。据周共工时《师汤父鼎》记载:"王在周新宫,在射卢。王乎宰雁锡卢弓,象弭矢臸、彤朔(臸为箭,朔为栝)。"传世文献亦有相关的记载,《礼记·射义》:"天子将祭,必先习射于泽,泽者所择士也。已射于泽,而后射于射宫,射中者得与于祭,不中者不得与于祭。"郑玄注:"泽,宫名也。王谓诸侯朝者诸臣及所贡士也;皆先令习射于泽,已乃射于射宫课中否也。"孔颖达疏:"泽,所在无文,盖于宽闲之处近水泽而为之也。非唯祭而择士,余射亦在其中。"《礼记·射义》云:"是故古者天子之制,诸侯岁献贡士于天子,天子试之于射宫。其容体比于礼,其节比于乐，而中多者，得兴于祭。”《文选 · 张衡 · 东京赋》：“摄提运衡，徐至于射官。”薛综注：“射宫，谓辟雍也。”近人刘师培《学校原始论》亦云：“至序训为射，则古代辟雍本为习射之地，故辟雍谓之射宫。”

《三辅黄图 · 辟雍》有云：“周文王辟雍在长安西北四十里，亦曰壁雍。如壁之圆，雍之以水，象教化之流行也。”意思是说周文王辟雍在长安城西北的四十里，根据考古发掘，西周初年，周文王和周武王将周的都城从周原迁到丰、镐，所以有文王作丰，武王作镐的说法。

（5）国子学

国子学，简称“国学”、“国子”，也称“国子馆”。中国封建王朝培养高级官员子弟的中央官学，是国立儒学的最高学府。国子原指公卿大夫的子弟，专为国子设立的教育机构。其制可上溯到西周，尽管当时还没有“国子学”的名称。据《周礼 · 地官 · 师氏》记载：“师氏掌以媺诏王，以三德教国子。”郑玄注：“国子，公卿大夫之子弟。”又“居虎门之左，司王朝，掌国中失之事，以教国子弟。凡国之遣游子弟学焉”。据《周礼 · 地官 · 保氏》记载：“保氏掌谏王恶，养国子以道，乃教之六艺。”故《通典 · 职官九》有云：“国子，周之旧名，周官有师氏之职，即魏国子祭酒。”

中国古代国子学实际就是国子监的滥觞，它的出现是士族地主阶级的政治、经济特权在教育上的反映。另外，中国历史上二者常混称，如隋文帝开皇十三年（593 年）改国子寺为国子学；宋太宗端拱二年（989 年）曾改国子监为国子学；淳化五年（994 年）国子学又改为国子监。国子监同时具有全国最高学府和中央教育性质管理机构双重职能。就其管理之职而言，专称国子监，就其教学之职而言，则称国子学。当两者并设时，国子学总被国子监管辖，仅是中央官学中的最高学府。或有谓古之“虎门”、“虎馆”、“虎闱”即后世之国子学。国子学又简称“国学”，学生称“国子（生）”或“国学生”。国子学也有简称“国子”者，《北史 · 儒林传论》：“明元时，改国子为中书学、立教授博士……及迁都洛邑，诏立国子、大学、四门、小学。”国子生指在国子学或国子监肄业的学生：一般为官员子弟；晋代规定五品以上官子弟才允许为国子生；唐代规定为文武官三品以上及国公子孙，从二品以上官曾孙；宋代为京官七品以上子孙；金代为宗室及皇后大功以上亲、诸功臣二品以上兄弟子孙年十五以上者，才允许入国子监为国子生。元代随朝的蒙古、汉人百官及怯薛官员子弟，可入选蒙古国子学。明清入国子监肄业者称为“监生”、“贡生”。

2. 地方官学

古代地方官学指中国古代社会历代官府，按照地方行政区划，在地方所办的学校。中国封建王朝的地方官学及其中央官学，共同构成了中国古代社会最主要的官学教育制度。地方官学的设立，有的由国家制定出地方官学制度，有的由地方官吏重视教育在其管辖的地方设置学校。学校经费都来源于各地方官府。

中国古代历朝官府按行政区域在各级地方机构设置的学校称为地方官学。如夏、商、周时的乡学（包括庠、序、学、校），汉代的郡国学，西晋的乡校，北魏的乡学，唐代的府州县学、医学、玄学，宋代的路州县学，辽、金的府州县学，元代路学、府学、州学（上州学、下州学）、县学及蒙古字学、医学、阴阳学、社学，明的府州县学、卫学、社学、都司儒学、诸土司儒学、宣慰司儒学，清代的府州县学、卫学、社学、土司学，等等。

地方官学的几种称谓如下：

(1)庠

庠，传为中国古代地方官学。又特指先秦时期的乡学。文献记载在远古的虞舜时期就有"庠"的教育机构。据《孟子·滕文公上》记载："设为庠、序、学、校以教之。庠者，养也……周曰庠。"《礼记·王制》也载："有虞氏养国老于上庠，养庶老于下庠。"郑玄注："上庠、右学、大学也，在西郊；下庠、左学、小学也，在国中王宫之东。"又"耆老皆朝于庠"。郑玄注："此庠，谓乡学也。"又"庠"或谓之"党学"，又《礼记·学记》记载："古之教者，家有塾，党有庠。"孔颖达疏："'党有庠者'，党谓周礼五百家也。庠，学名。于党中立学，教闾中所升者也。"陈澔《礼记集说》："序则教党学所升之人。"后世说的庠主要指地方官学。汉代的庠实际是地方官学，也就是郡国学的一种。所以，后世多称地方官学为"庠序"、"庠室"、"庠学"、"庠黉"、"庠塾"等。相应地称地方官学的学官(教师)为"庠老"，称地方官学的学生为"庠生"。"庠"有时也作为学校的泛称，因此后世又有"上庠"、"下庠"之分。《汉书·平帝纪》称："立官稷及学官……乡曰庠。"《梁书·武帝纪(中)》说："建国君民，立教为首……宜大启庠敩，博延胄子。"李昌祺在《剪灯余话·月夜弹琴记》讲："洪武初，(乌斯道)除吉安永新知县，到任三日，只谒先圣于邑庠。"连《儒林外史》第二回也描述到："这是我们集上在庠的梅相公。"

"庠"训作学校与"养"有关。"庠"的本义是"养"。据《说文·广部》解释："庠，礼官养老，夏曰校，殷曰庠。"就是把有道德、有经验的老人养在那里，专门从事教育下一代的工作。因为远古时代老人就是教师，"庠"作为养老的地方逐渐成为施行教育的场所，即学校。这是一般文献训诂学者的共同观点。又《文献通考·学校六》记载："按古者天子之视学多为养老设也，虽东汉之时犹然，自汉以后，养老之礼浸废，而人主之幸学者，或以养经，或以释奠，盖自为一事矣。"

有关庠的起源和性质，文献记载的说法不一。虞舜时代就有关于"庠"的传说，主要有以下几种：《礼记·王制》载："有虞氏养国老于上庠，养庶老于下庠。"《玉海·学校》载："周之小学为有虞氏之庠制。"《三礼义宗》载："虞氏之学名庠。"这些传说都认为"庠"是产生于虞代的。但《孟子·滕文公上》与《史记·儒林列传》却说："夏曰校，殷曰序，周曰庠。"《说文·广部》与《汉书·儒林传序》又说："夏曰校，殷曰庠，周曰序。"这两种传说都认为"庠"与有虞氏无关，而认为"庠"作为学校是从夏代才开始的。这样，传世文献所载不一，因为它们一个说"殷曰庠"，一个说"周曰庠"，究竟哪一说对呢？后者基本上是符合一般学校产生的规律的，那就是说学校在奴隶制社会的历史阶段才能产生。它们说夏朝已有学校，虽然没有什么依据，但在理论上是可以成立的。不过，它们没有解决的问题是"庠"究竟产生在哪个朝代。据陈梦家先生考释，甲骨文中就有"庠"字，并认为这是商代确有"庠"学的重要证明，主张理应将庠学的设置提前到殷商时期。据毛礼锐先生考释，"庠"作为一种广义的学校是形成于殷代，而周代仍然有这种学校，所以"殷曰庠"和"周曰庠"两种说法都对。但是这种"庠"的萌芽，在虞舜时代就已经产生了，它只是学校的前身，不能称为学校。所以关于有虞氏之"庠"的传说也不是完全捏造的，只是把它夸张成为学校罢了。

（2）米廪

米廪，传为中国有虞氏舜时的学校。周代鲁国沿袭其旧制，设米廪为学校，也就是庠。中国原始社会末期教育下一代的任务是由老人承担的，老人在米廪完成施教的职责，后来将米廪作为学校的名称。据《礼记・明堂位》记载：“米廪，有虞氏舜之庠也。序，夏后氏之序也。瞽宗，殷学也。泮宫，周学也。”郑玄注：“廪、序亦学也。庠之言详也，于以考礼详事也，鲁谓之米廪，虞帝上孝，令藏粢盛之委焉。”孔颖达疏：“此一经明鲁得立四代之学也，‘米廪，有虞氏之庠也’者言鲁之米廪是有虞氏之庠，鲁以虞氏之庠为廪以藏粢盛。”陈澔《礼记集说》：“此言鲁立四代之学，鲁所藏粢盛米之廪，即有虞氏之庠，谓藏此米于学宫也，亦教孝之义。”陈奂《诗毛氏传疏》：“米廪即上庠。”将米廪解释为西周国学中的大学。毛奇龄《学校问》：“其曰米廪者，即上庠也，以虞重养老也。”“庠”的意思是“养”，就是把有经验、有道德的老人养起来，从事教育孩子的工作。“庠”需要贮藏一定的粮食以备养老，所以称为“米廪”。

（3）校

校，也作“教”。最初为中国古代地方学校，后来引申为学校的泛称。校之为“学”，相传起源于夏代。周代是乡学，汉代是侯国之学。据《诗经・郑风・子衿》小序记载：“子衿，刺学校废也，乱世则学校不修焉。”郑玄笺：“郑国谓学为校，言可以校正道艺。”据《孟子・滕文公上》记载：“设为庠、序、学、校以教之。庠者，养也；校者，教也；序者，射也。夏曰校，殷曰序，周曰庠，学则三代共之，皆所以明人伦也。”在字，《说文・木部》有云：“校，从木，交声。”古代“交”声之字多含有“教”义，可资佐证。《正韵》：“校，乡学为校。”而关于夏校的性质，《史记・儒林列传》另有补充：“乡里有教，夏曰校。”这说明校为乡学。朱熹在《四书集注》中亦指出庠、序、校都是乡校。至于校的教学内容，朱熹在《孟子・滕文公上》说“设为庠、序、学、校以教之”。注云：“校，以教民为文。”又云：“伦，序也。父子有亲，君臣有义，夫妇有别，长幼有序，朋友有信，此人之大伦也，庠、序、学、校皆以明此而已。”总的看来，校由于与以伦常教化民众有关，设于乡里，后世多用校作为地方学校的名称。西汉时期的“校”就是郡国学之一。据《后汉书・章帝纪》记载：“二代导人，教学为本。”李贤注：“《前书》上代之道，乡里有教，夏曰教，殷曰庠，周曰序。”刘攽曰：“夏曰教，教当作校。”后泛称地方学校。据《汉书・平帝纪》记载：“（元始三年）立学官。郡国曰学，县、道、邑、侯国曰校，以论执政。”《左传・襄公三十一年》载：“郑人游于乡校。”杜预注：“乡之学校。”又《公羊传・宣公十五年》载：“什一行而颂声作矣。”何休注：“在田曰庐，在邑曰里；一里八十户，八家共一巷，中里为校室。选几耆老有高德者名曰父老……十月事讫，父老教于校室，八岁者学小学，十五者学大学。”

（4）庠序

庠序，亦称“庠均”、“庠门”、“庠校”、“庠塾”、“庠学”、“庠斆”、“庠黉”。最初为中国古代地方学校，后来引申为各类学校的泛称。《孟子・梁惠王上》载：“谨庠序之教，申之以孝悌之义，颁白者不负戴于道路矣。”赵岐注：“庠序者，教化之宫也。殷曰序，周曰庠。”《汉书・董仲舒传》载：“古之王者……莫不以教化为大务，立大学以教于国，设庠序以化于邑。"《汉书·食货志上》也载:"于是里有序而乡有庠。序以明教,庠则行礼而视化焉。"又《汉书·平帝纪》载:"立官稷及学官。郡国曰学,县、道、邑、侯国曰校,校、学置经师一人。乡曰庠,聚曰序。序、庠置《孝经》师一人。"班固《东都赋》载:"是以四海之内,学校如林,庠序盈门。"《陈书·周弘正传》载:"辞林义府,国老民宗,道映庠门,望高礼阁。"《南齐书·武帝纪》载:"命彼有司,崇建庠塾。"《梁书·武帝纪》载:"宜大启庠敩,博延胄子,务彼十伦,弘此三德。"唐时韩愈、孟郊在《城南联句》中讲:"归私暂休暇,驱明出庠黉。"

(5)乡学

乡学,中国古代地方官学。传为西周乡遂所设的学校,是相对于"国学"而言的地方学校。《礼记·乡饮酒义》载:"主人拜迎宾于庠门之外。"郑玄注:"庠,乡学也。"又《礼记·学记》载:"古之教者,家有塾,党有庠,术有序,国有学。"郑玄注:"术当为遂,声之误也。古者仕焉而已者,归教于闾里,朝夕坐于门,门侧之堂谓之塾。《周礼》五百家为党,万二千五百家为遂。党属于乡,遂在远郊之外。"孔颖达疏:"乡学曰庠。"据《文献通考·学校一》记载:"夏曰校,殷曰序,周曰庠,皆乡学也。"后世因称地方所办之学校为乡学。《汉书·食货志上》载:"其有秀异者,移乡学于庠序。"唐沿置乡学。《旧唐书·玄宗本纪》载,开元二十六年(738年),"天下州县,每乡一学,仍择师资,令其教授"。

(6)乡校

乡校,中国古代设在乡里的学校。乡校之设,最早可以上溯到西周。周制,一万二千五百家为乡。乡里设校,称为乡校。历代沿设。春秋时有时也兼作乡人议事之所。《左传·襄公三十一年》:"郑人游于乡校,以论执政。然明谓子产曰:'毁乡校何如?'子产曰:'何为?夫人朝夕退而游焉,以议执政之善否,其所善者,吾则行之;其所恶者,吾则改之,是吾师也,若之何毁之!'"后世也泛指地方学校。《后汉书·寇恂传》载:"恂素好学,乃修乡校,教生徒,聘能为《左氏春秋》者,亲受学焉。"毛奇龄《学校问》杂考《周礼》《礼记》后,认为周的乡学有四种:乡校、州序、党庠和家塾。所以,乡校是乡学之一。

(7)党庠

党庠,相传是西周的地方学校。据《礼记·学记》记载:"党有庠。"孔颖达疏:"党有庠者,党谓周礼五百家也;庠,学名也。于党中立学,教闾中所升者也。"

3. 学校与官员选拔的关系

(1)西周的学校与官员选拔的联系非常紧密

第一,西周的学校与行政机关结合得十分紧密。教育场所与行政机关均在同一地点举行某些行政或教育活动,使学生能直接体验和学习掌握从事行政活动的部分内容。国学既是施教场所,又是祭祀献俘之地。"天子将出征……受成于学;出征,执有罪反,释奠于学,以讯馘告。"①被称为"大教之宫"的明堂是国学的重要组成部分,而有关朝政、祭祀,飨射等活动均在此举行。

诸侯大学也是这样的。如鲁君在泮宫举行饮酒敬老,审问战俘以及武臣献囚、献馘

① 《礼记·王制》。

的活动①。

乡学，也是举行飨饮酒礼、飨射礼、养老敬贤以及评议地方政事的场所。

第二，教师由现职或退休官员充任。“师，官也。”②“师氏，亦中大夫也。”③如国学由大司乐（又名大乐正）主持，大司乐本身又是负责宗教祭祀和典礼之事的礼官；又如乡大夫作为“乡官之首”，又兼管乡学。实际主持乡学的是乡司徒，掌施十二教，“以乡三物教万民而宾兴之”④。乡学专职教师则由退休官员“父师”、“少师”担任。

第三，教学内容和教育目的则服从和服务于入仕为官。教学内容主要是有关宗教、政治、伦理、军事、识字、学算以及民生日用所需的常识。西周时期，文化并不发达，这些教学内容有利于培养官员行政的基本素质。学习者侧重学仕宦之事，即所谓“官先事，士先志”⑤。有的官员也拜师以进一步学习之，因此有“宦学事师”的说法⑥。

教育目的明白突出。入太学者是“王大子、王子、群后之大子，卿大夫元士之适（嫡）子，国之俊选”⑦。这既是世官制的要求，又是世官制赖以维持的重要条件之一，入太学者肯定入官任事，教育目的由此而体现。

学校以某些专职官员为培养对象。“天官”负有“传天数”之责。“昔之传天数者：高辛之前，重、黎；于唐、虞，羲、和；有夏，昆吾；殷商，巫咸；周室，史佚、苌弘……”⑧传天数之教法，选就一批懂天文历法，并把“天时”与“观政”结合起来的天官。

学校与行政机关的联系如此紧密，对学生的资格就会有苛刻的限制，培养的学生基本上是向职官队伍输送，也就在根本上成为关系政权组织建设的一个大问题。如何保证教育教学的质量，就必须建立严格考查和奖惩的激励机制：每隔一年由天子派员到大学对学子进行一次视学考试。所考内容包括德行与道艺。对德行与道艺兼优的学生予以提升，或升级深造，或任官。对那些学业低劣，不服管教的学生施以惩罚。如《礼记·学记》载“朴作教刑”，“夏楚二物，收其威也”。《周礼·春官·小胥》：“觵其不敬者，巡舞列而挞其怠慢者。”至于屡教不改者，则放逐远方，“终身不齿”。

（2）西周学校教育与入仕结合得如此紧密的原因

西周文化相对落后，缺乏普及适用的文字书写工具和文字载体，各级学校的教育更多的是通过具体直观的示范使学生逐步熟悉与积累相关的经验和知识，如让学生参加和体验在明堂举行的有关政事活动。直观教学也只能由那些既有文化知识，又有行政经历的官员才能胜任。

世官制要求文化垄断，以使等级制永远在极少数人范围内固定不变。学校与行政机

① 《诗经·泮水》。
② 《广雅释诂》。
③ 《诗经·十月之交》郑玄笺。
④ 《文献通考》卷28《选举一》。
⑤ 《礼记·学记》。
⑥ 《礼记·曲礼》。
⑦ 《礼记·王制》。
⑧ 《史记》卷27《天官书》。

关的合一就是防止知识与政事的处理方式扩散的好办法之一。因此,教学场所与行政机关同在一处,以官为师,教学内容、方式与教育目的侧重入官任事也就在情理之中。由此可知:学校教育是这一时期培训官员的重要途径,而且这种途径为历代统治者效仿。因而可以说,学校教育是研究中国古代官员培训的重要内容之一。

第四节　西周官员的识别与任用

官员的选拔与任用,是官员管理的重要内容,各朝统治者都非常重视。西周在这方面进行管理的内容大致有以下几点:

一、识别方法

西周统治者总结了夏、商的经验教训,积累了比夏、商更为丰富的经验。如《尚书·立政》的中心思想之一,就是周公还政于成王时,强调统治阶级须解决理政与用人的关系问题,尤其是理政必须以用人为要。清人崔达说:"周公何以作《立政》也? 盖治国以用人为要,而用人以知人为先。"①在此文中,周公以夏、商两代设官任人的正反两方面经验教训告诫成王,用人是理政的根本。

周公像

周公在对前人和自己识人经验的总结基础上,提出应"克服宅心","知忱恂于九德之行",即要审视人的内心之德,再联系其实际行为来审查是否表里一致。周公认为那种只是察言观色,凭个人好恶取人的"谋面"方法是不可取的。"谋面用丕训德,则乃宅人。兹乃三宅无义民。"②大意是说,如果以貌取人,不根据德行而根据个人的喜好,那么你就得不到贤能的人为你的属官了。为保证识别官员的准确,周公提出了"三宅考吏法",即"宅乃事,宅乃牧、宅乃准"。"宅"是度量之意,是说要从政务、理民、执法三个方面考核官吏的政绩行为,才能证明官吏是否忠于职守。又从这三方面选拔人才,才能证明那些获得信用的人是贤人还是佞人。通过"三宅法"使人才的识别和选拔具体化了。

二、任用方式

任用贤明的人,"继自今后王立政,其惟克用常人"。"继自今立政、其勿以憸人,其惟

---

① 《丰镐考信录》卷4。

② 《尚书·立政》。《尚书·皋陶谟》:"宽而栗,柔而立、愿而恭、乱而敬、扰而毅、直而温、简而廉、刚而塞、强而义。"即所谓九德。

吉士，用励相我国家。”①周公劝诫成王必须任用“常人”、“吉士”，即贤明有德的人担任官职，不能用所谓“憸人”，即利佞小人，如果任用利佞小人，“国则罔有，立政用憸人，不训于德，是罔显在厥世”。就像一个国家没有官制一样，其后果是严重的。周公总结殷灭亡的教训说，“其在受德。暋惟羞刑暴德之人，同于厥邦；乃惟庶习逸德之人，同于厥政。帝钦罚之，乃伻我有夏，式商受命，奄甸万姓”②。也就是说，商纣王只知选用任刑弃德的人，只知亲近那些失去德行的人，使商的政治昏乱。使周代替商纣接受上天的大命，在广大土地治理百姓。在此基础上，周公说既然是选拔、任用贤人为官，那么就应放手使用，不要包办代替和随便干预下级行使权力。“文王罔攸兼于庶言。庶狱庶慎，惟有司之牧夫是训用违。庶狱庶慎，文王罔敢知于兹。”③这段话大意是，文王不去代替下属官员发布命令，对于刑狱和臣民管理的事情，依照准夫和牧夫的意见来决定去取；对刑狱处理和管理臣民的事务，文王是不会加以不适当的干预的。周公又说：“其勿误于庶狱，惟有司之牧夫。其克诘尔戎兵，以陟禹之迹，方行天下，至于海表。罔有不服。”④这就是告诫成王不要随便去干涉司法方面的事物，应让有关官员去处理。作为一国之王应多过问军队方面的事情，以使普天之下无不臣服。周公关于识别、选拔和任用官员的论说比较合于职官管理的实际情况，对西周的机构设置、职官管理等方面起了积极作用。如何使国家的最高领导者——王摆脱事无大小、事必躬亲的困境，使下属能够更好地独立处理一些事务性的工作，各得其所，使上下的工作和谐协调，正确处理好国家行政事务，始终是一个说来容易做起来难的问题。

西周官员的更新，一是按照自然规律，比如官员年老不能继续任职，就由自己的子嗣承袭；二是每个新王继位大都要从大宗至亲中选用新的辅政大臣，这是因政治原因而进行的更新。如西周初期是周召二公主政，以后是召毕二公、祭公和荣夷公、番生和毛公主政，后来又有共伯和摄政的“共和”，以及虢石父用事。

①②③④　《尚书·立政》。

第二章　春秋战国时期

西周晚期，我国开始使用铁器。春秋时候，铁家具就开始出现并得到使用。战国时期，铁家具的使用范围进一步扩大。铁器坚硬、锋利，胜过木石和青铜工具，铁器时代的到来，标志着社会生产力的显著提高，社会随之就会出现大的变革。

春秋时期，周朝所确立的各种典章制度开始崩溃，但是这个时期还不是新制度大规模创建的时代。一切制度的变化，都发生在旧制度允许的范围内。

战国时期是我国历史上的大变革时代。这一时期的社会生产方式、社会经济基础、社会组织关系、国家政治制度、社会意识形态，以至于普通人的日常生活，都处于急剧的变动之中。各国政治家们开始在国内推行经济、政治、军事等社会改革，掀起了一场轰轰烈烈的变法运动。这场变法运动是自上而下进行的，是为了适应社会生产力及社会关系的巨大变化而出现的一次巨大的改革运动。这种变化不仅对当时的社会经济文化产生重大的影响，而且对后世的影响也极为深远。

第一节　春秋战国时期官员的培养

夏、商、周三代实行的是“政教合一”的教育制度。奴隶主阶级是社会物质生产资料与精神产品的垄断者。教育场所设在官府所在地，教师主要是现任或退休官员充任，其中文化官员占较大比例。教学内容主要是有关宗教、政治、伦理、军事、识字、学算的文化知识以及在各奴隶主等级交往中所需的礼仪、言行举止规范的常识。这就是所谓的“学在官府”。

春秋战国时期，社会经济、政治和文化的剧烈变革，奴隶社会官学已难以适应新形势的需要，终于为私学和封建官学所代替。公元前525年，孔子说，“天子失官，学在四夷”。《左传·昭公十八年》载，周大夫原伯鲁公开承认“不悦学”，闵子马认为：“可以无学，无学不害，不害而不学，则苟而可，于是乎下陵上替，能无乱乎?”这就看出奴隶社会官学全面崩溃。

私学的出现是与奴隶社会的衰落、封建社会的形成，与官学的没落、学术下移、士阶层的兴起同步的。

一、春秋战国时期的官办教育

春秋战国的养士与稷下学宫，是这一时期教育和选拔人才的一大特点。在激烈竞争的形势下，实力和谋略是制胜的根本，而人才又是增强实力和采取正确策略的关键。当时各国有眼光的统治者都大开招贤纳士之门。早期的齐桓公用管仲、秦穆公用百里奚，乃至后来的商鞅、孙膑、吴起、苏秦、张仪，都是由“士”出身的显赫一时的权臣。

起初统治者只是发现贤士才予以任用，到后来则预先养士以供需要时派上用场。到了战国，先是公室养士，随后私门也养士。所养之士称门客、宾客、门人、食客等，魏文侯、齐宣王、齐缗王、燕昭王等都是诸侯中养士的代表。高官贵族也致力于养士，如著名的“战国四公子”每人养士数千，凡有一技之长者就可能被网罗，连鸡鸣狗盗之徒也用。秦国吕不韦养士多达三千人。

养士之风促进了春秋战国时期私学的进一步繁荣。养士的公室或私门，都像是一所私学或一些私学的集合体，而影响巨大的当属齐国的稷下学宫。

稷下学宫建于战国时齐国都城临淄的稷门之下，它是齐国统治者设立的国家养士机构，凭借国家的财力、物力养士，绵延一个半世纪之久，几乎集中了当时各家各派的学者。稷下学宫虽系齐国官办，但它实际上又是许多私学的集合体。

其特色主要有：

其一，“不治而议论”，即士人并不担任具体的官职，一般不承担行政事务，以备统治者咨询，日常则从事自己的学术研究和讲学活动。因此，稷下学宫实际上起到的是“智囊团”的作用。

其二，自由辩论。稷下学宫采取的是学术自由、兼容并包的政策，各家学派在稷下学宫都占据了一定地位，他们要使自己的学说得到公认，不得不通过公开的辩论，以理服人，这就活跃了思想，繁荣了学术。在学宫所召开的“期会”中，不仅全校教师和四方游士可自由参加，学生也可参加驳难辩论，这种师生之间在学术上的民主平等，有助于扩大眼界，也有利于人才的成长，并对解放和活跃学生思想起了极大的作用。

其三，学无常师。稷下学宫的教学方式十分特殊，在教学中，学生们可以自由听讲，实行游学自由的方针。当时前来稷下学宫的，既有个别游学，也有集团游学的情况。可以随时请求加入，也随时可以告退，不受任何限制。学生来到稷下学宫后，则不限于跟一个先生，其他先生讲学也可以听讲请教，这种灵活的教学制度，使学生有机会接触各种学说，打破了学术流派的局限，各家各派在稷下学宫相互批评，又相互吸收，促进了学术发展。

其四，在学生管理上，稷下学宫制定了历史上第一个学生守则——《弟子职》，全文载于《管子》，从尊敬师长到敬德修业，从饮食起居到衣着仪表，从课堂授课到课后复习均有严格规定。从《弟子职》可以看出稷下学宫对学生管理的总体特点，体现了教学的目的性、计划性和组织性。这一学则流传后世，产生了深远的影响。

二、春秋战国时期的私学

私学为中国古代私立学校。春秋时，由于“天子失官，学在四夷”①，以至于官学衰

① 《左传·昭公十七年》。

落，私人讲学之风大盛。私学遍布各地，儒、墨、名、法、纵横、阴阳诸子，皆聚徒讲学。战国时，私学大盛，学派林立，促进了百家争鸣学术局面的形成。

1. 私学兴起的原因

春秋战国时期，是中国社会大动荡、大变革的时期。周平王东迁后，周王室丧失了数百年来经营的关中统治基业，实为寄人篱下，丧失了控制天下的能力。于是列国纷争，大国称霸，从春秋五霸到战国七雄，兼并战争和各国内部的政治斗争都十分激烈。旧有的统治秩序被彻底打乱，经济、政治和社会文化都在发生深刻变革。“学在官府”的教育走向衰落，而适应新形势需要的新教育形式——私学开始兴起。

造成官学衰废的原因，首先是因为天下动乱。春秋时期诸侯国之间的战争、诸侯国内部争夺统治权的内乱，连年不断。各国统治者主要关注的是如何维护生存、扩大势力，无暇顾及教育，不论国学或乡学都难于维持，日趋衰废。

官学衰废更为重要的原因是旧有的教育失去了价值。由于周王室已无力控制天下，“礼乐征伐自诸侯出”。到后来，甚至诸侯国君也大权旁落，而出现“陪臣执国命”的现象。原有的等级制度的崩溃使传统的礼制也受到了破坏。既然这些礼制规范已不再得到严格遵守，以礼乐为核心的教学内容也就缺少了实用价值，自然很少有人愿意去学了。于是天子的辟雍、诸侯的泮宫、地方的乡校，逐渐消亡。

官学教育的衰废，反映了“学在官府”的旧教育体制已经不适应新的时代要求。另一方面，随着社会的变革、政治权力的频繁转换，对新型的人才及文化教育的需求更为强烈。以孔子、墨子为代表的一批新型知识分子就以新的办学形式，聚徒讲学，从而成为创办私学、传播学术文化的先驱。

私学产生的原因，除了上述社会需求外，还有赖于两个基本条件，即有可教学的内容和有从事教学的人。在“学在官府”时代，民间根本不具备这两个条件，因此不可能有私学，而到了春秋时期，形势发生了根本变化：

一是学术的扩散与下移。在统治阶层激烈的政治斗争中，失败的一方被迫流亡他处，这些没落贵族的流亡导致了学术的扩散。例如周惠王、周襄王间争夺王位的内讧，使世代掌管周史的太史离周去晋。周景王死后，王子朝争夺王位失败，率领一批贵族及百工，携带王室所藏文献典籍逃到楚国。至于其他小规模的贵族流亡事件则层出不穷，造成“天子失官，学在四夷”的局面。这些没落贵族往往沦落民间，他们的流亡，不仅导致学术扩散到四方，而且使学术下移到民间，从而使民间有了从事教学活动的条件。

二是新兴的士阶层的出现。士在西周以前就有。按当时的社会等级序列：天子、诸侯、大夫、士和庶人，前三类都是贵族，而士介于贵族与平民之间，很难升到统治集团上层。春秋战国时期社会动荡，一批旧贵族在政治斗争中垮台了，沦落为士。他们一般都受过教育，熟悉各种典章制度，并且有操持各种礼仪的实际技能，正是他们将学术文化带到了民间。一些平民因有条件接触到学术文化，而上升为士。这样，士的队伍大大扩展，成为一个影响很大的社会阶层。

士与工、商、农并称“四民”。士一般不务农、做工、经商，脱离一般生产劳动，而是凭借掌握的学术文化及政治、军事、外交等方面的专长，来为权贵服务。所以，士虽为民，穷困潦倒时可能连一般农、工、商都不如；而一旦被统治者看中，又可能获得高官厚禄。士的这种特殊地位决定了他们的主要活动是做官从政、从事教学和学术研究，从政是主要目标，从事教学和研究则是打好基础，以提高学术水平和社会知名度。而要想成为一个士人，也必须从拜师学艺开始，士阶层正好为私学提供了师生双方的办学可能性。

2. 私学的兴盛

春秋战国时期的百花齐放、百家争鸣局面出现，与私学的兴盛和学派的并存联系紧密。

(1)孔子私学

孔子首开私学之先河，是中国教育的祖师爷。他以平民的身份创办私学，提倡“有教无类”，破除了等级、地域和种族的界限，接受贾人、贱人和农家子弟习儒学，打破了“学在官府”的局面。孔子私学以六艺为教学内容，以《诗》《书》《礼》《乐》《易》《春秋》为教材，他说：“六艺于治一也。《礼》以节人，《乐》以发和，《书》以道事，《诗》以达意，《易》以神化，《春秋》以义。”①墨子曾“学儒者之业，受孔子之术”②，后来自立门户，创立墨家学派，主张“兼爱”、“非攻”、“尚贤”，成为继孔子之后大办私学的人。诸子百家纷纷办私学，广泛地传播文化知识，使平民百姓有了进入仕途的途径。

孔子杏坛讲学图

私学的教育目的之一就是培养从政的人才。孔子主张“学而优则仕”，意思是学习成绩优秀的人可以做官。这符合官员提高素质的要求，易于为统治者所接受，也提高了平民的文化。孔子开办私学，有“弟子三千”，“贤人七十二”，这些学生成为新兴官僚的重要来源。他经常教育他的学生“危邦不入，乱邦不居，天下有道则见，无道则隐”。孔子曾推荐子贡、冉求、子路等人去做官。子贡曾任卫、鲁相，冉求等数十人为季氏家臣。孔子的弟子仲弓为鲁季氏宰，曾向孔子请教为政的办法。孔子告诉他：首先管教好各种官吏，赦免有小过的人，提拔有才德者。孔子自己也以身作则，担任过鲁国的中都宰和司寇等职，后又周游列国，到处游说、宣传自己的政治主张，积极参与天下大事。孔子死后，其弟子分散各地，有“大者为卿相师傅，小者友教士大夫”。子贡教

① 《史记》卷126《滑稽列传》。

② 《淮南子》卷21《要略》。

授于西河，徒弟众多，他为魏文侯师，其弟子田子方、段干木也是魏文侯的师友，李悝为魏相。曾参设学于武城，有弟子七十人。澹台灭明居楚，从弟子三百人。从《论语》中可以看出子张、子游等人，均有门人。孔子的弟子们更是公开主张“学也，禄在其中矣”。“子张学干禄”，“三年学，不至于敖，不易得也”。孔子晚年致力于教育，整理《诗》《书》等古代典籍，删修《春秋》。这是其他学派的私学所不及的。它在学术思想上的贡献和影响，也是当时其他私学不可以相比的。孔子死后，儒家分为八派。在教育上影响最大的是孟子私学和荀子私学。他们继承和发展了孔子的教育学说。

孔子深知学习方法的重要，教学生注意学习方法。他主张因材施教，根据学生的不同分别教学。他发明了启发教育，主张“不愤不启，不悱不发”，就是说不到学生反复思考仍不得其解的时候，不要轻易将答案告诉学生。他教育学生，强调要达到“举一反三”的效果。他强调经常温习的重要性，说：“学而时习之，不亦说乎？”①他强调学习与思考结合，说：“学而不思则罔，思而不学则殆。”②他强调学习态度要端正，说：“知之为知之，不知为不知，是知也。”③他还主张一个人应不耻下问，善于向别人学习，说：“三人行，必有我师焉，择其善者而从之。”④孔子教学“诲人不倦”，深得学生的爱戴。他的学生颜渊对别人说自己的老师：“仰之弥高，钻之弥坚，瞻之在前，忽之在后。夫子循循然善诱人，博我以文，约我以礼，欲罢不能，既竭吾才，如有所立卓尔，虽欲从之，末由也已。”⑤孔子死后，弟子们为其守了三年的丧，由此可见弟子们对老师的真挚感情。

孔子对推动我国古代文化教育的发展，起了积极作用。孔子不仅是中国历史上伟大的教育家、思想家，他的影响已经超出了中国。美国诗人、哲学家爱默生认为“孔子是全世界各民族的光荣”。1988 年，七十五位诺贝尔奖的获得者在巴黎发表联合宣言，呼吁全世界“21 世纪人类要生存，就必须汲取两千年前孔子的智慧”。

孟子图

（2）孟子私学

孟子是战国时期儒家的代表。孟子被誉为“亚圣”，地位仅次于孔子。《孟子·滕文公下》：“后车数十乘，从者数百人，以传食于诸侯。”孟子私学的教育目的是“明人伦”。他特别重视培养人的内在能力，主张发挥人的善性，把教育看作是人心内发的作用。这种理论触及了制约教育的内在发展规律。孟子私学的这些理论和经验，成了后世儒家教育的经典。

（3）荀子私学

荀子是战国时期儒家的另一代表。荀子十五岁时，到稷下学习，后来又在这里长期执教，成为资望最高的“老

① 《论语·学而》。
②③ 《论语·为政》。
④ 《论语·述而》。
⑤ 《论语·子罕》。

荀子图

师”，荀子打破了“儒西行不到秦”的惯例，带着学生到秦国访问。荀子私学恰与孟子私学相反，把教育看作是“外砾”，即后天的培养，所以强调“化性起伪”。荀子私学非常重视传统文化知识的教育，因而在儒家经典的传授上，有着特殊的地位。荀子私学，对学生要求很严格，教师有绝对权威，因而能够培育出像李斯、韩非这样一流的政治家和理论家。

(4)墨家私学

墨子图

墨家学派成员多数来自社会的下层，有些人直接从事生产劳动。墨家创始人墨子，早年受过儒家教育，做过宋国的大夫。南方、北方以及西方的秦国都有墨家私学弟子的踪迹。墨家私学是个严格而有纪律的政治团体和学派。陆贾《新语》：“墨子之门多勇士。”《淮南子·泰族训》：“皆可使赴火蹈刃，死不旋踵。”墨家私学可以派学生去做官，但不能违背墨家“兼爱”、“非攻”的宗旨，否则随时将学生召回。墨家私学要求学生具有刻苦、耐劳、服从和舍己为人的精神。墨家私学主要科目是生产劳动和科技知识，并且要求学生参加实际的生产劳动。

庄子图

(5)道家私学

道家学派主要有两派：一派是以宋钘、尹文、接予、环渊等为代表的稷下黄老学派。另一派以庄子为代表的道家学派。他们都继承了老子的思想。稷下黄老学派的学说经荀子、韩非改造向唯物论方向发展，产生了积极的意义。以庄子为代表的道家学派，把老子“绝圣弃智”、“绝仁弃义”的思想引向极端，《庄子·骈拇》说：“待钩绳规矩而正者，是削其性者也，待绳约胶漆而固者，是侵其德者也。”他认为教育是桎梏人性的，应该取消。庄子消极、颓废的思想，对魏晋时期的教育产生了深刻的影响。

(6)法家私学

孔子死后，其学生子夏到魏国，在西河讲学，弟子三百多人，李悝、吴起、魏文侯等都是他的学生。战国中期著名的法家代表人物商鞅，就是李悝的学生。商鞅提倡“耕战”，非议“诗书”，排斥“礼乐”，主张“燔诗书而明法令”，“以法为教，以吏为师”。韩非发展了这些思想，《韩非子·五蠹》提出了“明主之国无书简之文，以法为教；无先王之语，以吏为师”。法家私学所主张的思想积极向统治者靠拢。

韩非子图

由此可见，春秋战国时期私学在中国古代教育发展史上有很重要的地位，主要表现在以下几个方面：

其一，它冲破了西周以来“学在官府”、学校教育为官府垄断的局面，学校从宫廷扩展到民间，教育对象也由贵族扩大到平民，学生年龄差异较大基本上可以说没有年龄限制。

其二，私学是专门的教育场所，这就打破了政教合一、官师合一的旧官学教育体制，使教育成为一种独立的活动。私学的教师以具有知识技能的贤士为师，开始成为一种相对独立的社会职业。教师可以自由讲学，学生也可以自由择师，当时私学已出现竞争，相传连孔子的私学也曾经历“三盈三虚”。

其三，私学使教育内容与教育方式得到新的发展。在教育内容上，各家各派可以自由传授自己的政治、道德观点和新的知识、技能。在教育方式上，私学可以没有固定的教育场所，而以教师为中心，办学具有相当大的灵活性。

其四，私学的发展积累了丰富的教育经验，尤其是儒家在教育理论上的贡献。私学不仅造就了一大批卓有建树的教育思想家，如孔子、墨子、孟子、荀子、老子、庄子、商鞅、韩非等，而且还出现了如《论语》《孟子》《荀子》《老子》《庄子》《商君书》《韩非子》等记载了大量教育思想的典籍以及《大学》《学记》这些阐述教育的作用、学制的体系、道德教育体系、教学原则和方法、教师的地位等方面的理论著作，成为世界上最早的、自成体系的教育著作，奠定了中国古代教育思想的基础。

其五，私学与学派紧密相连，一家私学就是一个学派。学派的创始人是学术带头人也是教师。

总之，私学的产生和发展是历史发展的必然，是教育制度上一次历史性的大变革。在特定的历史条件下，私学依靠自由办学、自由就学、自由讲学、自由竞争来发展教育事业，不仅符合历史潮流，也开辟了中国教育史的新纪元。

第二节　春秋战国官员的选拔

春秋战国时期政治的动荡、经济的发展、文化的繁荣，使官制的设置不仅有对前朝的继承，而且又有大量的创新，文官的选拔也呈现出承古萌新的良好态势。

各诸侯国在动荡不安的时代中都想壮大自己的势力，他们都注重人才的选拔以实现一统天下的雄心壮志。

一、春秋的职官选拔

春秋时期王室衰微，大国争霸。在《春秋》一书记载的二百多年间，除去周王国以外的一百四五十个诸侯国中，吞并小国最多的是晋、楚、齐、秦以及后起于东南沿海的吴、越等大国，此外，鲁、郑、卫等中等国家也吞并了一些小国。这些诸侯国在政治和经济上的强大以及人口的不断增长，自然是争霸的重要条件；而正确地选拔贤能的官吏，也是增强政治和经济实力、富国强兵的重要措施。因此，当时各大国都很注意人才的选用。具体表现在以下几个方面：

1. 任人唯贤

“任人唯贤”，使“士”这个新兴阶层进入职官队伍已由可能变为现实，职官的来源较过去有了扩大。孔子曾推荐子贡、冉求、子路等人去做官，最后被王室任用。

管仲像

管仲辅佐齐桓公成为春秋时期中原的第一个霸主，他主张实行“匹夫有善，可得而举”①和“使各为其所长”②的原则。他还提出了一些具体措施来破格选拔人才，“农之子恒为农、野处而不暱，其秀民之能为士者，必足赖焉。有司见而不以告，其罪五”。士经过“三选”可以升为“上卿之赞”③。但是，管仲又欲使士农、工、商界限分明，与自己提出的“匹夫有善，可得而举”的观点直接冲突，使这一思想的先进性顿失应有的光彩。

子产十分明确地提出因人之长而用之的任贤思想。史载：“冯简子能断大事；子大叔美秀而文；公孙挥能知四国之为，而辨于其大夫之族姓、班位、贵贱、能否，而又善为辞令；裨谌能谋，谋于野则获，谋于邑则否。郑国将有诸侯之事，子产乃问四国之为于子羽，且使多为辞令；与裨谌乘以适野，使谋可否；而告冯简子，使断之；事成，乃授子大叔使行之，以应对宾客。是以鲜有败事。”④

任人唯贤挑战了任人唯亲，挑战了世官制。在选任白公胜时，沈诸梁（叶公子高又名沈诸梁）与令尹子西有一场争论，可见春秋末中国古代识人方面已经积累起了丰富的经验。子西提出任用理由是“胜直而刚”。叶公子高曰：“不可。其为人也，展而不信，爱而不仁，诈而不智，毅而不勇，直而不衷，周而不淑……是六德者，皆有其华而不实者也，将焉用之。”然后又分析白公胜“将思旧怨而欲大宠……若果用之，害可待也”⑤。后来白公胜杀子西，劫惠王，自立为王月余，就证明了这一分析的正确。

秦原来是一个地处西陲的小国，与戎、狄为邻。进入春秋后，秦国逐渐强盛起来，扩大了疆土和势力，但与中原诸国相比，仍显得比较落后。秦穆公即位后，奋发图强，锐意进取。他重用百里奚、蹇叔等良臣，推行富国强兵的政策，依靠他们修明政治，发展军事，奖励生产，使国家实力大大增强。秦穆公选拔人才能够打破尊卑贵贱界限，选拔贵族以外的人，选用别国前来投奔的人，比如百里奚曾是个奴仆，他用五张羊皮把百里奚从楚国换了回来。秦穆公广纳贤才的做法充分表明他是一个具有远见卓识的国君，也表明识人和爱才同等重要。

---

①③ 《国语·齐语》。
② 《管子·牧民第一》。
④ 《左传·襄公三十一年》。
⑤ 《国语·楚语下》。

秦穆公说:“惟古之谋人,则曰未就予忌;惟今之谋人姑将以为亲。虽则云然,尚猷询兹黄发,则罔所愆。”①这就是说,对于那些敢于对我直述不同意见的人,我却讨厌他们;而去亲近那些曲从我意见的人,但事实证明这是错误的,在处理军国大计时还是要与年老而有经验的人谋划,才不会犯错误。

秦穆公把君主用人是否得当上升到关系国家安宁与危难的高度来认识,总结出对臣下应取正确态度。“番番良士,旅力既愆,我尚有之。仡仡勇夫,射御不违,我尚不欲。惟截截善谝言,俾君子易辞,我皇多有之。”②这段话的大意是,对那些能深谋远虑的“良士”,尽管年老体衰,但必须亲近之;而仅有勇猛的“勇夫”对国君来说是不够的;尤其应防范那些用花言巧语的人。

秦穆公还举出对德才兼备的人所应采取的两种态度,如采取正确对待态度则能保家保国,反之就会毁家亡国。“昧昧我思之,如有一介臣,断断猗无他技,其心休休焉,其如有容。人之有技,若己有之。人之彦圣,其心好之,不啻若自其口出。是能容之,以保我子孙黎民,亦职有利哉!人之有技,冒疾以恶之。人之彦圣,而违之俾不达。是不能容,以不能保我子孙黎民,亦曰殆哉!”③秦穆公以欣赏的态度肯定了那种忠臣,即忠实诚恳、宽宏大量、能够容人容物的人;对心胸狭窄、妒贤嫉能的人,则应加否定和限制,因其是危险的。

以上所列四位政治家的用人言行均未涉及出身贵贱的问题,可见在任用方面已开始突破“世官制”的樊篱。历史为那些出身社会下层或非宗族系统的“贤能”之人提供了政治舞台,使他们得以施展其政治抱负和才能。

2. 破格用人

破格用人,就是打破以往的用人标准任用有才能的人为官,这种用人方式在政治方面,尤其是文官的选任上就迅速显示出明显的效果。

齐桓公“九合诸侯,一匡天下”而称霸,原因之一就在于他敢于破格用人。

管仲家境“贫困”,“尝与鲍叔贾”④,被称为“鄙人之贾人”⑤。从出身来说当不属高贵之列。齐桓公与其兄争夺国君的斗争中,管仲曾用箭射过桓公,后桓公继位,辅佐齐桓公的鲍叔却推荐管仲为宰。“桓公自莒反于齐,使鲍叔为宰。辞曰:‘臣,君之庸臣也。君加惠于臣,使不冻馁,则是君之赐也。若必治国家者,则非臣之所能也。若必治国家者,则其管夷吾乎。臣之所不若夷吾者五:宽惠柔民,弗若也;治国家不失其柄,弗若也;忠信可结于百姓,弗若也;制礼义可法于四方,弗若也;执枹鼓立于军门,使百姓皆加勇焉,弗若也。’桓公曰:‘夫管夷吾射寡人中钩,是以滨于死。’鲍叔对曰:‘夫为其君动也。君若宥而反之,夫犹是也。’”桓公表现出优秀政治家的宽宏大度,当管仲归国,“比至,三衅、三浴之,桓公亲逆之于郊”⑥。

①②③ 《尚书·秦誓》。

④ 《史记》卷62《管晏列传》。

⑤ 《战国策·秦策五》。

⑥ 《国语·齐语》。

“齐桓公时，有处士曰小臣稷，桓公三往而弗得见。桓公曰：‘吾闻布衣之士，不轻爵禄，无以易万乘之主；万乘之主，不好仁义，亦无以下布衣之士。’于是五往，乃得见之。”①

宁戚出仕更可见齐桓公能在选任上独具慧眼。“桓公郊迎客，夜开门，辟赁车者执火甚盛，从者甚众。宁戚饭牛于车下，望桓公而悲，击牛角，疾高歌。桓公闻之，抚其仆之手曰：‘异哉，此歌者非常之人也。’命后车载之……宁戚见说桓公以合境内；明日复见，说桓公以为天下；桓公大悦……而授之以为卿。”②

以上三例充分反映了齐桓公选拔人才的果断和敬贤的笃诚。

破格用人亦见于楚、越、秦诸国。“孙叔敖，期思之鄙人。”③“沈尹茎游于郢，五年，荆王欲以为令尹。沈尹茎辞曰：‘期思之鄙人有孙叔敖者，圣人也。王必用之，臣不若也。’荆王于是使人以王舆迎叔敖，以为令尹，十二年而庄王霸。”④

越国曾为吴国所灭，越王勾践“卧薪尝胆”，重用文种、范蠡治理国政和指挥军队，他还在国内实行“折节下贤人，厚遇宾客”的政策，团结各方面力量，最后灭掉吴国⑤。

“百里奚之未遇时也，亡虢而虏晋，贩牛于秦，传鬻以五羊之皮。公孙枝得而说之，献诸缪公。三日。请属事焉，缪公曰：‘买之五羊之皮，而属事焉，无乃为天下笑乎？’公孙枝对曰：‘信贤而任之，君之明也；让贤而下之，臣之忠也。君为明君，臣为忠臣。彼信贤，境内将服。敌国且畏，夫谁暇笑哉？’缪公遂用之，谋无不当，举必有功。”⑥从“奚”字本义为奴隶看，百里奚当属社会下层人物。社会下层人物一跃为社会上层，可见破格用人成为统治阶层用人的一种重要方法。

3. 三选制

与高级官员破格任用有异曲同工之妙者则是中低级官员任用的“三选制”。三选是春秋时，管仲为齐桓公制定的选拔官吏的办法。三选制在涤除“世官制”的腐朽方面更具彻底的革新精神。

“三选”就是选拔贤能之人担任中低级官吏。三选的具体程序，看法不一。一种看法认为：首先，由乡长推举，齐桓公接见，使任官职，此为第一选；其次，乡长推举之人任职一年后，由官长书面报告其工作成绩，并挑选其中贤者向上推荐，这是第二选；最后，由桓公召见官长所荐之贤者，当面识别，再退而问其乡，察看该人平日的才能行为，如果和做官时的行为不相违背，便可升为“上卿之赞”，这是第三选⑦。另一种看法认为，先由地方举贤（一选），齐桓公亲自接见，根据面试与问策，决定任用与否（二选），然后将所选官员再让各部门长官在实践中加以考察，优秀者给以重用，平常去之（三选）。凡经

---

① 《韩非子·难一》。

② 《新序·杂事》。

③ 《荀子·非相》。

④ 《吕氏春秋·赞能》。

⑤ 《史记》卷41《越王勾践世家》。

⑥ 《吕氏春秋·慎人》。

⑦ 黄留珠．中国古代选官制度述略．西安：陕西人民出版社，1989：43.

过三次审选，政绩最优者升为上卿，由普通一士直达将相阶层①。不管以上那种说法，“三选”制毫不留情地打开了西周世卿世禄制的缺口，给庶人提供了参政入仕的机会，人才可以参与国家的管理，实现自己的抱负，为国家和社会贡献才能，有利于推动社会的进步和发展。

破格用人和“三选”制为代表的新选举贤人的制度并非一帆风顺，仍经受着旧的世官制的顽强抵抗。但是，新事物的生命力是强盛的，当时国君的权力和社会的进步，使破格用人和“三选”制为代表的新选举制度有了广大的用武之地，最终还是冲破了世官制的束缚而出现在了历史的舞台上。据史载，巩简公弃其子弟而用远人，为群子弟所贼②，《左传·昭公七年》单献公弃亲用羁，为襄、顷之族所杀。以至于后来的孟子说：“国君进贤，如不得已。将使卑踰尊，疏踰戚，可不慎与？”③然已经难以阻挡士人参政入仕的历史大势。一方面世官制继续衰落，如王子朝“因旧官百工之丧职秩者，与灵景之族以作乱”④；另一方面，一些小国也往往破格用人。如鲁国武士曹刿，鲁庄公十年（前648年），齐攻鲁，他求见庄公，帮助庄公分析形势并随庄公与齐战于长勺，取得胜利。孔子少“贫且贱”，及长，做过管理粮仓的小官“委吏”和管畜牧的“乘田”、主司仪的“相”等，在鲁定公九年被擢为中都宰，即管理中都的长官，又升任大司寇，主刑狱，旋即“由大司寇行摄相事”，“与闻国政”三月⑤。

4. 世官制

从上面的史实可以看出世官制选用官吏的方法不是“销声匿迹”了，也不能说世官制选用的官员就一个也不行。在新旧交替的过程中，旧的制度的消失总会有一个逐步退出历史舞台的时期。况且，用世官制选用官吏的方式选出的官吏也有好官良吏。世官制是历史发展的产物，也曾推动了历史向前发展，如诸侯国的国君除个别夺权的以外都是世袭，地处西陲的秦国通过多代国君的努力最终统一了中国，建立了我国历史上第一个统一的、多民族的、中央集权的封建国家。

5. 自荐

孔子五十六岁时，在鲁国“由大司寇行摄相事”，“诛鲁大夫乱政者少正卯”，参与治理国政三个月，把国家治理得井井有条。以致使“齐人闻而惧”，认为“孔子为政必霸”。从此可见孔子的治国才能绝不是纸上谈兵，而是非常实用的。

“堕三都”招致了三桓的极力怨怼，因而也招致了他们对孔子的极力排斥。加之孔子的政绩引起了齐国的忌妒和担忧，于是，齐景公一面离间鲁国的内部关系，一面又送了八十名美女，“皆衣文衣而舞《康乐》，文马三十驷”，季孙氏和鲁定公竟欣然接受了，并且三日不理朝政，对孔子的态度也怠慢了，孔子知道自己治国大计在鲁国无法实施，于是怀着沉重的心情，率领众弟子离开了鲁国，到列国去宣传他的政治主张，开始了周游列国十四

---

① 李铁．中国文官制度．北京：中国政法大学出版社，1989：42.

② 《左传·昭公二年》。

③ 《孟子·梁惠王章句下》。

④ 《左传·昭公五年》。

⑤ 《史记》卷47《孔子世家》。

年的生涯。

孔子先到了卫国，通过自荐得到卫灵公的重用。卫灵公对他待遇不错，照鲁国的标准给了他六万粟的俸禄。但因有人进谗言，致令卫君生疑，孔子怕获罪，只六个月就离开卫国。虽然只有六个月，但足以说明了自荐是选任官员的方式之一。孔子离开卫国后继续周游列国游说，只是未果。

6. 士的崛起冲破了世官世禄制度

在春秋初期，卿、大夫的封邑，没有形成独立的割据力量。到了春秋中后期，各诸侯国内卿、大夫的力量强大起来，他们所统治的封邑，在诸侯国内也逐渐形成了一个个割据独立的小国，并且也在互相兼并。有些势力较大的卿、大夫，甚至操纵了诸侯国的政治，国君反而成为傀儡。卿、大夫的专权和互相兼并，一般是以公元前 546 年晋、楚弭兵会议为界。在此以前的列国形势，主要是诸侯称霸和对小国的兼并；在此以后，主要是大夫专权和大夫之间的互相兼并。这个发展变化标志着旧制度的崩溃和新势力的崛起。卿、大夫专权和兼并，成为春秋后期非常突出的社会现象，周王朝的宗法制实际上已没有多少约束力了；而原来处于贵族最低层士的崛起并对各国政治生活发挥了重要作用，这也是西周宗法统治秩序崩溃的一个突出的标志。为了适应兼并和争霸的需要，诸侯、卿、大夫便在自己的宗族成员中，选拔一些人当武士。其中有些地位较高的士，充任了贵族的家臣，成为帮助贵族管理政事的官员。因此，士和上级贵族之间政治上的统属关系就比较密切，宗法上的血缘关系随之逐渐淡薄了。

那些帮助卿、大夫治理国家的士，当上了卿、大夫的家宰、邑宰。他们在家臣中地位较高，实际上成为卿、大夫治理中央和地方事务的官僚，势力越来越大，经常利用自己所掌的权力，来与卿、大夫相对抗，甚至威胁到国君的安全，出现了“陪臣执国命”的现象。

二、战国职官的选拔

春秋后期，家臣与卿大夫之间的隶属关系有所削弱，以往公、卿、大夫的固定架构被彻底打破，有利于建立中央集权体制。“公叔文子之臣大夫僎与文子同升诸公。”①“子伯季子初为孔氏臣，新登于公。”②大夫公冶属鲁季氏接受国君“冕服”后，“致其邑于季氏”，即把从季氏处所得邑归还，以示明确脱离与季氏的臣属关系③。

战国时期形成了齐、楚、魏、赵、韩、秦、燕七个大国的争雄局面。齐、魏、赵、韩的地主阶级，在春秋战国之交，就取得了政权；秦、燕、楚三国的地主阶级，在战国前期也通过不同形式，逐步取得了政权。新兴的地主阶级，登上了历史舞台，它们要推翻奴隶主贵族的统治，建立自己的政权，就必须在选官制度上彻底冲破奴隶社会宗法制的世官世禄传统，实行一套适应地主阶级政权需要的选官制度。当时普遍推行的有军功、养士和客卿三种制度。此外，相和中央各部门以及地方长官在一定范围内有选拔下级官吏的权力。如吕

① 《论语・宪问》。
② 《左传・哀公十六年》。
③ 《左传・襄公二十九年》。

不韦以李斯为郎。

1. 士与选拔

春秋以来的兼并战争将更多的奴隶主贵族抛进“士”的行列，加上地主阶级和平民上升为“士”者，适应了在中央集权建立过程中急需大批量人才以及各种不同类型人才的需求。

战国时代，士作为一个知识分子阶层出现，在社会上产生很大的影响，养士一直是文化史研究中的热点。战国的“士”，作为具有一定知识、有参政基本素质的一个阶层，成为各国政权的主要选拔对象以及官僚队伍的主要来源。鉴于当时缺少培养和储备人才的专门机构，如学校，加上士的流动性较大，使得在急需人才时难以称心如愿。所以，各国的公室和有条件的私门群起而养士。这种养士的方式，实际上就是对人才的储备，尽管它带有较大的原始性和盲目性，但比起春秋破格用士的偶然性，显然是历史的一大进步。它最终会成为战国新选官制度中极富特色的一部分。

养士在春秋已出现。如公元前613年，齐懿公为争夺王位，“骤施于国，而多聚士，尽其家，贷于公、有司以继之”①，后取得王位。越王勾践“养君子六千人”。韦昭注：“君子，齐所谓士也。”②鲁国执政大夫季昭子，“养孔子之徒，所朝服而与坐者以十数”，其目的“不在所与居，在所与谋也”③。

养士用士发展到战国，更成为一时的风尚和潮流。齐威王、齐宣王时，齐国开办稷下学宫，招揽的游说之士、学士多至千人，其中著名学者如淳于髡、田骈，接予、环渊，宋钘、慎到、邹奭、邹衍等七十多人，“皆赐列第，为上大夫”④。

魏文侯改革，翟璜先后推荐了乐养、吴起、李悝、西门豹、翟角五人。魏文侯以李悝为相，以吴起、乐羊为将，使西门豹治邺。

公元前445年，魏文侯即位后，魏国力量迅速发展，疆土不断向四边扩展，已经成为中央集权的封建国家。魏文侯四十年（公元前406年），他任用李悝进行改革，在经济上实行“尽地力之教”和“平籴法”，在政治上采取了一套对新兴地主阶级利益有利的政策和措施。他实行“食有劳而禄有功”的办法，打击国内残存的旧势力，为新兴封建阶级发展铺好道路。

“尽地力之教”是李悝经济改革的主要内容之一。目的是破除旧有的阡陌，鼓励自由开辟耕地，勤劳耕作，发展封建的小农经济，增加生产。李悝的经济改革中，另一项重要措施是制定了调节粮价的“平籴法”，把好年成分为上中下三等，坏年成也分成上中下三等，好年成由官府按好年成的等级出钱籴进一定数量的余粮。此即后世封建王朝的“均输”、“常平仓”等法的先河。李悝的这一套改革措施，有力地限制了商人投机倒卖粮食的活动，从而巩固了地主的经济利益，使魏国国富兵强。

李悝在政治上推行的改革措施是实行“食有劳而禄有功”和“夺淫民之禄以来四方之

① 《左传·文公十四年》。

② 《国语·吴语》。

③ 《韩非子·外储说左下》。

④ 《史记》卷46《田敬仲完世家》。

士”的政策。军事上，他创立了常备“武卒”制度，使国家保持强大的军事力量。李悝在全面改革的同时，不断广泛收集春秋末期以来各国法律条文。在这个基础上，他编著了我国历史上第一部系统的封建法典《法经》，用法律形式把封建地主阶级的利益确定下来。李悝的改革不仅使魏国很快富强起来，而且在中国历史上具有重大的意义。从李悝开始，战国时代政治、法律、军事、经济、文化的革新逐渐进入更深入、更广泛的层面，即整个社会结构和制度的变动。

魏成子推荐卜子夏、田子方、段干木，魏文侯就“师卜子夏、友田子方、礼段干木”①。鲁缪公曾任用博士公仪休为相②，子柳、子思为臣③。赵烈侯曾起用番吾君推荐给相国公仲连的牛畜、荀欣、徐越等三人。周威王选拔中牟农民出身的宁越为“师”。燕昭王即位后“卑身厚币以招贤者”，尊郭隗为“师”，结果苏秦“从周归燕”，邹衍“从齐归燕”，乐毅“从赵归燕”，屈景“从楚归燕”④。秦国自孝公后，更是大量招揽并重用东方各国的人才，担任丞相或相国的，多是异国之士。如魏国安邑（今山西万荣）人张仪师从鬼谷子先生学习纵横之术，曾两次为秦相，是战国时期著名的政治家、外交家和谋略家。

战国中期，有些封建君主，为了自立门户或是达到自己的目的，更是卑躬屈节倾招滥养天下之士。齐国孟尝君田文“舍业厚遇之，以故倾天下之士。食客数千人”⑤。他出身旺门，但他是“贱妾之子”，兄弟四十多人，要想出头不容易。聪明的他游说父亲散财养士被采纳，他招纳宾客并以优待，听从宾客的建议，继承了父亲的爵位。赵国平原君赵胜“喜宾客，宾客盖至者数千人”⑥，楚国春申君黄歇“客三千余人”，“其上客皆蹑珠履”⑦。他们养士目的在于培养个人势力，以结党营私，把持政权。这些士的升降沉浮与封建君主的命运紧密相连。如荀子曾带徒依附于春申君，任兰陵令，但不久被春申君解职。荀子又去了赵国，赵“以为上卿”。后来，他一反“儒者不入秦”的惯例，访问了秦，并会见了秦昭王和丞相范雎，但终不为“持武功轻德教”的秦国所用。晚年又因春申君之请，复任兰陵令。公元前238年，春申君死，荀子遂被解职。战国末期，秦丞相吕不韦打破秦的惯例，广招天下游说之士，“厚待之，至食客三千”⑧。公元前239年，吕不韦被免职，出居食邑河南，由于他与六国使者和其旧宾客继续往来，秦始皇命他迁蜀郡，吕不韦自杀，其宾客多被治罪。

秦国要灭韩国，韩国太子丹不想做亡国奴，但韩国无法与秦国匹敌，于是太子丹想出了以刺杀秦王来瓦解秦国的极端方法。太子丹对荆轲有救命之恩，而且荆轲是一个义勇之士，所以很自然荆轲就为了“义”，去为太子丹刺杀秦王。虽然刺杀未果，但足以说明

---

① 《吕氏春秋·察贤》。
② 《史记》卷119《循吏列传》。
③ 《孟子·告子下》。
④ 《说苑·君道》。
⑤ 《史记》卷75《孟尝君列传》。
⑥ 《史记》卷76《平原君列传》。
⑦ 《史记》卷78《春申君列传》。
⑧ 《史记》卷85《吕不韦列传》。

"士"与主人的关系,也表明了"士"是一支不可低估的政治力量,养士、选士、重用士也就理所当然了。

荆轲刺秦王画像石(局部东汉)

养士使各国选拔官吏有了更大回旋余地,使不少有真才实学的士进入了官僚队伍,战国社会的风起云涌与这部分人入仕大有关系。

2. 战国的客卿养士制度

战国时期,政治更为动荡。不少士人怀抱雄心壮志投笔从戎,奋之于武功,为免生灵涂炭而向各国国君游说献策,又刷新各国选拔官吏的途径。士在奴隶社会本是下层贵族,位于卿大夫之下,并依附于卿大夫。由于奴隶制度的解体,这些下层贵族大部分沦为平民,但凭借自身的政治经验和文化修养,他们很快成了一个谋士阶层,立即引起各争霸大国统治者的注目。统治者网络这些人于其门下,为自己出谋划策;有的士不愿意依附于人,便去各国游说,宣扬自己的治乱主张,施展自己的政治抱负。士是各国最高统治者的辅佐阶层,相应的他们也是最优秀的选拔对象,不少士人一跃为最高统治阶层的卿、相。仅以秦国为例,它所重用的客卿多是外来的士,如商鞅、范雎、张仪、吕不韦、李斯等,他们都为秦的强大和统一六国立下了显赫的功绩。

客卿,即允许他国士人享有卿的爵位。这是一项吸引和选拔异国人才的制度。

据文献记载,把卿位授予异国人起始于秦穆公,"由余遂去,之秦,秦穆公迎而拜之上卿","穆公以客礼礼之"①。战国时期,齐、燕等国也有以异国人为卿的②。齐王以苏秦为客卿,孟子在齐国也享有卿位;燕以苏代(苏秦族弟)、荆轲为上卿,乐毅(魏人)为亚卿。

有雄心壮志的秦孝公即位后,深感秦国落后被他国鄙视是莫大的耻辱,决心改革内政,变法图强。于是发布求贤令,公开招揽优秀人才。"宾客群臣有能出奇计强秦者,吾

① 《韩非子·十过》。

② 《史记》卷80《乐毅传》:"乐毅往来复通燕,燕赵以为客卿。"《史记》卷69《苏秦传》:"秦佯为得罪于燕,而亡走齐,齐王以为客卿。"《春秋后语》:"东里子,赵之客卿也。"

李斯像

且尊官,与之分土”,这使各国人才纷纷涌进秦国。魏人范雎在秦昭襄王时,先为客卿,后被提拔为相,封侯。蔡泽也是先拜为客卿后任命为相的。李斯入秦,先为吕不韦舍人,后任郎,再提拔为长史,拜为客卿,最后升为廷尉、丞相。客卿对秦国的强盛和最终完成统一大业发挥了重要作用。李斯总结说:“昔穆公求士,西取由余于戎,东得百里奚于宛,迎蹇叔于宋,来丕豹、公孙支于晋。此五子者,不产于秦,而穆公用之,并国二十,遂霸西戎。”

商鞅“少好刑名之学”,专研以法治国,受李悝、吴起等人的影响很大。后为魏国宰相公叔痤家臣,公叔痤病重时对魏惠王说:“公孙鞅年少有奇才,可任用为相。”又对惠王说“王既不用公孙鞅,必杀之,勿令出境”。公叔痤死后,魏惠王对公叔痤的嘱托不以为然,也就没有照做了。公孙鞅听说秦孝公下令国中求贤者,欲收复秦之失地,便携了李悝的《法经》到秦国去。通过秦孝公宠臣景监,商鞅三见秦孝公,提出了帝道、王道、霸道三种君主之策。只有霸道得到秦王的赞许,并成为秦国强盛的根基。公元前359年任左庶长,后升大良(上)造。商鞅在公元前356年和公元前350年,先后两次变法。

商鞅变法的主要内容:一是承认土地私有,允许自由买卖。这就从法律上维护了封建土地私有制,有利于地主经济的发展。二是奖励耕战,包括奖励耕织和奖励军功两方面的内容。以生产粮食布帛多少为标准,凡是努力耕织生产粮食布帛多的,免去其本身的徭役。“为田开阡陌封疆”,废除井田制,以法律的形式确立了土地私有制度,这就促进了小农经济和农业生产的发展,保证了封建国家的财源和兵源。规定军功以在前线斩得敌人首级多少来计算,按照军功大小授予不同的爵位和田宅。贵族凡是没有立军功的就没有爵位,不能享受特权。这就严重地打击了奴隶主贵族的特权,遭到了奴隶主贵族的强烈反对,但鼓舞将士勇敢战斗,加强了秦军的战斗力。三是普遍推行县制,废分封,由国君直接派官治理,使县成为直属于国君的地方组织,从而加强了中央集权。四是严明法令。公布法律、编制户口、实行连坐法①,使百姓相互监督,以维护封建统治和地方的社会治安。

《史记》对商鞅变法进行了如下评价:“行之十年,秦民大悦,道不拾遗,山无盗贼,家给人足。民勇于公战,怯于私斗,乡邑大治。”商鞅变法后,秦国逐渐强盛起来,为后来秦统一六国奠定了基础。

秦孝公死后,商鞅失去了支持的权利基础,即位的秦惠文王以宗室多怨,诛杀了商鞅,对商鞅施以车裂之刑。商鞅虽死,但是商鞅的变法措施在秦国继续施行了下去,他主张的法家思想,也成为秦国占统治地位的思想。这正说明贤能的选拔与任用是非常重要的。

① 在五家一组的户口编制单位中,若发现一家有问题,其余四家不举报,事后一同治罪。

客卿的作用是十分重要的。“惠王用张仪之计，拔三川之地，西并巴、蜀，北收上郡，南取汉中，包九夷，制鄢、郢，东据成皋之险，割膏腴之壤，遂散六国之从，使之西面事秦，功施到今。昭王得范雎，废穰侯，逐华阳，强公室，杜私门，蚕食诸侯，使秦成帝业。此四君者，皆以客之功。”①

客卿制度把选拔、考察、任用的几个环节有机结合起来，成为一种较合理的仕进途径。如秦昭襄王“拜范雎为客卿，谋兵事”，后“拜范雎为相”②，李斯更是由舍人、郎、长史、客卿、廷尉、丞相逐步上升的。很显然异国人取得客卿地位，必须经过严格的实践考验，如领兵出征或参与大政谋划，以显示出真正的才干，然后根据其功绩大小决定其迁升不同等级的官吏。从史书记载的情况来看，秦国自商鞅以后，异国人担任丞相者，有张仪、甘茂、楼缓、范雎、蔡泽、吕不韦、李斯等人，大都能协助国君参与军政大事。由此可见，客卿制度对秦国选拔高级官僚，特别是握军政大权的丞相发挥了一定作用。

战国客卿养士制度的形成具有重要的意义。首先，战国时期国家职官的选任与国家政权的兴衰同是否重视知识分子的政策紧密相连，变法强国也同他们的基本素质有着特殊的依存关系。其次，新兴地主阶级刚刚取代奴隶主阶级而享有政治上的支配权，决定废除世卿世禄制而代之以崭新的取士制度也是形势的必然要求。任才而举，选拔官吏、争夺人才所体现的激烈竞争局面，都体现出这个时代的特点。在官吏选拔时，不仅要看其是否符合时代的要求，更重要的是看其能否开创一个新的时代，即要在竞争中选拔出类拔萃的治国之才。可见，战国时期之所以人才辈出，显然是和各国在官吏选拔制度上的认真改革分不开的。

从战国的情况看，官吏的选拔以选择应变之才作为首要标准，而且大胆破格，敢于创造一种竞争气氛，这对于以后历代的影响都极为深远，直到两千年后光绪帝下诏变法时，其精神仍依旧存在，这对于我们今天的体制改革也同样具有借鉴意义。

3. 荐举和其他仕途

(1)荐举

荐举，就是由大臣与接近国君者直接向国君推荐人做官，这多指中央官员的选用，但是地方官员的选用也离不开荐举。荐举的做法起源很早，禅让制时代就含有荐举的成分。荐举法在春秋也是常见的一种选任官员的方法，他与破格用人、三选制、客卿养士等方式均相联系。如齐桓公时鲍叔牙之荐管仲，秦穆公时公孙枝推荐百里奚，就是这样的故事。但是，荐举到了战国才成为选任官吏的经常制度。

史书记载荐举官员的事例很多，如臼季举冀缺。臼季奉命出使，在晋冀邑郊外，发现了正在从事农作的冀缺，他的妻子给他送饭来，夫妻相敬如宾。臼季认为恭敬有礼是有品德的表现，严守德行而谨慎从事，那还有什么事情干不成功的呢？于是臼季把冀缺带回去推荐给晋文公，不因其父有罪，因其“‘不忘敬也。夫敬，德之恪也。恪于德以临事，

① 《史记》卷87《李斯列传》。

② 《史记》卷79《范雎列传》。

其何不济'！公见之,使为下军大夫"①。如司马侯荐叔向。晋悼公时,司马侯(晋大夫汝叔齐)以叔向"习于春秋"而推荐之,"乃召叔向使傅太子彪"②。如祁黄羊荐贤。晋平公时因南阳地区缺主持政事的官吏,祁黄羊向晋平公推荐了自己的仇人解狐;后来又向晋平公推荐自己的儿子祁午担任主持军事的高级长官,这就是所谓"外举不避仇,内举不避子",二人工作出色,"国人称善焉"③。如景监荐商鞅,著名的政治家商鞅就是因景监推荐而得秦孝公重用的,"卫鞅入秦,景监是因"。而魏梁惠王慨叹"恨不用公孙痤之言",以致"割河西之地献于秦以和"④。蔺相如由宦者令缪贤推荐使完璧归赵。后任赵国相。齐宣王时,"邹忌事宣王,仕人众"⑤,"淳于髡一日而见七人于宣王"⑥,先生王斗见齐宣王,"举士五人任官,齐国大治"⑦。申不害请韩昭侯"任其从兄官"⑧。

郡县地方官也可向中央推荐人才。赵襄子时,任登为中牟县令,上计时推荐中牟之士胆胥己,胆胥己经赵襄子接见,被任为中大夫⑨。

(2)自荐

自荐,即一些具有知识和从政才能的人,通过游说与上书方式进入仕途。自荐者往往有较突出的才能,一旦得到国君的重用或赏识,政绩战功都比较突出。如苏秦、张仪、商鞅、范雎等为卿相,孙膑、白起、廉颇、王翦等为将军。为了延揽人才,各国"设官职,陈爵禄,而士自至"⑩。

完璧归赵拓片(东汉)

依据功劳选拔官吏。封建官僚制度的基本原则之一就是所谓"因功授官。""功"比较容易衡量、把握,因此更明确、客观。韩非子说:"授官爵,出利禄不以功,是无当也。"⑪春秋齐国"庄公为勇爵",杜预释为"设爵位以命勇士"⑫。晋赵鞅誓师时说:"克敌者,上

① 《国语·晋语五》。
② 《国语·晋语七》。
③ 《左传·襄公三年》。
④ 《史记》卷68《商君列传》。
⑤ 《战国策·齐策一》。
⑥ 《战国策·齐策三》。
⑦ 《战国策·齐策四》。
⑧ 《韩非子·外储说左上》。
⑨ 《吕氏春秋·知度》。
⑩ 《韩非子·难二》。
⑪ 《韩非子·饬令》。
⑫ 《左传·襄公二十一年》。

大夫受县，下大夫受郡，士田十万。”①战国奖励军功成为普遍制度，魏国吴起下令说：“明日且攻亭，有能先登者，仕之国大夫，赐之上田宅。”②燕国乐毅破齐后，燕昭王“行赏飨士，封乐毅于昌国，号为昌国君”③。战国时，各国有不少主要将领是从战争中根据军功提拔起来。秦国自商鞅变法后，制定了按军功大小赏赐爵位和官职的制度。

(3)世官制遗存

云梦秦简中有“葆子”一词，秦简整理小组认为与汉代“任子”同义。秦简《法律答问》：“何谓后子？官其男为爵后及臣邦君长所置后太子，皆为后子。”说明爵位是可以世袭的。（秦国采用爵官合一的政策，故爵位世袭在这种意义上与世官有同一性。）《史记》记载：蒙恬因家世得为秦将，王翦之子王贲、孙王离也因家世为官④。从这些情况看，世官制还是存在的。另外特殊的官职，如史官、太卜官等，因其需具备专门知识和技能，故只能父子相传、世居其位。

楚昭王时，观射父言：“王公之子弟之质能言能听彻其官者，而物赐之姓，以监其官，是为百姓。”即是说，对王公之子弟有贤质，“能言其官职”者，“以功事赐之姓。官有世功，则有官族，若司马太史之属是也”⑤。

第三节　春秋战国时期官员的任用

这一时期官员的任用还处于初创阶段，官员还没有摆脱对君主的人身依附。

一、春秋时期

春秋时期职官任用与分封等级、宗族，尤其与固定臣属关系联系紧密。

诸侯与卿大夫，卿大夫与其家臣结成隶属关系，家臣称大夫为主，不得逾越大夫而效忠诸侯。如“齐侯……以藩载栾盈及其士，纳诸曲沃。栾盈夜见胥午而告之……许诺。伏之，而觞曲沃人。乐作，午言曰：‘公也得栾孺子，何如？’对曰：‘得主而为之死，犹不死也。’皆叹，有泣者。爵行，又言。皆曰：‘得主，何贰之有？’盈出，遍拜之”⑥。“栾怀子之出，执政使栾氏之臣勿从，从栾氏者为大戮施。栾氏之臣辛俞行，吏执而，献之公。公曰：‘国有大令，何故犯之？’对曰：‘臣顺之也，岂敢犯之？’执政曰：‘无从栾氏而从君。’是明令必从君也。臣闻之曰：‘三世仕家，君之；再世以下，主之。事君以死，事主以勤，君之明令也。自臣之祖，以无大援于晋国，世隶于栾氏，于今三世矣，臣故不敢不君。”⑦辛俞之

① 《左传·哀公二年》。
② 《韩非子·饬令》。
③ 《史记》卷80《乐毅列传》。
④ 《史记》卷73《白起王翦列传》。
⑤ 《国语·楚语》。
⑥ 《左传·襄公二十三年》。
⑦ 《国语·晋语八》。

说，栾氏是他的君，所以不敢违叛。晋君倒不是他的君，所以敢于抗命。

鲁昭公讨伐季孙氏，叔孙氏之司马鬷戾叫家臣发表对此事的意见，无人发言。鬷戾说："我家臣也，不敢知国。凡有季氏与无，于我孰利？"皆曰："无季氏，是无叔孙氏也。"鬷戾曰："然则救诸？"①这说明，家臣只忠于卿大夫。

出任官职与宗族利益相连，是代表宗族任官，所以不得随便放弃。"司城荡卒，公孙寿辞司城，请使意诸为之。既而告人曰：'君无道，吾官近，惧及焉。弃官则族无所庇。子，身之贰也，姑纾死焉。虽亡子，犹不亡族。'"②

晋国知罃被楚俘获，楚国后来有意放他回国，而知罃对楚王说："若从君之惠而免之，以赐君之外臣首，首其请于寡君，而以戮于宗，亦死且不朽。"③知罃战败被俘，即使晋国国君饶了他，知罃的大宗宗子荀首还有在宗庙中杀死他的权力。

二、战国时期

战国时期，分封与世官制退出了历史舞台，封建官僚的任免归国王掌管，并建立起玺、印、符、节制度来任免官员和确定其职权范围。玺印符节成为权力凭证，是否拥有之成为任免的标志。

1. 任用权限

战国时期，中央机构和地方机构的要职均由国君亲自掌握任免大权，故官职极不稳定，可在旦夕之间取得与丧失。如张仪两次任秦相，也两次任魏国国相；秦国大将白起带领秦军东征西讨，立下汗马功劳，但当他一旦失宠于君主，立即便被"夺其爵，令为士伍"，最后被迫自杀④；秦国的丞相，作为协助国王处理军政大事的长官，很多结局悲惨，如李斯、吕不韦等人。赵高"以刀笔之文进入秦宫，管事二十余年，未尝见秦免罢丞相功臣有封及二世者也，卒皆以诛亡"⑤。

2. 任用凭证

从中央的高级官僚到地方要职，都需玺印为任官的凭证，有了玺印才有相应的职责和权力。如公元前238年，秦国长信侯嫪毐作乱，他假造了秦王的御玺和太后的玺来行文征发县卒和卫卒、官骑、戎翟君公、舍人等，发动叛乱⑥。玺印的作用很大，史载："魏王见公子，相与泣，而以上将军印授公子，公子遂将。"⑦

"（楚王）乃以相印授张仪。"史书多以犀首称公孙衍，"张仪已卒之后，犀首入相秦。尝佩五国之相印，为约长"⑧。

---

① 《左传·昭公二十五年》。
② 《左传·文公十六年》。
③ 《左传·成公三年》。
④ 《史记》卷73《白起王翦列传》。
⑤ 《史记》卷87《李斯列传》。
⑥ 《史记》卷6《秦始皇本纪》。
⑦ 《史记》卷77《魏公子列传》。
⑧ 《史记》卷70《张仪列传》。

“秦王乃拜范雎为相。收穰侯之印。”“应侯固谢病,请归相印。”“蔡泽相秦数月,人或恶之,惧诛,乃谢病归相印,号为钢成君。”①

“西门豹为邺令……居期年上计,君收其玺。豹自请曰:‘……愿请玺,复以治邺……’文侯不忍而复与之……期年上计,文侯迎而拜之……遂纳玺而去。”②

“梁车新为邺令,其姊往看之,暮而后门闭,因逾郭而入,车遂刖其足,赵成侯以为不慈,夺之玺而免之令。”③

战国还实行发兵用符制度。君主传达命令或调兵遣将多用“符”。符以金、玉、铜等制成。符为虎形的,叫虎符,上有铭文,分为两半,底有合榫,右半由国王掌握,左半给将领掌握。军队的调发,必须左右两半重合才能作为凭信,否则便不得调发。“公子诚一开口请如姬,如姬必许诺,则得虎符夺晋鄙军。”④这就是著名的“窃符救赵”。又如秦国明确规定“用兵之符”,右半归王掌握,左半归将领掌握。凡用兵五十人以上,必须会合王符。如果外敌入侵,边塞有烽火,虽无王符会合,也可机动行事⑤。这是特殊情况了。

节是授予使者的凭证。节原是竹节制成,战国时多用青铜铸成,上有铭文,常常几枚合成圆形的竹节状。“掌守邦节而辨其用,以辅王命。守邦国者用玉节,守都鄙者用角节。凡邦国之使节,山国用虎节,土国用人节,泽国用龙节……门关用符节。货贿用玺节,道路用旌节,皆有期以反节。”⑥可见“使节”,是有时间限制的,任务完成就要交回作为凭证的节。“司马握节以死……司城荡意诸来奔,效节于府人而出。”⑦“使为持节尉”⑧,这里“节”可以理解为同玺、印功能相似的专职官员的权力凭证。

战国王命传任虎节

玺印符节制度使君臣关系、上下级关系更为简单明了,方便确认各种权力与职责范围,有利于职官的管理,也强化了持有者的权力。因此,被后世沿用了下来。

3. 任用方式与名称

春秋战国时期任用官吏的方式和名称,确定的职权范围也因时而异,分别为:

册命,即任命官吏书之于简策。如“王命尹氏及王子虎,内史叔兴父策命晋侯为侯伯”⑨。又如“襄公以三命命先且居将中军”⑩。

---

① 《史记》卷79《范雎蔡泽列传》。

②③ 《韩非子·外储说左下》。

④ 《史记》卷77《魏公子列传》。

⑤ 《秦新郪虎符铭文》。

⑥ 《周礼·地官·掌节》。

⑦ 《左传·文公八年》。

⑧ 《战国策·魏策四》。

⑨ 《左传·僖公二十八年》。

⑩ 《左传·僖公三十三年》。

兼官,即由担负其他职务的官员兼任或代理其他事务。如“羊舌鲋摄司马”。杜预注:“摄,兼官。”①又如孟卯对甘茂说:“公佩仆玺而为行事,是兼官也。”②

假,即官员在正式任命之前,先暂时行使职权。赵相国蔺相如死后,以廉颇暂时代理,称假相国③。这也是对官员试用考查的一种方法。

拜,用于任命高级官员,如范雎说昭王,昭王拜雎为客卿,旋又拜为丞相。王稽被拜为河东守④。秦昭王拜蔡泽为客卿,为相⑤。秦始皇时,拜李斯为长史,又拜为客卿⑥;拜蒙恬为内史⑦。范雎相秦十余年,对秦国的历史发展起到了继往开来的推动作用。尽管他也难以避免政治品格上的瑕疵,但仍不失为秦国历史上的名相。作为中国古代不可多得的谋略家,提出“远交近攻”的策略,给中华民族的外交奇计宝库增添了光彩。他上承孝公、商鞅变法图强之志,下开秦皇、李斯统一帝业,是秦国历史上继往开来的一代名相,也是中国古代在政治、外交等方面极有建树的谋略家。李斯在《谏逐客书》中曾高度评价范雎对秦国的建树和贡献:“昭王得范雎,强公室,杜私门,蚕食诸侯,使秦成帝业。”可见,拜是国家最高统治者对高级官员的任用。

免,即因某种原因免除官职或爵位,秦惠文王三年,张仪免相,相魏以为相⑧。昭王四十九年,“免武安君为士伍”⑨。“无爵为士伍,年六十乃免者,有罪各尽其刑。”⑩

---

① 《左传·昭公十三年》。

② 《韩非子·说林上》。

③ 高敏. 云梦秦简初探. 郑州:河南人民出版社,1979:206.

④⑤ 《史记》卷79《范雎蔡泽列传》。

⑥ 《史记》卷87《李斯列传》。

⑦ 《史记》卷88《蒙恬列传》。

⑧ 《史记》卷70《张仪列传》

⑨ 《史记》卷73《白起王翦列传》。

⑩ 《汉官旧仪》卷下。

第二编　秦汉时期

秦、汉时期包括秦朝和汉朝，从公元前221年秦始皇统一中国起到220年曹丕胁迫汉献帝退位，建立魏国止，是中国历史上第一个封建大统一的时代，也是中国统一的多民族国家的奠基时期。秦、汉开创的一系列制度，为以后历代封建统治者所沿袭。秦统一前后，印度的孔雀王朝曾经盛极一时。不同的是，秦朝灭亡后中国出现了两汉长达四百多年的大统一繁盛局面，而孔雀王朝之后，印度迟至4世纪才形成局部统一。当秦、汉屹立于世界东方的时候，地中海和西亚雄踞着古罗马和安息两个大国。古罗马是当时欧洲的文明中心，秦、汉是东方的一大文明中心。文明中心体现在政治、经济、文化上，自然包括官吏的设置与选拔、培养与任用。这一时期，随着丝绸之路的开通，中国文化开始影响世界，世界优秀的文明成果也逐渐传入中国。

第一章　秦大一统时期

战国时，争霸的七雄都曾有统一中国的雄心壮志。孟子曾经指出齐宣王所说的“大欲”，就是朝秦楚，莅中国，抚四夷。战国时，随着生产力的发展，青铜器冶炼技术得到改进，铁兵器出现，步兵和骑兵取代车兵成为主要的兵种。各国组织起庞大的军队，战争的规模更大。人们也更加注重对军事的研究，涌现出了一些著名的军事家。

战国中后期，秦国势力日益强大，对东方六国构成严重威胁。齐、楚、燕、韩、赵、魏合作以攻秦国，历史上称这种谋略为“合纵”。秦国要进一步向东方发展，采用各个击破的办法，“事一强以攻众弱”，这种策略历史上称为“连横”。

秦始皇

长期的战乱，生灵涂炭，人们渴望国家的统一、社会的安宁。由谁来统一国家使社会得到安宁，就要看谁的谋略精、谁的实力强大，实际上就是在于如何用人，即如何用文官、如何用武官；在于如何出良策、如何英勇善战、如何增强自己的实力、如何得民心。经过商鞅变法后的秦国实力在战国末期已经远远超过东方六国，统一的时机已经成熟。秦朝统一六国的战争历经十年，于秦始皇二十六年（公元前221年）统一了中国。秦的统一，结束了春秋战国的分裂割据局面，建立了我国历史上第一个多民族的封建国家。秦国能够统一六国的原因很多，如统一六国顺应了历史发展趋势和人民要求；秦通过商鞅变法增加了国力，奠定了统一六国的基础；秦始皇重用了一大批的文臣武将出谋划策大战疆场，加速了统一的到来；奖励耕战，经济发展；强化君权建立抑制宗室贵族的一套中央集权制度，以法治国等。秦国统一中国后，建立起第一个统一的、多民族的、中央集权的封建王朝，并把这个封建官僚制度巩固下来，使之成为后世封建王朝沿袭的模板。

秦朝官僚制度是我国第一个统一的、多民族的、中央集权的官僚制度。皇权至上，列卿分职，地方全面推行郡县制。

第一节　秦朝的教育与官员的培养

一、以吏为师、“以法为教”的政策

教育是培养官员的主要手段，也是宣传思想、统治人民的重要手段。秦朝统治时间虽然短暂，教育却有其特点，官员的培养主张以吏为师、“以法为教”。

春秋战国时期的社会变革打破了“学在官府”的格局，独立发展的文化力量成为制约政治权力的平衡力量。秦朝统一中国后，政治权力如何控制文化权力成为封建王朝制定文教政策的基本出发点，教育所承担的职责也转向了处理人与国家权力之间的关系。

秦始皇在泰山刻石记到：“治道运行，诸产得宜，皆有法式。”①显然，这其中包括了以法治官的内容，也不难看出以法来培养官员的需求。秦代官吏“慎遵职守”，凡事“细大尽力，莫敢怠荒”。

以法为教，以吏为师是秦官吏的基本素质。“以法为教”的“法”，包括封建国家颁布的有关政治、经济、文化教育等方面的政策、法令，这就从行政、教育内容上适应了秦朝以法治国的政治需要和实际要求。“以吏为师”即要求由政府官员主管教育。两者的一致目标在于培养出“尽力守法”、“循令而从事”、“案法而治官”的“明法”、“守法”、“行法”的官吏②。秦十分重视司法官吏的培养、选拔、任用及升迁、惩处。

秦朝疆域东到大海，西到陇西，南到南海，北抵长城一带。在这个范围内，生活着各族人民两千多万人。秦朝“书同文”、“行同伦”的推行，是为巩固统一而推行统一文字、规范社会习俗的重要措施。“书同文”的目的是消除春秋战国以来“言语异声，文字异形”的现象，以小篆为标准文字，在全国进行文字的改革和统一工作。这不但为秦朝政策法令的顺利推行扫除了障碍，也为文化的传播和教育的推广创造了有利的条件。在改革文字后编写的几种采用小篆字体的童蒙课本，如李斯的《仓颉篇》、赵高的《爰历篇》、胡毋敬的《博学篇》，成为汉以后编写儿童字书的先驱。“行同伦”，就是进一步融合各族各地风俗，规范道德行为的标准。秦统一全国后，用《秦律》取代《周礼》，以达到“黔首（百姓）改化，远迩同度”的目的。秦始皇五度出巡，立石刻碑，宣传法治，促进汉民族共同心

① 《史记》卷6《秦始皇本纪》。

② 《韩非子·孤愤》。

理的形成。这些做法对于后世文化教育的发展起到了积极的作用。

秦朝统治者重视思想的控制和统一，颁挟书令、禁私学、以吏为师、以法为教。秦始皇三十四年（前213年），在为皇帝祝寿的宴会上，博士淳于越批评仆射周青臣阿谀颂过，并进而批评郡县制不合殷周古制，遭到丞相李斯的反驳。李斯在阐述了“师古”之谬后，进而借题发挥，直接攻击私学，“古者天下散乱，莫之能一，是以诸侯并作，语皆道古以害今，饰虚言以乱实。人善其所私学，以非上之所建立。今皇帝并有天下，别黑白而定一尊。私学而相与非法教，人闻令下，则各以其学议之。入则心非，出则巷议，夸主以为名，异取以为高，率群下以造谤。如此弗禁，则主势降乎上，党与成乎下。禁之便。臣请史官非《秦记》皆烧之，非博士官所职，天下敢有藏《诗》、《书》、百家语者，悉诣守尉杂烧之。有敢偶语《诗》、《书》者弃市，以古非今者族。吏见知不举者，与同罪。令下三十日不烧，黥为城旦。所不去者，医药、卜筮、种树之书。若欲学法令，以吏为师”①。这一政策实际上成为秦朝文教政策的核心内容。它包括两个方面内容：一是关于藏书的规定。当时明确规定，除博士官手中藏书以及医药、卜筮、种树之书外，民间所藏的诗书、百家经典一并禁毁，以消除聚谈诗书、非议朝廷的现象。二是关于办学的规定。国家教育按“以吏为师”和“以法为教”的方针统一布置，官府举办教育禁止私学，以杜绝社会上聚徒讲学、结党营私的现象。这些措施是为了铲除危害中央集权统治的思想影响而施行的，它通过强制焚书和禁止私学、以法代教等做法来体现封建中央政权对春秋战国以来独立发展的文化权力的扼制。相应的，这些政策将人的发展定位在对国家政权的适应和服从。这些出于当时政治的需要而执行的极为偏颇的文教政策，也带来了消极的影响。

二、设置负责教育的官员

为了推行“书同文，行同伦”和“以法为教，以吏为师”的各项措施，秦朝在各乡设置“三老”②，负责对一般人民进行法治教育、耕战教育和尊卑贵贱的思想教化。这一政策对于巩固秦王朝的统治具有重要意义，法治教育和思想教化由此便被国家直接控制起来了。

三、对文化教育的极端控制

秦朝的文教政策对建立一个统一的封建王朝发挥了积极的作用，但它也为传统教育的发展带来了消极的影响。秦朝仅仅借助官吏来实现对人们的教化，以法律教育取代学术文化的发展，否定私学，又回到了“学在官府”的状态，这是教育发展过程中的一种倒退。尤其是秦王朝企图借助文化专制的手段来维持这一局面，以“焚书坑儒”来强制思想的统一，不但对我国古代文化典籍带来了摧残破坏，而且封杀了春秋战国以来业已独立的文化教育的自由发展。

---

① 《史记》卷6《秦始皇本纪》。

② 《汉书·高帝纪》载刘邦据关中时，令“举民年五十以上，有修行，率卒众为善，置以为三老，乡一人。择乡三老为县三老，与县令丞相以事相教”。原注宋祈曰：“三老掌教化，秦制也。”

“焚书坑儒”是对先秦思想文化成就的粗暴否定，是中国文化教育史上的一场浩劫。文化成为政治权力的附庸，文化氛围由生动活泼转而死气沉沉，儒学的发展也因此进入低潮。

自汉代以后，“焚书坑儒”受到了主流文化的批判，有人称之为“灭学之祸”。尽管“焚书坑儒”有当时特定的历史背景，但是这一行为对思想文化传播所造成的恶劣影响是不可否认的。

四、学校的雏形

秦始皇统一中国，在文化教育方面，实行“以吏为师”。同时，秦普设于郡县的官学叫“学室”。学室遂成为秦代地方官学学校，专门培养文法官吏。

“学室”的教学内容主要有两个方面：一是明习法令；二是学写字。学生多从文法官吏的弟子选拔，十七岁入学，学习三年，可以背五千字以上者为合格。“学室弟子”经考试合格之后，便可以毕业做官。不过，弟子在任官之前还要经过一段时间的考核与实习，开始只能做“吏”，以后可视工作绩效而迁升。据《睡虎地秦墓竹简》中《秦律十八种·内史杂》载：“非史子也，毋敢学学室，犯令者有罪。”秦以文书为职务的史世代相传，要从小进行读写文字的训练，经考核合格才可从事文书官一类工作；不是史的儿子，不准入室学习。没经过培养的下吏，即使能够书写，也不准做史的事务，即“下吏能书者，毋敢从史之事”。

第二节 秦朝官员的选拔

秦朝统一中国，建立起一个统一的、中央集权的封建国家，这是历史上的一个巨大进步，秦朝的历史贡献是不可磨灭的。

为了统治这个大国，秦律非常重视各级官吏的选择和任用。例如《置吏律》规定：任用“吏尉”等官吏，如果任用了不该任用的人，未经上级审批，擅自让其到职视事或加以派遣，就要依法论处。在《除吏律》《内史杂》等法规中更加明确地规定：“任法（废）官者为吏，赀二甲。”“侯（候）、司寇及群下吏毋敢为官府佐、史及禁苑宪盗。”禁止任用这些人为吏或担任禁苑的治安保卫工作。为了提高行政效率，严防官吏违法乱纪，秦律还十分强调官吏的责任制和实行对官吏的考核制度。《效律》规定：官吏各有自己的职责，如果失职，就要受处分。《为吏之道》列举了当时县级政权机构的职责范围，它们不但要执行最高统治者所颁布的各种命令和诏书，征发赋税、徭役和兵役；而且要管理农田水利、官府手工业、仓库、苑囿等事，总共不下二三十项。每一项都有专人负责，并且制订有专门的制度和法律。如果官吏玩忽职守，消极怠工，就要按法律治罪；已造成的损失，还要依情节轻重勒令其赔偿。对于欺骗上级、作奸犯科的官吏，更是严惩不贷。《法律答问》规定，官吏弄虚作假，不仅要依法论处，而且要撤职永不叙用。另外，秦律对于官吏滥用权势、假公济私、伪造命令、盗用官印、私自挪用公款以及破坏耕战等，也都分别列有惩治的条例。

实际上,关于秦朝官员选拔情况的材料很缺乏,从现存有关的零碎材料看,秦统一前后的官员选拔有所差异。秦统一前,亟须能应变、能冲锋陷阵的人去打天下,因此,“客卿”、军功、“辟田纳粟”等成为重要入仕途径;统一后,国家需要“守成之人”来进行管理;以前的“客卿制”、“军功入仕”等,也就在选拔制度中失去其地位。

虽然秦朝在历史上仅仅存在了三十八年,但其历史影响却相当深远。就目前所保留下来的《秦律》中有关文官选举的规定来看,它已具备了中国封建社会文官选举法的雏形。

“三重”选官法是秦时选任官吏的制度。一是重客士。秦朝继承春秋战国的传统,选拔官吏时重客士,即是重视国外的贤人、能人。二是重军功。重军功就是起用有突出军功的人。三是重法律。重法律就是选用懂法律的官员。秦朝在人才引进上举贤任能,对在任官员强调武功和军绩,同时以法家思想指导变法,追求法的尊严和对社会的治理功能。秦的“三重”选官法终使它成为“振长策而御宇内”、“执棰拊以鞭笞天下”的最大霸主①,建立了统一的封建大帝国。故“三重”选官之法是秦王朝官吏选拔中最重要也是最富有实效的法律之一。

一、秦朝官员的选拔方式

秦在官员的选用上,“不别亲疏,不殊贵贱,一断于法”②。“使法择人,不自举也;使法量功,不自度也。”③

秦始皇首创皇帝制度,这是中国古代专制制度的重要特征。在他统治期间,全国的政治、经济、军事等一切大权都由皇帝总揽,中央和地方的主要官员的选拔和任免都取决于皇帝。而长官只能选任自己的下属。官员的选用方式有以下几种:

1. 吏道

狭义的“吏”,指官府中的低级公务人员,在秦具体指“百石以下”的“小吏”。如秦简中的令史、史、令史掾、卜、求盗、宪盗、害盗、亭校长、亭长等均属百石以下的斗食之吏。选拔这种下级官吏主要用考试方法。汉高祖“及壮,试为吏(应劭曰:试补吏)为泗水亭长”④。

2. 保举

保举是中国古代选官的重要方式之一,秦保举又称“任”。保举的官员一经任用,双方就连带负有法律责任。“秦之法,任人而所任不善者,各以其罪罪之。”⑤“任人为丞,丞已免,后为令,今初任者有罪,令当免。”⑥有保举资格的都是现任官员,如被保举的官员在

① 《史记》卷6《秦始皇本纪》。

② 《史记》卷130《太史公自序》。

③ 《韩非子·有度》。

④ 《史记》卷8《高祖本纪》。

⑤ 《史记》卷79《范雎蔡泽列传》。

⑥ 云梦秦简整理小组. 云梦秦简释文(三). 文物,1976(8).

任期内有罪，保举人连坐；如保举人有罪，被保举人则无甚干系。

3. 世袭

世袭制度是奴隶社会贵族享有的特权制度，由于符合统治者的特殊需要，因此，它在封建社会中改头换面，以"任子"这种新的形式出现。云梦秦简中的《司空律》规定："葆子以上居赎刑以上到赎死，居于官府，皆勿将司。"《法律答问》则说："葆子以上，未狱而死若已葬，而誧（甫）告之，亦不当听治，勿收，皆如家罪。"又"葆子狱未断而诬告人，其罪当刑为隶臣，勿刑；行其耐，有击城旦六岁"。这是从法律上规定葆子犯罪可享有一定特权。凡处肉刑者，一律"勿刑"，而改判劳作刑。"葆子"就是封建贵族功臣的嫡长子，并有以父祖官位而出任官职的权利。甘茂之孙甘罗，"年十二，事秦相文信侯吕不韦"，后因入使燕有功，"封甘罗以为上卿"①。甘罗小小年纪和微不足道的功劳而得到不应得的官职和过分的酬劳，在很大程度上得益于其祖甘茂。甘罗所任庶子、上卿均进入高级官员行列，当时高级官吏的起点是六百石官。《法律答问》有："何谓'宦者显大夫'？宦及知于王，及六百石吏以上，皆为'显大夫'。"可见"葆子"能较快地进入上层统治集团。从这个意义上说，"葆子"是秦选拔高级官吏的方式之一。

专职技术官员仍然世袭。例如史官、工官、乐官、卜筮之类就是需要及早给予特殊训练、培养的专职技术官员，不但及早由家庭给予训练培养，而且官府专门设有"学室"。云梦秦简《内史杂》规定："非史子也，毋敢学学室，犯令者有罪。"以至始终是"父子畴官，世世相传"。

4. 军功选任

靠武力统一天下的秦朝，军功选任官吏是发挥了巨大作用的。早在商鞅变法时期就注重奖励军功。军功选任官吏主要是选任武官，但也有先武后文的。

秦国自孝公即位后任用商鞅进行改革，颁布了一系列的变法政令，实行"效功而取官爵"的仕进新制度，利禄官爵专出于军功。《商君书·错法第九》："行赏而兵强者，爵禄之谓也。爵禄者，兵之实也，是故人君之出爵禄也道明。道明则国日强，道幽则国日削。故爵禄之道，存亡之机也。夫削国亡主非无爵禄也，其所道过也。三王五霸其所道不过爵禄，而功相万者，其所道明也。"商鞅把军功入仕封爵的作用提得很高，把它视为国家"存亡之机"。军功爵制对于那些既无地位又无特权的新兴地主阶级来说，则是登上政治舞台的捷径。同时商鞅又把耕战结合起来，以耕战论功也成为秦人入仕的重要途径之一。《史记·商君列传》载商鞅的变法令云："宗室非有军功论，不得为属籍。"可见秦国执行军功入仕主张非常坚决。军功制的推行，打破了世卿世禄制。军功制对于提高军队作战力和国家竞争力有着重大作用，秦国实行军功制最为彻底，军队享有"虎狼之师"的威名。秦国政府行政效率和管理能力也在七雄中最为突出。

秦自商鞅变法以来就实行军功爵制度，用重赏鼓励在战争中杀敌立功的人。据《商君书·境内》记载："能得甲首一者，赏爵一级，益田一顷，益宅九亩。"秦简中的《军爵律》规定"从军当以劳论及赐"，即按功劳行赏。《秦律杂抄》也规定战死者有赏，"论其后"，

① 《史记》卷71《甘茂列传》"索隐：《战国策》云甘罗事吕不韦为庶子"。

即把死者的爵位赏给他的后人。如果临阵逃亡,则罚"以为隶臣"。《商君书·画策》载,严格的赏罚制度,使得秦国人遇有战事,"父遗其子,兄遗其弟,妻遗其夫,皆曰:'不得无返。'是以三军之众,从令如流,死而不旋踵"。

5. 征召

征召,是自上而下的选拔方式。秦始皇举赵高以为中车府令①。叔孙通以文学征②。萧何为"泗水卒史事第一,谓课最居第一也,秦御史欲入言征何"③。

以资财得官,秦始皇四年,"天下疫,百姓内(纳)粟千石,拜爵一级"。秦历来是官、爵并重与相通,有了爵位也就铺平了为官的道路。

二、秦朝官员选拔的标准

选拔官员,就需要制定选拔的标准。秦从"以法治国"的统治原则出发,从确立"朕即国家","天下之事皆决于上"的政治格局出发,把选拔标准具体化为"明法、守法、忠君和行法",这形成了与以前选拔截然不同的特点。

秦朝对官吏的选用有严格的道德和才能标准:第一,道德方面。秦简《为吏之道》规定了官吏应具备的道德和行为准则,并将其概括为"五善"、"五失"。第二,明悉法律令。秦强调以法治国,以吏为师,要求官吏通晓法律令,并以之作为区分"良吏"、"恶吏"的标准。

"忠君"是秦朝选拔官员的主要标准。君主把在其统治区域内的一切均作为自己的私有物,选拔管理这些私有物的官员,就必须是完全遵从君主意志行事的人。"忠君"思想在春秋末已出现,到战国时则更为普遍,至秦朝时更成为约束官吏一切行为的标准。

孔子认为:"君使臣以礼,臣事君以忠。"④按照孔子的认识,君臣关系双边都有责任,臣负"忠"之责。韩非子则提出:"尽力守法,专心事主者为忠臣。"⑤韩非的这一政治蓝图,有很大一部分在秦朝得到实现。战国末期以韩非为代表的法家学派认为君臣关系在根本利益上是对立的,因为从人们个人的利害冲突看,人臣不会真正忠君,"君臣利异"。因此,韩非说:"人臣之于其君,非有骨肉之亲也,缚于势而不得不事也。"⑥忠君是被迫的,就连"后妃夫人太子之党成,而欲君之死也,君不死则势不重。情非憎君也,利在君之死也"⑦。但在政治实践中更需提倡臣民必须忠于皇帝,按"朕即国家"逻辑,皇帝与国家是合二为一的,云梦秦简中的《为吏之道》提出:"为人君则鬼,为人臣则忠。"强调"吏有五善",其中第一善就是"忠信敬上"。秦朝强调以法治国,而法是皇帝的法,法就是皇帝的化身。各级官吏只要忠实地执行法律,就算是完成了对皇帝尽忠的义务。在《语书》中南郡太守腾说:"今法律令已布,闻吏民犯法为间私者不止,私好,乡俗之心不变,自令、丞

---

① 《史记》卷6《高祖本纪》。

② 《史记》卷99《叔孙通传》。

③ 《史记》卷8《萧相国世家》。

④ 《论语·八佾》。

⑤ 《韩非子·忠孝》。

⑥⑦ 《韩非子·备内》。

以下知而弗举论，是即明避主之明法也，而养匿邪僻之民。如此，是为人臣亦不忠矣。”在他看来，官吏不执行法律，就是对皇帝，对国家的不忠。《行书》律规定：“隶臣妾老弱及不可诚仁者勿令。”选一个送递公文之人，也要求是一个对君主和封建制度持忠诚态度之人，何况对于选拔入仕为官的人呢？

秦朝以“忠君”为标准选拔官员，对当时和以后有重要影响。随着封建专制主义的完善和强化，“忠君”迅速成为官员选拔、任用、监察最重要的内容之一。

第三节　秦朝官员的任用

一、秦朝任官的条件

秦朝职官任用的建立和完善是秦始皇统一中国和维护统一的中央集权制的重要措施之一。卫宏说：“秦始皇帝灭诸侯为郡县，不世官。守、相、令、长以他姓相代，去世卿大夫、士。”①

“忠君”是秦朝选拔官员的主要标准，也是秦朝任用官员的首要条件。另外，明法并依法行使官员职权则是任官的必备条件。除这两项条件外，秦朝对任官的其他条件也有明确的规定。

1. 年龄条件

就一般情况说，任官必须壮年，即三十岁。《内史杂》律规定“除佐必当壮以上，毋除士五（伍）新傅”，“高祖及壮，试为吏”②。可见秦朝任官是以一定年龄条件为前提的。

2. 身份及职业条件

秦朝实行“刑人无国位，戮人无任官”政策③。首先是不得任用受过“废”和其他刑罚的人担任各级官吏。“废”在秦律中是撤职永不叙用的最高行政处分。因此，“废”就剥夺了一个人终身政治权利，也就失去了任官的资格。《除吏律》说：“任废官者为吏，赀二甲。”《内史杂》律规定“下吏能书者，毋敢从史之事”，“令赦史毋从事官府”，“侯、司寇及群下吏毋敢为官府佐、史及禁苑宪盗”④。这就法律上规定，就是受过轻微刑罚的人（如侯、司寇、下吏均为轻刑）连极低下的官职也不能担任。其次不得任用赘婿、商人为佐吏。

3. 任官限制

秦律对官吏任用的规定，虽不像后世那样注重门第出身，但也有许多限制性的规定：

第一，不准任用“废官”，即不准任用不称职或不够条件的官吏；

第二，官吏必须正式任命才能到任行使职权；

第三，长吏调任新职，不准带走原属佐吏。

① 《汉官旧仪》卷下。

② 《史记》卷8《高祖本纪》。

③ 《商君书·算他》。

④ 云梦秦简整理小组．云梦秦简释文（二）．文物，1976（7）．

秦朝对官吏的选用有严格的道德和才能标准,对官吏的任用同样有严格的道德和才能标准。可想而知,不可能选拔一个标准,而任用又用其他标准。按秦制,“忠君”是第一位的任用标准。其次,无论高中低级官吏,不但要明法,还须依法办事。只有具备这些条件才能任官。

二、秦朝官吏的任用方法

随着君主专制的建立,一切权力均归君主个人所有。“权者君之所独制也”①,“长执重势而独擅天下”,“是故明君独断,故权不在臣也”②。韩非更是从行政、财政、立法、经济、人事权诸方面提出应由君主绝对集中,他说:“是故人主有五壅:臣闭其主曰壅,臣制财利曰壅,臣擅行令曰壅,臣得行义曰壅,臣得树人曰壅。臣闭其主则主失位,臣制财利则主失德,臣擅行令则主失制,臣得行义则主失明,臣得树人则主失党。此人主之所以独擅也,非人臣之所以得操也。”③韩非子认为,君主有这“五壅”必然就会失去政权。如“臣得树人”,就是掌握了人事权,君主就失去了自己的支持者,最后就会失去政权。可是在政治实践中要完全集中一切权利又是不可能的。因此,秦始皇任命官吏采取以集中为主、分散为辅的方式,给予各级政权机构一定的任命权力。

皇帝直接掌握中央和地方郡县长官的任命权力,以保证高级官员能绝对忠于皇帝。如秦国初期的丞相多由宗室近亲担任,如樗里疾、魏冉为王或太后之弟。其后布衣担任的渐多,如范雎、蔡泽、李斯等,他们的提升任命都是国君一手操办的。

郡县属吏由郡县长官根据中央律令规定任命。云梦秦简《内史杂》律规定:“官啬夫免……其官亟置啬夫,过二月弗置啬夫,令、丞为不从令。”即官啬夫出现空缺,所在县的令、丞必须在两个月内任人担负这一职务,否则就是“不从令”。由此可见县令对县内各官府的啬夫及其他属吏的任官有批准权。《置吏律》规定:“县、都官十二郡,免、除吏及佐群官属,以十二月朔日免、除,尽三月而止之。其有死亡及故有缺者,为补之,毋须时。”这就是用行政法规授权县、都官和十二个郡有权在每年十二月初到三月底以前,任命自己机关内的史、佐和属员等下级官吏,如有因死亡和其他原因出现缺员,则有权随时补充任命。给予地方官吏以一定任用权力,便于地方行政机构更完整地发挥其职能机构的作用。

1. 任官凭证

官印是国家权力的象征,也是行政命令发生法律效力的凭证,官印成为任官的凭证。任官授印,免官收印,印随官转。战国时期,任命朝廷大臣和县令均以授印方式来进行。秦朝沿袭还有改进,连地方小吏也有官印为凭证。云梦秦简《金布律》规定:“官府受钱者,千钱一畚,以丞、令印。”《法律答问》记伪造印章两例。“盗封啬夫何论也?廷行事以伪写印。”“侨(矫)丞,令何也?为有秩伪写其印为大啬夫。”可见啬夫也是有官印的。官

① 《商君书·修权》。

② 《史记》卷87《李斯列传》。

③ 《韩非子·主道》。

印是权力的象征，如果官吏丢失了自己的官印，要负刑事责任。《法律答问》有：丢失“公玺”，“已坐以论，后自得所亡，论当除不当？不当”。这就是说自己找回了丢失的官印，仍按丢失规定处罚，对官印的管理相当严格。

2. 任期

秦并未形成固定的几年一任期的制度，官员任期长短不一，从史书中对一些主要官员的任期来看，有较长的，也有较短的。

丞相一职，樗里疾出任右丞相两次，共计九年。魏冉五次出任此职，长达二十六年。杜仓任职七年，范雎一任丞相十一年。吕不韦两次出任丞相，共计十二年①。

守令，张若先后任蜀郡守，黔中郡守，长达三十八年。蒙恬任内史（即后世的京兆尹）十二年。任鄙任汉中守六年。王稽任河东守共十二年。蒯通对范阳令徐公说：“足下为令十余年矣。”②

3. 官员迁调

官员必须有正式任命“令”，才允许到任。《置吏律》规定：“除吏、尉，已除之，及令视事及遣之；所不当除而敢先见事，及相听从遣之，以律论之。”

官员接到任命“令”必须立即赴任，如滞留其他郡县，“以小犯令论”。《为吏之道》把“受命不偻”视为官吏“五失”之一。按《说文解字》段玉裁所训释，“受命不偻”就是接受任命而不立即执行职务。

官吏不服从调动则采取经济制裁、免官等多种处治手段。为防结党营私，晋升调职官员不得提携其旧属去新任职位处共事。

① 《秦集史·丞相表》。
② 《秦集史·守令表》。

第二章　两汉时期

第一节　汉朝的教育与官员的培养

一、汉代“独尊儒术”的文教政策

西汉(前206—25年)既因袭了秦朝的旧制,又接受了其灭亡的教训,在各方面都有所变更和发展。

在汉初的几十年间,由于“尚有干戈”和需要“与民休息”,统治阶级除继续采用法家思想外,主要推行了道家的黄老之术,采取“无为而治”的思想,强调“治道贵清静而民自定”。汉高祖、文帝、景帝、窦太后等都坚持了这一政策,使统治得到稳定,经济得到恢复和发展。

儒家思想以它适应血缘宗法秩序的学说而具有强大的生命力,加之它以五经典籍为知识依托,以师弟传授系统为纽带,使这一知识系统虽经秦朝“焚书坑儒”的灾难但还能得以延续。而且,秦汉朝廷所设置的博士官中,也还保留有治《诗》、治《书》、治《春秋》的博士。在当时社会急剧变动的条件下如何才能实施儒家思想?当时的文士陆贾常引《诗》《书》谈古论今,使刘邦深不以为然:“居马上得之,安事《诗》、《书》?”陆贾反驳道:“居马上得之,宁以马上治之乎?”这话对刘邦震动很大,于是刘邦命他总结秦亡汉兴的经验教训和历史上治乱缘由,陆贾著《新语》十二篇,强调刑罚的作用只能“诛恶”,而不足以“劝善”。只有加强“教化”,社会才能安宁。陆贾在朝廷每奏一篇,“高帝未尝不称善,

陆贾画像

贾谊像

左右呼万岁”①。叔孙通明确向刘邦提出：“夫儒者难与进取，可与守成。”他为刘邦制订朝仪并在长乐宫首次施行，“自诸侯王以下莫不振恐肃敬”，“无敢喧哗失礼者”。刘邦高兴地说：“吾乃今日知为皇帝之贵也。”②文帝时的贾谊，景帝时的辕固生、胡毋生、董仲舒等，都是为倡行教化、宣传儒学做出努力的佼佼者。汉初儒者已不像孔子、孟子那样迂阔，也不像淳于越那样道古害今，而是观之上古，验之当世，参之人事，察盛衰之理，审权势之宜，去就有行，变化因时，使“儒家理想主义终于向实用主义靠拢，而儒者的思想学说也终于向政治意识形态倾斜”③。汉初儒者以有助于经邦治国的“儒术”在朝廷中逐步扩大了影响。

汉武帝时期，全国经济得到了恢复和发展，政治上也出现了安定统一的局面，汉武帝数次诏贤良议政，最后肯定了董仲舒、公孙弘等儒者的建议，确定了儒家思想的正宗地位。这就是历史上所说的“兴太学，置明师，以养天下士”、“重选举，广取士”、“罢黜百家，独尊儒术”三大文教政策。

董仲舒像

董仲舒认为，兴教化的根本是培养人才。他提出了“兴大学以养士”的建议。他说：“夫不素养士而欲求贤，譬犹不琢玉而求文采也。故养士之大者，莫大乎太学。太学者，贤士之所关也，教化之本原也，今以一郡一国之众，对亡应书者，是王道往往而绝也。臣愿陛下兴太学，置明师，以养天下士。数拷问以尽其材，则英俊宜可得也。”

养士和选士是分不开的。为了得到贤才，巩固国家的统治，要改革人才选举制度。董仲舒指出当时官吏腐败的原因是选官吏所用的“任子”（凭门荫）、“纳贤”和“积久以致官”（靠年资晋升）等办法。因此他强调“重选举，广取才”，建议由诸侯、郡守每年选送人才，务必遍寻天下之贤人，按照“量材而授官，录德而定位”的原则，把真正有德有才的人选拔出来。

养士和取士都必须统一在一个指导思想之下，否则百家殊方，法制数变，君主无所持，百姓无所从，仍然不能实现人心归顺，天下一统的目标。董仲舒把“不达时宜，好是古非今”的原始儒学改造成神学化的儒学，利用《春秋》中的“大一统”思想并加以发挥，提出了“罢黜百家，独尊儒术”的主张。他说：“春秋大一统者，天地之常经，古今之通谊也。今师异道，人异论，百家殊方，指意不同，是以上亡以持一统，法制数变，下不知所守。臣愚以为，诸不在六艺之科、孔子之术者，皆绝其道，勿使并进。邪辟之说灭息，然后统纪可一而法度可明，民知所从矣。”④董仲舒的建议迎合了汉武帝的心意，因而为汉武帝基本上予以采纳。《汉书·董仲舒传》说：“武帝初立，魏其、武安侯为相，而隆儒焉。及仲舒对册，推明孔氏，抑黜百家，立学校之官，州郡举茂才、孝廉，皆自仲舒发之。”

---

① 《史记》卷97《郦生陆贾列传》。

② 《史记》卷99《刘敬叔孙通列传》。

③ 葛兆光．中国思想史(第1卷)．上海：复旦大学出版社，2001：256.

④ 以上董仲舒语皆引自《汉书》卷56《董仲舒传》。

汉武帝从小受到正规严格的皇家教育，六岁时被立为太子。他爱好读书，常读法律和儒家著作。他也爱好打猎，时常在皇家禁苑中策马奔驰，追兔射鹰。读书使其带有文人的气质，打猎有助于他刚强勇武性格的形成，这些对他的一生有重要影响。

汉代独尊儒术政策颁布后，陆续采取了一系列措施以保证这一政策的推行。

第一，在朝廷专置五经博士。博士官的设置始于战国时期，它的职责是“议政事，备咨询，掌故籍”。博士官是皇帝和朝廷制定政策的顾问班子。秦朝沿袭此制，在朝廷中设置博士官七十人左右，都由精通诸子百家的专家学者充任，包括儒家学者。汉初依旧。汉武帝确立“独尊儒术”政策后，对于五经之外的博士不再补任。汉武帝时，博士专以教授经学主持太学教育，担负起培养弟子、培养官员的重任，博士的考试也归太常主持。汉武帝元光五年又征贤良文学，菑川推荐公孙弘。太常奏弘第居下，武帝擢弘为第一。至东汉时期，朝廷唯有五经博士。儒家的《诗》《书》《礼》《易》《春秋》这五种著作被尊崇为经亦自此始。这样就保证了国家政策在儒家思想的指导下制定和推行。

第二，统一经学。两汉统治者往往召集一些学者讨论儒经，借以表示倡导儒学和统一经学的解释。其中召开了两次重要的经学会议，第一次是西汉宣帝甘露元年（前53年）于石渠阁，第二次是东汉章帝建初四年（79年）于白虎观，大会诸儒论五经异同。第二次讨论的结果编成《白虎通义》，综合了今文经学各家的主张，制定了有关经学的标准答案，把封建的三纲六纪法典化了，并碑刻于太学，向全国公布。

第三，造就儒家治术人才。汉武帝元朔五年（前124年）创建太学，由五经博士出任教官，招收“博士弟子”五十人，研究儒家经学。从此，儒经成为官学教育的正宗教材，学习和考试都以儒经为据，保证了人才培养的儒学方向。

第四，选拔人才以经学为本。汉代选拔人才实行“察举制”，为了强调官吏的儒学素养，东汉时期开始实行“诸生试家法，文吏课笺奏”的考试制度，使考试的作用在各科察举中进一步加强。尤其是东汉章帝元和二年（85年）令郡国岁贡“明经”之后，更明显地表现了以经术取士的趋向。

第五，尊孔。崇儒必然得尊孔，尊孔才可以达到“独尊儒术”的目的，所以两汉统治者对孔子倍加推崇。汉高祖十二年过鲁以太牢祀孔子，这成为历代皇帝崇儒的重要措施。汉元帝令孔子后代食邑八百户祠孔子，以后世世相传。汉平帝元始元年追谥孔子为褒成宣尼公，这是古代社会追封孔子爵位的开始。明帝永平二年（59年），又开始在太学及郡国学校举行祭孔仪式。尊孔与读经就成为传统官学教育的灵魂和支柱。

这样，汉代终于确立了以培养人才和选拔人才为主轴的教育机制。

“独尊儒术”，标志着儒家思想上升为国家意识形态而取得了至尊的地位。这“表面上看来儒家是胜利了，但实际上却使它逐渐丧失了其独立的批评的自由，儒生成了皇权之下的官员，他们不能不受到皇权的制约和束缚，而为了那些利益，儒生从此也不能不采取实际而灵活的策略与态度，石渠阁议中，为了各自师承争立学官，就显示了政治权力已经取得了对思想权力的胜利”①。从另一个角度看，“焚书坑儒”与“独尊儒学”实质上都

① 葛兆光．中国思想史（第1卷）．上海：复旦大学出版社，2001：271.

是为了推行文化专制，只是二者采用的手段不同。秦朝以“禁”为手段，以扼制文化权力的滋长。汉代以“尊”为诱导，将政治权力和文化权力都归之于天子手中。

从教育角度看，“独尊儒术”的文教政策对传统教育发展的影响又是双重的。

第一，“独尊儒术”作为统治阶级加强思想统治的重要文教政策，是对“以吏为师，以法为教”的否定，它将文化教育提高到治国平天下的战略地位。自此以后，教育逐渐被封建社会公认为是“为政之首”。“教育，政之本也；狱，政之末也”的思想日益深入人心，在这一政策的直接推动下，汉代才有创设太学，兴办学校，广育人才的重大变革，确立了我国传统官学制度的基本架构，开启了培养人才和选拔人才的传统教育机制模式。这一做法，较好地继承了先秦的教育成果，发展了学校教育。“独尊儒术”的文教政策是具有积极意义的。

第二，这一政策实现了文化教育的儒学化，促成了教育的政治伦理化。由于儒学的伦理道德教育适应了血缘宗法的社会秩序，因而推行这一教育有利于缓解秦朝法治过于严酷而造成的社会紧张局面。但是，这强化了教育的政治功能，导致了教育的政治伦理化。这种政治伦理化的教育，被历代统治者渗入到社会生活的各个领域，使任何调节人与人关系的规则，以及人格养成的努力，都变成了对国家权力的认同和服从。人的个性发展和独立人格的追求，都必须屈从于这一政治权威。“独尊儒术”的文教政策，不仅为两汉所沿用，以后历代王朝，也只是在此基础上做了一些修改和补充，没有什么根本性的大变动。所以说，汉代“独尊儒术”是中国古代具有划时代意义的一项文教政策，堪称两千多年中国传统教育的纲领性政策，对传统教育发展起到了规范化和定型化的作用。

汉代为了广泛倡导封建道德忠孝节义的教育，特别重视三老制度，后汉并有郡三老以及国三老的设置。三老执掌教化，凡有益于社会风化，为民法式者，皆旌表其门，所以三老实负有社会教育责任。文帝十二年诏曰：“孝悌，天下之大顺也。力男，为生之本也。三老，众民之师也……其遣谒者劳赐三老孝者帛，人五匹，孝悌力田二匹。”武帝元狩元年(前122年)赐县三老孝者帛，人五匹，乡三老悌者力田帛，人三匹。

如果地方教化不善，问责三老没有尽职教诲。如汉武帝遣司马相如晓谕巴蜀，责三老以不尽教诲之过。韩延寿为左冯翊，有兄弟争讼田产，延寿以为教化不行，责在自身，遂称病不听事，县令、丞、啬夫、三老，亦皆自系待罪。

二、汉代的学校教育制度

国家的统一，经济的繁荣，帛和纸等书写工具的出现，成了汉代学校教育发展的基本社会条件。在“独尊儒术”政策的指导下，汉代的官学和私学都得到空前的发展，学制系统已初具规模，学校教育也逐步走向正规化。

1. 汉代的学制系统

(1)汉代中央官学

汉代官学分为中央官学和地方学校两种。中央官学指设在京都的官办学校，主要有太学、官邸学(亦称“四姓小侯学”)、鸿都门学、少学等。

早在汉武帝时期，就创建了中央太学与地方郡国学两级官学，确立了中国封建官学制度。

太学是汉代出现的设在京师的全国最高教育机构，是汉代中央官学的主体，是一所学习儒家经典的高等学府。“太”为极大，古时常与“大”相通。《骈雅训纂·释名称》言：“古人大字多不加点，如大极、大初、大素、大室、大庙、大学之类。后人加点，以别小大之大，遂分为二矣。”即做形容词用时仍写为“大”，做专有名词用时多写为“太”，常见的还有太子、太师、太(泰)山、太阳等。大学泛指高等层次的教育，太学则专指的是全国最高学府。

汉武帝元朔五年(前124年)创建太学。当时只有学生五十人，以后逐步增加。昭帝时增至百人，宣帝时增至二百人，元帝时增至千人，成帝时达到三千人。据《三辅黄图》说：“汉太学在长安西北七里，有市有狱。”平帝时王莽辅政，于元始四年(4年)为太学生修建校舍，能容万人。东汉时，光武建武五年(29年)重建太学于洛阳南门外，其规模比西汉更大，故有“诸王横巷，为海内所集”的记载。又置博士祭酒一人，统领十四家博士。实为大学之首长，此时太学开始成为一个有校舍有组织领导的机构，博士弟子通称“太学生”。顺帝时修缮太学有学舍二百四十房，千八百五十室，进一步扩大规模。质帝实行限年诣太学之法，规定：“郡国举明经，年五十以上、七十以下诣太学。”①质帝时为笼络士人，抬高儒学，太学生增至三万人。顺帝时因太学新成，遂令试明经下第者补博士弟子，让他们在太学重新学习一年，以便来年重试。为此持增加明经射策甲、乙科员各十人②。

官邸学是一所供太子、诸侯及功臣子弟学习儒家经典的学校，东汉明帝始建，安帝、质帝屡有修缮。官邸学亦称四姓小侯学，简称“四姓小侯”。东汉时期专为樊氏(光武帝母家)、郭氏(光武帝后家)、阴氏(光武帝后家、明帝母家)和马氏(明帝后家)外戚四大族子弟设立的中央贵胄小学。由于四姓小侯学拥有比太学更加优越的教学设备和师资，所以后来培养对象不断扩大，不再局限于四姓子弟，甚至于还接收匈奴子弟入学为留学生。据《后汉书·明帝纪》记载：“永平九年(66年)，为四姓小侯开立学校，置‘五经’师。”袁宏《汉纪·帝纪》：“永平中，崇尚儒学。自皇太子、诸王侯及功臣子弟，莫不受经。又为外戚樊氏、郭氏、阴氏、马氏诸子弟立学，号四姓小侯。置‘五经’师。以非列侯，故曰小侯。”官邸学对社会的影响不大。

鸿都门学是一所学习文化艺术的专科学校，创建于东汉灵帝时，学校在洛阳鸿都门而得名。宦官集团为培植自己的党羽和扩大势力，与太学抗衡，便借助灵帝爱好尺牍、字画的特点，创办了这所学校。鸿都门学以尺牍、小说、辞赋、字面为主要教学内容，它是中国乃至世界上最早的一所文艺专科学校。和官邸学一样，鸿都门学对社会影响不大。

少学是我国古代相对于太学之中央官学。据《汉书·食货志下》记载：“其有秀异者，移乡学于庠序；庠序之异者，移国学于少学。诸侯岁贡少学之异者于天子，学于大学，命之造士。”《后汉书·宋均传》也载：“均为辰阳长．其俗少学，而信巫鬼。均为立学校，禁绝淫祀，人皆安之。”清黄生在《义府·少学大学》中说：“乡学，庠序之总名也；国学，少学之异名也。对乡学而言，则曰国学；对太学而言，则曰少学。”

①② 《后汉书》卷6《质帝纪》。

春秋后期，作为西周天子太学的辟雍在形式上已经逐步变成王室内部的宫廷学校。到汉代，辟雍仍为天子讲学、行大射之礼和尊事三老、兄事五更之处。据《后汉书·明帝纪》记载："（明帝）三月临辟雍，初行大射礼。"东汉光武帝建明堂、灵台、辟雍，合称"三雍"。东汉以后，历代辟雍或有设为皇家祭祀之所。如东汉建安年间，曹操于洛阳城南平吕门外所建，高六丈。晋太康五年(284 年)重修，后毁于永嘉之乱。

邸第学，简称"邸第"，亦称"宫邸学"。东汉时期，在给四姓子弟设立学校的同时，还给其他功臣及官僚子弟特别设立学校，连匈奴贵族也派遣子弟前来就学。因学校设于宫邸，故称宫邸学。安帝元初六年(119 年)，由于主政的邓太后高度注重宫廷教育，为和帝弟济北王、河间王的子弟年五岁以上四十余人以及邓氏近亲子孙三十余人开设邸第，教学经书，并亲自监试。"太后诏征和帝弟济北、河间王子男女年五岁以上四十余人，又邓氏近亲子孙三十余人，并为开邸第，教学经书，躬自监试。尚幼者，使置师保，朝夕入宫，抚循诏导，恩爱甚渥。"①世称"邸第学"。

四门学，也称"四门馆"、"四门小学"，简称"四门"。中国封建王朝所立以教授低级官员和庶人子弟之小学性质之中央官学。东汉明帝永平元年(58 年)，大选儒生，以为小学博士，凡四十员。

三雍也称"三雍宫"。汉代辟雍、灵台、明堂三者皆为天子讲学、祭祀先祖、举行典礼之地，因以合称三雍。据《汉书·外戚传·王莽传上》记载："是岁(元始三年，即 3 年)莽奏起明堂、辟雍、灵台，为学者筑舍万区。"《后汉书·儒林传序》也载："(光武帝)中元元年(56 年)初建三雍。"又云："(明帝)坐明堂而朝群后，登灵台以望云物，袒割辟雍之上，尊养三老五更。飨礼毕，帝正坐自讲，诸儒执经问难于前，冠带缙绅之人，环桥门而观听者盖亿万计。"又《文献通考·学校考》记载："平帝时，王莽秉政，增元士之子得受业如弟子，勿以为员……奏起明堂、辟雍、灵台，为学者筑舍万区。"又云："河间献王来朝，献雅乐，对三雍宫。"

桓荣以明帝师为太常，永平二年三雍(明堂、灵台、辟雍)建成，拜李躬为三老、桓荣为五更，行大射养老礼毕，汉明帝引荣及弟子升堂，执经，自为讲说，诏曰："三老李躬，年耆学明，五更桓荣，授朕《尚书》，其赐荣爵关内侯，食邑五千户。三老五更皆以二千石禄养终其身。赐天下三老酒人一石，肉四十斤。"这可见皇帝对学校教育的重视。

(2)汉代地方官学

汉代开始设立地方官学。两汉时期，地方行政制度是封建的王国与中央直辖的郡相立并行。郡国以下各属若干县、道、邑。汉景帝末年(前 2 世纪中期)，蜀郡郡守文翁，重视教化，在成都建立学宫，招下县子弟入学宫肄业，得到汉武帝的赞许，此后天下郡国皆立学校官。直到平帝元始三年(3 年)，始建立了地方学校制度，并规定郡国曰学，县、道、邑、侯国曰校，乡曰庠，聚曰序，校、学置经师一人。序、庠置孝经师一人。所习内容为儒家"五经"。东汉时期，地方官学继续得到发展，从而形成了"学校如林，庠序盈门"的景象。

---

① 《后汉书》卷 10 上《邓皇后纪》。

汉代的地方官学有：

“序”，为地方官学，西汉以后的历代均沿用。汉代即为郡国学之一种。班固在《白虎通·辟雍》中说：“乡曰庠、里曰序。庠者，庠礼义也，序者，序长幼也。”《汉书·平帝纪》：“立官稷及学官……乡曰庠，聚曰序。”邢璹在《〈周易略例〉序》中讲：“臣舞象之年，鼓箧鳣序。”注：“学校也，上州堂之类。”郑愔在《待宴长宁公主东壮制》诗言：“池架祥鳣序，山吹鸣凤曲。”《汉书·董仲舒传》记载：“古之王者……设太学以教于国，设庠序以化于邑。”《南齐书·崔祖思传》也有记载：“自古开物成务，必以教学为先……宜大庙之南，弘修文序，司农以北，广开武校。”

县学，我国古代设于县治以教授儒学为主的地方官学。从汉代开始，郡县均设学校，郡国称学，县称校。

地方学校的主要任务在于奖进礼乐，推广教化，宣传孝悌等封建道德，但实际上这个做法并没有得到普遍实施。

2. 汉代私学

汉代虽有官学，但数量有限，名额有限，且太学设于京师，远道的学生很难入学。加之汉代纸张尚未流行，教材难以普及，“训诂句读，皆由口授”，这就为私学发展奠定了基础。特别是当汉代统治者用利禄奖励儒术的政策实施后，使汉代私学趋于繁盛。

汉代私学的教育程度各不相同，有的相当于太学的课程，较普遍的还是启蒙性质的教学。这些学校首先是进行识字和写字的教学，实施文化启蒙。然后学习《论语》《孝经》，进行道德和立志的教育。相当于大学性质的私学则以学“经典”为主。

私学教育的形式分“及门受教”和“著录弟子”两种。所谓“及门受教”，是指学生登门受业。由于高师门下往往人满为患，有时登门受业并不能直接听取教师讲授，只能由高门弟子转相传授。所谓“著录弟子”，是指学生在高师门下录其名，而不去登门受业。这多是学生企图借教师的名望达到获取个人名利的目的，这是一种为官禄而竞相走私的不良学风。

3. 汉代大学的教学管理

严格地说，中国古代以传授知识、研究专门学问为主要内容的最高学府，是从汉武帝时创立的太学开始的。太学的教学制度虽然还说不上完善，但有些做法却对后代学校的发展产生了深远的影响。

(1)教师和学生

太学的教师就是五经博士。博士为官职，主要在朝廷掌管文化典籍和从事咨询工作。太学创立后，博士同时担当起教授弟子的职责。太学的学生最初称为“博士弟子”，后来称太学生。太学生主要是由太常直接从京城挑选十八岁以上而且容貌端正者。各郡国中如具有“好文学，敬长上，肃政教，顺乡里，出入不悖”的人，由地方行政长官选送，经太常同意，也可“受业如弟子”①。两汉的太学生没有出身的限制。尤其西汉更是如此，一方面是由于官僚子弟另有入仕途径，另一方面也是因为西汉时期公卿王侯多是由

① 《汉书》卷88《儒林传序》。

昔日的平民布衣发展而来，门第不显，官僚世家也尚未形成一个阶层。到东汉时期稍有变化。由于经学在政治生活中的地位越来越重要，因而对官吏的文化素质要求也越来越高，所以统治者也开始要求官僚子弟入学读书，官立学校由此开始逐步显现出等级特权的色彩。

(2)教学与考试制度

汉代太学修学无一定期限，以通经考试为标准。太学的教学多采用大班上课，以解决生员众多的矛盾，甚至还采用高级生教低级生的形式，以缓解师资不足的矛盾。初建的太学上课不多，主要是靠自学。学校所注重的是定期考试，用考试的办法来督促和检查学生的学习。考试的规定有三方面内容：一是定期。西汉时一年一次，东汉时两年一次。及格者按成绩的优劣分派不同的官职。二是分科。每次考试按题目的难易分为甲乙两科或甲乙丙三科。每科中额数有规定，所授官职也有差别。三是射策。这是考试方法，类似今天的抽签考试。东汉时在录取上稍有变动。先是取消分科，按成绩分为三等，每等数额有规定，按等授予不同的官职。东汉桓帝时为鼓励大家多通经，取消录取名额的限制，规定每两年考一次，考通一经，可做官，也可继续读书，过两年再考一经，如此递增。所通经数越多，官位越高。不及格的可以下次补考。

(3)教学内容与教学原则

太学教学的内容是儒家经典。汉代释经，严守师法与家法，不可越雷池半步。这也成为大学通行的教学原则。所谓师法，就是以汉初博士对某一门经书的解释为准绳，传经和考试都必须以此为标尺。“师之所传，弟之所授，一字毋敢出入，背师说即不用。”所谓家法，是指经学大师的弟子们立为博士后，传经能有所发展，形成一家之言，经皇帝批准后也能作为教学的依据。一般说，西汉重师法，东汉重家法，“师法者，溯其源；家法者，衍其流”。汉代学者如不遵守师法和家法，考试不得合格，官职也会被撤。师法和家法，实质是表明传经中一定的师弟传授关系。这对统一教学内容，统一上下思想，培养严谨务实的好学风，都有一定的积极意义。

4. 汉代的教育管理

汉代没有专门的教育行政机关，太学只是由太常兼管。太学挂靠在太常寺管理，太常便成为兼管全国教育的长官。太常位于九卿之首，其职责是掌管宗庙礼仪祭把及教化之事。太常的职责较多，他对太学的责任主要是考选博士、祭酒，选拔太学生。汉代地方学校则由各地方行政长官兼管，地方学校对中央官学也并没有从属关系。所以，汉代的学校并没有形成一个真正的系统，但它为后代学校制度的进一步发展，奠定了基础。

总的说，汉代是我国传统教育制度开始建立的时期。它初步形成的学制系统成为传统教育体制的基本模式。太学也成为历代官学的基本样板，它为传统教育的发展起了规范化和定型化的作用。但“独尊儒术”将尊儒读经奉为教育的正宗，排斥了其他学科，这与社会发展的需要是不相适应的。而且，烦琐考据的学风和“劝以官禄”相结合，也给人才的培养带来了不良后果。

第二节　汉朝官员的选拔

汉朝建立后,继续完备和加强职官选举制度。经过两汉时期的实践,到东汉末年,终于形成了一套较为符合国情的文官选举制度,其中较有代表性的有察举征辟制、博士岁课制及任子、纳赀等制度。

一、选拔标准

特定历史时期的政治、经济统治要求是决定这一历史时期职官选拔及其标准的最重要因素,就一般情况而言,无论哪个统治者都注重德才兼备的选拔标准。封建统治阶级讲的“德”是“忠君”,“王朝事业为重”;“才”也是维护封建统治的才能。

1. 德与才

秦二世三年(前207年)二月,刘邦到高阳骅舍,就特地派人把年已六十的儒生郦食其请来。郦食其应召入见,看到刘邦“方踞床使两女子洗足”,态度很傲慢,很不满意地说:“足下欲助秦攻诸侯乎? 欲率诸侯破秦乎?”刘邦听了,大动肝火,开口骂道:“竖儒! 夫天下同苦秦久矣,故诸侯相率攻秦,何谓助秦?”郦生接口说:“必欲聚徒合义兵诛无道秦,不宜踞见长者。”刘邦听了急忙擦足穿鞋整衣,向郦生道歉,请上座、赐食,并恭敬地请教:“计安出?”郦生说:“足下起瓦合之卒,收散乱之兵,不满万人,欲以径入强秦,此所谓探虎口者也。夫陈留,天下之冲,四通五达之郊也,今其城中又多积粟。”刘邦正为兵马不足,军粮缺乏而担忧,听从郦生的建议,带兵攻占陈留,封他为广野君。郦食其有个弟弟名叫郦商,文武双全,郦食其把他推荐给刘邦。刘邦委任他为将军。郦商很快就招募了几千名士卒,加入刘邦队伍,一起向西进军,抢在项羽之前迅速地攻下了函谷关。这件事,使刘邦看出了儒生的计策对统一天下有重大作用,证实了陆贾“文武并用,长久之术”的论断。

在楚汉相争中,为赢得胜利,刘邦重视选拔和启用各种人才,强调以才为主,以德为辅的选拔标准,这对汉取得胜利有重要作用,并形成“汉初布衣将相之局”。“汉初诸臣、惟张良出身最贵,韩相之子也。其次则张苍,秦御史;叔孙通,秦待诏博士。次则萧何、沛主吏掾;曹参、狱掾;任敖、狱吏;周苛、泗水卒史;傅宽、魏骑将;申屠嘉、材官。其余陈平、王陵、陆贾、郦商、郦食其、夏侯婴等,皆白徒。樊哙则屠狗者,周勃则织薄曲、吹箫给丧事者,灌婴则贩缯者,娄敬则车者,一时人才皆出其中,致身将相,前此所未有也。”①由此可见,特殊形势迫使统治者选拔人才不拘一格。

刘邦即帝位后,立即着手治理天下。吸取秦亡教训,“反秦之弊,与民休息”。他对农民采取一些轻徭薄赋慎行的措施,使人民得到了一些“休养生息”的机会,经济因而得到恢复和发展。在文化上,对战国时代几个重要的思想流派都有过不同程度的提倡。黄老

① 《廿二史札记》卷2《汉初布衣将相之局》。

之学、刑名之学和儒学，都逐步适应当时的政治情况，从不同角度为统治者服务。最初，黄老之学的“清静无为”思想，更符合当时那种“休养生息”的政治趋向而占优势。与此同时，儒者陆贾却经常在刘邦面前称道《诗》《书》。开始，刘邦曾不以为然地说：“乃公居马上而得之，安事《诗》《书》？”陆贾回答说：“居马上得之，宁可以马上治之乎？且汤武逆取而以顺守之。文武并用，长久之术也。”使刘邦逐步接受了儒学思想。再就是分封同姓王，以巩固刚刚得到了政权。

汉高祖十一年（前196年）下《求贤诏》，提出了一个粗疏的选拔标准，即品行、仪表、年龄、身体状况。“贤士大夫有肯从我游者，吾能尊显之。布告天下，使明知朕意。御史大夫（周）昌下相国，相国酂侯下诸侯王，御史中执法下郡守，其有意称明德者，必身劝，为之驾，遣诣相国府，署行、义、年。有而弗言，觉，免。年老癃病，勿遣。”①

汉武帝建元元年，同意卫绾所奏：“所举贤良，或治申、商、韩非、苏秦、张仪之言，乱国政，请皆罢。”②这是为配合统一思想而增加的选拔官员的儒学思想标准。

东汉光武帝诏：“丞相故事，四科取士。一曰德行高妙，志节清白；二曰学通行修，经中博士；三曰明达法令，足以决疑，能按章覆问，文中御史；四曰刚毅多略，遭事不惑，明足以决，才任三辅令：皆有孝悌廉公之行。自今以后，审四科辟召，及刺史、二千石察茂才尤异孝廉之吏，务尽实核，选择英俊、贤行、廉洁、平端于县邑，务授试以职。有非其人，临计过署，不便习官事，书疏不端正，不为诏书，有司奏罪名，并正举者。”③

2. 年龄与出身

汉代关于选拔官员的年龄和出身的规定如下：

明经，博士限年五十，选举孝廉年四十，博士弟子限年十八以上，如真有才能者，“若颜渊，子奇，不拘年齿”④。戴凭“年十六，郡举明经，征试博士，拜郎中”。周防“年十六，仕郡小吏。世祖巡狩汝南，召掾史试经，防尤能诵读，拜为守丞。防以未冠，谒去”⑤。

3. 限制条件

作为以儒家思想为核心的人才选拔标准的配套措施，汉代颁行了财产和社会身份的选拔限制条件：

汉初规定，訾算十以上乃得官，即拥有十万钱以上财产的人才能担任官职，这一条例从根本上保证了地主阶级始终掌握各级政权。随着社会经济发展，产生出更多的中小地主，他们要求通过入仕来分享统治权，汉景帝后元二年将十算减为四算来协调地主阶级内部各阶层的关系。“今訾算十以上乃得宦，廉士算不必众。有籍不得宦，无訾又不得宦，朕甚愍之。訾算四得宦，亡令廉士久失职，贪夫长利。”⑥

在传统的儒家重农抑商思想驱使下，汉朝剥夺了商人为官的政治权利，规定商人不

① 《汉书》卷1下《高帝纪》。

② 《汉书》卷6《武帝纪》。

③ 《后汉书》志第24《百官一》应劭注。

④ 《后汉书》卷6《质帝纪》。

⑤ 《后汉书》卷109《儒林列传》。

⑥ 《汉书》卷5《景帝纪》。

得为官。赘婿和曾犯贪污罪的官吏与商人同。“高祖乃令贾人不得衣丝乘车，重税租以困辱之。孝惠、高后时，为天下初定，复弛商贾之律，然市井子孙亦不得为官吏。”①汉文帝时规定“贾人、赘婿及吏坐赃者皆禁锢不得为吏”②。汉武帝曾经放松对商人为官的禁令。汉哀帝又重申“市井子孙不得为吏”③。

汉朝对犯罪官吏有明确的惩治规定。汉文帝规定，吏犯贪污等经济罪“皆禁锢不得吏”。以后渐次波及子孙亲友，缘由也扩大到经济犯罪以外。汉章帝诏曰：“一人犯罪，禁止三属，莫得垂缨仕宦王朝。如有贤才而没齿无用。”④灵帝时，免官禁锢牵连至三族、五族子孙均不得官。桓帝本初元年诏：“臧吏子孙，不得察举。”⑤

二、以察举、征辟为主的选拔

（一）察举制

察举是秦汉官吏选任的主要形式之一。它包括诏举和岁举两种。秦朝所执行的三重选官法终使它成为“振长策而御宇内”，“执棰拊以鞭笞天下”的最大霸主⑥，建立了统一的封建大帝国。汉代推行察举制的极好借鉴，就是秦朝的三重选官法。

察举，是盛行于汉代的一种自下而上的选官制度，它由中央和地方一定级别的官员按规定将一般士人以及中下级官吏加以考察并推荐给中央政府，再由中央政府授予或予以提升官职。它是在以往“贡士”与“乡举里选”基础上发展起来的。

1. 察举的概述

察举制，首创于汉高祖刘邦执政的时代。

汉高祖像

刘邦称帝后，选拔适应中央集权制度、维护新兴封建统治的官吏便成了当务之急。他一方面实行因功论赏的军事分封制，把在战争中立下战功的将帅给予封赏，让他们担任一些地方行政职务；另一方面又着眼于建立新的选举制度，运用儒家思想调整和选拔国家官员，以满足巩固统治和经济恢复与发展的需要。

汉高祖十一年（前196年）颁行的《求贤诏》说：“盖闻王者莫高于周文，伯者莫高于齐桓，皆待贤人而成名。今天下贤者智能岂特古之人乎？患在人主不交故也，士奚由进！今吾以天之灵，贤士大夫定有天下，以为一家，欲其长久，世世奉宗庙亡绝也。贤人已与我共平之矣，而不与吾

① 《汉书》卷24下《食货志》。
② 《汉书》卷72《贡禹传》。
③ 《汉书》卷11《哀帝纪》。
④ 《后汉书》卷3《章帝纪》。
⑤ 《后汉书》卷7《桓帝纪》。
⑥ 《史记》卷6《秦始皇本纪》。

共安利之,可乎?贤士大夫有肯从我游者,吾能尊显之。布告天下,使明知朕意。御史大夫(周)昌下相国,相国鄼侯下诸侯王,御史中执法下郡守,其有意称明德者,必身劝,为之驾,遣诣相国府,署行、义、年。有而弗言,觉、免。年老癃病,勿遣。"①

刘邦在这道诏令里申明了求贤的对象,是有治国才能的"贤士大夫";提出选拔治国的贤士必得运用国家力量,选拔的具体程序是由下而上;这道诏令下达到郡守,要求各郡把有才有德的人推荐出来,并把他们的年龄、品行登记上报,以备录用,一律实行严格考察。可见,刘邦对"贤士大夫"在治国中所发挥的作用是非常重视的。这便是西汉察举制的开端。

在汉惠帝和吕后执政时期,也曾下诏要郡国举荐"孝悌力田"。这在《汉书·惠帝纪》中有明确记载:"孝惠四年(前191年),春正月,举民孝悌力田者,复其身。""吕后元年(前187年),春正月,初置孝弟力田,二千石者各一人。"②

这些被推举者被视为民间的表率,他们中的多数也都不是国家政府官员,至多是个乡下官,故这种选举形式还带有明显的乡举里选的原始性质,不是严格意义上的察举。察举制的正式确立是在汉文帝时代。汉文帝于公元前178年曾做出规定:"天下治乱在予一人,唯二三执政犹吾股肱也……举贤良方正能直言极谏者,以匡朕之不逮。"

公元前165年,汉文帝又颁行诏令:"诸侯王、公卿、郡守,举贤良能直言极谏者,上亲策之,傅纳言。"③

汉文帝所颁行的诏令,不仅明确规定了察举的科目,而且还规定了对策应试,这标志着察举已向制度化发展。

汉初所采取的选官方法,一般分为以下步骤进行:第一,先由皇帝不定期下诏令,根据所需人才,指定荐举科目;第二,自丞相、列侯、公卿至地方郡国,按所定科目察举人才;第三,各地把所推荐的人才集中送到京都,由皇帝亲自对他们进行策问;第四,据对策的高下,依次授官。这四个步骤是察举制度的最基本特征。察举制度虽然在文帝时已经初步建立,但在当时还没有成为仕进的常制。文帝在位二十三年中,仅下过两次察举诏令。从察举的对象看,基本上都是现任官吏,例如晁错在察举前就是秩八百石的太子家令,张释之应举前就是骑郎。

察举制的完备是在汉武帝时代:"建元元年(前140年)冬十月,诏丞相、御史、列侯、中二千石、二千石、诸侯相举贤良方正直言极谏之士。丞相绾奏'所举贤良或治申、商、韩非、苏秦、张仪之言,乱国政,请皆罢'。奏可。"④

这就是说,凡崇尚百家之言的,一律作为"乱国政"而不予察举。

接着,汉武帝又采纳董仲舒的建议,实行以儒术取士的察举:"自武帝初立,魏其、武安侯为相而隆儒矣。及仲舒对册,推明孔氏,抑黜百家。立学校之官,州郡举茂材、孝廉,

---

① 《汉书》卷1下《高帝纪》。

② 《汉书》卷3《高后纪》。

③ 《汉书》卷4《文帝纪》。

④ 《汉书》卷6《武帝纪》。

皆自仲舒发之。”①

这就是历史上所称的“罢黜百家，独尊儒术”，自董仲舒以后，儒家学说取得了中国学术思想史上的正统地位，而察举的主要标准也就是儒术。

汉武帝时，察举的对象有所扩大。文帝以前，被察举者基本上限于现任官职，到武帝时，吏民均可被察举。董仲舒主张“使诸列侯郡守二千石，各择其吏民贤者，岁贡各二人，以给卫宿”。例如公孙弘，就是以平民被察举的。汉武帝即位后，“招贤良文学之士”。这时他已经六十岁，被菑川国（今山东寿光市一带）推荐为贤良之士。他应召入京，被征为博士。武帝派他出使匈奴，回来后奏事“不合意”，被斥责为无能，便告病还乡。元光五年（前130年），武帝再次征召贤良文学，菑川国又把他推荐上去。他谦让再三，说：“前已尝西，用不能罢，愿更选。”但国人却坚持要推荐他。公孙弘便再次西行进京。武帝亲自召见各地荐举的一百多名儒生，经过策问，公孙弘对策最好，被擢为第一，当即拜为博士，待诏金马门。后奉命出使西南夷，回京后，汉武帝“察其行慎厚，辩论有余，习文法吏事，缘饰以儒术”，很为满意。一年之中，直升至左内史，几年后再迁至御史大夫。元朔中，代薛泽为丞相。按照汉朝的常规，一般是由列侯晋升为丞相，而公孙弘无爵而居相位。《汉书·公孙弘传》载，武帝为此特诏云：“朕嘉先圣之道，开广门路，宣招四方之士，盖古者任贤而序位，量能以授官，劳大者厥禄厚，德盛者获爵尊，故武功以显重，而文德以行褒。其以高成之平津乡户六百五十封丞相为平津侯。”从此以后，就有先为丞相然后再封爵的成例。此外，严助被察举贤良时，也同样是“布衣之士”。董仲舒主张地方郡国，每年推举两人，使这种做法进一步制度化，但后来根据朝廷需要而临时察举，没有受时间的限制。

至此，察举有“推明孔氏、抑罢百家”的标准，这时期的举茂材、孝廉、贤良方正等，都明确以儒家思想为指导，儒家学术、伦理之道，成为察举的基本标准，并为中央和地方所遵循。同时，察举还有科目众多、明确的名额分配方式。汉朝察举因时间固定与否可分为两种：一为常行科目，即每年进行的察举选拔，又称岁举常科，主要有孝廉、茂才、察廉、光禄四行；一为特定科目，即指由皇帝诏书所专定的临时举行的察举，主要有贤良文学、贤良方正、明经、明法、至孝、有道、敦厚、尤异、治剧、勇猛知兵法、明阴阳灾异等。特科尤甚者，以某一官职为名目，如“有诏举太常”，“诏有司举可大司马者”②。因此，察举在汉代已成为一种选任文官的制度。

2. 察举的科目

察举分以下几科进行：

（1）贤良方正

贤良方正指德才兼备。举贤良方正科的察举始于汉文帝二年（前178年）。当年十一月有日食发生，文帝特颁诏书说：“人主不德，布政不均，则天示之以灾，以戒不治。乃十一月晦，日有食之，适见于天，灾孰大焉！”因此，“举贤良方正能直言极谏者，以匡朕之不逮”③。

① 《汉书》卷56《董仲舒传》。

② 《汉书》卷86《何武传》。

③ 《汉书》卷4《文帝纪》。

在汉昭帝始元元年(前86年),又再次"举贤良,问民所疾苦、冤、失职者"①。汉宣帝本始四年(前70年),"因郡国四十九地震,或山崩水出,因此下诏令三辅太常、内郡国举贤良方正各一人"。汉和帝永元六年(94年),因"水旱违度,济河之域,凶馑流亡而思得忠良之士",于是又再次举贤良方正。东汉末年,又因地震和水灾,几次举贤良方正。以此可见,凡举贤良方正之时多在重大自然灾害发生之后,皇帝因怀疑天降灾异便下"罪己诏",召纳贤能之士以询访政治得失,或直接选拔官吏,赈抚民间疾苦。贤良方正科的设立,在一定意义上也反映出新兴封建统治者励精图治的要求。在选举方式上,令诸侯王、列侯、特进、三公、将军、诸卿、中二千石、二千石、司隶校尉、郡国等国家官员由下而上逐层察选,又体现出重视实践与知识相结合的选择特点。

此外,所举贤良大多产生于基层官吏,规定必备三个举主方许其对策,这又避免了选拔的片面性,使得对人才标准的认识更接近于客观实际。

贤良方正的察举对象,西汉时以现任和前任官员居多;东汉以一般人和前任官员为主。这些人经察举后,还须参加由皇帝主持的对策,并根据对策结果的高下授官。所授官职,凡对策高第者均授六百石或以上官职,如县令、中大夫、谏大夫、议郎等。下第者一般只能任普通郎官,隶属郎将,参加宫省护卫。

(2)贤良文学

贤良文学指有好的品德、精通经学者。贤良文学科的察举始于汉文帝,但诏令的颁行,则在武帝时代。

据《汉书·董仲舒传》记载:"武帝即位,举贤良文学之士前后百数,而仲舒以贤良对策焉。"《汉书·公孙弘传》记载:"武帝初即位,招贤良文学士,是时弘年六十,以贤良征为博士。"

又据《汉书·昭帝纪》:"始元五年(前82年),诏曰'通《保傅》,传《孝经》、《论语》、《尚书》……可举贤良……文学高第'。"

从武帝到汉昭帝,举贤良文学的用意在于尊崇儒术,提倡封建政治的儒化。到王莽时,则将单纯文学科归入"四科之举"②。始建国三年(11年)王莽曰:"百官改更,职事分移,律令仪法,未及悉定,且因汉律令仪法以从事。令公卿大夫诸侯二千石,举吏民有德行、通政事、能言语、明文学者各一人,诣王路四门。"

到东汉灵帝时,又出现了鸿都门学:"光和元年,遂置鸿都门学……其诸生皆敕州郡三公举用辟召,或出为刺史、太守,入为尚书、侍中,乃有封侯赐爵者。"③

贤良文学要进行对策,对策内容与时事关系密切,选拔出了不少人才。这些人才对汉代政治、思想、学术等都有重要影响。鸿都门学作为职官选拔制度被规定下来。这对于广开士路、促进文学艺术的发展,都有一定意义。如政治家晁错、哲学思想家董仲舒、经学大师公孙弘等皆出自于此科,他们对西汉的政治及儒学、经学的发展都曾有过举足轻重的影响。

---

① 《汉书》卷7《昭帝纪》。

② 《汉书》卷99《王莽传》。

③ 《后汉书》卷60下《蔡邕传》

(3)明经

明经科的察举始于西汉武帝中期,主要为选拔通晓儒家经学的官员。由于汉武帝“罢黜百家,独尊儒术”的影响,明经科很快成为选拔职官的重要途径。

《汉书·孔安国传》记载:“庸生授清河胡常少子,以明《谷梁春秋》为博士、部刺史。”《汉书·龚遂传》记载:“以明经为官,至昌邑郎中令。”

此外又如眭弘“以明经为议郎,至符节令”,盖宽饶“以明经为郡文学”等,说明汉代因明经而入仕出相的名臣儒将不算稀奇。当时在民间流传着一句谚语说:“遗子黄金满籝,不如一经。”

到东汉,明经科又有扩展。东汉章帝元和二年(85年)颁诏:“令郡国上明经者,口十万以上五人,不满十万三人。”实行明经科察举以人口为基数的做法,有助于防止某一地区因经学发达而入仕者多,形成某种势力集团以干朝政,又可使地区间相对平衡。到汉质帝本初元年(146年),又继续实行限年诣太学之法,规定郡国举明经须有年龄规定:“年五十以上、七十以下诣太学。”①虽有此规定,但也有少年举明经入仕者。如东汉的戴凭,“习《京氏易》,年十六,郡举明经,征试博士,拜郎中”。张玄“少习《颜氏春秋》,兼通数家法。建武初,举明经,补弘农文学,迁陈仓县丞”②。

一般情况下,明经需通过射策加以复试,射策即抽签考试之谓,因此有明经射策之科的说法。

(4)明法

明法科察举的对象是司法官。汉代儒士多尚经学,政府也重视对法学人才的选拔。礼法并用,德刑相辅。正如宣帝所说:“汉家自有制度,本以霸王道杂之。”

汉朝法律条文繁杂,汉武帝时,汉律已具规模,“律令凡三百五十九章,大辟四百九条,千八百八十二事,死罪决事比万三千四百七十二事。文书盈于几阁,典者不能遍睹。是以郡国承用者驳,或罪同而论异。奸吏因缘为市,所欲活则傅生议,所欲陷则予死比,议者咸冤伤之”③。汉成帝时,“大辟之刑千有余条,律令烦多,百有余万言”④。

根据行政的需要,汉朝较为注重选拔明法之人。汉高祖十一年(前196年)诏:“其对称明法者,御史中执法、郡守必身劝驾,造诣丞相府署,其行义及年有其人而不言者,免官。”⑤明法授官多为从事司法行政、监察事务的官职。

汉代以明法而入又出相者不乏其人,其中的代表人物,如郑崇,以明法晋升御史;陈宠以谙熟律令晋为尚书;陈忠以明习法律,宜备机密而擢拜尚书,居三公曹;郭躬出身法律世家,他家以法科入廷尉者就有七人;吴雄以明法律、断狱平,自廷尉位至司徒。

(5)明阴阳灾异

明阴阳灾异科设于汉元帝初元三年(前46年)。这是一个带迷信色彩的科目,它的

---

① 《后汉书》卷6《质帝纪》。

② 《后汉书》卷79下《儒林传》。

③④ 《汉书》卷23《刑法志》。

⑤ 《通志》卷58《选举略第一》。

出现有特定的历史条件和深刻的社会原因。汉代崇奉阴阳五行，加之董仲舒"天人感应"学说的出笼，君臣士庶无不相信阴阳灾异和国家兴亡息息相关。因此，每当出现大的自然灾祸，统治者便寄希望于天地鬼神，而精通阴阳五行者，自然也成为统治者索求的对象。如西汉元帝初元三年曾颁布一诏令："盖闻安民之道，本由阴阳。间者阴阳错谬，风雨不时……丞相、御史举天下明阴阳灾异者各三人。"这一诏令使充满生气的新选举制度蒙上了一层神秘的阴影。

(6)敦厚有行

敦厚有行科初立于汉成帝河平四年(前 25 年)，东汉时依旧采用。敦厚有行科可细分为两种，如《汉书·成帝纪》载："河平四年(前 25 年)，举敦厚有行能直言之士。"

鸿嘉二年(前 19 年)三月诏曰："其举敦厚有行义能直言者，冀闻切言嘉谋，匡朕之不逮。"

《汉书·平帝纪》载，元始元年(1 年)"夏五月丁巳朔，日有蚀之。大赦天下。公卿、将军、中二千石举敦厚能直言者各一人"。

《后汉书·安帝纪》载："元初元年(114 年)，夏四月，诏三公、特进、列侯、中二千石、二千石、郡守举敦厚质直者，各一人。"

以上均属敦厚有行或敦厚直言者科目。

另外还有敦朴科的选举。

《成帝纪》载，永始三年(前 14 年)春，因日食而颁诏，"举敦朴逊让有行义者各一人"。

《汉书·王嘉传》载："鸿嘉中举敦朴能直言召见宣室。"

《后汉书·马融传》载："阳嘉二年，诏举敦朴，城门校尉岑起举融。"

敦厚有行科的诏举也同明阴阳灾异科一样，大都在发生日食、地震、山崩等大灾害之后，皇帝为表示罪己而求贤取官。可见，两汉统治者有相当浓厚的尊崇天命的意识。

(7)勇猛知兵法

勇猛知兵法科的察举，就是选拔将帅和武艺超绝的军官。此科最初始于汉成帝元延元年(前 12 年)。成帝颁诏说："今孛星见于东井，朕甚惧焉……内郡国举方正能直言极谏者各一人，北边廿二郡举勇猛知兵法者各一人。"①

举方正在内地郡国，择武士在北方边远诸郡，是为了军事的需要。此科进一步开拓了察举的途径。汉成帝之后，又有过多次察举，如哀帝建平四年(前 3 年)，诏举"明兵法有大虑者"；汉平帝元始二年(2 年)，诏举"勇武有节明兵法者"；汉安帝永初五年(111 年)，举"列将子孙明晓战阵任将帅者"；建光元年(121 年)，诏举"武猛堪将帅者"；汉顺帝永和三年(138 年)，令举"刚毅武猛有谋谟任将帅者"；汉安元年(142 年)，诏选"武猛试用有效验任为将校者"；汉桓帝延熹九年(166 年)，诏举"武猛士"。到汉灵帝中平元年(184 年)，诏选"明习战阵之略者"。此科的察举历经两个世纪。勇猛知兵法科的察举是以文举的方式举武，可谓文官制度发展中的重要转折，它对以后的封建社会影响很大，终

① 《汉书》卷 10《成帝纪》。

致武举制度的建立。

(8)有道之士

有道一科又称有道之士或有道术之士科。为选拔某种适于统治阶级特殊需要的人才特科。包括对象广泛,如通天文(占侯、星占在其中)者,知医学(含巫医)之人,明神仙、相术、命相、遁甲、堪舆、通谶纬的术士,作为道德楷模者也在内,流品繁杂。此科对专门人才的选拔不可一概否定。

有道之士科创立于东汉末年。《后汉书·安帝纪》载,永初元年(107年),"诏公卿内外众官、郡国守相,举贤良方正、有道术之士,明政术,达古今、能直言极谏者,各一人"。

永初五年(111年)又颁诏取有道术科的察举,建光元年(121年)再举有道之士,有道一科遂为察举门族之一员。东汉出身于有道察举科的,颇有几个著名人物,如赵咨,于延熹元年为大司农陈奇举"至孝有道",迁博士;陈忠有诏拜"有道高第士";徐稚举有道,拜太原太守;著名隐士邴原曾在北海为孔融举为有道。这说明,东汉有道的察举是对孝廉、茂才科的补充,不同的是,孝廉为岁举常科性质,而有道只是临时性的设科。

(9)尤异

汉朝将地方官员政绩最突出的称为"尤异"。作为一种选拔方式就是将地方政绩突出的官员加以升迁。尤异科始于西汉宣帝年间,察举对象仅限于具有优秀政绩的在任官员,凡察举旨在晋升更高一级职务。两汉王朝中自尤异察举入仕的有赵广汉、张奂、刘祐、童恢等人。赵广汉以治行尤异升为京辅都尉,官居京兆尹要职;张奂为武威太守,举尤异迁度辽将军;刘祐仅是任城令,后举尤异升为扬州刺史;童恢也一举而为丹阳太守。可知举尤异科是通过对官员进行政绩考核而决定择弃的察举方式,它有利于鼓励政绩卓著、品行廉洁者,对于汉代的政治有一定进步意义。

(10)治剧

治剧与尤异是姊妹科,约始于西汉哀帝初年。当时郡县制刚刚巩固,根据行政管理的需要曾分为剧、平二类。所谓剧,是难治理的郡县,为此特运用察举手段选拔能治剧的官员负其大任。后来,发展成为两汉察举中选拔具有治理经验的地方官员的一个特殊科目。此科曾吸引过不少雄心勃勃的治国之士,如《汉书》所载:何并"举能治剧,为长陵令";尹赏"能治剧,徒为频阳令";陈遵"能治三辅剧县,补郁夷令"。又据《后汉书》载,卫飒"辟大司徒邓禹府,举能案剧,除侍御史、襄城令",袁安"三府举全能治剧,拜楚郡太守"等,都是善于治理复杂郡县的典型人物。由此可见,尤异科察选是以政绩好坏作为择升职官的标准,而治剧科的察举,目标则在于选拔治乱、治艰的高尖人才。这一点对于两汉社会的经济发展,以及有效地行使中央对地方的职权管辖,巩固王朝政权,曾发挥过重要作用,颇受后来各朝的器重。

以上所列举的仅是两汉特科察举中较有代表性的科目,此外,还有杂举,诸如可充博士职者,能浚川疏河者,可胜任大司马者,明当世之务、习先圣之术等,多是根据具体情况临时指定而无具体规定,因不同于常科举孝廉或举茂才,因而形式比较自由。

(11)孝廉

举孝廉是每年进行的察举常科,又称岁举常科。

孝廉,本为举孝和察廉两个科目,即按照孝子廉吏标准选拔人才的科目。汉代皇帝都标榜以“孝”治天下,因此,孝廉成为重要常科之一。有人释义说:“孝谓善事父母者,廉谓清洁有廉隅者。”①前者指孝事,后者指廉政。汉武帝登位后,董仲舒在举贤良对策中提出:“择其吏民之贤者,岁贡各二人以给宿卫。”武帝于元光元年(前134年),根据董仲舒的建议“令郡国举孝廉各一人”,就是举孝与举廉各为一人,始开举孝廉之风。元朔元年(前128年)因郡国岁举孝廉不利,特颁行了一条严格的诏令:“进贤受上赏,蔽贤蒙显戮,古之道也。其与中二千石,礼官、博士议不举者罪……不举孝,不奉诏,当以不敬论。不察廉,不胜任也,当免。”②

自此,郡国举孝廉成为严格的法律规定,举孝察廉之风兴盛。

举孝廉被确立为选拔官吏的重要科目后,又经过了不少曲折。各郡国之间经济、文化、人口不平衡加强。大郡人口多至百万,教育文化相对发达,而有的小郡人口仅数万,尤其是部分边郡人口更少,文化教育也较落后,大小郡均以岁举二人,使仕途宽窄差异过于悬殊。孝廉本身存在的问题是以德行为先,往往忽略了“孝廉”的才识能力,这是需要加以解决的又一问题。此外,随着各地人口数量的增加,举孝廉者有增无减,东汉和帝永元时,每年约举孝廉二百多人,而孝廉任职起点高,往往初授为郎、令、长、尉;使中级职官系统难以容纳。东汉和帝永元年间,由于人口增长值的不等,大郡人口已达百万以上,小郡仅几万,使原来每郡国岁举孝廉两人的规定,自然产生了不平衡的矛盾。于是中央政府做出新的规定,郡举孝廉以现有人口为比例,中原各郡每二十万口举一人,边远少数民族地区十万以上举一人,不满十万两年举一人,五万以下三年举一人③。这项权宜平衡的政策,受到各郡的欢迎,并保证了举孝廉制度的顺利实施。

东汉政府将人口限制与考试结合起来,试图缓解矛盾,解决问题。

据统计,西汉岁举孝廉约二百人,两百年间共举孝廉三万余人;东汉和帝永元以后,每年约举孝廉二百三十人,东汉共举孝廉约四万余人。由此可见,岁举孝廉在两汉察举中占有绝对的比重。

孝廉所授官职一般是中央九卿的属官,秩位在四百石与六百石之间,位千石者较少;孝廉主要是作为人才储备的郎官,如中郎、议郎、侍郎、郎中等,经郎官阶段后,再迁任中央或地方的较高一级的官职。总的说升迁条件较优越,由孝廉而位列名公巨卿、地方长官者不少,对汉代政治影响较大。所以《东汉会要》记载说:“汉世诸科,虽以贤良方正为至重,而得人之盛,则莫如孝廉,斯以后世之所不能及。”

郡国选送中央的孝廉,西汉时不进行考试。东汉中期由于出现了不少作弊的事件,尚书令左雄提出改革:“自今孝廉年不满四十,不得察举。皆先诣公府,诸生试家法,文吏课笺奏,副之端门,练其虚实,以观异能,以美风俗。”④

① 《汉书》卷6《武帝纪》颜师古注。

② 《汉书》卷6《武帝纪》。

③ 《后汉书》卷4《和帝纪》。

④ 《后汉书》卷61《左雄传》。

此后,凡被举者,必经过考试合格,先授给郎官或令丞官职,然后根据在任的政绩优劣逐步晋升。两汉的孝廉中位列名公巨卿者,不胜枚举,对汉王朝的政治影响很大。

(12)茂才(秀才)

茂才在西汉称秀才,东汉初年因避刘秀名讳改为茂才。它同孝廉并列为两汉岁举的重要科目。茂才的基本要求是才干和节义,主要从已仕官吏中选拔。茂才任职起点高,一般均被授以县令或相当于此的官职,多为实职。秩位较高,一般在六百石至千石之间,间或有为二千石者。

茂才科首开于汉武帝时代。《汉书·武帝纪》载:"元封五年(前106年)大司马大将军(卫)青薨。初置刺史部十三州。名臣文武欲尽,诏曰'盖有非常之功,必待非常之人,故马或奔踶而致千里,士或负俗之累而立功名。夫泛驾之马,跅弛之士,亦在御之而已。其令州郡察吏民有茂材异等可为将相及使绝国者'。"

当时处在"名臣文武欲绝"的特殊时期,国家急需出使边塞尤其是出使西域诸国的使节,这自然决定了茂才选拔的基本标准,首要是奇才与异志,由此,举茂才成为举孝廉之后的又一新科。

西汉时代所举茂才人数已无据可查,仅据《汉书》所载即刘辟疆、刘长乐、赵广汉、龚胜、郇越、肃咸、冯逡、薛宣、尹赏等人。在西汉,茂才察举还没有完全形成岁举科目。东汉初年,形势发生变化,《后汉书·百官志》载,刘秀建武十二年(36年)八月特颁诏书说:"三公举茂才各一人……光禄岁举茂才四行各一人……监察御史、司隶、州牧岁举茂才各一人。"由此,茂才的定科成为必然。东汉所举茂才中较有名者有班彪、宋汉、牟融、陆康、崔瑗、杨震、王畅、周举、袁绍、陶谦、袁涣、贾逵,甚至包括刘备、孙策等六十余人,可谓名流辈出。

举茂才与举孝廉相比较,可看出两科之间的差异和特点,这主要体现在以下几方面:

首先,从推举的范围和形式看,孝廉都是郡举,是比较单纯的地域性推举;茂才不仅有州举、郡举,而且还有列侯丞相等个人察举,具有多元举贤的性质。这在一定程度上反映了两科在社会中的影响和地位。

其次,所选举的对象也不尽相同:孝廉多出自儒士;而茂才的情况则很复杂,有在任官员、太学生、平民,还有少量是已察举的孝廉。显然,茂才的察举,层次高于孝廉。

最后,对茂才和孝廉的任用也很不一致:孝廉大都拜为郎官,茂才多数任为县令或郡令。其所承受的使命不同,在选举程序上就有严格规定:先举孝廉而后察茂才,这之中就存在着可由孝廉渡入茂才的升迁关系。由于这些原因,在察举时,茂才要比孝廉控制得严格,数量也相对少些。东汉时期所举孝廉约四万左右,每年约两百余人。所举茂才,见于史书记载的仅六十余人,比例悬殊。据建武十二年的诏令,每岁三公举茂才三人,光禄举一人,司隶举一人,州牧举十二人,共举茂才十七人,尚不及举孝廉的十分之一。这就使得举茂才成为一种极其崇高的荣誉和显赫的资历特征。

此外,还有一种察廉,始行于武帝元光元年(前134年),是在诏令郡国举孝廉以前,奉诏举荐廉吏。它经常同举茂才同时进行。如建武十二年八月,三公举茂才各一人,廉吏各二人,光禄岁举茂才四行各一人,察廉吏三人。这说明举茂才和察廉是两个并行的岁举科目，并且还具有某些考绩察吏的性质。

（二）征辟制

征辟也是汉代选任官吏的重要形式，包括中央征聘和部门自辟两种方式。征辟与察举的区别很明显：察举的对象是国家的各级主要长官，其形式一般自下而上；征辟的对象多为属员，常采取由上而下的方式。汉代征辟主要包括皇帝征聘和公府、州郡辟除两种方式。

1. 征聘

征聘原是皇帝聘请顾问，后来逐步发展到征召有名望人士入朝参政。这是沿袭战国诸雄征士制度而来的。征聘对象是有相当声望的人士，可以是现任或卸任官员，也可以是平民百姓。他们蒙皇帝征召，主要是由臣下推荐，这点与察举有别：一是某一臣僚以个人名义向皇帝荐举人才；二是不受任何规定的约束，非常灵活。

汉高祖十一年（前196年）曾下达求贤诏，这实际上就是征辟令。吕后曾为太子征请商山四皓，由此开创了征聘的先例。到汉武帝时，征聘入朝已成为固定的方式，一般都称作"征君"。

对于不同身份者的征聘分别按不同的礼仪：对德高望重的知名学者一律优遇，乘坐的是安车蒲轮，表示最高的荣誉。受到这一特殊待遇的在汉代颇有几人：

《汉书·武帝纪》载："建元元年（前140年），遣使者安车蒲轮，束帛加璧，征鲁申公。"

《汉书·枚乘传》载："武帝自为太子闻（枚）乘名，及即位，乘年老，及以安车蒲轮征乘。"

《后汉书·徐稚传》栽："徐稚……屡辟公府，不起……桓帝乃以安车玄纁，备礼征之，并不至……灵帝初，欲蒲轮聘稚，会卒。"

《后汉书·逸民列传》载："韩康……遁入霸陵山中。博士公车连征不至。桓帝乃备玄纁之礼，以安车聘之。"

枚乘像

鲁申公、枚乘都是汉武帝时代的著名学者和谋士，徐稚、韩康也是东汉末年的大儒，皇帝数次厚礼征聘，正反映了尊儒敬儒的时代特点。

对地位稍次者则用公车征请，如建初六年（81年），章帝以公车请郑均；永建中，汉顺帝以公车征黄琼、贺纯、杨厚等，但其礼仪依然隆重，沿途郡县供给酒食，地方官迎送如宾，很有一些威风。

征君去留，一般采用自愿的原则，如坚决不应命，也不强制。征君授职大致有二：一是任皇帝顾问应对之职，二是授有实权之官。应征入朝的多为要尊显职，一跃成为统治阶层中的显赫一员。在汉安帝、汉顺帝期间，统治者为了炫耀自己的政治清明，玄纁安车之聘不绝于郡国，被征者也多装出一副清高面目，屡征而不就，使征聘之风愈演愈烈。尽管征聘者中确有不少才华出众、政绩卓然者，但名不副实的也不乏其人。安帝时的樊英，多次被征，固辞不至，借以抬高身价，后被顺帝强聘至京，以师傅之礼相待，拜五官中郎将。实际上樊英无奇谋深策，原本是个平庸之辈，颇使汉安帝失望。

征召涉及面小，皇帝为将自己装扮成不拘一格选拔人才的“圣人”，对此方式却十分欣赏，以至长期存在。西汉末，王莽为笼络读书人支持其篡权，曾于汉平帝元始五年（5年），进行过一次规模空前的征召：“征天下通知逸经、古记、天文、历算、钟律、小学、《史篇》、方术、《本草》及以《五经》、《论语》、《孝经》、《尔雅》教授者，在所为驾一封轺传，遣诣京师。至者数千人。”①如此大规模征召，使政府没有官职来安排，财政发生困难。之后，再未有过类似规模的征召。

2. 辟除

辟除又称“自辟”、“辟举”、“辟署”、“辟召”，是公府与州郡自选属吏幕员的制度。它又包括公府辟除和州郡辟除两种。中央长官可自行选任属吏幕僚者有丞相（或司徒）、御史大夫（司空）、太尉（司马）、大将军以至九卿。汉代郡守、尉、县令长、侯国相，由中央任命，其余在衙署分曹办事的官员则由地方主官辟除。

公府，指丞相府、太尉府、御史大夫府。公府辟除，就是先由公府试用，然后由公府高第或由公卿荐举出优秀者，出任中央官员或出使州郡地方官。这属于由掾属升迁的一种方式，进入仕途比较容易。

公府辟除也有一个发展过程。据《后汉书·百官志》载：“汉初掾史辟，皆上言之，放有秩比命士。其所不言，则为百石属。其后皆自辟除，故通为百石云。”

此外，皇帝也敕令公府辟诏。《后汉书·寒朗传》载：“帝（章帝）至梁，召见朗，诏三府为辟首，由是辟司徒府。永元中，再迁清河太守。”

东汉时，朝廷不再直接控制辟举，由各公府、州郡自行辟举，因此辟举气氛更为活跃。据史书记载，两汉辟除的官员，如李寻、孙宝、诸葛丰、萧育、匡衡、李鹰、崔骃、王允、袁绍等，既有丞相、御史大夫的辟举，又有将军、列侯、三公的辟举，或将其任用为主事，或为州郡令，或为郎官，或为谋士。由于公府属吏地位重要，升迁很快，竟成为入仕者的竞争之门。这也是公府属员迅猛增长的一个原因。

州郡辟除是指地方长官自行选拔幕僚属员，约始于西汉末年。汉武帝时设十三部州，作为地方监察区域，州刺史只能以六条察郡，不得干预行政。西汉末年，州刺史成为地方最高行政长官，并专门设置了庞大的办事机构，自然就需要增加大量的属员。自辟属员的记载见谢承《后汉书》：“周景为豫州刺史，辟陈蕃为别驾，蕃不就。景题别驾舆曰‘陈仲举座也’，不复更辟。蕃惶惧起视职。”“陈茂，豫州刺史周敞辟为别驾从事，与俱行部。”②

① 《汉书》卷12《平帝纪》。

② 《太平御览》卷263《职官部》引谢承《后汉书》。

到东汉，辟除风气盛行，出现了“九辟公府”、“四府并命”、“五府俱辟”等选拔形式①，如陈纪四府并命，黄琼五府俱辟，宗慈九辟公府不从。被辟除者是否任官，去留自便，在一定程度上反映出州郡辟举中的自由空气。这一点曾为后代政治家所推崇。

汉代的辟除举官，溯其源，与先秦的以客入仕有渊源关系。以客入仕多由门客转入仕途，而公府、州郡的辟除同样也具有私属幕僚的性质。“名公巨卿，以能致贤才为高；而英才俊士，以得所依秉为重。”②招贤者成为恩主，英才俊士们作为依附权贵的属僚，逐渐发展成类似君臣关系的集团，促成地方势力膨胀，从而为分裂割据培植了温床。

（三）博士弟子考试授官——课试

博士最初是以其博厚精深的学识参与政治活动，在秦和汉初有制礼作乐的职能，以后渐次以从事教育活动为主。汉朝博士隶属于太常寺，但是博士参政、议政大多是直接面向和作用于皇帝，又具有半独立于太常的性质。

博士弟子课试，是通过考试由博士弟子中选补官吏。它首创于汉武帝元朔五年（前124 年）。汉武帝采纳公孙弘的奏议，在长安城外设立太学，立五经博士，并为博士官招收弟子五十人，在太学受业培养。

博士弟子的选拔，一是由太常寺择选年龄十八岁以上，仪表端正的青年，补博士弟子；二是郡国县学中凡有好文学、敬长上、肃政教、顺乡里者，经过严格的审核和考察，合格者可入太学受博士弟子课。首批博士弟子只有五十人。

西汉末年，博士弟子人数逐年增加，汉昭帝时已达百人，汉宣帝时又倍增；汉元帝时人数已达千人，汉成帝时，博士弟子的人数竟超过三千人。从五十人增加到三千人，客观上反映出汉代已开始重视对高层次官吏的培养。

东汉光武中兴结束社会的动荡，于建武初年再设五经十四博士；并重修太学，让博士各依一家之法传授儒经。明帝以后，历代帝王都相继扩充太学，增招博士弟子。汉质帝本初元年（146 年），博士弟子剧增至三万余人。此时，博士弟子在数量上已达空前绝后，但在质量上却“浮华相尚”，使这一优秀官吏的培养选任制度出现严重的危机。

一般情况下，博士弟子的选拔通过岁科进行，分甲、乙两科射策考试，一年一次。据《汉书·萧望之传》载：“射策者，谓为难问疑义，书之于策，量其大小，署为甲、乙之科，列而置之，不使彰显。有欲射者，随其所取得而释之，以知优劣。射之，言投射也。”

所以，射策就是抽签考试，所考内容全是经学，以其成绩优劣决定授任品级。一般情况是：“能通一艺以上，补文学掌故缺；其高第可以为郎中，太常籍奏。即有秀才异等，辄以名闻。其不事学若下材，及不能通一艺，辄罢之，而请诸能称者。”③

这一规定到东汉时依然有效。汉灵帝光和元年置鸿都门学，考试内容发生很大变化，都以尺牍辞赋代替经学，于是博士弟子考试制度名存实亡。

---

① 三府指丞相（司徒）、太尉（司马）、御史大夫（司空）府，简称三公府；四府，增加大将军府；五府又增太傅府。

② 《东汉会要》卷 27《选举下》。

③ 《汉书》卷 88《儒林传》。

博士弟子课试将学习、考试和仕宦结合起来,为士人提供了更多的入仕机会,深受士人欢迎。课试做官是很荣耀的事,有很大的吸引力,屡试不中者可继续学习待中。

汉代的博士弟子课试补官,选拔了一批优秀人才:如以射策甲科为郎的何武,以射策乙科为太史掌故的房风及以射策甲科为太常掌故的匡衡等,都曾蜚声西汉政坛,为当时颇有影响的政治家。

(四)靠父兄功勋任官——任子

任子,即达官贵人子弟依赖其父兄等的官秩、功劳和权力被保任为官。选拔方式照顾了在职或致仕官僚们的利益,来换取他们对皇帝、现政权的忠诚和支持。由于利益所在,得以长期保留和发展。

西汉初年,限制了任子仕途,其原因有:安排大批有功之臣发生困难;功臣及高级官员子弟年龄偏小,未到继承其父兄爵位和权力的时候;财政拮据。随时间推移,情况发生了有利于任子的变化,任子普遍推行开来。

汉代武讲军功文讲官勋,凡有功勋和较高官位者,都可使子孙为官,这就是子孙袭荫的任子制度。因为不是考选官吏的方式,故被称作异途选任。

任子制度的历史渊源,近袭秦朝的葆子制,远溯先秦的世官制度。在奴隶制社会,奴隶主为保证既得的土地财产、爵位官职等不外传他姓,而实行世袭子孙,这便产生了世卿世禄制度。在群雄纷起的战国时代,新兴的地主阶级废除世卿世禄制,但同样也要求保证自身永久利益的世袭制度。于是,从第一个封建王朝秦建立时,就产生了另一种形式的世官制,即葆子制度。按照秦律规定,“葆子以上,居赎刑以上到赎死,居于官府,皆勿得司”①,“葆子以上,未狱而死若已葬,而甫告之,亦不当听治,勿收,皆如家罪”②。

这里规定了葆子犯罪后的特权优待,本身所表明的就是一种法律特权。它所享有的政治特权,就是世卿世禄制的翻版。

到汉代,官吏子孙的政治特权继承,明确规定以父兄的官位、军功和政绩作为前提,并将这一制度法律化。

《汉书·哀帝纪》载:“任子令者,《汉仪注》吏二千石以上,视事满三年,得任同产若子一人为郎。不以德选,故除之。”《汉书·汲黯传》载:“大臣任举其子弟为官。”《汉书·王吉传》又载:“今使俗吏得任子弟,率多骄骜,不通古今……宜明选求贤,除任子之令。”

同样的诏令在东汉安帝和献帝时也都颁行过,而且具有严格的法律效力。

按照任子令,达官子弟所享受的官禄地位类似孝廉,一般先授给郎官之类,或太子洗马、中庶子、舍人等。在两汉的这类任子官,或由父任、兄任葆举,或以宗家举任,或以外戚任,或以姊任,或以族父任,或以族长任,比比皆是。史丹九男皆以父任为侍中诸曹,汲黯以父任为太子洗马,萧育以父任为太子庶子,董贤以父任为太子舍人,辛庆忌以父任为右校丞,杜延年以三公子补军司空;另有苏武、刘向、韦玄成、陈咸等也是以父任取得郎官;还有霍光、杨恽、袁盎等是以兄任为郎官;周阳由以宗家为任,侯霸以族父任为太子舍

① 《云梦秦简·司空律》。

② 《云梦秦简·法律答问》。

人;还有伏湛则以父任升为博士弟子。这种任子官的盛行,使正常的选任制度遭到严重的破坏,酿成了严重后果,引起封建统治阶级内部矛盾的加剧。

任子产生的弊端有三:一是它破坏了正常的选拔制度,尤其是“不以德选”,很难选拔出德才兼备的人才。二是任子制严重败坏了汉代吏治。东汉的宦官任子更把上两种丑恶与弊端结合起来,危害社会更烈。三是任子制对门阀士族的形成有一定促进作用。东汉外戚邓氏家族累世宠贵,一门有侯二十九人,公二人,大将军以下十三人,中二千石十四人,列校二十二人,州牧郡守四十八人,其余侍中、将、大夫、郎、谒者甚多。

任子令颁行不久,董仲舒就上书汉武帝,严肃指出:“长吏多出郎中、中郎,吏二千石子弟……未必贤也。”①宣帝时大臣王吉也历陈政治得失,指出:所任子弟官员不通古今,亡益于民,阻碍贤能的选拔,建议废除任子令。后来,哀帝也曾一度下令解除任子令,但由于大官僚和公卿们的强烈反对,废而又复。东汉时任子制更为泛滥。豪门世家凭借政治特权,把持了职官选任的各路大权,几乎使国家常规的职官选拔无法正常进行,为东汉末年世官世族的形成提供了土壤。

(五)以钱米买官——纳赀

“卖官鬻爵”一词虽出自宋代,但源起于秦始皇,形成制度的是汉文帝。纳赀卖官,即由封建政府出卖官职而聚敛财富的入仕方式。这就是异途选举中最腐朽的纳赀制度。

《史记·秦始皇本纪》载:“始皇四年(前243年),天下疫。百姓纳粟千石,拜爵一级。”这是以粟米买爵做官。汉朝沿袭秦制,汉初已出现卖爵情况:“文帝从错之言,令民入粟边,六百石爵上造,稍增至四千石为五大夫,万二千石为大庶长,各以多少级数为差。”②

可见,政府卖官在文景之治的盛世已合法化。如张释之以赀为骑郎,司马相如以赀为郎,就是最好的例证。纳赀补官最盛之时为汉武帝当朝之际。为解决对匈奴战争及宫廷奢侈生活所造成的财政窘困,汉武帝一方面实行盐铁官营,向矿藏要钱;一方面公开提倡入物者补官、入财者补郎的卖官政策。于是,卖官鬻爵兴盛起来。《西汉会要》中详细记载了这一事实:“武帝即位,干戈日滋,财路衰耗而不赡,入物者补官,选举陵迟,廉耻相冒,兴利之臣,自此始也。其后府库益虚,乃募民能入奴婢,得以终身复为郎。增秩及入羊为郎,始如于此。其后四年,置赏官命,曰武功爵,大者封侯、卿大夫,小者郎吏。吏道杂而多端,则官职耗废,(元狩四年),除故盐铁家富者为吏,吏道益杂,不选而多贾人矣。(元鼎二年),始令吏得入谷补官,郎至六百石。(元鼎三年),世家子弟、富人或斗鸡走狗马,弋猎博戏乱齐民。乃召诸犯令相引数千人,命曰‘株送徒’。入财者得补郎,郎选衰矣。”③

武帝一朝的纳钱取官,虽然开了职官选拔中的污秽之风,但是时代条件还决定新兴的封建统治者不敢卖官过滥。此外,由于社会舆论压力,纳钱为官者并不为人们所器重,

① 《汉书》卷56《董仲舒传》。

② 《汉书》卷24《食货志》。

③ 《西汉会要》卷45《选举下》。

所谋官职也都较低。例如张释之以赀为郎，十年不得升调，无所作为，最后被迫提出自免归乡。因为社会舆论的缘故，统治阶级对以财入仕也采取了一定的限制性措施。直到东汉初期，封建统治者一直比较重视整顿吏治，提倡气节，因此纳钱取官与任子得官相比较，它对职官选拔所造成的危害还不算严重。

东汉末年，由于封建统治者的腐朽，桓、灵两朝，竟公开计金卖官。桓帝延熹四年(161 年)，曾颁布诏令说："占卖关内侯、虎贲、羽林、缇骑、营士、五大夫钱各有差。"①汉灵帝更是明目张胆把卖官钱作为中饱私囊之物。在光和元年(178 年)，他开西邸卖官，自关内侯、虎贲、羽林各标明价格，又私令左右卖公卿，公千万，卿五百万。此外还规定："卖官，二千石两千万，四百石四百万，其以德次应选者半之，或三分之一，于西园立库以贮之。"②

对于灵帝的卖官行为，朝中正直大臣愤慨地公开指责灵帝"为民父母而反割剥百姓，以称时求"，上书痛斥这些昏庸帝王的行为。羊续、司马直等人，宁愿丢掉乌纱帽，甚至以自杀的方式，誓与官场的腐败相抗争。从汉武帝纳钱取官到汉灵帝公开计金卖官所引起的舆论喧嚣，说明它给职官选举所造成的危害十分严重，而且也将对未来的封建社会造成深远的影响。

汉代由于实行纳赀卖官的政策，也使国家获得了一大笔收入，解决了一些财政上的困难，有利于政府的正常运转。

（六）上书拜官

上书拜官，就是毛遂自荐。它是由自荐者上书并得到皇帝的赏识，而获得官职的一种方式。上书拜官的特殊性在于："策非甲科，行非孝廉，举非方正，独可抗疏，时道是非，高得待诏，下触闻罢，又安得青紫？"③上书拜官在汉武帝时十分盛行，上书自荐者曾达千人之多，《汉书·东方朔传》载："武帝初继位，征天下举方正贤良、文学、材力之士，待以不次之位，四方士多上书言得失，自炫鬻者以千数。"

东方朔像

汉武帝时，政策发生变化，上书自荐者曾多达千人，十分兴盛。这些上书者多为布衣，接触实际多，顾忌较少，敢于针对时弊，或论人主之长短，或评群臣之得失，或陈国家之利害，或带私情之揭露，都是直说治政的得失利弊，评论君王群臣的品行政德，其中不乏真知灼见的治国谋略，颇得汉武帝的赏识。东方朔和主父偃即是其中的代表人物。

"朔初入长安，至公车上书，凡用三千奏牍，公车令两人共持举其书，仅然能胜之，人主从上方读之，止，辄乙其处，读之二月乃尽，诏拜以为郎。"

主父偃"上书阙下……是时徐乐、严安亦俱上书言世务。书奏，上召见三人，谓曰'公

① 《后汉书》卷 7《桓帝纪》。

② 《后汉书》卷 8《灵帝纪》。

③ 《汉书》卷 87《扬雄传》。

皆安在,何相见之晚也?’乃拜偃、乐、安皆为郎中”①。

还有一位代表人物是少年郎终军。他年仅十八,便独自到都城长安上书求见武帝。武帝异其文,又欣其志,特授给谒者给事中一职,一时传为佳话。

上书拜官确曾为汉代增添了不少很有作为的治国人才。汉武帝作为雄心勃勃的一代新兴封建统治者,其重视和破格选拔人才的魄力,颇值得后世借鉴。

上书拜官的形式在武帝之后依然实行。据《汉书・萧望之传》记载:“上(宣帝)初即位,思进贤良,多上书言得失,辄下望之问状。高者请丞相御史,次者中二千石试事,满岁以状闻,下者报闻,或罢归国里。”

汉元帝时代,贾谊的曾孙贾捐之曾上书言得失,待诏金马门②。西汉哀帝时,大才子息夫躬上书,也作了宫廷的待诏。这说明在两汉时期,上书拜官形式一直受到统治者和求官者的重视。

东汉后期,世风大变,上书拜官受到一些文人学士甚至官府的质难。名臣崔骃批评道:“夫君子非不欲仕也,耻夸毗以求举;非不欲室也,恶登墙而楼处。叫乎炫鬻,县(悬)旌自表,非随和之宝也。暴智耀世,因以干禄,非仲尼之道也。”③实际上崔骃也是经过举孝廉而入仕途,其授官的方式与上书拜官并无本质区别,然而在他进入仕途后竟也对上书拜官进行严厉的攻讦。可见在当年还身处进步浪潮的世族崔骃在此时已倒向了尊崇名节和传统的陋辙。由此也反映出统治者昔日野心勃勃的气魄,至此已烟消云散。代之而起的却是陋规俗见,致使没落的门阀之风泛滥。

(七)计吏拜官

计吏,是秦汉时期负责上计的官员。当时按官吏考绩规定,每年实行上计,郡国上计吏携带上计簿去京城汇报。一些颇有成就的上计吏,就被朝廷留任为官,从而形成了一种新的选官规定,称为计吏拜官。

计吏拜官始于汉武帝时。汉武帝于元朔年间诏令郡国以举孝廉各一人,与计偕,拜为郎中,以后一度停止。直到东汉和帝永元十四年(102年)又复郡国上计补郎官④。据《后汉书》记载,以上计吏授官者中有度尚,得为郡上计吏,拜郎中,除上虞长;刘翊“举上计掾,拜议郎”;王逸“举上计吏,为校书郎”。这些都是一些勤奋而有作为的上计吏,因此被朝廷看中提升拜官。

计吏拜官,到桓帝延熹年间又一度中断,原因是当时郡国计吏多留拜为郎。大臣杨秉上奏说,三署见郎七百余人,已是“帑藏空虚,浮食者众”,因此不宜在计吏中拜郎了。汉桓帝采纳杨秉的奏议,停止了计吏拜官的仕途。

(八)材力举官

材力举官就是凭武勇、战术或军功入仕,始于西汉初年。《汉书・地理志》中有这样

---

① 《汉书》卷64《主父偃传》。

② 《汉书》卷64《贾捐之传》。

③ 《后汉书》卷52《崔骃传》。

④ 《后汉书》卷4《和帝纪》。

一段记载:“汉兴,六郡良家子选给羽林、期门,以材力为官,名将多出焉。”

六郡即陇西、天水、安定、北地、上郡、西河六地,是汉与匈奴、月氏、羌等争夺的战略要地,因此选择懂战术并勇猛的将才,是出于保卫边塞的需要。《汉书·赵充国辛庆忌传》中有一段翔实的记载:“秦汉以来,山东出相,山西出将……汉兴,郁郅王围、甘延寿,义渠公孙贺、傅介子,成纪李广、李蔡,杜陵苏建、苏武,上邽上官桀、赵充国,襄武廉褒,狄道辛武贤、庆忌,皆以勇武显闻……何则?山西天水、陇西、安定、北地处势迫近羌胡,民俗修习战备,高上勇力鞍马骑射。”

正是在这样特殊的历史条件下,出现了诸如李广、赵充国、傅介子、甘延寿等抗击匈奴的名将,为西汉的统一大业建立了垂照青史的功勋。此外,这些将才中也有出使西域的著名使节,他们为发展中原与西域各国的友好外交,也做出了重要贡献。

(九)方伎举官

方伎举官是一种特殊的选举方式,目的在于选择有特殊技艺的人才。方伎举官始于汉武帝时期。据《史记·龟策列传》记载:“博开艺能之路,悉延百端之学,通一伎之士,咸得自效,绝伦超奇者为右,无所阿私。”

即凡具有百戏一伎、乐舞奇术者,都可以方伎之长而取得官职。当时有个叫吾丘寿王的少年,因为擅长一种歌舞博戏,即被授为待诏,并由此名垂青史,汉书为之作传①。还有卫绾是以戏车拜郎;邓通以濯船为黄头郎;赵定、龚德以善鼓牙琴为待诏;徐生以善作颂为礼官大夫;荀彘以善御车而为侍中;周仁以医术做了太子舍人;王朝以术官至右内侍;东郭先生以方士待诏公车。待诏虽为预备官,但若得到皇帝宠信,便权重势大。如吾丘寿王为东郡都尉时,不复置太守,一人而任四千石之重;东郭先生也拜为二千石官,佩青绶出宫门,荣华备至。

外戚王莽篡夺皇位,更是着意募集有奇术特技的人才,为帝王宫廷的娱乐服务,其中不乏浓厚的迷信色彩,也掺杂着各种各样的骗术。

这个时期的方伎举官亦日趋荒唐腐败。在王莽灭亡前夕,他自作告天册,陈述功劳,愿上天保护他,于是投其所好的刁民则日夜啼哭,表示对王莽的同情;王莽便将刁民拜为郎,多至五千余人。如此以哭拜官可谓荒唐绝伦,旷世奇闻。在东汉后期,方伎拜官已经相当没落了②。

以方伎为官给予具有诸如体育、技艺、音乐、医术等特别才能的人一定地位,这也是应该的。但是给各种骗子以一定官职,从而使职官队伍鱼龙混杂。因此,为有识之士所耻。

方伎为官中的明书、明算、明法仍被视为“雕虫小技”,赖此入仕者难以发挥更大的作用,更难以获取高官厚禄。

两汉文官选举,历经四百余年,由正途的察举、征辟制转而发展到异途的任子和纳赀制,以及其他单项科目的特选,构成了以察举和征辟为主要特色的文官选举制度。但这

① 《汉书》卷64《吾丘寿王传》。

② 《汉书》卷99《王莽传》。

时它还很不成熟，充其量也仅是早期文官制度的一种粗略模式。

两汉选举科目简况①

	选举形式	科目	性质	开始年代	主要规定
一、	察举	①贤良方正	针对性特科	汉文帝二年（前178）	
		②贤良文学	〃	武帝建元间（前140）	
		③明经	临时性特科	武帝间	
		④明法	〃	〃	
		⑤明阴阳灾异	〃	元帝初元三年（前46）	
		⑥敦厚有行	〃	成帝河平四年（前25）	
		⑦勇猛知兵法	〃	成帝元延元年（前12）	
		⑧有道之士	〃	安帝建光元年（121）	
		⑨尤异	〃	汉宣帝年间	
		⑩治剧	〃	汉哀帝间	
		⑪孝廉	岁举　常科	武帝建元元年（前140）	四科取士
		⑫茂才（秀才）	〃	武帝元封五年（前106）	光禄四行
二、	征辟	⑬征聘	不定期皇帝征召	建元元年（前140）	
		⑭辟除	官府任用属员	汉初	
三、	岁课（试课）	⑮博士弟子课	学校入仕	武帝建元五年（前136）——元朔五年（前124）	
四、	任子	无科	异途恩荫	西汉哀帝时	
五、	纳赀	〃	异途买官	西汉文帝时	
六、	自炫鬻	〃	其他四科	西汉武帝时代	
七、	计吏拜官	〃	〃	西汉武帝初期	
八、	材力举官	〃	〃	西汉初年	
九、	方伎举官	〃	〃	西汉武帝时代	

第三节　汉开文官选举的先河

汉初新兴地主阶级生气勃勃，为发展自己的势力也为推动社会发展，在网罗人才加强国家行政职能、强化中央集权的过程中，的确开了一代雄风，创中国文官选举的先河，为整个中国历史揭开了崭新的一页。

一、多元选拔、不拘一格

西汉建立之初，刘邦就认识到靠武功治国决非上策，于是下决心广招人才。刘邦之后的文、景、武帝，都同样强调文治武功，这就为不拘一格实行多元化的文官选举，提供了

① 李铁．中国文官制度．北京：中国政法大学出版社，1989：74.

可行的基础。汉王朝首创三途十五科，贯彻常科和特科相结合的策略，终使西汉一代文武辈出，达到了人才济济的空前盛况。对此，《汉书·儿宽传》中有一段精辟的描述："是时，汉兴六十余载，海内艾安，府库充实，而四夷未宾，制度多阙。上（武帝）方欲用文武，求之如弗及，始以蒲轮迎枚生，见主父而叹息，群士慕向，异人并出。卜式拔于刍牧，弘羊擢于贾竖，卫青奋于奴仆，日磾出于降虏，斯亦曩时版筑饭牛之朋已。汉之得人，于兹为盛。儒雅则公孙弘、董仲舒、儿宽，笃行则石建、石庆，质直则汲黯、卜式，推贤则韩安国、郑当时，定令则赵禹、张汤，文章则司马迁、相如，滑稽则东方朔、枚皋，应对则严助、朱买臣，历数则唐都、洛下闳，协律则李延年，运筹则桑弘羊，奉牵使则张骞、苏武，将率则卫青、霍去病，受遗则霍光、金日磾，其余不可胜纪。是以兴造功业，制度遗文，后世莫及。"

儿宽，又作倪宽。西汉千乘（今山东省高青）人。治《尚书》，为孔安国弟子。元鼎四年（前113年），任左内史。在任数年内，劝农业，缓刑罚，并负责在郑国渠上流南岸开六条小渠，灌溉两旁高地，称为"六辅渠"。后任御史大夫，与司马迁等共同制定"太初历"。儿宽任御史大夫九年，去世于任上。

司马迁像

司马迁在司马谈死后，接替父亲做了太史令。太初元年（前104年），与天文学家唐都等人共订"太初历"。同年，开始动手编《史记》。天汉二年（前99年），李陵出击匈奴，兵败投降，汉武帝大怒。司马迁为李陵辩护，触怒了汉武帝，获罪被捕，受了"腐刑"。太始元年（前96年）获赦出狱，做了中书令，掌握皇帝的文书机要。于是他发愤著书，全力写作《史记》，大约在他五十五岁那年终于完成了全书的撰写和修改工作，为中国历史做出了巨大贡献。

当汉武帝发布诏令招募人才出使西域时，满怀抱负的年轻的张骞，挺身应募，毅然挑起国家和民族的重任，于公元前138年勇敢地走上了征途。历经十三年的艰辛，向汉武帝介绍了西域的情况，反映了西域各族希望同汉朝往来的愿望。公元前119年，张骞再热出使西域，与西域各族进行广泛地联络，受到西域各国的接待。张骞回国时，乌孙派使者随同来到长安，向西汉政府表示友好。后人对张骞有这样的评价："骞始开通西域道。"①西域道就是后来称的丝绸之路。丝绸之路是联系中外的纽带，沟通东方和西方的桥梁，为人类文明发展做出重大贡献。

由此看出，封建地主阶级在上升时期，重视人才的选拔，尤其重视对实际治国人才的选拔，为后来的王朝所推崇；同时在中国文官选举史上也是极为辉煌的一页。

二、官员选任的制度化

汉代官员的选举有诏令、科选规定和限制性规定等，运用了一定的法律形式加以调整，才使这一制度逐步走向法律化。

① 摘自《汉书·张骞传》注引苏林的话。

《史记·范雎列传》载："秦之法，任人而所任不善者，各以其罪罪之。"《汉官仪》规定："方今选举，贤佞朱紫错用……有非其人，临计过署，不便习官事，书疏不端正，不如诏书，有司奏罪名，并正举者。"①

从材料中可以概括为两点，一是秦汉选举一向有法，执行者追究责任，依法问罪。

所谓选举法，不外包括三部分内容：

第一是基本标准。这一标准的确立分特科与常科两种。特科科目的立名即是一种独立的选拔标准，如贤良方正、敦厚有行、勇猛知兵法、明经、明法等，或从品行标准立科，或从专长才能立科，内涵比较明确，一般不再设立具体条文。对于常科，则强调具体规定，常见者有"四科取士"和"光禄四行"。

"四科取士"："一曰德行高妙，志节清白（如孝廉、贤良方正）；二曰学通行修，经中博士（如文学、明经）；三曰明达法令，足以决疑，能案章覆问，文中御史（如明法）；四曰刚毅多略，遭事不惑，明足以决，才任三辅令（如治剧），皆有孝悌廉公之行。"②

"光禄四行"为："质朴、敦厚、逊让、有行（或为节俭）。"

四科取士，是汉代察举文官的基本法规，许多特科设立也多由其中某项发展演变而来；光禄四行则属于单科的部门性规定，仅限于举主光禄勋选择官吏时具体适用，而不得由其他推举人运用，它是单项法规。概括上述的基本标准，可以看到它包括德行、素质、儒学、法令、能力等五个范畴，尤其强调儒学与法令作为基本修养或文化水准。在两汉时期就有对国家官员素质的这种要求，这是很可贵的。

第二是程序规定。它主要包括三个方面：一是基层举选要有人口、地域的限定及察举程序的规定。二是考试。察举的人员一般都要经过对策、射策或公府试。对策是命题考试；射策是抽签考试，主要考核对政论事物的认识水准和分辨能力；公府试为复试，"诸生试家法，文吏课笺奏"③，考试内容主要为基本功。三是授官。授官权仅帝王独掌，凡察举人员必得经帝王授命；公府征辟人员得有公府主管官员复试，报请尚书省批准授官。如一般幕僚可由公府自行安排使用，但不得授官。

第三是限制性规定，又叫回避。武帝时始制定官吏回避制度：一般官员不得在本籍为官，刺史不得在本州任职，郡守、国相不在本郡任职，县令长、丞尉本县籍人、本郡籍人皆不可用。后又增加三互法：凡两州之间有婚姻关系者，其家人不得交互为官，如甲州人在乙州为官，同时乙州人在丙州为官，则丙州人不但不能到乙州做官，也不能到甲州做官。从官员回避本籍发展到回避婚姻这一进化，对澄清吏治，意义重大。除外，还有一些限制，如年龄限制，自左雄改革后一般规定：明经、博士科限年五十，举孝廉限年四十，博士弟子限年十八以上；任用年龄不得低于二十，如确有其才者，则不受年龄限制。出身限制，商人、市井子孙不得入仕，赃吏子孙不得察举，犯贪污罪的官吏不得再担任官职；同时还有资历、身体等方面的某些规定。这些开创性的措施对文官制度的健康成长是非常有益的。

①② 《后汉书》志第24《百官一》。

③ 《后汉书》卷61《左雄传》。

三、贿选之风的泛滥,冲击着新兴的文官选举制度

贿赂选举所起的破坏作用在汉代就已引起了警觉。地主阶级在选拔官吏时强调儒家意识的德才,具体用人上逐渐走向唯亲、唯财、唯势的自我封闭。东汉时,伴随着汉王朝政治力量的变更与衰败,贿选之风盛行,选举大权为少数人掌握,权门请托,贵戚书命成为一时的社会风气,导致整个察举制度开始走向腐朽和发生质变。

东汉的大官僚、大地主集团,凭借"富者乘其财力,贵者阻其势要"的优势条件,运用各种手段,如"以顽鲁应茂才,以桀逆应至孝,以贪饕应廉吏,以狡猾应方正,以谀谄应真言,以轻薄应敦厚,以空虚应有道,以嚚暗应明经,以残酷应宽博,以怯弱应武猛,以愚顽应治剧"等①,破坏察举制度,其结果是"颠倒贤愚,贸易选举",权俱在豪族,从而培养了一批门阀世族。如光武时的耿弇,自中兴迄建安之末,通过种种卑劣途径,一家之中荣居大将军者二人,将军者九人,卿十三人,尚公主三人,列侯十九人,中郎将、护羌校尉及刺史、二千石数十百人②。再如汉和帝时的元勋邓禹,自中兴后,累世崇贵,凡侯者二十九人,公二人,大将军以下十三人,中二千石十四人,列校二十二人,州牧郡守四十八人,其余侍中、将、大夫、郎、谒者、不可胜数③。显然,汉代末期大官僚控制下的察举制度为自己培养了一批又一批的掘墓人。这种情形曾遭到数代人的严厉评判,如在北京怀柔区东汉墓中所发现的"吾阳成砖刻"上写道:"吾阳成,八千万,不为孝廉。河东,公府掾史,五曹,治。"此文大意是:我是姓阳成的,家产虽有八千万,但却决不做孝廉。我是河东郡人,做过三公府的属吏,周历五曹,并做过州治中从事等职。这位阳成君留在碑文上的是愤慨,是对举孝廉中污秽行为的痛斥。正如一首民谣所说:"寒素清白浊如泥,高第良将怯如鸡。"④它说明当时的职官选举已毫无进步意义,而成为豪门世族所把持的政治工具、大官僚地主集团进行权力再分配的有利途径。仅以东汉诏举一项为例,应诏者共一百一十七人,其中贵族出身的有五十八人,平民出身者三十人,贫寒出身者十二人,富商出身者二人,其他十五人。皇帝的诏举,贵族豪门都超过半数以上;至于任子荫庇、纳钱买官,那就更是不折不扣的培植门阀世族的温床。

四、反面的作用

以儒家理论为指导的选举观,促成官宦世家的显赫和经学世官的形成,对中国政治文化的发展也是一个极大的障碍。

汉武帝推行"罢黜百家,独尊儒术"以后,经学成为入仕的基本手段,而阐发儒学经义,习读儒家经典,增加经学博士,也成了两汉政治生活和文化教育的中心课题。一些士大夫及其家族以儒经网罗门生,以家法传授门徒,逐渐拼合成若干个学阀集团,使不少士

① 《潜夫论》卷2《考绩》。
② 《后汉书》卷19《耿弇传》。
③ 《后汉书》卷16《邓禹传》。
④ 《抱朴子》外篇卷15《审举》。

大夫家族也由此逐渐演变为门阀世族。如果说贿选之风是培植门阀世族的特别手段,学阀集团的出现就成为东汉末年割据势力的基石。

曾开一代新风的文官选举走向腐朽和没落,并对一代王朝政权的崩溃、国家陷入封建割据的境地负有不可推卸的历史责任,这惨重的教训曾使多少封建阶级的政治家为之悲愤和呐喊。或许正是从这一意义上,后人不仅看到了它与国家兴旺发达的依存关系,而且从汉王朝的衰落中,也体会到了腐败的吏治对国家政权的强烈瓦解作用。

第三编　魏晋南北朝时期

220年至589年，是中国的魏晋南北朝时期，这一时期是中国古代史上由国家分裂、民族大融合并走向统一的重要历史时期。这一时期的政治分裂、经济发展、民族融合正好为职官的设置、教育的改变以及官员的选任提供了社会条件。其中，文官选拔的九品中正制可以说是历史的馈赠，在历代文官选任中具有重要而深远的历史意义，为历史的发展做出了应有的贡献。

同一时期的外部世界变化也很大。强大的罗马帝国分裂后灭亡，法兰克王国建立，欧洲开始进入封建社会。中亚的波斯萨珊王朝强大起来；笈多王朝统一了南亚的大部分地区，印度也开始了封建化进程。东亚地区，朝鲜处于“三国”时代；日本大和征服其他各部，建立起统一的国家。

第一章　学校教育与官员的培养

中国古代的教育制度初步形成于先秦，基本确立于汉魏时期。“独尊儒术”的实施培养了一大批人才，为我国的历史发展做出了一定的贡献，但是它将尊儒读经奉为教育的正宗，视为教育的唯一内容，排斥了其他学科教育的地位。社会的发展和人的发展需求是多元的，文教政策应适应这一需要，以促使教育功能的多元发展，更好地达到为封建国家培养各级官吏、推动社会向前发展的目的。

第一节　多元趋向的文教政策

一、教育改革的条件

随着汉代“独尊儒术”的加强，教育模式越来越趋于僵化，社会的多元化发展和个人不拘一格的发展之间的矛盾也就日益显现出来。东汉中叶以后，越来越多的学者开始冲破这种模式的束缚。张玄因不守家法而丢了博士职位，但“诸儒皆伏其多通，著录千余人”①。东汉著名学者桓谭、班固、王充、韩融、卢植等都因不为章句所束缚，脱颖而出。张衡斥责汉代经学“欺世罔俗，以昧势位，情伪较然，莫之纠禁”②。

① 《后汉书》卷109下《儒林传》。

② 《后汉书》卷98《张衡传》。

张衡像

魏晋南北朝的政治、经济、文化的状况恰又具备了反思传统教育的条件。

首先,这个时期的最大特点就是社会动荡。在近四百年的时间里,统一的时间不足四分之一。这个时期大多数政权都比较短暂,长的如北魏统治一百四十九年,短的如东魏统治仅十七年。这些短暂的政权都处于不断的内乱和外患之中。动乱的社会,自然冲击已经僵化了的教育秩序。《魏略》中说:“从初平之元,至建安之末,天下分崩,人怀苟且,纲纪既衰,儒道尤甚。”①《梁书·儒林传》中说:“汉氏承秦燔书,大弘儒训。太学生徒,动以万数。郡国黉舍,悉数充满。学于山泽者,至或就为列肆,其盛也如是。汉末丧乱,其道遂衰。魏正始以后,仍尚虚玄之学,为儒者盖寡……中原横溃,衣冠殄尽。”东汉末年尚且如此,整个魏晋南北朝就可想而知了。整个魏晋南北朝时期,儒学再也没有像汉朝那样登上独尊的宝座,乱世中的文化呈现多样性。人们纷纷从沉寂已久的先秦诸子学说中去寻找治国的妙方。名法思潮、魏晋玄学、佛教、道教,相继风行一时。

其次,社会变动的剧烈,政权更迭的频繁,也极大地丰富了各个学科的社会内容。史学、文学、律学、武学、家谱学、书学、算学、医学等普遍受到了人们的重视。

再次,魏晋南北朝时期是门阀制度高度发展的历史时期。门阀士族所热衷的是门第的特权,对以维护中央集权为目的的“独尊儒术”政策产生了矛盾和冲突。在这样的社会条件下,各政权统治者必须要考虑应该如何发挥教育的作用,以对付风云变幻的局势,维护自己的统治。“独尊儒术”的文教政策自然被多变的政权和多元趋向的文教政策所代替。

当然,无论政局如何变化,魏晋南北朝时期各政权在发展教育时基本上还是“崇儒”。因为儒家思想在维护封建秩序、维系人心、加强中央集权等方面的作用,已经具备了相当广泛的社会基础。儒家的办学经验也是最为成功的,即要发展教育便离不开儒学,要崇儒必须通过读经来体现。这一教育价值观念是符合封建统治的根本利益的。加之新崛起的门阀士族是封建统治阶级中极有权势的一部分,他们靠着汉代教育模式的庇荫,数代相因,才有了令人瞩目的门第。可以这样说,儒学一倒,他们的门第也就不复存在了。所以,维护文教政策中的“崇儒”地位不仅是皇权政治的需要,而且也是门阀政治的需要。

尊儒劝学只不过是门阀士族用来招摇撞骗的一张招牌。门阀制度对中央集权本身就有一种本能的抵触,门阀士族常常不把中央皇权放在眼里。东晋人范弘之就说过:“晋自中兴以来,号令威权多出强臣。”②西晋的八王之乱,东晋的王敦之乱和苏峻、祖约之乱,庾亮、王导权重一时,桓氏父子势倾朝廷。在这样的社会环境下,儒家名教只是门阀士族政治中的一面借以杀人篡政的旗帜。西晋人董养游太学,登堂叹曰:“建斯堂也,将何为

① 《三国志》卷13《王肃传》注。
② 《晋书》卷91《范弘之传》。

乎？每览国家赦书，谋反大逆皆赦，至于杀祖父母、父母不赦者，以为王法所不容也。奈何公卿处议，文饰礼典，以至此乎！天人之理既灭，大乱作矣。”①这实在是点到了士族政治的要害处。杀父母，则会直接危及家族稳固，毁灭门第，法律对此是不可有丝毫的宽容。谋反篡政，不过是更易朝廷，于士族利益危害不大，法律对此则可宽容。这种现象日见流行，所以魏晋南北朝的“崇儒”政策效果并不明显，往往只表现在形式上。

二、多元文化并存

玄学兴盛，佛教、道教兴起，体现了这个时期文化的多样化。统治者不同程度的提倡，获取了各种特权的门阀士族开始热衷于玄学、佛教、道教。《晋书·傅玄传》中说：“时朝廷宽弛，豪右放恣，交私请托，朝野溷淆。”门阀士族的生活奢侈已达到了登峰造极的地步。为了给这样的生活附庸风雅，两晋的门阀士族沉溺于玄学的虚无和玄空的陶醉之中。一时间，微言达旦，酬酢弥日，祖尚浮虚，信口雌黄，成为门阀士族崇尚的生活享受。但在这也折射出当时人们对个性解放的一种追求。门阀士族在肆志虚玄、寄情山水之时，感悟到时光飘忽和人生短促：“人生天地间，忽如远行客”，“四时更变化，岁暮一何速”，“人生有何常，但患年岁暮”，“天地无终极，人命若朝霜”。于是人们转向摒弃名教，崇尚老庄，追求个性解放。评价人物，不再停留在道德、操守、气节上，而是以才情、气质、格调、风貌、能力，即人的内在精神为评价的标准和原则，讲求脱俗的风度神貌成为时尚。这样，玄学、佛教、道教便风行一时。

社会发展的多元需要，使文化教育萌发了许多新的因素和特点，形成了儒、佛、道、玄多元并存、相互渗透融合的新局面。由于解除了“独尊儒术”对人们思想的束缚，抛弃了经学教育的“师传”、“家法”以及烦琐僵化的考证注疏的模式，这一时期的哲学、文学艺术和科学技术得以自由地发展，国内各民族文化教育得以交流，这些都为魏晋南北朝各政权制定文教的多元趋向政策提供了很好的社会基础。

魏晋南北朝时期，数学、农学、医药学和地理学等科学技术都取得了新的发展；艺术领域的书法、绘画、雕塑、音乐、舞蹈等在秦汉的基础上都有突出的成就，为隋唐艺术的高度繁荣打下了基础。

第二节　学校教育的新发展

魏晋南北朝时期的社会动荡局势、儒学独尊地位的丧失和门阀政治的影响，以崇奉儒学为主要标志的官学教育地位下降。但在教育体制方面，魏晋南北朝较之汉代却有着长足的发展。西晋时期于太学之外另外创立国子学，北魏时期又创立四门学。儒学教育的单一格局被多元格局所取代。朝廷职能部门办学为培养专门人才，促使专科教育的兴起，形成了多渠道办学和多学科并举的教育格局。少数民族政权为加速封建化更为重视

① 《晋书》卷94《董养传》。

地方教育，地方官学制度正式确立。官学教育格局的变化，催化了北齐国子寺这样的教育行政机构的产生。教育体制的种种变革，为隋唐教育体制的完备奠定了基础[①]。

一、官学

1. 三国时期太学的恢复

汉代太学作为崇儒教化的象征，是养士育才的基地，是中央集权在教育上权威的体现。经过两汉四百多年的经营发展，人们心目中已形成一种思维定式，即国家教育就是太学教育。因而魏国初定，兴办教育的第一个措施便是恢复太学。

《魏略》中说："黄初元年（220 年）之后，新主乃复。始扫除太学之灰炭，补旧石碑之缺坏，备博士之员录，依汉甲乙以考课。申告州郡，有欲学者，皆遣诣太学。"[②]《三国志·文帝纪》中对此也有记载："黄初五年（224 年），夏四月，立太学，制五经课试之法，置《春秋》、《谷梁》博士。"

崇文馆，简称"崇文"，中国古代贵胄子弟学校，三国魏文帝始置崇文馆。

尽管曹魏集团崇尚法术，爱好文学，但对维护道统的取向却不敢有丝毫的马虎。为了鼓励学生向心于儒学，魏黄初年间，刘劭参照东汉左雄的考课法，设计了一套"五经课试法"，并在太学推行。《通志·选举志二》中说："魏文帝黄初五年（224 年），立太学于洛阳。时慕学者始诣太学为门人。满二岁试通一经者称弟子，不通者罢遣。弟子满二岁试通二经者补文学掌故，不通者随后辈复试，试通二经亦得补掌故。满三岁试通三经擢高第，为太子舍人；不第者随后辈复试，试通亦为太子舍人。舍人满二岁试通四经者擢其高第，为郎中；不通者随后辈复试，试通亦为郎中。郎中满二岁能通五经者擢高第，随才叙用；不通者随后辈复试，试通亦叙用。"这一课试法在古代学校管理发展进程中十分有意义。它把学校教育与文官考试任用结合起来，以提高教育管理的作用。它把太学生分为两类：刚入学者为门人，满两年试通一经才得称为弟子，才取得正式太学生的资格。规定以通五经为太学教育的最高目标，年级越高通经越多所授官位也就越高。可见学校教育的直接目的就是培养官员。

但三国时期发生了变化，人们对儒家经学，尤其是对汉代的章句之学普遍失望。《三国志·杜超传》中说："今之学者师商、韩而上法术，竞以儒家为迂阔，不周世用。"《晋书·傅玄传》说："近者魏武好法术，而天下贵刑名；魏文慕通达，而天下贱守节。"《宋书·臧焘传》说："自魏氏膺命，主爱雕虫，家弃章句，人重异术。"这些都说明了当时的社会思潮轻儒学而追求法、名、玄学。正因为如此，魏国"崇立太学二十余年，而寡有成者。盖由博士选轻，诸生避役，高门子弟，耻非其伦，故无学者。虽有其名而无其人，虽设其教而无其功"[③]。

---

① 宋大川，王建军．中国教育制度通史（第 2 卷）［M］．济南：山东教育出版社，2000：62—156.

② 《三国志》卷 13《王肃传》注。

③ 《三国志》卷 15《刘馥附靖传》。

司马炎像

2. 西晋创办国子学

265年,司马懿孙子司马炎废魏称帝,建立西晋。司马氏集团是新崛起的门阀士族的代表,尊儒不仅成为他们维系家族统治的法宝,而且也成为他们用来排斥政敌、消除异己的武器。司马氏集团建立西晋,便掀起了一股崇儒的热潮。西晋统治者数临辟雍,提倡儒学,并在整顿太学的基础上,创办了国子学。

《宋书·礼志一》中说:"晋武帝泰始八年(272年),有司奏曰太学生七千余人,才任四品,听留,诏'已试经者留之,其余遣还郡国。大臣子弟堪受教者,令入学'。咸宁二年(276年),起国子学。"

西晋国子学的创办是在整顿太学的基础上进行的。太学中的学生多是为躲避当兵而来的,竟达七千之众,造成"高门子弟耻非其伦"。西晋整顿太学的措施其一是用"才任四品"的考试标准来甄别优劣,将不合标准者遣送还乡;其二是令"大臣子弟"入学受业。

可是整顿的效果并不理想,于是才有了为门阀士族子弟另立国子学的举措。"晋初太学生三千人,既多猥杂,惠帝时欲辨其泾渭,故元康三年始立国子学,官品第五以上得入国学。天子去太学入国学,以行礼也。太子去太学入国学,以齿让也。太学之与国学,斯是晋世殊其士庶,异其贵贱耳。然贵贱士庶,皆须教成,故国学太学两存之也,非有太子故立也。"①这里讲的三千人可能是从原来七千太学生中试经通过者。所谓猥杂,即其中依然多是寒门子弟。这就给西晋统治者出了一个难题:或是为照顾门阀士族利益,将寒门子弟全部赶出太学,这显然会引起公愤;或是维持现状,但门阀士族子弟不愿与其同伍。两难之下,于是便在保留太学的基础上为士族子弟别立一学校。

西晋时期创办国子学是为了突出贵族子弟的教育特权,也就成了传统教育走向等级制的开始。东汉后期,随着士族阶层的产生,太学教育开始出现特权化现象。东汉顺帝时,有了左雄奏请公卿子弟入学的动议。东汉质帝时,有了梁太后的"大将军下至六百石,悉遣子就学"的谕令。这些都是为了劝喻贵族子弟提高文化素质,其中并没有排斥庶族子弟入学。曹魏时期,士族阶层还处于恢复状态,曹操的"唯才是举"选举原则也还有着影响。当时已开始实行的九品中正制重点在防止东汉选举的名不副实,家世并没有成为选举的唯一标准。但随着门阀士族的强大,西晋门阀制度得到巩固,门阀士族不仅在政治上获取了更多的特权,而且开始了对教育特权的觊觎。国子学的创办,使传统教育体制由单一格局发展成为太学与国子学并行的双轨制。它是传统教育等级制的开始,也是传统教育制度走向多元格局的开始。

享有教育特权的贵族子弟在政治上可凭借门第平步青云,经济上优厚的物质条件使他们恣情纵欲,并不是特别需要借着官学教育来提升自己,因而他们对官学并无兴趣。因此两晋统治者虽极力崇儒兴学,但并没有带来教育昌盛的局面。《晋书·儒林传序》中

---

① 《南齐书》卷9《礼志上》。

讲得很明白:“虽尊儒劝学亟降于纶言,东序西胶未闻于弘诵。”这就是两晋官学教育的真实写照。

3. 十六国时期的汉化教育

十六国的政权中,只有北凉、前凉、北燕是汉族政权,其他分别为匈奴、鲜卑、羯、氐、羌等少数民族政权。这些散居在中国北方的少数民族,多以放牧、射猎为业,过着逐水草而居的生活。在进入中原以前他们一般都还停留在原始部落时期,其文明程度大大落后于汉族的封建文化,东汉、魏晋时期不断内迁。他们虽然用武力征服了中原,但他们必须努力吸取汉族封建文化,以提高本民族的文化素质,才能在中原站稳脚跟。成汉建国初期朝廷上下“素无法式,诸将持思,各争班位”。成汉建立者李雄采用尚书令阎式的建议,参照汉晋故事,立制度以为楷模,整个政权上下才秩序井然。后赵初起之时,石勒、石虎对汉人采取了不分士庶、不区别降附与抗拒一律杀戮。然而在巩固政权的过程中,这种杀戮政策便有了收敛。先是在俘虏中分别士庶,以后又颁布了“不得侮易衣冠华族”的法令,最后决定采纳魏晋的九品中正制。所以尽管当时戎马倥偬,干戈未已,但十六国的大多数统治者都对兴办教育倾注了极大的热情。如前赵的刘曜立太学于长乐宫东,立小学于未央宫西,选朝贤宿儒明经笃学以教之。刘曜亲临太学,“引试学生之上第者拜郎中”①。后赵的石勒在京城设立了太学和十余所小学,选将佐豪右子弟以教之。石勒亲临学校,考试学生经义,并命郡国立学官,又修改了九品官人法,令州郡岁举秀才、至孝、贤良、方正、廉清等,考试及格按上中下三等授予官职②。前燕的慕容廆立东庠祭酒,命儿子及国胄束脩受业,并于“览政之暇,亲临听之,于是路有颂声,礼让兴焉”③。慕容皝“立东庠于旧宫,以行乡射之礼,每月临观,考试优劣”④。前秦的苻坚留心儒学,“自永嘉之乱,庠序无闻。及坚之僭,颇留心儒学,王猛整齐风俗,政理称举,学校渐兴”⑤。后秦的姚兴鼓励儒者在长安办学,诸生自远而至者上万人。姚兴每于听政之暇,与儒者一起讲论道艺,错综名理。他还亲自关照城门守卫:“诸生谘访道艺,修己厉身,往来出入,勿拘常限。”于是学者咸劝,儒风盛焉⑥。与沉寂的两晋教育相比,这倒成了鲜明的对照。

十六国汉化教育的实施,为中华民族大家庭的融合起到了十分积极的作用。魏晋南北朝时期,中华民族融合的历史进程在当时虽然是以剑与火开路的,但促进民族融合的真正内聚力是汉族的农业文明。当时因战乱而流落各地的汉族士人与各政权统治者通力合作,将先进的教育制度传播到偏远的地区,使教育的普及面大大拓展。例如辽东一带,在东汉时期还基本上是一片处女地。崛起于辽东的慕容氏,先后在此建立了前燕、后燕、南燕等政权。这些政权的统治者重用汉族士人,使“流亡士庶多襁负归之”,一度形成了“路有颂歌,礼让兴焉”的局面。在西北地带,汉族世家张轨、李暠先后据汉河西、敦煌

① 《晋书》卷103《刘曜记》。
② 《晋书》卷104、105《石勒记》。
③ 《晋书》卷108《慕容廆记》。
④ 《晋书》卷109《慕容皝记》。
⑤ 《晋书》卷113《苻坚记上》。
⑥ 《晋书》卷117《姚兴记上》。

之境，建立了前凉、西凉等政权。张轨、李篙都力倡教育，造成了“凉州自张氏以来，号为多士”的局面。后来南凉政权与后秦对垒，后秦主姚兴派遣尚书郎韦宗来窥探其实力。南凉主秃发傉檀与韦宗论六国纵横之规，三家战争之略，远言天命废兴，近陈人事成败，机变无穷，辞致清辩。韦宗大为叹服，回长安后对姚兴说：“凉州虽残弊之后，风化未颓。”①在中原地区，教育也得到了延续，曾先后盘踞此地的前秦、后秦，兴办教育都很有特色。前秦有“人思劝励，号称多士”之佳誉，后秦有“学者咸劝儒风”之评价。由此看来，十六国汉化教育的推行，对促进北部中国的教育普及是具有积极意义的。

4. 南朝学馆的出现

学馆是魏晋南北朝后期出现的一种新型的教育机构。尤其是在南朝，学馆的兴起成为当时教育兴旺的主要标志。

学馆是朝廷资助和扶持的教育机构。它的主持者为学者，办学宗旨依据学者的学术特长而不局限于朝廷的文教政策，招生也没有门第之类的限制，但它又不同于私学。学馆是由朝廷出面主办，主持的学者由朝廷聘任，并配有一定的编制，师生也还享有一定的待遇。例如宋元嘉十五年（438 年），宋文帝创办“四学”。《宋书·隐逸传》中说：“元嘉十五年，征次宗至京师，开馆于鸡笼山，聚徒教授，置生百余人。会稽朱膺之、颍川庾蔚之并以儒学，总监诸生。时国子学未立，上留心艺术，使丹阳尹何尚之立玄学，太子率更令何承天立史学，司徒参军谢元立文学，凡四学并建。”又如梁天监四年（505 年），梁武帝下诏开设五馆。《梁书·儒林传序》中说：“诏曰‘可置五经博士各一人，广开馆宇，招纳后进’。于是以平原明山宾、吴郡陆琏、吴兴沈峻、建平严植之、会稽贺炀补博士，各主一馆。馆有数百生，给其饩廪。其射策通明者，即除为吏。十数年间，怀经负笈者云会京师。”可以看出来，学馆是靠朝廷的资助和扶持发展起来的。

但是学馆不同于国学。国学只能尊儒读经，而学馆则较为灵活，设置的教学科目可以是儒学，也可以是史学、玄学或文学。南朝宋明帝泰始六年（470 年），“立总明观，征学士以充之。置东观祭酒、访举各一人，举士二十人，分为儒、道、文、史、阴阳五部学，立阴阳者遂无其人”②。而且在南朝，学馆与国学是并行的两套教育机构。宋武帝没来得及开办国子学，却着手了学馆的组织工作。《宋书·颜延之传》说：“雁门人周续之隐居庐山，儒学著称，永初中，征诣京师，开馆以居之。高祖亲幸，朝彦毕至。”这就说明宋武帝已开办了学馆。而《宋书·礼志一》说：“宋高祖受命，诏有司立学，未就而崩。”所谓立学乃专指国子学，而非学馆。宋文帝兴办国学的诏令是在元嘉十九年（442 年）颁布的，然而他在元嘉十五年（438 年）就开始组办了“四学”。宋泰始六年（470 年）因国学废而办起了总明观，到齐永明三年（485 年）国学重建，总明观因而停办。《文献通考·学校二》中说：“武帝永明三年，诏立学。初宋太宗置总明观，以集学士，亦谓之东观。上以国学既立，省总明观。”梁武帝于天监四年（505 年）办五馆，于天监七年（508 年）开国学。这些事实都说明学馆与国学是不一样的，却是同时存在的。

① 《晋书》卷 126《秃发傉檀记》

② 《南史》卷 3《宋明帝纪》。

南朝的学馆，大致分三类：

第一类由朝廷委托学者主持，有较为正常的教学制度的学馆。这一类学馆除了前面提到的周续之学馆、“四学”和“五馆”外，还有南齐的刘瓛学馆和王俭的学士馆。刘瓛是当时著名的学者，史书称他“儒学冠于当时，京师士子贵游莫不下席受业”。永明七年（489年），齐武帝为其立馆，并将扬烈桥故主的宅第作为学馆之所①。王俭时任国子祭酒。永明三年（485年）罢总明观，齐武帝命王俭在家设置学士馆，悉以总明观之四部书充王俭家。王俭“十日一还学，监试诸生”②。

第二类由朝廷主办或由王室成员创办的学馆，以研究和编撰为主。南齐竟陵王萧子良开办“西邸”，“招文学，僧孺与太学生虞羲、丘国宾、萧文琰、丘令楷、江洪、刘孝孙并以善辞藻游焉”③。南梁昭明太子开办“东宫”，“引纳才学之士，赏爱无倦。恒自讨论篇籍，或与学士商榷古今；间则继以文章著述，率以为常。于时东宫有书几三万卷，名才并集，文学之盛，晋宋以来，未之有也”④。南齐豫章王萧嶷“于南蛮园东南开馆立学，上表言状。置生四十人，取旧族父祖位正佐台郎，年二十五以下十五以上补之，置儒林参军一人，文学祭酒一人，劝学从事二人，行释菜礼”⑤。

第三类是大学者讲学的场所。梁武帝时期便在京师设置了集雅馆以招远学，设立了士林馆延集学者：“时城西又开士林馆以延学士，异与左丞贺琛递日述高祖《礼记·中庸》义。”⑥《梁书·张缅传》中也有类似的记载：“是时城西开士林馆聚学者，缅与右卫朱异、太府卿贺琛递述《制旨礼记中庸义》。”《陈书·周弘正传》讲述周弘正任梁朝国子博士时，“时于城西立士林馆，弘正居以讲授，听者倾朝野焉”。

南朝学馆的特点有：

第一，分为三类。这一特点前面已经具体叙述。

第二，它招生不重门第，不限数额，对教育的发展和社会的发展都起着积极的推动作用。

第三，可以说每一个学馆就是当时某一学科的学术中心。学术地位具有权威性，因而办学具有号召力和影响力，这对于学术文化的进步和传播都是十分有利的。

第四，办学具有一定的自主权。因而其宗旨能够比较切合社会发展的实际需要，有利于发展专科教育。

第五，它的办学成效显著，灵活性强。

总之，学馆较之国学，更能适应魏晋南北朝的社会需要。

5. 北朝的中央学校

439—581年，大约与南朝同一时期，我国北方先后出现少数民族建立的北魏、东魏、

① 《南齐书》卷39《刘瓛传》

② 《南齐书》卷23《王俭传》。

③ 《南史》卷53《王僧孺传》。

④ 《梁书》卷8《昭明太子传》。

⑤ 《南齐书》卷22《豫章文献王传》。

⑥ 《梁书》卷38《朱异传》。

西魏、北齐、北周五个政权，历史上成为北朝。

北魏、东魏、西魏都是拓跋鲜卑的政权，北齐的高氏集团和北周的宇文氏集团由于久居北疆，长期与鲜卑族生活在一起，所以都是鲜卑化了的集团。崛起于中国北方的鲜卑族，是当时进入中原最晚而文化又最落后的少数民族，而拓跋氏又是鲜卑族中最落后的一支。《通典·边防典》中说他们原居于“幽都之北，广漠之野，畜牧迁徙，射猎为业”，是一个典型的游牧部落。他们在进入中原以后，也同样存在着与汉族文化的巨大差距和尖锐的矛盾，所以整个北朝的教育都是以汉化教育为核心。

北朝统治者在推行汉化教育中，始终把尊奉儒学置于首要的位置，崇儒读经是北朝汉化教育的主要内容。北魏道武帝“初定中原，虽日不暇给，始建都邑，便以经术为先”①。他曾请教定州大中正李先：“天下何书最善，可以益人神智?”李先回答说：“惟有经书。三皇五帝治化之典，可以补王者神智。”道武帝因此颁制天下，集天下书籍②。北魏的孝文帝更是将礼教视为治国之本。他曾对身边人说：“北人每言北人何用知书，朕闻此，深用怃然。今知书者甚众，岂皆圣人。朕自行礼九年，置官三载，正欲开导兆人，致之礼教。朕为天子，何假中原。欲令卿等子孙，博见多知。若永居恒北，值不好文主，卿等子孙，不免面墙也。”③北魏孝文帝顺应历史发展潮流，采取一系列促进民族融合的措施，为民族融合创造了条件。拓跋氏政权要在中原长治久安，就必须“致之礼教”，学习汉族的文化，否则“不免面墙”。他反复教导臣属：“营国之本，礼教为先。”④他曾下诏：“孟冬十月，民闲岁隙，宜于此时导以德义。可下诸州、党里之内，推贤而长者，教其里人父慈、子孝、兄友、弟顺、夫和、妻柔。”⑤出于对儒学的推崇，太和十三年(489 年)，“立孔子庙于京师”;太和十六年(492 年)“改谥宣尼曰文圣尼父，告谥孔庙”。第二年，孝文帝又亲临太学，观赏洛阳石经。不久，他又下诏求天下遗书，对秘阁所无、有益时用者加以优赏。

同时，北魏统治者也加强了学校制度的建设。北魏初定中原之时，就设立太学，置五经博士，令天下州郡选派才学之士进京求学。至孝文帝时期，中央已先后设立了国子学、太学、四门小学和皇宗学，形成多种形式并举的教育格局。北魏统治者认识到汉化的关键在贵族阶层，如果鲜卑贵族不能做出表率而极力反对，那汉化就不可能推行。所以统治者三令五申，强令各级官僚子弟入学受业，按不同等级开办不同学校，以加强汉化教育。

6. 北魏地方学制的确立

北魏的郡国学制是在北魏献文帝天安元年(466 年)确立的。

《魏书·李䜣传》中说，当时担任相州刺史的李䜣上书献文帝：“臣今重荷荣遇，显任方岳，思阐帝猷，光宣于外。自到以来，访诸文学，旧德已老，后生未进。岁首所贡，虽依制遣，对问之日，惧不克堪。臣愚欲依先典，于州郡治所各立学官。使士望之流、冠冕之胄，就而受业，庶必有成。其经艺通明者贡之王府，则郁郁之文，于是不坠。”李䜣的上书

① 《魏书》卷 84《儒林传序》。

② 《魏书》卷 84《李先传》。

③ 《魏书》卷 21 上《广陵王羽传》。

④ 《魏书》卷 19 中《任城王云附元澄传》。

⑤ 《魏书》卷 7 下《高祖孝文帝纪下》。

讲得很明白，由于“旧德已老，后生未进”，导致人才缺乏，没有可贡举的。为了改变这一状况，因而请求设置地方学官。

献文帝同意了这一建议。他命令当时在朝廷参决大政的高允，要求其召集群僚商讨出一个可行的方案颁布施行。《魏书·高允传》中记录了献文帝的这个诏令。其中说：“自顷以来，庠序不建，为日久矣。道肆陵迟，学业遂废，子衿之叹，复见于今。朕既纂统大业，八表宴宁，稽之旧典，欲置学官于郡国，使进修之业，有所津寄。卿儒宗元老，朝望旧德，宜兴中、秘二省参议以闻。”

献文帝和李䜣的意思都是要仿照历代的做法，于州郡之地设置学官，以推行教育，培养人才，使儒家文化得以传播。高允在与群僚商议之后，认为在郡县设置学官是不够的，还必须建立正规的学校制度，才有利于人才的培养和风俗的淳化。高允的意见是：“臣承旨敕，并集二省，披览史籍，备究典纪，靡不敦儒以劝其业，贵学以笃其道。伏思明诏，玄同古义。宜如圣旨，崇建学校以厉风俗。使先王之道，光演于明时；郁郁之音，流闻于四海。请制大郡立博士二人，助教四人，学生一百人；次郡立博士二人，助教二人，学生八十人；中郡立博士一人，助教二人，学生六十人；下郡立博士一人，助教一人，学生四十人。其博士取博关经典、世履忠清、堪为人师者，年限四十以上。助教亦与博士同，年限二十以上。若道业夙成，才任教授，不拘年齿。学生取郡中清望，人行修谨，堪循名教者，先尽高门，次及中第。”①

献文帝接受了高允的建议，天安元年（466 年）七月“初立乡学，郡置博士二人，助教二人，学生六十人”②。

应该说，这是正式的较完整的地方学制。它以历代中央学制为蓝本，依郡县大小将地方学校分为四等，确立了各等地方学校的师生数额，并明确了师生的录取标准。在中国古代，由朝廷颁行这样的地方学制，这是第一次。《魏书》在记述了这一史实之后，也明确指出：“郡国立学，自此始也。”③

7. 北齐创立国子寺

北齐孝昭帝皇建元年（560 年）改国子学为国子寺：“诏国子寺可备立官属，依旧置生，讲习经典，岁时考试。其文襄帝所运石经，宜即施列于学馆。外州大学亦仰典司勤加督课。”④这里讲得很清楚，国子寺首先是个行政机构，所谓“备立官属”，就是强调它的教育行政管理职权。“依旧置生”，说明其还保留着国子学的职能。它所置官员数与太常寺等九个政府部门完全相同，而且它还下辖国子学、太学与四门学。可见这时的国子寺已脱离太常而成为独立的政府机构了。

自西汉创立太学开始，太学就由太常兼管。西晋开办国子学之后，太常就已经顾及不暇，教育上的事宜就比较多地借助国子祭酒的作用。加上专科教育的兴起，再让掌管宗庙礼仪的太常寺来兼管全国教育，已经力不从心了，而且不伦不类。因此，借国子学之

①③ 《魏书》卷 48《高允传》。

② 《魏书》卷 6《显祖纪》。

④ 《北齐书》卷 6《孝昭帝纪》。

名而演变成国子寺，由其掌管训教胄子之职，便水到渠成。这是中国古代教育发展中教育管理真正走向独立的第一步，它为隋唐国子监的创立开了先河。

二、私学

1. 私学的兴起

魏晋南北朝的官学教育时兴时废，而私学却延续不断，生机勃勃。

三国时期，居官不忘教授的传统在儒学大宗中还很有影响。私学兴办大概有四种。第一种情况是兼职讲学，东吴的步骘代陆逊为相，“犹诲育门生，手不释书，被服居处有如儒生”①。第二种情况多是年老退休依然聚徒讲学的。如魏国的隗禧“年八十余，以老处家，就之学者甚多”②。乐详“至正始中，以年老罢归于舍，本国宗族归之，门徒数千人”③。第三种情况是被贬被黜官吏讲学。由于当时时局动荡、政治黑暗，辞官归家专务教学和被贬被黜而从事教学的现象增多。如蜀国的向朗因“与马谡善，谡逃亡，朗知情不举，亮恨之，免官还成都”。免官后，向朗“潜心典籍，孜孜不倦”，同时“开门接宾，诱纳后进”④。东吴的虞翻性格耿直，得罪孙权，贬官交州。虞翻“虽处罪放，而讲学不倦，门徒常数百人”⑤。还有更多的学者则索性远离政治，在远地山林聚徒讲学，这是第四种情况。如魏国的国渊、邴原、管宁、王烈等人，避难于辽东，纷纷招徒讲学。

两晋时期，辞官回故里，闭门教授的现象进一步增多。一大批名儒多绝意仕途，潜心学术，致力于讲学。如《晋书·束皙传》说，西晋的束皙见赵王伦担任相国，便“称疾罢归，教授门徒”。《晋书·蔡漠传》说，东晋的蔡漠“既被废，杜门不出，终日讲诵，教授弟子”。《晋书·王裒传》说，东晋的王裒因父被冤杀，“于是隐居教授，三征七辟皆不就”。《晋书·儒林传》介绍杜夷说：“夷少而恬泊，操尚贞素，居甚贫窘，不营产业，博览经籍百家之书，算历图纬靡不毕究。寓居汝颍之间，十载足不出门。年四十余，始还乡里，闭门教授，生徒千人。”同卷介绍刘兆说：“兆博学洽闻，温笃善诱，从受业者数千人。武帝时五辟公府，三征博士，皆不就。安贫乐道，潜心著述，不出门庭数十年。”同卷介绍范宣说：“宣虽闲居屡空，常以讲诵为业，谯国戴逵等闻风宗仰，自远而至，讽诵之声，有若齐、鲁。”十六国时私学更是以隐居山林者为多。

当然，十六国时期有些政权为振兴教育，也鼓励学者在京城办学。后秦的姚兴就是其中的一个。《晋书·姚兴载记上》中说：“天水姜龛、东平淳于岐、冯翊郭高等皆耆儒硕德，经明行修，各门徒数百，教授长安，诸生自远而至者万数千人。兴每于听政之暇，引龛等于东堂，讲论道艺，错综名理。凉州胡辩，苻坚之末，东徙洛阳，讲授弟子千有余人，关中后进多赴之请业。”

南朝学者无意仕途的情绪依然如故。《南齐书·高逸传》中说，顾欢“隐遁不仕，于郯

① 《三国志》卷52《步骘传》。

② 《三国志》卷13《王肃传》注引《魏略》。

③ 《三国志》卷16《杜畿传》注。

④ 《三国志》卷41《向朗传》。

⑤ 《三国志》卷57《虞翻传》。

天台开馆聚徒，受业者常近百人”。臧荣绪“纯笃好学，括东西晋为一书，纪、录、志、传百一十卷。隐居京口教授”。关康亦隐居京口，不应州府辟，不就朝廷职，“不通宾客，弟子以业传授”。杜京产闭意荣宦，“郡召主簿，州辟从事，称疾去。除奉朝请，不就。与同郡顾欢同契，始宁东山开舍授学”。明僧绍“隐长广郡崂山，聚徒立学”。《梁书·处士传》中介绍，何胤“虽贵显，常怀止足。建武初，已筑室郊外，号曰小山，恒与学徒游处其内”。诸葛璩“性勤于诲诱，后生就学者日至，居宅狭陋，无以容之，太守张友为起讲舍”。从中可以看到，南朝的私学主要还是盛行于山林郊外。

北朝私学的发展曾经一度受到北魏道武帝“禁立私学”的干扰，但始终没有停止过。据《魏书·儒林传》介绍，张伟“学通诸经，讲授乡里，受业者场数百人”。常爽“置馆温水之右，教授门徒七百余人，京师学业，翕然复兴”。张吾贵“每一讲唱，门徒千数”。刘献之“著录数百而已，皆经通之士”。徐遵明“讲学于外二十余年，海内莫不宗仰”。这些大学者的讲学声名远播，史家称北魏中期“天下承平，学业大盛。故燕、齐、赵、魏之间，横经著录，不可胜数。大者千余人，小者犹数百。州举茂异，郡贡孝廉，对扬王庭，每年逾众”。《北史·儒林传上序》中说，北齐时期官学衰败，“幸朝章宽简，政纲疏阔，游手浮惰。故横经受业之侣，遍于乡邑，负笈从宦之徒，不远千里”。北周的私学也有较大的影响。“衣儒者之服，挟先王之道，开黉舍，延学徒者，比肩；励从师之志，守专门之业，辞亲戚，甘勤苦者，成市。虽通儒盛业，不逮魏晋之臣，而风移俗变，抑亦近代之美也。”

2. 私学的特点

与汉朝私学相比，魏晋南北朝私学发展有其突出特点：一是家族教育的兴起，二是私学的多向发展。家族教育是指封建大家族内部的教育。为了能够保住门第的显赫地位，使其既能光宗耀祖，又能流芳百世，门阀士族十分重视家族内部的家风和家学的培养。家风的好坏关系到家族内部的和谐统一，关系到家族的稳定和社会地位。家学的优劣则关系到门第的尊卑。私学的多向发展是指魏晋南北朝的私学摆脱了儒术文教政策的控制，根据社会发展的实际需要和学者的学术专长，多角度地选择发展重心。私学方向的选择，主要有两种情况：一种是根据家学渊源来确定发展方向，另一种是根据学者的爱好、专长来确定发展方向。为了能在众多的私学中独占鳌头，能在士族中立于不败之地，私学的独特性和权威性就显得至关重要了，私学大师们为了达到这一目标，苦心经营，遂成一家之学。这样发展的必然结果，便是使学术和教育的中心转移到了私学。这是我们认识魏晋南北朝教育要特别注意的一点。

这一现象在当时十分普遍。从私人藏书的状况看，西晋人张华有次搬家，仅书就装了三十车。而当年东汉献帝西迁，所携书籍不过七十余乘。然张华一人藏书已近其半数，政府官员写书也要在那里查考，这就说明学术重心已不在官学了。东晋人范蔚有书七千余卷，远近来读书者常在百人上下。然而东晋的李充奉命校检朝廷藏书，才三千余卷。从当时的学术状况也可以看得很清楚，南齐的贾渊家世传谱第学，当世莫比，南齐国子祭酒王俭要抄定《百家谱》，也要凭借贾渊的帮助。东晋的书法俊秀多半集中于琅琊王氏一门，以王羲之成就最高。南朝祖冲之生于一个科学技术世家，其祖孙五代都擅长制造、天文、历算，而尤以祖冲之的成就最辉煌。祖冲之精确地算出圆周率是在3.1415926—3.1415927之间，这一成果比外国早近一千年。许多学科靠着家学和私学而流传下去，正是当时文化发展的重要特征。

3. 私学的成果

魏晋南北朝私学为传统教育的发展带来了两个直接后果：

第一，私学的发达，为传统教育的复苏奠定了基础。晋末南朝时期形成了这样一种局面，不依靠私学的基础，发展教育便是一句空话。许多名宗大儒的私学极负盛名，为众多学子所仰慕，也为统治者所器重。统治者为招募他们兴办教育，尽力为他们创造条件开馆招徒，学馆这种新型的教育机构便在南朝兴起，促进了南朝教育的复苏。

第二，私学的多向发展，促进了新学科的独立和发展，并为社会所承认，不久又为官办教育所吸收。这样，独尊儒术终于被突破，而形成了一个多学科的教育格局。

魏晋南北朝私学发展的历史意义也同官学一样，培养了大批人才，传承、发展了文化，也培养出了一大批官员，使中华文明继续发扬光大。

三、专科教育兴起

魏晋南北朝先后涌现了史学、文学、律学、书学、医学、算学、玄学、道学等专科教育的学校。尽管当时专科教育在形式、内容、规模上都还未形成完备的制度，开办的时间也都不长，但多学科的专科教育格局确实是形成了。它对隋唐专科教育的发达具有积极的意义。魏晋南北朝的专科教育更多地带有社会教育的性质。

1. 史学教育

中国古代史学形成一门独立的学科并取得重大发展是在魏晋南北朝时期。两汉时期史书总数还不上两百部，而到隋初时史书总数已达八百七十多部。西汉刘歆编《七略》时，史是附在六艺略的春秋类之末，是经学的附庸。到西晋的荀勖编《中经新簿》时，经史已经分开。东晋的李充重排四部次序，为经、史、子、集。史仅次于经。史学地位的提高，为史学教育奠定了基础。319年，石勒建立后赵，任命了任播、崔溶为史学祭酒。史书中第一次记载开办史学教育的是南朝的宋文帝。438年，宋文帝命何承天立史学馆。以后的总明观中也设置了史学一科。

2. 文学教育

文学教育的首创是东汉的鸿都门学。但是认识到"文章乃经国之大业，不朽之盛事"是从曹丕开始。236年，魏明帝设置了以研究文学为主要目的的崇文观，征召善文之士到崇文观工作。又下诏将曹丕的《典论》碑刻于大学门外，与石经并列。魏高贵乡公(曹髦)去太学论经，也常命群臣赋诗。《隋书·李谔传》中说："魏之三祖，更尚文辞，忽君子之大道，好雕虫之小艺。下之从上，有同影响，竞骋文华，遂成风俗。"这是对文学的偏见，但也道出魏晋南北朝的文学风气久盛不衰的事实。南朝时期，宋文帝命司徒参军谢元立文学馆。宋明帝办的总明观中也有文学一科。文学教育的发展甚至影响到了选举。南北朝策试，孝廉考经义，秀才考文学。隋人李谔指责齐梁时期人们唯以吟咏为务，朝廷据此取士，便可见当时的文学教育确实是十分普遍了。建安文学，陶渊明的田园诗都是这一时期的代表。

3. 律学教育

律学教育是魏晋南北朝时期开办较早的专科教育之一。当年“魏武好法术，天下贵刑名”。西晋、南梁、北齐、北周等政权都进行了删定刑律的工作，更可证明在动乱的社会形势下，刑律的威力对政权的巩固是非常重要的。最早开办律学教育的是在魏明帝时期。《三国志 · 卫觊传》中说：“明帝继位……觊奏曰‘九章之律，自古所传，断定刑罪，其意微妙。百里长吏，皆宜知律。刑法者，国家之所贵重，而私议之所轻贱；狱吏者，百姓之所县命，而选用者之所卑下。王政之弊，未必不由此也。请置律博士，转相教授。事遂施行’。”十六国中的后赵主石勒也任命了律学祭酒。后秦主姚兴“立律学于长安，召郡县散吏以授之。其通明者还之郡县，论学刑狱”①。南朝的梁武帝也设置了胄子律博士。《唐六典》中载录了当时设置律博士的情况：“《晋百官志》‘廷尉官属有律博士员’……东晋、宋、齐并同。梁天监四年(505 年)，廷尉官属置胄子律博士，位视员外郎，第三班。除律博士秩六百石，品第八。后魏初，律博士第六品中；太和二十二年，为第九品上。北齐大理寺官属有律博士四人，第九品上。”②可见律学教育在魏晋南北朝还是颇为盛行的。

4. 书学教育

书学教育与文学教育、律学教育一样，也是魏晋南北朝时期开办较早的专科教育之一。其原因之一是由于这时纸张开始流行。105 年，东汉蔡伦改进造纸术，人称“蔡侯纸”。这种纸原料易得，造价低廉。纸张的流行为书法、绘画艺术的发展提供了有利的条件。书法体例也有了行书、草书、楷书的出现。书法私学在当时甚为盛行。第二个原因则是朝廷大量抄录经籍的需要。多思潮多学科的学术氛围使各政权对书籍的拥有欲望更为迫切，抄录经籍的需要促使了官办书学教育的产生。西晋时期，“张华依刘向别录，整理记籍。又立书博士，置弟子教习，以钟、胡为法”③。南北朝时，书学教育的学校已经比较正规，西魏文帝于大统十三年(547 年)释奠于书学。《周书 · 艺术 · 冀俊传》中说：“时俗入书学者，亦行束脩之礼，谓之谢章。俊以书字所兴，起自仓颉，若同常俗，未为合礼。遂启太祖，释奠仓颉及先圣先师。”

这一时期书法艺术风格多样，繁花似锦。钟繇、王羲之、王献之是非常著名的书法家。

5. 医学教育

魏晋南北朝时期的医学知识比较普及。当时的士人盛行吃寒石散，并以“行散”为时髦。这是需要懂点医学知识的，否则便有发病亡命的危险。而且门阀士族为了保持家业的隆盛，特别提倡孝道，为晚辈者必须懂点医学知识。至于为远离动乱而避居山林的士人，更需要掌握一些消灾防病的医学知识。加之战争频繁，医学人才更是朝廷急需之才。在这种情势下，医学教育便有了发展。《唐六典 · 医博士》注中说，南朝宋代元嘉二十年(443 年)，太医令秦承祖奏置医学，以广教生徒。这个教育机构至元嘉三十年(453 年)才

---

① 《晋书》卷 117《姚兴记上》。

② 《唐六典》卷 21《国子监》。

③ 《晋书》卷 39《荀勖传》。

遗散。《魏书·官氏志》中记载,北魏官职中有太医博士之设,列从第七品下;有太医助教之设,列第九品中。北魏永平三年(510年),宣武帝颁发立医馆诏曰:"可敕太常于闲敞之处,别立一馆,使京畿内外疾病之徒,咸令居处。严敕医署,分师疗治,考其能否,而行其赏罚……更令有司,集诸医工,寻篇推简,务存精要,取三十余卷,以班九服,郡县备写,布下乡邑,使知救患之术耳。"①这虽然不是开办正规医学的诏令,但却是强调在社会实施医学教育的官方行为。虽然史书对当时医学教育没有更多的记载,但从唐代医学教育十分发达这一点看,南北朝时期绝不仅仅是设置了医学官吏的。

6. 算学教育

数术乃六艺之一,这在西周教育中就已确立了地位。但随着汉代"独尊儒术"的推行,算学教育退出了官办教育的行列。掌算数事务纳入了史官的权限,算数的传授便转入了私学。随着天文、历法、机械等行业的发展,数学的应用显得越来越重要。魏晋南北朝学术的繁盛也进一步推动了数学的发展。魏国的刘徽著《九章算术》注解,东晋的虞喜提出了"岁差"说,凉州学者提出了每六百年中就有二百二十一个闰年的比较精确的预见,南宋何承天发明的"元嘉历",南齐祖冲之提出的"大明历",并将圆周率数值准确到七位数字,都体现了当时数学的长足进步。算学教育的地位又重新为人们所认识。

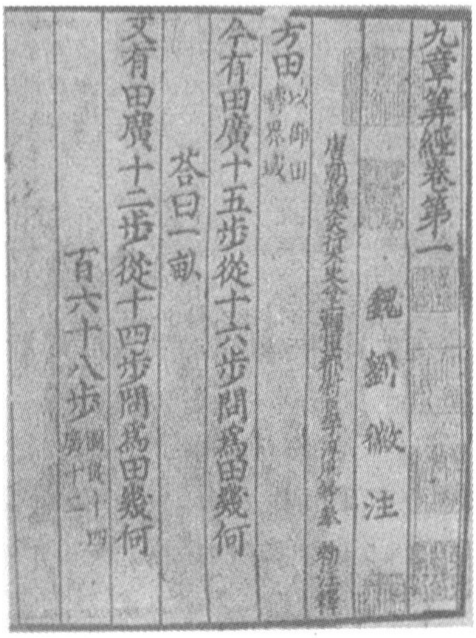
九章筭經卷第一
魏 劉徽 注
方田 以御田疇界域
今有田廣十五步從十六步問爲田幾何
荅曰一畝
又有田廣十二步從十四步問爲田幾何
百六十八步

《九章算术》书影(宋刻本)

北魏时已设置了算生博士。《魏书·艺术传·殷绍》中说:"殷绍,好阴阳术数,游学诸方,达《九章》、《七曜》。世祖时为算生博士。"《魏书·范绍传》中说:"范绍,太和初,充太学生,转算生。"据《魏书·官氏志》载,孝文帝于太和十七年颁发的百官令中,有"尚书算生"之职,列第九品中;有"诸寺算生"之职,列从第九品下。《通典·职官典》中介绍北周也有"算法生"之制。虽然关于算学教育史书没有更详细的记载,但从隋朝的算学教育开置很早这一点来看,其渊源是有一定的基础的。

7. 玄学教育、佛学教育和道教教育

这三种教育的开设是由于当时社会对佛教、道教、玄学的推崇。南朝宋文帝立"四馆"时就命丹阳尹何尚之立玄学馆。后来办的总明观中则有道学一科。梁代的国子学专门开设了《周易》专科,王励在"梁世为国子周易生,射策举高第"②。周弘正年十岁就已通《老子》《周易》,"十五,召补国子生,仍于国学讲《周易》,诸生传习其义"③。《周易》专科的开设乃是玄学教育的需要。《颜氏家训·勉学》中说:"洎于梁世,兹风复阐。庄、老、

① 《魏书》卷8《世宗纪》。

② 《陈书》卷17《王励传》。

③ 《陈书》卷24《周弘正传》。

周易，总谓三玄。武皇、简文躬自讲论。周弘正奉赞大猷，化行都邑，学徒千余，实为盛美。元帝在江荆间，复所爰习，召置学士，亲为教授，废寝忘食，以夜继朝。”梁武帝钟爱佛教，经常于“听览余闲，即于重云殿及同泰寺讲说，名僧硕学，四部听众，常万余人”①。北朝的玄学之风不盛，统治者对佛教和道教的态度也经常处于举棋不定的徘徊状态，但多少还是影响到了教育。西魏时，北周太祖于行台省置学，取在职官吏充生，令其白天办公，晚上学习。学习内容是先六经，后子、史，兼习佛义，使内外俱通，“于是四方竞为大乘之学”②。

---

① 《梁书》卷3《武帝纪》。

② 《周书》卷35《薛慎传》。

第二章 文官的选任

根据需要培养各级官吏，根据各人的素质与能力选任官职，在汉代开此文官选举先河的基础上，三国两晋南北朝创立了九品中正制这一新的文官选举制度。这一时期，九品中正制占据了文官选任的主要地位，同时，也保留了汉代的察举等经过实践证明可以继续施行的多元取士制度。

第一节 九品中正制

东汉后期的土地兼并严重，统治越来越腐败。皇帝大造宫室，广选美女，对百姓搜刮无度，导致了规模巨大的黄巾起义。东汉的一些郡长官和豪强地主扩充武装，积蓄力量，形成了许多大大小小的割据势力，他们之间互相厮杀。200 年，曹操和袁绍为争夺对黄河中下游的统治权，在官渡地区决战。曹操以少胜多，打败了袁绍，为统一北方打下了基础。208 年，曹操以二十万大军在赤壁之战中败于不足五万兵力的孙刘联军，退回北方。这一战役促成三国鼎立格局的初步形成。220 年，曹丕在洛阳称帝建魏国。221 年，刘备在成都称帝建汉国，史称“蜀汉”或“蜀”。229 年，孙权在建业称帝建吴国。至此，三国鼎立的局面形成。伴随着一个新时代的到来，一个时代的新制度——九品中正制产生了。九品中正制成为各个政权选拔治国人才的重要方法。

一、九品中正制的创立

东汉桓帝以后，朝政长期被宦官把持，宦官与世族之间很快就形成了尖锐的对抗。为选拔各自势力所运用的察举、征辟等选举官吏的制度已经名存实亡。因为此时州、郡的官吏大都被宦官所控制，他们可运用手中的权力培植自己的势力，而世族则借乡论控制选举，使原来有意义的选举已毫无实际意义。任何一派政治势力的胜利，都得首先清除已陈腐的选官制度而建立新的选官制度，这正是时代的需要。

世族凭借其强大的势力在与宦官的激烈较量中处于获胜地位，成为统治阶级的新贵。可是，他们与皇权的矛盾又接踵而来，又出现了新的不平衡。伴随着世族势力的代表人物董卓、袁绍的败北，曹操掌握了北方的控制权，成为“挟天子以令诸侯”的风云人物。于是，怀有帝王雄心大业的曹操，作为皇权的化身，既面临着与世族进行斗争，但同时他又需要得到世族的支持。因此，他不得不采用抑朋党、去浮华、“唯才是举”、“举贤勿拘品行”等办法，对世族恩威并施，以树立自己的权威。

1. 唯才是举

(1)求贤令的颁布

曹操在短短的七年中，就连续颁布了三道求贤令：

第一道求贤令颁行于建安十五年(210 年)。208 年，曹操南征，在与刘、孙联盟的赤壁之战中大败，其锐气受到很大挫折。面对艰难局势，为尽快完成统一大业他大量网罗人才，鲜明地提出了“唯才是举”，并下了《求贤令》：“自古受命及中兴之君，曷尝不得贤人君子与之共治天下者乎！及其得贤也，曾不出闾巷，岂幸相遇哉？上之人求取之耳。今天下尚未定，此特求贤之急时也。‘孟公绰为赵、魏老则优，不可以为滕、薛大夫’。若必廉士而后可用，则齐桓其何以霸世！今天下得无有被褐怀玉而钓于渭滨者乎？又得无有盗嫂受金而未遇无知者乎？二三子其佐我明扬仄陋，唯才是举，吾得而用之。”

他首先提出唯才是举和中兴之君求访人才的迫切愿望和主张，并以极大的热情，期望着助齐桓公称霸业的管仲、渭水边钓鱼的姜子牙，甚至像蒙“盗嫂受金”污名的陈平这般才华横溢人物的降临。

建安十九年(214 年)，曹操又下了第二道求贤令，即《敕有司取士勿废偏短令》：“夫有行之士，未必能进取，进取之士，未必能有行也。陈平岂笃行，苏秦岂守信邪？而陈平定汉业，苏秦济弱燕。由此言之，士有偏短，庸可废乎！有司明思此义，则士无遗滞，官无废业矣。”

在这道令中，他针对察举孝廉中弄虚作假的弊病，进一步提出进取之士未必有行的重要思想和实践准则，与东汉以来文官选举中的旧传统作了最彻底的决裂。

第三道求贤令是建安二十二年(217 年)颁布的《举贤勿拘品行令》：“昔伊挚、傅说出于贱人，管仲，桓公贼也，皆用之以兴。萧何、曹参，县吏也，韩信、陈平负污辱之名，有见笑之耻，卒能成就王业，声著千载。吴起贪将，杀妻自信，散金求官，母死不归，然在魏，秦人不敢东向；在楚，则三晋不敢南谋。今天下得无有至德之人放在民间，及果勇不顾，临敌力战；若文俗之吏，高才异质，或堪为将守；负污辱之名，见笑之行，或不仁不孝，而有治国用兵之术；其各举所知，勿有所遗。”

曹操在令中又具体提出了选拔和访求急需人才的标准，如奋勇不顾、临敌力战、高才异质、有治国用兵之术等。“举贤勿拘品行”，在德与品行的认识上向传统儒学提出了尖锐的挑战。

(2)处理好对人才认识方面的关系

曹操的三道求贤令奠定了曹魏政权选拔官吏的基本理论，确立了实施纲要；他建立文官选任体系的思想，也极为可贵；另外，他还为九品官人法的产生扫除了障碍。

曹操对人才的渴求，希望得到更多人才支持自己建立政权。他处理好了以下几个方面的关系：

一是人才的名与实方面的关系。他认为，名固然重要，但当时有名的人才不一定能够帮自己的忙。因此，选拔人才就应该实至名归，更重实际。

二是人才的德与才方面的关系。自古至今对人才要求都是德才兼备，不能兼备时就要以德为先，先德后才。曹操却与此相反，他公开地提出唯才是举。强调当德才有冲突时,首先是取其才,即便是一个不仁不义的人,只要是人才,都可以推荐出来择机任用。

三是人才的廉与贪方面的关系。在这一问题上,他用人的方法是:重用清官、不避小贪。对那些爱贪小便宜的人,只要有一技之长,就留下来任用。

2. 九品官人法的创立过程

雄才大略的曹操,还未来得及实现建立新的文官选举制度的夙愿就病逝了。黄初元年(220 年),曹丕即位,便继承其父亲的遗志,命吏部尚书陈群制定九品官人法,使选举人才的九品中正制得以确立。这一新的选举法直至隋朝开皇七年(587 年)才被废除,其实施时间与整个魏晋南北朝相始终。九品官人法大致可以划作三个阶段:

第一阶段是九品官人法的初创时期。

九品官人法最初出于陈群之手。据《魏书·陈群传》记载:"及(曹丕)即王位,封群昌武亭侯,徙为尚书。制九品官人之法,群所建也。"又据《冠典·选举典》载:"吏部尚书陈群以天朝选用,不尽人才,乃立九品官人之法,州郡皆置中正,以定其选。择州郡之贤有鉴识者为之。区别人物,第其高下。"

九品官人法,包括"九品"与"中正"两个基本成分。九品,包括乡品和官品,是选举的基础;中正,负责选举的程序,九个品第的评定。九品和中正是两个不同的概念,又是两位一体的结合。也可以说,九品官人法是九品中正的基础,它的实现过程就是九品中正制的确立与完成①。其实,在曹丕称帝以前的建安年间已有类似的办法在施行,如曹操要用颍川人做官,便让荀彧荐举;用荆州人做官,便令韩嵩品说被选人的优劣,然后决定是否择用。荀彧和韩嵩所扮演的就是中正的角色。由此可知,九品官人法初期的形式即以制九品和中正官之法并举。那时机构、官员的设置也仅限于郡一级,其职责只限于承担郡一级的人才品评。因此有的学者认为,九品官人法之设立与"汉魏革命"有关②,即在曹氏篡位之前,对亲魏派和亲汉派作了最后的调整,它对稳定曹魏政权具有重要的意义。

第二阶段是九品中正制的严格实施时期。

司马氏集团为拉拢门阀官僚特设州大中正,使九品官人法的实行逐步丧失原来郡县基层品评的意义,一变而为淘汰亲魏派、强化司马政权,从而使其真正成为大官僚和世族政治服务的工具。西汉时的州本为监察区,但东汉末年开始变成行政区,到魏晋时,州已成为郡县上面的一级行政政权,具有中央派出机构的色彩。因此,与其说它是地方一级的行政机构,还不如说是上传下递的中央派驻机构。州大中正的实际权力,具有品评和决定郡县意见的决定权,大中正的任命又直接归朝中司徒掌握,因此州大中正成为一种完全的官僚组织,只对中央集权负责。这样,九品官人法的贯彻,使门阀及世家官僚更具有了相当的权力,世族垄断选举上品的条件更为成熟。这一点原非司马政权的初衷,正如西晋的刘毅所说:"置州郡者,取州里清议,咸所归服。将以镇异同,一言议。不谓一人

① 也有不少研究学者认为,九品官人法即九品中正制,是一事二名。

② 《通典》卷 14:"魏氏革命,州郡县置大小中正。"

之身，了一州之才，一人不审便坐之。”①

司马氏本来用以反对地方郡姓操纵选举，恰恰给世族垄断选举权，尤其是垄断上品开了绿灯，也为九品中正制演变成为一种特权制度提供了方便。

延康元年（220年）九品官人法则创立时，在机构设置上只有郡中正，注重对基层人才的评价。而到司马氏掌握政权的嘉平元年（249年）设立州大中正，其间仅有短暂的二十九年，对人才的评价就由基层转为了上层。由于魏晋权力之争的特殊性，竟使具有一定突破传统意义的九品中正制发生了质的变化，这使不少当朝的有识之士也为之惊叹。晋武帝时卫瓘与汝南王亮就上疏：“魏氏承颠覆之运，起丧乱之后，人士流移，考详无地，故立九品之制，粗且为一时选用之本耳。其始造也，乡邑清议，不拘爵位，褒贬所加，足为劝励，犹有乡论余风。中间渐染，遂计资定品，便天下观望，惟以居位为贵。”②

第三阶段是九品中正制的没落时期。

九品中正制逐渐走向为巩固和发展门阀势力服务，替门阀世族垄断国家政权。这使门阀世族从特权阶层很快衰落下来。到南朝的宋、齐两代，为使汉人地主直接参政，又重新恢复了孝廉和茂才的选拔；梁陈王朝特增设了高策科；北朝也仿效南朝，如北周武帝时就曾明确规定：罢门资之制，实行不限资荫，唯在得人的选举政策。隋朝建立后，于开皇七年（587年）便废除九品中正制，不久即以科举考试制取而代之。

二、九品中正制的基本内容

1. 九品中正制的组成

据《文献通考》记载：“州郡县俱置大小中正，各取本处人在诸府公卿及台省郎吏有德充才盛者为之，区别所管人物，定为九等。其有言行修著，则升进之，或以五升四，以六升五。倘或道义亏缺，则降下之，或自五退六，自六退七矣。是以吏部不能审定核天下人才士庶，故委中正铨第等级，凭之投受，谓免乖失及法弊也。”③“郡邑设小中正，州设大中正。由小中正品第人才以上大中正，大中正核实以上司徒，司徒再核然后付尚书选用。”④

从以上规定中可看出九品中正制包括三个主要组成部分：

一是机构设置分四个层次，即郡设小中正，州设大中正，中央有司徒，司徒以上有吏部尚书，通过四层官员构成九品官人法实施的行政主体。

二是以九等品评等第。九品为：上上、上中、上下，中上、中中、中下，下上、下中、下下。这是在上中下三个基本等次中再分别划出上、中、下三等。

三是以品授官。中正将品评的人才造成簿册，称作阀阅，送司徒府核实，最后由吏部审定授官。它从机构层次上分作两级，即州郡主持的品评和中央主持的授官；在品第上也包括两种类型，即中正评定的九品为人品，尚书依据品第授任的九品为官品，两者之间

---

① 《晋书》卷85《刘毅传》。

② 《晋书》卷36《卫瓘传》。

③ 《文献通考》卷28《选举一》。

④ 《廿二史札记》卷8《九品中正》。

互有联系,但不相等。可见九品等第两级评审是它的核心所在。

2. 九品中正制的程序

九品中正制的执行程序,包括四个步骤:

(1)郡评

它包括访问与清定两个环节。其职能是协助郡中正的属员访问官、清定官,以及主簿、功曹等。

访问是按照九品等第探访郡人的品状与行状,以此决定乡品。在《晋书・孙楚传》中有这样一段记载:"初,楚与同郡王济友善,济为本州大中正,访问铨邑人品状,至楚,济曰'天才英傅,亮拔不群'。"

这说明,访问的主要目的在于探访人物,以此了解人物的品行和家世,这是九品评定的基础。

清定是在访问基础上,依据世、状、品三者正式决定乡品。

世,就是门第,又称簿世,这是首要条件。据《汉晋春秋》载:"初陈群为吏部尚书,制九格登用,皆由于中正。考之簿世,然后授任。"

铨定品第,中正官必得要"征其人居,及父祖官名",家世的尊卑与品第的高低必须相符。凡一贯望族其品位必高,寒门庶族其品必卑。若祖父不是官吏,就很难入品选。正因为六朝重门第家世,谱牒成为专门学问,而光宗耀祖、炫耀家世的家谱学也成为中国封建等级社会的理论依据之一。

状,是论才。刘毅在评论选举制度时对状的一个概括:"名状以当才为清,品辈以得实为平。"①北魏肃宗时的吏部尚书崔亮对此也有评论:"首有中正,品其才第,上之尚书,尚书据状,量人授职,此乃与天下群贤共爵人也。"可见,九品官人法中的状就是对个人才能的基本鉴定。事实上,在这样一个重家世、重门阀的时代,人的才能往往被忽视,实为家世的一种陪衬。

品,是论行。它是在依据世、状基础上,最后决定的乡品。乡品仅是基层的评定意见,但是乡品也不可忽视,一旦求得了乡品就是取得了入仕的资格,为入仕途铺平了道路。

(2)州议

《晋书・刘毅传》中有这么一段话:"置州郡者,取州里清议,咸所归服,将以镇异同,一言议。不谓一人之身,了一州之才,一人不审便坐之。"

"取州里清议"就是注意听取乡里议论,并根据异同之见,审核郡的品第评议。州大中正多以中央官兼任,因此具有驳正权和决断权。但在实际实施中,由于一州管数郡,对各郡情况并非了如指掌,再加上从维护世族利益着眼,州大中正的议断,时常也徒有虚名。有个叫应璩的大臣曾评论说:"百郡立中正,九州置都士。州闾与郡县,希疏如马齿,生不相识面,何缘别义理。"②

① 《晋书》卷85《刘毅传》。

② 《太平御览》卷265"中正条"。这里说的都士和前引文中说的州都皆为州大中正的别称。

但是也应当肯定的是,在推行九品中正制的初期,州对郡是一种中央对地方的转达关系,同时具有监督职能,为防止在郡评中的徇私舞弊,特规定其职能为“听郡清议”,这点还不失其监督的意义。但随着时间的推移,最后州大中正垄断了郡评权,这时的州大中正就成为九品中正制贯彻过程中的一大障碍了。

(3)司徒初审

司徒是由丞相演变而来,位居三公,大权在握。在曹魏时代进一步形成一个相当庞大的机构,有属吏两万余人,分布全国,构成网罗,在家师者也不下万人之众①。因此,司徒已由决策要职转变为行政机构的首脑,操纵着选举大权。

在司徒府具体负责的是司徒左长史。据《通典》记载:“司徒加置左长史,掌差次九品,铨衡人伦,冠绶与丞相长史同。”

可见司徒具体职责:一是除授乡品,二是任命中正。司徒府既是对州郡中正等第品评的最后认可机构,同时又是中央审级的第一层次。

(4)尚书决定

尚书决定是授予官位的最后审定程序。尚书是从西汉时期尚书六曹之一的吏部曹演变而来,东汉末年又改称选部尚书,南北朝时期统称吏部尚书。因其权限重在管吏,掌握着根据九品品第授予官职的最后决定权:“昔有中正,品其才第,上之尚书,尚书据状,量人授职,此乃与天下群贤共爵人也。”②

由此可见:中正只能品评人才,不能任用;司徒有审议权,但无授予权;用人授予权只在吏部尚书。同时,中正所品评人物优劣的九品等第与职官官位授予的九品并非等同,前者仅是尚书授予官品的资格依据。

三、九品官人法的实施规定

1. 执行标准

九品官人法的核心是九品等第,具体执行标准,主要是世、状、品所构成的铨衡三条。世,是对家世、财产、地位、资格的审定,比较保守;状、品则是对才德的衡量,比较灵活。咸熙二年(265 年)再次颁行的《诸郡中正六条举淹滞令》为其执行细则:“一曰忠恪匪躬,二曰孝敬尽礼,三曰友于兄弟,四曰洁身劳谦,五曰信义可复,六曰学以为已。”③

这六条所包含的忠孝信义乃是儒家思想,以此作为中正九品的基本原则,已体现出九品中正制已经儒学化。

还有一件颇值得重视的揆法,又称为《三年清定法》,于晋成帝咸康二年(336 年)颁行,最初作为石虎的诏令颁行:“‘三载考绩,黜陟幽明’,斯则先王之令典,改道之通塞。魏始建九品之制,三年一清定之,虽来尽弘美,亦缙绅之清律,人伦之明镜。从尔以来,遵用无改。先帝创临天下,黄纸再定。至于选举,铨为首格。自不清定,三载于

① 《三国志》卷 13《王朗传》。

② 《魏书》卷 66《崔亮传》。

③ 《晋书》卷 3《武帝纪》。

兹。主者其更铨论,务扬清激浊,使九流咸允也。吏部选举,可依晋氏九班选制,永为揆法。选毕,经中书、门下宣示三省,然后行之。其著此诏书于令。铨衡不奉行者,御史弹坐以闻。"①

这时重新下令强调严格实行九品官人法,首先是依据曹魏《三年清定法》的规定,已被评定乡品者,经三年再复核一次;其次是必须掌握户籍,查对人口,被评定之乡品,须注记于户籍上,作为选拔的依据;再者,吏部授予官品,必须以三省名义公布,才符合法定程序。诏令还规定:凡执行不利者,或拒不奉行者,均由御史弹劾,追究责任。

《三年清定法》的产生,说明九品中正制在魏晋之际,已经制度化、法律化。由于魏晋南北朝时期政治风云多变,有关它的法规法令大都亡佚,至少在目前尚不可了解它的全貌。

四、九品中正制的历史作用及其弊端

九品中正制的作用不可忽视,但在中国文官立法史上,还没有哪一法像九品中正制一样,从它产生之日起,就遭到当代和后来人如此激烈的批判。真可谓是抵御文字车载斗量,而赞誉之音却稀落无几。批评者中最有代表性的人物是晋武帝时代的李重、卫瓘和刘毅。

李重说:"九品始于丧乱,军中之政,诚非经国不刊之法也。"②

卫瓘说:"魏氏承颠覆之运,起丧乱之后,人士流移,考详无地,故立九品之制,粗且为一时选用之本耳。其始造也,乡邑清议,不拘爵位,褒贬所加,足为劝励,犹有乡论余风。中间渐染,遂计资定品,使天下观望,唯以居位为贵。"③

刘毅列举了九品中正的"三难八损"。

"三难"是:人物难知,爱憎难防,情伪难明。

"八损"是:①门阀之弊:导致上品无寒门,下品无士族。②州都之弊:"重其任而轻其人",难以一人之身了一州之事。③舍德之弊:"才德优劣易地,伦辈首尾辈错"。④中正官之弊:中正"纵横任意,无所顾惮",又无任何法纪制约。⑤超越实际之弊:"任己则有不识之弊,听受则有彼此之偏。"品评人才面犹不识,形成采誉于台府,纳毁于流言,既非乡议又非考课,不伦不类。⑥虚饰声名之弊:"抑功实而隆虚名,长浮华而废考绩",使奔竞名利者不求务实,必然大大助长了浮华朋党之士。⑦品评不实之弊:"以品取人,非才能之所长。"由于所依据的品状不一致,标准混乱,互不对照。⑧私欲之弊:中正所评"清浊同流,以植其私"。褒贬不明,是非混淆,以感情、私欲替代了标准。

刘毅主张重新恢复乡举里选制。后人的评判虽然要比这三位强烈得多,但其观点也主要集中在两个方面:一是世族品资垄断选举;二是中正不遵乡论。

当代人的批评虽然符合历史的客观事实,但他们往往忽视了时代条件所带来的某种

---

① 《晋书》卷106《石季龙记上》。

② 《晋书》卷46《李重传》。

③ 《晋书》卷36《卫瓘传》。

不可逾越的限制,这就是它本身不可能凌驾于腐败的政治之上,而只能被历史所抛弃。

1. 历史作用

在九品中正制的初期,正如卫瓘所说:“其始造也,乡邑清议,不拘爵位,褒贬所加,足为劝励,犹有乡论余风。”①这是比较客观的评论。它的初创,摈弃了东汉后期察举中出现的“位成于私门,名定于横巷”的混浊风气,对贯彻曹操提倡的唯才是举的建议的确发挥过作用。首先,他提出的实践的标准是强调人才选拔中注重实才,多数中正也能够认真执行,为国家选拔了一大批优秀官吏,推动了历史的发展;其次它作为一种入仕资格的评定,强调访问与评议并举,由下而上,由民而官,从不同侧面、不同阅历进行了解审查,注重人的素质,“以论人才优劣,非为世族高卑”②。此外还规定各级中正都不入官品,而仅是一种荣誉职务,以社会舆论严格监督大小中正,使多数中正为维护清白声名秉法办事,甚至不惜以身殉职,这些都为选举制度赢得了很高的声望。对此也应当给以充分的历史肯定。这是智慧的结晶,也是中华文明的体现,不可忽视。

2. 主要弊端

随着世家大族势力的膨胀,到东晋末年,九品中正制的消极因素也日见增长,越来越走向历史的反面。这主要体现在:

(1)重门阀家世,轻才德实践

中正品评虽然包括品、状、世三个方面,但到后来并“不考人才、行业”,只是“空辨氏姓高下”,宣扬“高门阀阅之家,德业相继”,自然子孙后代也“德用纯笃”;而“寒门素族则累世无闻……”正是在门阀制度的重压下,九品中正制逐渐倾向歧途,让许多势门孺童、名流之辈坐致公卿,使“高门华阀,有世及之荣;庶姓寒人,无寸进之路,选举之弊,至此而极”③。鉴于此,西晋的一些正直官员愤然疾呼:“中华所以倾弊,四海所以土崩”,其根本原因在于“取才失所”④。虽然,把社会的衰败完全归罪于九品官人法的弊端并不尽客观,实际上是过分地夸大了九品官人法的作用。这也说明,在当时人们就已经对它进行了否定与反对。

(2)士族把持选举,徇私枉法

九品中正制的执行官员最主要的莫过于大、小中正。但在后期,规定中正官员必须是德望兼有的中央王朝官员方可担任,即只有门阀势族才有资格担任。有的大中正甚至由司徒本人或者尚书亲自兼任,选举大权终被朝廷权贵和地方世族完全垄断。被选人的资格,又明确规定为“计资定品”,这不仅给高门子弟入仕以特权优遇,而且也抛弃了原来所执行的唯才推荐、考察试用等优良传统。徇私枉法,贪赃纳贿,弊端丛生。其主要表现是:

选举唯亲合法化。在给地方官员孙楚品评时,访问官如实写出了对他的评断。但孙

---

① 《晋书》卷36《卫瓘传》。

② 《宋书》卷94《恩倖传序》。

③ 《廿二史札记》卷8《九品中正》。

④ 《晋书》卷71《陈頵传》。

楚的好友大中正王济不满意，于是又亲自替他写下了“天才英博，亮拔不群”的状语，结果司徒、尚书立即通过，并给以加级择升①。又如北魏并州中正房坚和幽州中正阳尼竟然公开推荐自己的儿子，任人唯亲达到了肆无忌惮的地步。

行贿、受贿普遍化。幽州中正阳尼，由于巴结上司，被破格择升渔阳太守，还未上任就因受贿而被免官②；定州大中正李宣茂，也因私受财货，被御史弹劾削官为民③。纳贿之风相当普遍。

屈从权势公开化。这在西晋影响最大的是孙秀事件。孙秀本是出身寒门，无德无才，但有一帮恶势力支持。他为郡吏时求品于乡议，中正王衍不许。王衍之兄王戎是个名士，深知孙秀的底细，于是苦劝王衍给以放行。孙秀由此踏入仕途，依附了赵王司马伦，权重一时，横行朝野。凡对他有宿怨的都遭到了报复和迫害，唯有王衍兄弟安然无恙，为此曾遭到世人的嘲讽。

凭感情办事任意化。晋时有位刘卞，入大学时当为四品台吏，访问“官令写黄纸一鹿车”，刘卞不肯，结果被降为五品的尚书书令史④。一位名族何劭之子何歧，其父死，中正袁粲来吊丧，何歧借病不见，袁粲便借机报复，要给何歧评定为“下婢子品”⑤。可见中正以个人情感公报私怨。甚至有的中正凭个人好恶，随心所欲。本是选举人才，结果抑才蔽善，酿成极坏的后果。

(3)人人望品，官风败坏

九品中正制的中心是品，品的高低是获得官职品位的依据。当时的一品高不可攀，若得二品，犹如一登龙门，身价百倍。如温峤“举秀才，灼然二品，司徒辟东阁祭酒”⑥。邓攸“举灼然二品，为吴王文学”⑦。上品成为宦门大族争夺的焦点，人人望品成为一时风尚。他们为争得品位不择手段，请托交行不以为耻，伪造家谱心安理得。如琅琊王氏是北方的望族，平民王泰便向撰写《百家谱》的贾希镜纳贿，以得冒入琅琊谱，甘愿当了王氏的子孙，竟然不惜抛弃了自己的先祖。名门大族的子弟更是争上品如夺命，他们对仆射以上的显职死死追求，对地方官不屑一顾。这颓废的世风，必然导致吏治败坏，这也是造成魏晋南北朝政治混乱的重要原因之一。

九品官人法的弊端，也是在实行中才表现出来，这应该客观的看待。实际上当时社会复杂多变，也正是徇私枉法的社会根基，再好的制度也会变调。再好的制度，也要执行得好才显好。政权不断更替，一种制度的扭曲也在所难免。这也说明社会稳定是历史向前发展的良好基础，同时也说明了选任官员的重要性。

---

① 《晋书》卷56《孙楚传》。
② 《魏书》卷72《阳尼传》。
③ 《魏书》卷49《李宣茂传》。
④ 《晋书》卷36《刘卞传》。
⑤ 《晋书》卷33《何劭传》
⑥ 《晋书》卷67《温峤传》。
⑦ 《晋书》卷90《邓攸传》。

第二节　其他入仕途径

对于魏晋南北朝时期的九品中正制与入仕途径，有人认为，唯九品中正才是选官制度，别无其他途径；有的则认为，除了九品中正制以外，还同时存在着察举与征辟；还有人则认为既存在直接入仕之道，同时又有秀孝察举之法。其实改朝换代也应该是一种特别的入仕途径。这几种意见都不全面，因为它没有完全表明九品中正同入仕道途之间的相互关系。

一、秀孝察举

魏晋时期，秀才和孝廉两科的察举依然继续实行，但是已经退居次要地位，不过在方式上较汉朝更为严密。如常规是州举秀才、郡举孝廉；秀才和孝廉均需参加策试，策试分为对策与射策，内容上各有侧重，策试合格后方授官；秀才所授多为前景看好的郎官、县令、博士等，在重要程度上较孝廉为优。

秀才和孝廉察举的时间与区划规定是一项保持平衡的措施。

魏文帝曹丕即位后，常令郡国选举人才。如黄初二年(221 年)："初令郡国口满十万者，岁举孝廉一人；其有秀异无拘户口。"黄初三年又令："郡国所选，勿拘老幼；儒通经术，吏达文法，到皆试用。有司纠故不以实者。"①在晋武帝泰始五年又颁布诏令："州郡举勇猛秀异之才。"东晋时明确规定，郡举孝廉，"江左以丹阳、吴、会稽、吴兴并大郡，岁各举二人。汉制岁遣上计掾史各一人，条上郡内众事，谓之偕簿，至今行之"。

秀才和孝廉的选举对象，白衣之士与现任官员均可，前者是入仕，后者是升迁。以升迁为例：晋林轸"为郡功曹史……察孝廉，除建宁令"②；丁潭"初为郡功曹，察孝廉，除郎中"③；南齐张融"释褐为新安王北中郎参军"，后"举秀才，对策中第，为尚书殿中郎，不就，为仪曹郎"④；丘迟"州辟从事，举秀才，除太学博士"⑤。

梁州刺史刘杀鬼以樊逊兼录事参军，"仍举秀才。尚书案旧令，下州三载一举秀才，为五年已贡开封人郑祖献。计至此年未合"，"虽逊才学优异"，仍须待明年⑥。

樊逊虽好学不辍，然常受兄供养，于心不安，曾打算同哥哥一同制毡为生。他的母亲勉励他弃小行、求大业，努力读书。他下定决心专心于儒学经典，以孔子"见贤思齐"为座右铭，激励自己。在整个中国文学发展史中，樊逊或许没什么地位，但就北齐一朝，甚至北朝来说，他还是以文章而知名的。据《北史》记载，当时的大文人魏收很为人称颂，他曾

① 《三国志》卷 2《文帝纪》。
② 《晋书》卷 90《杜轸传》。
③ 《晋书》卷 78《丁潭传》。
④ 《南齐书》卷 41《张融传》。
⑤ 《梁书》卷 49《丘迟传》。
⑥ 《北齐书》卷 45《文苑传》。

经写了《库狄干碑序》，令樊逊为之作碑铭，写好之后，别人以为序和铭均出自魏收一人之手。高洋死后，杨愔让樊逊作书告晋阳朝士，书写好后，又让魏收润色，魏收竟不能更改一字。这些都可以看出他的文才。只是，樊逊的作品没有多少保存下来，不能不使人感到遗憾。

高齐亦下州三岁一举秀才。北周宣帝大成元年（579年），诏制九条，宣下州郡："州举高才博学者为秀才，郡举经明行修者为孝廉，上州、上郡岁一人，下州、下郡三岁一人。"①

魏晋南北朝时期的入仕途径，除孝秀科外还有其他的。据《文献通考·举士》记载："按魏晋以来虽立九品中正之法，然仕进之门则与两汉一而已，或公府辟召，或郡国荐举，或由曹掾积累而升，或由世胄承袭而用，大率不外此三四途辙。"

二、贤良方正

贤良方正是仅次于秀才和孝廉的重要选举科目。

魏太和四年（230年），"诏公卿举贤良"。青龙元年（233年），"诏公卿举贤良笃行之士各一人"②。晋泰始四年（268年），"诏王公卿尹及郡国守相，举贤良方正直言之士"③。咸和六年（331年）"诏举贤良直言之士"④。梁天监十四年（515年），诏曰："班下远近，博采英异。若有确然乡党，独行州闾，肥遁丘园，不求闻达，藏器待时，未加收采；或贤良、方正、孝悌、力田，并即沓奏，具以名上。当擢彼周行，试以邦邑，庶百司咸事，兆民无隐。"⑤陈天嘉元年（560年）诏曰："王公已下，其各进举贤良，申荐沦屈，庶众才必萃，大厦可成……"⑥

北魏"世祖诏州郡举贤良，（李）祥应贡，对策合旨，除中书博士"⑦。北周建德三年（574年），"令六府各举贤良清正之人"⑧。四年，"诏诸畿郡各举贤良"⑨。

三、杂科

杂科，即皇帝依据临时需要而颁诏令实行的选举专门人才的科目。魏明帝青龙四年（236年）颁诏："欲得有才智文章，谋虑渊深，料远若近，视昧而察，筹不虚运，策弗徒发，端一小心，清修密静，乾乾不解，志尚在公者，无限年齿，勿拘贵贱，卿校以上各举一人，太尉司马宣王以（王）昶应选。"⑩武职系统的选举有勇猛秀异、良将、将帅、文武应求、安边等。文职系统有举士、异能之士、清平勤干、清吏、经学、有才、辞人、独行等。

---

① 《周书》卷7《宣帝纪》。
② 《三国志》卷3《明帝纪》。
③ 《晋书》卷3《武帝纪》。
④ 《晋书》卷7《成帝纪》。
⑤ 《梁书》卷2《武帝纪中》。
⑥ 《陈书》卷3《世祖纪》。
⑦ 《魏书》卷53《李孝伯传》。
⑧ 《周书》卷5《武帝纪上》。
⑨ 《周书》卷6《武帝纪下》。
⑩ 《三国志》卷27《徐胡二王传》。

四、征辟

魏晋南北朝的征召与辟除，略同于两汉之制。

征召白衣之士为官。晋太宁三年，“征处士临海任旭，会稽虞喜并为博士”[①]。北魏崔辩，“学涉经史，风仪整峻。显祖征拜中书博士”[②]。北魏明元帝下诏征求人才，“其豪门强族为州闾所推者，及有文武才干、临疑能决，或有先贤世胄、德行清美、学优仪博、可为人师者，各令诣京师，当随才叙用，以赞庶政”[③]。他还特别征召范阳卢玄、博陵崔绰、赵郡李灵、河间邢颖、渤海高允、广平游雅、太原张伟等，委以要职，对清河崔浩尤加重用。

外职内调升迁。魏正始元年，王肃“出为广平太守。公事征还，拜议郎”[④]。晋周馥“拜徐州刺史，加冠军将军，假节。征为廷尉”[⑤]。范缜为晋安太守，“视事四年，征为尚书左丞”[⑥]。南齐沈文秀，“孝建二年（455 年），起家主簿，征秘书郎”[⑦]。北魏拓跋徽“出为河南太守。在郡清整，有民誉，征拜长兼散骑常侍”[⑧]。

辟除作为自行征聘属官的方式仍分为公府辟除和州郡长官辟除两种。

公府长官辟除，魏太祖“为司空，辟（徐奕）为掾属”[⑨]。“太尉蒋济，闻（阮籍）俊才而辟之。”[⑩]北齐封子绘“晓达政事，长于绥抚，历宰州郡，所在安之，征为司徒左长史”[⑪]。北齐左仆射“杨愔，辟（樊）逊为其府佐”[⑫]。

州郡长官辟除，宋龚颖“少好学，益州刺史毛璩，辟为劝学从事”[⑬]。梁何之元“转主簿，及（袁）昂为丹阳尹，辟为丹阳五官掾”[⑭]。北魏李曾“以教授为业。郡三辟功曹不就”[⑮]。北齐徐远“少习吏事，郡辟功曹”[⑯]。

五、卖官

卖官作为一种仕途，历来为有识之士所反对。由于最高统治者奢侈无度，或特殊的

---

① 《晋书》卷 6《明帝纪》。
② 《魏书》卷 56《崔辩传》。
③ 《魏书》卷 3《太宗纪》。
④ 《三国志》卷 13《王肃传》。
⑤ 《晋书》卷 61《周馥传》。
⑥ 《梁书》卷 48《儒林列传》。
⑦ 《南齐书》卷 44《沈文季传》。
⑧ 《魏书》卷 19 下《拓跋徽传》。
⑨ 《三国志》卷 12《徐奕传》。
⑩ 《晋书》卷 49《阮籍传》。
⑪ 《北齐书》卷 21《封隆之传》。
⑫ 《北齐书》卷 45《樊逊传》。
⑬ 《宋书》卷 91《龚颖传》。
⑭ 《陈书》卷 34《何之元传》。
⑮ 《魏书》卷 53《李曾传》。
⑯ 《北齐书》卷 25《徐远传》。

社会经济现实,或战争的需要,等等,有统治者总是明码实价地公开卖官,聚敛财富。汉灵帝公开卖官,高低官品各有定价。魏晋南北朝时期,卖官可算是对庶族地主阶级入仕网开一面,但它加剧了吏治的败坏。西晋立国之初,即施行卖官鬻爵的政策,"(晋武)帝尝南郊,礼毕,喟然问毅曰'卿以朕方汉何帝也',对曰'可方桓灵'。帝曰'吾虽德不及古人,犹克己为政。又平吴会,混一天下。方之桓灵,其已甚乎',对曰'桓灵卖官,钱入官库;陛下卖官,钱入私门。以此言之,殆不如也'"①。

其他各割据政权也采用这个办法,卖官成为当时比较普遍的现象。史载成汉李雄"意在招致远方,国用不足,故诸将每进金银珍宝,多有以得官者"②。南朝刘宋,徐耕于元嘉二十一年"以千斛,助官赈贷","诏书褒美,酬以县令"③。宋明帝泰始以后,因军费甚大,大行卖官输粟纳钱。"时军旅大起,国用不足,募民上米二百斛,钱五万,杂谷五百斛,同赐荒县除。上米三百斛,钱八万,杂谷千斛,同赐五品正令史;满报,若欲署四品在家,亦听。上米四百斛,钱十二万,杂谷一千三百斛,同赐四品令史;满报,若欲署三品在家,亦听。上米五百斛,钱十五万,杂谷一千五百斛,同赐三品令史;满报,若欲署内监在家,亦听。上米七百斛,钱二十万,杂谷二千斛,同赐荒郡除;若欲署诸王国之令在家,亦听。"此外,还有价更高者,"购太宗万户侯,布绢二万匹,金银五百斤,其余各有差"。邓琬"父子并卖官鬻爵,使婢仆出市道贩卖,酣歌博弈,日夜不休"④。

北魏后期,民族矛盾、阶级矛盾十分尖锐,农耕失业,仓库空虚,国用匮乏。孝明帝元翊在孝昌三年(527年)诏:"凡有能输粟入瀛、定、岐、雍四州者,官斗二百斛赏一阶;入二华州者,五百石赏一阶。不限多少,粟毕授官。"⑤孝庄帝即位,正式颁定入粟卖官制度。"庄帝初,承丧乱之后,仓廪虚罄,遂班入粟之制。输粟八千石,赏散侯;六千石,散伯;四千石,散子;三千石,散男。职人输七百石,赏一大阶,授以实官;白民输五百石,听依第出身,一千石,加一大阶;无第者输五百石,听正九品出身,一千石,加一大阶。诸沙门有输粟四千石入京仓者,授本州统,若无本州者,授大州都;若不入京仓,入外州郡仓者,三千石,畿郡都统,依州格;若输五百石入京仓者,授本郡维那,其无本郡者,授以外郡;粟入外州郡仓七百石者,京仓三百石者,授县维那。"⑥更为甚者,就是主管人事的吏部也公开卖官。元晖"迁吏部尚书,纳货用官,皆有定价,大郡二千匹,次郡一千匹,下郡五百匹。其余官职各有差,天下号曰'市曹'"⑦。

北齐后主高纬宠信陆令萱、和士开、高阿那肱、穆提婆、韩长鸾等人,这些人"或得郡两三,或得县六七,各分州郡,下逮乡官亦多降中旨,故有敕用州主簿,敕用郡功曹。于是州县职司多出富商大贾,竞为贪纵,人不聊生。爰自邺都及诸州郡,所在征税,百端俱起。

① 《晋书》卷45《刘毅传》。
② 《晋书》卷121《李雄记》。
③ 《宋书》卷91《徐耕传》。
④ 《宋书》卷84《邓琬传》。
⑤ 《魏书》卷9《肃宗纪》。
⑥ 《魏书》卷110《食货志》。
⑦ 《魏书》卷15《昭成子孙传》。

凡此诸役，皆渐于武成，至帝而增广焉”①。

六、学生入仕

具备一定文化知识的学生，经考试合格，直接进入职官队伍。

魏太学重视经学。魏文帝黄初五年(224 年)，立太学，制五经课试之法。“时慕学者，始诣太学为门人，满二岁，试通一经者称弟子，不通一经者罢遣。选举补官并如后汉建和之制。”②后汉建和之制，即有关学生入仕的规定。“建和初，诏‘诸学生言六十以上，比郡国明经试，次第上名。高第十五人、上第十六人，为郎。中第十七人，为太子舍人。下第十七人，为王家郎’。永寿二年(156 年)，诏‘复课试诸生补郎、舍人’。其后，复制：学生满二岁试通二经者，补文学掌故，其不能通二经者，须后试，复随辈试之，通二经者亦得为文学掌故。其已为文学掌故者，满二岁，试能通三经者，擢其高第为太子舍人。其不得第者，后试，复随辈试，第复高者，亦得为太子舍人。已为太子舍人，满二岁，试能通四经者，擢其高第为郎中。其不得第者，后试，复随辈试，第复高者，亦得为郎中。满二岁，试能通五经者，擢其高第补吏，随才而用。其不得第者，后试，复随辈试，第复高者，亦得补吏。”③魏明帝太和四年(230 年)诏：“郎吏学通一经，才任牧民，博士课试，擢其高第者亟用。其浮华不务道本者，皆罢退之。”④运用这种方式，从而把学校教育与文官任用直接联系起来，尤其是部分在职官员的学习与升迁结合，在方法上具有参考价值。

刘卞至洛，“得入太学，试经为台四品吏”⑤。

刘曜“临太学，引试学生之上第者拜郎中”⑥。

石勒“命郡国立学官，每郡置博士祭酒二人，弟子百五十人，三考修成，显升台府。于是擢拜太学生五人为佐著作郎，录述时事”⑦。

苻坚“亲临太学，考学生经义优劣，品而第之”。“考学生经义，上第擢叙者八十三人。”⑧苻坚即位时，前秦社会一派混乱。为了巩固统治，广招贤才，并首先从调整最高领导机构入手，果断地处斩了帮助苻生作恶的佞臣董荣、赵韶等二十余人。提拔重用了一批精明廉洁的汉族士人参与朝政，其中最有影响的就是寒门出身的王猛。随着吏治的整顿，恣意妄为，贪污受贿等腐败现象日趋消除，社会风气大为好转。苻坚又开始了礼治建设，设立学校办教育，提高民众的文化素质，培养治国人才。他自幼学习汉族文化，仰慕儒家经典，为扭转氐族迷信武力、轻视文化知识的落后观念，积极恢复了太学和地方各级学校，广修学官，招聘满腹经纶的学者执教，并强制公卿以下的子孙入学读书。苻坚每月到太学一次，考问诸生经义，品评优劣，勉励他们刻苦学习。

---

① 《北齐书》卷 8《幼主传》。
②④ 《文献通考》卷 41《学校二》。
③ 《文献通考》卷 40《学校一》。
⑤ 《晋书》卷 36《刘卞传》。
⑥ 《晋书》卷 103《刘曜记》。
⑦ 《晋书》卷 105《石勒记下》。
⑧ 《晋书》卷 113《苻坚记上》。

苻坚还亲自挑选品学兼优的学生，让他们到各级权力机构任职。同时规定：俸禄百石以上的官吏，必须“学通一经，才成一艺”。如果不通一经一艺，则一律除官为民。由于苻坚的大力倡导，并同官吏的选任结合，前秦很快就出现了劝业竞学、养廉知耻的风气。不仅培养了官僚后备队伍，提高了统治阶层的文化素质，同时也促进了民族间的文化交流。苻坚是氐族人，虽然后来兵败淝水，但也不能否认他作为一个少数民族领袖为中国历史发展所作出的贡献。

姚苌“下书令留台诸镇各置学官，勿有所废，考试优劣，随才擢叙”①。

梁天监四年诏：“其射策通明者，即除为吏。”②

薛提“皇始中，补太学生，拜侍御史”③。

张昭“有志操。天兴中，以功臣子为太学生，太宗即位，为内主书”④。

国学是贵族官僚子弟入学场所，统治阶级对其入仕大开方便之门。

虞愿“元嘉末，为国子生，再迁湘东王国常侍”⑤。

徐勉“笃志好学，起家国子生……射策举高第，补西阳王国侍郎”⑥。

王质“以武帝甥……补国子周易生，射策高第，起家秘书郎”⑦。

北魏改国子学为中书学，主“训导国胄”。中书学生往往不需考试而直接为官。

崔思叔“少为中书学生，迁中书博士”⑧。

公孙质“初为中书学生，稍迁博士”⑨。

王嶷“为中书学生，稍迁南部大夫”⑩。

李虔“太和初，为中书学生，迁秘书中散”⑪。

陆凯“谨重好学。年十五，为中书学生，拜侍御中散。”⑫

七、任子

魏晋南北朝以九品中正制为选人之法，影响所及，“从辟召举孝廉之人，则皆贵胄也”。“而史传中所以不言以荫叙入官者，盖所以见当时虽以他途登仕版，居清要者，亦皆世家也。”⑬这一时期，任子在九品中正制的掩盖中得到最大限度的扩大，寒族亦受抑制。

---

① 《晋书》卷116《姚苌记》。
② 《梁书》卷48《儒林传》。
③ 《魏书》卷33《薛提传》。
④ 《魏书》卷33《张昭传》。
⑤ 《南齐书》卷53《虞愿传》。
⑥ 《梁书》卷25《徐勉传》。
⑦ 《陈书》卷18《王质传》。
⑧ 《魏书》卷32《崔逞传》。
⑨ 《魏书》卷33《公孙质传》。
⑩ 《魏书》卷33《王嶷传》。
⑪ 《魏书》卷39《李虔传》。
⑫ 《魏书》卷40《陆凯传》。
⑬ 《文献通考》卷34《武举》。

荀凯“魏时以父勋除中郎”①。

“王侯出身官无定,准素姓三公长子一人为员外郎。”②

北魏时“边州刺史例得一子出身,(房)亮不言其子而启弟子超为奉朝请”③。

周文育“本族兄景曜,因文育官至新安太守”④。

第三节 文官选任述评

一、察举与考试结合的积极意义

魏晋南北朝统治者为减少那些徒有虚名之人入仕,特采取了察举与被举双方结合、察举与考试相结合等有效措施以达到选任官员名实相副的目的。

第一,将察举双方联结一起,如有不符条件者,实行连坐。东晋元帝时规定,秀才孝廉“皆令试经,有不中科,刺史、太守免官。大兴三年(320年),秀孝多不敢行,其有到者,并托疾”⑤。晋治书侍御史崔洪,弹劾散骑常侍翟婴,“为浮华之目”,“举才不实”,“遂免婴官”⑥。

“宋制:丹阳、吴会、会稽、吴兴四郡,岁奉二人,余郡各一人。凡州秀才、郡孝廉,至皆试策,天子或亲临之。及公卿所举,皆属于吏部,叙才铨用。凡举得失,各有赏罚,失者其人加禁锢,年月多少,随部议制。”⑦宋孝武帝孝建元年(454年)诏:“四方秀孝,非才勿举,献答允值,即就铨擢。若止无可采,犹赐除署;若有不堪酬奉,虚窃荣荐,遣还田里,加以禁锢。”⑧

北周大定元年(581年),“遣戎秩上开府以上,职事下大夫以上,外官刺史以上,各举清平勤干者三人。被举之人,居官三年有功过者,所举之人,随加赏罚”⑨。

第二,察举与考试结合,有利于皇帝集中用人之权;可使部分有文化知识的中小地主阶级人士步入职官队伍,对门阀士族是一个冲击。

魏舒“年四十余,郡上计掾察孝廉。宗党以舒无学业,劝令不就,可以为高耳。舒曰:‘若试而不中,其负在我,安可虚穷窃不就之高以为己荣乎!’于是自课,百日习一经,因而对策升第”⑩。

东晋初,“诸州秀才闻当考试,皆惮不行,惟(谷)俭一人到台,遂不复策试。俭耻其州

① 《晋书》卷39《荀凯传》。

② 《南齐书》卷22《豫章文献王传》。

③ 《魏书》卷72《房亮传》。

④ 《陈书》卷8《周文育传》。

⑤ 《晋书》卷78《孔愉传》。

⑥ 《晋书》卷45《崔洪传》。

⑦ 《通典》卷14《选举二》。

⑧ 《宋书》卷6《孝武帝纪》。

⑨ 《周书》卷8《静帝纪》。

⑩ 《晋书》卷41《魏舒传》。

少士，乃表求试，以高第除中郎”①。

南齐“尚书都令史骆宰，议策秀才，格五问并得为上，四三为中，二为下，一不合与第”。

梁“天监中，又制‘九流常选，年未三十不通一经者，不得为官’”。

“陈依梁制，凡年未三十，不得入仕，唯经学生策试得第。”②

北魏太和十六年(492 年)正月，“戊辰，帝临思义殿，策问秀孝”③。宣武时，“州举茂异，郡贡孝廉，对扬王庭，每年逾众”④。邢臧“神龟中，举秀才，问策五条，考上第，为太学博士”。温子升，文章清婉，“熙平初，中尉、东平王匡博召辞人，以充御史，同时射策者八百余人，子升与卢仲宣、孙搴等二十四人为高第”⑤。

北齐“凡州县皆置中正。其课试之法，中书策秀才，集书策贡士，考功郎中策廉良。天子常服乘舆出坐于朝堂中楹。秀、孝各以班草对。字有脱误者，呼起立席后；书有滥劣者，饮墨水一升；文理孟浪者，夺席脱容刀”⑥。“诸郡俱得察孝廉，其博士、助教及游学之徒通经者，推择充举。射策十条，通八以上，听九品出身，其尤异者亦蒙抽擢。”⑦

魏晋南北朝重要察举科目的考试内容，各有侧重。贤良多为时事与治道，秀才以时务和文章为主，孝廉注重经书章句。

晋武帝亲自出题策问贤良：“顷日食正阳，水旱为灾，将何所修，以变大青？及法令有不宜于今，为公私所患苦者，皆何事？凡平世在于得才，得才者亦借耳目以听察。若有文武器能有益于时务而未见申叙者，各举其人，及有负俗谤议，宜先洗濯者，亦各言之。”参加此次举贤良的挚虞，应此策，“与夏侯湛等十七人策为下第，拜郎中”⑧。郤诜，泰始中应贤良举，“以对策上第，拜议郎”⑨。太保何曾举阮种贤良，“居上第，即除尚书郎”⑩。华谭应秀才，晋武帝策问，“今四海一统，万里同风；天下有道，莫斯之盛。然北有未羁之虏，西有丑施之氐，故谋夫未得高枕，边人未获晏然，将何以长弥斯患，混清六合”⑪。

北魏邢峦，少而好学，有文才干略。“有司奏策秀、孝，诏曰：秀、孝殊问，经权异策，邢峦才清，可令策秀。”⑫刘景安指二者差异说：“朝廷贡秀才，止求其文，不取其理；察孝廉唯论章句，不及治道。”⑬北齐马敬德，“诣州求举秀才，举秀才例取文士，州将以其纯儒，无意推荐。敬德请试方略，乃策问之，所答五条，皆有文理。乃欣然举送至京。依秀才策

① 《晋书》卷 70《甘卓传》。

②⑥ 《文献通考》卷 28《选举一》。

③ 《魏书》卷 7《高祖纪下》。

④ 《北史》卷 81《儒林上》。

⑤ 《魏书》卷 85《温子升》。

⑦ 《北齐书》卷 44《儒林传》。

⑧ 《晋书》卷 51《挚虞传》。

⑨ 《晋书》卷 52《郤诜传》。

⑩ 《晋书》卷 52《阮种传》。

⑪ 《晋书》卷 52《华谭传》。

⑫ 《魏书》卷 65《邢峦传》。

⑬ 《魏书》卷 66《崔亮传》。

问，唯得中第，乃请试经业，问十条并通。擢授国子助教，迁太学博士”①。

这些措施为减少那些徒有虚名之人入仕起了一定的作用；可是在执行的过程中，统治阶级又大开方便之门，因而名实相违之处甚多。

晋“自丧乱以后，风教陵夷，秀孝策试，乏四科之实”②。考试不实，使那种主观随意性很大的德行标准抬头。“太守王韶之临郡，发教曰：前被符，孝廉之选，必审其人，虽四科难该，文质寡备，必能孝义迈俗，拔萃著闻者，便足以显应明扬，允将符旨。”③

作为行政官员应当具有良好的文化素质和从事行政管理和活动的相当才干。但是，魏晋南北朝的策试内容没有使其有机结合，反而是相互脱离。曹魏贡士以经学为先，东晋秀才试策，则以时事政治为主，孝廉试经，限于六艺。这反映出统治阶级对此也有相当认识。但是，实际情况却是策试“必求诸坟索，乃堪其举”，而不是“博通古今，明达政体”④。“近世取人，多由文史。”⑤沈约批评这种只注重死记滥背的书本知识，主要是辞赋章草一类说道：“今之士人，并聚京邑，其有守土不迁，见谓愚贱。且当今士子繁多，略以万计，常患官少才多无以处。秀才自别是一种任官，非若汉代取人之例也，假使秀才对五问可称，孝廉答一策能过，此乃雕虫小道，非关理功得失，以此求才，徒虚语耳。”⑥

统治阶级设置一些入仕的规定，相对来讲不利于寒族的入仕之路，使得考试选拔公信度降低。北魏延兴二年(472 年)六月，诏曰：“顷者州郡选贡，多不以实……今年贡举，尤为猥滥。自今所遣，皆门尽州郡之高，才极乡闾之选。”⑦而韩显宗上言曰：“今州郡贡察，徒有秀孝之名，而无秀孝之实。而朝廷但检其门第，不复弹坐。如此，则可令别贡门地，以叙士人，何假置秀孝之名也?”门阀品第深入察举之中，使得入仕走样，贡士成为“贡门望”。在门阀士族压制下，对寒人升官的最高品位有严格限制。这使本来作用有限的考试在察举中更被限制。

钟嵘于天监初上言谓：“军官是素族士人。自有清贯，而因斯受爵，一宜削除，以惩侥竞。若吏姓寒人，听极其门品，不当因军，遂滥清级。若侨杂伧楚，应在绥抚，正宜严断禄力，绝其妨正，直乞虚号而已……敕付尚书行之。”⑧

从发展角度看，魏晋南北朝将察举贤良、秀才、孝廉等置于考试之中，并依此对考试内容加以区分，对隋开科取士有明显影响。在察举衰落过程中，孕育出了有新意义的选举方式，这也是给我们的一种历史启示。

---

① 《北齐书》卷 44《儒林传》。
② 《晋书》卷 28《五行中》。
③ 《宋书》卷 91《潘综传》。
④ 《晋书》卷 70《甘卓传》。
⑤ 《梁书》卷 14《任昉传》。
⑥ 《文献通考》卷 28《选举一》。
⑦ 《魏书》卷 7《高祖纪上》。
⑧ 《梁书》卷 49《钟嵘传》。

二、文官多元选任的作用

有人曾就两晋、南朝的入仕作过统计,由此也可见其概貌(见下表)。

两晋、南朝入仕概况

时代\人数\类别	直接入仕	察举秀孝	州郡县佐史积功升迁入仕	国子太学生考试入仕	公府掾属升迁入仕	合计
西晋	56	64	23	1	48	192
东晋	118	25	27	1	38	209
宋	101	42	57	1	2	203
齐	52	19	8	12	0	91
梁	95	18	8	28	0	149
陈	12	8	0	0	0	20
合计	434	176	123	43	88	864
占总数百分比	50.2%	20.4%	14.2%	5%	10.2%	100%

注:如先仕州后察秀孝,只记秀孝一项。其余类同。

从上表八百余人的入仕途径分析,直接入仕所占比例达半数以上,察举入仕占约两成,其他途径约三成。说明魏晋南北朝也是处于多元取仕的状态,只不过它以九品中正制为主导,比汉朝的察举制更为成熟,更进一步制度化。九品中正制是魏晋南北朝主要的选举制度,它同其他入仕途径之间有何关系?

首先,九品中正制不是一种直接入仕的选举手段,在所有入仕者中,尚无一例是直接由中正品评的等第而获得相等品位的官阶,并且中正更无直接授官的权力。

其次,九品中正的等第品评,同孝廉茂才的察举性质不同,它对初入仕途者仅是一个资格,而对再任官员却是一种政绩考核,于授官和升转,都是一种双轨程序,这和孝廉茂才的直接除授完全不同。但是,品第的评定也具有一定的法律效力。据《文献通考·选举一》记载:"至中正之法行,则评论者自是一人,擢用者自是一人,评论所不许,则司擢用者不敢违其言。"

中正的品第评定是士人入仕的必要条件,不管通过何种方式入仕,必须通过中正的品评并获得一定的品第,除此无资格入仕。下列事实便是例证:

"初(晋武)帝以贵公子当品,乡里莫敢与为辈,求之州内,于是十二郡中正佥共举默。"①在嘉平元年(249年),高平陵政变事件后,大权就落入司马家族之手,而这时晋武帝司马炎正是弱冠而当品时。既然明确规定贵公子也必得经中正品第,其他的入仕者自然就更不能逾限了。

"阎缵,父卒,继母不慈,缵恭事弥谨,而母疾之愈甚,乃诬缵盗父时金宝,讼于有司,

① 《晋书》卷44《郑袤传》。

遂被清议十余年。缵无怨色，孝谨不怠。母后意解，更移中正，乃得复品。”①阎缵原已经中正品评，只是因受到继母诬陷而被撤品十余年，直到继母回心转意后，中正才给以复品，让他又得到入仕的机会。

可见，中正品第并非虚设，入仕必得经中正品第，并与所授官职高低有着一定的关联，这就是魏晋南北朝时期选拔和任用文官最基本的法律依据。如果我们在这一理论意义上来认识九品官人法，那么对它的历史地位就会有更为客观的评价。

① 《晋书》卷48《阎缵传》。

第四编　隋唐五代时期

581年,北周外戚杨坚代周称帝,建立隋朝。589年,杨坚灭陈,结束了魏晋南北朝近三百五十年的封建割据局面,建立了统一的隋王朝。隋朝是中国古代历史上短暂而重要的王朝。说它短暂,是因为它仅存在了三十八年;说它重要,是因为它不但将分裂重新统一,而且还为唐朝盛世起到了开创的作用。在隋末农民战争中起兵得势的李渊于618年称帝,建立了统治近三百年的唐朝。907年,自朱全忠建立后梁起,到960年宋太祖建立宋朝,前后历时五十三年,史称五代十国时期。就在这短短的几十年间,大江南北政权林立,朝代更迭,是中国历史上又一次割据动乱时期。

唐朝是中国封建社会的繁荣时期,其政治制度先进、经济高度发展、文化辉煌灿烂,形成了领先于世界文明的中华文化。直至今天的世界各地,也将华人积聚的地方称为"唐人街",可见它的影响是如此的深远。

第一章　教育的发展和职官的培养

隋朝和唐朝共历时三百二十多年。这一历史时期,是我国古代社会政治、经济和科学文化进一步发展的全盛时期,也是我国传统教育进一步发展和完善的时期。

五代十国时期,藩镇割据,战乱不断,官学处于衰败之中。在这一时期,整个社会的教育几乎为私学所取代,私学成了占主导地位的教育形式。由于南方政治相对稳定,私学则获得了更好的发展。

第一节　隋唐的文教政策

隋朝和唐朝在整个思想文化领域中采取了重振儒术兼重佛、道的文教政策。隋唐统治者制定了儒教为主,佛、道为两翼的文教政策。统治者根据政治的需要和自己的喜好,不断调整三者的关系,以达到巩固统治的目的。

一、尊儒

自汉武帝确定"独尊儒术"的政策后,儒学促进了学校教育和经学的发展。魏晋南北朝由于玄学、佛教、道教的相继兴盛,儒学失去了独尊的地位。隋朝统一后,统治者积极提倡儒家文化,统一思想,广泛征集儒学经典,并组织人员分类整理,儒学有了复兴的趋势。到了唐朝，儒学的地位又有了显著的提高。

1. 尊孔

为了提高儒学的地位，唐高祖时期就在国子监兴周公祠、孔庙各一所，四时致祭。唐太宗时期罢周公祠，以孔子为先圣，颜回为先师，并将两汉以来的著名经学家二十二人配享孔庙。唐玄宗于开元二十年(739 年)追封孔子为文宣王，把孔子捧上了帝位。孔庙后来被称为文宣王庙，简称文庙。唐玄宗赠封孔门弟子数十人以公、侯、伯等爵衔。

唐太宗像

2. 提高儒士的地位

李渊反隋时，李世民是父亲最得力的臂膀。他为人颇富仁厚，平时能善待贤才。四方大侠及高人贤才，闻说其名，纷纷投奔，情愿为他尽忠效力。起兵后，李世民兵强将广，迅速成为扫荡四方、平定天下的一支大军。武德四年(621 年)，李世民率军生擒窦建德，逼降王世充，李渊为了表彰他的功劳，在其秦王的原位上又加封天策上将、陕东道大行台，位居诸王公之上。

海内日趋稳定，他便开始把目光从武略转向文治，研究起儒家经籍中的治国之道。他在宫城西边修建了一座文学馆，专门用以接纳四方的文士。凡精晓典籍，长于儒学而前来投奔他的都被授以学士的称号。学士们轮流值宿于秦王府，李世民每当闲暇，便与他们一起讨论古籍中的经国之策，评议前代君主治政的得失，有的时候讨论到半夜。文学馆中以原官兼为学士的，当时有杜如晦、房玄龄、于志宁、苏世长、薛收、褚亮、姚思廉、陆德明、孔颖达、李玄道、李守素、虞世南、蔡允恭、颜相时、许敬宗、薛元敬、盖文达、苏勖等，后薛收死，又补刘孝孙入馆，号称“十八学士”。为了给十八学士以隆重礼遇，李世民特地命人给他们绘下肖像，像下书写各人的名字、爵位、乡里，并叫褚亮一一做出像赞。贞观十三年(639 年)又设崇贤馆，召集儒生研究经术。贞观十五年(641 年)诏天下诸州，举儒术通明、学堪师范者，县以名闻，并大量征集有学识的儒生为学官，大力提拔精通儒术的官员，提高儒士地位，以示重儒。

3. 重视儒经的整理和研究

为解决儒学多门、章句繁杂的弊端，唐太宗命国子祭酒孔颖达等编撰《五经正义》，令天下传习，成为全国学校的统一教材。自此，官学教育和科举取士都以儒经为据。唐朝再次统一儒学，基本结束了儒学内部的派别之争，重申了儒家思想的正统地位。

二、崇佛

隋唐时期尊崇儒学，但不是独尊儒学，而是兼重佛学和道教。

西汉末年，佛教由中亚传入中国内地。东汉明帝派使者到西域求佛法，在洛阳为高僧建造了白马寺传教。佛教在魏晋南北朝得到发展，在隋唐时期到达极盛。隋文帝即位之初，即普诏天下，任听出家，计口出钱，营造佛像；并由官府写佛经置于寺内，造成“民间佛经，多于六经数十百倍”。其后还下诏保护佛像。唐代诸帝多数信佛，建寺庙，造佛像，译佛经，十分盛行。著名法师玄奘自西域归国，唐太宗特敕迎接，空城出观，并命人翻译其带回的六百七十五部佛经。唐高宗也派法师义净赴印度取经，归国时，武则天亲自迎接。数代皇帝都崇饰寺庙，养了数百个和尚早晚念经。唐宪宗遣使迎佛骨至京师供奉，并亲自迎接，威仪特盛。韩愈上疏极谏，几至于死。唐武宗时，已达到“十分天下之财，而佛有七八”的地步，因而引起儒家与佛教的激烈冲突。

三、重道

道教是东汉时期正式创立的中国土生土长的宗教。道教重视养生，追求长生不老，追崇老子为教主。隋文帝时即重佛、道二教，隋炀帝时以方术得幸的道士很多。到了唐朝，统治者借口老子姓李，是唐天子的祖宗，因而奉道教为至尊。唐高祖为老子立庙，号召朝臣百姓研读《道德经》，甚至还派遣道家学者去高丽国讲授《道德经》。唐太宗以“清静无为”思想作为治理国家的指导思想，起用道门高士魏徵为相，崇尚“以静养民”的道家政治方略。高宗追封老子为“太上玄元皇帝”。玄宗托言梦见老子，因画老子像，颁行天下，并亲自注解《道德经》，颁示天下，令每家藏老子书一本，贡举人加试老子策；设立崇玄馆，置“崇玄学”博士，令授《道德经》等，以便帮助人们参加道举科的科举考试。

儒、法、道三教并重的现象，说明了隋唐统治者一直在寻找一种理想的国教或官方哲学。作为封建统治者来说，儒学不可丢，儒家所倚重的礼学和三纲五常的伦理道德，对于维系统治秩序是十分有用的。佛教宣扬的三世轮回、因果报应、灵魂不灭以及虚构的涅槃境界正好能满足人们的心理需要。道教诲人寡欲少争，修炼成仙，也给寻求解脱人生苦恼的人们提供一种精神慰藉。这些宗教对于统治者用以维持其统治，教化人民，都是十分有益的；同时也说明了文化的魅力所在和统治者对文化的包容以及对文化的传承发展。

隋唐统治者对儒、法、道的重视，促进了学术文化的发展，也为人的发展带来了宽松的氛围。儒家在对佛教和道教的斗争中，吸收了佛教和道教的哲学思想，使儒、佛、道融合的趋势进一步发展。而佛学和道学对于文化学术的发展又起了开阔眼界、活跃思想的作用，也极大地影响了封建士大夫的人生哲学。儒学改变了依靠外在礼法束缚人的方式，开始注重依靠自觉理性追求人格完善的新途径，要求人们在内在心性中“去欲”、“律己”。禅宗改变了早期佛教用外在戒律命人苦行禁欲的方式，强调依靠自性去体验佛性，要求人们在内在心性中去寻求解脱，以得到空明的心境。道教要求人们不仅去追求自然恬淡、少思寡欲的生活情趣，清静虚明、无思无虑的心理境界，而且还关心如何通过这种生活情趣和心理境界去求得一种神清气朗、健康长寿的生理状态。三教融合的趋势，使中国人的人生哲理同时染上了儒、佛、道的色彩，也使这一人生哲学深深地渗透进士大夫的心灵。正是这样一种融合趋势，给思想界和教育界带来了一股开放的空气，为传统教育的发展和完善创造了十分有利的条件。

第二节　隋唐教育及学校制度的完备

隋唐因袭魏晋南北朝的教育成果，借助政府的力量，使学校制度不断发展并臻于完备，达到了空前的昌盛程度。

一、隋代的教育

隋代虽然短暂，但是在教育体制的设置上很有成就。在教育管理机构上，隋初借鉴北齐的做法，设立了国子寺，置祭酒、司业、丞等官员，专门管理教育。其发展在于将国子寺作为专门的教育管理机构，而改变了北齐国子寺还保留教学职能的做法。隋炀帝大业三年（607 年），国子寺改名国子监。在学校体制方面，隋朝国子寺（监）下辖国子学、太学、四门学、书学、算学等。此外，大理寺还办有律学。在选士制度上确立了科举制度。这些制度的创立，使隋朝教育一度呈现昌盛景况。史书中说："京邑达乎四方，皆启黉校，齐、鲁、赵、魏，学者尤多。负笈追师，不远千里。讲诵之声，道路不绝。中州儒雅之盛，自汉、魏以来，一时而已。"①

1. 中央官学

（1）国子学

中国古代的大学，汉称"太学"，晋称"国子学"，南北朝时或设国子学，或设太学，或两者并设。北齐和隋初称国子寺，隋及以后称国子监。北齐孝昭帝皇建元年（560 年）诏："国子寺可备立官属，依旧置生，讲习经典，岁时考试。"②《隋书·百官志中》："国子寺，掌训教胄子。祭酒一人，亦置功曹、五官、主簿、录事员。领博士五人，助教十人，学生七十二人。太学博士十人，助教二十人，太学生二百人。四门博士二十人，助教二十人，学生三百人。"隋初文帝开皇年间承其旧制，在京都置国子寺，总辖国子学、太学、四门学（各有博士五人、助教五人）、书学、算学（各有博士二人、助教二人）五学。前三者为儒学，后两者则是以教授专门知识的专科学校。其中，算学为隋代之所首创，而其余四学则是沿袭前代而来。隋初国子寺初隶太常寺，设祭酒一人，专掌教育事业。这是中国历史上设立专门教育行政部门和专门教育长官之始。属下有主簿、录事各一人。另外，国子学、太学、四门学各有博士五人，助教五人，书、算二学则有博士二人，助教二人，五学学生共计九百八十人。文帝开皇十三年（593 年）国子寺从太常寺中析出，改称国子学，成为独立的教育领导机构。隋炀帝大业三年（607 年）改称国子监，成为独立的教育行政机构。

为了促使读书人读书，隋炀帝时采取给官给禄、课试等方法激励之。"诸在家及见入学者，若有笃志好古，耽悦典坟，学行优敏，堪膺时务，所在探访，具以名闻，即当随其器

① 《北齐书》卷 44《儒林传》。

② 《北齐书》卷 6《孝昭纪》。

能，擢以不次。若研精经术，未愿进仕者，可依其艺业深浅，门荫高卑，虽未升朝，并量准给禄……其国子等学，亦宜申明旧制，教习生徒，具为课试之法，以尽砥砺之道。”①

（2）四门学

四门学亦称“四门馆”、“四门小学”，省称“四门”。中国封建王朝设立的以教授低级官员和庶人子弟的小学性质的中央官学。隋的四门学隶国子寺（监），设博士、助教各五人，有学生三百六十人。文帝开皇十三年（593 年）罢四门学。

（3）算学

算学亦称“算馆”。中国古代培养天文历法、财政管理、土木工程等方面计算人才的专科大学。我国古代的算学教育有悠久的历史，早在三代时期，小学就设有传授“九数”或“术计”的建制，属于初等性质的数学教育。将算学正式立于国学则始自隋文帝时期（589—604 年），是我国最早学习研究自然科学之专门学校。隋算学隶国子寺，设算学博士二人，助教二人，算学生八十人。隋文帝开皇十三年（593 年）以国子寺罢隶太常，而改隶礼部，废算学博士和算学助教。

（4）太学

隋初设太学博士五人，助教五人，太学学生三百六十人。仁寿元年（601 年），隋文帝斥责国子学和州县学的生徒徒有名录，空度岁时。因而决定国子学只留学生七十人，太学、四门及州县学并废。炀帝大业三年（607 年），复旧制，博士、助教均减为二人，学生五百人。

2. 地方官学

隋代国家重归统一，但由于立国较短，虽隋文帝、隋炀帝皆设庠序郡县之学，但实际上“空有建学之名，而无弘道之实”。

隋文帝开皇三年（583 年）罢郡，改汉末以来州、郡、县三级制为州、县二级制。开皇九年（589 年）隋平陈，遂又将此制推广于南方。期间于各州设学，称“州学”，实即汉以来之“郡国学”。炀帝大业三年（607 年）复改州为郡，相应地改州学为“郡学”。隋文帝时曾废县学，炀帝复置。

二、唐代的教育

隋唐的科举制推动了教育事业的发展，唐朝学校制度完备，达到了当时世界先进水平。

（一）学校体制

唐代的官学得到了极快的发展，中央设有“六学二馆”，这些都可以看作是古代具有一些高等教育特点的学校。从中央到地方，有一整套学校体制。

唐代推行崇儒政策，同时也崇奉佛教和道教。唐太宗下诏尊孔子为先圣，并下诏州、县皆立孔子庙，春秋致祭。唐玄宗又追封孔子为文宣王，亲注《孝经》，令家藏一册。办学方面，唐太宗时首先扩大中央官学，地方官学也相应加强。科举考试和学校教学都以儒

---

① 《隋书》卷3《炀帝纪上》。

家经典为主要内容。统一经学，命孔颖达撰定《五经正义》，颜师古考定《五经》文字，撰定《五经定本》等。

1. 唐代的中央官学

唐代中央官学有直系和旁系两大系统。

直系由国子监掌管，下辖六学：国子学、太学、四门学、书学、算学、律学。国子学、太学、四门学主要是学习儒经，学历层次也大致相同，只是学生的出身不同。唐代学制严格规定了什么品级的子孙能进什么学校，国子学最高，太学次之，四门学又次之。但是唐代又规定四门学毕业生可升到太学，太学毕业生可升国子学，这又为庶族子弟奋发上进创造了机会。书学、算学、律学主要是专科教育。另外还有天文学、医学等专业学校。这说明专科教育经过魏晋南北朝的实践，到隋唐已为国家教育所承认和接受了。

旁系由各政府部门主办，最重要的是弘文馆和崇文馆。弘文馆由门下省主办，崇文馆由东宫主办，规定皇亲国戚的子弟方能入学。这两馆不仅担负教学任务，而且“朝廷制度沿革，礼仪轻重，皆参议焉”。所以两馆是培养最高层统治人才的处所。其他朝廷部门还分别办有医学、卜筮学、天文学、历数学、漏刻学、兽医学、校书学等专科教育的学校。这些学校门类齐整，集教育、研究、行政三位于一体，有助于培养专门人才。此外，唐代还一度开办了广文馆，专门为应试落第学子设的临时补习学校。唐高祖即位后于秘书外省别立小学，以教育宗室子弟及功臣子弟。玄宗以后，州县学作为四门学的预备阶段，被视为小学。

唐代中央官学相互之间有交叉、有联系。现分别叙述：

（1）太学

唐时之太学与国子学、四门学等同属国子监。唐太学博士、助教各三至六人。招收文武官五品以上及郡县公子孙，及从三品官员之曾孙为生徒，分五经为业，每经百人。唐李观《请修太学书》：“在昔学有六馆，居类其业；生有三千，盛侔于古……具六馆之目：其曰国子、太学、四门、书、律、算等，今存者三，亡者三。”《新唐书·选举志上》：“凡学六，皆隶于国子监。”宋王谠《唐语林·补遗一》：“学旧六馆，有国子馆、太学馆、四门馆、书馆、律馆、算馆、国子监都领之。”

（2）国子学

国子学创设于高祖武德元年（618 年）隶属于太常寺。“国子学博士五人，正五品上。掌教三品以上及国公子孙、从二品以上曾孙为生者，五分其经以为业……助教五人，从六品上。掌佐博士分经教授。直讲四人，掌佐博士、助教以经术教授。五经博士各二人，正五品上，掌以其经之学教国子。”①唐代国子学与太学、四门学、律学、书学、算学合称“六学”，均隶属国子监。规定文武官三品以上及国公子孙、二品以上国公曾孙，得入国子学。设国子博士、助教二人任教。

（3）四门学（四门馆、四门小学、四门）

四门学是中国封建王朝设立的以教授低级官员和庶人子弟的小学性质的中央官学。

① 《新唐书》卷46《百官志》。

唐四门学为国子监所辖六学之一,亦称“四门馆”。设博士、助教各三人,并始置四门直讲四人,及掌佐博士、助教,教授四门学生。武德初定学额为一百六十名,后增为一千三百人,其中五百人为文武官员子弟,八百人为庶人子弟。学习课业与太学、国子学同。四门学学生毕业后可升入太学,考试合格者送尚书省,受吏部(后改礼部)考试任官。《新唐书·选举志上》:“四门学,生千三百人,其五百人以勋官三品以上无封、四品有封及文武七品以上子为之,八百人以庶人之俊异者为之。”

(4)崇文馆

中国古代贵胄子弟学校。太宗贞观十三年(639 年)始置于太子东宫,初名“崇贤馆”。显庆元年(656 年)置学生二十人。高宗上元二年(675 年),因避太子李贤名讳,改曰“崇文馆”。设有学士、直学士,皆为太子之属官,掌经籍图书教授生徒。又设校书郎,校理四库书籍。后以宰相为学士,总领管事。学生多达二十人,少则十五人,出身、课试与弘文馆同。《新唐书·百官志四》:“崇文馆学士二人,掌经籍图书教授诸生,课试举送如弘文馆。”

(5)弘文馆(修文馆、昭文馆)

弘文馆是唐代中央政府所设专收皇帝、皇太后的亲属和宰相等高级官员子弟入学肄业之中央贵胄学校,同时兼为收藏和校理儒家经典的场所。唐高祖武德四年(621 年)初于门下省置“修文馆”。武德九年(626 年)改称“弘文馆”。因置于京师弘文殿侧而得名,含有弘扬文教之意,仍隶门下省。馆内精选在京官员虞世南等贤良文学之士兼任学士(教师),掌校正图书、教授生徒,并参议朝廷制度、礼仪沿革等。武德后,五品以上曰“学士”,六品以下曰“直学士”。贞观后又于馆内置讲经博士。其后,馆名与学官设置有较多的变化。武后垂拱年间,以宰相兼领馆务,号“馆主”。神龙元年(705 年)因避太子李弘讳而改称“昭文馆”,翌年曰“修文馆”。景龙二年(708 年),置大学士四人,学士八人,直学士十二人,以为学官。睿宗景云二年(711 年)又复称“昭文馆”。玄宗开元七年(719 年)又复曰“弘文馆”,隶属门下省。同年始置校书郎、校理、雠校错误等官。长庆三年(823 年)罢详正学士与讲经博士,仅设学士、直学士、直馆。唐弘文馆学生学习内容和考试内容均同国子学,但要比国子生、太学生低。宋代沿设弘文馆,为崇文院三馆之一,掌藏经、史、子、集四部图籍,以及修写校雠等事物。置大学士,以宰相兼之;别置直馆、判官等教职。元丰改制后并归秘书省。辽沿设,有直学士等员。明初仿唐制亦设弘文馆,旋废。宣德年间又建弘文阁,后并入文渊阁。《旧唐书·儒学传上》:“(太宗)及即位,又于正殿之左,置弘文学馆,精选天下文儒之士虞世南、褚亮、姚思廉等,各以本官兼置学士,令更日宿直。又召勋贤三品以上子孙,为弘文馆学生。”

(6)广文馆

唐玄宗时专为诸州来京应试落第之学子而设的临时性补习学校。广文馆为唐代国子监所辖七馆之一,创设于天宝九年(750 年),位置在长安务本坊西北隅,任务是培训落选的乡贡士人,为来年再次参加进士科考试做准备。广文馆置广文博士、助教各一人,品秩同太学。《通典·职官·诸卿下·国子监》:“大唐天宝九载,置广文馆学生进士,广文馆博士一人,助教一人,并以文士为之。”《旧唐书·玄宗纪》:“(天宝九载,即 750 年)秋七月己亥，国子监置广文馆，领生徒为进士业者。”宋王谠《唐语林》卷5：“天宝中，国学增置广文馆，在国学西北隅，与安上门相对。廊宇粗建，会十三年，秋霖百余日，多有倒塌，主司稍稍毁撤，将充他用，而广文寄在国子馆中。寻属边戈内扰，馆宇至今不立。”五代沿置。宋于哲宗元祐七年（1092年），置广文博士四人，助教二人，规定凡试国子监者，须先补中广文馆生，目的是“以待四方游士试京师者”，学生增加到二千四百人，学生“就试试已，则生徒散归”。广文馆学生则称为广文生，享受廪膳待遇，参加国子监的重要活动，历年应试进士及第的很多。绍圣元年（1094年）废黜，“罢广文馆，其额悉复还之开封府国子监”。

（7）三学（三馆）

唐宋时期三类中央官学国子学、太学、四门学的合称。都皆隶属于国子监，均为教习儒家经典的经学学校。三者不同之处唯在入学者家庭背景有别，即文武三品以上官吏子孙得入国子学，五品以上官吏子孙得入太学，七品以上及平民之俊异者得入四门学。《新唐书·儒学传上》：“广学舍千二百区，三学益生员，并置书、算二学，皆有博士。”

（8）六学（六馆）

六学是唐代国子监下辖之国子学、太学、四门学、律学、书学、算学的总称。《旧唐书·职官志二》：“（国子监）祭酒、司业之职，掌邦国儒学训导之政令，有六学。一国子学、二太学、三四门学、四律学、五书学、六算学也。”其中国子学、太学、四门学三学设立于高祖武德元年（618年），均为学习儒家经典的经学学校，属大学性质，宗旨是培养为统治阶级服务的从政人才，区别只在于入学者的家庭官阶和门荫地位有高低之不同。国子学收文武三品以上高级官宦子孙，限额三百员；太学收文武五品以上中级官员子孙，限额五百员；四门学收文武七品以上低级官员子孙，限额百员；另收地方庶民之俊秀青年八百名，入学年龄在十四至十九岁之间。在学最长时间为九年，学生分班习经。博士、助教分经教授，一经习毕，方可习另一经。三学学生习通二经或三经且通过考试者，可出监参加考试。留监者三学依次升补：四门学学生可升补太学生，太学生可升补国子学。书学、算学、律学则属于国家专科大学性质。前两者设于唐初贞观二年（628年），律学则设于贞观六年（632年）。此三学初隶属国子监，但在龙朔三年（663年）以后，皆归隶本行业主管机构：书学隶属于兰台、算学隶秘阁（秘书局）、律学隶详刑寺。虽然隶属不一，但仍并称六学。书、算、律三学入学者身份相同。八品以下官员子弟及庶人通其学者皆可入学。学成毕业可参加科举考试以进入仕途。六学学生均要行束脩之礼。《新唐书·百官志三》：“六学束脩礼督课试举，皆如国子学。”六学除接纳本国宦官子弟外，尚承接邻国派遣之留学生。唐玄宗天宝九年（750年）增置广文馆于国子监，前者六学而称“七学”或“七馆”。宋无六学之名，但唐之所设一仍其旧。金仿唐制亦置六学，《金史·章宗本纪》：“国子祭酒刘玑率诸生上表陈情。”《北史·刘芳传》：“案郑注《学记》，周则六学所以然者，注云‘内则设师保以教，使国子学焉；外则有太学庠序之官’。此其证也。”

又因唐代六学（六馆）通归于国子监，所以又有以六馆借指国子监者。唐韩愈《太学生何蕃传》：“于是太学六馆之士百余人，又以蕃之义行，言于司业杨先生诚请谕留蕃。”明代国子监分设正义、崇志、广业、修道、诚心和率性六堂，亦统称六馆。明宋濂《送国子正苏君还金华山中序》:"平仲将行,率六馆之士祖饯于龙江之上。"《明史·陈敬宗传》:"(迁国子监祭酒)立教条,革陋习。六馆士千余人,每升堂听讲,设饯会食,整肃如朝廷。"

(9)七学

七学特指唐代中央官学国子监所辖之国子学、太学、四门学、律学、书学、算学和广文馆。《新唐书·百官志三》:"国子监掌儒学训导之政,总国子、太学、广文、四门、律、书、算,凡七学。"

(10)律学

唐沿袭设置律学,隶属于国子监。设律学博士三人(创设一人),助教一人,招收八品以下及庶人子弟为生徒,以律令为专业,兼习格式、法例。后设典学二员,定学生为二十人。高宗显庆三年(658年)废学,律学改隶大理寺。龙朔二年(662年)复置学,律学再次隶属于国子监。宪宗元和初年(806年),东都置律学学生五员。学生学成通过科举明法科考试,进入仕途。

(11)医学

唐宋时期医学大为发展,中央、地方均设医学。唐高祖武德七年(624年)于太常寺设置太医署,内设医学。《旧唐书·太宗纪上》:"(贞观三年,即629年)九月癸丑,诸州置医学。"唐代医学设置较为普遍,但随着政局的变化,时兴时废,发展极不稳定。《新唐书·百官志》:"贞观三年(629年)置医学,有医药博士及医生。开元元年(713年)改医药博士为医学博士,诸州置助教,写《本草》、《百一集验方》藏之。未几,医学博士、学生皆省,僻州少医药者如故。开元二十七年(739年),复置医学生,掌州境巡疗。永泰元年(765年),复置医学博士。"唐代中央医学分医、针、按摩、咒禁四科(系)施教,每科设置博士、助教等以掌教职。学生也有定额。《新唐书·百官志》载,"医博士一人,正八品上,助教一人,从九品上","医生四十人";"针博士一人,从八品上、助教一人,针师十人,并从九品下","针生二十人","按摩博士一人,按摩师四人,并从九品下","按摩生十五人","咒禁博士一人,从九品下","咒禁生十五人"。各科均有特设教学内容。其中医科为太医署之最大科,下设五个分科(专业),《旧唐书·职官志》:"一曰体疗(相当于内科);二曰疮肿(相当于外科);三曰少小(相当于儿科);四曰耳目口齿(相当于五官科);五曰角法(传授拔火罐一类的治疗方法)。"各分科均以《本草》《甲乙经》《脉经》为基本教材,但各科所学时间不一:体疗科学习时间七年,疮肿科与少小科各学习五年,耳目口齿科学习四年,角法科学习三年。针科学习《素问》《脉经》《明堂脉诀》《神针》等。要求学生掌握人体针脉孔穴之道,"使识浮沉滑涩之候","又以九针为补泻之法"。按摩科专门研究人体内部各种疾病,学习消息导引之法,治疗风寒暑湿饥饱劳逸及损伤折跌之疾,此外尚兼习骨伤。《旧唐书·职官志》:"(按摩科)掌导引之法以除疾,损伤折跌者,正之。"咒禁科学习使用咒禁手段,驱逐邪恶病痛。《新唐书·百官志》:"(咒禁科)掌教咒禁拔除为厉者,斋戒以受焉。"五科学生总计八十人,由学校供给膳食。各科皆有严格的考试制度,评定成绩既注重医学基础知识,又重临床实践。根据成绩之优劣,量材录用。或医师,或为医工。唐肃宗乾元元年(758年)以后,医学入仕亦仿效科举,进行考试,《唐会要》卷82载,"各试医经方术策十道:《本草》二道、《脉经》二道、《素问》十道、张仲景《伤寒论》二道、诸杂经方义二道。通七以上留，已以放”。医学每月、季、岁都有严格考试，分别由本科博士、太医令丞和太常丞主考。学习期满并通过毕业考试者，量材授官，其待遇与国子监诸生相同。另外，唐代还有兽医学附设于太仆寺，《新唐书·百官志》：“兽医博士四人，学生百人。”唐代的医学教育除太医署外，有的州还建有地方性医学教育机构。

上州医学，在四万户以上置医学博士、助教各一人，学生十五人。

中州医学，在一至二万户置医学博士、助教各一人，学生十二人。

下州医学，在一万户以下置医学博士、助教各一人，学生十人。

都督府医学，在各都督府置医学博士、助教各一人。大、中都督府招学生十五人，下都督府招学生十二人。

京都府医学，在府、京兆、河南、太原等府设医学博士一人，助教一人，学生二十人。

府州医学，在府州设医药博士及学生。开元元年（713 年）改医药博士为医学博士，诸州置助教，不久废除。开元二十六年（738 年）复招医学生，掌州境巡疗。永泰元年（765 年），复置医学博士。京兆、河南、太原三府及都督府、上州、中州，各有助教一人。京兆等三府及都督府、上州学生二十人，中州、下州学生各十人。以后各代亦常于府州设医学。

隋唐时期是中国医学史上医学教育最为先进的时期之一。当时的医学教育不但沿袭着家传或师徒相授的优良传统，更开创并发展了学校式的医学教育。其规模之大，教学目标之高，课程设置之完备，考核之严格，教育制度之先进等皆为前代所未见，且对后世中国传统医学教育的发展奠定了坚实的基础。

（12）药园

唐代医学除四科以外，另将中央药学设于药园，教授学生掌握各种药物知识。药园设府二人、史四人、掌故四人、主药八人、药园师二人、药园生八人、药童二十四人。《新唐书·百官志》：“庶人十六以上为药园生，业成者为师。”药园未设博士、助教之职，而由药园师负责药园生的教育，并承担医科、按摩科、咒禁科学生学习《本草》、辨药形、识药性。另外药园师还掌“以时种莳，收采诸药”、“辨其所出土，每岁贮纳，择其良者而进焉”。唐太医署所设药园是中国历史上最早的药用植物园，它的设立使得医学生、药学生有了从事辨药、识药的实践机会，这也是我国古代药学专科教育的开始。

（13）算学

唐因隋制，贞观年间大兴学校，特于贞观二年（628 年）再置算学于国子监。贞观四年（630 年）罢置。显庆元年（656 年）复于国子监置算学博士二员、算学助教一员，掌教八品以下子弟及庶人通算学。显庆三年（658 年）罢黜。龙朔二年（662 年）复置算学于国子监，翌年改隶秘阁（秘书局）。唐算学设博士二人；助教一人，为博士之副；典学二人，为助教之助；学生三十人。规定文武八品以下及庶人之子善通算学且年龄在十四至十九岁者皆可入学。学习期限七年。课程分两组，各十五员。其中《孙子算经》《五曹算经》学一年；《九章算术》《海岛算经》学三年；《章丘建算经》《夏侯阳算经》各学一年；《周髀算经》《五经算术》学一年；《缀术》学四年；《缉古算经》学三年。此外尚须学习《记遗》《三等数》等。唐算学将算学教学同实地测量、历法推算、水利和建筑工程等实际问题有机结合。要求学生做到"明数造术,详明术理"。学生学成后可参加明算科考试进入仕途。五代王定保《唐摭言·西监》:"两京学生五百五十员……律馆、算馆各十员。"

(14)教坊(云韶府、内教坊、教坊司)

教坊是唐至清代宫廷内教习宫廷宴会、祭祀音乐歌舞之中央专科学校。唐代立国之初高祖于禁中置教坊,以教习音乐,其官隶太常寺,是为教坊设立之始。武后如意元年(692年)改称"云韶府",以宦官为使。神龙年间恢复旧称。玄宗开元二年(714年),置教坊于蓬莱宫侧,京都又置左、右教坊,以教俗乐,以中宫教坊为使。自是教坊不隶太常。唐教坊设有音声博士、第一曹博士、第二曹博士,以培养舞乐人才。教坊生员曾达两千余人。《新唐书·百官志三》:"开元二年(714年),置教坊于蓬莱宫侧,京都置左右教坊,掌俳优杂前剧。"凡祭祀朝会用太常雅乐,岁时宴飨则用教坊诸部乐。

(15)梨园

唐玄宗时设梨园于内廷,旨在培养舞乐人才之中央专科学校。梨园以教习、演奏法曲为主。因设在禁苑梨园旁,因此得名。唐初雅俗之乐皆由太常寺之太乐署掌教。唐玄宗精通音律,创作的《霓裳羽衣舞》高出众舞之上。唐玄宗以太常礼乐之司,不应典倡优杂技,乃更置左右教坊以教俗乐。据记载,唐玄宗曾多次亲自到梨园教授歌舞。时称到此处受教艺者为"梨园弟子"或"皇帝梨园弟子"。梨园由宫廷派中官主管,当时著名的乐师有李龟年、雷海青等。另外,长安太常寺属下有梨园别教院,东都洛阳太常寺有梨园新院,皆为培养音乐人才的基层机构。别教院和新院为教坊选拔人才,教坊坐部伎为内廷梨园选拔人才。唐时梨园教育采用的是师带徒的办法,学员一面学习,一面工作,进行职业性训练,从而把教育、研究和行政三者有机地结合起来。《新唐书·礼乐志十二》:"玄宗既知音律,又酷爱法曲,选坐伎部子弟三百,教于梨园,声有误者,帝必觉而正之。号'皇帝梨园弟子'。宫女数百,亦为梨园弟子,居宜春北院。"

(16)习艺馆(内文学馆、翰林内教坊)

习艺馆是唐代专门教官人学习经、史、书、算及其他众艺之中央专科学校。本名"内文学馆",区别于武德二年(619年)李世民于宫城西所设立的"文学馆"。武后时改为习艺馆,寻又更名为翰林内教坊,设内教博士十八人。五人教经学,三人教史、子、集、缀文,二人教楷书,庄老、太一、篆书、律令、吟咏、飞白书、算、棋各一人,开元末废。

(17)崇玄学(崇玄馆、崇元学、通玄学、通道学)

崇玄学是唐代特设以教习玄学,培养道教人才之中央、地方两级专科学校。隶属上书省下辖之祠部。唐初统治者认为道教徒资助兴唐有功,加上唐朝统治者姓李,李唐统治者为了提高其门第,神化其统治,以对抗门阀士族的传统强大势力,巩固其统治地位,于是利用道教所奉的教主老子姓李,尊老子为始祖。唐玄宗李隆基自即位之日起,便大力推进开国以来的崇道政策,以提高道教地位,促进道教的发展,从而形成了唐代道教的全盛局面。其中在中国道教史上具有重大影响的事件就是崇玄学的创设。开元二十九年(741年)正月,制令两京(京师长安,东都洛阳)及诸州各置崇玄学。两京崇玄学各置生徒百人,诸州无常员。令习《老子》《庄子》《文子》《列子》,谓之"四学"。每岁准明经例考试,称为"道举"。唐制,规定道举制度,以"四子真经"开科取士,并设置玄学博士。

崇玄学生学习期满，可随贡举人例，给予相应的待遇。崇玄学的设立影响了以后道教的传播。《新唐书·选举志上》："（玄宗开元）二十九年（741 年），始置崇玄学，习《老子》、《庄子》、《文子》、《列子》，亦曰道举。其生，京、都各百人，诸州无常员。官秩、荫第同国子，举送、课试如明经。"又《新唐书·百官志三》："开元二十五年（738 年）（按：与《选举志》记载不同），置崇玄学于玄元皇帝庙。天宝元年（742 年），两京置博士、助教各一员，学生百人，每祠享，以学生代斋郎。二载（天宝二年，即 743 年），改崇玄学曰崇玄馆，博士曰学士，助教曰直学士，置大学士一人，以宰相为之，领两京玄元宫及道院；改天下崇玄学为通道学，博士曰道德博士，未几而罢。宝应、永泰间（762—765 年），学生存者无几。大历三年（768 年），复增至百人。"唐高彦休《唐阙史·太清宫玉石像》："明皇朝，崇尚玄元圣主之教，故以道举入仕途者，岁岁有之。"清顾炎武《菰中随笔》："有道举，元宗时开元二十九年（741 年）始置崇元学，习《老子》、《庄子》、《文子》、《列子》，亦曰道举。"

2. 唐代的地方官学

唐代地方学校继承北魏地方学制的成果，进一步完善。唐代规定，府有府学，州有州学，县有县学，依府、州、县大小分为大、中、小三等，确定学校规模。这些地方学校都以学习儒家经典为主。此外，在府、州两级还设有医学。

地方学校的学生一般都是庶族子弟，学生的出路有两条：一是能通一经者，可升入中央四门学；二是其他的可参加地方科举考试，通过科举进入仕途。这样，加强了中央与地方在学制上的衔接，给有志求学者以进取的机会。

唐代的地方官学也有直系和旁系之分。直系的学校，在京都有京都学，在府有府学，在州有州学，州府以下有县学，县内又有市学与节镇学。其中府、州、县学相当于中学性质，毕业生既可升入中央官学之四门学，充当"俊士"，又可直接参加科举考试。节镇学、市学则属于小学性质。地方上的旁系学校有各府州县设立的县学和"崇玄学"。

（1）县学

唐代根据户口数及政治、经济条件，将县划分为京、畿、上、中、中下、下六等。凡县皆设经学博士、助教各一人。京县学生五十人，畿县和上县学生四十人，中及中下县各二十五人，下县二十人，均由该县长官选拔。毕业生员经州试后送尚书省参加考试。开元七年（719 年），玄宗下令从州县学中选拔若干生员入四门学为俊士。

唐代规定六千户以上为上县，设博士一人，助教一人，学生四十人。二千户以上六千户以下为中县，设博士一人，学生二十五人。一千户以上、二千户以下为中下县，设博士一人，助教一人，学生二十五人。一千户以下为下县，设博士一人，助教一人，学生二十人。

唐代的京县有长安、万年、河南、洛阳、太原和晋阳等。每县设经学博士一人，助教一人，学生五十人。

（2）府州崇玄学

唐代于府州设教习玄学的地方官学。开元二十九年（741 年）诏令诸府州设崇玄学各一所，置玄学博士及学生，学习《道德经》《庄子》《文子》《列子》，允以明经例考试。天宝二年（743 年）改诸州崇玄学为通道学，博士为学士。

传统教育如何更好地适应社会的发展,经过秦汉以来数百年的反复探索,到唐代终于形成了一个较为理想的教育模式。唐代的学校体制更能适应和满足封建社会的发展需要,主要体现在:

第一,整个学校体制形成了一种多学科并举的教育格局,能从政治、经济、科技、文化等方面满足社会发展的需要。

第二,中央官学与地方官学的完备,满足了中央与地方发展教育的需要,对培养各方面人才创造了较好的条件。

第三,它既照顾了士族子弟的利益,又满足了庶族子弟奋发上进的需要,这对于扩大和巩固封建统治的阶级基础十分有利。

(二)教育管理

唐代建立了教育的专门管理机构,大征天下儒士为学官,学校教育各项制度日臻完备。中央官学和地方官学都确定了编制,并载入《五典》(刊载典章制度的书),作为国家教育的基本法令。

1. 教育行政管理机构

唐的教育行政管理机构是国子监。唐高宗贞观元年(627 年),改国子学为国子监,主管教育行政,隶属于太常寺。国子监设祭酒一人,从三品,为教育最高长官。下设司业二人,从四品下,协助祭酒掌邦国儒学训导之政令。设丞一人管理六学学生的学业成绩。设主簿一人,记录学生在校表现。对不率师教,学业无成,违反纪律者开除学籍。

唐国子监管辖国子学、太学、四门学、律学、书学、算学等京都六学。玄宗天宝年间又增设广文馆,至此国子监所辖凡七学。但情况也有所变化。如龙朔三年(663 年)唐高宗下诏:"以书学隶兰台,算学隶秘阁,律学隶详刑寺。"①由此,书、算、律三学正式并归本行业业务主管部门领导与管辖,而脱离国子监。

唐代国子监曾经几次易名,贞观二年(628 年)复置监,为管理中央学校的专设机构,设祭酒、司业为正、副长官,并以官兼师。总国子、太学、广文、四门、律、书、算七学。掌教者有博士、助教、直讲。龙朔二年(662 年),改称司成馆(祭酒改称大司成)。咸亨元年(670 年)恢复旧称。武后垂拱元年(685 年),又改称成均监(祭酒改称成均祭酒)。神龙元年(705 年)复旧。据《新唐书·百官志三》记载:"国子监,祭酒一人,武德初,以国子监曰国子学,隶太常寺,贞观二年复曰监。龙朔二年,改国子监曰司成馆,祭酒曰大司成,司业曰少司成。咸亨元年复曰监。垂拱元年,改国子监曰成均监。"另外,唐时国子监亦有称"学曹"者。唐张籍《酬浙东元尚书见寄绫素》诗:"越地缯纱纹样新,远封来寄学曹人。"

唐龙朔二年(662 年),在陪都洛阳增置东都国子监,最初有国子学、太学、四门学、书学、算学。天宝九载(750 年)复置广文馆,元和初又置律学。学官、学生分为京师、东都两地教授。

唐显庆三年(657 年)以后,合称西京长安和东都洛阳为"两京",两京各设国子监一

① 《旧唐书》卷 4《高宗本纪》。

所，分别称为“西监”、“东监”，并称“两监”。五代王定保《唐摭言·两监》：“按《实录》西监，隋制；东监，龙朔元年（661 年）所置（《旧唐书·高宗纪》以东都初置国子监系于龙朔二年正月）。开元以前，进士不由两监者，深以为耻。”

府、州、县学由地方官府的长史、丞掌管，学生由其补选，毕业试与报考地方科举的乡贡共同举行，中选者送尚书省参加科举考试。

此外，隋唐时期还有中央医学教育行政管理机构、医学教育场所和医疗单位。早在南北朝时期我国即有太医署的设置。隋沿置太医署，作为医学教育机构，隶门下省之太常寺。隋太医署下设医、咒禁、按摩三科。各设博士及助教二人，以授生徒。据《隋书·百官志下》载：“太医署有主药二人，医师二百人，药园师二人，医博士二人，助教二人，按摩博士二人，咒禁博士二人。”

唐因隋制于高祖武德七年（624 年）设太医署，隶中书省之太常寺，下设医学和药学两个教学机构，并附设药园，招收青年充当药园生，培养药学人才。药园还置药童二十四人，主药八人。医学又下设五个分科（专业），各科均设博士一人，领其教职，学生亦均有定额。其中医科规模最大。在共同学习《神农本草经》《脉经》《针灸甲乙经》等基础知识之后，再细分体疗、疮肿、少小、耳目口齿和角法五个专业肄业，在学年限分别为七、五、五、四和三年。太医署有严格的考试制度，每月、季、年终皆有考试，考生按考核成绩之优良程度，分别被授予医师、医工等职。据《新唐书·百官志三》载：“太医署，令二人，从七品下；丞二人，医监四人，并从八品下；医正八人，从九品下。令掌医疗之法，其属有四：一曰医师，二曰针师、三曰按摩师、四曰咒禁师。皆教以博士，考试登用如国子监。医师、医正、医工疗病，书其全之多少为考课……医博士一人，正八品上；助教一人，从九品上。掌教授诸生以《本草》、《甲乙》、《脉经》，分而为业。”唐代之太医署是当时世界上最早、规模最大、组织最完备的医学校。太医署除直辖有“医学”外，本机关亦设医学博士，招纳生徒，培养医务人才。所以，太医署既是行政机关，又是教育场所。

2. 官学的管理制度

官学有放假制度，经常性的为“旬假”，在每次旬考后放假一天。季节性的为“田假”和“授衣假”，田假在阴历五月农忙时，授衣假在阴历九月预备换冬装时，每次各放假一个月，准许学生回家探亲。家离学校路程较远，或有大事，还允许酌情延长假期。但已予延长而逾期过多，则令其退学。“诸学生通二经，俊士通三经已及第而愿留者，四门学生补太学，太学生补国子学。每岁五月有田假，九月有授衣假。”①

官学还注重建立考试制度，有旬试、岁试和毕业试。旬试于旬假前一天举行，由博士主持，主要检查学生这九天学习的情况，分读和讲两种形式，学生可任选其中一种。选择读经者，要读经三千言，每一千言中试一帖，帖三言，共三帖九言，通二为及格。选择讲者，讲经文六千言，每二千言问大义一条，总三条，通二为及格②。如果在旬试中“通一及全不通，酌量决罚”③。岁试的考核，问大义十条，通十为上，通六为中，通五为下；连续三

---

①② 《新唐书》卷 44《选举志上》。

③ 《唐令拾遗》卷 11《学令》。

年不及格者,罢归原籍[1]。《唐六典》卷21载,毕业试由国子监主持,“凡六学生,每岁有业成上于监者,以其业与司业、祭酒试之”。每岁监丞将完成课业者送请祭酒、司业举行毕业考试,及格者送尚书礼部参加省试。如有连续三年下第或九年(律学六年)在学无成者,开除学籍。

(三)家庭教育

在中国古代,人们的理想人生模式是“修身、齐家、治国、平天下”。其中,修身是家庭教育的重要内容,而齐家则是家庭教育所要达到的理想目标。官员的一言一行,对国家、对社会都具有一定的影响力。正因为如此,官员们的教子之道便会成为人们教育子女的重要参考模式。家庭教育也是教育中不可缺少的环节。“孟母三迁”成就了孟子,这是人们所知的家庭教育的典范。在这里举唐代两个例子来说明家庭教育的重要。

1. 李晟的“西平礼法”

李晟是唐德宗时期著名的大将,身为一介武夫,却从未忽视对子女的教育。李晟的女儿许配给吏部尚书崔枢为妻。一次李晟做寿,其女也从婆家赶来为父亲庆贺。酒宴中,一个侍女来到女儿身旁耳语了几句,女儿听后似乎极不耐烦,但依旧与客人们推杯换盏,谈笑自若。后来在侍女的再三催促下,女儿才被迫退席。可是很快,女儿就又回到了宴席上。这一幕被李晟看到了,便招来女儿问个明白。女儿答道:“刚才侍女来报,昨晚我婆婆得了一场小病,我看也没有什么大不了的,便派人回婆家代我去看望婆婆了。”李晟听罢大怒,对女儿说道:“你真是个没有教养、不懂礼仪的女儿啊!你的婆婆病了,你作为媳妇,就应该在婆家侍奉左右,要像对待自己父母一样孝敬公婆,这才是我李家知书达理的女儿啊。”女儿听从了父亲的训教,急忙赶回婆家照料婆婆去了。而李晟也在宴会结束后,亲自来到崔家看望亲家,同时对自己疏于对女儿的管教表达了深深的歉意。李晟教女的故事在当时传为美谈,由于李晟曾被封为西平郡王,因此李家的家法也被时人称为“西平礼法”,成为一时的表率。

2. 柳氏家族家法严谨

唐代柳公绰一门显贵,柳公绰与其弟柳公权、其子柳仲郢、其孙柳璧、柳玭等皆至高官。柳家也以治家严谨闻名于世,柳氏家法成为时人教育子孙的榜样。柳公绰对子女们要求十分严格,到灾荒的年月,尽管家中储备甚足,但摆在子侄们面前的却始终是一碟菜。他还经常让他们吃野菜,对他们说:“你们爷爷在世的时候,曾经因为我们兄弟学习不好,就不给我们肉吃,我们终身没有忘记他老人家的教诲啊!”柳家子侄们很受教育。柳公绰试图通过这种方法,教育子孙一方面要勤俭持家,同时还要勤学苦读。

柳公绰十分重视长幼之序,他在外任官时,一次其子柳仲郢前来看望。柳公绰要求他在距离衙门很远的地方就要下马,以示对长辈的尊敬。同时还要求他要尊重府中的各种职员,不要因为职位低而轻视他们,也要对他们行晚辈之礼。在严谨家法的影响下,柳玭写下了《诫子弟书》和《柳氏序训》,从做人到治家,集中体现了柳氏家法的精髓。

① 《新唐书》卷44《选举志上》。

第三节　五代十国时期的私学

五代十国时期，战乱频繁，每一个短暂王朝的首要任务是为战争作准备，在征战中求生存，实在难于办教育。统治者往往更现实地只看重武力、财力，对文士普遍持轻视态度。后汉隐帝时宰相王章把文士比作珠算子："此等若与一把算子，未知颠倒，何益于事！"①在他们看来对于国家有益的是财与兵，"为国家者，但得帑藏丰盈，甲兵强盛，至于文章礼乐，并是虚事，何足介意也"②。如何谈得上发展文化教育？官方教育处于衰微之中。欧阳修在《新五代史·一行传》序中说："五代之乱极矣……干戈兴，学校废，而礼义衰，风俗隳坏。"官学衰弱，教育为私学所主导，私学成了占主导地位的教育形式。但在动荡的社会里，私学不可能有蓬勃的发展。同时，由于南方战祸较少、相对安定以及江南的开发等原因，使得南方地区的私学要优于北方。

一、五代十国私学的发展

1. 五代的教育

五代后周时期，将国子监改为国家最高学府。据宋李焘《续资治通鉴长编》卷 3 载："周世宗之二年(955 年)，始营国子监，置学舍。上既受禅，即诏有司增葺祠宇，塑绘先圣、先贤、先儒之像，上自赞孔、颜，命宰臣两制以下分撰余赞，车驾一再临幸焉。"后梁"开平中，加守太师、兼中书令，邑万户……"由此可见官办教育的存在。但是，唐末及五代，中原地区藩镇割据，连年用兵，官立学校，有名无实。私学由于受战乱的影响，也没有十国发达。从事教学是古代知识分子的一种主要职业，无其他特长的文士往往借此维生，其中有一些学者仍孜孜不倦地致力于教育文化事业，希望从教育人手，扫清礼衰俗坏之敝，实现社会的安定。因此，五代私学较之官学略有发展，也确实造就了一批人才。

社会动乱，仕途险恶，许多文士往往隐居乡间教授生徒赖以生存。如梁太祖朱温的父亲朱诚，曾在乡里教授《五经》，以维持生计，"梁太祖，父诚，以《五经》教授乡里"③。对于下层的文士来说，教书育人确实是一个很好的谋生手段。世家大族的学者热心教育，其目的并不是仅仅为了维持生计，他们的所作所为更为难得。如石昂，"家有书数千卷，喜延四方之士人，士无远近，多就昂学问，食其门下者或累岁，昂未尝有怠色……昂父亦好学，平生不喜佛说，父死，昂于柩前诵《尚书》，曰'此吾先人之所欲闻也'"④。

一些学者育人不倦，后来官任高职，仍热心教育，提携后辈。如后梁罗绍威，喜与文士交往。他在家开学馆，筑书楼，藏书万卷。"开平中，加守太师、兼中书令，邑万户……

---

① 《旧五代史》卷 107《王章传》。

② 《旧五代史》卷 107《杨邠传》。

③ 《新五代史》卷 1《梁太祖本纪》。

④ 《新五代史》卷 34《石昂传》。

性复精悍明敏，服膺儒术，明达吏理。好招延文士，聚书万卷，开学馆，置书楼，每歌酒宴会，与宾佐赋诗，颇有情致。"①又如后晋宰相和凝，有教无类，对于后辈之士悉心教导，甚至助其谋职。"又好延纳后进，士无贤不肖，皆虚怀以待之，或致其仕进，故甚有当时之誉……有集百卷，自篆于板，模印数百帙，分惠于人焉。"②官学与私学是中国古代社会两种不同的教育形式，动荡的社会中官学衰微，必然促进私学的发展。春秋战国，魏晋南北朝两个乱世都是中国私学发展的重要时期。只是五代时期北方私学并没有得到充分发展，当时私学的发展主要在南方。

2. 十国的私学

相对于北方的战乱不断，南方的社会环境要安定得多。当时杨行密割据江淮，阻止了朱温的南下，避免了北方的战乱波及长江流域；南方各国都奉行保境息民的政策，避免南方自身大规模战乱的产生。南方诸国社会稳定，经济得以继续发展，经济的发展为私学发展提供了经费支持。当时许多北方人口大量南迁，南方人口超过北方；经济和文化重心转向长江流域。

五代十国是我国私学发展的一个重要时期，其发展的最突出的表现是书院，这一新型的教育形式得到进一步发展。宋朝人朱熹也在《衡州石鼓书院记》中讲到，"前代庠序之教不修，士病无所于学，往往相与择胜地，立精舍，以为群居讲习之所"。社会动荡，官学衰败，书院、精舍是当时学子最好的学习场所，也是许多士人乱世保身授徒的地方。五代所新办的书院则大多集中于南方。据李国钧《中国书院史》一书的统计，在五代时期一共有十四所新建立的较出名的书院，其中北方占三所，其他十一所主要在南方的长江流域，具体如下③：

江西：华林书院（奉新县）、梧桐书院（奉新县）、匡山书院（泰和县）、留张书院（宜丰县）、云阳书院（永修县）、光禄书院（吉安县）。

浙江：上贵精舍（淳安县）。

福建：蓝田书院（古田县）。

湖南：天宁书院（桃园县）、石山书院（攸县）、文山书院（澧县）。

这里所举的书院只是当时书院教育的一部分，五代时期书院远不止这些。有些书院自唐代创立，至五代时仍焕发着强大的生命力。如江州陈氏创办的东佳书院，开始创建于唐大顺年间，至五代陈衮时又对其进行扩建。"衮以为族既庶矣，居既睦矣，当礼乐以固之，诗书以文之，遂于居之左二十里曰'东佳'，因胜据奇，是卜是筑，为书楼、堂庑数十间……子弟之秀者，弱冠以上皆就学焉。"④陈衮不是东佳书院的创立者，但鉴于族众的增加，从而增广书院，以教子弟之秀者。家族书院与一般家塾不同，也招收外姓子弟，实行开放办学。

① 《旧五代史》卷14《罗绍威传》。

② 《旧五代史》卷126《和凝传》。

③ 李国钧．中国书院史．北京：人民教育出版社，1990：26—31.

④ 《全唐文》卷888《陈氏书堂记》。

五代时期的书院与唐代的书院情况有相通之处，这些书院或为当时世家大族创办的家庭书院，或为讲学授徒之所，或为私人读书之地。后世不少出名的书院都起源于五代，所以说五代是我国书院教育基本成型的时期。

南方相对稳定的社会环境，吸引了许多文士到南方隐居讲学。如方昊生于唐末，唐亡后，耻仕于霸权，遂归隐山林。"武肃王常招之不肯往，聚徒讲学于上贵精舍，以终其身。乡人化之，称为静乐先生。"①在精舍讲学，是教学条件比较好的，这在私学中所占的比重较少。当时大部分人则是退居乡里教授学子，这是大多数士人在乱世中保全自己的办法。如伍德普，"少积学，隐居教授，终身以渔钓为乐"②。又如曹衍因为不得志，遂断绝仕念，隐居教学，"曹衍，以布衣子屡献文章，不见用，退居乡里教授"③。

同北方士大夫一样，南方许多士人在任官后仍不忘教育，教授提携后进。韩熙载是一位多才多艺的文人，他尤其擅长碑碣，许多人不远千里来求，人称其"韩夫子"。韩熙载十分奖励后进之士，许多文士都与他交往。"（韩熙载）性喜提奖后进，见文有可采者，手自缮写，仍为播其声名。"④又如吴越国忠懿王的次子钱惟演，博学能文，文辞清丽，"名与杨亿、李筠相上下……尤喜奖励后进"⑤。正是有这些士大夫的提携，许多后进之士都步入了仕途，有的还居高位。这也说明"学而优则仕"，私学也担负起了传承祖国文化、发展教育、培养官员的任务。

学者们孜孜不倦努力教授乡徒，乡民中也不乏苦学之士。如孙鲂，曾追随郑谷学诗，学得其体法的精髓。"（鲂）性聪明好学。故唐末都官员外郎郑谷避乱江、淮，鲂从之游，尽得其诗歌体法。吴时文雅之士骈集，鲂遂与沈彬、李建勋为诗社。"⑥又如儒士殷文圭，"居九华山苦学，所用墨池，底为之穴……事太祖父子，掌书记。以文章著名"⑦。

五代十国时期，政局动乱，统治者在面临诸多重大问题面前，只得把教育置于次要地位。加之政权更迭频繁，教育政策难以持续。官学在这一时期时兴时废，呈现一种衰微的趋势。但是私学却在一直延绵不断地发展，出于对祖国文化的重视、对传播文化的责任感、对教育的热爱、对现实生存的需要，许多文士仍纷纷招徒讲学，培养后辈人才。因此，五代十国私学能突破时局动荡等发展条件的限制，仍然在坎坷不平中继续向前发展。

3. 五代十国私学的基本情况

(1)教学的内容

私学教学的内容十分丰富和广泛。除了传统的儒学外，诗学、佛学、道学都是私学教授的内容。此外，文史、天文历算、医学、书画等特长型学问也有教授。

不能解决现实问题的儒学此时已处于次要地位，但仍有人对儒学感兴趣，乐于学习

---

① 《十国春秋》卷88《方昊传》。

② 《十国春秋》卷95《伍德普传》。

③ 《十国春秋》卷75《曹衍传》。

④ 《十国春秋》卷28《韩熙载传》。

⑤ 《十国春秋》卷83《钱惟演传》。

⑥ 《十国春秋》卷31《孙鲂传》。

⑦ 《十国春秋》卷11《殷文圭传》。

儒学。当时许多大儒很有学识，乐于为诸生解经释义。“江梦孙，浔阳人也。博综经史，立行高洁。太和中……补天长令。逾年，弃官去……还家……为诸生讲礼释经义，凡至疑处，辄敛衽曰：‘此科先儒尤多异同，梦孙安敢轻言，诸君自择所长可也。’”①

唐代是诗的鼎盛时期，到了五代十国诗仍为人们所喜爱，上至王公贵族下至一般文士都喜诗。因此，五代乱世，仕途艰难，许多文士纷纷隐居锤炼诗篇，希望以诗求名。如唐求，“无秋毫世虑之想，有所得，即将稿捻为丸，投大瓢中。或成联片语，不拘短长，数日后足成之。后卧病，投瓢于锦江，望而祝曰‘兹瓢倘不沦没，得之者始知吾苦心耳’”②。唐求在卧床之际，仍希望自己的诗作能为后世所知。正是由于文士对诗歌创作精益求精的追求，私学成为私人讲学的重要内容，许多诗学大师都有许多追随者。陈贶是著名的诗学大师，他的弟子很多，许多学子跟随其学诗。“刘洞，学诗于陈贶，精诗不懈，或至浃日不盥。居庐山二十年，长于五字唐律，自号‘五言金城’，得贾岛遗法。”③

五代乱世使一些有远见的知识分子，希望总结历史经验，给关心世事的人们以启发。许多文士专心治史，传授史学。《旧唐书》的编写者张昭远从小就受严格的儒家教育，“未弱冠而遍读九经，尽通其义”。同其他文士一样，他将来走的是科举考试之路。可是在赞皇遇到程生，改变了他的人生轨迹。“后至赞皇，遇程生者，专史学，以为：专究经旨，不通古今，率多拘滞，繁而寡要；若极谈王霸，经纬治乱，非史不可。”正是程生的一席话，使张昭远茅塞顿开，转而专攻史学。“五七年间，能驰骋上下数千百年事，又注十代兴亡论。”④

绘画是五代艺术门类中艺术成就最大的一门。唐末五代，士人纷纷南下，南唐和两蜀的翰林院内安置了一批画家，一时名家辈出。特别是两蜀，由于蜀主的提倡，绘画特别发达，私人间传授绘画的人很多。前蜀刁光胤是位绘画大师，其尤工画湖石花竹之类。他的众多弟子中，黄筌、孔嵩得其衣钵。“刁光胤，工画湖石花竹猫兔鸟雀之类。黄筌、孔嵩皆师事之。议者谓孔类升堂，黄得入室。”⑤黄筌不只师从刁光胤一人，他博采诸家之长，融为一体。“花竹师滕昌佑，鸟师刁光（即刁光胤，宋人必太祖讳，去‘胤’），山水师李界，鹤师薛稷，龙师孙遇，然其所学，笔意豪赡，脱去格律，过诸公为多。”⑥

（2）教与自学

追随名师学习，是五代教学的一大特色。当时许多教学名师有许多学子跟随学习，陈贶，“学者多师事之”，刘洞、江为是众多学生中较为出众的。另一教学名师刘亨也有大量的学生，“时诸生近百余人。以其令闻素著，咸以师礼事之”。学问深厚，师德又高尚的大师受到了学生的爱戴，四方游学之士不远千里负笈求学。

五代很多学生的学习以自学为主，辅以名师的指导。伍乔学《易》，全靠自己数年精微探索，才有所得；刘洞学诗虽有陈贶的指导，但他在庐山居住的二十多年中，勤思苦学，

---

① 《十国春秋》卷10《江梦孙传》。

② 《唐才子传校笺》卷10《唐求传》。

③ 《十国春秋》卷31《刘洞传》。

④ 《宋史》卷263《张昭传》。

⑤⑥ 《十国春秋》卷56《黄筌传》。

曾十天不洗盥。后来深得贾岛笔法，自号“五字金城”。

(3)教学场所

五代十国私学的教学场所主要有以下几个类型：一是私家书院，一般是世家大族或退隐官僚因家底殷实，族中子弟众多，故大多延名师于书院，以教本族或外姓子弟。如窦氏书院，“礼文行之儒，延置师席”①。二是教师自己隐居的山间的住所，如多岳，“寓铁锋，教授生徒，门下多知名士”②。三是教师之家作为教学场所，如廉若，“建州建宁人，与妻杨氏隐居县东，教授乡党，以行宜称”③。

二、五代十国私学的作用

1. 推动教育的发展

(1)有利于教育的普及

私学与官学在办学体制上有很大的不同。私学招收学生没有等级差别，无论贫富贵贱，只要愿意学习，均可入学。这样，私学教授的学生范围十分广泛，遍及社会的各个阶层；同时，私学在学费的收取上也没有强制统一的规定，只要学生的束脩，能维持基本的生活，就可正常进行教学活动。这些以私学教授为业的私学大师，尽管生活都比较清苦，但仍不忘其业。如陈贶性淡漠，孤贫力学，积书至数千卷。隐居庐山近四十年，庆吊人事，都未暂往，衣事乏绝，不以动心。有季父为桑门，时时赖其资给。苦思于诗，得句未成章，已播远近。学者多师之。

还有一些或出身豪门，或为官的私学教授者，他们的生活比较富裕，他们教授生徒并不是为了学费，而是为了文化学术的继承与传播，有时他们甚至还对一些贫穷的学生给予提携资助。和凝、韩熙载、罗绍威等皆热衷于教育，提携后进，进行学术文化的交流和传播。

另外，家族书院教育这种近乎免费的教育形式，也培育了大批的人才。家族书院突破了以往一般家塾较为封闭的性质，不仅教授本族子弟，而且招收外姓子弟，实行开放式办学。由于家族书院有稳定的经济来源，生徒授课几乎是免费的，一些贫寒子弟还有可能受到资助。如创建于五代的窦氏书院是书院创办者窦禹钧致仕后，“于宅南构一书院，四十间，聚书数千卷。礼文行之儒，延置师席。凡四方孤寒之士无供需者，公咸为出之。无问识与不识，有志于学者，听其自至。故其子见闻益博。凡四方之士由公门登贵显者，前后接踵来拜公之门，必命左右扶公坐受其礼”④。这些家族书院招收外姓子弟入学虽带有明显的功利目的，是为了增长本族子弟的见识，提高他们的诗赋水平；但不可否认的是，这些书院也确实培养了一大批人才。

(2)有利于教育的继续发展

乱世期间各藩镇也偶开官学，但都难以为继。而私学则与政局的联系不大，政治的

①④ 《范文正公别集》卷4《窦谏议录》。

② 《十国春秋》卷53《多岳传》。

③ 《十国春秋》卷97《廉若传》。

改朝换代不会致使私学也跟着改朝换代。由于官学的衰微,大量文士流落民间,为了生存,他们中的许多人加入到私学的行列中,如陈峤曾与高阳许龟、江夏黄彦修一起在莆田北岩精舍讲学。而且官学衰微后,私学成为士子求学的主要场所,私学的规模也因此而扩大。在官学衰败的情况下,正是私学推动着五代十国教育的继续发展。

2. 保存和传播了古代的文化典籍、科学知识

(1)保存了文化典籍

五代时期战事频繁,学校遭到破坏,书籍因战火而焚毁。书籍主要依赖书院和一些爱好书籍的文士得以保存。书院因为有比较稳定的经费来源,又有固定的场所,故其藏书规模很大。如陈氏东佳书堂在有“书楼、堂庑数十间,聚书数千卷”。据文德翼《求是堂集》载至宋初,陈氏“所藏贴与书,号天下第一”。私人藏书的规模也很大,藏书内容也非常的广泛,经、史、子、集都有涉及。如南唐鲁崇范,“九经子史,广贮一室,皆手自校定”①。又如孙骘,“雅好聚书,有《六经》、汉史洎百家之言,凡数千卷,皆简翰精至,披勘详定,得暇即朝夕耽玩,曾无少怠”②。另外,像道藏、佛经也有人收藏。梁文矩喜欢道教的清净之说,曾“聚道书数千卷”③。

(2)保存和传承了文化学术思想和科学知识

自汉代独尊儒术后,儒家思想成为维护封建统治的正统思想,因而,历代官学的教授内容都没有脱离儒家思想。而私学不受此约束,教授内容灵活多样。同时,儒家思想作为治术思想使其有很强的排他性,被排斥的其他思想往往只能通过私学得以保存和传承。特别是中国古代自然科学知识和各种技艺,由于其历来被官方和许多儒士视为“奇技淫巧”,是难登大雅之堂的东西,往往为官方所禁止更不会在官学里传授。周太祖郭威曾下诏:“所有玄象器物、天文、图书、谶书、七曜历、太一、雷公式,私家不得有及衷私传习。如有者,并须焚毁。其司天监、翰林院人员不得将前件图书等,于外边令人观览。”④由于官方的禁止,故其更主要是靠私学得以传承。

总而言之,五代十国时期,虽然社会政治动荡,战乱不断,官方教育处于衰微时期,但对于私学来说,一直绵延不绝地发展,特别是南方社会经济的恢复,政权相对稳定,使私学获得了较快的发展。五代十国私学在乱世之中,对教育的延续、人才的培养、文化的传承都发挥了积极的作用。可以说,没有五代私学的绵延,就没有宋代教育的高度发展。

---

① 《十国春秋》卷29《鲁崇范传》。

② 《旧五代史》卷24《孙骘传》。

③ 《旧五代史》卷92《梁文矩传》。

④ 《宋刑统》卷9“禁玄象器物”。

第二章　文官的选任

中国科举制度是在汉魏以来察举制度基础上经漫长演变发展而来的，是在以德取人、以能取人基础上突出以文取人的一种全新的选官制度，是一种以公开考试、公平竞争、择优录取为基本原则的人才选举制度。它源于汉朝，创始于隋朝，确立于唐朝，完备于宋朝，兴盛于明、清两朝，废除于清朝末年。根据史书记载，从隋朝大业元年（605 年）的进士科算起到清光绪三十一年（1905 年）正式废除，整整绵延存在了一千三百年。

隋唐时期的官吏选拔最重要的方法是科举取士，也使用了其他的仕途方法选拔文官。积累了选拔人才的经验，为我国创造了又一丰富的文化财富。这也是隋唐尤其是唐朝繁荣的一个原因。唐朝吏部统吏部、司封、司勋、考功四司，掌天下文官选授，也掌管勋绩、封爵与考课。

五代十国历史虽然短暂，选拔文官也有一些经验教训值得总结，也是值得我们借鉴的。

第一节　科举取士制的确立

在长达三百多年的三国两晋南北朝时期，全国处于分裂割据的状态，严重地阻碍了经济、文化的发展。但是，各民族人民之间的互相交流和融合，也推动了社会经济的发展，不断加强了全国各地区之间的联系，促进了各民族思想文化的相互渗透，为重建统一的封建国家创造了条件。

隋统一中国后，急需大量官员。当时的官吏来源较为多样：有乡贡，有制举，有国子学生，还有开科举人等。虽然隋王朝政权短暂，但是一个在政治、经济和文化上很有作为的王朝，是中国封建社会重新走向统一和空前繁荣昌盛的过渡时期，为中国古代鼎盛时期的到来创造了条件。它不仅结束了魏晋南北朝三百余年的分裂割据局面，实现了中国历史上的第二次国家统一，开凿了贯通南北的京杭大运河，而且废除了以门第取士的九品中正制，代之以朝廷主持全国统考的公开选拔、公平竞争的科举制，采用分科考试的办法，不分考生的出身和民族，地位一律平等，按考试成绩选拔国家官员，给中下层读书人提供了入仕之途，中央掌握了人事选拔任命的大权，加强了统一的中央集权。隋朝所创设的科举选官制，有利于中央集权制的加强和巩固。在中国古代史上揭开了新的一页，由此开始了直到中国近代史的科举制度。

一、隋代创立科举制

隋王朝建立初期，各项典章制度尚未完备，隋文帝杨坚为了顺应社会生产力发展的要求，实行了一些政治改革，促使中小地主势力能较顺利登上政治舞台，以扩大封建地主阶级的统治基础。但他为充实刚建立起来的新王朝的官僚机构，曾一度实行过九品中正选官制度。因为隋文帝杨坚的父亲名忠，为了避讳，便把中正改名“州都”。钱大昕在《廿二史考异·北史》“韦师传”条中说，魏晋以后，诸州皆置大中正，以甄别品流，隋时避杨忠讳，改为州都，而去中正之名。但是，这时的世家大族已经没落，而寒门地主登上了政治舞台，九品中正制已不能适应这种新形势的要求，据《通典·选举二》载：“自后周以降，选无清浊，及卢恺摄吏部尚书，与侍郎薛道衡、陆彦师等，甄别物类，颇为清简，而谮诉纷纭，恺及道衡皆除名。”卢恺和薛道衡因为坚持旧的一套选举制度，引起一些人的不满而被罢官。

隋文帝为了适应封建经济和政治关系的发展变化，为了满足封建统治阶级参与政权的要求，加强中央集权，于是把选拔官吏的权力收归中央，用科举制代替九品中正制。隋文帝于开皇十八年(589年)七月，“诏京官五品以上，总管、刺史，以志行修谨，清平干济二科举人”①。从此，便以分科举人取代了魏晋以来的九品官人制度。杜佑在《通典·选举二》：“九品及中正，开皇中方罢。”又在《通典·选举五》中引了唐朝人刘秩的话：“隋代罢中正，举选不本乡曲，故里闾无豪族，井邑无衣冠，人不土著，萃处京畿……五服之内，政决王朝，一命免拜，必归吏部。”隋朝在罢九品中正以后，选举官吏的权力都总归到中央政府了。据《通典·选举二》记载：“尚书举其大者，侍郎铨其小者，则六品以下官吏，咸吏部所掌，自是，海内一命以上之官，州郡无复辟署矣。”

隋炀帝时，对科举制度进行推广和普及，创建了开进士科取士的制度，即由朝廷开设科目，士人自由投考，分科以考试成绩决定取舍的制度。大业三年(607年)四月，隋炀帝诏令文武有职事者，“夫孝悌有闻，人伦之本，德行敦厚，立身之基。或节义可称，或操履清洁……强毅正直，执宪不挠，学业优敏，文才美秀……才堪将略，则拔之以御侮，膂力骁壮，则任之以爪牙……宜依令十科举人”②。大业五年(609年)六月，又诏令诸郡以“学业该通，才艺优洽，膂力骁壮，超绝等伦，在官勤慎，堪理政事，立性正直，不避强御四科举人”③。不论是“十科举人”或者是“四科举人”，总的看来，分科取士越来越明确。分科举人的标准较前者更明确、更具体了。“科举”这一名称，则是从分科举人这一概念产生的。

据《通典·选举二》记载：“炀帝始建进士科。”五代王定保的《唐摭言》也说：“进士，隋大业中所置也。”进士科以考试策问为主。《旧唐书·杨绾传》记载：“近炀帝始置进士之科，当时犹试策而已。”因此，历史上将隋炀帝创设进士科作为科举制度正式产生的标志。

科举制度在当时虽是草创时期，并未形成完备系统的制度，但由于进士科用试策方法选拔官吏，从而把读书、应考和任官密切联系在一起，因而从一开始就成为科举制度的核心内容。科举制一方面使庶族地主可以沿着这个阶梯取得参与政权的机会；另一方

---

① 《隋书》卷2《高祖纪下》。

② 《隋书》卷3《炀帝纪上》。

③ 《册府元龟》卷645《贡举部七》。

面，中央政府从士族手中夺回选拔官吏的权力，用以巩固中央的集权。

唐玄宗时礼部尚书沈既济对这个历史性的变化曾有过较准确的评价："前代选用，皆州郡察举……至于齐隋，不胜其弊……是以置州府之权而归于吏部。自隋罢外选，招天下之人，聚于京师春还秋往，乌聚云合。"①这是科举制的真正开始。

当时，科举以自由报考（"投牒自进"）为特点，以考试优劣为取舍的主要依据（即"一切以程文为去留"），以考试大权集中在中央的吏部，采取自下而上逐级淘汰的差额考试为主要筛选办法，以加强皇权为宗旨，广泛地向地主阶级各阶层打开了入仕的途径。

当然，应该看到，隋王朝虽希望通过科举制选拔封建国家所需要的统治人才，但是由于种种原因，在隋朝统治的三十余年里，通过科举考试选拔上来的人才却是十分有限的。据统计"秀异之贡，不过十数"。此时的科举制无论是在考试科目的确定、考试内容的选择，考试规则、方式方法的完善等方面皆不完备，只是科举制的初创时期，虽然如此，不可否认，隋王朝已揭开了中国历史上用科举制选拔人才的崭新一页。

考察科举制的诞生，隋朝统治者在选士制度方面废除九品中正制，实行科举制是有深刻社会原因的。

随着社会经济的发展，庶族地主的经济实力不断增强，他们积极要求参政，希冀通过某种形式改变自己卑微的政治地位。魏晋南北朝以来形成的士族豪门阶层，经过了社会剧烈的变化，其经济实力和政治地位受到明显的减弱和下降。在社会政治、经济生活中原有的垄断地位逐渐削弱。统一中央集权官僚体制的确立，一方面需要进一步遏制地方割据势力，加强皇权，另一方面急需一大批高素质的官吏充实到政府各级行政机构之中去，从而使政令畅通，官僚机构得以正常运转，以实现进一步巩固中央集权的目的。在这种情况下，再实行按门第取士的九品中正制和实行大权旁落地方官手中的察举制，让地方豪强大地主和往往握有士人生杀予夺大权的地方官享有选士用人的大权，则既不利于满足加强皇权、巩固中央集权的需要，也不利于满足中小地主做官从政的合理要求，所以两汉以来的察举制，尤其是魏晋南北朝以来重门第不重才学的九品中正制已不再适应变化了的新形势，废除九品中正制，实行新的取士制度选拔有用的人才已势在必行。在这种宏观历史背景下，科举制应运而生，以崭新的姿态、蓬勃进取的精神登上了中国历史的舞台，从隋朝起采用的这套科举制度为国家选拔官员提供了科学依据。科举不看中民族、出身，而是凭能力选拔官员，可以说是封建社会所能采用的最公平的人才选拔形式，在历史上吸收了大量中下层社会的人士进入统治集团，科举制在经过初创期走向发展达到完善，数百年间展现了勃勃生机。这项制度成了以后历代王朝选人用人的制度支撑。从此以后，几乎所有的朝廷官员包括地方长官都必须是科举合格者。

二、其他仕途

1. 杨坚知人善任

隋王朝结束了南北分裂局面，统治时间虽然短暂，但是也有一段鼎盛的时期。在隋

① 《通典》卷18《选举六》。

文帝统治的二十年余间(581—604 年),中国社会由衰转盛,政治稳定,经济繁荣,社会安定。隋文帝杨坚本人,既没有戎马倥偬、南征北战的经历,也没有多少高深的学识,但他能知人善任,认真选用一批足智多谋的贤士来帮助他成就帝业,治理朝政,这是他能完成南北统一大业并出现社会繁荣局面的主要因素。例如高颎,就是辅佐杨坚建立隋朝的重要人物之一。《隋书·高颎传》曾载,高颎是渤海蓨县(今河北景县南)人,父亲高宾是北周都州刺史,赠礼部尚书、渤海公。高顾家庭虽然很优裕,但他学习却很勤奋,“少明敏,有器局,略涉书史,尤善辞令”。后来他专心钻研军事,十七岁就参加了北周灭齐的战争,担任记室。就在这次战争中,他崭露头角,立下了显赫的战功。杨坚在北周当宰相时,就知道高颎很有才能,明达政务。就请他做了相府司录,并视之为股肱心腹。后来,杨坚在北周的权位日益尊崇,引起了一些政敌的不满,相州总管尉迟迥等,便率兵讨伐杨坚。这时,杨坚属下的文武官员,都不愿出战抵敌,只有高颎挺身而出、请缨上阵。杨坚便破格拜他为帅,委以兵权,令他率领重兵拒敌迎战。当时高颎家中虽然有年迈的母亲,但他想到国事家事难以两全,便毅然挥泪辞别母亲。在这次抗敌中,高颎大获全胜,因而被迁升为相府司马。581 年,杨坚篡夺了北周政权,建立了隋朝。杨坚登帝位后,便任命高颎为尚书左仆射(相当于宰相的职务)兼纳言,进封渤海郡公。高颎以自己资历浅薄而跃居高位,恐众臣僚不服,上书辞谢,并推荐北方名士苏威代替自己辅政。隋文帝为了宣扬高颎的高尚风格,便先接受了他的辞呈。几天后,又恢复了他的官职,并嘉奖他说:“历来能荐举贤士的人要受到上赏,苏威是北方名士,高颎能推荐这位贤才,理应受到尊敬。”于是又再委任高颎兼任纳言、右卫大将军,这时,高颎既是宰相,又是统帅禁军的将领。

598 年春,隋文帝派高颎统帅五十万大军南下伐陈。在高颎南征期间,朝中有人在隋文帝面前诬陷高颎有谋反的企图。隋文帝立即把诬陷者杀了,以表示自己疑人不用,用人不疑的决心。伐陈之役,高颎所向无敌,很快攻下了陈朝的都城建康,活捉后主陈叔宝。从此,结束了自东晋以来长期分裂割据的局面。高颎班师回朝时,隋文帝对他说:“有人诬告你要谋反,被我杀了。你我君臣同心,小人岂能离间?”高颎听后很是不安,又上表要求辞职。隋文帝急忙下诏挽留说:“卿外出征战,叱咤风云,今四海业已安定。自朕登基以来,卿竭力辅朕,这是天赐良辅啊!”仍然让高颎担任原职。不久,又有一些大臣在文帝面前诽谤高颎。文帝听后,又把这些人免职定罪,并对高颎说:“独孤公(即高颎)犹镜也,每被磨莹,皎然益明。”高颎的确没有辜负隋文帝对他的器重和信任,在任宰相的二十余年中,与文帝戮力同心,共商国是,政绩显著。隋文帝统一南北之后,高颎便着手把前代各朝的行政、职官、刑法、礼仪等各种制度加以综合、取舍,为隋王朝制定出一套比较完备的典章制度。他以天下为己任,尽心尽力帮助文帝治理这个刚建立起来的王朝,还不断向文帝荐举贤良之士,诸如苏威、杨素、韩擒虎等贤能之士,都是经他推荐而得到文帝的重用,成为一代名臣。隋文帝就是依靠这些贤人才士的帮助,统一了南北,建立了隋政权;同时也是依靠这些贤臣的帮助,使得新王朝得以安治,生产发展,经济繁荣,中外仓库,无不盈积。文帝晚年,全国各地粮食、布帛有了大量积储,人口也很快增长,据开皇九年(589 年)的统计,全国户数已由隋朝刚建立时的四五百万户,激增至七百万户,隋王朝一度出现了繁荣昌盛的局面。

2. 察举

隋在创立科举制的同时，保留了察举的科目，其选拔时间，“以十一月为选始，至春乃毕”①。察举一般要结合时事进行考试。如文帝令“尚书，以其事（均田）策向四方贡士竟无长算”②。

杨素像

(1) 秀才

隋朝的“进士”与“孝廉”、“秀才”的选拔方法有相同之处，即他们都由州、郡地方长官推举；也有其不同之处，即进士是由州、郡推荐后，再由朝廷举行策试，以策试的成绩作为录取的标准；而孝廉则以德行为重，州郡推举后，朝廷虽也举行策试，但考试的成绩并不作为录取的唯一标准。至于秀才，既重门第出身，又要有真才实学，其考试要求，比进士尤为严格，所以应举者极少。据《北史·杜正玄传》载：“（正玄）隋开皇十五年，举秀才，试策高第。曹司以策过右仆射杨素，怒曰‘周、孔更生，尚不得为秀才，刺史何忽妄举此人，可附下考’。乃以策抵地，不视。时海内唯正玄一人应秀才，余常贡者，随例铨注讫，正玄独不得进止；曹司以选期将尽，重以启素。素志在试退正玄，乃手题使拟司马相如《上林赋》、王褒《圣主得贤臣颂》、班固《燕然山铭》、张载《剑阁铭》、《白鹦鹉赋》，曰‘我不能为君住宿，可至未时令就’。正玄及时并了。素读数遍，大惊曰‘诚好秀才！’命曹司录奏……正玄弟正藏……开皇十六年，举秀才。时苏威监选，试拟贾谊《过秦论》及《尚书·汤誓》、《匠人箴》、《连理树赋》、《几赋》、《弓铭》，应对并就，又无点窜。”

可见应秀才试者，若非才思敏捷不能入选，所以《新唐书·杜正伦传》云：“隋世重举秀才，天下不十人，而正伦一门三秀才，皆高第，为世歆美。”

(2) 贤良、孝廉等

文帝开皇二年（582 年）“诏举贤良”，炀帝大业十年（614 年）“诏举郡孝悌廉洁各十人”，又有“博学有文章”、“义学之士”等。刘炫“奉敕与著作郎王劭同修国史……纳言杨达举炫博学有文章，射策高第，除太学博士”③。“隋开皇初，征山东义学之士，（马）光与张仲让、孔笼、窦世荣、张黑奴、刘祖仁等俱至，并授太学博士。”④仁寿三年（603 年）文帝诏：“令州县搜扬贤哲，皆取明知今古，通识治乱、究政教之本，达礼乐之源。不限多少，不得不举。限以三旬，咸令进路。征召将送，必须以礼。”⑤

① 《新唐书》卷 45《选举志下》。
② 《隋书》卷 24《食货志》。
③ 《北史》卷 82《刘炫传》。
④ 《北史》卷 82《马光传》。
⑤ 《隋书》卷 2《高祖纪下》。

第二节　唐朝的科举选拔制度

隋恭帝义宁二年(618 年),隋朝在农民起义的打击下灭亡。李渊称帝,国号唐。随后统一了全国。

唐王朝从唐太祖开始,无论是在文化教育上,还是在人才选拔的选官制度方面都继承了隋王朝的优良制度。高祖武德五年(622 年),举行了唐代立国以来的第一次科举考试。在唐太宗、唐高宗、武则天和唐玄宗时期,进一步补充和发展了科举制,使科举制发展成为较为完备的人才选拔制度,科举制度在唐代完善,成了中国封建社会最典型的官吏选拔制度。此后,历代的科举制度都是在唐代科举制度基础上改进、发展并完善起来的。

唐朝主要是用科举制度选拔文官,也有其他的选拔方法,其文官选拔制度也是丰富多彩的。唐代的科举考试最先由吏部考功员外郎主持。开元二十四年(736 年),考功员外郎李昂因主考时受到考生的辱骂,"由是庭议以省郎位轻,不足以临多士,乃诏礼部侍郎专之矣"①。

一、科举选官制度的初步发展

唐代完善了影响中国一千多年的科举制度。如对考试科目、考试程序、考生资格、出身等考试的有关事项均作了明确规定:一是唐代科举的考试科目有进士、明经、明法、明字、明算、诸史等。应考人数,以进士、明经两科为最多。进士科最难考,以考时务对策为主,也加一些经文、杂文和诗赋。录取的人也最少,仅百分之一二。被录取为进士的最为风光,也格外受人尊敬。二是科举的考试程序、考生资格联系紧密,考试分为地方考试和朝廷考试两级,各地的读书人先在地方考试合格后,才能参加朝廷考试,即后来由礼部侍郎主持的"省试"。参加省试的考生被称为"举人"、"举子"。被录取的"举人"、"举子"就被称为"及第"或统称为进士。进士中的第一名称为"状元"、"状头"。三是科举考试被录取为进士后就有了相应的出身,即有了当官的资格。所有的进士甚至"状元",还要通过两个途径才能获得官位:第一,参加制举科目的考试;第二,先到地方官那里当一段时间的幕僚,然后被保举。

唐朝建立之初,李渊为了稳定时局,也曾一度实行过九品中正制,以笼络各地的豪强势力。据《资治通鉴》载,高祖武德七年(624 年),"依周、齐旧制,每州置大中正一人,掌知州内人物,品量望第,以本州门望高者领之,无品秩"②。这种选官制助长了豪门势族分裂势力的发展,不利于中央集权。因此,很快就把它废止,而采用了隋朝创设的科举选官制。

① 《唐摭言》卷 1《进士归礼部》。

② 《资治通鉴》卷 190"武德七年正月"。

贞观年间，李世民君臣总结历史上的经验教训，认为“致安之本，唯在得人”。只有“任官唯贤才”、“量才授职，务省官员”，才能加强封建政权的基础，达到长治久安。基于以上的考虑，他们继承并发展了隋朝的科举制，并使这一制度逐渐完备起来。唐高祖武德五年(622 年)的选举诏令标志着以面向社会、自由报考、公开竞争为特点的科举制度的正式建立。

武则天时，大量增加科举取士的人数，还首创了武举和殿试。开元年间，任用高官主持考试，提高了科举考试的地位，以后成为定制。

唐代考生来源主要有三个：一是学校出身的“生徒，由京师及州县学馆出身，送往尚书省受试者”；二是不由学馆而先经州县考试，及第后再送尚书省应试者，是通过州县地方选拔考试而选送的“乡贡”；三是皇帝亲自选中的考生“制举”。实际上考生的主要来源只有两个，即生徒和乡贡。

唐代的科举选官途径主要有三种，据《新唐书・选举志上》记载：“唐制，取士之科，多因隋旧，然其大要有三。由学馆者曰生徒，由州县者曰乡贡，皆升于有司而进退之……其天子自诏者曰制举，所以待非常之人焉。”

这三种之中，主要是“乡贡”，即由州县保送，其次是“生徒”，即由学校保送；“制举”是为选择“非常之人”而特设的。通过“乡贡”与“生徒”的途径选拔官吏，是唐代常设的选官制，故称“常科”；制举是偶一行之的临时选官途径，也称“制科”。

二、常科选举

常科的考生，有两个来源：一个是生徒，一个是乡贡。由京师及州县学馆出身，而送于尚书省受试者叫生徒。不由学馆而先经州县考试，及第后再送尚书省应试者叫乡贡，由乡贡入京应试的通称“举人”。

1. 常科科目

唐代常科所开设的科目有十二种，据《新唐书・选举志上》记载：“其科之目，有秀才，有明经，有俊士，有进士，有明法，有明字，有明算，有一史，有三史，有开元礼，有道举，有童子。而明经之别，有五经，有三经，有二经，有学究一经，有三礼，有三传，有史科，此岁举之常选也。”

这些科目的考生有两个来源：一是生徒，一是乡贡。在唐代，中央和地方都设有学校。中央有国子监、弘文馆、崇文馆，地方有州、县学。这些学校的学生都有一定的名额。学生入学的年龄规定为十四岁以上，十九岁以下。学习法律的可延至十八岁以上，二十五岁以下。学习的内容主要是《诗》《书》《易》《周礼》《仪礼》《礼记》《孝经》《左传》《公羊传》《谷梁传》等儒家经典。其学习年限也分别规定为：“凡治《孝经》、《论语》共限一岁，《尚书》、《公羊传》、《谷梁传》各一岁半，《易》、《诗》、《周礼》、《仪礼》各二岁，《礼记》、《左氏传》各三岁。”①

若是学书、学算的，主要是学习有关文字、算术等方面的专业书籍，并各有一定的学

① 《新唐书》卷 44《选举志上》。

习年限,据《新唐书・选举志上》记载:"学书,日纸一幅,间习时务策,读《国语》、《说文》、《字林》、《三苍》、《尔雅》。凡书学,石经三体限三岁,《说文》二岁,《字林》一岁。凡算学,《孙子》、《五曹》共限一岁,《九章》、《海岛》共三岁,《张丘健》、《夏侯阳》各一岁,《周髀》、《五经算》共一岁,《缀术》四岁,《辑古》三岁,《记遗》、《三等数》皆兼习之。"

在学国子生的人数,据《唐会要》卷35记载,贞观五年(631年)以后,达八千余人,盛极一时,但这些学生都是贵族子孙。

唐代规定,国子监、弘文馆、崇文馆以及各州县学,每年冬天都要将经考试合格的学生,选送尚书省参加考试。这些被选送的考生,就叫作"生徒"。那些不在校学习而自学有成就的人,则向州县"投牒自举",就是以书面形式提出申请,经考试合格后,再由州县送尚书省参加考试。这些考生,随着各州县进贡物品一同解送,故称之为"乡贡"。据《通典・选举三》记载:"自京师郡县,皆有学焉。每岁仲冬,郡县馆监,课试其成者……而与计偕,其不在馆学而举者,谓之乡贡。旧令诸郡,虽一、二、三人之限(即上郡岁三人,中郡岁二人,下郡岁一人),而实无常数,到尚书省,始由户部集阅,而关于考功课试,可者为第。"

在尚书省考试时,各科中第标准,也有明确规定,据《新唐书・选举志上》记载:

明法——"凡明法,试律七条、令三条,全通为甲等,通八为乙第。"

秀才——"凡秀才,试方略策五道,以文理通粗为上上、上中、上下、中上,凡四等为及第。"

明经——"凡明经,先帖文,然后口试,经问大义十条,答时务策三道,亦为四等。"

开元礼——"凡《开元礼》,通大义百条,策三道者,超资与官;义通七十,策通二者,及第。散、试官能通者,依正员。"

三传科——"凡三传科,《左氏传》问大义五十条,《公羊》、《谷梁》传三十条,策皆三道,义通七以上,策通二以上为第,白身视五经,有出身及前资官视学究一经。"

史科——"凡史科,每史问大义百条,策三道,义通七,策通二以上为第。能通一吏者,自身视五经、三传,有出身及前资官视学究一经;三史皆通者,奖擢之。"

童子科——"凡童子科,十岁以下能通一经及《孝经》、《论语》,卷诵文十;通者予官,通七,予出身。"

进士——"凡进士,试时务策五道;帖一大经,经、策全通为甲等;策通四;帖过四以上为乙第。"

书学——"凡书学;先口试通,乃墨试《说文》、《字林》二十条,通十八为第。"

算学——"凡算学;录大义本条为问答,明数造术,详明术理,然后为通。试《九章》三条,《海岛》、《孙子》、《五曹》、《张丘建》、《夏侯阳》、《周髀》、《五经算》各一条,十通六,《记遗》、《三等数》帖读十得九,为第。试《缀术》、《辑古》录大义为问答者,明数造术,详明术理,无注者合数造术,不失义理,然后为通。《缀术》七条,《辑古》三条,十通六,《记遗》、《三等数》帖读十得九,为第。落经者,虽通六,不第。"

这种考试办法,总的看来,偏重于帖经,士子死记硬背,实际意义甚差。武则天以后,就逐渐趋重文章。至唐玄宗时,又规定加试诗、赋。据《新唐书・杨绾传》记载:"(杨绾)

第进士，补太子正字。举辞藻宏丽科，玄宗已试，又加诗、赋各一篇，绾为冠，由是擢右拾遗。制举加诗、赋，由绾始。”

加试诗赋的制度，自玄宗以后的唐代，相沿不革，这有利于唐诗的发展。不过，科举制也造成士人把精力集中于应付考试，忽视了实用性的学问。

2. 科目策试

唐代所设的科目虽然很多，但其中明字、明法、明算等科，不为时人所重视；一史、三史、开元礼、童子等科，并不经常举行；秀才一科，在唐初要求很高，太宗贞观年间规定，凡被荐举应秀才科而未能中选者，其所在州的长官要受到处分，所以应秀才科的人很少。高宗时，曾一度停止，后来虽然恢复，但主持考试的人因此科久废，不愿录取。因而，明经、进士两科，就成为唐代常科的主要科目了。王定保在《唐摭言》说：“永徽（唐高宗年号，650—655 年）以前，俊、秀二科犹与进士并列。咸亨（唐高宗年号，670—674 年）以后，凡由文学一举子有司者，竟进于进士矣。”

明经、进士两科，最初都是试策，考试的内容是经义或者是时务。太宗贞观八年（634 年），进士科加试读经史一部。高宗调露二年（680 年），进士科加试帖经。永隆二年（681 年），明经加试帖经，进士加试杂文。据《新唐书·选举志上》记载：“永隆二年（681 年），考功员外郎刘思立建言，明经多抄义条，进士唯诵旧策，皆亡实才，而有司以人数充第。乃诏自今明经试帖粗十得六以上，进士试杂文二篇，通文律者然后试策。”

至于两科三场考试的内容和要求，依史籍所载，作比较表如下：

初试		二试	三试
明经	帖一大经（《礼记》或《左传》）及《孝经》、《论语》、《尔雅》，每经帖十条，能通五条以上者入选	口问大义十条，能通六条以上者入选	答时务策三道，取粗有文理者予以及第
进士	帖一大经及《尔雅》，每经帖十条，能通四条以上者入选	诗文、诗、赋各一篇	试时务策五道

两科比较，明经初试多帖《孝经》《论语》两经，表面看似乎要求比较高，但是《孝经》《论语》文字不多，不难记诵。又明经初试的及格标准比进士多一条，而进士三试策问，则比明经增两道，这些相差都不是太多。差别最大的是二试，明经只口问经义十条，通六条以上就可入选，而进士却要写文、诗、赋各一篇，这就比明经难得多了。因为帖经墨义或口答经义都只要能熟读经传和它的注释就可以应付了，而文、诗、赋则需要具有文学才能和敏捷思维。明经又远比进士的录取名额多，据《通典·选举三》记载：“其进士大抵千人，得第者百一二；明经倍之，得第者十一二……开元以后，四海宴清，士无贤不肖，耻不以文章达。其应诏而举者，多则二千人，少犹不减千人，所收百才有一。”

当时有“三十老明经，五十少进士”的谚语。那时的考试条件很差，进士、明经的考场设在贡院东西两廊。时间往往是正月、二月，长安天气还很冷，常常遇到雪天。唐诗有“密雪分天路，群才坐粉廊”的描述。寒冷天在廊檐下席地而坐，还要答卷子，不好过的滋味可想而知。

3. 公布名次的盛会

唐代的进士科考试设在国都长安,每年一月考试,二月公布各科录取考生的名单和名次。

新进士登第后,还要参加一系列礼仪性的活动,如拜谢座主(考官)、参谒宰相等。虽然这些是官方规定的程式,但无疑具有某种喜庆成分。其中最具喜庆气氛而且声名久远的是:曲江盛会、杏林宴饮和雁塔题名。

自唐中宗起,每当会试发榜后,礼部即在皇家花苑曲江举办盛大的新科进士宴会,以示庆贺。宴饮与赏花题名连在一起,形成曲江游、探花筵、题名会等系列活动。

曲江游是大宴于曲江亭子的庆祝活动,人称"曲江会"。唐代新进士在拜谒主考官和宰相后,按惯例要大会于长安曲江亭宴集,然后登上画舫泛江而游。曲江公宴之后是杏园宴。杏花被称为春风及第之花。杏园在曲江以西,位于朱雀街东靠近城南的通善坊,北临慈恩寺。此地广植杏林,春来一片粉白,是长安著名游览地。曲江宴是皇帝赐宴,故皇帝驾临,百官参与杏园宴是新进士自己举行的同年之间的联谊性、娱乐性的宴会,座主被邀参加,又带有谢师的意思。杏园宴始于何年,已不可知,武宗会昌时期曾一度废止,宣宗大中元年(847 年)恢复,"敕:自今进士放榜后,杏园任依旧宴饮,有司不得禁制"。可知杏园宴由来已久。

杏园宴之后是雁塔题名。雁塔即慈恩寺塔,在长安晋昌坊,与杏园南北仅隔一坊,与曲江东西隔两坊横街。曲江、杏园和雁塔,组成新进士宴饮游冶活动的中心。新进士雁塔题名的习惯始于中宗神龙之时。有一年,曲江宴会结束后,进士们纷纷到慈恩寺游玩,当他们来到大雁塔下面的时候,一个进士心血来潮,把自己的名字刻在大雁塔下面的石壁上,这个做法以后就形成了一种习俗,凡是新进士曲江宴会后,都要来到慈恩寺大雁塔,选派一位书法漂亮的进士,把大家的名字题在石碑上。以后谁当上了将相,就把他黑色的名字改为红色的。《唐摭言》:"神龙已来,杏园宴后皆于慈恩寺塔下题名,同年中推一善书者记之。他时有将相,则朱书之。"

4. 进士的重用

明经科主要考对儒家经书的记忆和理解,录取率约为十分之一,考中相对容易一点,进士科除考经书外,侧重考诗赋和时务策,对文学水平和治国治民见解有很高要求,录取率只有百分之一二,考中很不容易。但因进士前程远大,仕途光明,因而出现了"三十老明经,五十少进士"的现象。

由于明经得第比较容易,统治者就认为,从此途出身多无真才实学,据《唐会要·选部下》载,唐高宗永隆二年(681 年)敕:"如闻明经射策,不读正经,抄撮义条,才有数卷。"唐玄宗开元二十五年(737 年)敕:"明经以帖诵为功,罕穷旨趣。"这是说,应明经考试者均空疏无实学,唯敷衍成趣而已。《唐会要·选部下》载,国子祭酒杨玚奏:"今之举明经者,主司不详其述作之意,每至帖试,必取年头、月尾、孤经、绝句。"天宝十一载(752 年)敕:"礼部举人,比来试人,颇非允当,帖经首尾,不出前后,复取者也之乎,颇相类似之处下帖。"①这就看出了主考官的无聊作风，把严肃的考试视同儿戏。唐文宗曾一针见血地指出："只念经疏，何异鹦鹉能言？"②这样一来，考试方法本来大体相同的进士、明经两科，便逐渐发生歧异，进士科占优胜，而明经科渐有落后的趋势了。尤其是中唐以后，以进士科出身的人，便逐渐受到了重用。进士比明经知识面较广，规格较高，录取名额较少，声望较大。明经与进士简要比较如下：

第一，明经在考经义的时候，"独令口问、对答之失，覆视无凭"③，由于考试优劣无从查证，所以主考官便可从中徇私舞弊；而进士试诗、赋，均有严格限韵，考生必须自出心裁，比口试专凭默记，难易相差很大。而且进士及第者之文策，须送中书门下详覆，如此严密，较能取得真才实学之士。

第二，明经试策只需"粗有文理"，便可取中。可见要求标准比进士低很多，庸才之辈，容易混迹其中。

第三，明经录取率比进士高。唐文宗大和四年（830 年）统计，进士不过二十五人，大和八年统计，明经有一百一十人④。大致进士录取平均每年三十人左右⑤。因而，一般急于求禄谋生的人，都应明经科考试，趋之既多，录取自然就放宽。

第四，朝廷用人的标准对进士、明经两科出身的前途影响很大。唐代沿袭六朝旧习，一切诏敕和机密文书，均须用骈文草写，而骈文与诗、赋性质相近，若是粗通文理的明经之士，很难胜任其职。《汉唐事笺·后集五》："权德舆为礼部侍郎，擢进士第者七十二，而登宰相者十人，其他征镇、岳放、文昌、掖垣之选，不可悉数。"可见进士最能适应朝廷各种工作的需要。

所以，据《通典》记载，开元二十四年（736 年）以后，"进士渐难"。王定保在《唐摭言》中说："进士科，始于隋大业中，盛于贞观、永徽之际，缙绅虽位极人臣，不出进士者，终不为美。"

唐刘悚《隋唐嘉话》中卷记载中书薛元超曾对他的亲信说："吾不才，富贵过分，然平生有三恨：始不以进士擢第，不得娶王姓女，不得修国史。"可见当时官员对进士是如何倾倒。由于进士所习，能适应上层工作的需要，在仕途上易于进展，这就更能引起人们的看重。再从主观方面言，一个人若有雄心壮志，即便是寒门子弟，也必然自强不息，力争上游。所以，寒族士人应进士者更多。但由于中唐以后，朝政又被豪门世家所把持，主司受其支配，录取全凭人情，以致寒门子弟登进士科的极难，例如大中六年（852 年），崔瑶知贡举，录取的进士全是权豪子弟⑥。当时的进士名额，被旧族公卿占去不少，最突出的是凤阁王（易从）家，自武后至宣宗朝的百余年中，就"有登进士科者一十八人，登台省、历牧

① 《唐会要》卷 75《贡举上》。
② 《南部新书》乙。
③ 《唐会要》卷 75《明经》。
④ 《唐会要》卷 76《进士》。
⑤ 据《唐语林》卷 7 载许棠诗："退鷁已经三十载，登龙仅见一千人。"即三十年才录取一千人。
⑥ 《唐语林》卷 3《方正》。

守、宾佐者三十余人"[①]。范阳卢氏,自德宗兴元元年(784 年)起,至僖宗乾符二年(875 年)止,除停举两年外,九十年中,"登进士者一百一十六人"[②]。徐彦若曾祖、祖、父,已四世均登进士第[③]。此外,杨虞卿父子进士五人[④],杨於陵父子、孙进士三人[⑤],杨收兄弟进士三人[⑥],李宗闵父子进士三人[⑦]。由此可见,可以说豪门世家"把持"了进士。

三、制科选举

制科是皇帝临时下诏聘纳"非常之才"的一种非常隆重的选官办法,是朝廷网罗非常人才的一种措施,官民都可以应选。由皇帝召集一批官员和知名人士主考,考试科目分为:贤良方正、直言极谏、博学宏词等几十种。考试日期、考试项目由皇帝临时决定。

唐代的制科创设于唐太宗贞观年间,据《旧唐书·太宗纪》载,贞观十一年(637 年)四月,"诏河北、淮南举孝悌淳笃,兼闲时务;儒术该通,可为师范;文辞秀美,才堪著述;明识政体,可委字人;并志行修立,为乡闾所推者,给传诣洛阳宫"。十五年六月,"诏天下诸州,举学综古今及孝悌淳笃、文章秀异者,并以来年二月总集泰山"。十七年五月,太宗又"手诏举孝廉茂才异能之士"。称"制科及第"者,始见于唐高宗显庆三年(658 年),据《唐会要》卷 76 载,"显庆三年二月,志烈秋霜韩思彦及第"。制科通过策试,由皇帝亲自选拔,故由此途入仕者,往往较进士科还要显达,如唐德宗贞元十年(794 年),录取贤良方正科十六人,其中前六名中就有五个人均相继高居相位。

中唐以后,制科虽然有时开设,但一些有才学的应试者敢于指陈时政,往往受到排斥。例如大和二年(828 年)三月,文宗亲自主持贤良方正科策试,有个举人名叫刘蕡,在对策中评说宦官之祸。结果同科应试的裴休、李郃等二十三人皆中第授官,而刘蕡却落第了[⑧]。《容斋续笔》卷 16"刘蕡下第"条:"考官左散骑常侍冯宿,太常少卿贾悚,库部郎中庞严见蕡策,皆叹服,而畏宦官,不敢取。诏下,物论嚣然称屈。谏官、御史欲论奏,执政抑之。李郃曰'刘蕡下第,我辈登科,能无厚颜?'乃上疏,以为'蕡所对策,汉魏以来无与为比。今有司以蕡指切左右,不敢以闻,恐忠良道穷,纲纪遂绝。臣所对不及蕡远甚,乞回臣所授以旌蕡直'。不报。"

当时的宰相是裴度、韦处厚、窦易直三人。窦易直人品不好不足言,而裴、韦两人在当时可称贤相,但竟至于堵塞言路不许论奏,实在有愧于心。刘蕡因此不得仕于朝,就连李郃也没敢用他,终生不得显达。后来,令狐楚、牛僧孺把刘蕡迎入幕府,待以师礼,这事竟为宦官所嫉诬,被贬为柳州司户。李商隐对此甚为不平,赠诗云:"汉廷急诏谁先入,楚

① 《旧唐书》卷 178《王徽传》。
② 《唐语林》卷 4《企羡》。
③ 《旧唐书》卷 179《徐彦若传》。
④ 《新唐书》卷 175《杨虞卿传》。
⑤ 《新唐书》卷 163《杨於陵传》。
⑥ 《新唐书》卷 184《杨收传》。
⑦ 《新唐书》卷 174《李宗闵传》。
⑧ 《新唐书》卷 178《刘蕡传》。

路高歌自欲翻。万里相逢欢复泣,凤巢西隔九重门。"

刘蕡死后,李商隐再作诗哭之云:"一叫千回首,天高不为闻。"又云:"已为秦逐客,复作楚冤魂。并将添恨泪,一洒问乾坤。"悲伤之情,溢于言表。由此可见,中晚唐的制科,已被宦官控制,有名无实。

四、举荐与投卷

唐代的科举,还受到了察举制的极大影响。表现在科举的过程中,考生在考前就必须得到考官的重视和好评。不然,再好的才能也会被埋没而得不到重用。

1. 求人举荐

在唐代,被荐举的士人,必须先参加国子监、学馆和地方州县的考试。这种考试如能通过,便取得了参加尚书省科举考试的资格。按规定,各学馆和州县长官,必须于每年十月,把这些基层考试录取的士人送到京都,参加全国举行的科举考试,这种考试由于是尚书省主持的,故称"省试"。唐初,科场试官由尚书省的吏部考功郎主持,贞观以后,则考功员外郎专掌之。开元二十四年(736 年),考功员外郎李昂主持省试,当众指责李权的文章,受李权反击。事情发生后,玄宗与群臣商议,大家认为考功员外郎品秩较低(从六品),资望轻,难以处理考试中碰到的问题。此后常科改由礼部侍郎(礼部副长官,正四品下)主持考试,据《新唐书·选举志上》记载:"(开元)二十四年,考功员外郎李昂为举人诋诃,帝以员外郎望轻,遂移贡举于礼部,以侍郎主之。礼部选士自此始。"

后来,也间或用中书舍人或诸司四品清望官(即资望高而实权小的官)知贡举。至五代,又时而用兵部尚书(武试)、户部侍郎、刑部侍郎等主持科举考试。

唐代科举考试的试卷并不密封①,因此,李昂才能当众指责李权的文章。这样,主考官除了评阅试卷之外,还参考甚至完全依据举子们平日的作品和声望来决定去取。因而,应试者便纷纷把自己的力作呈献给达官贵人,以求推荐;主考官的亲友在临试前,也多方代为搜寻人才,让主考官甄别录取。据洪迈《容斋四笔》卷 5《韩文公荐士》记载:"唐世科举之柄,专付之主司,仍不糊名。又有交朋之厚者为之助,谓之通榜。故其取人也,畏于讥议,多公而审,亦有胁于权势,或挠于亲故,或累于子弟,皆常情所不能免者。若贤者临之则不然,未引试之前,其去取高下,固已定于胸中矣。"

这段话说明了由于试卷不糊名而出现的种种弊病。"一切以程文为去留",本是科举选官制度的重要特点之一,但在唐代,有权有势的人,却可以通过"公荐"举人,甚至可以和主司一起商定及第与否。主考官入闱以前,"其去取高下,固已定于胸中矣",考试徒具形式而已。开元年间,太子校书郎王泠然上书宰相张说,便一针见血地揭露这种弊病:"仆窃谓今之得举者,不以亲,则以势;不以贿,则以交。"②唐代有的文士就利用这种弊病,通过各种关系,寻找权贵呈献自己的作品,希望得到他们的揄扬或推荐,这就形成了"行卷"这种社会风尚。据宋赵彦卫《云麓漫钞》卷 2 记载:"唐之举人,先藉当世显人,以

---

① 《日知录》卷 17《糊名》。

② 《唐摭言》卷 6《公荐》。

姓名达之主司,然后以所业投献,逾数日又投,谓之‘温卷’。”

有的考生,在长安找不到关系,只好想办法自我宣扬。初唐著名诗人陈子昂,是梓州射洪(今四川射洪)人,初到长安时,举目无亲,不被时人所了解。有一天,他在街上看到一个卖胡琴的人,一张琴要价百万钱,豪族贵人互相传看这张琴,但没有一个识货的人。陈子昂看了,灵机一动:“我愿如价买下这张琴。”众人惊奇,他回答说:“我擅长演奏这种乐器。”并当众宣布:“明天请到宣扬里来,我为你们公开演奏。”第二天,众人前往宣扬里听奏,只见酒宴俱已齐备,案上安放着那张胡琴,待大家吃完,子昂捧起胡琴说:“我是蜀人陈子昂,著有诗文百卷,驰走于长安,四处求告,竟无人赏识。这种乐器本来是低贱乐工所使用的东西,哪里是我这种身份的人所该用心的呢?”说完,便把胡琴摔在地上。接着拿起自己的文章分发给众人。由于他的文章写得好,所以一日之内,陈子昂的才华声誉传遍了京都①。后来,就在二十四岁那年,考中了进士。

由于权贵的推荐对主考官的录取起了决定的作用,所以考生在考试前,多忙于奔走名公臣卿之门,叩拜达官贵人,投献文章,赠送礼物,这类作为,时人称之为“求知己”。有些人因求见无门,只好跑到大官僚车马前跪着投献自己的佳作。这些活动在唐代都是公开进行的。《通考·选举二》注引江陵项氏之言:“风俗之弊,至唐极矣。王公大人,巍然于上,以先达自居,不复求士,天下之士,什什伍伍,戴破帽,骑蹇驴,未到门百步辄下马,奉币刺再拜,以谒于典客者,投其所为之文,名之曰‘求知己’。如是而不问,则再如前所为,名之曰‘温卷’。如是而又不问,则有执贽于马前,自赞曰‘某人上谒者’。”

这些饱读诗书的士人,热望于谋求一官半职,竟然如此低声下气去乞求权贵,可谓唐朝的社会病态。《旧唐书·薛蹇传》载,早在武则天时,薛登就在上疏中描写了这类人的作为:“策第喧竞于州府,祈恩不胜于拜伏。或明制才出,试遣搜扬;驱驰府寺之门,出入王公之第。上启陈诗,惟希咳唾之泽;摩顶至足,冀荷提携之恩。故俗号举人,皆称觅举。”

韩愈在《送李愿归盘谷序》中,也描写这些“举人”低声下气求人的窘态,说他们“伺候于公卿之门,奔走于形势之途。足将进而趑趄(将行不行之貌),口将言而嗫嚅(欲言不言之状)。处污秽而不羞,触刑辟而诛戮”。

2. 投卷

唐代举子投献自己的代表作,总称为“投卷”。其中若向礼部直接投献的,称为“公卷”或“省卷”;向达官贵人投献的,称为“行卷”。向礼部投献公卷实际上是一种形式,对于能否被录取,往往不起作用。所以考生们比较重视向私人投献行卷,这种风气在高宗时就出现了。

行卷主要用于进士科,明经科一般不采用。因为明经科较容易考取,无须费心去进行特别活动;同时,因明经科的考试内容是以帖经为主,及第的关键在于熟读经书。因此,应试明经的士人就没有必要行卷了。康骈《剧谈录》卷下《元相国谒李贺》条就有这样的记载:“元和中,进士李贺善为歌篇,韩文公深所知重,于缙绅之间,每加延誉,由此声

① 《全唐诗话》卷1引《独异记》。

华藉甚。时元相国年老(按‘老’当为‘少’之误),以明经擢第,亦攻篇什,常愿结交贺。一日执贽造门,贺揽刺不容,遽令仆者谓曰‘明经擢第,何事来看李贺?’相国无复致情,惭愤而退。”

《登科记考》载,元稹十五岁时明经及第,事在德宗贞元九年(793 年),那时李贺才四岁,“事之不实,毋庸详辨”①。但是这个虚构的故事,不仅反映了当时社会重进士、轻明经的时俗,也说明了从明经出身的人,一般是不以诗文为贽去进谒他人的,如果这样做,就可能因为违反常情而被人奚落。在历史文献中,也没有应明经科举的人从事行卷的事例。

唐代举子的行卷中,所呈献的作品体裁很广泛。赵彦卫在《云麓漫钞》卷 8 中谈到行卷的体裁时说:“唐之举人,先籍当世显人,以姓名达之主司,然后以所业投献,逾数日,又投,谓之温卷。如《幽怪录》、《传奇》等皆是也。盖此等文备众体,可以见史才、诗笔、议论。至进士则多以诗为贽,今有唐诗数百种行于世者,是也。”

这证明了唐人用传奇小说行卷这个历史事实。但是,赵彦卫没有说明无论是纳省卷或者投行卷,都只是应进士科举子的特有风尚,而明经科是不必要的。

唐代这种行卷的做法,对于选拔人才,确实起过一定的积极作用,它使那些有文学才能的人,有机会把自己的创作成果展示出来,特别是遇到有眼力的前辈,便可以被准确地选拔出来。这促使了一些书生在应考之前注意认真提高自己的文学修养,努力创作出较好的作品来,它对唐代文学的发展起了促进作用,为治理国家选拔出了一批优秀的文官。

考生到长安,还要先了解京都时尚和主试官志趣,例如朱庆余在应试前就写了一首《闺意》呈送张籍:“洞房昨夜停红烛,待晓堂前拜舅姑。妆罢低声问夫婿,画眉深浅入时无?”

这首诗是写一个闺中新妇询问丈夫“眉毛描画得是否合时”,其实是借此求教张籍:我的文章能否中考官的心意?张籍写了一首诗回答他:“越女新妆出镜心,自知明艳更沉吟。齐纨未足人间贵,一曲菱歌敌万金。”

越地(今浙江一带)女子以貌美著称,朱庆余是越州(今绍兴)人。所以,越女是暗喻朱庆余。张籍认为,越女的美丽不在于衣服鲜丽高贵,而在于采菱者(越女)所唱的歌(隐喻朱庆余)超过万金的价值。显然,它是说朱庆余的文章一定能迎合主试者心意的②。

考生的投卷还必须尽量迎合受卷者的好恶,有的考生专作投机的文字,以巴结权贵。《唐国史补》卷中《晋公祭王义》条就记载了这样一件事:“裴晋公为盗所伤刺,隶人王义扞刃死之。公乃自为文以祭,厚给其妻子。是岁进士撰《王义传》者,十有二三。”

元和中,裴度被贼刺伤,隶属王义为保护他而被贼刺死,裴度感激王义的忠诚,亲自作文祭奠,并以厚币抚恤他的妻子。结果这一年举子送给裴度的行卷,有十之二三的人写的是《王义传》。这件事又见《南部新书》戊卷,“是岁,进士撰《王义传》者三之二”,逢迎的人则为数更多。

---

① 朱自清《李贺年谱》语。

② 《云溪友议》卷下《闺妇歌》。

3. 荐举和投卷的弊端

由于行卷推荐,使得主考官往往不看成绩优劣,只凭考生的后台录取,这就为那些达官贵人营私舞弊开了方便之门。

唐玄宗天宝年间,宰相杨国忠的儿子杨暄举试明经,考试成绩并不好,主考官礼部侍郎达奚珣不准备录取他。杨国忠知道后,勃然大怒。《资治通鉴》卷216“天宝十二载”条下记其事:“国忠子暄举明经,学业荒陋,不及格,礼部侍郎达奚珣畏国忠权势,遣其子昭应尉抚先白之。抚伺国忠入朝上马,趋至马下,国忠意其子必中选,有喜色。抚曰‘大人白相公,郎君所试,不中程式,然亦未敢落也’。国忠怒曰‘我子何患不富贵,乃令鼠辈相卖!’策马不顾而去,抚惶遽,书白其父曰‘彼恃挟贵势,令人惨嗟,安可复与论曲直!’遂置暄上第。”

这类无才无德的纨绔子弟,依仗父祖的权势窃取名位,获得权力。随着唐王朝政治上的日益腐败,请托舞弊之风日趋严重。长庆元年(821年),唐穆宗在诏书中也不得不承认:“闲闻近日浮薄之徒,扇为朋党,谓之关节,干扰主司。每岁策名,无不先定。”①至唐文宗开成时,则干脆由皇帝公开下诏:“勋臣子弟有能应进士、明经及通诸科者,有司先加奖引。”这使得那些官僚贵戚子弟恃其特权,猎取官位更加合法了。唐懿宗咸通(860—874年)末年,在一次科举考试中,因为权贵的干扰太甚,以致录取工作难以进行,主持考试的礼部侍郎高湜,气得摘下乌纱帽扔在地上,愤然表示:“吾决以至公取之,得谴固吾分!”秉公录取了公乘亿、许棠、聂夷中等具有真才实学的人②。但是,像高湜这样不怕丢乌纱帽,秉公办事的主考官,毕竟是凤毛麟角。一些不通“关节”,只凭自己才学谋取功名的文学之士,在科场中屡遭失败。杜甫的遭遇是在盛唐时代最为典型的例子,他诗歌的成就,在唐代是很少有人能与之比拟的。他被后世誉称“诗圣”、“诗史”。可是,在唐玄宗开元二十三年(735年),二十四岁的杜甫在洛阳参加进士科考试,却落第了。天宝六载(747年),玄宗下诏,凡国内有一技之长的人,都可以到长安应考。这时正值奸相李林甫当权,他怕应考者的对策会揭露他的罪恶,便玩弄手法,一个也不取。《资治通鉴》卷215“天宝六载”记其事:“上欲广求天下之士,命通一艺以上皆诣京师。李林甫恐草野之士对策斥言其奸恶,建言‘举人多卑残愚聩,恐有俚言污浊圣听’。乃令郡县长官精加试练,灼然超绝者,具名送省,委尚书复试,御史中丞监之,取名实相副者闻奏。既而至者皆试以诗、赋、论,遂无一人及第者。林甫乃上表贺‘野无遗贤’。”

杜甫也参加了这次考试,再次落第。尽管如此,杜甫还是想凭借自己的才学,谋取一官半职。天宝九年(750年),他向玄宗进献《雕赋》,十年献《三大礼赋》,十三年又献《封西岳赋》。这期间,只是在献《三大礼赋》后受到玄宗的注意,命他待诏集贤院,并亲自考试他的文章。这使他的声名显赫一时。可是由于奸相李林甫的再次捣鬼压制,考完后还是得不到任用。直至天宝十四年(755年),四十四岁的他才被任命当了一个管兵甲器仗的小官——右卫率府胄曹参军。

① 《旧唐书》卷168《钱徽传》。

② 《新唐书》卷177《高湜传》。

上述说明了唐代科场存在着种种弊端，加以主司的多方干扰，使得一些才学之士，久试不中，老死不得一举。这种行卷的风气，一直延至五代，仍然非常盛行。到了北宋，由于实行糊名考试、阅卷和录取工作都在秘密进行时，行卷之风才停止。

五、考试与录取

1. 考试

唐代科举考试的科目虽多，但考试方法却只有五种，即口试、帖经、墨义、策论、诗赋。

唐代的科举考试分两级进行，即地方州县及中央官学的考试和尚书省的省试。唐代科举考试的程序是：乡试（州、县的地方考试）—省试（尚书省的礼部考试）—吏部复试。

唐代有的达官贵人在选拔人才时，利用职权干扰了科举取士的正常进行，使得一些庸劣之辈混入了官场。但是，唐代的最高统治者为了王朝的长治久安，对官吏的选拔还是十分重视的。为了选取真才实学之士，以充实各级官僚机构，唐代统治者采取了一系列措施，严防科场弄虚作假，挟带舞弊。每逢科考，仪式极为隆重，兵卫森严，防患备至。据《通典·选举三》记载："先试之期，命举人谒于先师，有司卜日，宿张于国学，宰辅以下，皆会而观焉，博集群议，讲论而退之。礼部阅试之日，皆严设兵卫，荐棘围之，搜索衣服，讥呵出入，以防假滥焉。"

为了防止考官营私舞弊，唐代还规定，主持考试的礼部侍郎，若有亲戚参加该科考试的，必须主动回避，把考生送至礼部考功司另试，当时称之为"别头"。但这种做法时行时废，没有形成固定的制度。

唐代的科场考试，一般是不糊名的，但偶尔也有特诏糊名的。据《新唐书·张说传》载："武后策贤良方正，诏吏部尚书李景谌期名较覆，说所对第一，后署乙等，授太子校书郎。"但武则天诏李景谌糊名较覆的做法，只用在制科，又是一种特例，未见推行于常科。

唐代的科举，角逐最激烈的是进士科。因此，进士科的考试也最引起时人注目。进士科考试的项目，史籍记载相当详细，其中以赵翼《陔余丛考》卷28"进士"条的叙述较为扼要："唐初制，试时务策五道，帖一大经；经、策全通为甲第。策通四、帖过四以上为乙第。永隆二年（681年），以刘思立言进士惟诵旧策，皆无实材，乃诏进士试杂文二篇，通文律者然后试策。此进士试诗、赋之始。开元二十五年（737年）诏'进士以声韵为学，多昧古今，自今加试大经十帖'。建中二年（781年），中书舍人赵赞权知贡举，又以箴、论、表、赞代诗、赋。大和八年（834年），仍复诗、赋。此唐一代进士试艺之大略也。"

应该指出的是赵翼的记述也有疏误之处。首先，他误以为试杂文即系诗、赋。其次，又误以为自德宗建中二年，赵赞奏罢诗、赋以后，直至文宗大和八年，才恢复诗、赋考试。

中唐以后，进士科考试的场规越来越严格，白居易在《论重考试进士宜状》一文中说，过去礼部考试，是准许考生携带诗韵等物的，考试时间也可延至通宵。至唐穆宗长庆年间，已不许携带任何东西，并且只给木烛两条，烧尽木烛，考生就得交卷。沿及五代后唐明宗时，礼部明文规定，举子入试前须搜身，若搜出挟带书文，不计多少，一律逐出考场，并罚以后两次不准参加科考。

唐代规定，考生在答卷时，若遇到不会回答的问题，就在试卷上写明"对未审"三字。

考官在批阅试卷时,对于回答正确的,就批写一个“通”字;对于回答错误或未回答的问题,就批一个“不”字。

唐代省试的地点,一般是在京都长安举行,特殊情况例外。唐肃宗时,安史之乱尚未平息,人民流离失所,道路阻断,全国举子难以会集长安,只好分成几个地方考试。唐代宗时,贾至知贡举,当时全国水旱灾害严重,人民缺衣少食,不能长途跋涉。在他的建议下,以后的几年省试,分别在长安、洛阳两都举行,让举子就近应试,所以当时称礼部侍郎主持省试为“知两都”。武则天、唐玄宗时,也曾在洛阳举行过省试。

凡是参加省试落第的举子,少数人可以进入国子监学习,准备下科再考,而大多数人则要返回原籍。由于唐代每年举行一次省试,全国举子往返京都,路途遥远,要花费很多时间和盘缠。因此,落第举子根本没有多少空隙和精力可以再学习提高,时人赵匡指出:“大抵举选人以秋初就路,春末方归,休息未定,聚粮未办,即又及秋,正业不得修习,益令艺能浅薄。”①

当时一些远途举子,落选后干脆留在京师复习功课,创作新篇,准备秋天呈献给公卿,以祈得到推荐。《南部新书》有这样的记载:“长安举子,自六月以后,落第者不出京,谓之‘过夏’,多借静坊庙院及闲宅居住,作新文章,谓之‘夏课’……七月后,投献新课……人为语曰‘槐花黄,举子忙’。”

岁岁相因,累以数万计的举子,长时间积聚京都,这给关中的刍薪运输、货物供给都带来了新的问题。对此,赵匡也早已觉察。他指出:“官司运江淮之储,计五费其四乃达京邑,刍薪之贵又十倍四方。而举选之人,每年攒会,计其人畜盖将数万,无成而归,十乃七八,徒令关中烦耗。”②

这种集中一地考试的办法,给国家和考生本人都带来了许多困难。所以,赵匡曾建议分散在几地同时举行省试。然而,唐朝统治者并没有采纳赵匡的意见。

省试后再进行殿试,始于武则天载初元年(690年)二月。这年,武则天亲自在洛阳殿策问新贡士,开后代科举制度殿试之例。据《通典·选举三》记载:“武太后载初元年二月,策问贡人于洛阳殿,数日方了,殿前试人自此始。”但在唐代,即便是武则天统治时期,这种“殿前试人”,只是偶尔举行,并没有形成一种考试制度。武则天时,大量增加科举取士人数,还创设了武举的殿试。

2. 录取

凡举子在京师参加省试被录取的,称为“及第”,第一名称“状元”,或称“状头”。同榜及第的进士互称“同年”,主考官称为“座主”、“座师”,被录取的考生便是他的“门生”。在唐代,对每个知识分子来说,参加进士考试,是一件很重大的事情,进士及第更是一种很高的荣誉,时人称之为“登龙门”。唐佚名《玉泉子》记载了这样一件事:“赵悰妻父为钟凌(今江西进贤县西北)大将,悰以久随计不第,穷悴愈甚,妻族益相薄,虽妻父母不能不然也。一日军中高会,州郡谓之‘春设’者(即军中盛宴,犒赏将士,有戏曲杂技演出,这种活动在州郡地方上称为‘春设’),大将家相率列棚以观之。其妻虽贫,不能无往。然所

①② 《文献通考》卷29《选举二》。

服故弊，众以帷隔绝之。设方酣，廉使忽驰吏呼将，将且惧，既至，廉使临轩手持一书笑曰‘赵悰得非君之婿乎?’曰‘然’。乃告之‘适报至，已及第矣’。既授所持书，乃榜也。将遽以榜奔归呼曰‘赵郎已及第矣!’妻之族，即撤去帷帐，相与同席，竞以簪服而庆遗焉。”

赵悰在科场上屡受挫折，亲戚们都疏远他。后来他终于及第，那些曾经蔑视他的亲戚们，则一反常态，竞相争送礼物。同是一个赵悰，进士及第前后，判若两人。这反映了当时只重地位不重人情的炎凉世态。由此可见一个举子考上进士，是人生旅途上的一个重要转折点。所以，科考才会引起当时社会各阶层的普遍关注。

凡被录取的新进士，都要到杏园去参加宴会，称为“杏园宴”，探花宴后还有曲江会。此外，新进士还要到慈恩寺大雁塔题名留念，称为“题名会”。这些活动都显示了新进士的光荣和统治者对他们的宠幸。

科举考试的人众多，不可能每个人都中第，落选是在所难免的。对此每个考生、每个家庭都应该有充分的心理准备。年轻人想发展自己一展宏图，这本身不错，是应该提倡和鼓励的。社会要发展，历史要前进，人类要进步，人们都得努力做出自己的贡献，年轻人更不能例外。在理想与现实相矛盾时，人们就得面对现实。社会发展是多方面的，人才选拔也应多元化，人尽其才，社会就一定更加繁荣。多给大家人尽其才的机会，这就是科举考试留给我们的思考，这思考就是财富之一。

3. 唐朝登科人数统计

庙号	年号	年数	秀才	进士	诸科
高祖	武德	五	1	4	
		六	0	4	
		七	2	6	
		八	1	5	
		九	2	7	
太宗	贞观	元	2	4	
		三	2	5	
		四	1	9	
		五	1	15	
		六	1	12	
		七	2	13	
		八	1	9	
		九	0	6	
		十	0	11	
		十一	1	8	
		十二	1	11	
		十三	2	17	

续表

庙号	年号	年数	秀才	进士	诸科
		十四	1	5	
		十五	1	14	
		十六	0	0	
		十七	0	15	
		十八	1	24	
		十九	3	0	
		二〇	1	3	
		二一	0	7	
		二二	0	9	
		二三	1	8	
高宗	永徽	元	1	14	
		二	始停秀才举	25	
		五		1	
		六		43	
	显庆	元		3	
		二		22	
		三		17	1
		四		20	
		五		14	
		六		5	
	龙朔	二		8	
	麟德	元		3	2
	乾封	二		5	
	总章	元		26	
	咸亨	元		54	
		四		79	
	上元	元		57 重试及第 11	
		二		45	
	仪凤	元			4
		三			1
	调露	二			1
	永隆	二		1	

续表

庙　号	年　号	年　数	秀　才	进　士	诸　科
	开耀	二		55 重试及第 11	
	永淳	二		55	
中宗	嗣圣	二		13 重试 36	
武则天	光宅	元		16	9(并上书拜官)
		二		59	
	垂拱	元		55	
		二		4	
		三		65	
		四		24	30
	永昌	元		东京 6 西京 2	1
	载初	元		东京 12 西京 4	5
	天授	二		16	
	长寿	二		18	
		三			2
	延载	二		22	
	证圣	元			1
	天册万岁	二		27	
	万岁通天	二		27	10
		三			2
	圣历	元		22	
		二		16	1
		三		20	
	久视	二		19	2
	大足	元		27	
		二			10
	长安	二		21	
		三		31	4
		四		41 续奏 4	

续表

庙号	年号	年数	秀才	进士	诸科
中宗	神龙	元		61 重试 12	
		二		32	39
	景龙	元		48	3
		二		40	6
		三			8
睿宗	景云	元		52	
		二			56
	延和	元		37	
玄宗	先天	元			27
	开元	元		71 重奏 6	
		二		17	12
		三		21	
		四		16	
		五		25	
		六		32	
		七		25	8
		八		57	
		九		38	
		十		33	
		十一		31	
		十二		21	
		十四		31	
		十五		19	3
		十六		20	
		十七		26	1
		十八		26	
		十九		23	2
		二〇		24	
		二一		25	1
		二二		29	9
		二三		27	5

续表

庙　号	年　号	年　数	秀　才	进　士	诸　科
		二四		20	7
		二五		27	3
		二六		23	21
		二七		24	5
		二八		15	5
		二九		13	4
	天宝	元		23	4
		二		26	
		三		29	
		四		25	
		五		21	
		六		23	1
		七		24	
		八		20	
		九		21	
		十		20	
		十一		26	
		十二		56	
		十三		35	1
		十四		24	
		十五		33	
肃宗	至德	二		22	
	乾元	元		23	
		二		25	
		三		26	
	上元	元		29	
代宗	宝应	二		27	
	广德	二		25	
	永泰	元		27	
		二		26	
	大历	二		20	1
		三		19	3

续表

庙　号	年　号	年　数	秀　才	进　士	诸　科
		四		26	2
		五		26	
		六		28	2
		七		33	4
		八		34	5
		九		32	
		十		27	1
		十一		14	
		十二		12	
		十三		21	2
		十四		20	
德宗	建中	元		21	27
		二		17	2
		三		28	1
		四		27	3
	兴元	元		5	
	贞元	元		33	21
		二		27	1
		三		33	5
		四		31	26
		五		36	6
		六		29	5
		七		30	22
		八		23	8
		九		32	8
		十		28	26
		十一		27	8
		十二		30	4
		十三		20	6
		十四		20	9
		十五		17	4
		十六		19	8

续表

庙　号	年　号	年　数	秀　才	进　士	诸　科
		十七		18	8
		十八		23	3
		十九		20	6
顺宗	永贞	元		29	10
宪宗	元和	元		23	36
		二		28	11
		三		19	24
		四		20	7
		五		32	12
		六		20	13
		七		29	14
		八		30	12
		九		27	11
		十		30	14
		十一		33	14
		十二		35	14
		十三		32	13
		十四		31	12
		十五		29	13
穆宗	长庆	元		33	38
		二		29	10
		三		28	19
		四		33	15
敬宗	宝历	元		33	32
		二		35	12
文宗	大和	元		33	15
		二		37	36
		三		25	26
		四		25	7
		五		25	6
		六		25	5

续表

庙号	年号	年数	秀才	进士	诸科
		七		25	5
		八		25	11
		九		25	5
	开成	元		40	9
		二		40	3
		三		40	7
		四		30	2
		五		30	18
武宗	会昌	元		30	16
		二		30	13
		三		22	14
		四		25	7
		五		27 复试落下 7	5
		六		16	5
宣宗	大中	元		23	20
		二		23	17
		三		30	10
		四		30	13
		五		30	22
		六		28	9
		七		30	11
		八		30	15
		九		30	6
		十		30	5
		十一		30	3
		十二		30	4
		十三		30	3
		十四		30	3
懿宗	咸通	二		30	12
		三		30	11
		四		35	11

续表

庙　号	年　号	年　数	秀　才	进　士	诸　科
		五		25	9
		六		25	18
		七		25	17
		八		30	20
		九		30	11
		十		30	11
		十二		40	9
		十三		30	11
		十四		30	10
		十五		30	11
僖宗	乾符	二		30	9
		三		30	11
		四		30	10
		五		30	8
		六		30	9
	广明	元		30	4
		二		12	
	中和	二		28	2
		三		30	2
		五		35	2
	光启	二		9	2
		三		25	1
		四		28	1
昭宗	龙纪	元		25	7
	大顺	元		21	1
		二		27	6
		三		30	6
	景福	二		28	12
	乾宁	元		28	3
		二		25	3
		三		12	4
		四		20	3

续表

庙号	年号	年数	秀才	进士	诸科
		五		20	1
	光化	二		27	1
		三		36	2
		四		26	3
	天复	四		26	1
	天祐	二		23	2
		三		25	4
		四		20	2

据《文献通考》、徐松《登科记考》制。

六、宾贡进士

“宾贡进士”是唐代科举考试中出现的一项制度。所谓“宾贡进士”，就是外国举子应中国进士试者，其原意取自“四夷宾服，贡献方物”之义。“宾贡进士”与“国子进士”、“乡贡进士”同为进士科贡举来源之一。其目的是将周边诸族士子与唐本国士子加以区别并予以优惠照顾。所谓“宾贡科”并非指与进士、明经等并列的科举考试科目，而是指进士科考生的特殊来源以及考试和录取的特殊方式。

“宾贡进士”是在唐穆宗时正式设立的。穆宗长庆元年(821 年)，吐蕃遣使请和，双方在逻些建“唐蕃会盟碑”(亦称“长庆会盟碑”)，同年穆宗下诏允许外国留学生参加科举，创立了宾贡进士制度。这一制度的创立，对于中外文化的传播，特别是扩大中国文化在东南亚的影响起到了积极的作用。

由于国势昌隆，京师长安乃成为当时学术中心。四邻诸国派遣子弟前来留学者，不绝于途，长安一时成为世界的文化中心。《旧唐书·儒学上》说太宗贞观之际“高丽及百济、新罗、高昌、吐蕃等诸国酋长，亦遣子弟入于国学之内。鼓箧而升讲筵者，八千余人，济济洋洋焉，儒学之盛，古昔未之有也”。自隋朝始，日本已有遣隋使节团到中国，由此至唐代所派遣的使节团都有留学生与留学僧随行。以留学生而言，每次使节团的随行人数，大约在十数人到二三十人之间。宋王谠《唐语林·补遗》云：“学旧六馆，有国子馆、太学馆、四门馆、书馆、律馆、算馆，国子监都领……太学诸生三千员，新罗、日本诸国，皆遣子入朝受业。”此处所说的国子监六学旧制，是指玄宗天宝九年(750 年)尚未建立广文馆以前之制，所以广义而言，可涵盖自贞观以来至玄宗开元年间的情况，这个时候是有日本派遣留学生在国子监就学。有名的如吉备真备、大和长冈、阿倍仲麻吕都是在玄宗开元初年随遣唐使入唐留学的。

吉备真备留唐十九年(716—735 年)，学得三史、五经、名、刑、算术、阴阳、历道、天文、漏刻、汉音、书道、秘术、杂占等十三道学问。返国后，在大学寮出任大学助(相当于唐代之国子司业)，传授五经、三史、明法、算术、音韵、籀篆等六道。大和长冈在唐是学习刑名之学，留学于国子监之律学馆，返国后，曾与真备共同删定律令多条。

阿倍仲麻吕在唐学成后，仕于唐，改姓名为晁衡，仕至左散骑常侍、镇南都护。此外，如膳大丘在752年随遣唐使入唐，在国子监学习儒学，返国后，出任大学助教、博士，对于振兴奈良朝的儒学，颇有贡献。

新罗每年都派遣留唐学生，每次少者数人，多者可到一两百人，所以同时间在唐代的新罗留学生，可累积到数百人。在当时各国的留学生中，可说以新罗留学生人数最为庞大，留唐时间也最久（当时唐代对留学生的留学时限规定为十年）。玄宗开元年间的国子监内，四门馆北廊中甚至有"新罗马道"。中唐以后，新罗人在唐参加贡举及第者甚多，著名的有崔致远、金云卿、金可记、金夷鱼等，崔致远十二岁入唐留学，工于诗词，在中国唐代生活、仕宦长达十六年之久。他以宾贡（异域贡士）身份荣登唐代科第，并在淮南节度使高骈幕府刀笔为吏四年。

阿拉伯人李彦、越南人姜公辅也名扬朝野。这也从一个侧面反映出唐代的对外开放和中华文明对世界的深远影响。

第三节　唐朝文官的其他仕途

唐朝为文官设立了其他入仕途径，有的是承继前代，有的是时代创新，主要目的是对达官贵戚的子弟进行照顾，或备皇帝的需要，或为国家聚敛财富等。

一、门荫

李渊为了稳定刚建立的唐朝时局，也曾一度实行过九品中正制，以笼络各地的豪强势力。因为豪强势力已经威胁到中央集权的统治，不久又废除了九品中正制。

1. 荫子做官

唐朝亟须建立新的等级制度，削弱长期以来占统治地位的门阀制度。唐统治者在贞观年中修撰《氏族志》，确立"以今日冠冕为等级高下"的原则①。"不论数代以前，只取今日官品，人才作等级。"②为了从制度上保证新的等级秩序的长期性和有效性，唐朝进一步扩大了门荫的范围。凡职事官、勋官、散官、有爵位者，皇亲国戚等均可荫子做官。门荫方式也多种多样。

唐制，"凡用荫，一品子，正七品上。二品子，正七品下。三品子，从七品上。从三品子，从七品下。正四品子，正八品上。从四品子．正八品下。正五品子，从八品上。从五品及国公子，从八品下"。"凡品子任杂掌，及王公以下亲事、帐内劳满选者，七品以上子，从九品上叙。其任流外而应入流内叙，品卑者亦如之。九品以上及勋官五品以上子，从九品下叙。三品以上荫曾孙，五品以上荫孙。孙降子一等，曾孙降孙一等。赠官降正官

① 《新唐书》卷95《高俭传》。

② 《贞观政要》卷7《礼乐》。

一等。死事者与正官同。郡县公子视从五品孙，县男以上子降一等，勋官二品子又降一等，二王后孙视正三品……凡弘文、崇文生，皇帝缌麻以上亲，皇太后，太后大功以上亲，一家听二人选。职事二品以上，散官一品，中书门下正三品同三品，六尚书等子孙并侄，功臣身食实封者子孙，一荫听二人选。京官职事正三品同中书门下平章事。供奉官三品子孙，京官职官从三品，中书黄门侍郎并供奉三品官带四品五品散官子一荫一人。凡勋官选者，上柱国正六品叙，六品而下递降一阶，骁骑尉、武骑尉从九品上叙。”①

2. 斋郎

唐代斋郎是门荫的一变种。太常斋郎，无品级，供郊庙之役，“凡有事于宗庙……斋郎入荐香灯，整拂神幄，出入神主”②。鸿胪寺斋郎则为高级官员的丧礼服务。太常寺两京郊社署置斋郎一百一十人；宗正寺置太庙斋郎，京、都各一百三十人，合计为二百六十人；鸿胪寺司仪置斋郎三十人③；共计四百人，数目不小。斋郎设置的主要目的是解决有荫子资格的各级官员子孙入仕与官位短缺的矛盾。这就在总体上决定了其特点：

（1）斋郎有严格的等级限制。唐初制，太庙斋郎以七品子充④。开元以后，规定太庙斋郎以五品以上子孙，及六品清资常参官子补充。郊社斋郎以五品以上孙，及六品以上常参官子、五品詹事府丞大理司直等子充任⑤。“太庙以五品以上子孙及六品职事并清官子为之……郊社以六品职事官子为之。”⑥这就是说以父祖官品的高低为依据，太庙斋郎和郊社斋郎有严格的区别。

（2）斋郎需要保人与考试。选斋郎与科举考试时间不一样，在每年十月，有资格入选者，拿上证明自己身份、父祖官职、籍贯等的材料，以及保官任状（开元制保官为五员），由太常选送到礼部考试（其中有一段时间由宗正寺送吏部应试，不久又恢复为由礼部考试）。斋郎考试主要是形式。《唐六典》卷4载，“太庙斋郎亦试两经，文义粗通，然后补授，考满简试。其郊社斋郎简试亦如太庙斋郎”。如果参试的人多，考试就会严格一些。文宗太和七年（833年）曾规定斋郎试毕还需“都省郎官两人复试”⑦。

（3）斋郎升迁快，并可能免去吏部考试。凡斋郎限年十五以上二十以下，得补斋郎后，就取得了入仕的出身。若要为官，则一般有两条途径：一是太庙斋郎六年，或郊社斋郎八年后，即可到南省参加吏部试。大致也是试判二道⑧，合格者即可冬集授官。六次考试皆不过，只授散官⑨。二是补室长。“太庙九室，室长各三人，于见任斋郎中，拣有景行、谙闲仪注者，送名礼部奏补。”成为室长后，不管表现如何，十年即可授官⑩。这就可以

① 《文献通考》卷37《选举十》。

② 《旧唐书》卷44《职官三》。

③⑨ 《新唐书》卷48《百官三》。

④ 《通典》卷25《职官七》。

⑤ 《唐会要》卷59《太庙斋郎》。

⑥ 《新唐书》卷45《选举下》。

⑦ 《唐会要》卷77《贡举下》。

⑧ 《五代会要》卷22《吏曹裁判》。

⑩ 《唐会要》卷17《缘庙裁制上》。

省去吏部考试。斋郎初授之官约等于一般科举及第后所授之“主簿”一类官，崔倰“由太庙斋郎调授太平、东阳二主簿”①。由于唐中后期门荫日益被人轻视，所以史书中对此记载甚少。

3. 内府三卫卫士

内府三卫的卫士均为品官子弟，等级极强。“二品、三品子，补亲卫，二品曾孙、三品孙、四品子、职事官五品子若孙，勋官三品以上有封及国公子，补勋卫及率府亲卫；四品孙、五品及上柱国子，补翊卫及率府勋卫，勋官二品及县男以上、散官五品以上子若孙，补诸卫及率府翊卫。”②当时任三卫卫士的限于二品至五品官的子孙，甚至“非权势子弟辄退番，柱国子有白首不得进者”。这说明只有品高权势大的贵族子弟才能当上三卫卫士。但时间一长，由于在三卫入官路狭，日益不被重视，后来则是“三卫益贱，人罕趋之”③。三卫卫士实际地位下降，在选择上也就不那么严格了。三卫出身和勋官一般须经七至九年始能放选。

4. 门荫的影响

门荫激励下涌现出了一些官员，也肯定了这些官员的地位：惠及子孙。这在一定时期里为国家的建立及其巩固起了积极作用。但是门荫的弊端也十分突出，对社会政治清明产生了消极影响。这种消极影响主要体现在以下方面：

一是门荫为官，较其他途径更早更快，破坏了正常的入仕途径。《新唐书·选举志》记开元时的情况说：“凡人年三十而出身，四十乃得从事……六十未离一尉。”极言仕途艰难，而门荫与此相去甚远。如任斋郎只有十五至二十岁，考试又简单；考上后经六至八年即可参选，于是不到三十岁就能入仕为官，比正常途径早十年左右。如果碰上武则天祠明堂、封嵩岳时，“则斋郎行事毕即令出身放选”，连满考都不需要，那就更快了。还有一种引灵柩、唱挽歌的少年，名“挽郎”，非常置，只在皇帝或太子死后才选补。选补事宜由礼部主持。挽郎得官更迅速，一般是事毕即授官，而且官位优惠。杨志诚为太宗挽郎，事毕补潞王典签；韦皋以建陵（肃宗）挽郎调补华州参军。但这就难以保证其具有较好的从政素养。

二是门荫为官者常乏治民之术。魏玄同于武后时上疏曰：“今贵戚子弟，例早求官。或龆龀之年，已腰银艾，或童丱之岁，已袭朱紫。弘文、崇贤之生，千牛、辇脚之徒，课试既浅，艺能亦薄，而门阀有素，资望自高。夫象贤继及，古之道也。所谓胄子，必裁诸学，修六礼以节其性，明七教以兴其德……少则受业，长而出仕，并由德进，必以才升，然后可以利用宾王，移家事国。少仕则废学，轻试则无才。于此一流，良足惜也。”④张文成语，所谓“挽郎、辇脚……无尺寸工夫，并优与处分”⑤。

三是门荫使正常的职官管理严重错位。唐德宗贞元八年（792年）四月，太常寺奏：

---

① 《旧唐书》卷119《崔祐甫传》。

②③ 《新唐书》卷49上《百官四上》。

④ 《通典》卷17《选举五》。

⑤ 《朝野佥载》卷1。

“本置礼生，是资赞相。东都既无祠祭，不合虚备阙员。且无功劳，妄计考课，年满之日，一例授官。比来因循，实长侥幸，其东都太庙及郊社斋郎，先并准敕停讫，惟礼生尚在，伏请下吏部，自今以后，不得更有注拟。”①

四是门荫降低了官员的文化素质和修养。韦应物十五岁就荫补为三卫郎（宫廷侍卫，多为恩荫子弟入官的初阶），这些贵戚子弟轮番入卫宫廷，朝廷令其就读国子学、太学。由于这些子弟有优越地位，根本不屑于学习，只是花天酒地，狎妓赌博。韦应物自述其早年太学经历是：“朝提樗蒲局（赌具），暮窃东陵姬。司隶不敢捕，立在白玉墀。骊山风雪夜，长扬羽猎时。一字都不识，饮酒肆顽痴。”当然也有少数人，凭自己的才能取得官职。姚崇作完挽郎后，又应“下笔成章举”，及第后被授予官职②，不过这是不多见的事。

门荫既是一种荣誉和社会地位的表现，同时又兼有实际利益，成为官员们的一种执着追求。颜真卿说：“官阶尽五品，身著绯衫，带银鱼，儿子得补斋郎，其望满矣。”③

二、卖官

卖官作为入仕途径之一，长期存在于封建社会中，并且经常变换花样。

1. 卖散官

唐初设“捉钱令史”和“品子课钱”，名义上不是卖官，实质上等同公开卖官。“唐置公廨本钱，以诸州令史主之，号捉钱令史。每司九人补于吏部所主才五万钱以下，市肆贩易，月纳息钱四千，岁满授官。”“又令文武职事三品以上，给亲事帐内，以六品七品子为亲事，以八品九品子为帐内，岁纳钱千五百谓之品子课钱。凡捉钱品子无违负者，满两百日，本属以簿附朝集使，上于考功、兵部，满十岁，量文武授散官。”④

唐肃宗至德八年，宣谕使侍御史郑叔清奏：“承前诸使下诏纳钱物多给空名告身，虽假以官赏，其忠义犹未尽才能，今皆量文武才艺兼情愿稳便，据条格议，同申奏闻，便写告身，诸道士女道士僧尼如纳钱请准敕回授余人，并情愿还俗授官勋邑号等，亦听。如无人回授及不愿还俗者，准法不合畜奴婢田宅赀财，既助国纳钱，不可更拘常格。其所有赀财能率十分纳三分助国，余七分并任终身自荫，身殁之后亦任回与近亲。又准敕，纳钱百千文与明经出身，如曾受业，粗通帖策，修身谨行，乡曲所知者，量减二千文。如先经举送到省落第，灼然有凭，帖策不甚寥落者，减五十千文。若粗识文字者，准元敕处分。未曾读学，不识文字者，加三十千。应授职事官并勋阶号及赠官等，有合荫子孙者，如户内兼荫丁中三人以上免课役者，加一百千文，每加一丁中，累加三十千文，其商贾准令所在收税。如能据所有赀财十分纳四，助军者，便与终身优复。如于敕条外，有悉以家产助国，嘉其竭诚，待以非次，如先出身及官资并量资历好恶，各据本条格例节级，优加拟授。如七十以上情愿授致仕官者，每色内量十分减二分钱。”⑤

① 《唐会要》卷65《太常寺》。

② 《旧唐书》卷96《姚崇传》。

③ 《唐语林》卷8《补遗》。

④⑤ 《文献通考》卷35《选举八》。

2. 卖实职

唐代买官在唐德宗以前还未到无法收拾的地步，一是公开卖官未大张旗鼓，二是买官者一般只买到“空名告身”，意在逃避国家赋税。唐宪宗开始，职事官亦在出售之列，这就加速了吏治的败坏。“元和十二年（817 年），诏，入粟助边，古今通制。如闻定州侧近，秋稼方登，念切救人，不同常例。有人能于定州纳粟五百石者，放优出身，仍减三选。一千石者，无官便授解褐官。有官者依资授官。二千石者超两资，如先有出身及官情愿减选者，每三百石与减一选。”①

唐代还有“私觌官”制度。“新罗国君死，诏拜（韦丹）司封郎中往吊。故事，使外国，赐州县十官，卖以取赀，号‘私觌官’。丹曰：‘使外国，不足以资，宜上请，安有贸官受钱？’即具疏所宜费，帝命有司与之，因著令。”②私觌官是所谓“优假远使”的方法，故时废时兴，并根据远近凶险以定多少。元和十五年（820 年）复其制，“入回鹘使仍旧与私觌正员官十三员，吐蕃使八员”③。

3. 卖官对正常入仕的影响

卖官一是与工商不得入仕的传统政策相冲突；二是加剧吏治败坏。因为能够买官者都是富有阶层，而商人又是富有阶层的主体之一，可以说买官入仕者商人占大多数。江陵大贾郭七郎之子输资数百万，“以白丁易得横州刺史”。这种状况势必引起统治阶级中人的反对，但政府为聚敛财富又不得不实行。

除政府公开卖官外，一部分权贵凭借手中的权力又私下卖官，对日益败坏的吏治更是雪上加霜。唐中宗时安乐公主恃宠，公然卖官鬻爵，中饱私囊；唐肃宗时裴冕为相，下令卖官鬻爵。唐代宗时，元载秉政，更是官由贿成，纲纪大坏。更为甚者，唐玄宗晚期的杨国忠通过卖官鬻爵和其他手段，掠取财物难以计数。文宗“太和二年（828 年），南曹令史李等六人，伪出告身签符，卖凿空伪官，令赴任者六十五人，取受钱一万六千七百三十贯”④。

权臣敢于卖官与皇帝的包庇纵容分不开。高宗时，右相李义府“典选，恃中宫之势，专以卖官为事，铨综无次，怨讟盈路，上颇闻之，从容谓义府曰‘卿子及婿颇不谨，多为非法，我尚为卿掩复，卿宜戒之’”。李义府发怒，要追问是谁告诉高宗的。随后，“遣其子右司议郎津召长孙无忌之孙延，受其钱七百缗，除延司津监（从六品）”⑤。

三、吏道

自魏晋以后，吏逐渐专指官府中的胥吏和差役。

吏员是各级政权机关的重要组成部分，数量多，他们又是大量具体行政事务的直接经办者，为了使吏员能忠心地勤于职事，使之前途有望，各封建王朝均把吏员在

①③　《文献通考》卷 35《选举八》。
②　《新唐书》卷 197《韦丹传》。
④　《旧唐书》卷 176《杨虞卿传》。
⑤　《资治通鉴》卷 201“龙朔三年”。

职时间作出规定,结合其才能,有无过失等,然后提升为"流内品官,"即九品以上的正式官员。

"唐武德初,天下初定,京师粂贵,远人不愿仕,流外始于诸州调,佐史及朝集典充选不获已而为之,遂促年限,优以叙次,六七年有至本司主事及上县尉者,自此以后,遂为宦途。""玄宗开元十七年(729年),国子祭酒杨玚上言:省司奏限,天下明经进士及第,每年不过百人。窃见流外出身,每岁二千余人。而明经进士不能居其什一,则是服勤道业之士不如胥吏之得仕也。若以出身人太多,则应诸色裁损,不应独抑明经进士也。"①杨玚所说不免只是从数量上看,实质上,吏道入仕者以后的前程渺茫,一般都难以升迁至高官,不少读书人以"吏道入仕"为耻。高宗永徽中,吏部侍郎刘祥道上言:"三省都事主书,比选补皆取流外有刀笔者,虽欲参用士流,率以俦类为耻,前后相沿,遂成故事。且掖省崇峻,王言秘密,尚书政本,人物所归,专责曹史,理有未尽,宜稍革之以清其选。"②

睿宗以钟绍京为中书令,薛稷上言说:"绍京素无才望,出自胥吏,虽有功勋,未闻令德。一朝超居元宰,师长百僚,臣恐清浊同贯,失于圣朝具瞻之美,帝然其言,因绍京表让,遂转为户部尚书。"③文宗时,姚勖按大狱,帝以为能,擢职方员外郎。韦温上言:"郎官清选,不可赏能吏。"帝问故,杨嗣复对曰:"勖名臣后,治行无疵,若吏才干而不入清选,他日孰敢当剧事者?此衰晋风,不可以法。"④正是鉴于这种状况,马端临感慨地评论说:"吏虽廉洁,终无显荣。"⑤

四、勋官

勋官是授予有功(主要是战功)之人的荣誉官号,始于北周。唐代勋官分为十二转(级),从上到下依次为上柱国,柱国,上护军,护军,上轻车都尉,轻车都尉,上骑都尉,骑都尉,骁骑尉,飞骑尉,云骑尉,武骑尉。勋官中的高中级勋官本身就是流内官,不是流内官的中下级勋官,须番上兵部,宿卫京师,四至五年后,经吏部考选合格,升为流内官。"凡勋官选者,上柱国,正六品叙;六品而下,递降一阶。骁骑尉、武骑尉,从九品上叙。"⑥

五、色役入仕

色役是唐代所实行的徭役制的称号,种类繁多,承担某些色役还有一定的身份限制,其中如三卫、执仗、执事、亲事、帐内等,由官僚子弟和中小地主担任,从而成为一种入仕途径。《唐六典》卷5载,"凡王公已下皆有亲事、帐内(原注:六品、七品子为亲事,八品、九品子为帐内),限年十八已上,举诸州,率万人已上充之。皆限十周年,则听其简试,文理高者送吏部,其余留本司,全下者退还本色"。"公侯子孙、卿大夫子弟能力役供给者,曰千牛、进马、三卫、斋郎,限以年月,终亦试之。""凡此者,皆入官之门户。"⑦

---

①②⑤ 《文献通考》卷35《选举八》。

③ 《旧唐书》卷73《薛收传》。

④ 《唐语林》卷6《补遗》。

⑥⑦ 《新唐书》卷45《选举下》。

六、节度使奏改

节度使奏改是安史乱后，兴盛起来的一种入仕途径，当时的藩镇有相当的人事自主权。藩镇为扩大势力，巩固地位，往往能不拘一格地起用和拉拢各种人才，增加其政治影响力。这对于那些不能由正途入仕或在仕途中失意的人来说，尤其有吸引力，这些人纷纷投靠藩镇，以自己的才能或声望等获得藩镇认可，然后经藩镇保选任职。

节度使奏改的方式有二：一是那些手握一方大权的节度使盛行延纳幕僚，以揽取人才。当时，文人入幕的情况很普遍，他们深知文人做官的重要任用。这些人入幕后，都有名义上的官职。如行军司马、参谋、掌书记、判官等，而且多带检校京官的头衔，如杜甫在剑南西川节度使严武幕府中，就是以“检校工部员外郎”的京官衔为“剑南西川节度参谋”。又如韩愈在《宰相书》中自称“四举于礼部乃一得，三选于吏部卒无成”。于是便希望通过宰相贾耽、赵憬、卢迈等人保举得官，不料三上书皆无结果，最后只好离开长安，到宣武军节度使董晋的麾下做幕僚。后经董的荐举，得试秘书省检校郎官。二是由政府承认节度使所辟用的僚属，并使之成为正式职官系统中的一员，如唐穆宗长庆二年三月，诏神策六军使等各具历任牒送中书，量加奖擢。诏下之后，“于是高贾胥吏，争赂藩镇，牒补列将而荐之。即升朝籍”，史言藩镇为商人奏补职位的牒文，“叠委于中书矣”①。“诸使及诸司州府长官举用僚属，请明书事迹、德行、才能，请授某官某职，皆先申吏部、兵部……吏部、兵部誊其词而奏，云得某使、某曹司、某州府状称。以元状人入，按每使、每司、每州，各为一簿。”②

七、方伎入仕

方伎入仕即指具有某种专门技能的人被委以官职的一种入仕途径，但受不少限制。“唐制，凡医术不过尚药奉御，阴阳卜筮、图书工巧、造食音声及天文不过本色局署令，鸿胪译语不过典客署令。”“故事，伎术官皆本司定，送吏部附甲，谓殿中、太常、左春坊、太仆等。伎艺之官唯得本司迁转，不得外叙，若本司无缺，听授散官，有缺先授。若再经考满者，听外叙。”可有的方伎之人往往因与皇帝关系密切被封以高官厚禄，如唐高祖以舞胡安叱奴为散骑侍郎；中宗神龙元年（705 年），太白山人郑普思以方术除秘书监，又除方术人叶静能为国子祭酒③。尽管有的方伎官地位高，但仍为士人不齿，如唐文宗太和末，“郑注入翰林，（高）元裕草注制辞，言注以医药奉君亲”④，即公然以方伎来讽郑注为翰林学士之缘由。

八、南选

除科举选官外，唐代还有一种特别选举，南选就是特别之一。四年一次，在南方一带

---

① 《资治通鉴》卷 242“长庆二年”。

② 《通典》卷 18《选举六》。

③ 《文献通考》卷 35《选举八》。

④ 《旧唐书》卷 171《高元裕传》。

举行，时称“南选”。据《唐会要》卷75记载：“上元三年（762年）八月七日敕桂、广、交、黔等州都督府‘比来所奏拟士人首领，任官简择，未甚得所，自今以后，宜准旧制，四年一度，差强明清正五品以上官，充使选补，仍令御史同往注拟’。”

又据《通典·选举三》记载：“其黔中、岭南、闽中郡县之官，不由吏部，以京官五品以上一人，充使就补，御史一人监之，四岁一往，谓之‘南选’。”

唐代宗大历十四年（779年），“南选”由朝廷派遣郎官专任，取消御史监临制度。贞元二年（785年）三月，考功员外郎陈归任岭南选补史，他贪求无厌，选人注官，专凭自己好恶，违背朝廷法令，被监察史韩参奏劾而得罪流配恩州。此后，南选便再恢复御史监察制度，以求选举的公正。

九、宗室补官

晚唐时期，宗室子弟凡无官者，可根据血统亲疏分别补官，据《唐昭宗实录》记载，宗正寺少卿李克助奏曰：“准去年十一月赦书，皇三等以上亲无官者，每父下放一人出身；皇五等以上亲未有出身陪位者，与出身。寺司起请承前旧例，九庙子孙陪位者，每父下放一人出身，共放三百八十人。其诸房宗室等，各赴陪位纳到文状，共一千二十六人。除之不赴陪位，及不纳到状，及违寺司条疏，不取宗室充系落下外，系三百八十人，合放出身。”

唐昭宗批准李克助的奏疏，敕令对无官宗室子弟分别处置。

十、僧道科目

唐代宗时，由于宰相元载、王缙、杜鸿渐好佛，故特从僧、道中选拔官吏，例如胡僧不空，官至卿、监，爵为国公，出入宫禁，势移权贵。当时又有僧大济，官至殿中监，并赠其父惠恭为兖州刺史。至唐末五代，正式为僧、尼特设科目。五代唐潞王清泰二年（935年）三月，功德使奏：“每年诞节，诸州府奏荐僧道，其僧尼欲立讲论科、讲经科、表白科、文章应制科、持念科、禅科、声赞科；道士欲立经法科、讲论科、文章应制科、表白科、声赞科、焚修科，以试其能否。”

潞王李从珂准其奏。这件事见于《旧五代史·宋帝纪中》，但有否按照这些科目进行考试选拔，则不得而知。到周世宗显德时（954—959年），则对寺院大加废除合并，对僧尼也有条令约束。有诏：“男年十五以上，念得经文一百纸，或读得五百纸；女年十三以上，念得经文七十纸，或读得三百纸者，经本府陈状，乞剃头，委录事参军，本判官试验。两京、大名、京兆府、青州各置戒坛，候受戒时，两京委祠部差官引试，其三处只委判官，逐处闻奏。候敕下委祠部给付凭由，方得剃头受戒。”

可见五代周朝对僧、尼入戒也要经过测试，防禁相当严格。至宋代，只要纳钱于官，便可随意出家。

第四节　唐朝文官选拔的简要评述

一、科举的影响

科举制的确立,是中国古代社会政治上的一大变革。这种选拔官吏的办法,多为后世所沿袭。它为广大的读书人开辟了一条读书—应考—做官的道路,不仅为豪门大族的子弟指明了坦途,而且使"寒门"入仕有了希望。其尊重知识、尊重人才的初衷在古代得到了较好的体现,其公开、公平、公正的识人用人原则在古代得到了实施。它激励了社会各阶层人士刻苦读书和学习,对教育、文化的发展以及社会文明的进程都有巨大的推动作用。据研究者统计:科举制度建立以后的一千三百多年里,有上百万读书人考中举人,十多万考中进士,八百多人成为状元。他们成为中国封建社会官吏的基本成员,管理着国家和社会,传承并发展着文明,其中不乏社会的栋梁、民族的伟人。

科举制度一方面是统治阶级选拔官吏的一种较汉代察举征辟、曹魏"九品中正"制更好的方法,但另一方面也是封建专制政府笼络知识分子的一种手段。最早反对科举制度的是薛谦光,他在天授三年(692 年)给武后的上疏中说:"炀帝又变前法,置进士等科,故后生复相仿效,皆以浮虚为贵。"①

唐肃宗宝应二年(763 年),礼部侍郎杨绾上疏专门谈及此事:"隋炀帝始置进士之科。当时犹试策而已,至高宗朝,刘思立为考功员外郎,又奏进士加杂文,明经填帖,从此积弊浸转成俗。幼能就学,皆颂当代之诗;长能博文,不越诸家之集。递相党与,用致虚声……并近有道举,亦非理国之体,望请与明经、进士并停。"②奏上后,肃宗交廷臣会议。李虞、李栖筠、贾至、严武等都赞成杨绾的意见。唐武宗会昌间(849—846 年),李德裕对武宗称其祖李栖筠恶进士"祖尚浮华,不根艺实",指的就是这件事。同时,洋州辩史赵匡也指出:"主司褒贬,实在诗赋,各求巧丽,以此为贤,不唯无益于用,实亦妨其正习,不唯挠其淳和,实又长其佻薄。"③

上面所举的这些人中,杨绾及李栖筠都是进士出身,他们以亲身经历,指出进士科存在的问题,更能切中时弊。但是,如果废弃科举,统治者实在又难以想出一个更好的选官办法来取代。所以,这种选官制一直沿袭到清朝。

二、官员的滥选

唐代对官吏的选任,在高宗乾封(666—668 年)以前,控制比较严格,各类官员每年选拔总数不过几千人。但自武则天垂拱(685—688 年)以后,入官科目繁多,诸如明经、进士、十周、三卫、勋散、杂色、国官、直司等,随时添设,随意增科,加以选司徇私舞弊,贪赃受贿,因而所选人才有些不能从政理民。当时每年选数多至五万,而堪入流者不过十

①③ 《通典》卷 17《选举五》。

② 《旧唐书》卷 119《杨绾传》。

分之一二。唐人张鷟批评这种现象云:“选司考练,总是假手冒名,势家嘱请。手不把笔,即送东司;眼不识文,被举南馆。正员不足,权补试、摄、检校之官。贿货纵横,赃污狼藉,流外行署,钱多则留,或帖司助曹,或员外行案。更有挽郎、辇脚、营田、当屯,无尺寸工夫,并优与处分。皆不事学问,唯求财贿。是以选人冗冗,甚于羊群;吏部喧喧,多于蚁聚。若铨实用,百无一人。”①

出于选官制度的混乱,用人不重才学,使一些庸懦奸巧之辈,甚至以卑劣的手段窃取高官厚禄。武则天时的朱前疑就是典型:其人粗浅无识,容貌丑陋,只因他上书说了一句“臣梦见陛下八百岁”的话,武后大为高兴,即授官拾遗。不久,又说他梦见则天“发白更黑,齿落更生”,便再迁郎中。后来,他出使回朝,再上书胡说“闻嵩山唱万岁声”。武则天看了更为高兴,即赐绯鱼袋(四、五品官服饰)。武则天还有一条不成宪的用人标准,就是凡能“告密”就委以生杀大权。《资治通鉴》卷204“天授元年”条下,就记载了她是如何任用侯思止与王弘义的:“醴泉人侯思止,始以卖饼为监,后事游击将军高元礼为仆,素诡谲无赖。恒州刺史裴贞杖一判司,判司使思止告贞与舒王元明谋反。秋,七月,辛巳,元明坐废,徙和州。壬午,杀其子豫章王亶;贞亦族灭。擢思止为游击将军。曰,告密者往往得五品官。思止求为御史,太后曰‘卿不识字,岂堪御史?’对曰‘獬豸何尝识字,但能触邪耳’②。太后悦,即以为朝散大夫,侍御史。他日,太后以先所籍没宅赐之。思止不受,曰‘臣恶反逆之人,不愿居其宅’。太后益赏之。”“衡水人王弘义,素无行,尝从邻舍乞瓜,不与,乃告县官:瓜田中有白兔。县官使人搜捕,蹂践瓜田立尽。又游赵、贝,见闻里耆老作邑斋,遂告以谋反,杀二百余人,擢授游击将军,俄迁殿中侍御史。”

武则天如此荒唐的滥选官吏,自然引起时人的不满,据《朝野佥载》卷4记载:“则天革命,举人不试皆与官,起家至御史、评事、拾遗、补阙者,不可胜数。”对这种混乱的用人制度,当时考功员外郎张鷟曾作了一首童谣:“补阙连车载,拾遗平斗量。欋推侍御史,碗脱校书郎。”当时有个名叫沈全交的,傲诞自纵,露才扬己,为张鷟的童谣续了四句:“评事不读律,博士不寻章。面糊存抚使,眯目胜神童。”这事一传开,立即遭到左台御史纪先知的弹劾,把他抓起来,定他“谤朝政,败国风”之罪,送交朝廷,要求对沈全交决杖,付法。武则天闻奏,笑着说:“但使卿等不滥,何虑天下人语?不须与罪,即宜放去。”弄得纪先知面无人色。可见,武则天也确有自知之明,她知道张鷟、沈全交并非无中生有,毁谤朝政;她也承认滥选是客观事实。洪迈的《容斋四笔》卷11“张鷟识武后滥官”条曾作了一个具体的统计:“天授二年(691年)二月,以十道使所举人石艾、县令王山辉等六十一人,并授拾遗,补阙;怀州录事参军霍献可等二十四人,并授侍御史,并州录事参军徐昕等二十四人,授著作郎;内黄县尉崔宣道等二十三人,授卫佐校书。凡百三十二人,同日而命,试官自此始也,其滥如此!”

所以,刘子玄说:“君不虚授,臣不虚受。妄受不为忠,妄施不为惠。今群臣无功,遭

① 《朝野佥载》卷1。

② 《异物志》载:东北荒中有兽名獬豸,一角,性忠,见人斗,则触不直者,闻人论,则咋不直者。

遇辄迁,至都下有车载斗量、欋推碗脱之谚。"①可见当时滥选之风极盛,上行下效,难以禁绝。这种腐败的选官制度,时人常用一些滑稽的言语给予嘲弄。例如郑愔,他靠着武三思做了吏部侍郎,掌握选官大权,赃污狼藉。当时有个应选士人,故意把一百钱系在靴带上,郑愔看了很新奇,问其故,其人答曰:"当今之选,非钱不行。"这句话刺中了郑愔的隐私,他只好默而不言。同时期的崔湜,也是依靠武三思登上吏部侍郎的宝座。他不但自己贪纵不节,而且兄凭弟力、父挟子威,父子兄弟均贪赃受贿。据说有一次,他父亲崔挹受了应选人的钱财,但崔湜不知道,却把他落选了。这个人很不高兴,找上崔湜说:"公亲将赂去,何为不与官?"崔湜莫明其妙,问道:"所亲为谁? 吾捉取鞭杀。"这个人"鞭即遭忧"。崔湜一听,知道是他老子,大为惭愧。又有一次,崔湜掌选,有个应选者告诉他:"某能翘关负米。"崔湜说:"君壮,何不兵部选?"这个人答说:"外边人皆云'崔侍郎下,有气力者即存'。"这些都说明,在武周时代,要想当官,非谄则钱,非钱则势。非此,则永沉下僚。当时就有这样一些人,专事谄媚巴结以图进身,其奴颜婢膝,不堪入目。《朝野佥载》卷5记载了这样一件事:"将军高力士,特承玄宗恩宠,遭母丧,左金吾大将军程伯献、少府监冯绍正二人,直就力士母丧前披发哭,甚于己亲。朝野闻之,不胜耻笑。"

在唐王朝繁荣时期,官场中竟有如此无耻之辈,其他时期就不待言了。由于授官冗滥,杂色入仕者往往超过正途,开元十七年(729年),国子祭酒杨玚上书玄宗说:"省司奏限天下明经、进士及第,每年不过百人。窃见流外出身,每岁二千余人,而明经、进士,不能居其什一,则是服勤道业之士,不如胥吏之得仕也。若以出身人太多,则应诸色裁损,不应独抑明经、进士。"

杨玚的疏议虽然引起了玄宗的注意,也为时俗所赞赏,但是滥选之风,却无法禁止,异途入仕,不绝如缕。尤其是中唐以后愈演愈烈,以致机构庞大,官员臃肿。据《容斋三笔》卷7载:"自汉以来,官曹冗滥之极者,如更始'灶下养,中郎将;烂羊头,关内侯'。晋赵王伦'貂不足,狗尾续'。北史周世'员外常侍,道上比肩'。唐武后'补阙连车,拾遗平斗'之谚,足以说明。中叶以后,尤为泛滥,张巡在雍丘,才领一县千兵,而大将六人,官皆开府特进,然则大将军告身博一醉,诚有之矣。德宗避难于奉天,浑城之童奴曰黄芩,力战,即封渤海郡王。至于僖、昭之世,遂有'捉船郭使君','看马李仆射'。周行逢据湖湘,境内有'漫天司空,遍地太保'之讥。李茂贞在凤翔,内外持管籥者,亦呼为司空、太保。"

由于入仕多途、封赏无度,使得官僚队伍不断扩大,据统计,至唐玄宗开元二十一年(733年),全国官员自三司以下,近一万八千人;吏员自佐史以上,计约五万七千余人。

由于唐代科举为少数权势者所控制,取士不公,使那些请托无门的寒士,纵有超人才能,也屡试落第,终身郁郁不得志,只能发出"空有篇章传海内,更无亲贵在朝中"的慨叹②,以表达他们对现实政权的不满。晚唐时一些失意的士人(包括及第和落第的),有的只好铤而走险,走上反叛或起义的道路,黄巢和皮日休就是其中典型的人物;有的受各

---

① 《新唐书》卷132《刘子玄传》。

② 《唐风集》卷中《投从叔补阙》诗。

地节度使的延聘，成为他们搞分裂割据的帮手，例如朱全忠的重要谋士李振，就是个不及第进士，他痛恨进士出身的大官，怂恿朱全忠把唐宰相裴枢等几十个自称为“清流”的朝臣，全投入黄河的浊流中去。由此可见，在唐代后期特定的政治、社会条件下培养出来的士人，一旦不能将他们收入“彀中”，就容易成为破坏中央政权的一股不可低估的势力。因此，科举制度流弊越严重，失意士人就越多，这种破坏力量也就越大。

三、废科举的倡导

科举制的确立，的确是中古社会政治上的一大变革。这种选拔官吏的办法，多为后世所沿袭。科举制度一方面是统治阶级选拔官吏的一种较“九品中正制”为好的方法，但另一方面，任何一种制度的施行，由于执行不当等原因也会有相应的弊端。开元、天宝年间，进士科已成为极其显眼的入仕途径，但考试的各项内容还未形成具体的规定，高官、权贵干预考试结果等营私舞弊现象处处皆是。加之一些士人认识到，科举还是封建专制政府笼络知识分子的一种手段，就主张废除兴起不久的科举制。最早反对科举制度的如前所述薛谦光、刘思立、杨绾、李栖筠等人。但是，如果废弃科举，统治者实在又难以想出一个更好的选官办法来取代。所以，科举制起的作用主要还是积极的、进步的，没有另外一种制度来取代它。因此，这种选官制一直沿袭到清朝，历经一千三百年才得以终结。

第五节　五代十国时期文官的选拔

五代十国时期，掌握中央到地方各级政权的均是靠武力起家的武夫。接连不断的政治动乱和经济破坏，造成了文化的倒退。国家的管理、政权的稳固，又不得不依靠文人官僚来进行行政事务打理。因此，也就只有承袭隋唐以来行之已久的科举选任文官的办法。中原的五代共行科举四十七次，录取进士六百五十人。江南的十国中，占据长江下游的南唐和现四川一带的后蜀存在的时间长，经济繁荣、文化发达，如南唐就开科举十七次，录取了许多进士。五代十国时期的科举进士，许多在宋代还受到重用，如范质、薛居正等。

一、科举

马端临在《文献通考·选举三》中记载了五代科举的基本状况：“五代五十二年，其间惟梁与晋各停贡举者二年，则降敕以举子学业未精之故，至于朝代更易、干戈抢攘之岁，贡举未尝废也。然每岁所取进士，其多者仅及盛唐时之半。土宇分割，人士流离，固无怪其然。但三礼、三传、学究、明经诸科，唐虽有之，然每科所取甚少，而五代自晋、汉以来，明经诸科中选者，动以百人计。盖帖书、墨义，承平之时，士鄙其学而不习，国家亦贱其科而不取，故惟以攻诗赋中进士举者为贵。丧乱以来，文学废坠。为士者往往从事乎贴诵之末习，而举笔能文者固罕见之，国家亦姑以是为士子进取之途，故其所取反数倍于盛唐之时也……五代之时，虽科举未尝废，而士厄于离乱之际，不得卒业；或有所长而不能以自见，老死闾阎，不为少矣。”

1. 科目废置

五代科举科目，有进士、开元礼、明经、童子、明法、三传、三史等。这些科目随各自王朝的情况而设。

晋天福五年(940 年)，礼部侍郎张允奏请废去明经、童子二科。从之。又诏，“宏词、拔萃、明算、道举、百篇等科并停”①。未过几年，出帝于开运元年(944 年)又诏：复明经、童子二科。后周显德二年(955 年)，“礼部侍郎窦仪奏，请废童子、明经二科及条贯考试次第，从之”②。

2. 科举程序

五代举人由州县解送。礼部贡院主试，中书省或皇帝复试，最后放榜。

州县解送是否考试已难知详情。梁开平元年(907 年)，兵部尚书、权知贡举姚洎奏：“今在朝公卿亲属，将相子孙，有文行可取者，请许所在州府荐送，以广疏材之路。”③

州县解送举人须发“文解”，即发凭证。唐长兴三年(932 年)“诏选人文解不合式样，罪在发解官吏，举人落第，次年免取文解”④。应顺元年(934 年)，“中书门下举行长兴三年敕，常年荐送举人，州郡行乡饮酒之时，帖太常草定仪注奏闻”⑤。

汉乾祐二年(949 年)，边归谠上言：“臣窃见每年贡举人数甚众，动引五举、六举，多至二千、三千，既事业不精，即人文何取。请敕三京、邺都、诸道州府长官，合发诸色贡举人文解者，并须精加考校，事业精研，即得解送，不得滥有举送。”⑥

周显德二年(955 年)，礼部侍郎窦仪奏：“请诸科举人，若合解不解、不合解而解者，监试官为首罪，勒停见任，举送长官，奏闻取裁。监试官如受赂，及今后进士，如有倩人述作文字应举者，许人言告，送本处色役，永不进仕。”⑦

3. 礼部贡院主试

科举考试由礼部贡院主持，设知贡举、权知贡举为主官。考试定在一天之内。唐长兴二年(931 年)“诏贡院旧例夜试进士，今后昼试，排门齐入，即日试毕”⑧。清泰二年(935 年)，礼部贡院奏：“‘进士请夜试，童子依旧表荐，重置明算道举。举人落第后，别取文解。五科试纸，不用中书印，用本司印。’并从之。”⑨

晋开运元年(944 年)，工部尚书、权知贡举窦贞固奏：“今欲考试之时，准旧例以三条烛为限。其进士并诸色举贡人等，有怀藏书册入院者，旧例扶出，不令就试，近年以来，虽见怀藏，多是容纵。今欲振举驰紊，明辨臧否，冀在必行，庶为定式。”⑩

考试内容。周广顺二年(952 年)，礼部侍郎赵上交奏：“贡院诸科，今欲不试泛义，其口义五十道。改试墨义十道。”从之。三年(953 年)，赵上交奏：“进士元试诗赋各一首，帖经，二十帖，对义五通，今欲罢帖经、对义，别试杂文二首，试策一道。”“其年八月，刑部

---

①②③⑥⑦⑩　《旧五代史》卷 148《选举志》。

④　《旧五代史》卷 43《明宗纪九》。

⑤　《旧五代史》卷 46《末帝纪上》。

⑧　《旧五代史》卷 42《明宗纪八》。

⑨　《旧五代史》卷 47《末帝纪中》。

侍郎、权知贡举徐台符奏:‘请别试杂文外,其帖经、墨义,仍依元格。’从之。”①

礼部对及第举人无最终决定权,还须经中书门下或中书,由皇帝做出最后决断。后唐同光三年(925年),规定“今后新及第人,候过堂日委中书门下精加详覆”②。

唐长兴元年(930年),中书门下奏:“详覆到礼部(贡)院今年及第进士李飞、樊吉、夏侯珙、吴洄、王德柔、李穀等六人,望放及第。其卢价等七人及宾贡郑朴,望许令将来就试。知贡举张文宝试士不得精当,望罚一季俸。”③

周广顺三年(953年),“新进士中有李观者,不当策名,物议諠然。中书门下以观所试诗赋失韵,勾落姓名,故(知贡举赵)上交移官”④。

王峻为相向知贡举赵上交“推荐”一童子,故榜,童子未中。“及上交引新及第人至中书,峻在政事堂厉声曰:‘今岁选士不公,当须复试。’”⑤

皇帝复试并非定制,往往是得知情况后临时处置。如苏楷,唐“乾宁二年(895年)登进士第,中使有奏御者云‘今年进士二十余人,侥幸者半,物论以为不可’。昭宗命学士陆扆、冯渥重试于云韶殿,及格者一十四人。诏云‘苏楷、卢赓等四人……宜付所司落下,不得再赴举场’”⑥。五代沿唐末此制。周显德二年(955年),“尚书礼部贡院进新及第进士李覃等一十六人所试诗赋、文论、策文等。诏曰‘国家设贡举之司,求英俊之士,务询文行,方中科名。比闻近年以来,多有滥进,或以年劳而得第,或因媒势以出身。今岁所放举人,试令看验,果见纰缪,须至去留。其李贾……四人,宜放及第。其严说……一十二人,艺学未精,并宜勾落,且令苦学,以俟再来”⑦。显德五年(963年),诏曰:“昨据贡院奏:今年新及第进士等,所试文字,或有否臧,爰命辞臣,再令考复……其刘坦、战贻庆、李颂、徐纬、张觐等诗赋稍优,宜及放第;王汾据其文辞,亦未精当,念以顷曾剥落,特与成名;熊若谷、陈保衡皆是远人,深可磋念,亦放及第;郭峻、赵保雍、杨丹、安玄度、张赡、董咸则、杜思道等,未甚苦辛,并从退黜,更宜修进,以俟将来。知贡举、右谏议大夫刘涛选士不当,有失用心,责授右赞善大夫,俾令省过,以戒当官。”“先是,涛于东京放榜后,引新及第进士刘坦已下一十五人赴行在,帝命翰林学士李昉复试,故有是命。”⑧

最后是授官。后唐天成四年(929年),中书奏:“‘今后新及第举人,有曾授正官及御署者,欲约前任资序,与除一官。’从之。”⑨对于未曾任官的,须参加中书省的考试,优秀的授官,否则就只能排队等候。天成五年(930年),敕:“其进士科已及第者,计选数年满日,许令就中书陈状,于都堂前各试本业诗赋判文。其中才艺灼然可取者,便与除官,如

---

① 《旧五代史》卷148《选举志》。
② 《旧五代史》卷32《庄宗纪六》。
③ 《旧五代史》卷41《明宗纪七》。
④ 《旧五代史》卷112《太祖纪三》。
⑤ 《旧五代史》卷130《王峻传》。
⑥ 《旧五代史》卷60《苏楷传》。
⑦ 《旧五代史》卷115《世宗纪二》。
⑧ 《旧五代史》卷118《世宗纪五》。
⑨ 《旧五代史》卷40《明宗纪六》。

或事业不甚精者,自许准添选。”①

二、门荫

五代实行门荫,很是混乱。门荫可直接为官,可科举榜上有名,可通过斋郎、千牛、进马等入仕。杨承勋“以父荫历光、濮州刺史”②。后唐天成四年(929年),“幽州节度使赵德钧奏‘臣孙赞,年五岁,默念《论语》、《孝经》,举童子,于汴州取解就试’。诏曰‘都尉之子,太尉之孙,能念儒书,备彰家训,不劳就试,特与成名。宜赐别敕及第,附今年春榜’”③。

斋郎、千牛、进马等作为入仕途径,是按官员的品位给予其子孙或亲属,人数不等,在特定的机构中服务到一定时间后,就取得任官资格。

补奏斋郎,后唐天成三年(928年)规定,“合使荫官,请自今后若遇改官,须是转品,即许更补一人。明言是长子、次子,仍须不得过三人。其所补斋郎,五品以上荫太庙郎,六品荫郊社斋郎,仍须是嫡子。以侄继院者,即初补时状内,言某无子,今以侄某继院为子使荫”。“所补斋郎,并试两小经,取粗通文义者充。奏补之后,非久为官,若不达经书,则难通吏理。请自今后,斋郎所投文字状,并须亲书,仍须念得十卷书者,即得补奏。”④

后唐同光二年(924年),规定收补千牛,进马。“取十三已上收补,十五已上出仗,各守三十五月为限。”“今请使二品、三品、四品清官荫补。”“侍中、中书令、太师、太傅、太保、太尉、司徒、司空、太子太师、太子太傅、太子太保已上,并许补孙。”⑤

晋天福三年(938年)规定门荫的基本原则是:“自今后应诸官及五品以上者,即依旧制施行,应三署清望官及六品以上,便与封荫。”⑥

三、卖官

应该说,卖官是历朝历代都有的一种选任官吏的方式。五代实行公开卖官方式,以按敛钱财或解决某类临时问题的需要。后唐同光三年(925年),李琪上疏:“今陛下纵不欲入粟授官,愿明降制旨下诸道,合差百姓转仓之处,有能出力运官物到京师,五百石以上,白身授一初任州县官,有官者依资迁授,欠选者便与放选。千石以上至万石,不拘文武,明示赏酬。”⑦

后晋高祖天福六年(941年),国计使黄绍颇请“‘令欲仕者,自非荫补,皆听输钱即授之,以资望高下及州县户口多寡定其直,自百缗至千缗’。从之”⑧。

---

① 《旧五代史》卷148《选举志》。
② 《旧五代史》卷97《杨光远传》。
③ 《旧五代史》卷40《明宗纪六》。
④ 《五代会要》卷16《礼部》。
⑤ 《五代会要》卷15《兵部》。
⑥ 《旧五代史》卷149《职官志》。
⑦ 《旧五代史》卷58《李琪传》。
⑧ 《资治通鉴》卷282“天福六年”。

后晋开运元年(944年)敕书,凡出"一万贯以上者与授本州上佐"①。房彦儒"进钱十万贯,以助国用,朝廷除彦儒为沂州刺史"②。后周显德元年(954年),"及募民入粟五百斛,草五百围者赐出身,千斛、千围者授州县官"③。

长兴二年(931年),"鸿胪卿柳膺将斋郎文书卖与同姓人柳居则",尽管此事被暴露,但未暴露者恐也不少④。

五代十国,商人买官的较为普通。后晋"听人入财拜官,以财多少为官高卑之差。富商大贾,布在列位"⑤。不仅如此,更有中间人倒卖官职以赚钱的荒唐故事发生。如当时一名叫窦乂的人买了一处小宅,位于太尉李晟宅前。窦乂选择一合适时机,将小宅献与李晟作为击球之所,李益知道此事十分重要,愿为其效力。于是,"乂乃于两市。选大商产巨万者,得五六人,遂问之'君岂不有子弟婴诸道及在京职事否?'贾客大喜,语乂曰'大郎忽与某等,致得子弟庇身之地,某等共率草粟之直二万贯文'。乂因怀诸贾客子弟名谒晟,皆认为亲故,晟忻然览之,各置诸道膏腴之地重职。乂又获钱数万"⑥。

① 《旧五代史》卷83《少帝纪三》。

② 《旧五代史》卷91《房知温传》。

③ 《旧五代史》卷114《世宗纪一》。

④ 《旧五代史》卷42《明宗纪八》。

⑤ 《资治通鉴》卷283"天福八年"。

⑥ 《太平广记》卷243"窦乂"条。

第三章　文官的任用

文官的任用有一套完整的制度，其中有历史的继承，也有时代的创新。它和其他职官的任用一样，到隋唐五代已经发展得比较完善了。任免权力越来越集中于皇帝，如唐朝一般三品以上官由皇帝亲自任命，五品以上官由宰相提名请皇帝批准，六品以下官则由吏部根据其资历、功劳、才能来注拟，并报请门下省审复。

第一节　隋朝文官的任用

一、任用事项

作为中央集权的表现之一，隋朝把官员的任免权集中到中央，由吏部负责具体执行。与此相应的就是取消了中高级长官原来拥有的自辟僚属的权力，“当时之制，尚书举其大者，侍郎铨其小者，则六品以下官吏，咸吏部所掌。自是，海内一命以上之官，州郡无复辟署矣”①。“后魏延昌中，王显有宠于宣武，为御史中尉，请革选御史。此后踵其事，每一中尉，则更置御史。自开皇后，始自吏部选用。”②刘炫说：“往者州唯置纲纪，郡置守丞，县唯令而已。其所具僚，则长官自辟，受诏赴任，每州不过数十。今则不然，大小之官，悉由吏部，纤介之迹，皆属考功。”③

隋朝在选任中开始打破门阀等级的限制，初步确立了“德才”标准。牛弘“在吏部，其选举先德行而后文才，务在审慎。虽致停缓，所有进用，并多称职”④。“今之仕者，位以才升，不限嫡庶。”⑤“范阳卢氏，代为著姓，（燕）荣皆署为吏卒以屈辱之。”⑥

隋炀帝时，对武人任职严加禁止。大业八年（612 年）诏：“班朝治人，乃由勋叙……是非暗于在已，威福专于下吏，贪冒货贿，不知纪极，蠹政害民，实由于此。自今以后，诸授勋官者，并不得回授文武职事……若吏部辄拟用者，御史即宜纠弹。”⑦

隋对地方官及佐吏的管理很重视，对这部分官员的某些素质要求以及任用与升迁的时间均有明确规定。《开皇律》颁行之后，严格规定诸州长史以下、行参军以上，都要学习律文，定期到京城参加考试。还规定：“诸曹决事，皆令具写律文断之。”⑧“刺史、县令，三

---

① 《通典》卷 14《选举二》。
② 《隋书》卷 28《百官下》。
③⑤ 《隋书》卷 75《刘炫传》。
④ 《隋书》卷 49《牛弘传》。
⑥ 《隋书》卷 74《燕荣传》。
⑦ 《隋书》卷 4《炀帝纪下》。
⑧ 《隋书》卷 25《刑法志》。

年一迁,佐官四年一迁。”①开皇十四年“制州县佐吏,三年一代,不得重任”②。

二、任用类型

任用的类型很多,分述如下。

一是拜、授、除。“高祖受禅,拜(高颎)尚书左仆射。”③杨尚希,“高祖受禅,拜度支尚书”④。刘炫,“除殿内将军”⑤。杨雄,“高祖受禅……迁右卫大将军,参预朝政”⑥。柳述,“拜兵部尚书,参掌机密”⑦。

二是兼职、代职、转职。源师“拜大理少卿”,“转刑部侍郎”⑧。转兼,兼任官职,既有本官又兼有他官,可以是长期兼任,也可是临时兼职。有的以高官兼低职,有以低官假行,同级互兼,等等。如令狐熙“迁鸿胪卿,后以本官兼吏部尚书”⑨。元晖“开皇初,拜都官尚书,兼领太仆”⑩。苏威“迁吏部尚书,岁余兼领国子祭酒”⑪。判,以本官兼其他职务。如长孙平“拜太常卿,判吏部尚书事”⑫。韦津位“至内史侍郎,判民部尚书事”⑬。令狐熙“迁鸿胪卿。后以本官兼吏部尚书,往判五曹尚书事”⑭。摄、知,以本官兼治其他职事。如卢恺“拜礼部尚书,摄吏部尚书事”⑮。源师“入为尚书考功侍郎,仍摄吏部”⑯。庾自直“后以本官知起居舍人事”⑰。检校,为一种非正式的兼职或代职。《通典》卷19记:“检校者,云检校某官,皆是诏除而非正命。”如刘行本“征拜谏议大夫,检校治书侍御史”⑱。观德王杨雄“大业初,授太子太傅。及元德太子薨,检校郑州刺史事。岁余,授怀州刺史”⑲。梁文谦“领武贲郎将,寻以本官兼检校太府、卫尉二少卿”⑳。

三是参掌一类,即以他官参与朝政。这主要是为加强皇权,使各官互相牵制的任用方式。据《隋书·苏威传》记载:纳言苏威“与左翊卫大将军宇文述、黄门侍郎裴矩、御史大夫裴蕴、内史侍郎虞世基参掌朝政,时人称为五贵”。“(樊)叔略虽为司农,往往参督

① 《隋书》卷28《百官下》。
② 《隋书》卷2《高祖纪下》。
③ 《隋书》卷41《高颎传》。
④ 《隋书》卷46《杨尚希传》。
⑤ 《隋书》卷75《刘炫传》。
⑥⑲ 《隋书》卷43《观德王雄传》。
⑦ 《隋书》卷47《柳述传》。
⑧⑯ 《隋书》卷66《源师传》。
⑨⑭ 《隋书》卷56《令狐熙传》。
⑩ 《隋书》卷46《元晖传》。
⑪ 《隋书》卷41《苏威传》。
⑫ 《隋书》卷46《长孙平传》。
⑬ 《隋书》卷47《韦世康传》。
⑮ 《隋书》卷56《卢恺传》。
⑰ 《隋书》卷76《庾自直传》。
⑱ 《隋书》卷62《刘行本传》。
⑳ 《隋书》卷73《梁彦光传》。

九卿事。”[①]再，牛弘为吏部尚书，炀帝别敕纳言苏威，左翊卫大将军宇文述，左骁卫大将军张瑾，内史侍郎虞世基，御史大夫裴蕴，黄门侍郎裴矩参掌选事，时人谓之“选曹七贵”[②]。

四是加官。隋沿袭以往的加官，以对官僚表示宠褒。如卢恺“除尚书吏部侍郎……帝(高祖)嘉恺有吏干，赐钱二十万，并赉杂彩三百匹，加散骑常侍”[③]。诸葛颖“从征吐谷浑，加正议大夫”[④]。

三、免官后的再任用

免官，免职为较轻的一种处罚形式，受处罚的原因多种多样。

柳俭“蜀王秀之得罪也，俭坐与交通，免职”[⑤]。有因病而免职的，于义“以疾免职”[⑥]。庾季才坐事，“上大怒，由是免职，给半禄归第”[⑦]。元文都“寻拜御史大夫，坐事免”[⑧]。杨汪“迁尚书左丞，坐事免”[⑨]。元褒为齐郡太守，因杖西曹掾，掾“数日而死，坐事免官”[⑩]。

除名为民，较免职、免官处罚为重，即取消一切任官资格。苏楚因坐父(苏威)事，“除名为民”[⑪]。郑译“性轻险，不亲职务，而赃货狼藉”，“阴呼道士章醮以祈福助”，“又与母别居”，“为宪司所劾，由是除名”[⑫]。田式为襄州总管，为官严酷，“由是为上所谴，除名为百姓”[⑬]。

连坐免官，如蜀王杨秀“颇违法度”，被废除王位后，“益州官属多相连坐”[⑭]。

隋代皇帝专制权力日益增强，对官员的任用与惩处有了更大的随意性。如郑译初受文帝信任，后“高祖阴疏之，然以其有定策功，不忍废放，阴敕官属不得白事于译。译犹坐厅事，无所关预”[⑮]，即使之有职无权。孙万寿“坐衣冠不整，配防江南”[⑯]。

免官后亦可再被任用。如韦世康“拜襄州刺史，坐事免。未几，授安州总管”[⑰]。被

---

① 《隋书》卷73《樊叔略传》。
② 《资治通鉴》卷180“大业二年”。
③ 《隋书》卷56《卢恺传》。
④ 《隋书》卷76《诸葛颍传》。
⑤ 《隋书》卷73《柳俭传》。
⑥ 《隋书》卷39《于义传》。
⑦ 《隋书》卷78《庾季才传》。
⑧ 《隋书》卷71《元文都传》。
⑨ 《隋书》卷56《杨汪传》。
⑩ 《隋书》卷50《元孝矩传》。
⑪ 《隋书》卷41《苏威传》。
⑫⑮ 《隋书》卷38《郑译传》。
⑬ 《隋书》卷74《田式传》。
⑭ 《隋书》卷66《源师传》。
⑯ 《隋书》卷76《孙万寿传》。
⑰ 《隋书》卷47《韦世康传》。

除名者亦可复官，卢贲以谋行废立罪，“除名为民……岁余，贲复爵位，检校太常卿”①。

四、隋任用制度述评

隋朝未能建立起选任官吏的标准，加剧了选任方面混乱。如李谔上书说当时的情况：“以傲诞为清虚，以缘情为勋绩，指儒素为古拙，用词赋为君子。故文笔日繁，其政日乱，良由弃大圣之轨模，构无用以为用也。今朝廷虽有是诏，如闻外州远县，仍踵弊风：躬仁孝之行者，摈落私门，不加收齿；工轻薄之艺者，选充吏职，举送天朝，盖由刺史、县令未遵风教。请普加采察，送台推劾。”又上言：“士大夫矜伐干进，无复廉耻，乞明加罪黜，以惩风轨。”“诏以谔前后所奏颁示四方。”②在传统习俗和为官的实际利益交互作用下，短时期要建立起一种较适应现实的选任标准谈何容易。

隋朝的任用规定和限制等，往往是徒具空文的较多，实际运用的较少。如文帝晚年，杨素“贵宠日隆，其弟约、从父文思、弟文纪，及族父异，并尚书列卿。诸子无汗马之劳，位至柱国、刺史”③。隋炀帝任命多人参掌吏部选事，“然与夺之笔，虞世基独专之，受纳贿赂，多者超越等伦，无者注色而已”④。炀帝后期，更是选任混乱。“帝自江都行幸涿郡，御龙舟，渡河入永济渠，仍敕选部、门下、内史、御史四司之官于前船选补，受选者三千余人，或徒步随船三千余里，不得处分，冻馁疲顿，因而致死者什一二。”⑤

第二节　唐朝文官的任用

一、复试与授官

在唐代，考取进士，也就是具备了做官的资格。接着还必须经过吏部复试一次，合格以后才能正式授予官职。凡是取得进士出身而吏部复试未被录取的人，可自称为“前进士”。吏部复试分身、言、书、判四个方面。据《新唐书·选举志下》记载：“凡择人之法有四：一曰身，体貌丰伟；二曰言，言辞辩正；三曰书，楷法遒美；四曰判，文理优长。四事皆可取，则先德行；德均以才，才均以劳。得者为留，不得者为放。”

先考书、判，观其书写是否工整，文理是否通达，然后再考身、言，观其体貌是否端正，口齿是否清楚。据洪迈《容斋随笔》卷10记载：“凡试判登科谓之入等，甚拙者谓之蓝缕，选未满而试文三篇谓之宏辞，试判三条谓之拔萃，中者即授官。既以书为艺，故唐人无不工楷法，以判为贵，故无不习熟。而判语必骈俪……自朝廷至县邑，莫不皆然，非读书善文不可也。”

四项之中，书、判最为重要。身、言也必须符合标准。全面衡量合格之后，便可授予

① 《隋书》卷38《卢贲传》。
② 《资治通鉴》卷176“至德二年”。
③ 《隋书》卷48《杨素传》。
④ 《资治通鉴》卷180“炀帝大业二年”。
⑤ 《资治通鉴》卷181“炀帝大业七年”。

不同的官职。这可以看出唐朝统治者对官职的除授十分慎重，但在实际执行中，这是当朝显贵对寒士入仕设置的又一道关卡。南宋人章如愚在历数唐代选试的弊病时指出："唐之选法，始行于孟冬，终于季春。天下之士奔走于往来，秋而往，春而归。归装未解而选期又至。是以远者不能至，贫者、老者不能至，至者不能归……凡选无常员，虽至者千百而选授者不能什一，则有出身二十年而不能（获）禄者……夫群天下之士而决一二有司之目，察其貌言，考其书判，任公之吏，力有所不逮，容私之人，亦何所不至！至于请托纵横，奸伪百出，无足怪也。"①

不仅选试舞弊非常严重，而且每年往返参加考试，对贫苦举子也是一个不堪忍受的经济负担。"授者不能什一"，有权势者，不管采用什么办法"试"，都照样得官，而朝中无人的寒士，则大多不能中选。即使省试中选，吏部复试，身、言、书、判四条，"一二有司之目"，自然都集中在权贵子弟身上，而寒门士人，尽管才学出众，经过再次筛选，能取中的便寥寥无几了。这种选官制度，唐人赵匡总结了十条弊病："国朝举选，用隋氏之制，岁月既久，其法益讹。夫才智因习而就，固然之理。进士者，时共贵之，主司褒贬，实在诗赋，务求巧丽。以此为贤，不唯无益于用，实亦妨其正习；不唯挠其淳和，实又长其佻薄。自非识度超然，时或孤秀，其余溺于所习，悉昧本源。欲以启导性灵、奖成后进，斯亦难矣。故士林鲜体国之论，其弊一也。又人之心智，盖有涯分，而九流七略，书籍无穷，主司征问，不立程限。故修习之时，但务钞略，比及就试，偶中是期，业无所成，固由于此。故当代寡人师之学，其弊二也。疏以释经，盖筌蹄耳。明经读书，勤苦以甚，其口问义，又诵疏文，徒竭其精华，习不急之业。而当代礼法，无不面墙，及临人决事，取办胥吏之口而已。所谓所习非所用，所用非所习者也。故当官少称职之吏，其弊三也。举人中大率二十人中方收一人，故没齿而不登第者甚众，其事难，其路隘也如此。而杂色之流，广通其路也。此一彼十，此百彼千，揆其秩序，无所差降。故受官多底下之人，修业抱后时之叹，待不才者何厚，处有能者何薄！崇末抑本，启昏窒明。故士子舍学业而趋末伎，其弊四也。收人既少，则争第急切，交驰公卿，以求汲引，毁訾同类，用以争先。故业因儒雅，行成险薄，非受性如此，势使然也。浸以成俗，亏损国风，其弊五也。大抵举选人，以秋末就路，春末方归，休息未定，聚粮未办，即又及秋，正业不得修习，益令艺能浅薄，其弊六也。羁旅往来，靡费实甚，非唯妨阙生业，盖亦隳其旧产。未及数举，索然已空，其弊七也。贫窭之士在远方，欲力赴京师，而所冀无际，以至揆度，遂至没身。使兹人有抱屈之恨，国家有遗才之阙，其弊八也。官司运江淮之储，计五费其四，乃达京邑，刍薪之贵，又十倍四方，而举选之人，每年攒会，计其人畜，盖将数万，无成而归，十乃七八，徒令关中烦耗，其弊九也。为官择人，唯才是待。今选司并格之以年数，合格者判虽下劣，一切皆收。如未合格而应科目者，才有小瑕，莫不见弃。故无能之士，禄以例臻；才俊之流，坐成白首，此非古人求贤审官之义，亦已明矣。其弊十也。"②

① 《山堂考索续集》卷38《选曹》。

② 《通典》卷17《选举五》。

温庭筠像

除了这十种弊病之外,赵匡还认为,选人不在本州考试,而全部集中到京师,因为人数太多而产生"偷滥"替代的现象。当时民间相传云:"入试非正身,十有三四;赴官非正身,十有二三。"①就使大批有真才实学之士不能得第而潦倒沦落。《容斋三笔》卷7载,唐昭宗光化三年(900年)十二月,左补阙韦庄上疏奏云:"词人才子,时有遗贤,不沾一命于圣明,没作千年之恨骨。据臣所知,则有李贺、皇甫松、李群玉、陆龟蒙、赵光远、温庭筠、刘德仁、陆逵、傅锡、平曾、贾岛、刘稚硅、罗邺、方千,俱无显遇,皆有奇才。丽句清词,遍在词人之口;衔冤抱恨,竟为冥路之尘。伏望追赐进士及第。各赠补阙、拾遗。见存唯罗隐一人,亦乞特赐科名,录升三署。"

昭宗采纳了韦庄的建议,敕令中书门下省酌情处置。天复元年(901年)又特诏中书门下省,选拔新进士中有久经科考,而复试未能通过,才学出众,年事已高的,不拘常例,各授一官。中书门下遵旨拣选,结果据礼部侍郎杜德祥奏:"拣到新及第进士陈光问年六十九,曹松年五十四,王希羽年七十三,刘象年七十,柯崇年六十四,郑希颜年五十九。"②

昭宗诏令陈光问、曹松、王希羽为秘书省正字;刘象、柯崇、郑希颜为太子校书。据《登科记》记载,天复元年(901年)录取进士共二十六人,陈光问居第四,曹松居第八,王希羽居第十二。这三个人都名列前茅,可是吏部复试时都落选了。这虽然与他们年事已高、不符合身、言的标准有一定关系,但出身寒微是落选的重要原因。

经复试合格的士人,吏部初授的官职品位并不高,一般只授以九品的小官(多任中、小县县尉),但从此便登上了仕途,改变了地位,若朝中有人提携,便可以此为跳板而青云直上,成为统治阶级中的重要成员。因此,参加科举考试被士人视为终身大事而不辞劳苦,倾心角逐。

举子授官后,吏部按例分别给予凭照,称为"告身"。这种"凭照"类似今天的任职证书。据《通典·选举三》记载:"各给以符,而印其上,谓之'告身',其文曰'尚书吏部告身之印',自出身之人,至于公卿皆给之。武官则受于兵部。"

进士参加复试落选的,还可请求当权官僚为之"论荐",就是请他们帮助向朝廷保举,若请托得力,遇上好的机会,还可以得官。若请托无门,便到藩镇节度使处做幕僚,争取以后被保举入仕。例如唐代著名散文家和诗人韩愈在《上宰相书》中说他"四举于礼部乃一得,三选于吏部卒无成",就是说他参加四次省试才得了个进士,但三次参加吏部复试均落选。于是他就希望通过当时的宰相贾耽、赵憬、卢迈等人的"论荐"而得官。可是他

① 《通典》卷17《选举五》。

② 《容斋三笔》卷7《唐昭宗恤录儒士》。

三次上书均无结果，最后很失望地离开京都，到宣武军节度使董晋的麾下做幕僚。终由董晋的荐举，才得试秘书省校郎等官，由此才踏上仕宦的道路。

二、流内品官的举荐

1. 品官的划分

流内与流外这种官品的划分，是隋唐始创并为以后所沿用的官吏分类的两大系列，即九品至一品官称为"流内"，不入九品者称"流外"。"隋置九品，品各有从，自四品以下，每品分为上下，凡三十阶。自太师始焉，谓之流内。流内自此始焉。又置视正二品至九品，品各有从，自行台尚书令始焉，谓之视流内。视流内自此始。大唐自流内以上，并因隋制……又置勋品九品，自谓卫录事及五省令史始焉，谓之流外。流外自此始。"①

流内官在政权中占有特殊地位，尤其是八品以上官更是实际掌握各级政权组织的权力者。

流内官主要来源于国子学等出身的生徒（由科举入仕者）和高品官员子孙充任的"卫官"等，而流外官则由吏员出身的人充任。由于这一出身入仕途径的差别，流外官出身的备受歧视。如唐朝政府机构分为"前行要望"和"后行闲司"，以分别安排清要官与清望官。凡属人事组织部门（尚书吏部、兵部）、国家礼仪教育部门（礼部）、行政办公中枢（尚书都省）、监察机关（御史台）、草诏机构（中书省）、封驳机关（门下省）等行政要务之地，就绝对禁止流外出身的官员涉足，即通常所说"由浊入清"者才能进入这些要害部门。

流内九品之外，作为流内九品的一种附属，隋及唐初还设流内视品十四等。所谓视品或视流内起居，指隋及唐初王府、三公府、上柱国府等属下府官和正规州县官之外的行台官、总管、牧监等官。这些官员依附于爵勋高等级而存在，所以在中央集权，尤其是皇权进一步发展和加强过程中，视品体系逐渐萎缩。开元初，亲王国官、三师、三公、开府、嗣郡王、上柱国以下、护军以上，勋官带职事府官等品一切罢之，仅存萨宝、祆正二官②。胡三省曾说："隋之视品，即唐之流外铨也。"③

流内之下为流外，流外亦分九品，为各级官府中的吏员。唐制，政府各曹司流外官均有定额，愿为吏员者经流外铨④而得补判⑤，即合格者取得在各部门从事分抄文件、传书送信等杂务的资格。任职期间渐次升迁，最终有可能迁补为流内官。如在尚书都省供职的令史、书令史，达到规定的任职时间，考核合格，可以进入流内九品（即流外入流）。至于吏员的法定任职时间，唐前期一般是八年，但因吏员缺少，有时也放宽为六年或七年。开元年间则规定为十年。

---

① 《通典》卷19《职官一》。

② 《旧唐书》卷42《职官一》。

③ 《资治通鉴》卷195"贞观十四年"胡三省注。

④ 《资治通鉴》卷195"唐制，吏部郎中一人，掌考天下文吏班秩阶品，一人掌小铨，亦分九品，通谓之行署。以某在九流之外，故谓之外铨，亦谓之小选"。

⑤ 《通典》卷15《选举三》："视品及流外官皆判补之。"即通过对某事或几事例的书面评断成绩来充吏员。

流外官入流后很难进入中、高级官员行列，一般的任官顶点多在八品。进入中、高级官员行列者或受不必要羞辱，或任官受限制。贞观十四年(640年)，"太宗尝对朝问(张)玄素历官所由，玄素既出自刑部令史，甚以惭耻"。太宗又追问其未为县尉以前任何官，玄素奏云："流外。"太宗还要刨根问底，"在何曹司？"以致"玄素将出阁门，殆不能移步，精爽顿尽，色类死灰。朝臣见之，多所惊怪"①。张玄素当时已为银青光禄大夫(从三品)、行左庶子(正四品上阶)，已属官僚"贵"与"通贵"的行列，但是，仍因流外出身而感自卑，问题的严重于此可见。大历十四年(779年)敕："流外出身人，今后勿授刺史、县令、录事参军。诸军诸使亦不得奏请。仍委所出检勘。"②

唐僖宗乾符二年(875年)，西川节度使高骈至成都，"索阖境官有出于胥吏者，皆停之"③。

文宗时，韦温为尚书都省右丞，时姚崇之孙姚勖为盐铁判官，有吏能，朝廷酬奖，令权知职方员外郎。韦温以能吏也不可任清选官为由，坚决不同意，最后改判姚勖为检校礼部郎中官④。

流外官入流后任职范围狭小，尽管如此，还时常有被进士出身者挤占的危险。开元中，进士薛据自恃才名，于吏部参选，请授万年县录事。吏曹经咨请执政后，将许之，诸流外共见宰相诉云："院署丞等三官皆流外之职，已被士人夺却，惟有赤县录事是某等清要。今又被进士人夺取，则某等一色之人，无措手足矣。"⑤经此投诉，薛据未注万年县录事，但流外入流者地位低下已可见。

2. 流内品官的举荐

流内品官举荐是重在破格选用才干之士的一种方式。

唐朝举荐时间不固定。有举荐权的是高级官员或是在核心部门供职的中级官员，所举官多为对政府行政事务好坏有重要影响的职务。

狄仁杰像

贞观元年(627年)，尚书右丞魏徵表荐杜正伦，"遂擢授兵部员外郎"⑥。

武则天要狄仁杰推荐一人，"欲用为将相"。狄对曰："文学缊藉，则苏味道、李峤固其选矣。必欲取卓荦奇才，则有荆州长史张柬之，其人虽老，宰相才也。"武后擢张柬之为洛州司马。不久，狄又以"臣所荐者可为宰相，非司马也"。乃迁张柬之为"秋官侍郎，久之，卒用为相。仁杰又尝荐夏官侍郎姚元崇，监察御史曲阿桓彦范，太州刺史敬晖等数十人，率为名臣。或谓仁杰曰'天下桃李，悉在公门矣'。仁杰曰'荐贤

① 《旧唐书》卷75《张玄素传》。

② 《唐会要》卷58《尚书省诸司中》。

③ 《通鉴》卷252"乾符二年"。

④ 《旧唐书》卷168《韦温传》。

⑤ 《封氏闻见记》卷3《铨曹》。

⑥ 《旧唐书》卷70《杜正伦传》。

为国，非为私也’”①。岑羲“长安中为广武令，有能名。则天尝令宰相各举堪为员外郎者，凤阁侍郎韦嗣立荐羲，且奏曰‘恨其从父长倩犯逆为累’。则天曰‘苟有材干，何恨微累’。遂拜天官员外郎。由是缘坐近亲，相次入省。登封令刘守悌为司门员外郎，渭南令裴惓为地官员外郎”②。

唐玄宗即位后，举荐有所规范。开元九年（721 年）敕：“京官五品以上，外官刺史、四府（京兆府、河南府、河中府、太原府）上佐，各举县令一人，视其政善恶，为举者赏罚。”③

代宗广德二年（764 年），“诏举堪御史、谏官、刺史、县令者”。大历八年（773 年），“诏京官三品以上及郎官、御史岁举刺史、县令一人”。十二年（777 年），“诏尚书、御史大夫、左右丞、侍郎举任刺史者”④。

唐朝前期，尚书左右丞有专荐郎官之权，德宗贞元八年（792 年）开始改变。八年敕：“令授台省官者，各具举主名于授官书诏。先是，郎官缺，左右丞举之；御名缺，大夫中丞举之；诏书不具所举官名。及赵憬、陆贽为相，建议郎官不宜专于左右丞，宜令尚书及左右丞侍郎，各举本司，其授官诏书，仍具所举官名，御史亦如之。”⑤

3. 举荐责任

唐制，被举者称职与否、是贪是廉等均与举主赏罚挂钩，以防止滥用举荐权。

被举者称职，“举主加阶进爵，得贤俊者迁其官”。“所举官吏在任有行迹乖谬不如举状及犯罪至徒以上者，请兼坐举主。一人夺禄一年，（诸使无禄者，准三品官，以料钱折纳，依旧估计），二人夺赐（无赐者，贬其色，降紫从绯，降绯从绿，降绿从碧），三人夺阶及爵（有爵无阶、有阶无爵者，加夺赐及勋），四人解现任职事官（已上任者并追解之），五人贬官（节度、观察使降为刺史，刺史降为上佐，皆以边州），六人除名（虽六人以上，罪止除名），有犯赃罪至流以上者倍论之（倍谓一人从二人之法，二人从四人之法，三人从六人之法，罪止三人），若举用后，续知过谬，具状申述及自按劾者，请勿论（此谓所知不审，举用失误者）。”“所举官有因奸纳赂而举者，有亲故非才而举者，有容受嘱托而举者，有明知不善而故举者，有犯一科，请皆以罔上论，不在官赎限。嘱托举者，两俱为首，规求者为从。”⑥

三、选任程序

1. 铨选、试判与铨注

唐朝每年五月颁行铨选条例于州县，然后应选人报名，州县按条例审核，并将应选人的有关材料用文书形式按时上报尚书吏部，吏部进行资格审查。“先时，五月颁格于郡县，示人科限而集之，初皆投状于本郡或故任所，述罢免之由而上尚书省，限十月至省。

① 《资治通鉴》卷 270“久视元年”。

② 《旧唐书》卷 70《岑文本传》。

③ 《资治通鉴》卷 212“开元九年”。

④ 《新唐书》卷 6《代宗纪》。

⑤ 《唐会要》卷 57《尚书省》。

⑥ 《通典》卷 18《选举六》。

乃考核资叙,郡县乡里名籍,父祖官名,内外族姻,年齿形状,优劣课最,谴负刑犯必具焉。以同流者五五为联,以京官五人为保,一人为识,皆列名结款。不得有刑家之子、工贾殊类及假名承伪隐冒升降之徒。应选者有知人之诈冒而纠得三人以上者,优以授之。"①经资格审查后,应选人就参加吏部考试。吏部考试包括面试和文字考试两项内容,即"身、言、书、判"。

四法中,以"判"最为紧要。判作为考试者对具体事例进行行政处理的一种文书形式可反映出一定的行政能力。"判为尤切。盖临政治民,此为第一义,必通晓事情,谙练法律,明辨是非,发摘隐伏,皆可以此觇之。"②

试判又分两类,一是现任官员的升迁调留,一是科举及第者的初任选拔。

"初,吏部试判,别差考判官三人校能否,元和初罢之。七年(812年),吏部尚书郑余庆以疾请告,乃复置考判官,以兵部员外郎韦凯、屯田员外张仲素、太学博士陆亘等为之。(杨)於陵自东都来,言曰:'本司考判,自当公心。非次置官,不知曹内公事。考官只论判之能否,不计阙员,本司只计员阙几何,定其留放。置官不便。'宰执以已置凯等,只令考科目选人,其余常调,委本司自考。"③

初入仕者试判,"登科谓之'入等',甚拙者谓之'蓝缕'。选未满而试文三篇,谓之'宏辞';试判三条,谓之'拔萃'。中者即授官"④。试判不合格不能出任亲民之官。赵宗儒"第进士,授校书郎,判入等,补陆浑主簿"⑤。窦易直"擢明经,补校书郎。十年不应辟,以判入等,为蓝田尉"⑥。

唐文宗太和年间,曾对现任官员试判加以变通,改试判为试"时务状"来选任地方官。"中书门下奏:……臣等商量,望令京兆、河南尹及天下刺史,各于本府本道常选人中,拣择堪为县令、司录、录事、参军人名,具课绩才能闻荐。其诸州先申牒观察使都加考核,申送至吏部。至选集日,不要就选场更试书判,吏部尚书、侍郎引诣铨曹,试时务状一道,访以理人之术及自陈历任以来课绩,令其一一条对。但事理明切,不假词华、取其理识优长者,以为等第,便于大县及难理处注拟;仍取税五万贯以下县注授,即免尽占常选人阙员。"⑦

吏部铨选为六品及以下官,"五品以上,不试,列名上中书门下,听制敕处分"⑧。

吏部考试合格后,即予"铨注"。所谓铨注,即吏部对应选人拟授官位与任所(派去何地、何部门、何职),经此初步确定,再当面征询当事人对此安排有何看法,以求适当。"吏

---

①⑧ 《通典》卷15《选举三》。
② 《文献通考》卷37《选举十》。
③ 《旧唐书》卷114《杨於陵传》。
④ 《新唐书》卷45《选举下》。
⑤ 《新唐书》卷151《赵宗儒传》。
⑥ 《新唐书》卷151《窦易直传》。
⑦ 《册府元龟》卷631《铨选部·条制第三》。

部铨，故常三注三唱，自春止夏乃讫。”①“已铨而注，询其便利而拟其官。”②“已注而唱示之。不厌（满意）者，得反通其辞也，曰更其官、而告之如初，又不厌者，亦如之。三唱而不服，听冬集。”③

“宣平郑相之铨衡也，选人相贺，得其入铨。刘禹锡弟某，为郑铨注潮州尉，一唱，唯唯而出。郑呼之却回，郑曰：‘如此所试，场中无五六人，一唱便受，亦无五六人。此而不奖，何以铨衡？公要何官，去家稳备？’曰：‘家住常州。’乃注武进县尉”④

“陈讽、张复元，各注畿县尉。请换县，允之。既而张却请不换，郑牓子引张，才入门，报已定，不可改。”⑤

裴相为宣州观察使，朝谢后游曲江，见“五六人中”有黄衣饮酒轩昂，笑语轻脱。裴相不平，问曰：“君所任何官？”对曰：“新授宣州广德县令。”此人复向裴：“押衙所任何职？”答曰：“诺，即不敢，新授宣州观察使。”于是奔走而去，一席皆欢，闻者大笑。“左右访于吏部云：有广德县令，已请换罗江令矣。”⑥

圣历元年敕：“选人无故三试三注，唱不到者，不在铨试重注之例。其过门下三引不过者，亦不在更注之限。”⑦

凡注拟之官，经唱示同意者，吏部分类造册，上奏，并发给告身，即委任状。“（注唱）厌者，以类相从，攒之为甲，先简仆射，乃上门下省，给事中读之，黄门侍郎省之，侍中审之，不审者，皆得驳下。既审，然后上闻，主者受旨而奉行焉。各给以符而印其上，谓之告身。其文曰：‘尚书吏部告身之印。’自出身之人至于公卿皆给之。”⑧

2. 任用的种类

（1）一般形式

唐朝任用按官品高低分为册授、制授、敕授、旨授和判补五种形式。

册授：“凡诸王及职事正三品以上、若文武散官二品以上，及都督、都护、上州刺史之在京师者册授。”“诸王及职事二品以上，若文武散官一品，并临轩册授。其职事正三品，散官二品以上，及都督、都护、上州刺史并朝堂册，讫，皆拜庙，册用竹简，书用漆。”⑨“故事临轩拜三公，中书令读册，侍中赞礼，或阙，则宰相摄事。”⑩

制授，“五品以上，皆制授”。

敕授，属于此范围的官员有三类：一是六品以下、守五品以上，及视五品以上皆敕授。二是“六品以上常参官，则敕授”⑪。所谓“常参官，当朝日常赴朝参者也。唐制，文官五品以上，及两省供奉官，监察御史、员外郎、太常博士日参，号常参官”。三是“其员外郎、御史并余供奉，宜进名敕授”⑫。此制正式形成于玄宗开元四年（716年）。

---

① 《新唐书》卷206《杨国忠传》。

②⑧⑨⑪ 《通典》卷15《选举三》。

③⑦ 《册府元龟》卷629《铨选部·条制》。

④⑤ 《唐语林》卷1《政事上》。

⑥ 《唐语林》卷4《豪爽》。

⑩ 《新唐书》卷127《张嘉贞传》。

⑫ 《册府元龟》卷630《铨选部·条制第二》。

旨授，即六品以下官员的任命，由吏部主持。

判补，与上大同小异。

唐朝高级官员任命后须入阁面谢皇帝。元和元年（806 年），御史中丞武元衡奏："中书门下御史台五品以上官、尚书省四品以上、诸司正三品以上、从三品职事官、东都留守、转运盐铁节度观察使、团练防御招讨经略等使、河南尹、同华州刺史、诸卫将军三品以上官除授，皆入阁谢，其余官许于宣政南班拜讫便退。"诏曰："如此例中有加使及职掌并准此。"①

（2）特殊形式

唐还有一种特殊的任用形式叫白麻除授。白麻是一种专门用来草写除授将相或其他重要之事诏令的纸，因其专用而成为任命的一种形式。"凡将相、翰林学士草制，谓之白麻。"常见的做法是，"中书省用黄白二麻，为纶命重轻之辨。近者所出，独得黄麻；其白麻皆在翰林院，自非国之重事，拜受将相、德音赦宥，则不得由于斯"②。

唐文宗太和九年（835 年），"时人皆言郑注朝夕且为相，侍御史李甘扬言于朝曰'白麻出，我必坏之于庭'"③。

唐末宦官恣横，此制废坏。僖宗广明元年（880 年），"以枢密使西门思恭为凤翔监军。丙子，以宣徽使李顺融为枢密使。皆降白麻，于阁门出案，与将相同"④，这就失去了原来的特殊作用。

---

① 《旧唐书》卷 14《宪宗上》。

② 《翰林院故事》。

③ 《资治通鉴》卷 245"太和九年"。

④ 《资治通鉴》卷 253"广明元年"。

第五编　宋辽夏金元

迄今为止，西方的许多学者对中国的宋王朝及其文明崇拜有加。英国著名的历史学家汤因比说，宋朝是最适合人类生活的朝代，如果让我选择，我愿意生活在中国的宋朝。德国史学家库恩指出中国在宋代发生了根本性的社会变化。文官政治取代了军人政治，孟子以王道治国的思想第一次付诸实施；宋朝在农业文明、城市文明、物质文明方面取得了很大成就；宋朝是中国中世纪的结束和近代的开始。美国历史学家墨菲则说，宋朝是中国的黄金时代，是一个前所未有的发展、创新和文化繁荣的时代，拥有一亿人口的宋朝完全称得上是当时世界上最大、生产力最发达的国家；宋朝使科举制度达到了顶峰，官员中有三分之一来自贫民家庭。

辽、西夏、金、元四个政权都是少数民族建立的，这说明了少数民族是中华民族大家庭的一员，为中华文明的形成和发展做出了极其重大的贡献。宋、辽、西夏、金、元共存的历史，也是中华各民族融合进程中的重要时期，又一次表明了中华民族大家庭的源远流长！

第一章　学校教育与文官的培养

宋辽夏金元时期重视科举考试，崇儒学重佛、道，这在学校教育与文官培养上都有具体的体现。随着儒、佛、道三教的融合，理学兴起于北宋，盛行于南宋。

“辽以用武立国”，本不重视“礼文之事”，但随着崇尚中原文明风气的形成和兴盛，儒学在辽境内的传播范围不断扩大，影响日深，使儒学成为占统治地位的政治思想，在辽代政治生活中发挥着重要的作用。

宋辽夏金元时期教育的另一特点是书院的兴盛。

第一节　宋代的学校教育与文官的培养

一、宋代的文教政策

960 年，赵匡胤推翻后周，建立北宋，结束了五代十国的分裂局面。1127 年，金统治者俘虏宋徽宗和宋钦宗，北宋灭亡。宋高宗赵构在南京（今河南商丘）称帝，以后南逃，建都临安，历史上称之为南宋。1279 年，南宋为元朝所灭，整个宋朝共经历三百一十九年。

1. 重文政策的由来

《宋史》中说：“五季乱极，宋太祖起介胄之间，践九五之位，原其得国，视晋、汉、周亦岂相绝哉？及其发号施令，名藩大将，俯首听命，四方列国，次第削平，此非人力所易致也。建隆以来，释藩镇兵权，绳赃吏重法，以塞浊乱之源。州郡司牧，下至令录、幕职，躬自引对，务农兴学，慎罚薄敛，与世休息，迄于丕平。”①宋太祖鉴于唐末以来藩镇割据的教训，极力加强中央集权，以确立君主权威和稳定国家政权。宋代统治者意识到文化支持系统对巩固专制统治的重要作用，因而实行“兴文教，抑武事”的方针，在全国上下形成文武分离的格局，重文轻武，抑制豪门，强化皇权，并积极吸引庶族地主阶级参政，提高读书士子的地位。具体做法：首先从中央到地方，实行以文制军，用文官代替武官，掌管军事大权。太祖对赵普说：“五代方镇残虐，民受其祸，今选儒臣干事者百余，分治大藩，纵皆贪浊，亦未及武臣一人也。”②乾德三年（965年），宋太祖得一蜀镜，背刻“乾德四年铸”，朝中宰相皆不知所由，唯学士窦仪指认出是前蜀王衍的年号。太祖对此十分感慨：“宰相须用读书人。”由是要求政府各级官吏以文人充任③。以致出现如宋人所言的现象：“今世用人，大率以文词进。大臣，文士也；近侍之臣，文士也；钱谷之臣，文士也；边防大帅，文士也；天下转运使，文士也，知州郡，文士也。”④为了壮大士人队伍，宋朝廷十分重视学校教育和科举制度，扩充科举录取名额，提高地主阶级知识分子的地位，以鼓励读书士子奋发进取。宋太祖时李昉知贡举，仅取十一人，太祖不悦，召复试于进武殿，取诸科九十六人，皆赐及第，开一创例。太宗即位时复试礼部所上合格人姓名，取进士一百零九人，诸科二百零七人，屡试落第十五次以上者一百八十四人，共五百余人。自此，每年取人皆有数百。太宗一朝科举取录人数达近万人。真宗朝以后，科举及第人数有增无减。这不仅是调解统治集团内部矛盾的需要，也是笼络知识分子和控制思想的需要。宋真宗为此专门写有《劝学诗》：“富家不用买良田，书中自有千钟粟。安居不用架高堂，书中自有黄金屋。出门莫恨无人随，书中车马多如簇。娶妻莫恨无良媒，书中有女颜如玉。男儿欲遂平生志，六经勤向窗前读。”最典型地体现了封建统治者以富贵名利笼络知识分子的心态。

2. 重文政策的实施

为了推行重文政策，宋代统治者刻意尊孔崇儒，重视佛道。宋太宗竭力提倡“用文德礼治”，“尊周孔之礼”。宋真宗更是积极倡导儒学。他亲临孔庙行礼，加谥孔子为“玄圣文宣王”，并撰写“文宣王赞”，称颂孔子为“人伦之表”，孔学是“帝道之纲”。他还命人校订儒经，编注疏义，颁行各地，作为官方指定教材。宋太祖为调和统治阶级内部的矛盾，争取南方僧侣地主的支持，对佛教采取保护政策，修佛寺、造佛像、刻印大藏经，促进了佛教的发展。太宗认为佛教“有裨政治”，在开封特设译经院，在各地大兴寺院，大度僧尼。到真宗时佛教最盛。全国僧侣达四十六万人，宋真宗在撰写《崇儒术论》的同时，又作《崇释论》。宋王朝对道教亦大力提倡，真宗时封老子为“太上老君混元上德皇帝”，命人收编道书四千三百多卷。徽宗任用道士直接参与政治，立道级二十六级，秩位比于中大夫至

①③ 《宋史》卷3《太祖纪三》。

② 《宋史纪事本末》卷2《收兵权》。

④ 《全宋文》卷1003《国论要目十二事疏》。

将士郎，享有特权。

宋代重文政策进一步壮大了庶族文人队伍，也进一步扩大和巩固了地方乡绅阶层的地位与势力，因而迫切需要建构新的伦理纲常以维护这一文化秩序。

随着儒、佛、道三教的融合，理学兴起。理学也称道学，起于北宋，盛于南宋。

北宋周敦颐首先提出将佛教、道教思想吸收到儒学理论中来，把佛、道的禁欲主义与儒学中服从封建纲常的教条融为一体，倡导人们既做忠臣孝子，又具有安贫乐道、清心寡欲的精神。这一理论为理学的形成奠定了基础。嗣后，张载、程颢、程颐等人对理学的思想做了进一步发展和充实。后经南宋朱熹从理论上加以总结，最终完成了我国封建社会后期特定的官方哲学——理学的体系。程朱理学断言，"天理"是独立存在于天地万事万物之外的客观实体，是先天地而存在的，是永恒的，是至高无上的。它不仅是天地万物之源，而且也是人的心、性所应遵循的法则。天地万物，乃至封建秩序、封建伦理纲常皆派生于"天理"，"天理流行，触处皆是：暑往寒来，川流山峙，父子有亲，君臣有义之类，无非这理"。因而封建秩序的永恒便是天经地义的，遵循封建伦理的信条便是不可争辩不可怀疑的绝对命令，"存天理，灭人欲"便成为理学教育观的核心。程朱理学因符合封建统治者加强统治的需要，而成为君主专制制度最好的理论武器。

周敦颐像

（载于《晚笑堂竹庄画传》）

朱熹像

宋代理学家欲建构伦理纲常文化秩序的努力，在南宋末年终于为统治者所认识。宋宁宗于嘉定二年（1209 年）诏令学校立周子（敦颐）祠，并诏赐朱熹为"朱文公"。朱熹是理学发展的集大成者。他认为，"理"是宇宙万物的本源，是第一性的；"气"只是构成宇宙万物的材料，是第二性的。他把"天理"和"人欲"对立起来，认为人欲是一切罪恶的根源。因此，他提出了"存天理，灭人欲"。这实际上是为封建等级制度辩护。嘉定五年（1212 年）令学校以朱熹所著《论语集注》《孟子集注》作为法定教科书。宝庆三年（1227 年），理宗加封朱熹为"信国公"。淳祐元年（1241 年）正月，理宗颁诏正式确立程朱理学为官方学说，认定朱熹所著《四书章句集注》"本末洞彻"，使"孔子之道益以大明于世"，命学官将周敦颐、张载、程颢、程颐、朱熹等"列诸从祀，以示崇奖之意"①。至此，朱熹在中国思想史上的地位被初步确立，理学成为巩固封建王朝统治的思想文化工具的性质和作用也被确认。

① 《宋史》卷 42《理宗纪二》。

二、北宋的三次兴学

隋唐以来，人才的培养和选拔是分途而行的，学校培养人才，科举制选拔人才，封建统治者重科举而轻学校。在一定条件下，二者可以互相促进。但在“读书做官”的文化氛围下，士大夫求学更主要的是为了求取功名。这样，封建统治者重科举而轻学校的政策便导致了科举弊端的暴露无遗。唐朝就有人批评科举无实学，提出兴学以育才的主张。

宋初，统治者大兴文治，大力提倡科举，反而助长了侥幸奔竞的风气，导致学校教育的衰败。宋代的学校主要有中央官学、地方州县学以及书院等。中央官学主要有国子监、太学、武学、律学及医学、算学、书学、画学等。

宋初设国子监，是掌管学校教育的行政管理机构。庆历四年（1044 年）建太学，太学为全国最高学府，招收七品以上官员子弟为学生。以国子学“教胄子”，为高官贵族子弟就学之所，以太学为中下级官僚及庶族子弟的肄业之地。至宋徽宗大观元年（1107 年），国子学、太学、辟雍分设博士，分掌教导，太学从国子学中分出完全独立。

为切实推行“重文”的方针，培养统治阶级理想的人才，整顿和发展学校教育，北宋形成了三次兴学运动。

1. 庆历兴学

北宋第一次兴学运动是在宋仁宗庆历年间，首领人物是范仲淹。当时官学不振，朝廷又极重视科举。范仲淹深感忧虑：“当太平之朝，不能教育，俟何时而教育哉？乃于选用之际，患才之难，亦由不务耕而求获矣。”①意思是说只凭科举不抓教育的做法好比是不问耕种只求收获一样。庆历中，范仲淹为相，致力于对朝政实行全面改革，史称“庆历新政”。

范仲淹像

其实，“庆历新政”还有深刻的社会背景。北宋中期宋仁宗时，因反击元昊叛宋，宋军的边防开支骤然膨胀起来。百姓不堪重负，包括京城附近在内，各地反抗朝廷的暴动与骚乱，纷然而起。

庆历三四年间（1043—1044 年），仁宗皇帝亟待稳定政局，重用曾在宋夏战争中建立大功的范仲淹，庆历三年（1043 年），仁宗催促范仲淹等人，拿出措施，改变局面。范仲淹呈上了著名的新政纲领《答手诏条陈十事》，提出了建立严密的仕官制度、精贡举、注意农桑、整顿武备、推行法制、减轻徭役等十项改革主张。宋仁宗采纳他的建议，开始了“庆历新政”。

顺应时代的呼声，范仲淹主持的庆历新政，将贡举改革作为一项重要内容。早在天圣五年（1027 年），范仲淹就曾上书宰相，提出改革时政的一揽子建议，其科举改革主张成为他庆历年间推行“精贡举”改革措施的基本设想。范仲淹的

① 《范文正公文集》卷 8《上执政书》。

《答手诏条陈十事》，前四项一曰明黜陟，二曰抑侥幸，三曰精贡举，四曰择长官，均与吏治相关。其中“精贡举”的改革方案，吸纳了同时代有识之士的主张。范仲淹主张以经义取士的同时，还主张兴办学校以传授儒家经典。

范仲淹的改革主张得到了仁宗的支持，于是庆历科举改革便从两个方面展开：

一是大兴地方官学，建立州县学校体系。对太学和国子学也进行改革。诏令：“诸路州府军监，除旧有学外，余并各令立学。如学者二百人以上，许更置县(学)。若州县未能顿备，即且就文宣王庙或系官屋宇。仍委转运司及长吏于幕职州县官内荐教授一人，以三年为一任。若文学官可差，即令本处举人众举有德行艺业者充。候及三年无私过，本处具教授人数并本人履业事状以闻，当议特与推恩。内有因本学应举及第人多处，亦与等第酬赏……其学规，宜令国子监详定其制颁行……其州军监初入学人，须有到省举人二人委保是本乡人，或寄居已久，无不孝不悌逾滥之行及不曾犯刑责，或曾经罚赎而情理不重者，方得入学。”①

此诏令将官办教育的规模扩大，不仅包括军府军监一级，而且延伸到具备一定条件的县级。官学经费支出纳入地方财政，入学生员基本上享受免费教育。要求选拔称职官员任官学教授，这与私塾先生存在质的区别，并以授业成绩作为酬奖的条件，使其倾心于官办教育。强调地方教育学规宜将统一实施，促使官办教育的正规化、一体化。规定就读官学的生员必须是国家法纪道德规范的忠实履行者，体现了循名责实的精神。

升格中央太学，扩大高等教育的规模。仁宗时，国子监和太学仍在一起，既管教育行政，又教太学生员。不过规模狭小，总共才有两百间房子。庆历四年(1044 年)四月，在王拱辰、田况等人的建议下，仁宗同意“以锡庆院为太学”，以扩大太学生员名额。

范仲淹还提出限定学生在学校的最低学习时间，规定举子的在学期限，确保所取士子经过系统官学正统教育。要求初次参加科举考试的举子，学习儒家经典，“须在学习业三百日”，第二次以上应试者，要求在学百日才允许应试。

二是改革科举考试内容。范仲淹在《答手诏条陈十事》书中说：“今诸道学校，如得名师尚可教人六经，传治国治人之道。而国家乃专以辞赋取进士，以墨义取诸科。士皆舍大方而趋小道。虽济济盈庭，求有才有识者十无一二。”

改革的主要内容有以下几个方面：考试内容，由重辞赋转向重策论，以求选出“经济”之士。

规定进士考试的次序是先策、次论、次诗赋，罢帖经、墨义。仁宗庆历改革之前，每次礼部主持的“省试”，所考内容的次序是第一场诗赋，第二场帖经墨义，第三场策论。士子通经术原对大义，试十道；评定标准是，进士以策论高、诗赋次者为优等；策论平、诗赋优者为次等；诸科“士子通经术愿对大义者试十道，诸科经旨通者为优等，五通为中格”。另外，“三史科取其明史意而文理可采者。明法科试断案，假立甲乙罪，合律令、知法意、文理优为上等”，优等者即放官。

以经义、策论取士，目的在于革除科举积弊，恢复儒学经世致用的传统，确定儒家经

---

① 《宋会要辑稿·崇儒二》。

典在考试中的核心地位。庆历科举改革冲击了流行三四百年专尚文辞、墨守注疏以及脱离社会现实、漠视德行的旧规。

重视对举子的资历要求与审查,不符合条件不得参与考试,确保所取士子的德行素质。通过地方官保荐与士子相互结保的方法予以核实,所禁有七:一、"隐忧匿服";二、"尝犯刑责";三、"行亏孝悌,有状可指";四、"明触宪法,两经赎铜,或不经赎罚,而为害乡党";五、"籍非本土,假户冒名";六、"父祖犯十恶四等以上罪";七、"工商杂类,或尝为僧道者"。

范仲淹为了对士子循名责实,还倡议在科举的第一阶段——解试阶段的考选中,废除弥封、誊录等项制度。其本意即是以士子的平时履行为第一,试卷成绩为第二,却疏忽了州郡知举官员在此前提下,更易于作弊。对此,开封府尹包拯即上奏反对,他认为,士子入学三百天以上,会影响和阻塞寒士的学习和升进,而废弃弥封、誊录等项削度,必然会造成徇私和贿赂的公行。

不过,新政实施的短短几个月间,政治局面已焕然一新。科举中,突出了实用议论文的考核,限制学习时间的做法也对官宦子弟入学学习流于形式起到一定的遏制作用;全国普遍办起了学校。

这次科举制度的改革实施了近一年,随着"庆历新政"的失败而结束。庆历四年六月,范仲淹离朝出任陕西、河东安抚使。十月间,在余靖的请求下,即"诏罢天下学生员听读日限"。庆历五年(1045 年)正月,杜衍罢宰相之职,范仲淹、富弼同罢副相之职。

三月,礼部开科场,采纳知制诰杨察的建议,以改革科举考试内容的措施不便实施,"诗赋声病易考,而策论汗漫难知","诏礼部贡院,进士所试诗赋、诸科对经义,并如旧制考校"。

"庆历新政"虽然历时短暂而未及全面施行,却改变着科举发展的方向,深刻地影响了当时的士风和学术取向。到嘉祐年间,策论已重于诗赋。范仲淹改革后,北宋掀起了第一次全国范围的兴学高潮,成为王安石熙宁变法科举改革的前奏。从庆历新政到王安石的变法,两者之间前启后承,范仲淹对育才、选才的改革分教育培养和科举选拔两个阶段,而王安石变法时创设的"三舍法"进而把育士与选士结合为一体。在考试内容方面,先策略、后诗赋的程序得以全面实施。

2. 熙宁、元丰兴学

北宋第二次兴学是在宋神宗熙宁四年(1071 年)开始的,宋神宗元丰元年(1078 年)继续推进,首领人物是王安石。当时北宋王朝面临严重的社会危机,王安石在神宗皇帝的支持下实行变法革新,兴学就是其中的重要内容。这次兴学的主要措施有四个方面:

第一,整顿地方官学,创立太学"三舍法"。熙宁四年诏诸州设学官,拨学田,置小学教授,以改变地方官学徒具虚名的状况。元丰二年(1079 年)又下诏设路州府学官。

王安石在教育上特别强调学校教育,推行学校教育与选官制度直接挂钩的政策,从学校直接选拔官吏,主张大力发展太学,在太学中推行三舍法。熙宁四年十月,颁行太学"三舍法"。依据该法,将太学分为外舍、内舍、上舍三级,规定生员分别为七百、二百、一

王安石像

百。外舍成绩优良者升入内舍，内舍成绩优良者升入上舍，上舍优秀者直接荐于中书，得免乡试和省试，并按规定直接补官。太学中实行积分制，每次考试分优、平、否三等，累计成绩皆优者为上等，可以升舍或免科考为官，余皆等而下之。“三舍法”的实施，把养士和取士的职能归之于学校，极大地改变了太学的学风。

元丰二年（1079 年），又订《学令》，订出三舍法一百四十条，颁布一系列考试方法，三舍取士与科举考试并行。哲宗元符二年（1099 年）后，三舍法逐渐推广于诸州及各类学校。徽宗时，太学三舍法又有新的变化，增加了州学三舍升补法。崇宁三年（1104 年），州郡解试与省试停止，士子非三舍法不能入仕。南宋太学继续实行三舍法，并不断加以完善。南宋太学招收新生则采取混补法或待补法。绍圣中，曾一度废科举，专以三舍法取士。以三舍法完全取代科举，共二十年。宣和三年，诏罢此法，仍实行三舍取士与科举考试并行。徽宗宣和三年（1121 年）时，罢州、县学校三舍法，保留太学三舍法。

《学令》规定，初入学为外舍生，相当于预科生或旁听生。其外舍生，每月考核“行”、“艺”记录。所谓“行”主要指遵法守纪的品行，所谓“艺”主要指每月由学官任课教师出题考试（即私试）的成绩。各个学生的考试成绩记为学分，连同品行表现按月登记。到季度末进行检查，学分积累较多又没有严重违犯纪律的学生可以获得“季选”（季度评定）。到年终，综合学生的季选，选出积累学分最多的一百人，予以“校定”（年度评定）。此外，朝廷每年派官员到太学出题考试外舍生一次，称为“公试”。公试成绩列第一、第二等并获得校定者，可升入内舍。

内舍生每月考核行、艺，每季进行“季选”，每年给予三十名积分最多的内舍生“校定”，分为“优”、“平”两等。朝廷每两年派官员到太学为内舍生举行一次“公试”，合格者亦分为“优”、“平”两等。考试和平时行艺合格者可依次升入上舍。

上舍分为三个等级，如果公试优等、校定亦获优等者，即可升为“上舍上等”，可由太学主判直接推荐做官，等于科举及第，立印释褐授官，称之为“两优释褐”，即“优等上之中书。学行卓异者，主判直讲，复荐之中书，奏除官”。如果公试成绩与校定一优一平者，即可升为“上舍中等”，继续学习，待科举考试时，免解试及省试，直赴殿试。如果公试成绩和校定均为平等或一优一否者，即可升为“上舍下等”，继续学习，待科举考试时，免解试，直赴省试。这种“上等命以官，中等免礼部试，下等免解”的人才选拔办法成为科举制的另外一种补充。

这种制度等于是赋予学校部分的取士权，至少是给太学生们更多的取中机会，因为除了学校的考试外，太学生还可以跟其他人一样，参加正常的科举考试。宋代的改革事实上将太学变成了科举的一个层次，学校彻底变成了选官制度的一个组成部分。三舍法演变到明清，就变成了所有官学学生，事实上都成为科举台阶上的第一个等级，进学就中了秀才，等于是科举的第一个台阶上的人了，学校和选举彻底融合到了一起。

三舍法实施后，为了统一思想、考试有据，王安石主持对《诗经》《尚书》《周礼》三部儒家经典重新加以注释，通称《三经新义》，颁行天下，为必读书。熙宁九年（1076 年）的考试又规定以王安石注释的经书为标准。

王安石改革太学教育，实行三舍法，太学具备了一套严密的考试、选拔、奖惩制度。宋朝太学教育历经二百多年，其间的教育管理方法较之前代各朝都有了很大的发展。

第二，改革科举制度。熙宁四年，根据王安石的建议，罢废死记硬背明经诸科而增加进士科的录取名额。进士科考试取消诗赋、帖经和墨义，改为经义和策论。

第三，颁行《三经新义》。王安石将《诗经》《尚书》《周礼》进行新的注释和讲解，编成《三经新义》，后经神宗审定批准，颁行全国，作为各级学校统一教材并成为科举命题及答卷的凭据。其目的是统一思想，杜绝异议，以适应变法革新的政治需要。

第四，整顿和发展专科学校。熙宁五年（1072 年），根据王安石的建议，本着“兼文武”、“求专门”的目的，在京城创办武学，熙宁六年（1073 年），又恢复了律学和医学。熙宁、元丰兴学持续时间较长，取得的成就较大。

王安石改革教育，整顿太学，重新编纂教科书，内容多为儒家经典。考试成绩优秀者可以直接授官。这使学校成为为变法造舆论、育人才的地方。后来，随着王安石变法的失败，其兴学运动亦半途而废了。

3. 崇宁兴学

北宋第三次兴学运动是在宋徽宗崇宁元年（1102 年）开始的。徽宗即位后，定年号为崇宁，即有“崇尚熙宁”之意，大用新派人物，掀起兴学运动。其具体执行者是蔡京。主要是加强地方办学，以“三舍法”令行天下，规定县学生选考升州学，州学生三年升太学，并下诏以学校取士，停废科举。

北宋三次兴学运动始终围绕着调整培养人才与选拔人才的矛盾而展开，兴学的重点在兴办官学。它的积极意义在于：在整个社会造成了重视学校教育的影响，推动了宋朝学校教育事业的发展，在一定程度上摆脱了学校对科举的依附。所以，宋朝无论是中央官学还是地方官学都比唐朝发达，学生的入学范围和名额也比唐朝有所扩大和增加。

三、两宋的官学教育制度

宋代的官学制度继承了隋唐，主要分为中央官学和地方学校两级，另有专门的教育行政管理机构。

1. 教育行政管理机构

国子监是宋代的教育行政管理机构。宋在立国之初，“因周（国子监）旧制，颇增学舍，以应荫子孙隶学受业”①，是为东京国子监。

宋代国子监，除了东京国子监之外，还分设西京国子监与南京国子监，号称“三京国子监”。南京国子监创置于北宋庆历三年（1043 年），是在原南京府学（即南都府学、应天府书院）的基础上改建而成的。西京国子监始建于景德四年（1007 年）。

---

① 《宋史》卷 157《选举三》。

宋代三京国子监中，南京国子监是在地方官学的基础上改造建成的，所以规模、地位和影响都远不及东京国子监。西京国子监地位虽高于南京国子监，但也只是起到了陪衬的作用，根本不能取代或分担东京国子监的职能。南京国子监只是府州官学的一种特例，或者说是介于国子监和府州官学之间的一种特殊的官学教育机构。通常所说的北宋国子监——作为中央官学的最高教育行政管理机构，并一度作为国家最高学府的宋代国子监，都是指东京国子监。

宋太宗端拱二年(989 年)曾改国子监为国子学，淳化五年(994 年)复如故。设判事二人，直讲八人，丞簿、书库、监官各一人，为其行政主管。神宗元丰以后，改设祭酒一人，总领国子监，下设司业、监丞、主簿各一人，分掌教育行政之职。庆历四年(1044 年)建太学后，国子监复成为掌管中央学校的总机构，下辖国子学、太学、武学、医学、律学、书学、画学、算学等。而书、算、画、医各学则分属书艺局、太史局、画图局、太医局。但医学在徽宗崇宁年间(1102—1106 年)曾归入国子监。

南宋国子监则只有设于临安的国子监。

宋的国子监还有许多别称。一为监学。《宋史・职官志五》："(绍兴)九年(1139年)，太学成，增置博士、正录，参用元祐、绍圣监学法，修立监学新法。"元虞集《请吴先生书》："先生抱道怀德，经明行修系乎监学者非轻。"二为胄监，亦名"胄学"。宋、元两代国子监的别称。据《元文类・礼典总序・学校》卷 41 记载："(世祖皇帝即位)以道建极，文轨混同，内设胄监，外设提举官，以领郡县学校之事。"元朝国子监始设于元世祖至元二十四年(1287 年)，既总管全国教育行政事宜，又专收王公大臣及怯薛贵胄子弟入学，故称"胄监"。元以后，不再见此称谓。

2. 中央官学

一类由国子监管辖，有国子学、太学、武学、律学、广文馆和四门学。国子学是宋代的最高学府，招收七品以上官员的子弟入学。太学与国子学性质相同，学生为八品以下官员的子弟和庶民中的俊异者。由于这部分人学习热情高，所以太学较国子学要发达。武学是学习军事的专科学校，始建于仁宗庆历年间，未久即废，熙宁五年又重建，凡小臣、门荫子弟及庶民皆可入学。律学是学习法律的专科学校，入学资格须是在职官员或举人。广文馆类似临时性的补习学校，凡四方来京应试或已试而落第者均可入馆听讲。四门学办学时间不长，与太学性质相仿。

另一类是中央各局管辖的学校，有医学、算学、书学和画学。医学初隶属太医寺，神宗时改属提举判局，徽宗时曾一度归属于国子监，后又更隶太医局。内设三科：脉科、针科和疡科。算学隶属太史局，教材为《九章》、算问、算法及天文书等。书学隶属翰林院书艺局，课程以篆、隶、草三体为主。画学隶属翰林院画图局，学科分佛道、人物、山水、鸟兽、花竹、屋木等六类。

为便于理解，对各类中央官学分述如下：

(1)小学

宋代有在京小学和州县小学。在京小学始建于神宗元丰间，分"就傅"、"初筵"两斋。徽宗政和四年(1114 年)分为十斋，学生近千人，分八岁、十岁和十二岁以上三等，每季分别考试,依三舍法升补。个别州县小学始建于仁宗至和元年(1054 年)。徽宗崇宁元年(1102 年)令州县遍置,十岁以上皆许入学。各设教谕、小长。又,诸王宫各设小学,称宗室小学,其子孙,自八岁至十四岁皆入学,日诵二十字。南渡后重建学校,高宗绍兴十二年(1142 年)于太学附置小学一斋。

(2)太学

宋太学初创于仁宗庆历四年(1044 年)。到了神宗熙宁四年(1071 年),太学推行王安石三舍法。规定上舍一百人,内舍三百人,外舍二千人,共二千四百人。至宋徽宗崇宁元年(1102 年),太学规模进一步扩大,以至于上舍二百人,内舍六百人,外舍三千人。是故徽宗下诏于太学之外另建辟雍,专容外舍生,其程度相当于今天大学的预科,故曰“外学”。据《续资治通鉴·宋徽宗崇宁元年》记载:“甲戌,诏天下兴学贡士,建外学于国南。”又曰:“京(蔡京)又请外学以待州、县学之贡士。乃诏邦京城南门外相地营建,外圆内方,为屋千百七十二楹,是为辟雍。天下太学专以处上舍生、内舍生,而外学则处外舍生。初贡至,皆入外学,经试补入上舍、内舍,始得进处太学。太学、外舍亦令出居外学,其敕令格式,悉用太学见制。于是上舍二百人,内舍六百人,外舍三千人,凡州学、上舍生升舍,以其秋即贡入辟雍,长史集合郡官及提学官具设宴,以礼敦遣,限岁终即集阙下。”北宋亡,太学因废。南宋高宗绍兴十三年(1143 年)重建。太学先后所设之学官有国子祭酒、司业、博士、直讲、丞和主簿等,学职有学正、学录和学谕等。太学内部又分为以下几类:

上舍。中国宋元时期太学的一部分。神宗熙宁四年(1071 年)立太学三舍法。第一等称为上舍。以锡庆院处之。上舍招生一百员。上舍生考试分上、中、下三等:名列上等的直接授官,中等免礼部试,下等免解试。上舍生常被选充太学前廊学录、学谕、直学等职事人,享有月俸。入学满六年而获释褐,称“走马上舍”。元符二年(1099 年)规定,州学每年可贡上舍生一人入京师,暂补太学外舍,考试合格即补内舍;三次考试不升舍,遣还州学。崇宁元年(1102 年),改州学为每三年一贡,“考分三等:入上等补上舍,入中等补下等上舍,入下等补内舍,余居外舍”①。其他,如武学、律学、医学、算学、书学、画学等,亦仿太学,行三舍法,置上舍。

内舍。中国宋元时期太学之一部分。神宗熙宁四年(1071 年)立太学三舍法,第二等称内舍。以旧国子监处之。庆历期间太学设内舍生二百名。熙宁初,内舍生仍为二百人,元丰时增为三百人。元符二年(1099 年),三舍法推行于州学,州学亦置内舍。南宋绍兴十三年(1143 年)重建太学,内舍以百人为额。外舍生在学满三季,外校合格,次年公试入等,升补内舍;内舍生连续二次私试被黜,则退降外舍。内舍生每两年举行一次内舍试,由学官主持,试卷密封誊录。凡成绩达优、平二等,当年校定合格者,升补为上舍生。其他如武学、律学、医学、算学、书学、画学等,亦仿太学,立三舍法,置内舍。

外舍。宋代“三舍法”中之第三等级,称外舍。以武成王庙处之。熙宁四年(1071 年),外舍生无限额,五年定为七百人。元丰二年(1079 年)增至两千人。外舍生一年举

① 《宋史》卷 157《选举三》。

行公试一次，再参考平日行艺，凡进入一、二等成绩者，升入内舍。元符二年(1099 年)，州学推行三舍法，每年许贡上舍生一人，内舍生二人。南宋绍兴十二年(1143 年)重建太学，外舍生逾千人，其他如武学、律学、医学、算学、书学、画学等，亦仿太学立三舍法，置外舍。另外，中国西周之小学亦称外舍。《大戴礼记·保傅》："古者年八岁而出就外舍，学小艺焉，履小节焉。束发而就大学，学大艺焉，履大节焉。"

辟雍。唯北宋末年设为太学之外学(太学之预备学校)，徽宗崇宁元年(1102 年)于汴京城南置。其形制外圆内方，有屋一千一百七十二楹，内设四个讲堂，一百个斋(教室)，每斋三十人，总共可收纳各路贡士三千人，原太学外舍生也转入此学。每年进行考核，合格者升入太学。辟雍由国子监祭酒总管，另置司业、丞各一人，博士十人，学正、学录各五人。三年，置辟雍大司成一人，四年改为太学大司成。北宋宣和三年(1121 年)罢黜，其学生归入太学为外舍生。

综上所述，太学的外舍、内舍和上舍，合称"三舍"。类似近代学校的初、中、高年级。宋神宗熙宁中，王安石推行新法，以"学校养士"代"科举取士"，于熙宁四年(1071 年)在太学实行三舍考选法，分太学为外舍、内舍和上舍，并规定有关肄业、考核及授官的各种制度，即贡士先入外舍学习，然后经考试升舍，上舍生毕业后酌予官职。除在太学外，中央官学的算学、书学、画学及国立小学都先后不同程度地实施了三舍法，考选升补悉如太学。哲宗元符二年(1099 年)政府还通令诸州郡学校实行三舍法。据《宋史·选举三》记载："元丰二年(1079 年)，颁学令'太学置八十斋，斋各五楹，容三十人。外舍生二千人，内舍生三百人，上舍生百人。月一私试，岁一公试……公试，外舍生第一、第二等，升内舍；内舍生试入优、平二等，升上舍。皆参考所书行艺乃升'。"又"神宗尤垂意儒学，自京师至郡县，既皆有学，岁时月各有试，程其艺能，以差次升舍，其最优者为上舍，免发解及礼部试而特赐之第。遂以此取士"。另外，宋时三舍亦称三学。

(3)四门学

四门学亦称"四门馆"、"四门小学"，省称"四门"，是中国封建王朝所立以教授低级官员和庶人子弟之小学性质的中央官学。

北宋庆历三年(1043 年)依唐制创办四门学，招收八品以下官员和平民子弟入学。次年，太学立，四门学遂废。据《宋史·选举三》记载："初立四门学，自八品至庶人子弟充学生。岁一试补，差学官锁宿、弥封，校其艺，疏名上闻，而后给牒。不中试者仍听读，若三试不中则出之。未几，学废。"由于宋代四门学存在时间较短，有关其详情已无足以证明。

(4)诸王宫学

此系宋代初年专为宗室子孙入学肄业而设的贵胄学校。真宗咸平间(998—1003 年)，择醇儒为南宫北宅子孙授经义。嘉祐三年(1058 年)置教授。治平元年(1064 年)增讲书，立课试规罚之法。崇宁、大观间(1102—1110 年)诸宫皆设博士。宗子分为六宅，宅各有学，学皆有官，内外宗子均被教养。绍兴五年(1135 年)复置宫学，选差大学、小学教授各二人。嘉定九年(1216 年)并入宗学。

(5)资善堂

资善堂省称"资善"。大中祥符八年(1015 年)，真宗专为太子接受教育而建立的读书肄业所设之中央贵胄学校。资善堂设置翊善、赞读、直讲等官辅教皇子。据《宋史·职官二》记载:"资善堂自仁宗为皇子时,为肄业之所,每皇子出就外傅,选官兼领。"

北宋后期,资善堂成为年幼的皇帝读书学习的主要场所,资善堂使经筵教育与东宫教育合为一体。据《宋史·职官二》记载:"元丰八年(1085年),哲宗初开讲筵,诏讲读官日赴资善堂,以双日讲读。"同时允许皇太子之外其他封王的皇子到资善堂读书,"政和元年(1111年),定王、嘉王出就资善堂听读"。

南宋初,宰相赵鼎奉命在宫门内建造书院,绍兴五年(1135年)完成,即作为资善堂。绍兴三十二年(1162年),孝宗即位后,又陆续增设说书、皇太子宫小学教授、资善堂小学教授等职。据宋王栐《燕翼诒谋录》卷3记载:"大中祥符八年(1015年),仁宗封寿春郡王,以张士逊、崔遵度为友,讲学之所为资善堂。此资善之名所由始也。自后元良就学所皆曰资善。"又据宋叶梦得《石林燕语》卷6记载:"谓等因讲师傅十日一赴资善堂,宾客以下,只日互陪侍讲,从之。"

(6)蕃学

蕃学是宋代、西夏时期专为边疆少数民族子弟和异国侨民设置的中央、地方两级官学学校。据《西夏书事》卷13记载,西夏立国之初即于景宗天授礼法延祚二年(1039年),在国都兴庆府始建蕃学,旨在"以胡礼蕃书抗衡中国"。蕃学以大臣野利仁荣主其事,将《孝经》《尔雅》《四言杂字》译为蕃语,用蕃书(西夏文)书写,招收党项贵族和汉族官僚子弟之俊异者入学肄业。学生学成后视其才能酌量授以官职。各州亦设置蕃学。

自创蕃学后,由蕃学进而做官的人各州多至数百。北宋神宗熙宁间,于熙(今甘肃临洮)、河(今甘肃临夏东北)二州置州级蕃学,收蕃部首领、蕃官子弟入学。徽宗时,在陕西用蕃字地区亦置,挑选通蕃语、识文字之人为教授、教授经典或佛经。后又在广州、泉州置蕃学,是为外同商人子弟所设的专门学校。据《宋史·神宗本纪三》记载:"(熙宁八年,即1075年)戊戌,知河州鲜于师中乞置蕃学,教蕃酋子弟,从之。"又据《宋会要辑稿·崇儒》记载,蕃学"选通蕃语识文字为之教授,训以经典,译以文字,或因其所尚,令诵佛学,渐废其俗"。据宋·蔡絛《铁围山丛谈》卷2记载:"大观、政和之间,四夷向风。广州、泉南请建蕃学。高丽亦遣士就上庠。及其课养有成,于是天子召而廷试焉。"

(7)宗学

宗学亦称"宗庠"、"左右翼宗学"。此系封建王朝专门为皇家贵族子弟设立之中央贵胄学校。早在周代,就有贵族子弟八岁入小学,十五岁入太学的特权。小学、太学皆为皇族子弟学校。据《大戴礼记·保博》记载:"及太子少长,知妃色,则入于小学。"卢辩注:"古者太子八岁入小学,十五岁入太学也。"东汉平帝时始置宗师,掌教育宗室子弟。北魏武帝时中央设有皇宗学。唐代立国之初即于秘书省外别立小学,令宗室子弟入学肄业。至宋始有"宗学"之名。

宋代宗学初由诸王附设于皇宫内廷,分小学与大学两级。神宗元丰六年(1083年),始置宗室小学,由王室聘请儒师教授八至十四岁的皇族子弟。属私学性质。徽宗崇宁元年(1102年),诸王宫设大、小二宗学,各置教授授生徒。规定宗室子弟十岁以上者入小学,二十岁以上者就大学。崇宁三年(1104年),又分别于南京与西京设置两敦宗院,置大、小学教授二人，专教皇族子弟，始称“宗学”，并改私立为公立。崇宁四年(1105 年)改教授为博士。高宗绍兴十四年(1144 年)，复于临安(今浙江杭州)设立宗学。置大、小学教授一人，教授大、小学生一百名。其中大学生五十名，小学生四十名。大、小学职事各五名。置博士、学谕掌管教务。有宋一朝对宗学学生予以优待，特许不经考试，便可赐第授官。《宋史·选举三》:“初，宗学废置无常。凡诸王属尊者，立小学于其宫。其子孙，自八岁至十四岁皆入学，日诵二十字。”徽宗崇宁间，在两京置敦宗院，院皆置大、小学教授、并立考选法。南宋高宗绍兴十四年(1144 年)，“建宗学于临安，生员额百人:大学生五十人，小学生四十人，职事各五人。置诸王宫大、小学教授一员。在学者皆南宫、北宅子孙”。嘉定九年(1216 年)诸王宫学并归宗学。凡有籍宗室子弟三年补试一次。自是宋宗学改隶宗正寺。道宗末年，宗学停办。

宋代宗学另有一些称谓，分别是:

南北斋。实为宗学之学宫，即皇室子弟的学塾，分南北两处，故称南北斋。据《宋史·职官五》记载:“咸平初，遂命诸王府官，分兼南北宅教授。南宫者，太祖太宗诸王之子孙处之，所谓睦亲宅也。”

宫廷小学，亦称“京都小学”、“国立小学”、“在京小学”。系贵胄学校之一。宋哲宗元祐六年(1091 年)在诸宫院建立小学，分为两斋施教，一名“就傅”，一名“初篮”。《宋史·选举三》:“哲宗时，初置在京小学，曰‘就傅、初篮’，凡两斋。”至徽宗时，学生曾达千人，增为十斋，学科分为诵经与书字，“以诵经、书字多少差次补内舍。若能文，从博士试本经、小经义各一道，稍通补内舍”。教师有职事教谕二人，学长二人。学生八至十二岁入学。三舍升补法与太学略同。

宫学，亦称“内学”。宋代和西夏时期专为皇家子弟入学肄业所设之中央贵胄学校。因设于禁宫之内，故称宫学。宋宫学始置于绍兴十四年(1144 年)，诸王宫大、小学各置教授一员，学生皆南宫、北宅子孙。嘉定九年(1216 年)，改官学为宗学。据《宋史·选举三》记载:“宁宗嘉定九年(1216 年)，以宫学并归宗庠，教授改为博士、宗谕。”又据吴自牧《梦粱录·学校》记载:“嘉定岁始，改宫学为宗学，凡有籍者，宗子以三载一试，补入为生员，如太学法。”

内小学。系中央贵胄学校，创立于理宗年间(1225—1264 年)。选十岁以下宗室儿童资质优美者入学。设教授、直讲、赞读等学官。据《续文献通考·学校一》记载:“嘉熙元年(1237 年)六月，诏建内小学，择宗子十岁以下，资质美者，置师教之。淳祐二年(1242 年)，置内小学教授二员。七年(1247 年)正月建资善堂于内小学，置直讲、赞读二员。”

(8)律学

宋代熙宁六年(1073 年)始置律学于国子监，有律学博士二员、学正一员、教授(宋代始置，三年为一任，神宗元丰改制后改为律学博士)四员、助教(神宗元丰改制后废置)一员，负责教授法律。凡命官、举人皆得入学，各处一斋。习断案者考试案一道，习律令者考试大义五道。学生凡原系命官，如公试、律义、断案皆优，由吏部试法授官。元祐三年(1088 年)，律学生不再由官给食。南宋未置。律学是我国古代存在时间最长的专科大学。据《晋书·石勒记下》记载:“参军续咸、庾景为律学祭酒。”又据《宋史·选举二》记载:“律学,国初置博士,掌授法律。熙宁六年(1073 年),始即国子监设学,置教授四员。凡命官举人皆得入学。”《新唐书·选举志上》也有记载:“高宗龙朔二年(662 年),东都置国子监。明年以书学隶兰台,算学隶秘阁,律学隶详刑。”还有宋王谠《唐语林·补遗一》记载:“学旧六馆,有国子馆、太学馆、四门馆、书馆、律馆、算馆,国子监都领之。每馆各有博士、助教,谓之学官。”

(9)医学

宋代医学设置较早,较前朝更为详备,而且有所改革,尤其是实行医政与医学分立,从而使太医局成为独立的最高医学教育机构。

宋初,医学隶太常寺,神宗时改隶于提举判局。崇宁二年(1103 年),徽宗诏令在国子监设立医学,吸收儒生学医,培养有文化素养的医学人才,改变医学的社会地位。医学教育恢复“三舍升试法”,每科设博士教导学生。每舍设有学长、学谕。还仿照太学建立了严格的考试制度。徽宗大观四年(1110 年),医学并归太医局,同时医学更名为太医学。金兵入宋,医学曾一度停办。南宋高宗绍兴年间(1131—1152 年)恢复,“绍兴中,复置医学,以医师主之”①。孝宗时废太医局,留医学科,光宗时又复太医局。

宋代医学分科更细,在原隋唐五科的基础上发展成九科,各科学生皆有定额。初期仅一百五十员,熙宁年间发展到三百员。据《宋史·职官四》记载:“太医局有丞、有教授,有九科学生额三百人。”绍熙二年(1191 年)有所递减,“局生(太医局学生)以百员为额”。教授由翰林医官、上等学生及在外良医担任,另置博士一人。九科即大方脉(相当于内科),学生一百二十人;小方脉(相当于儿科),学生二十人;风科,八十人;眼科,二十人;疮肿并折疡二十人;产科,十人;口齿并喉科,十人;针科,十人;金镞兼书禁科,十人。崇宁间又仿太学按三舍编级,上舍四十人,内舍六十人,外舍二百人,总三百人,较隋唐八十人有较大发展。宋时自政和二年(1112 年)诏诸州县亦置医学。医学教学内容各有规定:“以《素问》、《难经》、《脉经》为大经,以《巢氏病原》、《龙树论》、《千金翼方》为小经。”②此外,各科还需加学该科之专著,如大方脉加学《伤寒论》等,针、疡两科去《脉经》,增《三部针灸经》。医学生还要从事临床实习,“太学、律学、武学、算学、书学五校学生,及诸营将士疾病,轮往治之”。医学校对学生的实习岁终还要进行总结考核,“岁终则会其全失而定其赏罚”③。宋中央医学亦附设药园。

除中央医学外,仁宗嘉祐六年(1061 年)后,诸道、州、府亦仿太医局设立了相应的地方医学校,吸收本地学生学医,选官管勾,由医学博士教习医学。学额大郡以十人为限,小郡以七人为限。学满一年,委官考试,合格者补充为地方医官。至崇宁三年(1104 年)后,地方医学普遍设立。政和五年(1115 年),各州、县医学隶于当地提举学事司,学生分斋教养,学制一仍“三舍法”。政和六年(1116 年)各州医学博士一律改为医博士,后又将医博士改为“职医”。医学学生毕业考试合格,按等授职,成绩最佳者成为高尚医药师。其余或任本学博士、正录,或委为外州医学教授。

---

①② 《宋史》卷 157《选举三》。

③ 《宋史》卷 164《职官四》。

此外，医学的管理机构也时有变化。先后有：

太医署。宋代立国改“署”而称“局”，其职能仍旧。熙宁九年（1076 年），医学教育顺应王安石变法实行改革，太医局不再隶于太常寺，成为医学教育专门机构，采取“三舍升试法”，分级教学，开医学教育独立发展之先河。元丰改制后，太医局隶太常礼部。

太医局。宋代国家最高医学教育行政管理机构和医学教育场所。宋沿唐制，自仁宗庆历四年（1044 年）改太医署而称局，初隶太常寺，置提举（校长）一人，判局（副校长）二人，作为最高教育长官，据《宋史·职官志四》记载，判局一职需由“知医事者为之”，“选翰林医官以下与上等学生及在外良医为之”。判局掌教授生徒，如同学校。学生初无定额，嘉祐五年（1060 年）规定以一百二十人为限。太医局设五科，各科定额不一。学生须在十五岁以上，在局听读一年后，经考试合格，候补为正式学生。每科置教授一人，医生（医学生）三百人。设方脉科、针科、疡科三科，分以教之。每科学习内容各有不同。方脉科以《素问》《难经》《脉经》为大经，以《巢氏病源》《龙树论》《千金翼方》为小经。针、疡两科则去《脉经》，而增《三部针灸经》。并铸有针灸铜人，作为教学模型。王安石变法后，太医局推行“三舍升试法”，改革医学教育。熙宁九年（1076 年）太医局不再隶太常寺，遂成为独立医学教育专门机构。但仍置提举及判局、管勾官等医官。太医局肄业者称为“局生”。至神宗元丰年间（1078—1085 年）太医局更细分为九科，但仍归隶太常寺礼部，学生为三百人。神宗死后，王安石新法夭折，医学教育三舍法并废。崇宁三年（1104 年）改隶国子监，置博士、正录各四员，分科教导，纠行规矩。并恢复王安石三舍法，立上舍四十人、内舍六十人、外舍二百人，每斋各置长谕一人。太医局教学理论联系实际。“太学、律学、武学、算学、书学五校学生，及诸营将士疾病，轮往治之。各给印纸，书其状，岁终稽其功绪，为三等第补之：上等月给钱十五千，毋过二十人；中等十千，毋过三十人；下等五千，毋过五十人，失多者罢黜之。”①每岁每季皆举行考试，考试分理论与实践两项，其中理论考试分三场：“第一场问三经大义五道；次场方脉试脉证、运气大义各二道，针、疡试小大义三道，运气大义二道；三场假令治病法三道。中格高等，为尚药局医师以下职。”②大观四年（1110 年）医学生并入太医局。孝宗乾道三年（1167 年），罢局而存御医诸科，后更不置局而存留医学科。孝宗乾道八年（1172 年）复置太医局，存留医学各科，归由太常寺掌管。光宗绍熙二年（1191 年）复置太医局，局生以百员为额，仍隶太常寺。《宋史·职官四》：“太医局，有丞、有教授，有九科医生额三百人。岁终则会其全失而定其赏罚。”辽代沿置，属北面官，掌宫廷医药，其官员称都林牙。

（10）算学

北宋沿唐制初置算学于徽宗崇宁三年（1104 年），崇宁五年（1106 年）罢，旋复建。宋算学初隶国子监，大观四年（1110 年）改隶太史局，同时规模较前代大大扩大。“生员以二百一十人为额，许命官及庶人为之。”③其行政管理、教学及教辅人员的建制皆“仿太学立法”。置博士四人，分天文、历算、三式与算法四科授课。教学内容与唐制相仿。算学

---

① 《宋史》卷 164《职官四》。

②③ 《宋史》卷 157《选举三》。

生实行三舍法，依次升补。毕业考试及待遇均与太学相同。上舍三等分别授以通仕、登仕、将仕郎。宣和二年(1120年)罢黜。南宋复置，仍隶太史局。设算学博士、算学谕，分掌教学之职。南宋高宗绍兴初年(1131年)，命太史局试补算学生，以弥补太史局的缺员。

(11)画学

画学是宋代培养绘画人才之中央专科学校，创设于宋太宗雍熙元年(984年)，隶属翰林图画院，亦称"翰林图画局"，省称"画院"、"图画院"。宋徽宗酷爱绘画，为造就更多画家，特于崇宁三年(1104年)在国子监按学校制度创设画学。课程分六科："画学之业，曰佛道、曰人物、曰山水、曰鸟兽、曰花竹、曰屋木。以《说文》、《尔雅》、《方言》、《释名》教授。""《说文》则令书篆字，著音训，余书皆设问答，以所解义观其能通画意与否。"①兼习经或读律。

画学设博士一人，生员额三十人。学生分斋而居，入学时即分为"士流"与"杂流"两类。其学习内容亦有差别："仍分士流、杂流，别以其斋以居之。士流兼习一大经或一小经，杂流则诵小经或读律。""考画之等，以不仿前人，而物之情态形色俱若自然，笔韵高简为工。"②学员的试补升降仿照太学三舍法办理，唯"杂流"学生不能授以三等以上官职。

大观四年(1110年)停办，画学并入翰林图画局。宣和年间画学复兴，徽宗亲自出题考试，并每隔十日"出御府书轴两匣"以示学人。南宋未置画学。据元汤垕《古今画鉴·宋画》记载："米芾元章，天资高迈，画法入神。宣和立画学，擢为博士。"宋代绘画艺术水平很高，中外闻名，画学的兴起直接促进了宋朝绘画艺术的繁荣。

3. 地方学校

宋代地方行政区划为路、州(府、军、监)、县三级。地方官学只有州(府、军、监)学和县学两级。州以下设置教授儒经的学校。

宋仁宗庆历四年(1044年)开始设立地方官学，诏诸州府军监立学，学生二百人以上允许设置县学。徽宗崇宁元年(1102年)撤销限制，所有州县一律置学。学生名额没有详细规定。王安石熙宁变法后各地方官学也实行"三舍法"。

崇宁时规定各县均设小学，徽宗崇宁三年(1104年)始定增养县学弟子员，大县五十人，中县四十人，小县三十人，并行三舍法，县学上舍生经考试合格可升州学外舍。徽宗宣和三年(1121年)罢天下州县学三舍法。

宋代地方学校的管理比唐代有所改进。

第一，地方教育行政机构得到了显著的加强。隋唐以前没有专门的地方教育行政机构，地方学校委诸地方长官兼管。宋代自神宗熙宁四年(1071年)起陆续设置诸路学官，徽宗崇宁二年(1103年)又设诸路提举学事司，掌管一路、州、县学政。这是中国古代教育史上最早设置的地方教育行政机构。根据宋代官制，提举学事司的职责是："掌一路、州、县学政，岁巡所部，以察师儒之优劣、生员之勤惰，而专制举之事。"具体说来，其职责有四个方面：一是根据各地实际，提出管理地方官学的各项建议措施；二是任免教师；三是查核学生教务，监督生员；四是参与教育经费管理。这样，宋代建立健全了从中央到地

①② 《宋史》卷157《选举三》。

方的教育行政管理系统,促进了全国教育的发展。

第二,隋唐以前的学校并无固定的教育经费,宋代对官学除赐给缗钱外,还颁置学田,由学校独立经营,以充经费。学田制度始于仁宗康定元年(1040 年)诏赐各州学田,神宗熙宁四年(1071 年),诏诸州给田四十顷,由学校独立经营,以充学费。此后,这逐渐成为发展学校教育的配套措施。

此外,地方学校开始实行"三舍法"。三舍法本系王安石变法改革太学的措施。哲宗元符二年(1099 年)通令全国各学一律采用三舍法,县学生经考选可升入州学,州学生经考选可贡入太学。

4. 书院

私学性质的书院是中国封建社会出现的新型教育组织。它最早见于唐代,但只是藏书之所。作为教学性质的书院始于五代南唐的白鹿洞书馆,书院大盛于宋代。其原因有:

第一,书院大盛是由于传习理学的需要。宋初统治者非常重视科举,不重视学校,或仅把学校作为科举预备场所,严重阻碍了学术思想的发展。理学家只有靠书院传播理学,尤其是南宋,著名学者多在书院讲学,如朱熹、陆九渊、吕祖谦、张栻等,都是著名书院的开创者。这是促进书院大盛的重要原因。

第二,禅林影响。书院多办在风景优雅的山林名胜,禅林建寺庙于丛林以求恬淡清静,修身养性。书院制度也深受禅林公开讲经、注重修养的讲学制度的影响,如书院普遍订有学规、学约之类,与佛寺的清规类似;书院设山长、洞主,与禅林设长老、住持如出一辙。陆九渊讲学,升高座,鸣鼓为号,弟子环绕听讲。讲完回房,弟子往往所问难,这与禅林"入室请益"相同。理学家教学讲求守学规、静坐、读书,而佛教讲求持戒(守清规)、定(坐禅)、慧(钻佛经);理学家强调认识天理有渐悟过程和顿悟过程,而禅宗也讲渐悟与顿悟。由此可以看到书院深受禅林影响,将义理之学、修养之道作为教育之中心,讲学术以正人心。这也是书院与官学的重要区别之一。

第三,宋代活字印刷术的出现。书院注重研习学问,而且地处山林,没有大量的藏书是不行的。而活字印刷术的发明,为书院藏书创造了条件,也为书院的兴盛提供了必要前提。

第二节 辽代的学校教育与文官的培养

辽太祖耶律阿保机建国后,势力逐渐扩展到长城南北汉民居住区,契丹人开始接触并逐渐接受了汉族文明。随其汉化加深,儒学在辽境内传播日益广泛,辽朝的学校教育、科举考试等制度从无到有、从小到大地建立发展完善,构成辽代教育制度的重要特色。

一、逐步汉化的教育政策

辽朝的教育发展,根据辽代儒学在不同阶段的传播特点,大致可划分为初始(辽初—

983年)、发展(983—1055年)和兴盛(1055年—辽亡)三个时期。

1. 辽朝教育的初始期

这一时期,根据儒学在其境内传播的特点,大略可分为前后两个阶段:自辽代建国之初到辽太宗天显十二年(937年)止,是契丹人开始接触和了解儒学的阶段。自辽太宗会同元年(938年)到辽景宗乾亨五年(983年)止,是儒学从燕云汉民居住地区逐渐向辽境内其他地区传播和辽代教育制度逐渐建立阶段。

辽太祖接受汉人谋士韩延徽的意见,"树城郭,分市里,以居汉人之降者。又为定配偶,教垦艺,以生养之。以故逃亡者少"①。在辽初的政治生活中,汉人起着重要的作用,有力地帮助了辽太祖稳固其统治,使辽太祖对来自中原的政治制度、统治经验以及汉文化、儒家学说等都大感兴趣,并加以采纳接受。辽太祖令人仿汉字偏旁而制契丹文字"数千,以代刻木之约"等②。

神册三年(918年)五月,辽于上京"建孔子庙"③,这是契丹统治者正式承认儒学的开始。当时,辽太祖"问诸侍臣曰:'受命之君,当事天敬神。有大功德者,朕欲祀之,何先?'皆以佛对。太祖曰:'佛非中国教。'倍曰:'孔子大圣,万世所尊,宜先。'太祖大悦"。于是"建孔子庙,诏皇太子春秋释奠"④。次年八月,辽太祖亲"谒孔子庙"⑤,由此奠定了儒学在辽国的政治地位。

不过,这时儒学在辽代的影响还很微小,也未能建立起相应的教育机构和制度。

会同元年(938年),后晋石敬瑭将今属北京市和河北、山西北部的"燕云十六州"割让给辽朝。燕云地区的经济文化水平远高于契丹本部地区,使汉文化,尤其是儒学被契丹人进一步了解、接受,并在辽境内广为传播,对辽朝政治、文化、教育的发展具有极为重要的影响。

辽太宗为"抚辑新附",稳定其在燕云地区的统治,采用了类似于今天民族区域自治的措施:一方面参用汉制,设置汉官,"以汉制待汉人","因其俗而治";另一方面又"因其(汉士)素所习之业取士",设学校,开科举选拔人才,以笼络汉族士大夫参加政权,扩充辽代统治基础,收到了预期的效果。

会同初年(938年),辽在燕云地区设科举,据宋人田况在《儒林公议》记载:"契丹既有幽、蓟、雁门以北,亦开举选,以收士人。"《宋史·宋琪传》也曰:"晋祖割燕地以奉契丹,契丹岁开贡部,(宋)琪举进士中第……时天福六年也。"后晋天福六年,即辽会同四年(941年),辽太宗因南进中原失败,死于归途,嗣位的辽世宗、辽穆宗忙于应付契丹贵族内部的叛乱,政局动荡,吏治腐败,朝廷无暇顾及贡举,于是科举之事也就时置旋废,试无定期了。直至辽景宗保宁八年(976年)十二月,又"诏南京(即幽州,今北京市)复礼部贡

① 《辽史》卷74《韩延徽传》。

② 《新五代史》卷72《四夷附录一》。

③ 《辽史》卷1《太祖纪上》。

④ 《辽史》卷72《义宗耶律倍传》。

⑤ 《辽史》卷2《太祖纪下》。

院"[①],以主持贡举之事。不过此时科举取士之范围,依然限于燕云地区。

辽太宗还在南京设"太学"[②],为南京士子提供就学之所。由此幽州入辽后,文化教育事业在原有基础上得到不断的发展,"人多技艺,秀者学读书,次者习骑射"[③],使幽州成为辽境内文化教育最为发达的地区。

2. 辽朝教育的发展时期

辽圣宗于统和元年(983 年)即位,随即通过整治官吏、改革劣政、宽赋减税,稳定了政局。在境内进行封建化改革,更为注重对汉文化的吸收。统和二十二年(1004 年)底,辽、宋间订立了"澶渊和盟",结束了辽、宋之间数十年的战争,使辽代社会经济大为发展,加快了辽代封建化的进程。在和平环境中,随着辽、宋双方外交使节往来和民间交往的增加,辽代朝野逐渐形成一种"学唐比宋"(学习唐朝、比美宋朝)的风气。学唐的目的在于比宋、超宋,为达此目的,就必须全面、深入地了解和学习中原文化思想等,如辽圣宗曾"诏汉儿公事皆须体问南朝法度行事,不得造次举止"[④],以促进契丹社会向更高阶段发展。其结果是契丹社会在进行封建化的同时,全面接受汉文化,并在契丹社会上形成尚文崇儒的一代风尚,由此使辽圣宗、兴宗时期成为辽代儒学广为传播、学校教育制度全面建立发展时期。

辽圣宗的汉文化修养颇高,"道释二教,皆洞其旨。律吕音声,特所精彻……又喜吟诗,出题诏宰相已下赋诗,诗成进御,一一读之,优者赐金带。又御制曲百余首"[⑤]。

辽圣宗之子兴宗也"好儒术",诏令"译诸书",大臣萧韩家奴"欲帝知古今成败,译《通历》、《贞观政要》、《五代史》"为契丹文,供辽兴宗与契丹贵族习读[⑥]。于是,"强天下者,儒道;弱天下者,吏道……崇儒道,则乡党之行修;修德行,则冠冕之绪崇"的儒家传统治术[⑦],成为辽代居于统治地位的政治思想。如统和元年(983 年),诏"民间有父母在,别籍异居者,听邻里觉察,坐之。有孝于父母,三世同居者,旌其门闾"[⑧],以劝民孝悌。儒学的忠孝等道德观念,逐渐成为契丹人的道德规范。

为进一步扩大儒学之影响,稳固统治,辽代在统和年间,颁行《五经》,兴建学校,开设贡举,选举官吏。统和十三年(995 年),"诏归化等处守臣修山泽祠宇、先帝庙貌,以时祀之。于是诸州孔子庙,及奉圣黄帝祠、儒州舜祠、大翮山王次仲祠,俱为一新"[⑨]。京城与各地学校也渐次建立完善。如南京太学,因太学生数量增多。据清《畿辅通志》《山西通志》记载,辽圣宗时,涿州设立州学;归州因州人"本新罗所迁,未习文字,请设学以教之",许之;翰林学士邢抱朴还于应州创设龙首书院等。求学者已不再限于汉人,"藩汉官子

① 《辽史》卷 8《景宗纪上》。

② 《辽史》卷 48《百官志四》。

③ 《契丹国志》卷 22《四京本末》。

④⑤ 《契丹国志》卷 7《圣宗天辅皇帝》。

⑥ 《辽史》卷 103《萧韩家奴传》。

⑦ 《契丹国志》卷 19《马保忠传》。

⑧ 《辽史》卷 10《圣宗纪一》。

⑨ 《辽史拾遗》卷 7 引《宣府镇志》。

孙,有秀茂者,必令学中国书篆,习读经史”①。如萧蒲奴幼时由人“教以读书,聪敏嗜学。不数年,涉猎经史”②。耶律蒲鲁“习汉文,未十年,博通经籍”③。萧韩家奴“少好学,弱冠入南山读书,博览经史,通辽、汉文字”。

随着封建化的深入,为满足对治国人才的需求,辽廷选择以儒学思想为内容的科举考试来选举官吏。统和六年(1988 年),诏“开贡举,放高举一人及第”,这为辽廷于全境内开科取士之始④。初每年放进士,但名额不过二三人。到辽、宋澶渊之盟后,双方使节来往增多,辽代为避免在外交活动中鄙陋无文,“岁选人材,尤异聪明知文史者,以备南使”⑤;加上封建化的深入,各方面都需用文化人才,由此扩大了科举范围,使进士及第人数激增,至每年数十人,多者达百余人。

辽代科举“以登汉民之俊秀者,榜贴授官,一效中国之制”⑥。辽代科举制度“制限以三岁,有乡、府、省三试之设。乡中曰乡荐,府中曰府解,省中曰及第。时有秀才未愿起者,州县必根刷遣之。程文分两科,曰诗赋,曰经义,魁各分焉。三岁一试进士……殿试,临期取旨。圣宗时,止以词赋、法律取士,词赋为正科,法律为杂科”,并以甲、乙、丙三等取士;此外还有明经茂才等科⑦。重熙五年(1036 年),辽兴宗亲临“礼部贡院试进士”,“御试进士自此始”⑧。优礼进士,给其以很高的政治地位,使社会应举人数日益增多。为此,辽廷逐渐完善科举制度,于太平十年(1030 年)诏“来岁行贡举法”⑨。辽兴宗时,更规定“医卜、屠贩、奴隶及倍(背)父母或犯事逃亡者,不得举进士”⑩。对应试者的身份加以限制。

科举取士巩固了辽代统治,促进了辽代文化教育的发展和普及,为儒学的进一步传播奠定了基础,“故中朝声教,皆略知梗概,至若营井邑以易部落,造馆舍以变穹庐,服冠带以却毡毳,享厨爨以屏毛血,皆慕中国之义也”⑪。贵族子弟“乐慕儒宗”,“趋庭就傅,学诗礼以检身”成为一时风尚⑫,从而深刻影响了辽代社会风尚习俗和文化礼仪制度。

3. 辽朝教育的兴盛时期

辽朝教育的发展,大大促进了契丹社会的发展和各民族的融合,缩小了北方边远地区与中原地区的文化差距。契丹人并以中华正统自居,辽圣宗曾作《传国宝》诗云:“一时制美宝,千载助兴王。中原既失鹿,此宝归北方。”辽道宗更认为“吾修文物,彬彬不异中华”⑬,常召儒臣“讲《五经》大义”,为诸王府设教授、伴读,命儒学之臣辅导燕国王延禧

---

①⑤⑥⑪ 《宋朝事实类苑》卷 77 引路振《乘轺录》。

② 《辽史》卷 87《萧蒲奴传》。

③ 《辽史》卷 89《耶律蒲鲁传》。

④ 《辽史》卷 12《圣宗纪三》。

⑦ 《辽史》卷 13《圣宗纪四》。

⑧ 《辽史》卷 18《兴宗纪一》。

⑨ 《辽史》卷 17《圣宗纪八》。

⑩ 《辽史》卷 20《兴宗纪三》。

⑫ 《全辽文》卷 7《耶律宗政墓志铭》。

⑬ 《契丹国志》卷 9《道宗天福皇帝》。

(即辽天祚帝)[①],以儒学教诲嗣君;并通过大兴儒学,遍设学校,使辽代教育发展到巅峰。辽道宗统治后期,尤其是辽天祚帝即位后,政治腐败,政局动荡,国势不振,辽代教育也随之停滞不前。

辽道宗清宁元年(1055 年)十二月,“诏设学养士,颁《五经》传疏,置博士、助教各一员”[②]。于是各地大兴学校,各京府于清宁六年在“中京置国子监,命以时祭先圣先师”[③]。国子监内设有祭酒、司业、丞、主簿等职官,至此,在南京之外,上京、中京、东京和西京也都设立了国子学,设博士、助教等教职,成为诸道之最高学府[④]。因文献阙如,未见有关辽代国子监、国子学教学活动的记载,故无从知晓详情。辽代在各地州县大多设有学校,州县学中设置博士、助教等教官[⑤]。如西京境内“有奉圣、归化、云、德、宏、蔚、妫、儒等州学,各建孔子庙,颁赐《五经》诸家传疏,令博士、助教教之,属县附焉”[⑥]。辽道宗时,县学也普遍设立,如南京道良乡县令大公鼎曾“建孔子庙学”[⑦]。又据清《畿辅通志》记载,新城县学、永清县学建于辽道宗时,玉田县学设立于辽天祚帝初。这些学校“阐扬儒教,辅助国风”[⑧],既满足了辽廷对培养后备官吏的需要,也反映了社会上对文化教育的要求。

学校的普及,提高了契丹的整体文化水平,也使科举的影响日益扩大,不但使一般汉人以此为目标,自小“习进士第”,以求登第入仕,就是享有世选荫补特权的显宦子弟,也以获取科场之名为荣耀[⑨]。辽圣宗以后,尤其到辽道宗、天祚帝时,辽廷中的汉人重要官僚,如南枢密院、中书省的长官及其属员,大都为进士出身。据《金史·选举志序》记载,辽代“仕于其国者,考其致身之所自,进士才十之二三耳”。到辽道宗后,有关契丹人不能参加科举的禁令也被冲破,如辽末率众西迁中西、建立西辽政权的契丹皇族耶律大石,就曾于天庆五年(1115 年)登进士第[⑩]。

儒学的传播、学校的设立、教育的开展,使汉文化对契丹社会的影响深入到各个层面,缩小了契丹等族与汉族之间的文化差异,促进了民族的融合,使东北大部分地区,自“辽金崛起,遂为内地”[⑪]。

二、学校教育

1. 学校管理机构

辽太祖在建国初,曾于上京(临潢府,今辽宁省昭乌达盟巴林左旗)设国子监,监下置

---

① 《辽史》卷 24《道宗纪四》。
②③ 《辽史》卷 21《道宗纪一》。
④⑤ 《辽史》卷 48《百官志四》。
⑥ 《辽史拾遗》卷 6 引《宣镇府志》。
⑦ 《辽史》卷 105《大公鼎传》。
⑧ 《全辽文》卷 10《三河县重修文宣王庙记》。
⑨ 《全辽文》卷 10《王师儒墓志铭》。
⑩ 《辽史》卷 30《天祚皇帝纪四》。
⑪ 《至正集》卷 36《先施堂记》。

国子学。至道宗清宁六年(1060 年)又于中京(大定府,今辽宁省凌源市)设国子监。据《辽史·道宗纪一》记载:“(清宁六年六月丙寅)中京置国子监,命以时祭先圣先师。”监中设有祭酒、司业、监丞、主簿等职。

另外,辽代尚建有西京国子监,亦称“西京太学”;东京国子监,亦称“东京太学”,但确切年代无考。

2. 中央和地方的官学

(1)国子学

辽太祖在建国之初曾于上京、中京各置国子学,国子博士、助教皆各设二员。国子学下辖于国子监。国子学的别称有以下几种:

一是京学,亦称“南京学”、“五京学”、“五京太学”、“国子学”,是辽代设于京师的太学。辽神册四年(919 年),葺辽阳故城建东平郡,天显三年(928 年)迁东丹国国都于此,升为南京,辽太宗时于此设太学(亦称“国子学”),史称“南京学”。至会同元年(938 年),改南京为东京,而同时升幽州(今北京)为幽州府,建号南京,仍在此设学。太宗至圣宗期间太学已初具规模。道宗清宁元年(1055 年)奉诏设学官,置博士、助教各一人,教授儒家“五经”。清宁五年(1059 年)又分别于上京(临潢府,今辽宁昭乌达盟巴林左旗)、东京(原南京,辽阳府,今辽宁辽阳)、西京(大同府,今山西大同)、中京(大定府,今辽宁凌源市)同时设立太学,亦各置博士、助教一员,并原“南京学”,史称“五京学”,亦称“五京太学”,其与国子监共同构成辽代中央官学体系。据宋灌圃耐得翁《都城纪胜·三教外地》记载:“都城内外,自有文武两学,宗学、京学、县学之外,其余乡校、家塾、舍馆、书会,每一里巷,须一二所,弦诵之声,往往相闻。”

二是东京学、西京学,为辽代国立学校。道宗清宁元年(1055 年)始置于东京(今辽宁辽阳)、西京(今山西大同),掌教授东京、西京以及附近州县生员等事。各置博士、助教一员。

(2)崇文馆

崇文馆,省称“崇文”。辽代沿置的贵胄子弟学校,设学士、直学士为东宫文学馆的教官。

(3)县学

辽在各地设置县学,设博士、助教,掌教学事。

第三节　西夏的学校教育与文官培养

1032 年,西平王李德明病逝,通晓佛学和蕃、汉文字的元昊继立为国王,建元为显道。为了实现富强国家的宏伟抱负,李元昊掀起了一场声势浩大的改革运动。

一、西夏的文教政策

1. 李元昊的教育改革

首先,在文化上,李元昊为了增强了党项人的民族意识,强化民众对西夏国家的认同感。他命令大臣野利仁荣创造了西夏文字,并且规定国内所有艺文诰牒,一律都用这种文字书写。这样,在他的大力提倡和推行下,西夏字上自官方文书,下至民间日常生活,广泛使用并迅速流行;设立蕃字院和汉字院,负责对外文书交流;创建蕃学,选拔子弟入学读书,考试选才;以"忠实为先、战斗为务"的原则,改革唐宋以来的繁文缛节,把礼仪的九拜改为三拜,把音乐的五音改为一音,国人如不照此实行,以灭族罪论;在官民服饰上体现等级关系,严格规定身份与衣服的样式、颜色的匹配等,统一社会等级秩序;升兴州为兴庆府,在城内大兴土木,扩建宫城,广营殿宇。

其次,在政治上,他建立了西夏国家的基本制度,提高了行政效率。

最后,在对外关系上,采取积极扩张的政策。

一切准备就绪后,李元昊于西夏大庆三年(1038 年)十月在兴庆府登上皇位,国号大夏,改元天授礼法延祚元年。为了巩固统治,培养和网罗人才。元昊大力兴办"蕃学",培养人才。他还重金招揽社会各界精英,尤其是受过良好教育的宋朝知识分子,被宋朝遗弃的文臣武将。这对完善元昊的蕃汉联合统治政权和加速西夏社会的发展进步具有重要意义。

2. 汉化的进程

西夏第四代皇帝,崇宗李乾顺十分爱好汉族文化,他在位时创办"国学"以传授汉学,培养官员。制定按照资格任官的法令,对文学优长者特加奖擢,曾撰《灵芝歌》,与大臣唱和,歌词刻石置于学校。

西夏第五代皇帝,仁宗李仁孝在位期间结好金国,以稳定外部环境;重用文化程度较高的党项和汉族大臣主持国政;设立各级学校,以推广教育;实行科举,以选拔人才;尊崇儒学,大修孔庙及尊奉孔子为文宣帝;建立翰林学士院,编纂历朝实录;重视礼乐,修乐书《新律》;天盛年间,颁行法典《天盛年改新定律令》;尊尚佛教,供奉西藏喇嘛教僧人为国师,并刻印佛经多种。他和宋代的皇帝一样,较多的时候实行重文轻武的政策。

二、学校教育

西夏的学校有:

1. 小学

仁宗人庆元年(1144 年),在禁中置宫学,其性质相当于宋代的宗学,凡宗室子孙七至十五岁皆得入学。设教授进行教学,仁宗与皇后罔氏也时为教训导师。同时,还在全国各州县遍设小学,养士名额达三千人。其性质略同于宋代的州县学。

2. 太学

仁宗人庆二年(1145 年),在中央始置太学,性质略同于宋代的太学。教学质量较其他学校高,也是国家举行释奠祭孔的主要场所。据《宋史 · 外国传二 · 夏国传下》记载:"(绍兴)十五年八月,夏重大汉太学,亲释奠,弟子员赐予有差。十六年,尊孔子为文宣帝。"

3. 蕃学

西夏创设的学校——党项学亦谓之蕃学。范文澜在《中国通史》第四论第四章第一节中表述:“元昊创制西夏文字后,又命野利仁荣主持建立蕃学(党项学)……选拔党项和汉族官僚子弟入学。”

第四节 金代的学校教育与文官培养

金代是女真族建立的政权。女真,也作“女直”(一说避辽兴宗宗真之名讳而改,女真的另一种译写形式)。女真是满族的先世,源于唐代黑水靺鞨,五代时始见其名。辽时渐盛,分布于松花江、黑龙江下游,东至日本海。居辽东者号“熟女真”。因归属于辽,又称“系辽籍女真”,社会经济发展较快;居混同江(今松花江)中游以北者号“生女真”,与辽保持相对独立性,亦称“不系辽籍女真”,社会生产发展较慢;居住在咸州(今辽宁省开原市境)东北至混同江一带,即介于生、熟女真之间者号回跋(亦作回霸)女真,与生女真关系较为密切。辽末,生女真完颜部首领阿骨打统一各部,建国号为金,灭辽与北宋,据有北部中国,与南宋并立,金代,女真族大量迁人中原,逐渐与汉族融合。留居东北者,发展较慢。元属开元路、合兰府水达达等路管辖。明属奴儿干部司管辖,分建州、海西、野人女真三部,明设都指挥使司、卫、所等行政机构,管理军政事务。明末,清太祖努尔哈赤统一各部,以建州女真为核心,建立后金政权。清太宗皇太极于后金天聪九年(1635 年),改“诸申”(女真)为满洲,后称满族。

金代统治者十分重视国家教育事业的发展,表现在重视设学养士和科举取士。金代的学校和科举都很兴盛,时人刘渭在《京兆府学教养碑》上讲:“我国家应天顺民,虽马上得天下,然列圣相承,一道相授,以开设学校为急务,以爱养人才为家法;以策论、词赋、经义为擢贤之首。是以,将相全才,磊落间出。”由于金朝政府重视教育,松辽地区还涌现出了完颜雍、王遵古等一批著名的教育家,他们的教育思想和教学实践大大推进了金代松辽地区教育的发展。

一、金代的学校教育

金代管理官学教育的最高行政机构是礼部,直接管理部门是国子监。地方官学一般由地方官中进士出身者主管。金朝腹地松辽地区的学校,随着其他地区学校的发展呈现出了繁荣景象。金代松辽地区的学校也分为官学和私学两类。中央官学直属于国子监的国子学、太学等。

金代国子监初置于海陵王天德三年(1151 年),设在松辽东北部的上京(今阿城区南白城村)地区,是当时金朝的最高教育行政机关。隶属于国子监的学校开始时只有国子学,世宗大定六年(1166 年)又置太学,亦隶属于国子监。

金代地方官学指的是府、州、县设立的学校,因为这些学校都是“即庙为学”的,所以又称为“庙学”。金代地方官学始建于天会年间,历熙宗及海陵王时期,到世宗、章宗时期,进入了较快发展阶段。松辽地区地方官学见诸《金史》文献的有:辽阳府学(学生三十人)、咸平府学(二十人)、兴中府学(二十人)。设州学的州有:隆州、懿州、盖州、复州、义州、锦州、瑞州（以上设节镇州学，学生各十人）；肇州（设防州学，学生十人）；信州、韩州、澄州、沈州、贵德州、来远州、利州、建州、庆州、兴州（以上设刺史州学）等。

金代官学各校的生源，以地主阶级子弟为主，其中贵族、官僚子弟享有优先的特权。其教课的教材以儒家经典为主，兼及诸子百家及历代典籍。关于会课及学规，《金史·选举志》中有记："凡学生会课，三日作策论一道，又三日作赋及诗各一篇。三月一私试，以季月初先试赋，间一日试策论，中选者以上五名申部。遇旬休、节辰皆有假，病则给假，省亲远行则给程。犯学规者罚，不率教者黜。遭丧百日后求入学者，不得与释奠礼。"

金代松辽地区的私学主要是为补充官学不能够完全满足地主阶级子弟入学的局限而形成的。其规模大小不一，形式各异。一是由贵族官僚所办的私塾，延聘儒士，教授子弟。二是乡间地主所办的私学，以教育族中子弟及乡民之秀异者。三是名宦所办的"门下"学堂，以传授学问及技艺。四是教者自设的私学，招收生徒。五是家学教育，即父兄将自己的学业传授给子弟，不授外人子弟。六是书院性质的私学。金代松辽民间私学在教学内容、对象和方法等方面，与官学相比都表现出多样性、广泛性和灵活性。金代松辽地区私学的教育对象十分广泛，很多私学都面向各阶层及部分劳动人民的子弟，凡能备束脩之礼者，都能入学。

二、金代女真人的民族教育

女真民族初兴之时尚骑射勇武，不知文教为何物。后来在发展过程中，受汉民族文化的影响，文化教育才渐渐产生，并不断发扬光大，并成为其建国治民的重要内容之一。由于女真人的教育广泛受到汉儒文化的深刻影响，所以，崇儒重道，是该民族教育思想的核心。

松辽地区女真族的学校教育有两类：一是女真字学。女真字学是教授女真文字的专门学校。女真初始，并无文字，金建国后，完颜希尹始制女真文字。女真文字颁布之后，女真统治者即设专门学校进行教授。据《金史·温迪罕传》载："丞相希尹制女真字，设学校使讹离剌等教之。"二是女真国子学、太学和府学。据《金史·选举志》载：大定十三年（1173 年），"始设女直国子学，诸路设女直府学"。大定二十八年（1188 年），又建女真太学。女真府学设在松辽地区的有十三处，它们是：上京女真府学、胡里改府学、恤频府学、合懒府学、蒲与府学、婆速府学、咸平府学、泰州府学、临潢府学、北京府学、东京府学、盖州府学、隆州府学。

金代专设女真人进士科，是为女真族教育的一个重要组成部分。女真进士科又称策论进士科，创设于大定十一年（1171 年）。两年后，正式举行科考。女真进士科的考试对象是女真族人，后来也对松辽地区的其他少数民族开放。《金史·选举志》云：大定二十九年（1189 年），"诏许诸人试策论进士科"。此"诸人"即指"诸色人"，即女真之外的其他松辽各民族。承安二年（1197 年），金统治者又令女真人及诸色人"限定习学"策论进士，即规定学习策论进士的额数，这既推动了策论进士科的发展，又防止策论进士科的过滥。女真进士科所试文体以女真人易掌握的"策"为主，呈文使用女真文字。此外，女真进士科还增加了本民族特有的考试项目——试弓箭。女真源起白山黑水，俗尚骑射。进入中原以后，习染文弱之风，骑射勇武逐渐退步。对此，女真族统治者深感不安。承安初，北方边境屡动，金政府为振作女真人的尚武精神，决定策论进士加试弓箭。据记载，所试弓箭并不太难，大约射十箭中两箭为甲选；若射未中选，就要失去考试资格。

三、中央官学和地方官学

1. 中央官学

一是女真太学，亦作“女直太学”。金世宗大定六年（1166 年）设太学，隶属国子监，位在国子学之下，招收五品以上官员子弟，以及地方各府所荐举的生员和终场举人入学为生。太学设博士、助教等教职。金代还于世宗大定二十八年（1188 年），特设专门培养女真族人才的女真太学，亦称女直太学，规定教授必以宿儒高才者充任。据《金史·世宗本纪下》记载：“（大定二十八年四月）癸未，命建女直太学。五月丙午制：诸教授必以宿儒高才者充，给俸与丞、簿等。”女真太学设有教授一职，教授的待遇与国子监丞、主簿相同。

二是国子学。金仿宋制沿置国子学，亦隶国子监。设国子博士、助教皆各二员。另外，又于世宗大定十三年（1173 年）增设女真国子学、蒙古国子学，皆以本民族语言进行教学，以培养本民族人才，有博士、助教和教授等职，下辖于国子监。

三是女真国子学，亦称“女直国子学”。创设于金世宗大定十三年（1173 年），系专为培养金人子弟而特设的一种中央官学。以进士为教授，学额分策论生百人，小学生百人。选明安、穆昆内良家子弟之优秀者入学肄业。学科分为女真大小字译经书。考试略如太学同，举行学生会考，规定三日作策论一道，又三日作诗及赋各一篇。三私试，在季月初举行。先试赋，间一日试策论。以中选者前五名申部补官。据《续文献通考·学校一》记载：“（大定）十三年（1173 年）置女真国子学。自大定四年（1164 年）以来，以女真大小字译《尚书》颁行诸路。择明安、穆昆内良家子弟为学生，至三千人。九年取其尤俊秀者百人至京师，以编修官温特赫吉达教之。至是始设国子学。定策论生百人，小学生百人。凡取国子学生之制，皆与词赋经义生同。又定制，每穆昆取二人，若宗室每二十户内无愿学者，则取有物力家子弟年十三以上，二十以下者充。凡会课三日作策论一道，季月私试如汉生制。”

四是医学。金代设京外医学，是京城以外各镇、府、州所设医学的总称。各医学分十科。学生数：大兴府学生三十人，余京府二十人，散府节镇十六人，防御州十人。规定每年均要考试问难，根据成绩优劣加以奖惩。每三年太医须主持一次考试，非官办医学的学生，若成绩优良，亦可补作医官。

2. 地方官学

大定十六年（1176 年），为女真族设立的地方府学，共十七处，学生千人，后增州学。诸府州学各置教授一员，所习为经书、子书及《史记》《汉书》等。为了培养本族统治人才，于 1173 年在诸路设女真府学，学习内容为女真大小字所译经书，毕业后得以参加女真进士的科举考试。

3. 教育管理机构

金代的教育管理机构仿汉制为国子监。作为最高教育管理机构的国子监，下辖有国子学、太学，并兼辖女真（直）学。金代的国子监始置于天德三年（1151 年），仍为国家最高学府，分设大学和小学两级。金代对于国子监入学者资格有严格之规定，据《金史·选举志一》记载，仅招收"宗室及外戚皇后大功以上亲属，诸功臣及三品以上官吏的兄弟子孙"。金代国子监设有祭酒、司业和监丞等教官，教授诸生。

金代还有主管医疗行政的机构和医学教育场所的太医院。金代医事制度继承和发展了宋制，为提高中央医事机构职权，合并宋翰林医官院与太医院，设置太医院，属宣徽院，总管全国医政与医疗。其下有提点、院使、正副奉上太医、长使太医、副使、判官管勾等，还设有太医教官。

第五节　元朝的学校教育与文官培养

一、元代的文教政策

以游牧为业的蒙古民族入主中原，以武力冲击着汉民族以农业文明为基础的纲常秩序。他们攻城略地，拓展边界，以"战胜敌人，将他们连根铲除，夺取他们所有的一切"为终极信念①。

早在成吉思汗于 1211 年开始攻打金朝的军事行动时期，他们的所作所为便充满着掠夺性和破坏性，"他们征服并毁掉了途中的一切城市和地区"②，以显示他们纵横天下的武力。然而当他们立足中原之际便发现他们正面临着四大实际问题：一是其人数不如汉民族，二是其文化水准不如汉民族，三是其原有军事管理体制不能适应政治管理的需要，四是其畜牧经济与汉族的农业经济格格不入。于是，蒙元统治者逐渐为中原文化所吸引，从而开始了走向文治的进程。

1260 年，忽必烈在蒙古诸王的拥戴下夺取了大蒙古国的汗位。较多受到中原文化影响的忽必烈，在即位诏中明确指出了蒙古自建国以来"武力迭兴，文治多缺，五十余年于此矣"的缺憾③，表达了欲以文治兴国的愿望。"世祖继位，问以治天下之大经、养民之良法，秉忠采祖宗旧典，参以古制之宜于今者，条列以闻。于是下诏建元记岁，立中书省、宣抚司。朝廷旧臣、山林遗逸之士，咸见录用，文物灿然一新"④，展示了其"示人君万世之传"的"天下一家"的心愿⑤。随着改革进程的推进和对宋战争的节节胜利，至元八年（1271 年）十一月，忽必烈采纳刘秉忠等人的建议，建国号"大元"。元朝的建立，既标志着蒙古帝国封建化进程的加深，同时也标志着中国传统封建王朝的延续，在中国重新形

① 拉施特. 成吉思汗纪//史集（第 1 卷第 2 册）. 北京：商务印书馆，1985：362.

② 拉施特. 拖雷汗传//史集（第 2 卷）. 北京：商务印书馆，1985：198.

③⑤ 《元史》卷 4《世祖纪一》。

④ 《元史》卷 157《刘秉忠传》。

成了统一的局面。

汉人儒士十分欢迎忽必烈的这些文治举措,他们在"陛下帝中国,当行中国事"①,"能行中国之道,则中国之主"的信念主导之下②,在当时朝廷形成了一股采汉法行文治的合力。他们所鼓噪的文治,就是希望蒙古统治者能实施"以马上取天下,不可以马上治天下"的治国方略,就是要以纲纪礼仪、典章文物为立国之本,就是要走一条偃戈息马,文致太平,德泽四海,化育万民的治国之路。他们希望忽必烈能从根本上认识儒学,采用汉法。汉人儒士鼓吹汉法文治是要实现以夏变夷的根本目的,因而崇儒兴学当是根本的道路。宋子贞向忽必烈上便宜十事,其中就建议立国学,教胄子,敕州郡提学课试诸生,凡三年一辟贡举,中第者入仕,则人才辈出③。汉人儒士所倡言的兴学,不是表面层次的兴办学校,而是将尊孔崇儒定为国家教育的指导方针。诚如许衡所言:"自上都、中都下及司县,皆设学校,使皇子以下至于庶人之子弟,皆从事于学,日明父子君臣之大伦,自洒扫应对至于平天下之要道,十年以后,上知所以御下,下知所以事上,上下和睦,又非今日比矣。"④窦默也十分支持这个观点:"三代所以历数长久,风俗纯粹者,皆自设学养士所致。方今宜建学立师,博选贵族子弟以教之,以示风化之本。"⑤正由于汉人儒士的努力,元代在文教方面推行了尊孔崇儒政策。世祖、成宗时期诏书中外崇奉孔子,武宗又加封孔子为"大成至圣文宣王",把孔子之道视为"垂宪万世"的法则。仁宗恢复科举,规定科举考试从"四书"、"五经"中出题,以朱熹集注为标准,最终确定了程朱理学在我国封建社会后期的统治地位。

但元代并未独尊儒术。虽然中统至元之际的忽必烈比较积极采用汉法,立朝仪、建孔庙、兴学校、命人用蒙古语录写儒家经典,但是忽必烈并不崇尚儒学。他只是从"儒术实用"的角度,欣赏那些能为他的统治带来实效的儒臣,以及那些有利于其统治的朝仪制度。而且,忽必烈的文治更不是要走全盘汉化之路,他在即位之初的几个诏书中已经很清楚明白地宣示:他的治国绝不会抛弃蒙古民族的"祖训传国大典"、"列祖列圣之规"⑨。面对先进的华夏文明,入主中原的蒙古统治者,不能不借鉴新的典章制度以推动全国性的政权建设。这样做实质上就借助了中原农业文明来改造蒙古帝国的机构,使蒙古大汗的权力朝着更专权更稳固的方向发展。但借鉴的目的绝不是为了更快地融进或同化于汉民族之中,而是为了提升蒙古文化的优势地位,以维护和巩固蒙古贵族的统治地位。忽必烈的文治思路明显带有不同于汉族传统思维模式的特点。

第一,对待各种宗教采取不偏不倚的态度。据《多桑蒙古史》载:"成吉思汗命其后裔,切勿偏重何种宗教,应对各教之人一律平等。"⑥这一原则忽必烈是基本遵守了,他对各派宗教文化力图采取不偏不倚的宽容态度。例如,忽必烈对汉人官员所信奉的孔夫子,表现出了礼貌和尊重,而忽必烈也同样尊重其他宗教。元初设置的集贤院是征集各

① 《元史》卷160《徐世隆传》。

② 《陵川集》卷137《与宋国两淮制置使书》。

③ 《元朝名臣事略》卷10《平章宋公》引墓志。

④ 《鲁斋遗书》卷7《时务五事》。

⑤ 《元代名臣事略》卷8《内翰窦文正公》引墓志。

⑥ 多桑著;冯承钧译. 多桑蒙古史(第1卷第10章). 上海:上海书店出版社,2001:155.

色人才管理各类文化事宜的机构，元廷将国子监、玄门道教、阴阳祭祀、占卜祭遁等一并隶属其间①，并无孰轻孰重之别。

第二，采取了多方网罗人才、兼容并蓄的政策。蒙古统治者对各类人才都能予以容纳，对儒、释、道、医、卜，以及各类工匠，乃至隐逸，都能尽力网罗，量才任用。当然，蒙古统治者所重视的人才，是属于"技术"型人才，是能为其统治发挥实用效益的人才。他们不喜欢那种空谈性理卖弄玄机的人才，但能以宽容的态度对待他们。

第三，忽必烈很注意保留蒙古民族原有的礼俗，以保持其民族特性和种族统治。忽必烈建上都于开平，始终与漠北草原保持着联系，就是其中一个重要的举措。在朝廷礼乐制度中，忽必烈也保留了许多蒙古礼俗，"而大飨宗亲，赐宴大臣，犹用本俗之礼为多"②。《元史·祭祀一》又说："元之五礼，皆以国俗行之，惟祭祀稍稽诸古。"所谓国礼国俗，即蒙古旧礼俗。朝廷举行经筵，必先陈祖宗大札撒。大札撒是依据成吉思汗颁布的命令和法令整理而成的蒙古法典，它对于蒙古国的通行规范具有不可更改、不可违背的绝对权威性。忽必烈经筵必陈大札撒，实际上就是肯定了蒙古法的继续有效性，强调了蒙古法与汉法在元朝的二元并存，以保留蒙古的文化传统。

第四，忽必烈的文治思路中所具有的开放文化意识与狭隘民族情结纠缠在一起，开放性与封闭性并存。忽必烈以及蒙古贵族坚持蒙古旧规与蒙古旧俗在元朝的维系，虽然具有维系蒙古文化传统的一面，但其本质上是要强化蒙古贵族的特权地位。元朝在政治体制中依然保留的漠北旧制，如怯薛制、投下制、驱奴制、忽里台，以及朝会庆典的滥赐等，都与蒙古贵族的特权有关，都成为元廷保障种族特权和实施民族歧视政策的基础。

元朝实施的"四等人制"正是为强化蒙古贵族特权而采用的极端措施。忽必烈统一全国后，在政治上将全国人分为蒙古、色目、汉人、南人四等，从法律、任官、科举、教育等各方面予以等级分治，从而保障了蒙古贵族所拥有的种族特权。叶子奇在《草木子》中说："元朝自混一以来，大抵皆内北国而外中国，内北人而外南人。以至深闭固拒，曲为防护，自以为得亲疏之道。"③在这样一种民族歧视政策主导下，其文治思路具有包容性与排他性并存的特点。在面对各种先进文明能为我所用时，蒙古统治者能以一种开放型文化的包容性去对待它；然而当需要固守民族礼俗坚守种族特权时，他们又表现出封闭型文化的排他性。这一特点深刻地影响了元代文治的进程。

二、元代的学校制度

1. 监、学合一的教育体制

元代教育行政体制开始发生变化。由于朝廷内部各族官僚权力斗争的需要，元代设置了三所国子监，每所国子监管理一所国子学。元代首先设置了蒙古国子监，下辖蒙古国子学，以教授蒙古文字为主旨。后来创办了国子监，下辖国子学，以传授儒家经典为主

① 《元史》卷87《百官志三》。

② 《元史》卷67《礼乐志一》。

③ 《草木子》卷3上《克谨篇》。

旨。以后又设置了回回国子监,下辖回回国子学,以培养波斯文字翻译人才为宗旨。从名义上看,元代的国子监、蒙古国子监和回回国子监都行使教育管理的职能,但这三所国子监却分别隶属于三个不同的文翰机构,其管辖的职权也只有相应的国子学一所,形成了监、学合一的管理体制。这在实际上已经淡化了国子监作为国家教育管理机构的职能,而突出了学校管理的职能。这种监学合一的体制,表明国子监的教育行政职能逐渐向学校职能转变。

元世祖至元十四年(1277 年)始置蒙古国子监,隶蒙古翰林院。设祭酒、监丞各一人,司业二人,掌管蒙古国子学。至元二十四年(1287 年),又正式成立了国子监,以契丹族学者许衡的学生耶律有尚为祭酒。仁宗延祐元年(1314 年)复置回回国子监。国子监掌全国儒学管辖国子学,又设蒙古国子监、回回国子监,分别管辖蒙古国子学、回回国子学。元代国子监属于集贤院,至正十六年(1356 年)定制设祭酒、监丞各一员,司业两员,掌国子监事。

元代以前,人们谈论中央官学,多直呼学校之名而不会议及国子监。而元代人不同,"胄监"、"监学"这样的称呼十分常见。仅以《元史》举例,卷 22 载,武宗时期,御史台臣言:"成宗朝建国子监学,迄今未成";卷 24 载,"命中书平章李孟领国子监学","命监察御史检察监学官,考其殿最";卷 81 载,"国子监学岁贡生员及伴读出身,并依旧例,愿试者听","其贡试之法,从监学所拟,大概与前法略同";卷 87 载,"其贡试之法,从监学所拟,大概与前法略同","延祐元年,别置回回国子监学";卷 181 载,"仁宗即位,责成监学"。这些称谓的含义也十分明确,即指学校。可见元代的监、学实际已成一体,其性质则更多地体现为教学场所。

元代的监学一体是传统教育体制由多元化向单一化发展的必然产物。以往各朝国子监所辖学校,尽管数量各有不同,但大都可归为两类:一类为学习儒学的学校,如国子学、太学、四门学等;另一类为专科性质的学校,如算学、书学、律学、医学等。学习儒学的各所学校,其区别不在学业、程度的不同,而在学员的出身资格。历代王朝为了扩大和稳固其统治基础,通过创办不同的学校,以满足社会各阶层人士的教育需求。这样既照顾了门阀士族,又为寒门庶族和平民提供了奋发上进的机会,这对巩固封建统治是十分必要的。当然,为照顾门阀士族的特权,国子学的办学条件和生员待遇自然要优越。北宋时期,门阀士族阶层进一步式微,寒门庶族的力量进一步壮大,要求在社会政治、经济乃至学术等方面进行改革的潮流在北宋十分强大,导致了北宋太学教育十分发达。太学要求独立的呼声也一直未断,并于庆历、熙宁、元丰、崇宁的兴学中获得了独立地位。独立后的太学不仅拥有单独的教职人员,而且也享有独立的财政和预算。出身平民阶层的太学生员与国子学生员共享同一校区,并拥有明显优越于国子学的师资,领受相同的生活津贴①。南宋时期,国子学与太学的界限进一步模糊。在大多数情况下,人们一旦提及太学,往往也就是指国子学。二者在机构建置和师资构成上并无实质的差别。唯一的不同便是教育对象不同,或者说受教育者的身份不同,国子学教的是"国子",而太学则面向下

---

① 李弘祺.宋代官学教育与科举.台北:联经出版事业公司,1994:80.

层官员及平民的子弟。

而专科性质学校的隶属关系在唐、宋两朝一直存在着交叉、重叠和变动的状况，人们对专业人才培养的看法很不一致。唐代国子监管辖着算学，但天文学人才的培养却由司天台负责。唐代国子监还管理着书学，然而政府的许多部门如弘文馆、司经局、崇文馆和秘书省等也都有培养书学人才的计划，且其培养方法完全仿效着国子监的书学。到了唐代后期，算学和书学又简单地分别归还给太史局和秘书省办理了。宋代也是如此。医学初隶大常寺，崇宁间，改隶国子监，然实际上还是由太医局操作。徽宗大观四年（1110年），各专科学校进一步理顺关系，脱离国子监而分属各职能部门。“以算学生归之太史局，并书学生入翰林书艺局，画学生入翰林图画局，医学生入太医局。”①至南宋时期，所有专科学校都划归各政府职能部门，国子监只辖国子学和太学，“国子监，在纪家桥太学之侧，设祭酒、司业、丞、簿等官，专掌天子之学校，训导生员之职，总掌国子太学事务”②。国子监职能的单一化趋势至此已经明朗。

元代的中央学校本来就不多，除了蒙古国子学、国子学、回回国子学外，只有司天监有天文生七十五人③，太史院有星历生四十四人④，隶属关系本来就很明白。其他如医学、阴阳学等都办在地方，因此不存在国子监是否应该管理专科学校的问题。而三所国子学的隶属关系，显然是因为文化正统的名分问题而导致了三所国子监的产生。每所国子监管辖一所国子学，正好顺应了国子监职能单一化的趋势。而这一顺应，便强化了国子监的学校功能，进一步淡化了国家教育管理的职能。明清时期的中央最高学府就是国子监，连国子学这一层也索性略去了，管理职能和教学职能合二为一，成为真正意义上的学校。这一转化的转折点正是在元代，对这个问题的思考有助于认识古代国子监的走向⑤。

元代国子生依然是以官僚世家子弟为主体，但门第意义在当时并不很重要，出身低微的俊秀子弟由朝官推荐也能进入国子学。由于元代监学合一体制，以一学纳多种族、多阶层的子弟，导致社会上出现了“国学诸生”的称呼。“诸生”显然是指元代国子学学生的构成具有多重性质。从民族分，有蒙古、色目、汉人之别；从出身分，有官僚子弟和俊秀子弟之别；从生员性质分，有国子生、陪堂生、伴读生之别。国子生是具有正式资格的生员，七品以上的朝官子孙才能获得这一身份。下层官吏及民之俊秀子弟如有三品以上朝官的推荐，可入国子学随堂旁听，以等待机会获得正式资格，这部分生员即为陪堂生。陪堂生经过一定时间的学习，经过必要的考试，入选者便成为伴读生。伴读生有名额限制，它具有国子学生员的正式资格，享受待遇也一如国子生。

元代国子监在教学管理上借鉴宋代太学的“三舍法”，采用了六斋管理法：“六斋东西相向，下两斋左曰游艺，右曰依仁，凡诵书讲说、小学属对者隶焉；中两斋左曰据德，右曰

① 《宋史》卷157《选举三》。

② 《梦粱录》卷9《诸监》。

③ 《元史》卷90《百官志六》。

④ 《元史》卷88《百官志四》。

⑤ 王建军. 元代国子监研究. 澳门：澳亚周刊出版有限公司，2003：275—290.

志道，讲说《四书》、课肄诗律者隶焉。上两斋左曰时习，右曰日新，讲说《易》、《书》、《诗》、《春秋》科、习明经义等程文者隶焉。每斋员数不等，每季考其所习经书课业，及不违规矩者，以次递升。”①可见元代国子监的六斋仍是分为三级，每级学业程度皆有不同规定，体现出循序渐进的管理思路。元代规定，上斋的汉人生员，中斋的蒙古、色目生员在经过两年的学习后，始可参加入生员，中斋的蒙古、色目生员在经过两年的学习后，始可参加国子监举行的“私试”。私试按月举行，一年中成绩积八分以上、取得前四十名者，为高等生员，获得年终出贡考试的资格。出贡考试又称为“公试”，由朝廷中书省、御史台、集贤院等共同主持。元代科举恢复后，这一考试又与科举考试结合。

2. 地方教育体制

元代的地方学校有路、府、州、县之学，但事实上并未普遍设立。路学创设于世祖至元九年（1272 年），设有教授、学正、学录等各一名。府学及上、中州学各设教授一名。教授由朝廷任命，其他学官则由礼部、各行省或宣慰司任命。至元二十八年（1291 年）命江南诸路学及各县学内设立小学，选老成之士任教，并于“其他先儒过化之地，名贤行经之所”建立书院。地方教育由提举学官掌管，学习内容同国子学。

元代地方学校，除儒学之外，还设有蒙古字学、医学和阴阳学。诸路蒙古字学创设于至元六年（1269 年），招收诸路府州官员子弟及民间子弟，学习蒙古文字。诸路医学创设于世祖中统三年（1262 年），直属太医院，学习《素问》《难经》等，亦须通“四书”，否则不许行医。诸路阴阳学创设于至元二十八年，隶属于司天台，学以天文、术数等科。

社学是元代在教育上的一项重要措施。元代规定，五十户为一社，每社设社长一人，立社学一所，择通晓经书者为社师，农闲时遣子弟入学。社学的开设，表明元代统治者将化民成俗的工作深入到农村是具有积极意义的。

三、元代的中央和地方官学

1. 中央官学

（1）国子学

太宗窝阔台六年（1234 年），集贤院国子监下设国子学于中都燕京。但在至元二十四年（1287 年）以前，元代国子监是一种临时性教学机构，没有固定的教育场所与师生员额。此后，据《元史·百官志三》记载：“北城立国子学于国都（即元大都）之东，乃以南城国子学为大都路学。”自此，元代国子学有了固定之师生员额和教学场所，从而初步确立了元代国子学之体制。有元一朝除大都国子学外，又分别于世祖至元八年（1271 年）于京师设蒙古国子学，至元二十六年（1289 年）八月设回回国子学。其体制与辽金大致相同，均设博士二人、助教四人，掌教授生徒，考校儒人著述。后增设学正、学录等官。成宗大德六年（1302 年）又于上都分置国子学。置助教、学录各二员，典给一员，学田六十余顷，教养从驾于上都的怯薛（蒙古和元代之禁卫军。怯薛为蒙古语之音译，即轮流值宿守卫之意，其成员谓之怯薛歹）人员。

① 《元史》卷 81《选举一》。

世祖至元八年(1271 年)正月,始下诏立京师蒙古国子学,这是元代设于京师专门教习蒙古字之中央专科学校。置教官五员,教习诸生。并详订蒙古学校例,计十一条,令有司明谕四方。据《元史·尚野传》记载,国子学"于随朝蒙古、汉人百官及怯薛歹官员,选子弟俊秀者入学,然未有员数"。学生分为正额与陪同两种。正额生为官员子弟,月给廪膳;另选庶民子弟充当陪堂生,略给纸札笔墨。置博士二人、教授二人、助教一人,与学正、学录等共领教职。以蒙古语译写的经史诸书及蒙古字书为教材。二三年后侍生员学习成效,出题试问,观其所对,精通者,量授官职。后又设分学于上都,教育从驾上都的怯薛子弟。成宗元贞元年(1295 年)三月二十三日,为健全学校体例,下旨增设蒙古学正,以各道肃政廉访司领之。仁宗延祐二年(1315 年),生员定额一百五十人:蒙古七十人,色目二十人,汉人六十人。蒙古国子学及诸路蒙古字学生员成绩优秀者,均从翰林考试,中选者授以蒙古字学官和译史等职。蒙古国子学的设立显然是受到金朝女真国子学的启发,它的设立在加速蒙古族传统文化与培养蒙古族人才方面,起到了积极的作用。

据《元史·选举志一》记载:"世祖至元二十六年(1289 年)夏五月,尚书省臣言'亦思替非文字宜施于用,今翰林院益福的哈鲁丁能通其字学,乞授以学士之职,凡公卿大夫与夫富民之子,皆依汉人入学之制,日肆习之'。帝可其奏。是岁八月,始置回回国子学,为元代教习回回文字(亦称亦思替非文字,即波斯文字),为官署培养译史的中央官学。学校置教官五员,选公卿大夫及富民子弟入学,供给廪膳。习成出任译史。至仁宗延祐元年(1314 年)四月,复置回回国子监,设监官,以其文字便于关防取会数目,令依旧制,笃意领教……学之建置在于国都,凡百司庶府所设译史,皆从本学取以充焉。"回回国子学可以说是中国历史上最早的国立外国语专科学校。在国子学中设置外语教育,也标志着国子学以经学教育为唯一内容的传统被打破。

(2)端本堂

元代设于京师的中央贵胄学校。据《元史·顺帝纪》记载:"冬十月辛卯,享于太庙。丁酉,命皇太子爱猷识理达腊自是日为始入端本堂肄业。命脱脱领端本堂事,司徒雅普化知端本堂事。端本堂虚中座,以俟至尊临幸,太子与师傅分东西向坐授书,其下僚属以次列坐。"

(3)太医院与医学提举司

元代特设太医院为最高医事机构,兼掌御药院。中统元年(1260 年)置宣差,提点太医院事。至元二十年(1283 年)改称"尚药监",至元二十二年(1285 年)复旧名。以提点、院使、副使掌院事,下设同知、佥院、同签、院判等,辖广惠司、御药院、御药局、行御药局、御香局、大都惠民局、上都惠民局、医学提举司等机构。其中,医学提举司系元朝医学教育行政管理机构与中央医学教育场所。据《元史·百官志四》记载:"医学提举司,秩从五品……掌考核诸路医生课义,试验太医教官,校勘名医撰述文字,辨验药材,训诲太医子弟,领各处医学提举一员,副提举一员。"医学提举司同时也负责医学著述的编辑整理工作、试验药材。因此,医学提举司是兼事教学、研究、行政管理和图书编纂的综合部门。医学提举司时兴时废,没有常制。至元九年(1272 年)置,至元十三年(1276 年)罢,至元十四年(1277 年)复置。

2. 地方官学

元代地方行政分为路、府、州、县四级,各级均设有相应教授儒经的儒学。其中:路学创设于世祖至元九年(1272 年),设有教授、学正、学录等学官各一员;府学及上中州学各设教授一员,下州学设学正一员,县学设教谕一员,掌教儒家经典。生徒肄业期满,经地方官推荐,并经考核,或用为教官,或取为吏属。

元代路一级还设有具有民族特色的蒙古字学、医学和阴阳学,与地方儒学并称“四学”。元世祖至元二十八年(1291 年),元朝“命江南诸路学及各县学内设立小学”,选老成之士为师。

为加强地方官学的管理,元代还在各行省署地皆置儒学提举司,专管各路府州县学校祭祀教养钱粮等副及考校呈进著述文字。每司设提举(从五品)、副提举(从七品)各一员。另有蒙古提举学校官,主管蒙古字学校,只设于江浙、湖广、江西三省。官员品秩与儒学提举司同。

此外,路、府、州、县四级均设医学。据《元史・选举志一》记载:“世祖中统二年(1261 年)夏五月,太医院使王猷言‘医学久废,后进无所师授。窃恐朝廷一时取人,学非其传,为害甚大’。乃遣副使王安仁授以金牌,往诸路设立医学。”元代医学在前代九科的基础上又发展成十三科,即大方脉、小方脉、杂医科、风科、产科、眼科、口齿科、咽喉科、正骨科、金创科、针灸科、祝由科、禁科。后又合为十科。教学内容有《难经》《素问》《脉诀》之类。成宗大德九年(1305 年)又规定医学生尚需兼通“四书”,否则不得行医。考试分公私两种,每月一私试,试以疑难;每岁一公试。学生考试成绩都要上报太医院,以所对优劣,量加奖罚。

诸路阴阳学和社学的创设是元代对中国古代地方官学的特殊贡献。社学以教劝农桑为己任,亦设经师布施教化;阴阳学隶属于司天监,分天文、历算、三式、测验、漏刻和阴阳等科,对中国古代的科技教育有着重大的推动作用。

第二章　宋代文官的选拔

宋代的基本国策是重文轻武，因而其科举制度要比唐朝更加完善，科举考试也分为乡试、省试、殿试三级，以逐级选拔人才。

第一节　宋代的科举

安史之乱以后从藩镇分立到五代十国的二百多年，政权林立，分裂割据，严重地削弱了封建地主阶级的统治力量。五代以来，面对北方契丹贵族统治者的不断入侵，中原地区的政权往往无力抵抗。北宋政权建立后，官僚地主阶层代替了过去门阀士族对政权的垄断。他们迫切要求调整统治阶级内部矛盾，以便更广泛地接受和容纳全国各地地主阶级的政治代表和下层的知识阶层，集中他们的政治力量来巩固官僚地主阶层的统治。因此，北宋初年就在消灭分裂割据势力的同时，采取了一系列有利于加强中央集权的政治措施，其中尤其注意文官选任制度的变革。

一、重文轻武的基本国策

赵匡胤建立宋王朝以后，为了避免自己篡夺北周政权的历史重演，采纳了赵普的建议，对功臣良将“稍夺其权，制其钱谷，收其精兵”①。将政权、财权和兵权全部收归中央，根除了中唐以来二百多年武人拥兵、军阀割据的祸患。为了加强封建专制的统治，赵匡胤对官僚的权力大加限制。为了削弱宰相的权力，规定军事行政权由枢密院掌握，财政权由三司使掌握。从此宰相的权力只限于一般行政范围。另外又设参知政事、枢密副使、三司副使作为宰相、枢密使、三司使的副职。枢密使和中书对掌大权，号称“二府”；三司使则称为“计相”。枢密院、三司使的权力与宰相不相上下。枢密使和统兵的高级将领互相牵制，高级将领虽统率军队，有握兵之权，但却无调兵之权；枢密院虽有调兵之权，但又不能统领军队。这就使得枢密使或高级将领都不能单独调兵遣将发动军事政变了。

此外，宋政府还特地提高给事中、谏议大夫等台谏官的地位，不再作为宰相管辖下的属官。宋真宗天禧年间（1017—1021 年），又设立了谏院，脱离宰相而独立，其权势和地位与宰相相等，以监察百官。谏院可以任意弹劾执政大臣，而不一定要有实据，称为“风闻弹人”。如果弹劾不符合事实，谏院官员也不必受到惩罚。地方官吏的选置，宋太祖也进行了改革。他专用文臣知州事，州官人选，概用文人。使得州郡长官不能统兵逞强，据地自雄。这就是所谓“兴文教，抑武事”。因而，重文轻武就成为宋代政治上的一大特色。

---

① 《续资治通鉴长编》卷 2“宋太祖建隆二年纪事”。

宋仁宗时，蔡襄曾这样说："今世用人，大率以文词进：大臣，文士也；近侍之臣，文士也；钱谷之司，文士也；边防大帅，文士也；天下转运使，文士也；知州郡，文士也。"①

宋太祖认为"五代方镇残虐，民受其祸。朕今用儒臣干事者百余人，分治大藩，纵皆贪浊，亦未及武臣十之一也"②。唐末以来，"士大夫忠义之气，至于五季，变化殆尽"③。为了拨乱反正，巩固中央集权，赵匡胤大力提倡文治，抑制武职。为了选拔大批文人才士，充实刚刚建立起来的庞大官僚机构，宋代统治者实行并发展了隋唐所创设的科举选官制度。

二、宋代科举制度的基本情况

宋代的科举制基本上沿用了唐制，有常科、制科和武举。但又随着变化了的形势有许多创新和发展。宋代科举在形式和内容上都进行了重大的改革，如将科举考试分为州试、省试和殿试三级，殿试由皇帝亲自主持，凡省试、殿试通过者，将被授予相应的官职，尤其是状元和前几名，很快就得到重用，常常被安置在高位上。相比之下，宋代常科的科目比唐代大为减少，其中进士科仍然最受重视。进士科之外，其他科目总称诸科。

此外，从宋代起，儒家理论对科举产生了很大影响，统治者要求读书人必须诵读儒家经典，学习封建礼教，以满足封建统治的需要。到了宋宁宗以后，儒家理论就发展成为了科举取士的最高标准。

1. 扩大范围网罗人才

宋代的科举放宽了考试、录取的范围，增加了科举取士的名额，加大了对人才的使用力度。唐代士人应举，虽然已经不问家世，无须推荐，可以"怀牒自列于州县"，即自由报考，但是在品行、职业、服纪等方面还有不少限制。宋初，为了网罗人才，加强了科举考试，采取了一系列强化科举的举措。宋代采取奖平民，抑贵族的政策。对应科举的考生没有资格规定，扩大了科举的报考范围。但规定不悌之人、商人、僧道归俗之人，皆不得应试。到了北宋中期，这些限制逐渐放宽，使一般士人均可自由报考，国家取士的范围更加扩大了。

宋代进士分为三等：一等称进士及等；二等称进士出身；三等赐同进士出身。由于扩大了录取范围，名额也成倍增加。据统计，宋代每次录取进士多达二三百人，甚至五六百人（唐代录取进士，每次不过二三十人，少则几人、十几人）。两宋三百二十年间共开科一百三十榜，取进士、明经、诸科约十一万人，其中正奏名约六万人，特奏名约五万人。平均每年录取进士、明经、诸科等正、特奏名为三百六十多人，其中正奏名每年也有一百八十八人以上。宋代取士之多，可以说是空前绝后的。（唐代二百九十年间，共开科二百六十八榜，录取明经、进士共约两万人，平均每年录取进士、明经约为七十人；明朝二百七十七年间共开科八十八榜，取进士两万四千六百二十四人，平均每年八十九人；清代二百六十

① 《蔡忠惠集》卷18《国论要目》。

② 《宋史纪事本末》卷2《收兵权》。

③ 《宋史》卷446《忠义传序》。

二年间共开科一百一十二榜，取进士两万六千八百八十八人，平均每年一百零三人。）

2. 提高科举及第后的地位和待遇

宋代规定，科举及第即可授官。这是优待举人，与士大夫共治天下的具体体现。唐代科举及第之后，只是取得了做官的资格，必须经过吏部的铨试或科目选，考试及格，才能真正步入仕途。因而许多士人科举及第之后，仍为一介布衣，甚至有出身二十年而未获得俸禄者。宋太宗太平兴国二年（977 年），对进士及第者，即可授予官职。真宗之后，由于官员冗滥，才规定进士第五甲守选，其他四甲仍可免选授官。宋代及第所授官位也比唐代高，优者授作监、丞、大理评事，其余授通判诸州或知县等职。开宝六年（973 年），太祖赐及第者钱二十万，以办宴会庆祝。对于屡考不第的考生，允许他们在遇到皇帝策试时，报名参加附试，叫特奏名。也可奏请皇帝开恩，赏赐出身资格，委派官吏，开后世恩科的先例。

宋代科举出身者的升迁也十分迅速。非科举出身者需逐级转官，科举出身者可以越级转官。其科举高第者，往往不到十年即可升为宰相、副宰相。

宋代还规定，宰相、副宰相、翰林学士等清要官，必须由科举出身者担任。据统计，北宋时期宰相共有七十一人，其中科举出身者六十五人，占百分之九十二；副宰相共有一百五十三人，其中科举出身者一百三十九人，占百分之九十一。南宋时期，科举出身的比例还更高些。

3. 完善考试制度，改革考试内容

宋代确立了科举三年一次的三级考试制度。宋代科举，最初是每年举行一次，有时一二年不定。仁宗时，改为每两年一次。神宗时，改为三年一次，自此成为定制。每年秋天，各州进行考试，由诸州判官主试进士科，录事参军试诸科。合格者称为贡士，由各州府送上京师参加礼部大考，谓之“发解”。省试（礼部试）由礼部考选诸路的贡士，贡士在第二年冬季向礼部报到，次年春季举行考试。考试合格者称及第，如进士科合格称进士及第。省试当年进行殿试。宋初科举，仅有两级考试制度。一级是由各州举行的解试，一级是礼部举行的省试。宋太祖为了选拔真正踏实于封建统治而又有才干的人担任官职，为之服务，于开宝六年实行殿试，评定进士之等级（五等）。自此以后，殿试成为科举制度的最高一级的考试，并正式确立了解试、省试和殿试的三级科举考试制度。

殿试以后，不再经吏部考试，直接授官。宋太祖还下令，考试及第后，不准对考官称师门，或自称门生，所有及第的人都成了天子门生。殿试后分三甲五级放榜。南宋以后，还要举行皇帝宣布登科进士名次的典礼，并赐宴于琼苑，故称琼林宴，以后各代仿效，遂成定制。

宋代科举在考试科目内容上也做了较大的改革。初设进士、九经、三史、三传、学究、明经、明法等。王安石实行新政，改革科举，首先罢诸科，独留进士一科，进士科考帖经、墨义和诗赋，弊病很大。庆历时，欧阳修请先试策，再试以论，再试诗赋，这样中选者纵使诗赋不一，亦不致有乖诞之人，范仲淹亦请先试策论，后考诗赋，使士子留心治乱之道，而考经问大义，不专以记诵为尚，罢帖墨义。王安石任参知政事后，对科举考试的内容着手进行改革，取消诗赋、帖经、墨义，专以经义、论、策取士。所谓经义，与论相似，是篇短文，只限于用经书中的语句做题目,并用经书中的意思去发挥。王安石对考试内容的改革,在于通经致用。熙宁八年(1075年),神宗下令废除诗赋、帖经、墨义取士,颁发王安石的《三经新义》和决定以论、策取士。把《易官义》《诗经》《书经》《周礼》《礼记》称为大经,《论语》《孟子》称为兼经,定为应考士子的必读书。规定进士考试为四场:一场考大经,二场考兼经,三场考论,最后一场考策。殿试仅考策,限千字以上。王安石的改革,遭到苏轼等人的反对。后来随着政治斗争的变化,《三经新义》被取消,有时考诗赋,有时考经义,有时兼而有之,变幻不定。

4. 严格立法,防范舞弊

从宋代开始,科举开始实行糊名和誊录,并建立防止徇私舞弊的新制度。从隋唐开科取士之后,徇私舞弊现象越来越严重。对此,宋代统治者采取了一些措施,主要是糊名和誊录制度的建立。糊名,就是把考生考卷上的姓名、籍贯等密封起来,又称"弥封"或"封弥"。宋太宗时,根据陈靖的建议,对殿试实行糊名制。后来,宋仁宗下诏省试、州试均实行糊名制。但是,糊名之后,还可以认识字形。根据袁州人李夷宾建议,将考生的试卷另行誊录。考官评阅试卷时,不仅仅不知道考生的姓名,连考生的字迹也无从辨认。这种制度对于防止主考官徇情取舍的确发生了很大的效力。此外还制定实行许多防止徇私舞弊的新办法:一是不许朝廷官员推荐考生应试。宋代法律规定,"馆阁、台省官有请属举人者密以闻,隐匿不告者论罪","诸王、公主、近臣,勿得以下第亲族宾客求赐科名。"二是临时指定主考官,实行"锁院"制,宋代主考官年年更换。三是举行复试和"别头试"。以上办法都是针对科场作弊而制定的,它使中国古代的考试制度更加完善了,充分体现了公平竞争的原则,对不拘一格地选拔人才,对巩固封建统治的基础,提高官吏素质是有积极作用的。但是制度是人制定的,它可以被建设,亦可以被破坏。随着宋王朝的走向衰落和腐朽,"糊名"、"誊录"也很难防止考官徇私舞弊。到了北宋末年,由于政治日趋腐败,此项制度也就流于形式了。

三、科举的三级考试制度

宋朝科举制度较唐朝有明显的进步,其发展主要有赖于以下三点:一是经济的发展和门阀制度的衰落,中小地主数量增加,他们迫切要求通过科举参加政权,引起统治阶级的注意,最终实现了科举向中小地主阶级知识分子的进一步开放。二是作为中央集权的措施之一,需要网罗一大批具有封建道德修养和一定才干的士大夫,这批人入仕有利于从思想上,人身上对其加以羁縻控制,减少他们对社会和当权者的不满,以免他们同其他社会不稳定分子结合,造成社会动荡。三是宋朝推行全面文官治国政策,选拔数目庞大的饱受儒家思想洗礼的知识分子来分掌国家机器的各部分,科举选人是唯一现实的途径。

宋朝,各阶层有知识的人都赶上了通过拥挤不堪的科举考试而当官的途径,一些靠"荫补"而充武官的达官贵人子弟因官场和社会习俗的贬抑,也拼命攻读诗书,企图通过科举来改变自己的现状而换任受人尊敬的文官,真可谓"人人赶考"。考试的人多了,队伍壮大了,考试的级别也就出现了。

1. 州试

宋朝科举的常科科目有“进士、诸科”，而“进士得人为盛”①。常科应考人由州县严格按规定数额选出，而且必须是原籍，以保证科举名额的地区分布合理性。每年秋天，各州举行考试，将合格学生再解送礼部，称为“取解试”或“乡贡。”

州试由各州判官和录事参军具体主持。“诸州判官试进士，录事参军试诸科，不通经义，则别选官考校，而判官监之。试纸，长官印署面给之。试中格者，第其甲乙，具所试经义，朱书通、否，监官、试官署名其下。进士文卷，诸科义卷、帖由，并随解牒上之礼部。”②

宋朝对考生有一系列的具体要求。“有笃废疾者不得贡”，不许“有大逆人缌麻以上亲，及诸不孝、不悌、隐匿工商异类、僧道归俗之徒”③。端拱二年(989 年)“诏禁吏人应举”。真宗咸平三年(1000 年)规定：“自今两京诸路所解举人宜先廉访行实，或艺文可采而操履有亏，投书匿名饰词讪上之类，并严加惩断，勒归乡县课役，永不得就举。如辄敢解送，所由官吏必当论罪，仍令御史台觉察之。”④

宋前期贡举没有固定的时间。起初，急需人才，年年举行。以后仕途壅塞，人数日多，条令日密，程序日繁，因此，每进行一次科考的组织准备工作压力甚大，以致仓促。宋朝曾给予考生以优厚物质待遇。“远方寒士预乡荐，欲试礼部，假丐不可得，则宁可寄举不试，良为可念。谨按开宝二年(969 年)十月丁亥，诏西川、山南、荆湖等道，所荐举人并给来往公券，令枢密院定例施行。盖自初起程以至还乡费皆给于公家。”⑤宋太宗后，有时四五年才颁诏举行一次贡举，这又引发了积压士人过多的毛病。经反复探索，综合平衡，仁宗嘉祐年后，定贡举两年一行，相应削减贡举人数一半。“今(嘉祐)率四五岁一下诏，故士有抑而不得进者，孰若裁其数而屡举也。下有司议，咸请：易以间岁之法，则无滞才之叹。荐举数既减半，主司易以详较，得士必精。且人少则有司易于检察……于是下诏：‘间岁贡举，进士、诸科悉解旧额之半。’”⑥“英宗即位，议者以间岁贡士法不便。乃诏礼部三岁一贡举。”⑦三年一行成为定制。南宋高宗绍兴十七年(1147 年)“命州县每三岁行乡饮酒礼以贡士”⑧。

2. 省试

省试，即由礼部贡院主持进行的考试，又称“南省试”、“春试”。

凡参加省试的考生在冬季规定时间来到京城，然后将自己的家世、年龄、籍贯、参加科举的场数、次第等如实写明，呈交礼部备案覆查。考生需十人相保，以防在上述材料中弄虚作假，如有犯此或违反有关科考的各项规定，则“连坐不得举”⑨。

省试设的官员多，分工细。“旧制，省试用六曹尚书、翰林学士知贡举，侍郎、给事中同知贡举，卿监、郎官参详，馆职、学官点检，御史监视。”“省试奉效差知贡举一员，同知二员，内差台谏官一员；参详官若干员，内差监察御史一员。”⑩

---

①②③⑥⑦⑨　《宋史》卷 155《选举一》。

④　《文献通考》卷 30《选举三》。

⑤　《燕翼诒谋录》卷 1《进士试礼部给公券》。

⑧　《宋史》卷 30《高宗纪七》。

⑩　《宋史》卷 156《选举二》。

礼部设贡院主持省试各项杂务。如负责收取各路州军解送进士,诸科举人的名单,家状、保状、试卷等有关文件,核对文件的真假。平常年份,以朝官一员主日常事务。遇科考年份由朝廷选派的知贡举主持,原任官解任。省试结束,将合格举人名单奏名朝廷后,贡院又着手筹备殿试的工作。

贡院按职司又分设若干下属机构。如封弥院(所)、誊录院(所)、对读所、编排所、别试所、过落司等。北宋中期以后,各州亦设贡院。

考生入考场前需验明正身,然后由贡院监门官引导,进入试场,对号入座,并搜检是否挟带书籍入场等。进士科在考场中待遇优于他科。“礼部贡院试进士,设香案于阶前,主司与举人对拜,此唐故事也。所坐设位供张甚盛,有司具茶汤饮浆。至试学究,则悉撤帐幕毡席之类,亦无茶汤。渴取饮砚水,人人皆黔其吻,非故欲困之,乃防毡席及供应人私传所试义经。盖尝有败者,故事为之防。”①

考试以三日为限,“本朝引校多士,率用白昼,不复继烛”②,即取消唐朝的夜试。

考试结束,阅卷分为初、覆两关。“凡试卷,封印院糊名送知举官考定高下,复令封之送覆考所,考毕然后参校得失,不合格者,须至覆场方落。”③乡贡、省试,“皆有复试”。凡省试复试,“令宰执出题,不许都司干预,仍日轮台谏一员,帘外监试”④。

经过严格的考试、阅卷、复查、评等,“合格及第者,列名放榜于尚书省”⑤。省试到此告一段落。

宋代三级考试制中,省试是关键,凡合格及第者均可被授予相应的官职。

省试知贡举官有录取决定权。陈恕“知贡举。恕自以洪人避嫌,凡江南贡士悉被黜退。又援贡举非其人之条,故所取甚少”⑥。如违法失职则受处分。“咸平中,王钦若知贡举,有告其受举人贿赂者,下御史台鞫得状。”⑦

宋代还有类省试。类省试又称“类试”。为宋贡举考试方式之一。南宋高宗建炎元年(1127 年),战乱道阻,各地举人无法参加省试。于是,命各路提刑司选官于转运司所在州府举行类省试,每十四人取一人。绍兴五年(1135 年),高宗还临安,恢复省试。四川因路程遥远,仍实行类试。七年(1137 年),以制置司主持之。类省试合格举人,可以直接参加殿试。

3. 殿试

殿试将以往州试和省试变为三级试制,将人事选拔权集中在皇帝一人手中,从一个侧面集中体现了皇帝的专制。

殿试为宋代科举考试程序之一,是科举考试中的最高一级。“殿试,本覆试也。唐以来或以礼部所取未当,命中书门下详覆,至宋太祖、太宗重其事,故御殿覆试。至雍熙四

---

① 《文献通考》卷 31《选举四》。

② 《渑水燕谈录》卷 6《贡举》。

③⑤ 《宋史》卷 155《选举一》。

④ 《宋史》卷 156《选举二》。

⑥ 《宋史》卷 267《陈恕传》。

⑦ 《宋史》卷 431《刑昺传》。

年(987 年),宰相请如唐故事,以春官之职归有司,上从之。次年命宋知白知举,榜出而谤议蜂起,或击登闻鼓求别试,于是再行覆试,凡得数百人。又明年,则知贡举苏易简等不敢专其事,因请御试,上从之,自此遂为定例。"①殿试又称"御试"、"廷试"、"亲试"。皇帝亲临殿廷,发策会试中式的贡士。源于西汉时皇帝亲策贤良文学之士,始于武则天天授二年(691 年)于洛阳殿前亲策贡举人,在唐代也是偶尔为之,未成定制。宋以殿试为士人入仕的最高级考试。举人经省试中第,须再殿试,才算真正登科。

宋太祖赵匡胤设立了殿试考试。殿试制的设置始于宋开宝六年(973 年),太祖于讲武殿策试贡院合格举人,并颁定名次,自此始为常制。北宋初年的科举,为一年一度科考一次,后改为每隔一年或两年举行一次,最后改为三年举行一次。宋初的科考也是两级考试,一级是各州举行的"解试";一级是由礼部在开宝寺内贡院举行的"省试"。照例,"省试"后,新中第的贡子进士们要面谢皇恩。开宝六年(973 年)这科是翰林学士李昉担任权知贡举,共录取了三十八人。三月初七,新录取的进士宋准等十人及其他诸科录取的二十八人一起到讲武殿谢恩。这次见面引发了科举的一次革命性变革。当时,赵匡胤通过当面对话,发现进士中的武济川、刘睿知识浅陋,回答问题时张皇失措,牛头不对马嘴,就下令将他们除名。因武济川是权知贡举李昉的同乡,赵匡胤对此心生疑窦,很不高兴。事后,未被录取的徐士廉等人又击登闻鼓(古代帝王为了表示听取臣下的冤情或谏议,悬鼓于朝堂之外,允许臣民击鼓直接向皇帝反映问题),状告李昉私卖人情,科举中取舍不公允。赵匡胤下令贡院将此次科考落选的举子造册上报,进士及诸科共报上来三百六十人。三月十九日,赵匡胤召见了这些人,一一对问后,选了一百九十五人,其中包括徐士廉。加上宋准等已经录取的三十八人都发给卷纸,另外再考一场诗赋,并另委考官主持其事。两天后,赵匡胤亲自到讲武殿批阅试卷,进行复试,共录取进士二十六人,其他"五经"、"三礼"诸科共一百〇一人,都赐及第。宋准、徐士廉均在进士科录取之列,仍以宋准为榜首。并且,赐给宋准制钱二十万以举办庆祝宴会。李昉则被贬为太常少卿,和他一起主持试事的其他官员也都受到了处罚。从此,殿试就成了科举考试必须经过的一道程序。自此确立了封建社会的三级考试制度。

皇帝用殿试这一手段将选拔人才的权力紧紧握在手中,使考生沐浴实实在在的皇恩,有利于培养一批忠君的人才。太祖说:"昔者,科名多为势家所取,朕亲临试,尽革其弊矣。"②乾德元年(963 年)九月,"禁朝臣公荐贡举人"③。"公荐",就是唐朝实行的"通榜"制度,朝廷权贵公开向主考官推荐举子,这不仅导致科举不公,而且促成考生、考官与举荐人三者之间结成不利于皇权的朋党关系。北宋朝廷对"公荐"严加禁止,一经查出,就要"重行朝典"。这样,使中第举子对皇帝感恩戴德。

殿试开考时,选派初考、复考、详定、编排、点检试卷、封弥、对读、巡视等官协同进行。"景德四年(1007 年)……(真宗)又定亲试进士条制。凡策士,即殿两庑张帟,列几席,标

① 《文献通考》卷 32《选举五》。

② 《宋史》卷 155《选举一》。

③ 《宋史》卷 1《太祖纪一》。

姓名其上。先一日表其次序,揭示阙外,翌旦拜阙下,乃入就席。试卷,内臣收之,付编排官,去其卷首乡贯状,别以字号第之;付封弥官誊写校勘,用御书院印,付考官定等毕,复封弥送复考官再定等。编排官阅其同异。未同者再考之;如复不同,即以相附近者为定。始取乡贯状字号合之,即第其姓名、差次,并试阅以闻。"①皇帝只是过问最后等第,以示威权。胡安国"三试于礼部,中绍圣四年(1097年)进士第。初,廷试考官定其策第一,宰执以无诋元祐语,遂以何昌言冠,方天若次之,又欲以宰相章惇子次天若。时发策大要崇复熙宁、元丰之制……哲宗命再读之,注听称善者数四,亲擢为第三。为太学博士"②。

殿试"别为升降"之制,后取消,一律录取,只是存在名次之差异。据《燕翼诒谋录·殿试士人不黜落》记载:"旧制,殿试皆有黜落,临时取旨,或三人取一,或二人取一,或三人取二,故有累经省试取中,屡摈弃于殿试者。故张元以积忿降元昊,大为中国之患,朝廷始囚其家属,未几夏纵之。于是群臣建议归咎于殿试黜落。三月辛巳③,诏进士与殿试者皆不黜落,迄今不改。"殿试实行五等成绩制,以示等第差次。"其考第之制凡五等:学识优长、词理精绝为第一,才思该通、文理周率为第二;文理俱通为第三;文理中平为第四;文理疏浅为第五。然后临轩唱第,上二等曰及第,三等曰出身,四等、五等曰同出身。"④

殿试后,对中第者分别授予官职,给予很大的荣誉,特别对殿试第一人尤甚。"诸路举人到者,排日赴都堂,帘引讫,伺候择日殿试,前三日宣押知制诰详定考试等官,赴学士院锁院,命御策题。然后宣押赴殿,士人诣集英殿起居,就殿庑赐坐,引试依图分庑坐定,各赐印刊策题,其士人只许带文房及卷子,余皆不许挟带文集。士人入东华门,各行搜检身内,有无绣体私文,方行放入,午则赐食与士人,其砚水之类皆殿直祗直供办。午后纳卷而出。旧制,士人卷子仍弥封,卷头打号,然后纳初考官,次下复考,考定次第后,送定参详,一同,方定甲名资次,而定夺三魁。伺候上御文德殿临轩唱名,进呈三魁试卷,天颜亲睹三魁,排定姓名资次。然后宣唤三魁姓名,其三魁听快行宣唤数次,方敢应名而出,叩问三代乡贯年甲同方,请入状元侍班处,更换所赐绿襕靴简。第一名状元及第,第二名榜眼,第三名探花。其状元官授承事郎,职除上郡签判;榜眼授承奉郎、探花授承务郎,职注中郡或下郡签判。或无见阙,则节推察推之职。三魁进诗谢恩,上赐御筵,赐诗与状元。以下第一甲举人赐进士及策,第二甲赐进士出身,第三甲至第五甲并赐同进士出身……其老榜者,谓之特奏名,为魁者,附第五甲,补迪功郎,余皆授诸州文学,助教……状元注授毕各归乡里,本州则立状元坊额牌所居之侧,以为荣耀。"⑤大中祥符八年(1015年),蔡齐状元及第,真宗见他"堂堂英伟,进退有法",一时兴起,特诏给金吾卫士七人清道,由此又诏:"自今第一人及第,金吾给七人当直,许出两对引喝。"⑥对一般进士则发钱"刊小录,事游燕"。熙宁六年(1073年),"诏赐进士及第钱三千缗,诸科七百缗为期集

①④ 《宋史》卷155《选举一》。

② 《宋史》卷435《胡安国传》。

③ 仁宗嘉祐二年(1057年)。

⑤ 《梦粱录》卷3《士人赴殿试唱名》。

⑥ 《宋朝事实类苑》卷25《官职仪制》。

费”。元祐三年(1088 年)“诏复增进士钱百万、酒五百壶为期集费。相仍至今,定为千七百缗”①。殿试之人,一时名誉、政治地位和物质待遇等纷至沓来。

殿试从本质上讲是一种形式。知制诰富弼指出:“省试有三长,殿试有三短。主文衡者四五人皆一时词学之臣,而又选馆阁才臣数人,以助考较,复有监守巡察糊名誊录,上下相警。不容毫厘之私,一长也。引试凡三日,诗赋可以见词艺,论策可以观才识,四方之士得以尽其所蕴,二长也。贡院凡两月余,研究差次,可以穷功悉力,三长也。殿试考官滥取而不择,一短也。一日试诗赋论三篇,不能尽人之才,二短也。考校不过十日,不暇研究差次,三短也。”②殿试之短,人人皆认为有之,但是,在以布“圣恩”为原则的情况下,既不能革弊,又要仍旧实行。因此,无法改变。

中国科举史上,曾经涌现了数以百万计的举人和十多万名进士,而作为这个庞大知识分子群体之巅峰的“状元”则屈指可数。历史上获状元称号的有一千多人,但真正参加殿试被录取的大约七百五十名。据考证,自唐高祖武德五年(622 年)的第一位科举状元孙伏加开始,到清光绪三十年(1904 年)的最后一位状元刘春霖止,在这一千二百八十三年间,可考的榜数为七百四十五榜,共产生了五百九十二名状元(一说五百零四人),加上其他短命政权选考的状元以及各代的武状元,中国历史上可考的文武状元总计为七百七十七人。

历代状元中,大多出身名门望族。他们从小就处在优裕的家庭环境,既有重臣之后,又有名士之家,有的甚至是父子状元、祖孙状元、宰相子、尚书婿。父辈的荣耀和辉煌的地位为他们登上科考的顶峰奠定了坚实的基础。许多人就是靠名臣的举荐和培养,圆了状元梦。也有相当一部分状元出身寒门,他们全凭自己的才智成为一国学子之冠。如宋太宗太平兴国二年(977 年)的状元吕蒙正,幼时就被父亲赶出家门,随母流落龙门山,栖居山间石窟中。孤贫寒酸的吕蒙正,依靠自己的天赋才智和刻苦学习,三十一岁大魁天下,四十二岁位居宰相,成为两朝辅弼,万众景仰。特别是宋太祖,为了革除唐代权贵操纵科举、营私舞弊的沉疴,在科举中加强对权贵子弟的监督限制,有意选拔了一批平民子弟科举及第。

四、科举的科目

宋代科举分常科和制科两大类。其中常科又分进士与诸科,进士科种类繁多。此外,还有词科等。

1. 进士科

宋朝进一步加强羁縻士人的政策,大幅度扩充进士录取名额。“太祖之世,每岁进士不过三十人,经学五十人。”太宗在位“将逾二纪,登第殆近万人”③。宋太宗在位二十多年,科举取士近万人,其中进士数额增大。宋仁宗当政四十余年,“十有三举,进士四千五

---

① 《燕翼诒谋录》卷 5《进士期集所》。

② 《文献通考》卷 31《选举考四》。

③ 《宋史》卷 293《王禹偁传》。

陆游像

百七十人"①。这较唐朝二百九十年共取进士六千多人,年均三十人左右来说,多出数倍。

皇帝赏赐"同进士出身"或"进士出身",更进一步增加了进士的人数。杜莘老"绍兴间,第进士,以亲老不赴廷对,赐同进士出身"②。此为以省试为据例。富直柔"以父任补官。少敏悟,有才名。靖康初,晁说之奇其文,荐于朝,召赐同进士出身"③。绍兴三十二年(1162 年),王祖舜荐尹穑"博学有文,召对称旨,(与陆游)二人并赐进士出身"④。

2. 诸科

诸科,包括九经、五经、开元礼、三史、三礼、三传、学究、明经、明法等⑤。除名目相异,其他大致如进士科。诸科在神宗熙宁年中,大多罢废,后又有部分恢复。

九经,即专以《周易》《尚书》《毛诗》《礼纪》《周礼》《仪礼》《春秋》《公羊传》《谷梁传》为考试内容的方式之一,其考试内容为帖书一百二十帖,答墨义六十条。太平兴国二年(977 年),规定九经及第与进士甲、乙科者,皆授将作监丞,大理评事,通判各州。

五经,即专考《周易》《尚书》《毛诗》《礼记》《春秋》的科目之一。其考试为帖经八十帖,答墨义五十条。

开元礼,北宋初设,太祖开宝六年(973 年)成《开宝通礼》,改此科为开宝通礼科,以新书为考试内容。从熙宁四年(1071 年)至绍圣元年(1094 年),先罢,后复,再罢。

三史,即以《史记》《汉书》《后汉书》为内容的科目,简称史科。淳化三年(992 年),规定考墨义十五场,另十五场命抽卷当面阅读,能知义理,分辨其句,识难字者为合格。

三礼,是以《周礼》《礼记》《仪礼》为对象的科目,考试墨义九十条。景德二年(1005 年),规定在每十条义中,问经注六条,疏义四条,以通六者为合格。大中祥符五年(1012 年),以通五为合格。

三传,是以《左传》《公羊传》《谷梁传》为对象的科目之一。考试时答义一百一十条。景德二年规定:每十条答义中,问经注六条,疏义四条,以通六者为合格。大中祥符五年(1012 年),改通五为合格。

学究,太祖开宝七年(974 年),诏《毛诗》《尚书》《周易》三经学究合为一科。雍熙二年(985 年)又一分为三。景德二年(1005 年),规定《尚书》《周易》学究,考本经时,每十道义,各问疏义六道,经注四道,以"通六者为合格"。此科特点"诵书不晓理"。

明经,北宋嘉祐三年(1058 年)设此科(内分三礼、三传等科)。在大经(《礼记》《左传》),中经(《毛诗》《周礼》《仪礼》),小经(《周易》《尚书》《谷梁传》《公羊传》)中,每经

①⑤ 《宋史》卷 155《选举一》。

② 《宋史》卷 387《杜莘老传》。

③ 《宋史》卷 375《富直柔传》。

④ 《宋史》卷 372《尹穑传》。

考墨义、大义并帖小经，考时务策。殿试考大义，帖大经、中经和小经。宋朝“解释诸经者，名曰‘明经’，不得与进士齿”①。

明法，始设于雍熙二年(985 年)，兼习三小经，此科在“诸科”中地位十分低下。景德二年(1005 年)规定考律、令、小经，每十道义中，间疏义六道，经注四道，以通六者为合格。

神宗熙宁四年(1071 年)，罢诸科，将明法科改为新科明法。所谓“新科明法始……断案、刑名，全通及粗通以十分为率，断及五分，《刑统》义文理全通为合格。及虽全通而断案不及分数者，勿取”②。录取比例，初为“五人解一名，省试七人取一名”，后分别为“解试七人取一。省试九人取一”③。

3. 制科

制科，又称“贤科”。注重选拔优异的士人，是常选之外的贡举科目之一。宋承唐制，由皇帝诏试才识优异士人，称制举。

宋制科始设于宋太祖乾德二年(964 年)。“太祖始置贤良方正能直言极谏、经学优深可为师法、详闲吏理达于教化凡三科，不限前资，见任职官，黄衣草泽，悉许应诏。”④但设科以来，竟无人应试。开宝八年(975 年)，又下诏增科，以扩大适应面。“开宝八年，诏诸州察民有孝悌力田、奇才异行或文武材干，年二十至五十可任使者，具送阙下，如无人塞诏，亦以实闻。”⑤真宗景德二年(1005 年)，又增科类。“景德二年，增置博通坟典达于教化、才识兼茂明于体用、武足安边、洞明韬略运筹决胜、军谋宏远材任边寄等科，诏中书门下试察其才，具名闻奏，将临轩亲策之。自是应令者寖广，而得中高等亦少。”⑥

仁宋时对制举进行了整顿，有所发展。天圣七年(1029 年)诏：今“复置此科，于是增其名曰贤良方正能直言极谏科，博通坟典明于教化科，才识兼茂明于体用科，详明吏理可使从政科，识洞韬略运筹帷幄科，军谋宏远材任边寄科，凡六以待京朝官之被举及起应选者。又置书判拔萃科以待选人之应书者，又高蹈邱园科，沉沦草泽科，茂材异等科以待布衣之被举及应书者”⑦。制科考选之法，“先上艺业于有司，有司较之，然后试秘阁，中格，然后天子亲策之”⑧。

制科实行保举方式。仁宗庆历六年(1046 年)诏：“自今制科，须近臣论荐，毋得自举。”⑨高宗绍兴元年(1127 年)诏：御史中丞、给事中、中书舍人、谏议大夫、学士、待制，“三人举一人，不拘已仕未仕，命官仍以不曾犯赃私罪人充”⑩。

宋朝制科由于种种原因或停罢或科目废置不一。“神宗熙宁七年(1074 年)，吕惠卿以为制科止于记诵，非义理之学，且进士已试策，与制科无异。乃诏罢之。”⑪哲宗元祐初，复贤良方正能直言极谏科，直到南宋也无变化。

宋代制科考试分为：一是应试者必须预交平时所做的文章五十篇，以供参考；二是制

---

① 《燕翼诒谋录》卷 5《经义词赋两科》。

②③ 《文献通考》卷 32《选举五》。

④⑤⑥ 《宋史》卷 156《选举二》。

⑦⑨⑩⑪ 《文献通考》卷 33《选举六》。

⑧ 《愧郯录》卷 10《制举科目》。

科考试分为“阁试”与“御试”两场(唐代制科考试只有殿试策问一场)。

阁试,即由皇帝派考官主持在秘阁(皇家图书馆)举行的制科考试。阁试试论六首,当时完成,每首限五百字以上。出题范围主要是经、史、子、典籍。史载:“一场论六首,每篇限五百字以上,题目于九经、十七史、七书、国语、荀子、扬子、管子,文中与正文及注疏内出。内一篇暗数,一篇明数。如绍圣元年阁试:舜得万国之欢心论,出《史记·乐书》;舜弹五弦之琴,歌南风之诗,而天下治。夫南风诗者,生长之音也,舜乐好之,乐与天地同意,得万国之欢心,故天下治也,此谓暗数。谨事成六德论,出《毛诗·皇皇者华笺》注,此谓明数。四通以上合格,仍分五等,入四等以上,召赴殿试……差翰林学士,两省官考试于秘阁,御史台官监试,及差封弥誊录官考讫,以合格试卷缴奏,御前拆号。”①《宋会要辑稿·选举》载,所谓明数,“直引书之一二句,或稍变换句之一二字为题者为明数”。所谓暗数,“颠倒书之句读,窜伏首尾而为题者为暗数”。夏竦“虽举进士,本无科名,以父没王事授润州丹阳簿,即上书乞应制举”。真宗赏识其上书,“召赴中书,试论六首,一曰《定四时别九州圣功孰大论》,二曰《考定明堂制度论》,三曰《光武二十八将功业先后论》,四曰《九功九法为国何先论》,五曰《舜无为禹勤事功业孰优论》,六曰《曾参何以不列四科论》。是岁遂应中制科”②。阁试结束,阅卷定第,“故事制科分五等,上二等皆虚,惟以下三等取人,然中选者,亦皆为第四等”③。

御试,即由皇帝主持“策论”,论为一篇,不少于三千字,题目由朝臣拟定,内容多出自史书,阅卷命翰林学士主之。应制举人对“策论”可分析与论证,将古与今,道理与事实结合,表明自己对某一问题的看法。苏辙“与兄轼同登进士科,又同策制举。仁宗春秋高,辙虑或倦于勤。因极言得失,而于禁廷之事,尤为切至……往者宝元、庆历之间,西夏作难,陛下昼不安坐,夜不安席,天下皆谓陛下忧惧小心,如周文王。然自西方解兵,陛下弃置忧惧之心,二十年矣……今海内穷困,生民愁苦,而宫中好赐不为限极……以此得谤,而民心不归也。策入,辙自谓必见黜。考官司马光第以三等,范镇难之。蔡襄曰‘吾三司使也,司会之言,吾愧之而不敢怨’。惟考官胡宿以为不逊,请黜之。仁宗曰‘以直言召人,而以直言弃之,天下其谓我何?’宰相不得已,置之下等,授商州军事推官”④。

宋制科经“阁试”和“御试”,淘汰者多,因此录取人数少。宋代三百二十一年,制科御试仅二十二次,录取者才四十一人,中试者待遇优厚,仕途光明为意料中事,士大夫均以此科成名为荣,因而制科亦得“大科”之称。

4. 词科

词科,即宏词科、词学兼茂科、博学宏词科三科的通称。绍圣元年(1094 年)“罢制科,自朝廷罢诗赋废明经,词章记诵之学俱绝,至是而制科又罢,无以兼收文学博异之士”。“二年,诏立宏词科,岁许进士登科者诣礼部请试,若见守官,须受代乃得试。率以春试上舍日附试,不自立院也。差官锁引悉依进士,惟诏诰赦敕不以为题。所试者章表、

①③ 《文献通考》卷 33《选举六》。

② 《归田录》卷 2《佚文》。

④ 《宋史》卷 339《苏辙传》。

露布、檄书，用四六；颂箴铭诫谕序记，用古今体，亦不拘四六。考官取四题分二日试。试者虽多，取毋过五人。中程者上之三省，三省复视，分上中二等，推恩有差，辞格超异者，恩命临时取旨。”①

大观四年（1110 年），改为词学兼茂科，加试制诰，不试檄书。“科举岁附贡士院试，取毋过三人。不中，率许阙……宰臣执政亲属毋得试。”②宣和三年（1121 年），定三岁一试，此后相沿不改。

南宋绍兴三年（1133 年）改称博学宏词科，增加了考试文体，放宽了考试资格限制，提高了词科举人的地位。“此科凡十二题，制、诰、诏、表、露布、檄、箴、铭、记、赞、颂、序，于内杂出六题。分为三场，每场一古一今，试人先投所业三卷，朝廷降付学士院考，其能者召试，遇科场年，应命官除归明、流外、入赀及尝犯赃人外，公卿大夫子弟之俊秀者，皆得试，每次所取不得过五人，若人才有余，临时取旨。”这次整改，使词科比以前“更加优异。以三等取人。上等转一官，选人改秩，无出身人赐进士及第，并免召试除馆职。中等减三年磨勘与堂除，无出身人赐进士出身。下等减二年磨勘，无出身人赐进士出身，并许召试馆职。”词科出身者仕途光明，“自复科以来，所得鸿笔丽藻之士多有至卿相翰苑者”。宋高宗观览洪遵、洪适之文，“即以遵为秘书省正字，适为枢密院编修官，词科即入馆，自遵始”。叶适说道：“前后居卿相显人，祖父子孙相望于要地者，率词科之人也。”③嘉熙三年（1239 年）改称词学科，每年一试。

5. 童子科

童子科，又称童子举。宋承袭唐制设置，凡十五岁以下儿童，能通经作诗赋，州申报朝廷由国子监验讫，送中书省复试，合格者再由皇帝亲试，临时决定赐予出身，授给官职或免除解试，不定试期和录取名额。“真宗景德二年（1005 年），抚州晏殊、大名府姜盖始以童子召试诗赋，赐殊进士出身，盖同学究出身。”童子科在北宋录取比较慎重，“自仁宗即位，至大观末，赐出身者仅二十人”。杨亿、宋绶、苏晏殊、李淑，后皆为贤宰相、名侍从。

南宋建炎八年（1134 年），试童子分为三等。“凡全诵《六经》、《孝经》、《语》、《孟》及能文，如《六经》义三道，《语》、《孟》义各一道，或赋一道、诗一首为上等，与推恩；诵书外能通一经，为中等，免文解两次；止能诵《六经》、《语》、《孟》为下等，免文解一次。覆试不合格者，与赐帛。”④南宋宁宗嘉定十四年，“命岁取三人，期以季春集阙下”⑤。度宗咸淳二年（1266 年），“礼部侍郎李伯玉言‘人材贵乎善养，不贵速成，请罢童子科，息奔竞，以保幼稚良心’”⑥。因此而罢废。

五、科举考试内容的变化

宋初进士科考，省试仍为诗赋、帖经、对策三场，“凡进士，试诗、赋、论各一首，策五

①②③　《文献通考》卷 33《选举六》。
④⑤　《宋史》卷 156《选举二》。
⑥　《宋史》卷 46《度宗纪》。

道，帖论语十帖，对春秋或礼记墨义十条……通六为合格，仍抽卷问律"①。殿试也以诗赋、论、赞为固定考试内容。无论省试、殿试，首场诗赋在考生取舍方面具有决定性作用。这种先诗赋后策论、重诗赋轻策论的选拔导向，促使了空疏文风的蔓延，难以选拔出具有为官治民行政才能之人才。对此，北宋不少士大夫官僚对此加以检讨并提出批评。梁颢说："方今科名之设，俊造毕臻……奈何所取不出于诗赋、策论，简于心者援而陟之，咈于心者推而黜之，宁无滥陟枉黜之失耶？"②科考内容的不合理已为不少人所认识，出现了"庆历"、"熙宁"年间的变化。

1. 范仲淹的改革

仁宗庆历年间，宋统治区域内的农民起义此起彼伏，宋与西夏的战争相持不下；为维持庞大的军费开支，中央财政恶化；社会动荡加剧，社会改革提上了议事日程。庆历三年（1043 年），宋仁宗任用范仲淹为参知政事，富弼为枢密副使。他们提出了包括十项内容的社会改革方案：明黜陟、抑侥幸、精贡举、择官长、均公田、厚农桑、修武备、减徭役、覃恩信、重命令。其中第三项"精贡举"，要求修改地方"发解试"的方法，提出应先考察应举士人的操行履历，再考试才学，以便选拔出既有封建思想品德，又有才干的士人；指出应部分放宽考试限制，如不再弥封誊录试卷等。群臣讨论时，宋祁等进一步具体指出：各地应大兴学校，今后取士都要来自学校；考试要重策、论而轻诗赋，帖经墨义的记诵方法要改成问经典"大义"，即领会其精神义理所在。十项革新方案，大部分都被仁宗采纳，颁行全国，是为"新政"。新政关于科举改革有：全国各州县普遍建立学校，士人必须在学校学习三百天以上，才有资格参加州县"发解试"。过去曾经解送的，在校学习的时间可以减为一百天。省试分试策、试论、试诗赋三场，以三场的全部成绩作为录取的根据，这就改变了过去重诗赋轻策论的陈陋习俗。考生可在帖经墨义与试大义三者中选择，考卷不再弥封誊录。考生的操行履历和学业由各地学校和地方官员负责③。

庆历"新政"触动了保守派官僚的利益，因而遭到反对和抵制。庆历五年（1045 年），范仲淹以"朋党"罢参政，实行仅一年的"新政"随之夭折。科举内容又因"诗赋声病易考，而策论汗漫难知，祖宗以来，莫之有改，得人尝多。乃诏一依旧条"④。尽管又是"一依旧条"，但"新政"沉重地冲击了科举，策论的地位和重要性已初步确立。苏轼曾说："昔祖宗朝崇尚词律，则诗赋之士曲尽其巧；自嘉祐以来，以古文为贵，则策论盛行于世，而诗赋几至于熄。"这为神宗熙宁年间科举的进一步改革奠立了部分基础。

2. 王安石的改革

熙宁二年（1069 年），王安石被任命为参知政事，他积极推行其变革主张。变法措施包括理财措施、军事措施、教育措施三方面。科举方面，建议兴学校罢诗赋，用经义取士。

所谓"经义"，就是根据经书原文摘出句子或段落作为题目，要求考生阐发其精神要义采取议论散文形式。考试内容与文体的改变，有利于考生接触实际问题，更自由地发

① 《宋史》卷 155《选举一》。

② 《宋史》卷 296《梁颢传》。

③④ 《文献通考》卷 31《选举四》。

挥自己的见解，改变了诗赋堆砌辞藻、空洞无物的弊端；又改变了以往帖经墨义死记硬背的毛病。如马端临说："自唐以来，所谓明经者，不过帖书墨义而已。愚尝见东阳丽泽吕氏家塾有刊本吕许公夷简应本州乡举试卷，因知墨义之式盖十余条；有云作者七人矣，请以七人之名对，则对云：七人某某也，谨对。有云见有礼于其君者，如孝子之养父母也，也请以下文对。则对云：下文曰，见无礼于其君者，如鹰鹯之逐鸟雀也，谨对。有云请以注疏对者，则对云，注疏曰云云，谨对。有不能记忆者则只云：对未审。盖既禁其挟书，则思索不获者，不容臆说故也。其上则具考官批凿，如所对善则批一通字，所对误及未审者，则批一不字，大概如儿童挑诵之状。"①

为使科考"经义"有所依凭，熙宁中将《易》《诗》《书》《周礼》《礼记》列入法定经典范围。以王安石为首的变法派，对《诗》《书》《周礼》三部经典重加注释，通称《三经新义》。是书颁行后，太学和州县学校用它作为主要教材，科举"经义"以它为标准。考生在五经中选治一经，兼治《论语》《孟子》。选治的各经称大经，兼治的各经称兼经。每试四场：第一场试大义十道，第二场试兼经大义十道，第三场试论一首，第四场试策三道，礼部试即增二道。大义的格式，由中书省拟定颁行。考试大义，必须通晓经义，兼有文采，才算合格。

王安石变法失败了。但其全面确立起来的科考"经义"，因其有较明显的实用性和合理性，在科举考试中日益取得主导地位，其影响一直持续到清末。

宋哲宗即位后，陆续废除熙宁、元丰时制定的新法。在科举方面，停止使用王安石《三经新义》为科举考试的根据。元祐四年(1089 年)，将进士分为"经义、诗赋两科，罢试律义"。两科进士都以四场的成绩定高下，经义进士以经义定取舍，诗赋进士以诗赋定去留，名次则参考策论的成绩评定②。哲宗亲政之后，又否定了"元祐更制"，绍圣元年(1094 年)又"诏进士罢诗赋，专习经义"③。

南宋建炎二年(1128 年)，设诗赋进士和经义进士两科。绍兴十三年(1143 年)，根据国子司业高闶"取士当先经术"的建议，将诗赋、经义并为一科，实行之后，考生颇感不便。绍兴三十一年(1161 年)又分诗赋、经义为两科，直至宋末。

六、保证科举考试公平的措施

为了科举考试的公平，以有效地吸引读书人埋头科举，最大限度地发挥科举巩固封建王朝统治的作用，宋朝采取了多种措施来保证科举考试的公开、公平和公正。

1. 禁止荐举、严格复试法

乾德元年(963 年)九月，太祖下诏禁止朝廷臣"公荐"举子应试④。"公荐"是唐代合法的"通榜"制度，朝廷权贵公开向主考官推荐举子，导致了科举不公，在阅卷之前，已内

---

① 《文献通考》卷 30《选举三》。

② 《宋史》卷 155《选举一》。

③ 《文献通考》卷 31《选举四》。

④ 《续资治通鉴长编》卷 4"乾德元年"。

定了中第名次。考生、考官与主荐人三者之间结成不利于皇权的朋党关系。北宋朝廷对执行这一禁令是认真的,此后多次重申,一经查出有违犯者,就要“重刑朝典”。

严格复试的目的在于抑制无才能的权贵子弟的升进。乾德三年(965年),翰林学士承旨陶穀的儿子陶邴考取进士第六名,太祖感到怀疑:“闻穀不能训子,安得登第?”命令对陶邴等人复试,并下诏:“食禄之家,有登第者,礼部具姓名以闻,令复试之。”①此后复试成为定例。“雍熙二年(985年),宰相李昉之子宗谔,参政吕蒙正之弟蒙亨,盐铁使王明之子扶,度支使许仲宣之子待问,举进士试,皆入等。上曰:‘此并世家,与孤寒竞进,纵以艺升,人亦谓朕有私。’遂罢之是也。”再有就是“宋初进士科,法制稍密,执政子弟多以嫌,不令举进士,有过省而不敢就殿试者。庆历中,王伯庸为编排官,其内弟刘原父廷试第一,以嫌,自列降为第二”②。

2. 考试回避法

一是别头试制,又称别试。宋太宗雍熙二年(985年)施行,即举人若与考官有族人、亲戚关系,就要回避,另设考场考试之。别头试在唐朝偶有,在宋朝成为定制。“国子监、开封府所贡士,与举送官为姻戚,则两司更互考试。始命遣官别试。”③以后,省试、州县发解试一律实行之。景祐初,“士有亲戚仕本州,或为发解官,及侍亲远宦,距本州二千里,令转运司类试,以十率之,取三人。于是诸路始有别头试。其年,诏开封府、国子监及别头试,封弥、誊录如礼部”④。

二是避房法。宋朝举人的三场试卷,要分发贡院帘内各房,由点检试卷官考校,以决定去取高下。遇举人与本房考官有亲嫌时,转送他房考校,称“避房法”。

三是牒试、寓试法。为了有效地截断有权势者绕开回避的途径和利用权势干扰科考。宋先用牒试法,理宗嘉熙元年(1237年)改为寓试法,使回避范围更广,更严格。

牒试,亦称“胄试”。即有关官员子弟、亲戚、门客,为避嫌,牒送别处贡院考试的方法。景德二年(1005年),始命文、武升朝官嫡亲送国子学附试,此后逐渐形成制度:知州、通判的门客,本治所的同宗或异姓亲属,离乡两千里的随侍同宗亲属,考官缌麻以上亲属和大功以上婚姻之家,皆牒送本路转运司应试;本路帅司和监司的亲属、门客,送邻路转运司应试;宰执、侍从、在朝文武官的子侄等,牒送国子监附试。

寓试,宋贡举考试方式之一。嘉熙元年(1237年)规定,凡郎官以上资序监司、知州、通判的门客和姑姨同宗子弟,以及寓居士人,由所住县发给公据,家状写明原籍,不问举人来自何地,采取乡试方法,混合试于各路转运司。

3.“锁院”、“锁厅”法

宋为防止考官在贡举考试过程中作弊而实行“锁院”制。宋太宗淳化三年(992年),翰林学士承旨苏易简等权知贡举,既受诏,径赴贡院“锁门不出”以避请求⑤。后规定为考试前数日,考官们同时进入贡院,关闭院门,开始拟题,收领试纸,排定考生座位,准备

①③④ 《宋史》卷155《选举一》。

② 《日知录》卷17《大臣子弟》。

⑤ 《文献通考》卷30《选举三》。

选日开考，直至考毕，评出等第，考官才出贡院。这一时期均为“锁院”时间。礼部试自锁院至出院。限期一个月，如未毕事，可延期十天，偶尔也有锁院五十天的情况发生①。

锁厅试，即现任官员参加贡举考试，须由本部门长官“先考艺业”，考时须锁其官厅而得名。“旧制，命官锁厅应举，先于所属选官考试所业，方听取解至礼部。程文纰缪勒停，不合格者赎铜。永不得应举。中格、庭对、唱第日仍降甲。盖期待任子者甚厚，非比寒士也，虽欲假手，其可得乎？故当时由此途出者，皆为文人。仁宗欲开诱进之路，天圣四年（1026年）六月辛未，诏免举所业，下第人免责罚，仍许再应举。景祐元年（1034年），复诏锁厅人不合格除其罪，以试者尚少而申明之也。然自是任子心无所惮，虽实无才能者，亦求试矣。”②

4. 考卷弥封、誊录法

弥封，又称封弥、糊名，即把考卷上所写考生姓名、籍贯等加以密封，以防考官徇私舞弊。这种方法源于唐朝，宋淳化三年（992年），太宗御崇政殿复试进士，根据将做监丞的陈靖的建议，实行糊名弥封③。景德四年（1007年），礼部侍郎周起“患贡举不公”，奏请将糊名法用于省试，得到真宗同意。明道二年（1033年），仁宗“诏诸州自今考试举人，并封弥卷首”④。从此，殿试、省试和发解试均实行糊名法。景祐四年（1037年），又令开封府、国子监及别头试均实行封弥法。自此，各级考试在试者纳卷后，普遍密封卷头，或截去卷头，编成字号，然后送去评卷。

但是，糊名之后，还可以通过“认识字画”来作弊。真宗时，大臣刘师道之弟刘几道应试，考官陈尧咨就曾与之事先通谋，在试卷上作“验识”⑤。为杜绝此弊，袁州人李夷宾提出将考生试卷另行誊录的建议，大中祥符八年（1015年），设誊录院，殿试卷子一律由书手抄录成副本，再送考官考校定等。考官评阅试卷时，不仅不知道考生是谁，连考生的字迹也无从辨认了。

糊名、誊录制度的建立，对于防止主考官“徇情取舍”，排除权力干扰，的确发生了很大效力。此后，各级贡举考试皆设誊录之制。“一切以程文为去留”，曾经盛行一时的投卷之风也就随之结束，为科场上的“平等竞争”提供了重要保证，进一步增加了科举的吸引力。

5. 特奏名法

特奏名，又称“恩科”，这是宋代贡举的特殊录取形式。宋制，举人年高而屡经省试或殿试落第者，遇殿试时，许由礼部贡院另立名册奏上，参加附试，称“特奏名”。礼部贡院合格奏名举人，则称“正奏名”。唐末王仙芝起义时，进士“不得志者”如敬翔、李振等人，加入了起义军。为了防止失意士人心生异志，宋代统治者特创此录取形式。“唐末进士不第，如王仙芝辈唱乱，而敬翔、李振之徒，皆进士不得志者也。盖四海九州之广，而岁上

---

① 《归田录》卷2“嘉祐二年”。

② 《燕翼诒谋录》卷3《锁应不合格》。

③ 《续资治通鉴长编》卷33“淳化三年”。

④ 《续资治通鉴长编》卷112“明道二年”。

⑤ 《宋史》卷284《陈尧咨传》。

第者仅一二十人，苟非才学超出伦辈，必自绝意于功名之途，无复顾籍。故圣朝广开科举之门，俾人人皆有觊覦之心，不忍自弃于盗贼奸宄。开宝三年(970年)三月壬寅朔，诏礼部阅贡士十五举以上曾经终场者。具名以闻。庚戌，诏曰：贡士司马浦等一百六人，困顿风尘，潦倒场屋，学固不请，业亦难专，非有特恩，终成遐弃，宜各赐本科出身。此特奏所由始也。”起初规定，今后不得以此为例。但此例一开，就难以收拾而日益泛滥。“自是士之潦倒不第者，皆觊覦一官，老死不止。至景德二年(1005年)三月丁巳，因赐李迪等进士第，赐特奏名：五举以上本科六十四人。《三传》十八人，同学究二十二人，《三礼》四十四人，年老授将作监主簿三十一人。此特奏之名所由立也。至景祐元年(1034年)正月癸未，诏：‘进士，诸科十取其二。进士三经殿试、诸科五经殿试，或进士五举，年五十，诸科六举，年六十，虽不合格，特奏名。’此特奏名所以渐多也。”①

特奏名起了“英雄豪杰皆汩没消靡其中而不自觉”的效果，客观上引导了人们对读书、对科举的重视，但其加剧了宋的冗官现象，腐化了吏治。苏轼在元祐四年(1089年)说，当年待奏名约四百五十人，“今又许例外递减一举，则当复增数百人，此曹垂老无他进望，布在州县，惟务黩货，以为归计。前后恩科，命官几千人矣，何有一人能自奋厉，有闻于时，而残民败官者不可胜数，以此知其无益有损”②。

七、宋代科举的利弊

宋代科举较唐已有改进和完善，进入科举的一个全新时期，在制度建设和内容形式方面均显示出了更多的合理性和开放性，这就是宋代科举的积极方面。

1. 积极的作用

宋代设立了多项措施，如公荐、锁院、复试、锁厅试、回避制、糊名、誊录等，有效地遏制了权贵们对科举的干扰，大幅度地缩小了享有这种选任特权的人数范围，只有皇帝和少数权臣才享有这种选任特权。此即相对的公正合理性。

宋代科举有更大的开放性。政府鼓励士人应举，不论年龄大小、家庭贫富、郡望高低，凡稍具文墨者，皆可应试。宋代科举登第者大部分出身于乡户，即一般地主和殷富农民，一部分为工商子弟。北宋苏辙在《上皇帝书》中说：“今世之取人，诵文书，习程课，未有不可为吏者也。其求之不难，而得之甚乐，是以群起而趋之。凡今农工商贾之家，未有不舍其旧而仕者也。”虽然宋代法律一般禁止工商本人应举做官，但对其中的“奇才异行者”，也允许参加科举考试。这与西汉规定“市井子孙不得仕宦为官”有很大的不同。据史书记载：“邢尚书昺，曹州田家子，深晓播殖。”③“石守道学士为举子时，寓学于南都，其固穷苦学，世无比者。”④王禹偁，曾任知制诰，兼翰林学士，“父本磨家”⑤。“曹州于令仪者，市井人也，长厚不忤物，晚年家颇丰富……君择子侄之秀者，起学堂，延名儒以教之，

① 《燕翼诒谋录》卷1《进士特奏》。

② 《文献通考》卷31《选举四》。

③ 《宋朝事实类苑》卷6《君臣知遇》。

④ 《宋朝事实类苑》卷12《名臣事迹》。

⑤ 《宋朝事实类苑》卷34《诗歌赋咏》。

子及侄杰、仿继登进士第，今为曹南令族。”①又据洪迈在《夷坚丁志》卷 6 中记载：南宋建安人叶德孚买田贩茶，后取得参加省试资格的“乡荐”，娶宗室女，授将仕郎。饶州鄱阳士人黄安道，累试不中而去经商，成为“贾客”，后又预乡荐，参加礼部试，终于登第。

科举向社会各阶层开放，在考试之下体现人人平等，使平民中的一些优秀者，乃至工商之人得以进入政权，扩大了政权基础，对巩固宋王朝的统治起到了重要的作用。

科举考试重视文化在修身利国的作用，对传承和发展中华文化起了重要任用。尤其是南宋时期（1127—1276 年），虽然只有半壁江山，但科举考试的热度却比北宋过之。不仅人数多，而且待遇更高。宋宁宗嘉泰二年（1202 年），参加科举考试的应试者达三万七千人。宋理宗宝庆二年（1226 年），录取进士就达九百九十八名。参考者、进士录取者均创了科举的最高纪录。科举的普及，使山高地远的地方出了举人，贫穷的人家有了科举及第的官员。这种宽松的环境和对学术研究的尊重，使南宋的社会、经济和文化得到了很大的发展，拉大了中国南北的差距，比当时统治北方的金朝先进许多。特别是南宋中期，涌现了朱熹、陆九龄、叶适、陈亮等一大批成绩显著的思想家、哲学家，出现了中国历史上又一个百花齐放、百家争鸣的时代。

2. 主要弊端

宋代科举制度的弊端也很明显。“科举亦有数害：取人以艺既薄于古，今并与艺而失之为一害，古者化天下之人为士使之知义，今也化天下之人为士尽以入官为一害；解额一定，多者冒滥，少者陆沈，奔走射利，丧其初心，于今之法又自坏之为一害；一预乡贡，老不成名，以官锡之，既不择贤，又不信艺，徒曰恩泽，官曹充满，人才败坏，又为一害。”“制科所以求卓越多闻之士，而责之于记诵，取之于课试，所言不行，所习不用，而制科之法为害。博学宏词者，以罢词赋而进人于应用之文耳，美官要职，遂为捷径，一居是选，莫可退却，而宏词之法为害。”②

黄庭坚像

弊端之一，考试内容严重脱离实际。宋朝考试内容无论是前期和后期，也无论是新派和旧派，始终未能离开诗赋与经义论策，难以选出经邦济世的人才。

一是科考诗赋在内容上、形式上僵化。这就出现格律诗中的一种特殊的形式——试帖诗，在用韵、切题、平仄、粘对、对仗、句数上均限制尤严。赋则为一种新赋体，即律赋，又叫试帖赋。试帖赋对音律、押韵有严格规定，在骈赋的基础上，更加注重对偶工整、平仄协调，实际上等于文字游戏，而选拔标准却在这空洞无物的诗赋上。北宋英宗治平三年（1066 年），黄庭坚应省试，诗题为《野无遗贤》，主考官李洵读到黄试卷中的“渭水空藏月，傅岩深锁烟”二句，大为赞叹，黄赖此而中省试第一名进士。但是，综观黄庭坚一生虽以诗名传世，却未表现出军国大事、经邦

① 《宋朝事实类苑》卷 53《忠孝节义》。
② 《水心别集》卷 12《法度总论三》。

济世方面的才能来。

二是经义取士,还是以死记硬背、无关时事者为主。为应付考官选偏僻的章句为题,考生因取偏僻隐幽的经文编为歌诀,熟读记忆,以应付考试,并自称为掌握了“帖经”的门径。

三是策论考试的出发点是对的。对“两耳不闻窗外事,一心只读圣贤书”的绝大多数考生来说,空发议论,无助于社会、世事。苏轼评论说:“自文章言之,则策论为有用,诗赋为无益;自政事言之,则诗赋、策论均为无用。然自祖宗以来莫之废者,以为设法取士,不过如此也。”①

弊端之二,严格的考场纪律在极度疯狂追逐名利的进攻下,防不胜防。宋真宗景德二年(1005年),诏曰:“贡举之门,因循为弊,躁竞斯甚,缪滥益彰……仍委礼部贡院,自今科场,务精考试,毋容滥进,用革浇风。”②但是,社会现状使士人的唯一出路在科举,仅靠“诏书”是没用的,结果舞弊愈演愈烈。《宋史》作者列举出考场五种舞弊现象,“至理宗朝,奸弊愈滋。有司命题苟简,或执偏见臆说,互相背驰,或发策用事讹外,故士子眩惑,莫知适从,才者或反见遗。所取之士既不精,数年之后,复俾之主文,是非颠倒逾甚,时谓之谬种流传。复容情任意,不学之流,往往中第。而举人之弊凡五:曰传义,曰换卷,曰易号,曰卷子出外,曰誊录灭裂”③。“传义”,即传递答卷;“换卷”,即调换考生的试卷;“易号”,即改换试卷的编号;“卷子出外”,即将试卷传出考场,请人代答;“誊录灭裂”,即誊录时进行篡改。南宋学者洪迈指出:“法禁益烦,奸伪滋炽,唯科场最然……代笔有禁也,禁之愈急,则代之者获赂谢愈多。其不幸而败者百无一二。”④

弊端之三,科举被有的皇帝和权贵所干扰破坏。“上以孝取人,则勇者割股,怯者庐墓。上以廉取人,则弊车、羸马、恶衣、菲食,凡可以中上意者无所不至。”⑤欧阳修在《归田录》记载,宋太宗每逢殿试,总喜欢把最先交卷的人取为第一名。有一次,孙何与李庶几均来参加殿试,李庶几文思敏捷,孙何成文迟慢。按以往惯例,李庶几为状元是肯定无疑的。不料有人事先在太宗面前告发李庶几轻薄,说他在街市的饼铺里与其他考生赌输赢,条件是谁若能在饼熟之前作诗一首,便算取胜。太宗听后十分不悦,殿试时,李庶几尽管第一个交卷,但是太宗不管他答题如何,立即下令把他赶出去,而取孙何为头名。

权贵利用权势公开干扰科举的事例也有反映。陆游“年十二能诗文,荫补登仕郎。锁厅荐送第一,秦桧孙埙适居其次,桧怒,至罪主司。明年,试礼部,主司复置游前列,桧显黜之,由是为所嫉”。直至孝宗即位,才被“赐进士出身”⑥。

弊端之四,被科举入仕笼罩的知识分子心灵容易扭曲。宋朝统治者把科举制度作为笼络收买知识分子的唯一手段,千方百计地将所有知识分子驱赶上这唯一的通道,把一切荣华享乐的可能性作为诱饵悬挂在这条路上。北宋民间用于儿童发蒙教育的《神童

①⑤ 《宋史》卷155《选举一》。

② 《文献通考》卷30《选举三》。

③ 《宋史》卷156《选举二》。

④ 《容斋四笔》卷13《科举之弊不可革》。

⑥ 《宋史》卷395《陆游传》。

诗》开篇即是："天子重英豪，文章教尔曹。万般皆下品，唯有读书高。"两宋上至皇帝，下至大臣学士都写过许多篇《劝学文》《劝学歌》之类。相传宋真宗亲自写了一首《劝学诗》："富家不用买良田，书中自有千钟粟。安居不用架高堂，书中自有黄金屋。出门莫恨无人随，书中车马多如簇。娶妻莫恨无良媒，书中有女颜如玉。男儿欲遂平生志，六经勤向窗前读。"司马光的《劝学歌》云："一朝云路果然登，姓名高等呼先辈。室中若未结姻亲，自有佳人求匹配。"王安石《劝学文》云："读书不破费，读书利万倍……窗前读古书，灯下寻书义。贫者因书富，富者因书贵。"这些都把仕途作为获取社会地位、特权和财富的最有效的捷径。"升官"与"发财"连在一起，而当官又与读书、学习文化知识相联系。知识分子被拖上了为"仕"而奋斗的道路。文化知识仅是手段，只有当官才是目的。它使得读书人多热心科举功名，埋头于科举考试的四书五经，鄙视自然科学方面的知识，对社会生活中的实际问题漠不关心。更为甚者，许多下层寒士拼命苦读，追求一举成名，做官后只讲享乐腐化，无所作为，把这作为自己过去寒窗苦读的正当报偿、应得收益。读书、科举、做官、发财的有机结合，给封建社会的知识分子带来最严重的心灵毒害。而科举的现实总是打破绝大多数士人的美梦幻想，仅有极少数人是幸运的，可是被扭曲者仍执迷不悟，"青州布衣张在，少能文，尤精诗，奇蹇不遇，老死场屋"①。

为追求功名，士人们总是高谈阔论，或无耻地吹捧皇帝，或对严重的社会危机和民族危机视而不见、漠不关心。南宋，"秦桧当国，科场尚谀佞，试题问中兴歌颂，庭筠叹曰：'今日岂歌颂时耶！'疏其未足为中兴者五，见者尤之"②。"夫科举之患极矣……今天下之士，虽五尺童子无不自谓知经，传写诵习，坐论圣贤。其高者谈天人，语性命，以为尧、舜、周、孔之道，拔尽于此。"以致"众说溃乱，茫然而莫得其要"③。

宋代登科总目

宋太祖
建隆
元年，进士 19 人，榜首杨砺
二年，进士 11 人，榜首张去华
三年，进士 15 人，榜首马适
四年，进士 8 人，榜首苏德祥
乾德
二年，进士 8 人，榜首李景阳，制科 1 人
三年，进士 7 人，榜首刘察
四年，进士 6 人，榜首李肃，制科 2 人
五年，进士 10 人，榜首刘蒙叟
六年，进士 11 人，榜首柴成务

① 《渑水燕谈录》卷 7《歌咏》。
② 《宋史》卷 459《徐中行传》。
③ 《水心别集》卷 3《士学下》。

续表

开宝 二年,进士 7 人,榜首安德裕 三年,进士 8 人,榜首张拱,赐十五举未及第人司马浦等 106 人本科出身 四年,进士 10 人,榜首刘寅 五年,进士 11 人,榜首宁守亮 六年,进士 11 人,榜首宋准,再试取 16 人,落下 1 人,诸科 96 人 八年,进士 31 人,省元王式,状元王嗣宗,诸科 24 人
宋太宗
太平兴国 二年,进士 109 人,省元、状元吕蒙正,诸科 207 人,赐十五举以上 184 人本科出身 三年,进士 74 人,省元、状元胡旦,诸科 82 人 五年,进士 121 人,省元、状元苏易简,诸科 534 人: 八年,进士 239 人,省元王禹偁,状元王世则,诸科 285 人
雍熙 二年,进士 258 人,省元陈充,状元梁颢,诸乎 699 人
端拱 元年,进士 28 人,诸科 110 人,复试得进士诸科 700 人,又武成王庙重试得进士 31 人,诸科 89 人,省元程宿 二年,进士 186 人,诸科 478 人,省元、状元陈尧叟
淳化 三年,进士 353 人,诸科 774 人,省元、状元孙何
宋真宗
咸平 元年,进士 50 人,诸科 150 人,省元、状元孙仅 二年,进士 71 人,诸科 180 人,省元、状元孙暨 三年,进士 409 人,诸科 1129 人,省元李庶几,状元陈尧咨 四年,停贡举,制科 7 人 五年,进士 38 人,诸科 180 人,省元、状元王曾
景德 二年,进士 247 人,诸科 570 人,省元刘滋,状元李迪 三年,不贡举,制科 2 人 四年,不贡举,制科 2 人
大中祥符 元年,进士 207 人,诸科 320 人,省元郑向,状元姚晔 二年,亲试东封路进士 31 人,状元梁固 四年,祀汾阴路进士 31 人,状元张师德 五年,进士 126 人,诸科 377 人,省元、状元徐奭 七年,亳州南京路进士 21 人,状元张观 八年,进士 280 人,诸科 65 人,省元高馀,状元蔡齐

续表

天禧
三年，进士 140 人，诸科 154 人，省元程戡，状元王整
四年、五年，乾兴元年并停贡举
宋仁宗
天圣
二年，进士 200 人，诸科 345 人，省元吴感，状元宋郊
五年，进士 77 人，诸科 894 人，省元吴育，状元王尧臣
八年，进士 249 人，诸科 573 人，省元欧阳修，状元王拱辰，制科 2 人，拔萃 2 人
九年，停贡举，拔萃 4 人
明道
元年、二年并停贡举
景祐
元年，进士 499 人，诸科 481 人，制科 3 人，拔萃 4 人，省元黄庠，状元张唐卿
二、三、四年并停贡举
宝元
元年，进士 310 人，诸科 671 人，制科 2 人，省元范镇，状元吕溱
二年，康定元年，并停贡举
庆历
二年，进士 435 人，省元、状元杨寘，制科 1 人
六年，进士 538 人，诸科 415 人，制科 1 人，省元裴煜，状元贾黯
皇祐
元年，进士 498 人，诸科 550 人，制科 1 人，省元、状元冯京
五年，进士 520 人，诸科 522 人，省元徐无党，状元郑獬。至和元年、二年并停贡举
嘉祐
二年，进士 388 人，诸科 389 人，省元李实，状元张衡，制科 1 人(是岁始定间岁一贡举)
四年，进士 165 人，诸科 184 人，省元刘挚，状元刘烰，制科 3 人
六年，进士 183 人，诸科 102 人，省元江衍，状元王俊民
八年，进士 193 人，诸科 11 人，省元孔武仲，状元许将
宋英宗
治平
二年，进士 200 人，诸科 18 人，制科 2 人，省元、状元彭汝砺(是岁始诏三年一贡举)
四年，进士 250 人，诸科 36 人，省元、状元许安世(时神宗已即位)
熙宁
三年，进士 295 人，省元陆佃，状元叶祖洽，明经诸科 472 人，制科 2 人
六年，进士 400 人，诸科 40 人，省元邵刚，状元余中
九年，进士 422 人，诸科 194 人，省元张嵫，状元徐铎
元丰
二年，进士 348 人，省元先浚明，状元时彦
五年，进士 445 人，明经 3 人，省元刘槩，状元黄裳
八年，进士 485 人，省元、状元焦蹈

续表

宋哲宗
元祐 三年,进士523人,制科1人,省元章援,状元李常宁 六年,进士519人,省元邹起,状元马涓,制科3人
绍圣 元年,进士512人,省元刘范,状元毕渐,制科3人,宏词科8人 四年,进士564人,省元汪革,状元何昌言,词科9人
元符 三年,进士561人,省元、状元李釜
宋徽宗
崇宁 二年,进士538人,省元李阶,状元霍端友 五年,进士671人,省元吴倜,状元蔡薿(是年罢省试)
大观 三年,进士685人,宗室上舍42人,上舍魁李弥逊,状元贾安宅
政和 二年,进士713人,上舍魁师骥,状元莫俦 五年,进士670人,宗子上舍17人,上舍魁傅崧卿,状元何桌(栗之古文) 八年,进士783人,上舍魁何奎,状元王嘉
宣和 三年,进士638人,上舍魁宋齐愈,状元何涣 六年,进士805人,(是年复省试),省元杨椿,状元沈晦
南宋高宗
建炎 二年,进士451人,状元李易。四川、河北、京东进士87人
绍兴 二年,进士259人,状元张九成,四川进士120人 五年,进士220人,省元樊光远,状元汪应辰,四川进士137人 八年,进士193人,省元、状元黄公度 十二年,进士254人,省元何溥,状元陈诚之,四川进士144人 十五年,进士300人,省元林机,状元刘章,四川进士73人 十八年,进士330人,省元徐履,状元王佐,四川进士23人 二十一年,进士404人,省元郑闻,状元越逵,四川进士18人 二十四年,进士348人,省元秦埙,状元张孝祥,四川进士63人 二十七年,进士426人,省元张宋卿,状元王十朋 三十年,进士412人,省元刘朔,状元梁克家,四川进士16人

续表

宋孝宗
隆兴 元年，进士 541 人，省元、状元木待问
乾道 二年，进士 492 人，省元何澹，状元萧国梁 五年，进士 592 人，省元方恬，状元郑侨 八年，进士 389 人，省元蔡幼学，状元黄定
淳熙 二年，进士 426 人，省元章颖，状元占骙 五年，进士 417 人，省元黄涣，状元姚颖 八年，进士 379 人，省元俞烈，状元黄由 十二年，进士 395 人，省元邵康，状元卫泾 十四年，进士 435 人，省元汤琫，状元王容
宋光宗
绍熙 元年，进士 557 人，省元钱易直，状元余复 四年，进士 396 人，省元徐邦宪，状元陈亮
宋宁宗
庆元 二年，进士 506 人，省元莫子纯，状元邹应龙 五年，进士 412 人，省元苏大璋，状元曾从龙，四川进士 4 人
嘉泰 二年，进士 435 人，省元、状元傅行简
开禧 元年，进士 38 人，省元林执善，状元毛自知
嘉定 元年，进士 426 人，省元朱停，状元郑自诚，四川进士 4 人 四年，进士 465 人，省元周端朝，状元赵建夫 七年，进士 502 人，省元姚宏中，状元袁甫 十年，进士 523 人，省元陈埙，状元吴潜 十三年，进士 475 人，省元邱大发，状元刘渭 十六年，进士 550 人，省元王胄，状元蒋重珍
宋理宗
宝庆 二年，进士 987 人，省元、状元王会龙
绍定 二年，进士 557 人，省元陈松龙，状元黄朴 五年，进士 493 人，省元叶大有，状元徐元杰

续表

端平 二年,进士466人,省元杨茂子,状元吴叔告
嘉熙 二年,进士422人,省元缪烈,状元周坦
淳祐 元年,进士人数缺,省元刘自,状元徐俨夫 四年,进士人数缺,省元徐霖,状元留梦炎 七年,进士人数缺,省元马廷鸾,状元张渊微 十年,进士人数缺,省元陈应雷,状元方逢辰
宝祐 元年,进士人数缺,省元丁应奎,状元姚勉 四年,进士人数缺,省元彭方迥,状元文天祥
开庆 二年,进士人数缺,省元李雷奋,状元周震炎
景定 三年,士人数缺,省元李珏,状元方山京
宋度宗
咸淳 元年,进士人数缺,省元、状元阮登炳 四年,进士665人,省元胡跃龙,状元陈文龙 七年,进士人数缺,省元刘梦荐,状元张镇孙 十年,进士人数缺,省元李大同,状元王龙泽

此表据《续文献通考·选举》《续通典·选举》《宋史·选举志》制作。

第二节　宋代的其他仕途

一、学校教育与入仕

宋朝曾在相当一段时期,把学校教育与入仕紧密联系起来,使学校教育在入仕途径中占有一定地位。

1. 三舍法入仕

北宋初,承五代后周制度,设国子监,招收七品以上官员子弟为学生。端拱二年(989年)改国子监为国子学,不久复旧。庆历四年(1044年)建太学,国子监成为掌管全国学校的总机构,太学为最高学府,有内舍生二百人,在从八品以下官员子弟和平民的优秀子弟中招收。神宗时扩充名额,推行三舍法。学生各习一经,随所属讲官受学。始入学为外舍,经过考校,递升内舍和上舍。徽宗时,创辟雍为外学,外舍生都入外学,名额三千。太学内舍生六百,上舍生二百。北宋亡,太学废,南宋绍兴十三年(1143年)重建。北宋太学生由官府供给饮食,南宋内舍生亦然,外舍生则自费。

宋国子学和太学的招收对象的身份品级限制放宽,学生人数大为增加。如唐代,国子学学生须文武三品以上及国公子孙，太学学生须文武官五品以上及郡县公子孙，方能入学。宋代分别放宽为七品、八品和平民子弟两大等级。这就为以后把学校与入仕直接联系起来创造了有利条件。

1069年，宋神宗任用王安石为参知政事，主持变法。王安石掀起了继范仲淹“庆历兴学”以后的第二次兴学运动。他通过改革科举制、学校制度和创立三舍法，颁定《三经新义》，整顿并设置专业学校，逐渐把培养和选取统治人才的职能都归一于学校，特别是三舍法对北宋后期和南宋的入仕有很深的影响。

三舍法，是三舍考选法或三舍选察升补法的简称。熙宁四年(1071年)，立太学生三舍法，将学生分为上舍、内舍和外舍三等。初入学者须交验所隶州公据(证明)，经考试合格补外舍，“岁时月各有试，程其艺能”，以成绩好坏决定是否升内舍、上舍，“其最优者为上舍，免发解及礼部试而特赐之第。遂专以此取士”①。由于上舍生优异者直接授官，打破了科举的约束，学校的仕途作用已显得十分重要。为此，元丰二年(1079年)，制出三舍法一百四十条，进一步规定了太学补试、私试、公试、舍试方法和升舍方法。

神宗死后，年仅十岁的哲宗即位，在高太后，司马光等人主政情况下，罢除三舍法。到哲宗亲政时，推翻元祐年间的命令。绍圣初诏：“太学生悉用元丰制推恩，上等即注官者，岁毋过二人；免礼部试者，每举五人而止；免解试者二十人而止。仍计数对除省试发解额，其元祐法勿用。诸三舍升补等法，悉推行旧制。”②

宋徽宋崇宁年间又一次进行兴学运动，这是北宋的第三次兴学运动。这次兴学，一度停止科举，以三舍法取士。崇宁三年(1104年)诏：“取士悉由学校升贡，其州郡发解及试礼部并罢。自是，岁试上舍，悉差知举，如礼部试。”③

这时的北宋统治者已十分腐败，以往三舍法的实行条件已丧失，尤其是公开性和透明度较高的三舍法在没有强有力的监督机制来规范和限制，出现了“利贵不利贱，利富不利贫”的明显弊端。“人间传以为凡试而中上舍者，朝廷将以不次升擢。于是轻薄书生，矫饰言行，坐作虚誉，奔走公卿之门者如市矣。会秋试有期，而御史黄庶上言，乞不令直讲、判监为开封国学试官。又有饶州进士虞蕃伐登闻鼓，言凡试而中上舍者，非以势得，即以利进，孤寒才实者，例被黜落。上即此二说，疑程考有私，遂下蕃于开封府，而蕃言参知政事元绛之子耆宁尝私荐其亲知，而京师富室郑居中、饶州进士章公弼等，用赂结直讲余中、王沇之，判监沈季长，而皆补中上舍。是时许将权知开封府，恶蕃之告讦，抵之罪。上疑其不直，移劾于御史府，追逮甚众。而蕃言许将亦尝荐亲知于直讲，于是摄许将、元耆宁及判监沈季长、黄履，直讲余中、叶唐懿、叶涛、龚原、王沇之、沈铢等，皆下狱。其间亦有受请求及纳赂者。狱具，许将落翰林学士，知蕲州。沈季长落直舍人院，追官勒停。元耆宁落馆职，元绛罢参政，以本官知亳州。王沇之、余中皆除名，其余停任。诸生坐决杖编管者数十，而士子奔竞之风少挫矣。”④

---

① 《宋史》卷157《选举三》。

②③ 《宋史》卷157《选举三》。

④ 《宋朝事实类苑》卷72《三舍之弊》。

宣和三年(1121 年)又恢复科举制,废除州、县学校实行的三舍贡士法,仍实行州县发解试。太学三舍法也只是用来课试学生,在贡举之年,选送一部分考试合格的学生参加省试。三舍法与入仕的直接联系被切断。

南宋初调整官署,明确国子监"专掌天下之学校",将国子学并入太学,国子生附读于太学,并被分散安插于外舍各斋,不单独设立国子生斋。后来,州学生可与已经通过解试而省试下第的举人一起参加太学的入学试,太学生既享有"免解"资格,还有可以直接入官的"混补"及"待补"法,这就承认了得解士人与地方官学毕业生的地位相等。而地方官学生亦能被举送入太学,并通过太学而获得省试的资格。

绍兴十二年(1142 年),高宗"诏礼部付论太学养士法,仍令临安府于府学措置增广,遂置祭酒、司业、博士、正、录,定养士额"。次年,在被冤杀的岳飞故宅上建太学,"又括民间冒占白地钱为养士费"。太学内设大成殿以祭祀孔子,设首善阁放置高宗御书《易》《诗》《书》《春秋左传》《礼记》《石经》等,建敦化堂为讲堂,敦化堂后设学官与学生斋舍。学生斋舍初为十斋,后增至二十斋,与北宋一样分为上、内、外三舍。此时,三舍法已无独立的仕途意义了。

南宋政府对宗室应科举给予甚优的待遇。如绍兴七年(1147 年)规定,宗室赴国子监试,有官人"应举七人取三人",无官人"应举七人取四人",又"无官袒免亲取应文理通者为合格,不限人数";对各路转运司试的宗室也有"奖进"之规定。起初,宗室子弟都归籍于宗正寺玉牒所,而不与庶士竞进。随着时光推移,关系渐远的宗子便落籍于地方,虽于科举考试中仍有优待,但却要与庶士一同考试。从宝祐四年(1256 年)"登科录"统计,登科的宗子除仍系籍于宗正寺玉牒所者外,大多居住于两浙、江西、福建等地。因此,在重建太学的同时,也重建了宗学。"在京六学宗子学制,有学规,斋规,并小学规。"为了防止有人冒充宗子入学,新生须经管理宗子事务的大宗正司审核其身份。但因财力不足,宗学"止有敝屋数间,萧然环堵,释菜无殿,讲说无堂,逼近通衢,又无廊庑"。到了宁宗嘉定七年(1214 年),再建宗学,以生员一百人为额。至此,南宋的宗学才初具规模,比较北宋宗学,其规模较小。

2. 其他教育入仕

一是律学。宋初置律学博士,负责教授法律。神宗熙宁六年(1073 年),于朝集院设律学,置教授四员。凡命官、举人皆得入学,各处一斋,学习断案律令及古今刑书、新颁条令。举人先听读而后试补:习断案者考试案一道,习律令者考试大义五道。考试合格,由官府等第给食。每月公试一次,私试三次。元祐三年(1088 年),律学生不再由官给食。南宋未置律学。

二是医学。宋承唐制,设太医局,分科招收学生,隶太常寺。徽宗崇宁二年(1103 年),始建医学,隶国子监。依太学订学制,分方脉、针、疡三科教导学生,实行三舍法,招收上舍生四十人、内舍六十人、外舍生二百人,分斋习读。学生成绩入高等,授尚药局医师以下医职,其他各按等第补官,为本学博士、正、录和外州医学教授。大观四年(1110 年),并入太医院,改称太医学。政和五年(1115 年),州、县亦建医学。宣和二年(1120 年)罢医学。南宋复置。南宋末,医学(实即太医局)招斋生二百五十人,共八斋舍,教授四员。

三是算学。宋徽宗崇宁三年(1104 年)始建,依元丰算学条制编成“算学敕令格式”,招收二百余名学生,允许命官和平民报考。学生习读《九章》《周髀》及习题,兼学《海岛》《孙子》等算法并历算、三式、天文书,另各习一小经,愿习大经者也行。公私试、三舍法略如太学。上舍三等推恩,以通仕、登仕、将仕郎为次。大观四年(1110 年),算学并入太史局。宣和二年罢。南宋复置,隶太史局。

四是书学。设置时间与算学相同。学生习篆、隶、草三体及《说文》《宗说》《尔雅》等五书,兼通《论语》《孟子》。篆书以古文、大小二篆为法,隶书以二王、欧、虞、颜、柳真行为法,草书以章草、张芝九体为法。考校书法分上中下三等。大观四年,书学并入翰林书艺局。宣和六年(1123 年),置提举措置使,生徒以五百人为额,士流、杂流亦分为二斋。

五是画学。设置时间同算学、书学。学生以绘佛道、人物、山水、鸟兽、花竹、屋木为业,并习读《说文》《尔雅》《方言》《释名》等,依照太学法试补各地画工。士流、杂流,各自为斋。由官厨给食。考试时,以不模仿前人,而所画之情态形色俱若自然而笔韵高简者为上等。大观四年(1110 年)画学并入翰林图画局。宣和间,画学益兴,徽宗亲自出题取士,考试艺能。南宋未置①。

二、补荫

补荫又称“任子”、“世赏”,是宋代科举之外的重要入仕途径。这是从秦汉“葆子”、“任子”制度发展而来的,是封建王朝给予官僚阶级的法定特权。“凡奏戚属,太皇太后、皇太后、皇后本服期亲,奉礼郎;大功,守监簿;小功,初等幕职官(元丰前,试大理评事);缌麻,知令、录(元丰前试校书郎)。异服亲亦如之。有服女之夫,则本服大功以上女夫,知令、录;小功、判、司、主簿或尉;缌麻,试监簿。周功女之子,知令、录;孙及大功女之子,判、司、主簿或尉;曾孙及大功女之孙、小功女之子,并试监簿;其非所生子及孙,各降一等;缌麻女之子,试监簿。”除皇亲国戚之外,中高级文武官员按品阶高低,其子孙、本宗及异姓亲属、门客等皆可补荫为官。“凡文臣:三公、宰相子,为诸寺丞;期亲,校书郎;余亲(本宗大功至缌麻服者),以属远近补试衔。使相、参知政事、枢密院使、副使、宣徽使子,为太祝、奉礼郎;期亲,校书、正字;余亲,试补衔。节度使、仆射、尚书、太子三少、御史大夫、文明殿学士、资政殿大学士子,校书郎、正字;期亲,寺、监主簿;余亲,试衔。三司使、翰林、资政殿侍讲、龙图阁学士、枢密直学士、太常、宗正卿、中丞、丞、郎、留后、观察使、内客省使子,正字;期亲,寺、监主簿;余亲,试衔及斋郎。两省五品、龙图阁直学士、待制、三司副使、知杂御史子,寺、监主簿;期亲,试衔;余亲,斋郎。诸司大卿、监子,寺监主簿;期亲,试衔。小卿、监兼职者子,试衔;期亲,斋郎。”②

宋朝任子之滥,大有空前之势,除法定任子,例外的也很多。“天圣中,记五代时三品以上告身存者,子孙听用荫,则并及于前代矣。明道中,录故宰臣及员外郎以上致仕者子

① 《宋史》卷 157《选举三》。
② 《宋史》卷 159《选举五》

孙,授官有差,则并及于故臣矣。甚至新天子即位,监司郡守遣亲属入贺,亦得授官。则更出于常荫之外矣。曹彬卒,官其亲族门客亲校(二)十余人;李继隆卒,官其子,又录其门下二十余人;雷有终卒,官其子(及亲族门客)八人,此以功臣加荫者也。李沆卒,录其子宗简为大理评事,甥苏昂、妻兄之子朱涛,并同进士出身;王旦卒,录其子弟侄、外孙、门客、常从授官(十)数人,诸子服除,又各进一官;向敏中卒,子婿并迁官,又官亲校数人;王钦若卒,录其亲属及所亲信二十余人,此以优眷加荫者也。郭遵战殁,官其四子,并女之为尼者亦赐紫袍;任福战殁,官其子及从子凡六人;王珪战殁,官其三子;徐禧战殁,官其家十二人,此又以死事而优恤者也。"①

宋朝补荫,从一开始就出现冗滥,并一经补荫就可获职享禄。因此,又是历次整饬冗官的重点。由于补荫涉及达官贵戚集团的整体利益,整饬的收效甚微,尤其是社会危机加深,政治腐败时,更为严重。大量通过补荫而涌入职官队伍的人,更增加了容量有限的职官体系的编制压力和混乱。

宋朝制度,天子每三年要亲自举行一次"郊祀"之礼。亲郊时,满朝大小官员都能荫子,一次任子常至数千人之多。往往还在童稚之龄,即已授予官职,坐食廪禄,有的年未三十已官至大夫,有的一人而任子十余。当时的何郯曾说:"汉法保任,唐制资荫,本只及子孙,他亲无须,又不著为常例。今本朝沛泽至广,人臣多继世不绝……恩例频数,臣僚荫尽近亲外,多及缙属,遂致入仕之门,不知纪极。"②

南宋高宗朝时期的赵思诚坦言:"孤寒之士,名在选部,皆待数年之阙,大率十年而不得一任。今亲祠之岁,任子约四千人,是十年之后,增万二千员,科举取士不与焉,将见寒士有三十年不得调者矣。"③这一状况,引发"天下患公卿大夫之子弟不学无能而多取天子之爵禄","故尝设法以抑之"。至于如何抑之,是颇费心机,"宽其补授而严其出仕","虽贵大臣不得任其兄弟之子孙,于是又有欲其学而得之而不任其所任者,有欲任之而不使仕者,有增其年者,有削其数者"。然而结果只是"其说愈多,其令愈烦"④,并没有丝毫实效。

三、保任

保任,又称奏举,其情况较特殊,它包含的保任对象既有已入仕为官者,又有无出身者,前者经保任后大多是升迁或受差遣,后者则是入仕为官。

宋初,保任规矩少,随着时间的推移,举官大增,现有官位已难安置。神宗时,罢举官之制,"惟举御史法不废"。元祐时,司马光奏设十科举士法。"一曰行义纯固可为师表科(有官、无官人,皆可举)。二曰节操方正可备献纳科(举有官人)。三曰智勇过人可备将帅科(举文武有官人)。四曰公正聪明可备监司科(举知州以上资序)。五曰经术精通可

---

① 《廿二史札记》卷25《宋恩荫之滥》。

② 《续资治通鉴长编》卷169"皇祐二年"。

③ 《文献通考》卷34《选举七》。

④ 《水心别集》卷3《官法下》。

备讲读科（有官、无官人，皆可举）。六曰学问赅博可备顾问科（有官、无官人，皆可举）。七曰文章典丽可备著述科（有官、无官人，皆可举）。八曰善听狱讼尽公得实科（举有官人）。九曰善治财赋公私俱便科（举有官人）。十曰练习法令能断请谳科。"[①]十科之中，第一、第五、第六、第七四科为举荐"无官人"的入仕途径。为保证此法不流于形式，规定"应职事官自尚书至给舍、谏议，寄禄官自开府仪同三司至太中大夫，职自观文殿大学士至待制，每岁须于十科内举三人，仍具状保任，中书置籍记之。异时有事须材，即执政案籍视其所尝被举科格，随事试之，有劳，又著之籍。内外官阙，取尝试有效者随科授职。所赐告命，仍备所举官姓名，其人任官无状，坐以缪举之罪"[②]。由于"岁举积久，吏部无阙以授"。元祐四年（1089 年）"遂罢太中大夫以上岁举法，惟奉诏乃举焉"[③]。其后对荐举时有损益，以便适度控制。

南宋初，因人才奇缺，故荐举甚盛，连许久未用的"自荐"也在允许之列。"建炎兵兴多事，以中外有文武材略出伦，或淹布衣，或沉下僚，命侍从、监司、郡守搜访，各举所知，州县礼遣赴行在。又诏举'忠信宽博可使绝域'与'智谋勇毅能将万众'者，不以有无官资，并诣登闻检院自陈，才谋勇略可使者，赴御营司量材录用。或命庶僚各举内外官及布衣隐士才堪大用者，擢为辅弼，协济大功；或命侍从举可为台谏者，或举县令，或举宗室；刺史举忠义之士能恢复疆土保卫王室者；帅臣、监司、守令举所部见任寄居待次文武官有智谋及武艺精熟者；及访求国初功臣后裔，中兴以来忠义死节之家子孙。"[④]

以上所引系宋保任的一般情况。严格来说关于举遗逸、某些低级官员的辟除、补荫奏荐皆属此类。

四、卖官

卖官又称"进纳"、"纳粟补官"、"买官"等。宋制，富室纳粟振粜，雇夫筑城，以粮食、现钱助边，等等，均可按数量多寡补不同官职。买官至正七品以上为官户，也有减至九品者。至升朝官还可免户役。如买官者身死，其子孙则失去特权，仍须纳税服役。现任官员进纳粮钱，则可减少升迁年数，转官或任差遣实职。

史籍中有关买官、卖官的记载很多。选择如下：

宋真宗景德二年（1005 年），"定入粟实边授官等级"[⑤]。

神宗熙宁元年（1068 年），"赐河北安抚司空名诰敕，募民入粟"[⑥]。

熙宁九年（1076 年），"赐广南东路空名告敕，募人钱助军"[⑦]。

高宗绍兴元年（1131 年），"诏出粟济粜者赏各有差。粜及三千石以上，与守阙进义副尉；一万五千石以上，与进武校尉；二万石以上，取旨优赏；已有官荫不愿补授者，比类施行"。

---

①②③ 《宋史》卷 160《选举六》。

④ 《宋史》卷 160《选举六》。

⑤ 《宋史》卷 7《真宗纪二》。

⑥ 《宋史》卷 14《神宗纪一》。

⑦ 《宋史》卷 15《神宗纪二》。

绍兴六年(1136年),“潼川守臣景兴宗、广安军守臣李瞻、果州守臣王鹭、汉州守臣王梅活饥民甚众,前使部郎中冯檝亦出米以助振给,兴宗升一职,瞻、鹭、梅、檝,各转一官”。

孝宗乾道七年(1161年),“湖南、江西旱,立赏格以劝积粟之家。无官人:一千五百石补进义校尉,愿补不理选限将仕郎者听;二千石补进武校尉,进士与免文解一次;四千石补承信郎,进士与补上州文学;五千石补承节郎,进士补迪功郎。文臣:一千石减二年磨勘,选人转一官;二千石减三年磨勘,选人循一资,各与占射差遣一次;三千石转一官,选人循两资,各与占射差遣一次……五千石以上,文武臣并取旨优与推恩”①。

宁宗嘉定十六年(1223年),“命淮东、西总领及沿江被水州募江西、湖南民入米补官”②。

理宗绍定三年(1230年),“汀州宁化县曾氏寡妇晏给军粮御漳寇有功,又全活乡民数万人,诏封恭人,赐冠帔,官其子承信郎”③。

卖官也不时引起统治者的担忧而有所限制,宋高宗绍兴六年(1136年)诏:“凡入粟补官者,毋授亲民刑法之职。”④可是,所卖之官的政绩如何,总是让人生疑。

第三节 宋代选官的结果

一、选拔了一批廉政爱民的好官吏

宋代的确选拔了不少廉政爱民,敢作敢为的好官吏。太祖时的御史中丞刘温叟就是一个不谋私利的好官。据《渑水燕谈录》记载:“刘温叟以德义世其家,当时推服。为御史中丞,家极贫,时太宗尹京,知其贫,致五百千以赠温叟,温叟拜受,以大匮封贮御史之西廊。或有诘之者,曰‘晋王身为京尹,兄为天子,拒之则失敬;吾方为御史,受而用之,则何以清流品也’。初,温叟之生也,其父岳曰‘吾老矣,他无所欲,但冀世治民和,与此儿皆为温洛之叟,耕钓烟月,酣咏太平之化足矣’。温叟忆父语,遂以为名云耳。”

刘温叟官至御史中丞,家庭还是非常清贫,这在封建时代的官僚群体中,可谓凤毛麟角,这自然引起当时还在当京尹的赵光义的注意,他以私人的名义送给温叟“五百千”。刘温叟觉得受之不廉,但拒之又不敬,只好暂时收下这笔巨款,把这些钱用一个大柜封存起来,放在御史台的西廊。刘温叟之所以能如此廉洁奉公,不谋私利,这与他父亲刘岳的教育有很大关系的。

同书还记载了栎杨县的一个主簿张昭及的逸事:“荣州张昭及,刚毅不畏强御,故为栎杨主簿。陈尧咨庄仆恃势干县政,输赋不以时,昭及捕而杖之。尧咨闻而叹曰‘张子一

---

① 《宋史》卷178《食货上六》。

② 《宋史》卷40《宁宗纪四》。

③ 《宋史》卷41《理宗纪一》。

④ 《宋史》卷28《高宗纪五》。

主簿而能如此，他日当荐为御史'。使人召之，昭及竟不往也。"

陈尧咨是宋真宗时的翰林学士，官至武信军节度使，他的庄仆仗势胡为，触犯了县里的条规，不按时交租，张昭及不畏权势，把他抓起来，打了他一顿板子。张昭及如此忠于职守；敢作敢为，连陈尧咨都表示钦佩，认为像这样的人可以推荐当御史。

此外，元人白廷的《湛渊静语》卷2所记载的陈说冒叶适之名进相府见韩侂胄就是一个典型的事例，其事云："韩侂胄为相时，尝招致水心叶适，已在座，忽门外有以漫刺求谒者，题曰'水心叶适候见'。坐中愕然。胄以礼接之。历举水心进卷中语，其客皆曰'某少作也，后皆改之'。每诵改本，精好逾之。遂延入书院饭焉。出一杨妃手卷，令跋其后，索笔即书曰：'开元天宝间，有如此姝。当时丹青，不及麒麟凌烟，而及诸此。吁！世道判矣！水心叶某跋。'又出米南宫帖，即跋云：'米南宫笔迹尽归天上，犹有此纸散落人间。吁！欲野无遗贤，难矣！'如此数卷，辞简意足，一座骇然。胄大喜，密语之曰：'自有水心在此，岂天下有两子张耶?'其人笑曰：'文人才士，如水心一等，天下不可车载斗量也。今日某不假水心之名，未必蒙与进此！'胄然之，为造就焉。其人姓陈，名说，建宁人，后举进士。"

韩侂胄是南宋宁宗时的执政大臣，陈说由于求见无门，只好冒当时著名的哲学家和散文家叶适之名来到相府，韩侂胄明知他是冒名者，却仍然考了考他。从陈说"索笔即书"的内容看，他确实是个有才能，有胆识的人。他在米芾帖上所写的跋语，意带双关，用以自沉。陈说的胆量、才气乃至政治见解，在短短的一瞬间，都展示得比较充分。韩侂胄见他才学出众而大喜，不仅不治他假冒之罪，而且还提携以进，表现了他爱才、惜才的政治风度。当然，陈说若不是遇上爱才的宰相，必将被治冒名罪而沦落终生。当时如陈说之才之学者，实车载斗量，但多被遗弃草野未被任用，而那些庸才之辈，则身居要津。他们尸位素餐，无所事事，遂使政治日趋腐败。

二、官吏队伍膨胀的弊端

北宋前期，由于选官比较谨慎，智士能人多能适得其位，所以吏治比较清明。自中期以后，由于选官途径不断增加，使得吏员逐年膨胀。元丰（1078—1085年）中，曾巩针对这个问题曾上疏说："国朝景德垦田百七十万顷，官万员。皇祐二百二十五万顷，官二万员。治平四百三十万顷，官二万四千员。田日越辟，官日加多，而后之郊费视前一倍。以三班三年之籍较之，入籍者几七百人，而死亡免退不能二百，是年增岁益，未见其止，则用财之端，入官之门，当令有司讲求其故，使天下之人，如治平，而财之用官之数同景德，以三十年之通，可以余十年之蓄矣。"

自真宗景德（1004—1007年）至英宗治平（1064—1067年）六十年间，官员自一万人激增至两万四千人。官员的大幅度增加，一方面加重了国家的财政负担，另一方面使吏治松散，无所事事。陆游的《老学庵笔记》有这样的记载："庆历初，夏竦判永兴军，陈执中、范雍并为知军。一府三守，不知职守如何分。既非长贰，文移书牒之类，必有程式，官属胥吏，何所秉承！国史不载，莫可考也。然谏官御史，不以为非，三公亦不辞。岂在当时，亦便于事邪！"

一个永兴军配置三个不分正副的长官，自然造成公文书牒无人承受的后果。这个怪现象的出现，与当时吏治的混乱有关，周密的《齐东野语》卷8对这件事做了说明："竦先以都部署兼经略招讨使，判永兴军。既而执中为恩都部署经略使知军，而诏竦判如故。未几竦屯郎州，执中屯泾州，盖两人议边事不合，故分任之。未几，又以范雍知军，竦、执中既分出按边，而领府事犹故。于是一府三守，公吏奔趋往来，想不胜其扰，自昔未尝有也。"

官吏除授的混乱与宰相的昏庸专权是分不开的。《容斋三笔》卷15"蔡京除吏"条就记载了北宋末年徽宗时，执掌朝政的太师蔡京兄弟两人是如何专权独断，坐家治事，乱授吏员："政和中，(蔡京)以太师领三省事，得治事于家。弟卞以开府在经筵，尝挟所亲将士郎吴说往见，坐于便室，设一桌，陈笔砚、置玉版纸阔三寸者数十片于上。卞言常州教授某人之淹滞，曰：'自初登科作教官，今已朝奉郎，尚未脱故职。'京问：'何以处之？'卞曰'须与一提学'。京取一纸，书其姓名及提举学事字而缺其路分，顾曰：'要何地？'卞曰'其家极贫，非得俸入优厚处不可'。于是书'河北西路'字，付老兵持出。俄，别有一兵赍一双缄及紫匣来，乃福建转运判官直龙图阁郑可简，以新茶献，即就可简上书'秘撰运副'四字授之。卞方语及吴说曰'是安中司谏之子，颇能自立。且王逢原外孙，与舒王夫人姻眷，其母老，欲求一见阙省局'。京问'吴曾踏逐得未？'对曰'打套局适阙。'又书一纸付出。"

蔡京当时总揽中书、门下、尚书三省大权，对官吏的除授随心所欲，一瞬间，连除三员。吴说的堂姊夫薛昂，当时任门下侍郎，对蔡京除官如此迅速曾表示了不满情绪，但终无可奈何。至宣和元年(1119年)，蔡京将去相位，才有臣僚敢于上疏论及官僚冗滥之弊。大意说，自去年(重和元年，1118年)七月至今年三月，迁官论赏者五千余人，例如辰州招弓弩手，而枢密院支差房，推恩者八十四人；兖州升为府，而三省兵房推恩者三百三十六人。甚至有入仕才二年迁转十种官职的。如今吏部两选朝奉大夫至朝请大夫六百五十五员，横行右武大夫至通侍二百二十九员，修武郎至武功大夫六千九百九十一员，小使臣二万三千七百余员，选人一万六千五百余员，"吏员猥冗，差注不行"。当时徽宗对官吏员额迅速膨胀也深为忧虑，曾于宣和元年(1119年)四月，诏令三省及枢密院严守成法，不可滥除。但诏令刚下达的第二日，又以奖赏西陲诛讨有功的名义，太师蔡京，宰相余深、王黼，知枢密院邓洵武，各自授其子一官，执政皆迁秩。由此可见，蔡京无视皇帝之命已达到明目张胆的地步了。

《容斋四笔》卷14"王元之论官冗"条载，早在太宗时，王元之上过两个疏，他以自己所见所闻，对官员的繁简给吏治所造成的利弊做了具体的比较，其一云："臣旧知苏州长洲县，自钱氏纳土以来，朝廷命官，七年无县尉，使主簿兼领之，未尝阙事。三年增置尉，未尝立一功。以臣详之，天下大率如是。诚能省官三千员，减俸数千万，以供边备，宽民赋，亦大利也。"其二云："开宝中，设官至少，臣占籍济上，未及第时，止有刺史一人，李谦溥是也，司户一人，孙贲是也。近及一年，朝廷别不除吏。自后有团练推官一人，毕士安是也。太平兴国中，臣及第归乡，有刺史、通判、副使、判官、推官、监军，监酒榷税算又增四员，曹官之外，更益司理。问其租税，减于曩日也；问其人民，逃于昔时也。一州既尔，天下可知。冗兵耗于上,冗吏耗于下。此所以尽取山泽之利而不能足也。”

王元之的耳闻目睹,说明官吏员额膨胀的客观事实,并指出只有精官减吏才能减轻国家的财政负担,以供边备,以宽民赋。

宋代选拔总的情况是门类相对较少,而对象急剧扩大,选拔安抚士人目的明显,入仕人数过多,给宋代冗官更起了推波助澜的作用。冗官综合体现了宋朝统治者的用人方略,也是选举和任用制度严重失误的必然结果。

第三章　辽夏金元文官的选拔

辽、西夏、金、元是少数民族建立的政权，这些政权在运用自己民族选官习惯的基础上与中原地区先进的选官制度相结合，共同为创造中华文明的辉煌做出了自己的贡献。

第一节　辽夏文官的选拔

一、辽代的科举

辽代的科举制度，是与辽代国家的基本国情相一致的。作为一个少数民族政权，如何才能够在汉族地区实行切实有效的统治，这一点令辽代的统治者们颇费思量，经过最高统治者们的讨论研究，最终确定了"以国制治契丹，以汉制治汉人"的基本国策。在这一政策的指导下，辽代的选官制度推行契丹、汉族分置的"一国两制"策略，即按照汉制的科举选官制度，实行科举考试，通过科举使汉族士子文人走上为官之路。

1. 科举制的实施

辽代的科举制度，是随着国家政治经济形势的变化、汉官势力的增长，以及封建化的需要而实行的。

《续文献通考·选举一》引叶隆礼《契丹国志》云："太祖起朔漠之区，倥偬干戈，武事未戢，何有科目？延及数世，承平日久，始有开辟。制限以三岁，有乡，府，省三试之役。乡中曰乡荐，府中曰府解，省中曰及第。时有秀才未愿赴者，州县必根刷遣之。程文分两科，一曰诗赋，一曰经义，魁各分焉。每三岁辄一试进士。贡院以二寸纸书及第者姓名于上给之，号为喜帖。明日举案而出，乐作，及门，击鼓十二面以法雷震。殿试临期取旨。又将第一人特增一官。授奉直大夫翰林应奉文字。第二人第三人授征事郎，余并授从事郎。圣宗时止以词赋，法律取士；词赋为正科。法律为杂科。"

辽代科举始于辽太宗耶律德光会同初年（938 年）十一月。那时，辽得到原属中原地区的幽云十六州，"职员多缺"，"急欲得汉士，以抚辑新附"。为了笼络汉人地主阶级参加政权，辽代采取汉人"素所习之业取士"，于是便在这一地区继续实行中原封建王朝所实施过的科举制度。室昉为南京（幽州）人，"幼谨厚笃学，不出外户者二十年，虽里人莫识。其精如此。会同初，登进士第"①。据《续通志》卷 141 记载，辽景宗保宁八年（976 年），"诏复南京（辽五京之一，今北京）礼部贡院"，说明辽的科举一直在进行。

辽圣宗统和元年（988 年），辽代正式开始了科举考试的制度。据《续通志·选举略》卷 2 记载："圣宗统和以后，用唐宋之制取士。六年，诏开贡举……放进士及第者每年有

① 《辽史》卷 79《室昉传》。

之，大约不过二三人。或间一二年举行。开泰中，始广选进士之额……道宗寿昌后，进士及第多至百余人。”

辽先实行“蕃汉不同治”的治国政策，因此，曾严禁契丹族以及北方其他部族人参加中原地区的科举考试。据史籍记载，有一名叫耶律蒲鲁的契丹人，“幼聪悟好学，甫七岁，能诵契丹大字。习汉文，未十年，博通经籍。重熙中，举进士第。主文以国制无契丹试进士之条，闻于上，以庶箴（耶律蒲鲁之父）擅令子就科目，鞭之二百”①。但是，科举可以带来的好处和利益是没有办法来遏制的。至迟在道宗朝，科举已经向辽统治区内的各族人民全面开放了。如居住在中京的渤海人大公鼎在咸雍十年（1074 年），参加科举而成为进士②。“有杨朴者，辽东铁州人也，本渤海大族，登进士第，累官校书郎。”③

2. 科举取士人数

辽朝前期，在幽云地区实行科举，每年取士的数目已无从考究。圣宗统和六年（988 年）对全国汉人普遍实行科举后，到宋辽澶渊之盟前，辽国几乎是每年开科取士一次，但每次所取进士一般仅一两人，最多不超过六人。澶渊之盟后，宋辽对峙缓和，辽的经济文化得以迅速繁荣发展，社会风气亦转变，由崇武转趋于尚文，科举取士人数日见增多。到兴宗朝中期，一次取士多达六七十人。取士人数增多，辽廷开始采取对应试者加以限制的措施：兴宗重熙十九年（1050 年）六月壬申，“诏医卜、屠贩、奴隶及倍父母或犯事逃亡者，不得举进士”④。道宗、天祚帝时，取士常常一次多达百数十人。天祚帝乾统五年（1105 年），“禁商贾之家应进士举”⑤，这说明辽统治者准备更全面地接受汉朝封建统治政策。

三年一次的科举考试，只不过是一原则而已。据《辽史》所记“放进士”和“登进士第”之事，其贡举年限前后并不一致。概括地说，辽圣宗统和六年（988 年）以前，由于史料缺乏，难于详考。统和六年“诏开贡举”以后，到辽兴宗景福元年（1031 年）每年贡举一次。但也有不少例外，即有的年份不见有“放进士”和“登进士第”的记载。辽兴宗重熙元年（1032 年）以后，到天祚帝天庆八年（1118 年）每隔三年贡举一次。例外的也不少，其中有间隔一年、两年、四年的。年限的不同，反映出辽的科举不如宋代，还缺乏定制。

3. 考试科目

辽代的科举考试“程文分两科，曰诗赋、曰经义，魁各分焉……圣宗时，止以词赋、法律取士，词赋为正科，法律为杂科”⑥。

辽在乡荐、府解及省试外，也实行过不固定的“御试”。圣宗统和二十七年（1009 年），“御前引试刘二宜等三人”⑦。二十九年（1011 年），“御试，放高承颜等二人及

① 《辽史》卷 89《耶律蒲鲁传》。
② 《辽史》卷 105《大公鼎传》。
③ 《契丹国志》卷 10“天庆八年”。
④ 《辽史》卷 20《兴宗纪三》。
⑤ 《辽史》卷 27《天祚皇帝纪一》。
⑥ 《契丹国志》卷 23《试士科制》。
⑦ 《辽史》卷 14《圣宗纪五》。

第”[1]。兴宗重熙五年(1036年)十月,“御元和殿,以日射三十六熊赋、幸燕诗试进士于廷,赐冯立、赵徽四十九人进士第。以冯立为右补阙,赵徽以下皆为太子中舍,赐绯衣、银鱼,遂大宴。御试进士自此始”[2]。重熙十五年(1046年)“御清凉殿,放进士王棠等六十八人”[3]。重熙十九年(1050年),“御金銮殿试进士”[4]。道宗清宁五年(1059年),“上御百福殿,放进士梁援等百一十五人”[5]。咸雍十年(1074年),“亲出题试进士”[6]。

4. 科举的作用

辽代的科举发挥了很大的作用。尽管建立辽朝的契丹人数不多,又是北方的游牧民族,却在中国北方建立了包括与北宋河北地区交界的燕云十六州在内的强大国家。辽统治者采用“以国制治契丹,以汉制治汉人”的政策,用当时先进的科举制选拔人才,以充任管理燕云十六州和汉化程度很深的渤海地区的官吏,使这两块原属中原文化的地方,在经济、文化方面得到了良好的发展。与北宋管理的河北地区相比,辽朝管理的燕云十六州和渤海地区,老百姓的生活要好得多。在辽朝覆亡的时候,老百姓不但抗拒女真人,而且还不接纳南宋的使者。

辽中期以后,科举制度不断完善。由科举入仕的汉族人士越来越多,他们成为燕云十六州和渤海地区文官的主要来源,不仅管理汉地的事务,而且在中央机构里占据了很大的势力,对辽朝的社会、经济和文化的发展起着很大的作用。

辽代登科总目

圣宗	
统和	
六年,赐及第1人	十六年,放进士杨文立等2人
七年八月,放进士高正等2人及第	十七年,放进士初锡等3人及第
八年,放郑云从等2人及第	十八年,放进士南承保等3人及第
九年,放进士石用中1人及第	二十年,放进士邢祥等6人及第
十一年十一月,放进士王熙载等2人及第	二二年,放进士李可封等3人
十二年,放进士吕德懋等2人及第	二四年,放进士杨信等23人
十三年,放进士王用极等2人	二七年,御前引试刘二宜等3人
十四年,放进士张俭等3人	二九年,御试放高承颜等2人及第
十五年,放进士陈鼎等2人	

① 《辽史》卷15《圣宗纪六》。
② 《辽史》卷18《兴宗纪一》。
③ 《辽史》卷19《兴宗纪二》。
④ 《辽史》卷20《兴宗纪三》。
⑤ 《辽史》卷21《道宗纪一》。
⑥ 《辽史》卷22《道宗纪三》。

续表

开泰	
元年五月，放进士史简等 19 人及第 二年，放进士鲜于茂昭等 6 人及第 三年，放进士张用行等 31 人及第出身有差	五年，放进士孙杰等 48 人及第出身有差 七年十二月，放进士张克恭等 31 人及第出身有差 九年十二月，放进士张仲举等 45 人
太平	
二年，放进士张渐等 47 人及第出身有差 四年，放进士李炯等 47 人及第出身有差 五年十一月，试进士张昱等 72 人，各授官有差	八年，放进士张宥等 57 人 九年十一月，皇城进士张人纪、赵睦等 27 人入朝，试以诗赋，皆赐第
兴宗	
景福	
元年，帝御宣政殿，放进士刘真等 57 人及第出身有差	
重熙	
元年，放进士刘师贞等 57 人及第出身有差 五年十月，御元和殿，放进士冯立等 49 人 七年六月，御清凉殿，试进士，赐邢彭年以下 55 人及第	十一年六月，御清凉殿放进士王实等 64 人 十五年六月，御清凉殿放进士王棠等 68 人
道宗	
清宁	
元年，御清凉殿放进士张孝杰等 44 人 五年，御百福殿放进士梁援等 115 人	八年六月，御清凉殿放进士王鼎等 93 人
咸雍	
二年，御永安殿放进士张臻等 101 人	六年六月，御永安殿放进士赵廷睦等 138 人
大康	
五年六月，放进士刘瓘等 113 人	九年，御前放进士李君裕等 51 人
大安	
二年五月，放进士张毂等 26 人 六年，放进士文充等 72 人	八年，放进士寇尊文等 53 人
寿昌	
元年，放进士陈衡甫等 130 人	六年，放进士康秉俭等 87 人
天祚帝	
乾统	
三年，放进士马恭回等 103 人 七年，放进士李石等 100 人	九年，放进士刘祯等 90 人

续表

天庆	
二年,放进士韩昉等77人	八年,放进士王翚等103人
后耶律淳于保大二年(1122年)自立,改元建福,元年放进士李宝信等19人,以医官李爽、陈泌等10余人,曾参与大计有功,并赐进士及第,授官有差,淳卒,妻德妃称制,改元德兴,放进士李球等108人	

据《续文献通考·选举》制。

二、西夏的科举

西夏在其立国之前及其立国初期,人才十分缺乏,统治者迫切需要各种管理国家的人才。当时人才的主要来源有二:

其一,通过礼贤下士,想方设法廷揽人才。如李继迁"潜设中官,全异羌夷之体,曲延儒士,渐行中国之风"①。自元昊始,加速扩大人才来源。元昊"拓跋自得灵、夏以西,其间所生豪英,皆为其用"②。

其二,接纳和重用宋朝投奔过来的失意知识分子和文臣武将。李继迁"纳灵州叛人郑美",授以指挥使之职③。元昊用张元、吴昊为"国相",毅宗重用汉人苏立、景询,使之为官或为学士等,从而增强了人才吸引力。

但是,廷揽和接纳的方法不可能从根本上解决西夏人才缺乏问题。元昊建国后,建立学校,推行科举制度,设童子科,策试举人,择优录取,相对缓解了对人才的需求问题。

三、世选

辽代皇族、后族成员世代被选为官,称世选,为官员世袭的一个变种。"辽初功臣无世袭,而有世选之例。盖世袭则听其子孙自为承袭,世选则于其子孙内量才授之……世选官本契丹旧制,不自辽太祖始也……辽代世选官之制,功大者世选大官,功小者世选小官,褒功而兼量才也。"④

"穆宗应历五年(955年)四月,命郎君萧海璆,世为北府宰相。"⑤

"景宗保宁时,耶律思温为北院枢密使,兼北府宰相,仍命世预其选。"⑥

"圣宗统和九年(991年)……时耶律诣理伐宋,获其将康保威,以功诏世预节度使选。"⑦

萧护思"世为北院吏……改北院枢密使,仍命世预宰相选"⑧。

---

① 《续资治通鉴长编》卷50"咸平四年"。

② 《续资治通鉴长编》卷150"庆历四年"。

③ 《西夏书事》卷6"至道三年"。

④ 《廿二史札记》卷27《辽官世选之例》。

⑤⑥⑦ 《辽史拾遗》16《补选举志》。

⑧ 《辽史》卷78《萧护思传》。

第二节　金代的文官选拔

1115年,女真贵族完颜阿骨打在会宁建立了金政权。1125年金灭辽国,1127年又灭了北宋,1141年金与南宋达成了"绍兴和议",控制了淮河以北的全部地区。为了笼络汉族知识分子,金代在总结了唐、宋、辽代的科举制度的经验教训后建立了科举制度,《金史·选举志》载"金承辽后,凡事欲轶辽世,故进士科目兼采唐宋之法而增损之,其及第出身,视前代特重,而法亦密焉"。金代科举虽采辽制和唐、宋制,但能扬长避短,对进士出身者能予器重,而且各项制度十分严密。

一、金朝的科举

金朝官学的设置与考试制度大体承袭辽、宋制,而略有变通。"海陵天德三年(1051年),设养士之所国子监",下隶国子学和太学。这是金朝第一所国立高等学府,后成为教育管理机构。国子学与太学之入学、在校均经严格的考试,由礼部掌管。考试内容是由国子监统一刊印的若干经、史、子书,考试由博士主管。地方设府、州、县学,在校有月课、岁考之制。金初行科举,金熙宗在上京建孔庙。以女真字翻译儒家经书,学校以《论语》和《孝经》为必读课本。

金代的科举考试规则大多也是承唐、宋、辽之制,并有所发展。泰和二年(1202年)规定,会试策论三人取一人,词赋经义五人取一人。会试中选才得应举殿试。进士及第后,都要从基层的小官吏做起。大定时还特别规定,地方府一级少尹及中央政府的令史要从进士出身的小官中选用。中高级官员也要从进士出身的低级官吏中选拔。如此积数十年努力,吸引了大批汉族士人通过科举踏入金朝仕途,使金朝的官员成分发生了很大变化。尤其是"世宗、章宗之世,儒风丕变,庠序日盛,由科举进士至宰辅者接踵",从而改变了创业阶段主要由无文化的军人掌权的局面,对促进金朝政局稳定、文化的发展起了极为重要的作用。

1. 科举的兴起

金代科举"始于太宗。天会元年(1123年)十一月,时以急欲得汉士以抚辑新附,初无定数,亦无定期……五年,以河北、河东初降,职员多缺,以辽、宋之制不同,诏南北各因其素所习之业取士,号为南北选"。金世宗时,"北选词赋进士擢第一百五十人,经义五十人,南选百五十人,计三百五十人……其后南北通选,止设词赋科,不过取六七十人……二十八年(1188年),复经义科"①。以后陆续增加,除词赋经义之外,有了策试、律科、经童等科目,这些科目时有罢废或创立。"金设科皆因辽、宋制,有词赋、经义、策试、律科、经童之制。海陵天德三年(1152年),罢策试科。世宗大定十一年(1171年),创设女直进士科,初但试策,后增试论,所谓策论进士也。"②章宗明昌初,"又设制举宏词科,以待非

①② 《金史》卷51《选举一》。

常之士”[1]。此外,还有“特赐同进士者,谓进粟、出使回、殁于王事之类,皆同杂班”[2]。

金世宗大定十一年(1171年)首创女真进士科,专门招收女真人参加考试,其考试的内容、方法与录取程序等皆异于汉人。女真进士科初只试策,每场一题,用女真大字,后又增试诗或论,用女真小字。女真进士科免乡试、府试,直赴会试、御试,考中者为女真进士或策论进士,题女真进士碑。确立了女真人在科举考试上的特权,自古以来,采用少数民族文字进行科举考试,这是金朝的一大创举。女真进士科设立后,首次考试在大定十三年(1173)举行,共录取徒单镒等二十七人。所取之士全部被任命为女真字教授,充实和加强了女真族的师资队伍,同时对女真族的文化开发亦起了重要作用。金一代名士,多由此科出身。

女真进士科的创立,与女真字学的兴办是分不开的。大定九年(1169年),选拔诸路女真字学生“尤俊秀者百人至京师,以编修官温迪罕缔达教之”。大定十三年(1173年),女真进士科就以这批女真字学生为主,试以策论,是为“策论进士”。其主要目的是鼓励女真人学习本民族的语言和文字,弘扬女真传统文化。世宗当初创立女真进士科,其本意是要推广女真大小字,加强女真文化建设,但出乎意料的是,到了章宗时代,女真人竞趋此途,越来越多地丧失了其传统的尚武精神。

2. 科举常科

金代自正隆元年(1156年)“始定为三年一辟”,“乐人不得举进士”的规定,使科举有了身份限制的规定。金章宗泰和初又规定,“配隶之色及倡优之家”,“放良人不得应诸科举,其子孙则许之”[3]。

泰和七年(1207年),礼部尚书张行简言:“旧例,(御试)读卷官不避亲,至有亲人,或有不敢定其去留,或力加营护,而为同列所疑。若读卷官不用与进士有亲者,则读卷之际得平心商榷。上遂命临期多拟,其有亲者汰之。”[4]至此,又有了科举回避的规定。

金代科举常科合格者的称谓与前朝名同而实异。“其试词赋、经义、策论中选者,谓之进士。律科、经童中选者,曰举人。”[5]

金及北方其他少数民族的文化水准较汉族为低,在词赋、经义考试中缺乏竞争优势,此二科多为汉人所取。金统治者设名额以限制录取人数,以保持汉人与其他少数民族在入仕方面的相对平衡。

大定二十五年(1185年)以前,词赋进士不得过五百人,以后禁限较宽,“文合格则取”。以至章宗承安二年(1197年),录取九百二十五人,固嫌太滥,章宗承安五年(1200年)规定:“策论、词赋、经义人数,虽多不过六百人,少则听其缺。”[6]限定名额难以适应考生人数多少,成绩好坏等情况变化,章宗泰和二年(1202年)确定“会试诸科取人之数,司空襄言‘试词赋、经义者多,可五取一’”[7]。以后基本按此比例取士。

金科举常科的科目主要有:

---

①③④⑤⑥⑦ 《金史》卷51《选举一》。

② 《金史》卷52《选举二》。

(1)策论进士科目

此科专为女真人所设,创于世宗大定初(1161—1189年),为了女真人能顺利进入仕途,规定策论进士免乡试、府试。“策论进士,选女直人之科也。始大定四年(1164年),世宗命颁行女直大小字所译经书,每谋克选二人习之。寻欲兴女直字学校,猛安谋克内多择良家子为生,诸路至三千人。九年,选异等者得百人,荐于京师,廪给之。命温迪罕缔达教以古书,作诗、策后复试,得徒单镒以下三十余人。十一年(1171年),始议行策选之制,至十三年(1173年)始定每场策一道,以五百字以上成。免乡试府试,止赴会试御试。”①至章宗时,又规定“女直人以年四十五以下试进士举”,“女直人……于府试十日前,委佐贰官善射者试射”②。策论进士在章宗泰和中,定制“三人取一”。

金世宗大定十六年(1176年),专选女真人的策论进士,“皇家两从以上亲及宰相子,直赴御试。皇家袒免以上亲及执政官之子,直赴会试”。章宗明昌元年(1190年),又定制,“余官第五品散阶,令直赴会试,官职俱至五品,令直赴御试”③。汉人则没有这种特权。金章宗承安二年(1197年),“敕策论进士限丁习学。遂定制,内外官员、诸局分承应人、武卫军、若猛安谋克女直及诸色人,户止一丁者不许应试,两丁者许一人,四丁二人,六丁以上止许三人”④。

(2)律科

此科主试律令,主要培养知法明律的官员。“律科进士(系‘举人’之误),又称为诸科,其法以律令内出题,府试十五题,每五人取一人。大定二十二年(1182年)定制,会试每场十五题,三场共通三十六条以上文理优、拟断当、用字切者,为中选。”⑤章宗即位,“有司言‘律科止知读律,不知教化之源,可使通治《论语》、《孟子》,以涵养器度’。遇府、会试,委经义试官出题别试,与本科通定去留为宜,从之”⑥。

(3)经童

此科与历代相似,朝廷也较为注重对有特殊才能的少年的选拔,金熙宗时成为制度。金太宗“天会八年(1142年)时,太宗以东平童子刘天骥,七岁能通《诗》、《书》、《易》、《礼》、《春秋左氏传》及《论语》、《孟子》,上命教养之,然未有选举之制也。熙宗即位之二年,诏辟贡举,始备其列,取至百二十二人。天德间,废之。章宗大定二十九年(1189年),上谓宰臣曰‘经童岂遽无人?’其议复置,明昌元年(1190年),益都府申:童子刘柱儿年十一岁,能诗赋,诵大小六经,所书行草颇有法,孝行夙成,乞依宋童子李淑赐出身,且加以恩诏……赐本科出身,给钱粟官舍,令肄业大学”⑦。为使经童之制,名实相符,特规定:“经童之制,凡士庶子年十三以下,能诵二大经、三小经,又诵《论语》诸子及五千字以上,府试十五题通十三以上,会试每场十五题,三场共通四十一以上,为中选。”⑧

3. 制科

金代的制举,有贤良方正、能直言极谏、博学宏材、达于从政等科。明昌初,又设宏词科,选拔非常之士。制举的特点是试无常期,随皇帝诏告,从官员举荐应试。如,“制举有贤良方正、能直言极谏、博学宏材、达于从政等科,试无常期,上意欲行,即告天下。听内

---

①②③④⑤⑥⑦⑧　《金史》卷51《选举一》。

外文武六品以下职官无公私过者，从内外五品以上官荐于所属，诏试之。若草泽士，德行为乡里所服者，则从府州荐之。凡试，则先投所业策论三十道于学士院，视其词理优者，委官以群经子史内出题，一日试论三道，如可，则庭试策一道，不拘常务，取其无不通贯者，优等迁擢之”①。

章宗明昌初，又设制举宏词科，以待非常之士。“宏词科试诏、诰、章、表、露布、檄书，则皆用四六；诫、谕、颂、箴、铭、序、记，则或依古今体，或参用四六。”②“宏词，上等迁两官，次等迁一官，临时取旨授之。”③宏词科中选者往往入翰林院，充待制等官。金代的考试管理，较之以前更为严苛，为防止应试者夹带作弊，入考前要实行沐浴更衣，解发、袒衣、索及耳鼻的严格搜检制度。考试汉人时，派金兵不识字者监护。

4. 科举程序

金代科举考试共分四级：即乡试、府试、会试、御试。金代于太宗天会初年始行贡举之时，往往一试而放进士，并即授官职。天会后期，形成乡、府、会三级考试，至天德二年(1202 年)开始增设殿试，正式形成四级考试制度。

乡试的名称始于金，当时把县试当乡试，县令为试官，及格者才能应府试。府试原为六处举行，后增至十处。府试合格者才能参加在首都举行的会试考试，会试考试之称由此产生。

四级考试的时间及有关规定如下：“凡乡试之期，以三月二十日。府试之期，若策论进士则以八月二十日试策，间三日试诗。词赋进士则以二十五日试赋及诗，又间三日试策论。经义进士又间词赋后三日试经义，又三日试策。次律科，次经童，每场皆间三日试之。会试，则策论进士以正月二十日试策，皆以次间三日，同前。御试，则以三月二十日策论进士试策，二十三日试诗论，二十五日词赋进士试赋诗论，而经义进士亦以是日试经义，二十七日乃试策论。若试日遇雨雪，则候晴日。御试唱名后，试策则禀奏。宏词则作二日程试。”④

乡试，均由县令主持。后因乡试形同虚设而废除。“章宗明昌元年(1190 年)正月言事者谓‘举人四试而乡试似为虚设，固当罢去’……上是其言，诏免乡试。”⑤

府试，设考试官、同考试官主持。另设弥封誊录官、检搜怀挟官、监押、门官等。出题范围则在经、史、子内，“以六经、十七史、《孝经》、《论语》、《孟子》及荀、杨、老子内出题”⑥。府试在指定地点举行。“凡词赋、经义进士及律科，经童府试之处，大定间，大兴、大定、大同、开封、东平、京兆凡六处。(章宗)明昌初，增辽阳、平阳、益都为九处。承安四年(1199 年)，复增太原为十。中都、河北则试于大兴府，上京、东京、咸平府等路则试于辽阳府，余各试于其境。”“凡府试策论进士，大定二十年(1180 年)，定以中都、上京、咸平、东平四处，至明昌元年，添北京、西京、益都为七处。”⑦

会试，在京城举行，即礼部之试，凡府试中选的可参加会试。主持会试的称“知贡举官”，辅佐者称“同知贡举官”。此外，设有“考试官”、“诠读官”、“弥封官”等协助会试。

---

①②④⑤⑥⑦ 《金史》卷 51《选举一》。

③ 《金史》卷 52《选举二》。

会试科目，大致与府试同，汉人"凡词赋进士，试赋、诗、策论各一道。经义进士，试所治一经义、策论各一道"①。女真策论进士专"试策"。

御试，又称殿试，会试合格的才能参加。其科目大致与会试同。设有"读卷官"与"监试官"协助皇帝，更多的是替皇帝主管御试。出题与评卷有时是皇帝，有时由读卷官出题和评判。如废帝"正隆二年（1157 年）会试毕，海陵以第一人程文，问（郑）子聃，子聃少之。海陵问作赋何如，对曰'甚易'。因自矜，且谓他人莫己若也。海陵不悦，乃使子聃与翰林修纂綦戬、杨伯仁，宣徽判官张汝霖，应奉翰林文字李希颜同进士杂试。七月癸未，海陵御宝昌门临轩观试，以'不贵异物民乃足'为赋题，'忠臣犹孝子'为诗题，'忧国如饥渴'为论题。上谓读卷官翟永固曰：'朕出赋题，能言之或能行之，未可知也。诗、论题，庶戒臣下。'丁亥，御便殿亲览试卷，中第者七十三人，子聃果第一，海陵奇之。有顷，进官三阶，除翰林修撰"②。如世宗大定二十五年（1185 年），"御试，前一日癸卯，读卷官吏部侍郎李晏、棣州防御使把内剌、国史院编修官夹谷衡、国子助教尼庞古鉴进禀，策题问'契敷五教，皋陶明五刑，是以刑措不用、比屋可封。今欲兴教化，措刑罚，振纪纲，施之万世，何术可致'"③。

5. 恩赐出身

金代还规定，对"才行出众"之人以及屡试不中者，由皇帝恩赐出身。恩赐又分为：

特赐进士，即因才行出众。如章宗明昌六年（1195 年）三月，"以郡举才行之士翟介然以下三人特赐进士及第，李贞固以下十五人同进士出身"④。

为了安抚久考不中者，金有"恩例"之制，规定："五举终场年四十五以上、四举终场年五十以上者受恩。"⑤

按金制，"凡诸进士举人，由乡至府，由府至省，及殿廷，凡四试皆中选，则官之。至廷试五被黜，则赐之第，谓之恩例。又有特命及第者，谓之特恩"⑥。

6. 金代科举的特点、作用与影响

金朝科举制度的主要特点：一是承袭唐宋之制，而又有所变化；二是创设女真进士科；三是科举取士的名额多，任职范围广，职阶高；四是考场规制严厉。

金朝科举考试制对当时和后世产生了很大的作用：为选拔人才、提高官员素质、巩固金朝统治秩序发挥了重要作用；促进了学校教育的发展和我国传统文化的传播；推进了金代封建化进程和民族融合。具体可以分为几个阶段予以叙述：一是前期借鉴辽朝管理燕云十六州的成功经验，以科举选拔汉族士人入仕，代替女真人武力管理地方政务。这种汉化的政策，加速了金代社会的稳定、经济的发展和文化的进步。二是中期开始兴文治、尊儒学，女真人汉化进程大大加快，产生了许多策论进士出身的女真文士。至于金章宗本人，则以精通汉族文化而著称。三是金宣宗将都城南迁以后，汉化为主的女真贵族

①⑤⑥ 《金史》卷 51《选举一》。
② 《金史》卷 125《郑子聃传》。
③ 《金史》卷 98《完颜匡传》。
④ 《金史》卷 10《章宗纪二》。

和科举出身的汉人士大夫掌握了金朝政权，科举考试逐步僵化，文风不良渐成气候，中第者素质下降成为定势。终于在蒙元入侵势力面前，形成了失去抵抗而坐以待毙的局面。

金代的科举在我国科举制度上具有承前启后的作用，特别是女真进士科的设置是一大创举，对以后少数民族建立的全国性政权如元朝、清朝产生了直接影响，即少数民族中的贵族对汉化的认识、态度，以及他们决定如何实施汉化的政策。

金朝科举也有很多弊端。如取士重词赋而忽视其他，导致许多士人孤陋寡闻，入仕后往往闹出许多笑话；一些真正有才学者不能考取，反映了其局限性；金朝过去重视出身资历，授官后即使无才干，也可循资升迁；对文风也产生了许多负面影响。

二、金代文官的其他仕途

1. 科举以外的考试

金代还有一些特殊性质的考试，以选拔特殊的职官。如“试学士院官。大定二十八年(1188 年)，敕设科取士为学士院官。礼部下太常，按唐典，初入学士院例先试，今若于进士已仕者，以随朝六品、外路五品职事官荐，试制诏诰等文字三道，取文理优者充应奉。由是翰苑之选为精。明昌五年(1194 年)，以学士院撰文字人少，命尚书省访有文采者勾取权试”①。

金设司天台，掌管天文历法。用司天学生试来选拔此类人才。“凡司天台学生，女直二十六人，汉人五十人，听官民家年十五以上、三十以下试补。又三年一次，选草泽人试补。其试之制，以《宣明历》试推步，及《婚书》、《地理新书》试合婚、安葬，并《易》筮法、六壬课、三命五星之术。”②

另还采取医学试选拔医学人才，规定“凡医学十科，大兴府学生三十人，余京府二十人，散府节镇十六人，防御州十人，每月试疑难，以所对优劣加惩劝。三年一次试诸太医，虽不系学生，亦听试补”③。

2. 杂班

杂班，是科举外又一另类入仕途径。金朝有吏员出职、军功、门荫、劳效、纳赀等，其中吏员出职颇有时代特色，门荫较有影响。

(1)吏员出职

吏员出职，专指吏员脱离吏职出任品官。“自进士、举人、劳效、荫袭、恩例之外，入仕之途尚多，而所定之时不一。若牌印、护卫、令史之出职，则皇统时所定者也。检法、知法、国史院书写，则海陵庶人所置者也。若宗室将军、宫中诸局承应人、宰相书表、太子护卫、妃护卫、王府祗候郎君、内侍及宰相之子，并译史、通事、省祗候郎君、亲军骁骑诸格，则定于世宗之时，及章宗所置之太常检讨、内侍寄禄官，皆仕进之门户也。”④由此可见，吏员出职是金朝行之不衰的一个入仕途径。

吏员出职的基本原则是考满升迁。所谓考满，指吏员无过错地任满吏职的法定时

①②③ 《金史》卷 51《选举一》。

④ 《金史》卷 52《选举二》。

间。金制，以三十月为考，吏员一般均须三考，即任职九十个月，方能出职。有些吏员的考满期更长，如宗室第二、第三从亲及宰执子省令史，“其出职皆以百五十月”①，即需五考才为满。中央机构吏员出职任官，迁升重要官职。“省台部译史、令史、通事，仕进皆列于正班。”②这是唐宋以来所没有的情况。“金朝用人，大概由省令史迁左右司郎中、员外郎、首领官取其簿书精干也。由左右首领官选宰相执政，取其奏对详敏也。”③

金朝吏员出职后，升迁高位，是当时吏员成分变化的结果。“皇统八年（1148 年），用进士为尚书省令史。”大定二年（1162 年），“复用进士为尚书省令史”。大定二十三年（1183 年），“女直进士，可依汉儿进士，补省令史”。明昌二年（1191 年），诏“御史台令史，并以终场举人充”④。张茂进，“第进士，为南京榷货司勾当官，迁南京曲使”。康锡，“崇庆二年（1213 年）进士”，“正大初，由省掾拜监察御史”⑤。郝仲纯“枢密院令史出身，尝刺坊州”⑥。有金一朝，“以令史官至宰执者，移剌道、魏子平、孟浩、梁肃、张万公、粘割斡特勒、董师中、王蔚、马惠迪、马谋、杨伯通、贾铉、孙铎、孙即康、贾益谦”⑦。

金朝地方官府吏员出职任官，“皂隶出身与荫人等，甚以为重。如州郡都吏出职，并补将仕郎，授录事、判官、司徒、司判、寺丞”⑧。

金朝后期，吏员地位极高，“自高琪为相定法，其（指吏）迁转与进士等，甚者反疾焉。故一时之人争以此进。虽士大夫家有子弟读书，往往不终辄辍，令改试台部令史”⑨。

（2）门荫补官

门荫补官，作为世袭制的残余，在金代亦为重要入仕途径。“凡门荫之制，天眷中，一品至八品皆不限所荫之人。贞元二年（1154 年），定荫叙法，一品至七品皆限以数，而削八品用荫之制。”以后，对荫叙法有所补充或更动。章宗泰和二年（1202 年），大致形成定制，规定：“凡诸色出身文武官一品，荫子孙至曾孙及弟兄侄孙六人，因门荫则五人。二品则子孙至曾孙及弟兄侄五人，因门荫则四人。三品子孙兄弟侄四人，因门荫则三人。四品、五品三人，因门荫则二人。六品二人，七品子孙兄弟一人，因门荫则六品、七品子孙兄弟一人。”⑩

金的门荫补官多为吏职，如移剌履“荫补为承奉班祗候，国史院书写”⑪。卢玑“以荫补閤门祗候”⑫。韩锡“父秉休，归朝，领忠正军节度使，锡以荫补閤门祗候”⑬。高竑“以

---

①⑩ 《金史》卷 52《选举二》。
② 《金史》卷 51《选举一》。
③⑨ 《归潜志》卷 7。
④ 《日知录》卷 11《都令史》。
⑤ 《归潜志》卷 5。
⑥ 《归潜志》卷 9。
⑦ 《日知录》卷 11《都令史》。
⑧ 《大金国志》卷 36《皂隶》。
⑪ 《金史》卷 97《移剌履传》。
⑫ 《金史》卷 75《卢玑传》。
⑬ 《金史》卷 97《韩锡传》。

荫补官，累调贵德县尉”①。

（3）纳赀

纳赀是统治阶级或为聚敛或因天灾战乱而实行的卖官之法。如“熙宗皇统三年（1143年）三月，陕西旱饥，诏许富民入粟补官”②。“世宗大定元年（1161年），以兵兴岁歉，下令听民进纳补官。”③至世宗大定五年（1165年），曾“罢纳粟补官令”④。不过在章宗时又得以恢复。章宗明昌二年（1191年），“敕山东、河北阙食等处，许纳粟补官”⑤。宣宗贞祐“三年制（1215年）……诸人纳物入官者，米百五十石，迁官一阶，正班任使。七百石两阶，除诸司。千石三阶，除丞、簿。过此则请于朝廷议赏”⑥。

金代登科总目

太宗	**章宗**
天会 十年，胡砺中进士第一	明昌 二年，王泽中进士第一 五年，杨云翼中进士第一
熙宗	承安 二年，纳喇呼喇勒中进士第一
天眷 二年，石琚中进士第一	泰和 六年，李演中进士第一
海陵王	**宣宗**
天德 二年，吕中翰中进士第一 三年，杨建中中进士第一	贞祐 元年，张本中词赋进士高第 三年，李献能中词赋进士第一
正隆 二年，郑子聘中进士第一，是年中第者73人	兴定 二年，赐经义进士王彪等13人及第
世宗	**哀宗**
大定 三年，孟宗献中进士第一 十三年，策女直进士徒单镒第27人及第 十九年，张行简中进士第一	正大 元年五月，赐策论进士富珠哩察罕以下10余人，经义进士张介以下5人、词赋进士王鹗以下50人皆及第 四年六月，赐词赋经义卢亚以下进士及第 七年五月，赐经义词赋李瑭以下进士及第

据《续文献通考·选举》《金史·选举志》制。

① 《金史》卷100《高竑传》。

②③⑥ 《金史》卷50《食货五》。

④ 《金史》卷6《世宗纪上》。

⑤ 《金史》卷9《章宗纪一》。

第三节　元代文官的选拔

一、元朝的科举

1206年,成吉思汗称帝,建立了蒙古汗国。建国后,围绕科举制的行与废的问题,元代统治阶层展开过多次讨论,始终未能实行,科举制一度中断了三十余年。成吉思汗在位三十多年,尊孔重儒,遍建儒学,但对科举却不赞成,明确表示:"科举虚诞,朕所不取。"

1. 科举的重振

自唐宋以来,科举成为士大夫进身官禄的阶梯。蒙古本为游牧民族,文化落后,加之连年征战,无暇顾及科举。元太宗灭金,蒙古统治了整个北部中国,对于封建化程度极高的新占领区,听取中书令耶律楚材、郭德海等人"马上打天下,下马治天下"的"儒术选士"的建议,下诏同意举行"戊戌(1238年)之试",开科取士,着手选用儒士改进以往的统治形式。"太宗始取中原,中书令耶律楚材请用儒术选士,从之。九年(1237年)秋八月,下诏令断事官术忽德与山西东路课税所长官刘中,历诸路考试。以论及经义、词赋分为三科……其中选者,复其赋役,令与各处长官同署公事。"①此次选士规定:汉族知识分子被俘为奴隶的,也可以参加考试。考试通过的四千零三十人中有四分之一是被蒙古军队掠为奴隶的文人,四千多汉族文士成为当地的议事官,其中一些才学过人者,像杨奂、赵良弼等更成为元初的名臣。由于当时尚处战争形势之下,又加上守旧的蒙古贵族势力的顽强反抗,结果这次选试失败,绝大部分通过考试的儒生并未得到一官半职。

不过戊戌选试只在地方一级进行,还不能算作严格意义上的科举,后又以"当世或以为非便,事复中止",尽管忽必烈有行科举之命,由于蒙古贵族内部反对重用儒生,反对接受汉文化的守旧势力非常强大,甚至就是在儒生内部对科举取士也有不同看法,基本上没有实行。

为缓和人才缺乏的状况,选儒士之制有时施行之。如史载:赵良弼在世祖未登基前,"初举进士,教授赵州"②。又,权秉忠"幼从栾城李治学,工文辞,至元十三年(1276年),试请路儒士于真定,秉忠中高等。山东西道提刑按察使姜彧辟为掾"③。至元十三年,王恽"奉命试儒人于河南"④。这种方式仍难以选拔出大量的合格人彧才,读书入仕的道路被堵塞,不利于蒙古统治者的统治。

以后,元朝廷围绕科举制度的行废问题展开过多次争议。1264年元世祖忽必烈即位后,尊孔重儒,任用汉族文士,组成了以刘秉忠、许衡为首的幕僚机构,在各地兴建设立儒学。丞相史天泽条陈当行大事,其中提到科举,但未被采纳。至元四年(1267年)九月,

① 《元史》卷81《选举一》。

② 《元史》卷159《赵良弼传》。

③ 《新元史》卷195《权秉忠传》。

④ 《元史》卷167《王恽传》。

翰林学士承旨王鹗等请行选举法,“远述周制,次及汉、隋、唐取士科目,近举辽、金选举用人,与本朝太宗得人之效,以为贡举法废,士无入仕之阶,或习刀笔以为吏胥,或执仆役以事官僚,或作技巧贩鬻以为工匠商贾。以今论之,惟科举取士,最为切务,引先朝故典,尤宜追述”。元世祖看过奏章后说:“此良法也,其行之。”后来,翰林院大臣曾拟定科举程式,并于至元十一年(1274 年)十一月呈闻太子真金,太子真金批准:“蒙古进士科及汉人进士科,参酌时宜。”但并未施行。至元二十一年(1284 年)九月,丞相火鲁火孙与礼霍孙、留梦炎等人再次上奏:“中书省臣奏,皆以为天下习儒者少,而由刀笔吏行官者多。”元世祖问:“将若之何?”对曰:“惟贡士取士为便。凡蒙古之士及儒吏、阴阳、医术、皆令试举,则用心为学矣。”这一建议被元世祖批准。随即,许衡又议学校科举之法,罢诗赋,重经学,定为新制。但在元世祖之时,科举制度虽然确立,却始终未能施行。成宗、武宗时,又一再议论贡举之事,也仍然没有结果。自太宗至武宗一直中断未行二十余年。

到仁宗时,元朝才正式实行科举制。仁宗皇庆二年(1313 年)十月,中书省臣奏:“科举事,世祖、裕宗累尝命行,成宗、武宗寻亦有旨,今不以闻,恐有或其事者……今臣等所拟将律赋省题诗小义皆不用,专立德行明经科,以此取士,庶可得人。”仁宗同意,于十一月诏:“若稽三代以来,取士各有科目,要其本末,举人宜以德行为首,试艺则以经术为先,词章次之。浮华过实,朕所不取。爰命中书,参酌古今,定其条制。其以皇庆三年(此年改为延祐元年)八月,天下郡县,兴其贤者能者,充赋有司,次年二月会试京师,中选者朕将亲策焉。”①在此诏中,对科举各项事宜作了规定:考试时间、科考对象、考试程式(考试内容、乡试、会试、御试、主考官等)、录取名额等。这样,就重新打开了对汉族儒士关闭达数十年之久的科举大门。废止了进士考试以诗赋为主的考试办法,确立了以经义取士的原则,并指定经义以程朱理学家的注释为标准,这一规定被明清两代采用,长达数百年。

元代科举每三年举行一次,分乡试、会试、殿试三级考试。首年举行乡试,次年举行会试、殿试。乡试于八月举行;会试于乡试次年二月举行,殿试于三月举行。同时规定了乡、会、殿试场次、日期、考试内容、纪律及注意事项。乡试中选者称为乡贡进士,有资格到元朝都城大都(今北京)参加中书省主持的会试。会试中选者再参加殿试,通过殿试后才能取得进士的身份。全国乡试共录取三百人,会试从中录取一百人,殿试是对会试录取者的名次前后重新厘定,并无黜落。规定凡二十五岁以上,乡里称其孝悌,朋友服其信义,通晓经书,德行有素者,经地方官从所辖各族各户中推举后,才能有资格参加考试。如有徇私滥举或应举不举者,监察御史、肃政廉访司都要体察究治。

2. 科举的程序

(1)考试程式

蒙古、色目人第一场经问五条,《大学》《论语》《孟子》《中庸》内设问,用朱熹章句集注,其义理精明,文辞典雅者为中选。第二场策一道,以时务出题,限五百字以上。汉人、南人,第一场明经、经疑二问,题目亦从四书中出,并用朱熹章句集注,复以己意结之,限三百字以上;经义一道,各治一经,限五百字以上,不拘格律。第二场古赋、诏、诰、章、表

---

① 《元史》卷 81《选举一》。

内科一道。第三场策一道，限一千字以上成。

参加科举考试的限制：

“倡优之家及患废疾、若犯十恶奸盗之人，不许应试。”

“举人与考试官有五服内亲者，自须回避，仍令同试官考卷。若应避而不自陈者，殿一举。”

“汉人、南人有居父母丧服应举者，并殿二举。”①

(2)三级考试

元之科举，每三年举行一次。皇庆二年(1313年)，翰林学士承旨程钜夫、翰林侍讲学士元明善、翰林侍读学士贯小云、石海涯等受命共同起草制章条律，规定考试分为两榜，蒙古、色目人为右榜，汉、南人为左榜，会试中选者，由皇帝亲试，及第者赐出身。

一是乡试，即行省考试，“举人从本贯官司于诸色户内推举，年及二十五以上，乡党称其孝悌，朋友服其信义，经明行修之士，结罪保举，以礼敦遣，贡诸路府”②。

元代统治地区很广，乡试均在指定地点举行。“乡试，行省一十一：河南，陕西，辽阳，四川，甘肃，云南，岭北，征东，江浙，江西，湖广。宣慰司二：河东，山东。直隶省部路分四：真定，东平，大都，上都。”③在这些地点举行乡试，设有考试、监试，及主办考试工作之官员。“选考试官，行省与宣慰司及腹里各路，有行台及廉访司去处，与台宪官一同商议选差。上都、大都从省部选差在内监察御史、在外廉访司官一员监试。每处差考试官、同考试官各一员，并于现任并在闲有德望文学常选官内选差。封弥官一员、誊录官一员，选廉干文资正官充之。凡誊录试卷并行移文字，皆用朱书，仍须设法关防，毋致容私作弊。”④

“乡试，八月二十日，蒙古、色目人，试经问五条；汉人、南人，明经、经疑二问，经义一道。二十三日，蒙古、色目人，试策一道；汉人、南人，古赋诏诰章表内科一道。二十六日，汉人、南人，试策一道。”⑤

“乡试中选者，各给解据、录连取中科文，行省移咨都省，送礼部，腹里(直隶省部)宣慰司及各路关申礼部，拘该监察御史、廉访司，依上录连科文申台，转呈都省，以凭照勘。”⑥

乡试科场、全国共设十七处，从各处选合格者三百名参加会试；会试共取一百人(蒙古、色目、汉人、南人各二十五名)参加殿试、殿试诸生不再为黜落，只以其所对策第分高下，厘定等次，而后分右、左榜唱名公布。但由于种种原因，多数乡试、会试、殿试的录取均未满额。

二是会试，即礼部试。“天下选合格者三百人赴会试……蒙古人取合格者七十五人：大都十五人，上都六人，河东五人，真定等五人，东平等五人，山东四人，辽阳五人，河南五人，陕西五人，甘肃三人，岭北三人，江浙五人，江西三人，湖广三人，四川一人，云南一人，征东一人。色目人取合格者七十五人：大都十人，上都四人，河东四人，东平等四人，山东五人，真定等五人，河南五人，四川三人，甘肃二人，陕西三人，岭北二人，辽阳二人，云南

①②③④⑤⑥　《元史》卷81《选举一》。

二人，征东一人，湖广七人，江浙十人，江西六人。汉人取合格者七十五人：大都十人，上都四人，真定等十一人，东平等九人，山东七人，河东七人，河南九人，四川五人、云南二人，甘肃二人，岭北一人，陕西五人，辽阳二人，征东一人。南人取合格者七十五人：湖广十八人，江浙二十八人，江西二十二人，河南七人。”①

会试日期。“会试，省部依乡试例，于次年二月初一日试第一场，初三日第二场，初五日第三场。”②

会试考试科目。蒙古、色目人为一类，要求与南人、汉人这一组有难易的不同。“考试程式：蒙古、色目人，第一场经问五条，《大学》、《论语》、《孟子》、《中庸》内设问，用朱氏章句集注。其义理精明，文辞典雅者为中选。第二场策一道，以时务出题，限五百字以上。汉人、南人第一场明经、经疑二问，《大学》、《论语》、《孟子》、《中庸》内出题，并用朱氏章句集注，复以己意结之，限三百字以上。经义一道，各治一经，《诗》以朱氏为主，《尚书》以蔡氏为主，《周易》以程氏、朱氏为主，已上三经，兼用古注疏，《春秋》许用三传及胡氏传，《礼记》用古注疏，限五百字以上，不拘格律。第二场古赋诏诰章表内科一道，古赋诏诰用古体，章表四六，参用古体。第三场策一道，经史时务内出题，不矜浮藻，惟务直述，限一千字以上成。蒙古、色目人愿试汉人、南人科目，中选者加一等注授。蒙古、色目人作一榜，汉人、南人作一榜。”③

会试官员的设置情况。“知贡举、同知贡举官各一员”，多为八府宰相、礼部尚书、侍郎、学士等官充任。又设“考试官四员”，一般由翰林国史院的学士、国子博士、秘书少监等官员担任。此外，还有“监察御史”两员，又有“弥封、誊录、对读官、监门等官各一员”，至于所需“吏人，于各衙门从便差设”④。

会试录取名额为一百人，按蒙古、色目、汉人、南人四等平分。“天下选(乡试)合格者三百人赴会试，于内取中选者一百人。内蒙古、色目、汉人、南人分卷考试，各二十五人。”⑤

御试，又称殿试，由天子亲考，考试日期，为三月初七日，考试地点在“翰林国史院”，考试科目，只有策试。“三月初四日，中书省奏准，以初七日御试举人于翰林国史院，定委监试官及诸执事。初五日，各官入院。初六日，撰策问进呈，俟上采取。初七日，执事者望阙设案于堂前，置策题于上。举人入院，搜检讫，蒙古人作一甲，序立，礼生导引至于堂前，望阙两拜，赐策题，又两拜，各就次。色目人作一甲，汉人、南人作一甲，如前仪。每进士一人，差蒙古宿卫士一人监视。日午，赐膳。进士纳卷毕，出院。监试官同读卷官，以所对策第其高下，分为三甲进奏。作二榜，用敕黄纸书，揭于内前红门之左右。”⑥

殿试结束后，“前一日，礼部告谕中选进士，以次日诣阙前，所司具香案，侍仪舍人唱名，谢恩，放榜。择日赐恩荣宴于翰林国史院，押宴以中书省官，凡预试官并与宴。预宴官及进士并簪华至所居。择日恭诣殿廷，上谢恩表。次日，诣中书省参见。又择日，诸进士诣先圣庙行舍菜礼，第一人具祝文行事，刻石题名于国子监”⑦。

元代殿试不黜落，只定名次：殿试第一名赐进士及第，授从六品官，第二名以下及第

①②③④⑤⑥⑦ 《元史》卷81《选举一》。

二甲，皆授正七品，第三甲以下，皆正八品。右、左两榜并同。

(3)民族歧视及其影响

元朝统治者把统治下的各族人民以归附征服的先后、民族的不同以及生产生活方式的不同，划分为蒙古、色目、汉人、南人四个等级，实行严重的民族压迫。他们通过各种途径来保护蒙古、色目民族的特权地位，其中科举体现出的民族不平等是巨大的。

元朝科举推行时间短，没有成为文官选拔的主流。这是蒙古统治阶级防范和歧视汉人的必然结果。

元代科举考试，从仁宗延祐二年(1315 年)乙卯首次举行会试，至惠宗元统元年(1333 年)癸酉科会试，其间举行七次，停罢数年之后，于至正二年(1342 年)恢复，到至正二十六年丙午科，又举行九次。共举行乡试十七次，会试、殿试十六次。有元一代，每科各取左、右状元一人，共取状元三十二人，进士一千一百三十九人，以三年一次计，仅占四十八年，不及元朝统治的三分之一。在举行的十六次会试、殿试科考中，最多的一次录取一百人，最少只录取了三十五人。一个人数众多，统一的王朝科举取士人数之少，为唐宋以来所罕见。这与元朝统治者不把科举考试作为选拔官吏的主要途径，同时又与在举行的科举考试中贯彻民族压迫政策不无关系。

首先，录取名额的差异。元会试名额三百人，殿试一百人均以四等平均划分，在名义上相等，而汉人、南人文化程度高，人口总数量极大，可见表面上相等的巨大差异。此外，元代进士从未取足额。其缘由在于在蒙古人、色目人考生中实在难以选满一百五十个会试名额及五十个进士名额，那就只能让汉人、南人的会试，进士名额空缺同样数量，以维持四等人入选数量的均衡，防止汉人、南人占有科举优势。这种缺额，使录取人数与汉人、南人的人口总数、文化程度形成巨大的反差，可见汉人、南人中第者实在是少得可怜。

其次，试题的难易不同。蒙古、色目考生的试题难度低，考试也少一场，直接参加会试、殿试，无须参加乡试，题目也比较容易；例如乡试和会试的程序规定：蒙古人、色目人第一场从《大学》《论语》《孟子》《中庸》等“四书”内出题考经义，再根据时事出题考对策。而汉人、南人必须由乡试考起，参加三场考试，题目反而艰深。除了蒙古人、色目人考的内容外，还须加考赋与杂文各一篇。蒙古人、色目人试策限五百字以上，而汉人、南人的试策必须在一千字以上。

最后，元代极端地吸收发展了金代科举考试中的“南北选”办法，推行右榜、左榜办法。通过三场考试获得状元后，元代统治者又采取两榜公布的方式，即殿试分左、右榜公布状元，这样，在元代出现了两位状元，蒙古人、色目人列右榜，表示尊贵；汉人、南人则列左榜，低人一等。名义上两榜的第一名都算状元，但只有右榜状元才备受重视，左榜状元不受重视。蒙古、色目授官职却比汉人、南人进士高，而且蒙古、色目考生愿参加汉人、南人同样难度的考试，中选后更加一等授官。

在元代的科举中，还把四种人做了更详细的划分。比如，左榜中汉人、南人各占一半名额，但状元不能在南人中产生。在至正八年的会试中，王伯恂本应列为第一，就因为王伯恂是南人，引起各方的争论，最后还是没被选中。这一政策造成了所谓汉人、南人间的矛盾和隔阂。由于实施了不平等的民族政策，元代的科举考试在数量上、质量上都远逊于各朝代。

(4)科举“特奏名”

元朝仿照宋朝“特奏名”办法，对屡次会试不中的举人予以优待，委派各地做学官。泰定元年下诏：“蒙古、色目人，年三十以上并两举不第者，与教授；以下，与学正、山长。汉人、南人、年五十以上并两举不第者，与教授；以下，与学正、山长。”①蒙古、色目人在年龄上比汉人、南人优先二十年。

二、学生入仕

元朝学校由大司农司掌之②。学校的类型有四：国学、地方乡学、书院和社学。

元世祖至元八年(1271年)，“始下诏立京师蒙古国子学，教习诸生，于随朝蒙古、汉人百官及怯薛歹官员，选子弟俊秀者入学，然未有员数。以《通鉴节要》用蒙古语言译写教之，俟生员习学成效，出题试问，观其所对精通者，量授官职”③。

世祖至元二十六年(1289年)，“始置回回国子学”。泰定帝泰定二年(1325年)，“以近岁公卿大夫子弟与夫凡民之子入学者众，其学官及生员五十余人，已给饮膳者二十七人外，助教一人、生员二十四人廪膳，并令给之。学之建置在于国都，凡百司庶府所设译史，皆从本学取以充焉”④。国子学设立甚早，太宗六年(1234年)“以冯志常为国子学总教，命侍臣子弟十八人入学”。元世祖至元二十四年(1287年)，“立国子学，而定其制”⑤。武宗至大四年(1311年)，“定生员额三百人”。“复立国子学试贡法，蒙古授官六品，色目正七品，汉人从七品。试蒙古生之法宜从宽，色目生宜稍加密，汉人生则全科场之制。”⑥

元代实行科举制前，国子学生入仕的主要途径是贡举入仕。“自初二十人岁贡二人，后于大德七年(1303年)定四十人岁贡六人，至大四年定四十人岁贡四人，延祐二年岁贡八人为淹滞，既额设四十名，宜充部令史者四人、路教授者四人。是后，又命所贡生员，每大比选士，与天下士同试于礼部，策于殿廷，又增至备榜而加选择焉。”⑦

国子学生入仕在科举定制后，则纳入科举，但免去乡试一关。廉惠山海牙“愿读书以科第进。乃入国学积分。(英宗)至治元年(1321年)，登进士第，授承事郎、同知顺州事”⑧。

郭嘉“由国子生登泰定三年进士第，授彰德路林州判官”⑨。

(后)至元六年(1340年)，“复科举取士制。国子监积分生员，三年一次，依科举例入会试，中者取一十八名”⑩。天历二年(1329年)，“拟在朝文翰衙门，于国子生员内举充”⑪。至顺二年(1331年)，监察御史韩元善言：“历代国学皆盛，独本朝国学生仅四百

---

①③④⑤⑥⑦ 《元史》卷81《选举一》。

② 《元史》卷87《百官三》。

⑧ 《元史》卷145《廉惠山海牙传》。

⑨ 《元史》卷194《郭嘉传》。

⑩ 《元史》卷40《顺帝纪三》。

⑪ 《元史》卷82《选举二》。

员,又复分辨蒙古、色目、汉人之额。"①这点证明元朝学校发展水平低下,学生入仕较前朝萎缩。

普颜不花"至正五年(1345 年),由国子生登右榜进士第一人,授翰林修撰"②。

泰定帝时,国子学部分职位仍是学生入仕一途。泰定三年(1326 年),"更积分而为贡举,并依世祖旧制。其贡试之法,从监学所拟,大概与前法略同,而防闲稍加严密焉。其本学正、录各二员,司乐一员,典籍二员,管勾一员,及侍仪舍人,旧例举积分生员充之,后以积分既革,于上斋举年三十以上、学行堪范后学者为正、录,通晓音律、学业优赡者为司乐,干局通敏者为典籍、管勾。其侍仪舍人,于上、中斋,举礼仪习熟、音吐洪畅、曾掌春秋释奠、每月告朔明赞、众与其能者充之"③。

元朝地方学校在世祖时形成规模。"世祖中统二年(1261 年),始命置诸路学校官,凡诸生进修者,严加训诲,务使成材,以备选用。""自京学及州县学以及书院,凡生徒之肄业于是者,守令举荐之,台宪考核之,或用为教官,或取为吏属,往往人才辈出矣。"④

至元六年(1269 年)"置诸路蒙古字学。十二月,中书省定学制颁行之……大德四年(1300 年),添设学正一员,上自国学,下及州县,举生员高等,从翰林考试,凡学官译史,取以充焉"⑤。

三、吏员出职⑥

元成宗大德三年(1299 年),当时元朝还未行科举,姚燧说:"大凡今仕惟三途。一由宿卫,一由儒,一由吏。由宿卫者,言出中禁,中书奉行制敕而已,十之一。由儒者,则校官及品者,提举、教授出中书,未及者则正、录而下出行省宣慰,十分之一半。由吏者,省、台、院、中外庶司郡县,十九有半焉。"⑦由此可见,由吏员出职数量之大,入仕途径之重要,对官员构成的影响之大。

元朝政治制度对金制的继承相当普遍,吏员出职之制较金更加系统化,更具特色。《元史·选举志序》概括元吏员出职说:"矧夫儒有岁贡之名,吏有补用之法。曰掾史、令史,曰书写、铨写,曰书吏、典吏,所设之名,未易枚举。曰省、台、院、部,曰路、府、州、县,所入之途,难以指计。虽名卿大夫,亦往往由是跻要官、受显爵;而刀笔下吏,遂致窃权势,舞文法矣。"

1. 吏员的种类及其职责

据《元史·百官志》载,元代的吏员有三十余种,其常见而重要的吏职有十种,可分为四组:

一是案牍吏员:令史、书吏、司吏、必阇赤。

二是翻译吏员:译史、通事。

---

① 《元史》卷 35《文宗纪四》。

② 《元史》卷 196《普颜不花传》。

③④⑤ 《元史》卷 81《选举一》。

⑥ 此部分来源为许凡. 元代吏制研究. 北京:劳动人事出版社,1987.

⑦ 《牧庵集》卷 4《送李茂卿序》。

三是传达吏员:宣使、奏差。

四是其他重要吏员:知印、典吏。

上述吏员的具体职责分述如下:

案牒吏员就是处理公文,表册等衙门事务的吏员,是衙门中居于首席地位的吏职。令史,设置在中书省、枢密院、御史台、行中书省、行枢密院、行御史台、六部、宣慰司、大都路总管府和上都留守司等官府中。从衙门品级来看,凡二品以上衙门的案牍吏员称令史。司吏,设置在路总管府,府、州、县和录事司等地方基层官衙中。书吏,设于中书省和行中书省的检校所,御史台的察院,提刑按察(肃政廉访)司诸衙门中。必阇赤,意为书写的人或笔者,在元朝,分为蒙古必阇赤、回回必阇赤两种,分别掌握使用蒙古语言文字和亦思替非文字。

翻译吏员,在元朝数量多,地位重要,起的作用大。译史是书面文字翻译吏员,有蒙古译史和回回译史之分。蒙古译史的职责是将中央下达的,或由地方或某些部门向中央和皇帝呈报的公文、奏章、材料,翻译成蒙古文字,以供皇帝审阅或蒙古官员们执行。回回译史职责与此相同,主要是为色目官员服务。通事,是口头翻译吏员,他们终日活动在官员左右,其作用大于译史。

传达吏员,宣使和奏差,是担任上传下达职责的吏职。宣使一般在中书省、御史台、枢密院及行省、行台、行院等一、二品衙门中,而奏差则设在宣慰司、六部、廉访司等三品衙门中。如大都留守司升为正二品后,其奏差便改为宣使。

其他重要吏员,知印是掌管衙门印章、印信的吏员,知印属高级吏职,只在部以上中央各官府及行省、行台、行院等衙门中设置。典吏是负责衙门文书、档案、表册等收取、发送、启缄、保管等项工作的吏员。从中书省到司县,大小衙门都设置,是所叙十种吏职中设置面最广、地位最低的吏职。

2. 吏员升迁的主线和基本原则

元朝的封建官员有品级之差,各衙门的吏员也有相应的高低之别。上级衙门的吏员往往从下级衙门选取。这在案牒吏员体系中尤为明显。中央官府,中书省掾从台掾、院掾中选取,台、院掾又多来自六部令史。地方衙门中,路、府、州、司、县同样是依次递升,或言之为依次递选。“各路司吏有缺,于所辖请俸州司吏内选取,府、州司吏有缺,于县司吏内选取。”①书吏介于中央官府和地方官府之间,具体就是在六部令史与路总管府司吏之间,则有肃政廉访司书吏沟通。就是说,肃政廉访司书吏一部分来自路总管府的司吏,廉访司又选择推荐能干的书吏定期为六部令史提供人选。案牍吏员体系中的这种升迁属于吏员从低一级衙门升入高一级衙门。不过,令史、书吏和司吏,是各衙门的首席吏职,数目最多。这种依次抽选是元朝经常化的官府事务,与吏员出职品官有密切联系。吏员出职的要点主要有:

第一,元朝各级行政、监察衙门的主要吏职包括县司吏在内都可以出职任官,这种吏员出职的普遍性,使元代吏员成为官员的主要候补者,从而形成元代的官多来自吏员的

① 《元典章》卷12《选取典史司吏》

特殊局面。

第二，吏员出职所任官职的大小，取决于吏员所在衙门的高低，任吏时间的长短和吏职本身的地位。

第三，在路、府、州、县基层官府，出职者主要是司吏，多任流外职，且规定必须考满。而六部以上中央各级官府的令史等，即使不考满，也可以依据执役时间的长短，出任不同之职。而考满者，则直接补六品、七品之官，为其以后的升迁奠定了基础。元朝不少显官都出身于此。“惟元用人取刀笔，卿相守令皆此出。”尤其是省掾，元朝“汉人”及“南人”中的要员多数任过该职。

第四，吏员出职体例与吏员升迁制度紧密相关。即由于吏员升迁制度的不同，使在部分衙门中形成两种吏员出职体例。凡按正常升迁，如从县、司、州、府、路这条线依次升迁的吏员，其出职较高。不属于这类情况，无论是衙门长官自行选用者，亦无论来自其他非序列内衙门者，出职均降低一等或几等。另外，元朝在中央和各地均办有蒙古字学和回回字学，以培养翻译吏员，这些学生学成并经翰林院考试合格后派往各地各衙门者（主要指译史），出职也较高、而由衙门自己录用的译史，其出职也要降等。

第五，考满与吏员出职。所谓考满，从官方讲，指政府关于吏员得以出职任官之前须执役的时间规定。就吏员方面讲，是指吏员无过错地任满吏职法定的时间。考满，是吏员出职的重要或首要前提。当然，这种规定并不限于某一吏职任内，而是按吏员充任各种吏职的时间累计计算的。

元朝政府第一次宣布吏员考满期的规定是至元六年（1269 年）。中书省议，凡省部令史、译史、通事等，“旧例（指金朝制度——引者）一百二十月出职。今案牒繁冗，难同旧日，会量作九十月为满”①。元制“理考通以三十月为则”②，即三十个月为一考，九十个月则三考，三考即为考满。在至元二十八年（1291 年）颁布的《至元新格》中，宣布上面的规定适用于内外一切衙门：“吏员须以九十月方得出职。”③元成宗时，认为九十个月考满出职，时间快了点，造成“员多阙少”。因此规定，以大德三年（1299 年）三月初七日为界，在这之前任吏者“依旧例任职，仍以九十月为满。以后补充者，以一百二十月为满”④。一百二十月为考满（即一考为四十个月），是元成宗时期的制度。到武宗即位的至大二年（1309 年）诏：“中外吏员人等，依世祖定制，以九十月为满。”⑤综观元代吏员考满期，除成宗朝有十二年按一百二十月为考满计算外，其余时期均以九十月为满。

元朝疆域广大。统治者就利用考满期这一手段来调动吏员的积极性，鼓励内地吏员去边远地区任职。

边远地区路途遥远，交通不便，生活艰苦，风俗不同，内地吏员多不愿去。为此，元朝政府对边远地区的吏员的出职给以优待，即减少考满期。不过，这只适用中央或内地派

---

① 《元史》卷 83《选举三》。
② 《元典章》卷 8《至元新格》。
③④ 《元典章》卷 12《译史令出身》。
⑤ 《元史》卷 84《选举四》。

出的吏员,当地人任吏者——即所谓"土吏"不在此例。元朝的"远方",指甘肃行省、云南行省、福建行省、和林行省、四川行省、两广、海北、海南等地。在这些地方任吏的称为"远方吏员"。

至元二十年(1283 年),定:"云南行省极边重地令译史人等,六十月考满。甘肃行省令译史人等,六十五月考满。本土人员,依旧例用。"①

成宗大德初延长吏员考满期后,于大德四年(1300 年)规定:边远地区"虽系远方,平定日久",其令译史等"俱以九十月为满,土人依例一百二十月为满"②。至大元年(1308 年)把和林列为"远方",其吏员也规定九十个月出职。

武宗重新恢复世祖旧制,边远地区吏员出职时间亦相应缩短。至大二年(1309 年)定,"合准旧例,云南六十月,河西、四川六十五月",而土吏"仍九十月为满"③。总之,"远方吏员"考满期都短于内地。

第六,吏员出职品级。一般来说,元朝录事司(在路总管府驻地所设,专管城中民户事的机构)和县、州、府、路等基层衙门中的吏员必须升迁到一定高度吏职,方能出职。而廉访司及以上的高级衙门中的吏员出职,即为品官,其中这一层次衙门中的低级吏员,如六部、御史台的典史,廉访司奏差等亦需按部就班地在吏员升迁序列中慢慢等待出职。

廉访司书吏出职正九品,至元二十八年(1291 年),中书省定:"各道书吏,九十月考满,正九品迁叙。"④"通译史原拟廉访司先役书吏九十月依已定出身,拟正九品挂注,任回添一资历升降。"⑤到元成宗大德七年(1303 年),通史、译史"实役九十月,须历巡检一任,转从九品"⑥。廉访司奏差出职为流外的都目,属于特例。

宣慰司令史出职正八品。大德七年(1303 年)规定:奏差"九十月历巡检一任转正九品"⑦。

六部吏员,令史、译史、通事、知印出职从七品。世祖至元初,中书省规定:"凡部令史三考,注从七品。一考之上,验月日定夺。一考之下,二十月以上者,正九品。十五月以上从九品,十五月以下,令史充提控案牍,通事、译史充巡检。"⑧至元二十一年(1284 年)规定,六部奏差"三考从八品。一考之上,验月日定夺。一考之下,二十月以上巡检,十五月以上酒税醋使,十五月以下酒税醋都监"。六部典吏地位低,出职"以六十月以上,吏目内任用"。不过户参填写堪合典吏,因职掌重要,可出职为从七品⑨。

御史台、枢密院同为从一品衙门,其吏员出职体例相同。令史、译史、通事、知印出职正七品。至元九年(1272 年)规定:"院、台、大司农司令史出身,三考正七品。一考之上,验月日定夺。一考之下,二十月以上为从八品;十五月以上正九品;十五月以下,十月之上为从九品,添一资,历十月以下为巡检。"⑩元世祖至元年间规定:"宣使三考正八品。一考

①②③⑥⑧⑩ 《元史》卷 84《选举四》。

④ 《元典章》卷 12《译史令出身》。

⑤ 《元典章》卷 12《通事译史出身》。

⑦ 《元典章》卷 8《迁转奏差巡检月日》。

⑨ 《元史》卷 83《选举三》。

之上，验月日定夺。一考之下，二十月以上从九品。十五月以上充巡检，十五月以下酒税醋使。”①

行御史台、行枢密院吏员出职分为两种。行台、行院是中央派出机构，其不少吏员由中书省直接委派，这类吏员出职低于台、院一等，即台、院令史，译史、通事、知印出职正七品，行台、行院的同名吏员出职则从七品；台、院宣使出职正八品，行台、行院宣使则出职从八品。这是一种情况。另一种，即行台、行院根据选择吏员的条件自己挑选的吏员，元朝称之为“自行踏逐者”，他们出职体例比中书省委派的吏员又降一等，即令史、译史、通事、知印出职正八品，宣使出职正九品。两种吏员不仅出职体例不同，任职地区亦不同；前者仍回腹里任职，后者则只能在江南任用。

中书省吏员出职。中书省是元朝最高行政机构。省掾（即令史）等吏职是元朝的最高等吏职，因而省掾等出职品秩亦最高。中统四年之前，省掾和通事、译史等出职六品。中统四年之后，改为出职七品。蒙古必阇赤出职正六品或从六品。元朝政府曾规定“中书省蒙古必阇赤俱系从五品迁除”。这比省掾出职从六品高出二等。至元二十七年（1290 年）又定：蒙古“必阇赤拟高省掾一等”②。即蒙古必阇赤出职正六品。在蒙古必阇赤中，管宣敕者待遇最优，“管宣敕者”即负责起草、书写官员任命书，参与官员调动事宜的蒙古必阇赤。享受同样优待的还有写圣旨必阇赤，管奏事、选法、应办刑名文字的必阇赤，“八月算十月，迁转正六品”③。大德元年（1297 年），成宗取消了这种优待，但蒙古必阇赤出职仍为最高。宣使出职体例，在至元十四年（1277 年），中书省具体定为：“省宣使，三考从七品，一考之上，验月日定夺。一考之下，二十月以上者，正九品。十五月从九品。十五月以下充巡检。”④行中书省诸吏员出职体例与行院、行台同名吏员相同。

第七，吏员出职的最高秩限。元朝统治者将吏员分成两类。一类指令史、译史、通事、知印、宣使，以及一部分奏差等。这些吏职主要在中上层衙门，考满出职就入品，即所谓“有出身，考满可入流”者，元朝称之为“有出身吏员”。另一类指路、府、州、县的司吏等。这些吏员出职任流外职，对于前一类，元朝不限制其出职的最高品级，受限的仅是后一类。所谓出职的最高秩限，即后一类吏员出职后被允许担任的最高官品。综观元朝的政策，除仁宗、英宗两朝约十年时间限制较严。“吏人转官，止从七品，在选者降等注授。”⑤其余时间都采取“吏员出身者，秩止四品”的政策⑥。泰定四年（1327 年），“以中书参议傅岩起为吏部尚书。御史韩镛言‘尚书三品秩，岩起由吏累官四品，于法不得升’。制可”⑦。

---

① 《新元史》卷 66《选举三》。

② 《元史》卷 84《选举四》。

③ 《元史》卷 83《选举三》。

④ 《元典章》卷 8《循行选法体例》。

⑤ 《元史》卷 25《仁宗二》。

⑥ 《元史》卷 29《泰定帝一》。

⑦ 《元史》卷 30《泰定帝纪二》。

四、杂科

杂科，即临时选拔非常人才的一种入仕途径。元代主要有以下几种形式：

一是茂才异等，中统二年（1261 年）四月，“诏十路宣抚使……举文学才识可以从政及茂才异等，列名上闻，以听擢用”①。

二是举廉能识体者，成宗大德二年（1298 年）制：“各廉访司所按治城邑内，有廉慎干济者，岁举二人。”大德九年（1304 年）诏：“台、院、部五品以上官，各举廉能识治体者三人，行省、台、宣慰司、廉访司各举五人。”②

三是采用童子举，“成宗大德三年（1299 年），举童子杨山童、海童。五年，大都提举学校所举安西路张秦山，江浙行省举张昇甫。武宗至大元年（1308 年），举武福安。仁宗延祐三年（1316 年），江浙行省举俞傅孙、冯怗哥。六年，河南路举张答罕，学士完者不花举丁顽顽。七年，河间县举杜山童，大兴县举陈聃。英宗至治元年（1321 年），福州路连江县举陈元鳞。至治三年，河南行省举张英。泰定四年（1327 年），福州举叶留耕。文宗天历二年（1329 年），举杜夙灵。至顺二年（1331 年），制举答不歹子买来的。皆以其天资颖悟，超出儿辈，或能默诵经文，书写大字，或能缀辑辞章，讲说经史，并令入国子学教育之”③。

四是别里哥选，即元代的一种特殊的选拔形式。“今乃以省、部除授之官，指为常选，以天子委用之人，指为别里哥选。”④从成吉思汗起，怯薛是蒙古国家机构的核心，它既是可汗的护卫，又是大中军，既照料可汗的家务，又处理国家政事。忽必烈建立新的国家机构后，怯薛主要保存了护卫宫城的职能，其他职能有所削弱，有的甚至失去了。但是怯薛仍由皇帝直接掌握，享有许多特权。1268 年忽必烈又规定各族三品以上的文武官遣子一名充当秃鲁花（质子），秃鲁花军构成了怯薛的一部分。这样，怯薛就扩大成了由蒙古贵族、白身人以及各族高官子弟组成的队伍。据估计，怯薛出身的官员约占官员总数的十分之一，虽然比例不大，但他们往往担任朝廷大员及重要官员。例如，成吉思汗时代的怯薛长，除赤老温无后外，木华黎、博尔术、博尔忽三大家族的子孙共八十四人，其中袭世爵的二十六人，任三品以上官职的二十九人。可见，怯薛是元朝高级官员的摇篮。怯薛成员在担任省院台部的官职以后，仍回怯薛值班，他们“昼出治事，夜入宿卫”。

五是用荫，元代荫袭较盛，故设置也较严密。《元史·选举三》载，至元四年（1267 年）诏：“诸官品正从分等，职官用荫，各止一名。诸荫官不以居官、去任、致仕、身故，其承荫之人，年及二十五以上者听。诸用荫者，以嫡长子。若嫡长子有废疾，立嫡长子之子孙，曾玄同。如无，立嫡长子同母弟，曾玄同。如无，立继室所生。如无，立次室所生。如无，立婢子。如绝嗣者，傍荫其亲兄弟，各及子孙。如无，傍荫伯叔及其子孙。诸用荫者，

---

① 《元史》卷 4《世祖纪一》。

② 《元史》卷 83《选举三》。

③ 《元史》卷 81《选举一》。

④ 《新元史》卷 193《郑介夫传》。

孙降子、曾孙降孙、婢生子及傍荫者，皆于合序品从降一等。”

元成宗大德四年(1300年)，对荫袭品级有细则规定。“诸职官子孙荫叙，正一品子，正五品叙。从一品子，从五品叙。正二品子，正六品叙。从二品子，从六品叙。正三品子，正七品叙。从三品子，从七品叙。正四品子，正八品叙。从四品子，从八品叙。正五品子，正九品叙。从五品子，从九品叙。正六品子(流官于巡检内用、杂职于省札钱谷官内用)、从六品子，近上钱谷官。正七品子，酌中钱谷官。从七品子，近下钱谷官。诸色目人比汉人优一等荫叙，达鲁花赤子孙与民官子孙一体荫叙，傍荫照例降叙。”①

荫叙者需各项文件齐备，无废疾，有保结等限制。至元五年(1268年)，诏：“诸荫官各具父祖历仕缘由、去任身故岁月并所受宣敕札付、彩画宗支，指实该承荫人姓名年甲，本处官司体勘房亲，揭照籍册，别无诈冒，及无废疾过犯等事，上司审验相同，保结申覆，令亲赍文解赴部。”②

承荫人须参加考试，元武宗至大四年(1311年)诏：“诸职官子孙承荫，须试一经一史，能通大义者免儤使，不通者发还习学，蒙古、色目愿试者听，仍量进一阶。”③

承荫人取得荫袭资格确认后，只是给予品阶，而授予职事官则须连续当差使一年，再视品级不同而定。至元五年诏：“诸荫叙人员，除蒙古及已当秃鲁花人数另行定夺外，三品以下、七品以上、年二十五之上者，当儤使一年，并不支俸。满日，三品至五品子孙量材叙用外，六品七品子准上铨注监当差使，以后通验各界增亏定夺。”④

六是入粟补官，元朝各帝均有入粟补官之制的颁行，多授茶盐流官、钱谷官。天历三年，河南、陕西等处灾荒。省臣议：“江南、陕西、河南等处富实之家愿纳粟补官者，验粮数等第，从纳粟人运至被灾处所，随即出给勘合朱钞，实授茶盐流官，咨申省部除授。凡钱谷官隶行省者行省铨注，腹里省者吏部注拟，考满依例升转。”⑤

按地区富庶程度的不同，制定了入粟多少与补官等级的对应规定。“陕西省：一千五百石之上，从七品。一千石之上，正八品。五百石之上，从八品。三百石之上，正九品。二百石之上，从九品。一百石之上，上等钱谷官。八十石之上，中等钱谷官。五十石之上，下等钱谷官。”“河南并腹里：二千石之上，从七品，一千五百石之上，正八品。一千石之上，从八品。五百石之上，正九品。三百石之上，从九品。二百石之上，上等钱谷官。一百五十石之上，中等钱谷官。一百石之上，下等钱谷官。江南三省：一万石之上，正七品。五千石之上，从七品。三千石之上，正八品。二千石之上，从八品。一千石之上，正九品。五百石之上，从九品。三百石之上，上等钱谷官。二百五十石之上，中等钱谷官。二百石之上，下等钱谷官。”⑥

以往因入粟授虚名者，可再入粟而实授茶盐流官。“陕西省：一千石之上，从七品。六百六十石之上，正八品。三百三十石之上，从八品。二百石之上，正九品。一百三十石之上，从九品。河南并腹里：一千三百三十石之上，从七品。一千石之上，正八品。六百六十石之上，从八品。三百三十石之上，正九品。二百石之上，从九品。江南三省：六千

①②③④ 《元史》卷83《选举三》。

⑤⑥ 《元史》卷82《选举二》。

六百六十石之上，正七品。三千三百三十石之上，从七品。二千石之上，正八品。一千三百三十石之上，从八品。六百六十石之上，正九品。三百三十石之上，从九品。”①已经入粟而授茶盐流官者，可再入粟而加等升职。

七是获盗赏官，元成宗大德五年（1301 年），诏：“获强盗五人，与一官。捕盗官及应捕人，本境失盗而获他境盗者，听功过相补。获强盗过五人，捕盗官减一资，至十五人升一等，应捕人与一官，不在论赏之列。”②

八是募农授官，元顺帝至正十三年（1353 年），设分司农司。“降空名添设职事敕牒一十二道，遣使赍往其地，有能募农民一百名者授正九品，二百名者正八品，三百名者从七品，即书填流官职名给之，就令管领所募农夫，不出四月十五日，俱至田所，期年为满，即放还家。”③

五、元代科举简评

蒙元统治者在消灭南宋、统一中国之前，就占领了北方达三十年之久，统一后又有九十年时间。在一百三十余年的时间里，北方地区的科举停止了七十年，南方停止了三十年。因此，在元统治的五十余年中，总计开科举共十六科，录取进士一千一百三十九名，其中汉人，包括汉化的女真最多不过七百人，加上乡试中选的举人共二千四百人。三千五百多名进士、举人，就算全部进入官吏队伍，每年才不过六十多人，远远满足不了政权对官员队伍的需要。据《元史·韩镛传》记载：元末时，“由进士入官者仅百之一，由吏致位显要者十之九”。到了元末时期，统治者认识到科举的重要，但为时已晚。在红巾军占领汴梁城时，河南省的乡试改在陕西省新建的贡院举行。至正二十年（1360 年）时，前往大都参加会试的举人只有八十八人，不到规定人数的三分之一，但会试依然举行，还超额了录取比例，共有三十五名成为进士。这些人中，有许多在政权更替中，恪守封建忠君之道，为元朝守土尽节。

元统治者长期认为，以词赋经义取士的做法，以尊崇儒学的思想来选任官员均是不可取的汉化政策。他们在总结金朝灭亡的教训时，一直认为金朝采用汉化的科举政策是失败的根源，且对金朝依汉法治理原汉族统治区域的成就视而不见或认识不足。

元朝科举的得与失，尤其是前期、中期不重视科举的严重后果，以及晚期对科举的重新认识，为明朝统治者提供了可供借鉴的经验教训，对于后来的王朝重视科举、发展科举带来了直接的影响。

元代登科表

庙号	年号	年数	科名	状元		登科人数
				右榜	左榜	
仁宗	延祐	二	乙卯	噜呼图克岱尔	张起岩	56
		五	戊午	身图克岱尔	霍希贤	50

①② 《元史》卷 82《选举二》。

③ 《元史》卷 43《顺帝纪六》。

续表

<table>
<tr><th rowspan="2">庙号</th><th rowspan="2">年号</th><th rowspan="2">年数</th><th rowspan="2">科名</th><th colspan="2">状元</th><th rowspan="2">登科人数</th></tr>
<tr><th>右榜</th><th>左榜</th></tr>
<tr><td>英宗</td><td>至治</td><td>元</td><td>辛酉</td><td>达噜噶</td><td>宋本</td><td>64</td></tr>
<tr><td rowspan="2">泰定帝</td><td rowspan="2">泰定</td><td>元</td><td>甲子</td><td>巴拉</td><td>张益</td><td>54</td></tr>
<tr><td>四</td><td>丁卯</td><td>阿恰齐</td><td>李黼</td><td>85</td></tr>
<tr><td>文宗</td><td>至顺</td><td>元</td><td>庚午</td><td>笃列图</td><td>王文煜</td><td>97</td></tr>
<tr><td rowspan="10">顺帝</td><td>元统</td><td>元</td><td>癸酉</td><td>同同</td><td>李齐</td><td>100</td></tr>
<tr><td rowspan="9">至正</td><td>二</td><td>辛巳</td><td>拜珠</td><td>陈祖仁</td><td>78</td></tr>
<tr><td>五</td><td>乙酉</td><td>布延布哈</td><td>张士坚</td><td>78</td></tr>
<tr><td>八</td><td>戊子</td><td>阿噜呼木特穆尔</td><td>王宗哲</td><td>108</td></tr>
<tr><td>十一</td><td>辛卯</td><td>图烈图</td><td>文允中</td><td>83</td></tr>
<tr><td>十四</td><td>甲午</td><td>薛朝晤</td><td>牛继志</td><td>62</td></tr>
<tr><td>十七</td><td>丁酉</td><td>倪徵</td><td>王宗嗣</td><td>51</td></tr>
<tr><td>二十</td><td>庚子</td><td>迈珠</td><td>魏元礼</td><td>35</td></tr>
<tr><td>二三</td><td>癸卯</td><td>宝宝</td><td>杨輗</td><td>62</td></tr>
<tr><td>二六</td><td>丙午</td><td>哈喇布哈</td><td>张栋</td><td>72</td></tr>
</table>

据《续文献通考·选举》《续通典·选举》《元史·选举志》制。

第四章　文官的任用

宋代文官的任用比以前的时代更为细密,加强了中央集权,维护了国家的稳定。但是,最高统治者为了防范下属专权,有意设置若干衙门,造成机构重叠,职责不清。与此同时,对官员的数量也控制不当,造成了"冗官"问题,有宋一代,一直难以解决。

辽、夏、金、元这些少数民族建立的政权,均在一定时期、一定程度上保留了自己民族特色的任用政策,但在稳固政权以后,则充分运用了汉民族先进的任用政策,以汉人来治理国家,为中华民族的文官任用添花加彩。但由于多种原因,有的少数民族政权的文官任用资料保留下来的太少,这不能不说是遗憾。

第一节　宋代文官的任用

一、分级任用

宋朝经科举或其他方式选拔合格的士人,就取得了官员身份和任职资格。与以前王朝相比,宋朝文官任用制度的变化主要表现在以下方面:

1. 铨选机构及权限的变化

宋初,吏部尚书与官吏铨选无关,官吏的任用调动升迁权则由几个机构分别掌握,"京朝官则审官院主之,武臣刺史、副率以上内职,枢密院主之,使臣则三班院主之。其后,典选之职分为四:文选曰审官东院,曰流内铨,武选曰审官西院,曰三班院"①。人事权的分散割裂,导致权责不明,任用混乱。

宋神宗即位后,即对这种状况加以整顿,重新将人事权划回吏部专管,再按吏部主官品秩高低分掌不同等级官员的铨选。"每选更以品秩分治,于是吏部始有四选法。"②其具体情况是,"元丰定制而后,铨注之法,悉归选部;以审官东院为尚书左选,流内铨为侍郎左选,审官西院为尚书右选,三班院为侍郎右选,于是吏部有四选之法。文臣寄禄官自朝议大夫,职事官自大理正以下,非中书省敕授者,归尚书左选;武臣升朝官自皇城使,职事官自金吾阶卫仗司以下,非枢密院宣授者,归尚书右选;自初仕至州县幕职官,归侍郎左选;自借差、监当至供奉官、军使,归侍郎右选"③。宋代中高级官员的任命则由尚书省、中书省、枢密院主之。并且规定"凡应注拟、升移、叙复、荫补、封赠、酬赏,随所分隶校勘合格,团甲以上尚书省,若中散大夫、阁门使以上,则列选叙之状上中书省、枢密院,得画旨,给告身"④。

①③④　《宋史》卷158《选举四》。

②　《宋史》卷340《苏颂传》。

2. 官、职、差遣分授制的变化与作用

宋初,统一全国的战争仍在进行之中。此时宋的功臣故旧、前朝遗老遗少及降服的地方势力掌握很大实权,既对中央集权和君主专制构成威胁,也是极严重的社会动乱因素。因此,宋实行官、职、差遣分授制,将官、职、差遣作为三种不同序列来分别授予官员,以此来改变或增强中央对官员队伍的管理。

官,又称阶官、散官或散阶,其名称与唐代职事官名同,如尚书、侍郎、县令等,但与职事脱钩,无具体职掌,只是表示官阶等级以表明俸禄多少,作为铨叙与升迁依据,所以又称为"寄禄官"。

职,主要有三馆兼职、诸殿职、诸阁职等,性质相近。职的设置是宋初统治者用以选拔文学之士,倡导文治,消除唐末五代武人跋扈的策略之一。充任馆职者有的是特殊荣誉,有的则类于皇帝的秘书和顾问,更为多数的是中高级官僚的后备成员。宋建隆元年(960年),"昭文馆置大学士,宰相兼领"。皇祐元年,诏:特置观文殿大学士,"宠待旧相,今后尝任宰相,乃得除授"①。"国朝馆阁之选,皆天下英俊,然必试而后命。一经此职,遂为名流。"②直到南宋,馆阁职才失去了从前的显赫地位。

差遣,北宋前期任命实际掌握中央和地方权力的官员的称谓。"宋初,台、省、寺、监官犹多莅本司,亦各有员额资考之制,各以曹署闲剧著为月限,考满则迁,庆恩止转阶、勋、爵、邑。建隆二年(961年),始以右监门卫将军魏仁涤为右神武将军,水部员外郎朱洞为都官员外郎,监察御史李铸为殿中侍御史,以仁涤等掌曲蘖,领关征外有羡也。自是,废岁满叙迁之典。是后,多掌事于外,诸司互以他官领之,虽有正官,非别受诏亦不领本司之务。又官有其名而不除者甚众,皆无定员、无月限,不计资品,任官者但常食其俸而已。时议以近职为贵,中外又以差遣别轻重焉。"③

在地方推行差遣,有利于剥夺藩镇职权,建立新的地方统治体系。建隆三年(962年)五月,"诏县令佐检察差役"④。十二月,又在每县复置县尉一人,"凡盗贼,斗讼先委镇将者,诏县令及尉复领其事",使"镇将所主,不及乡村,但郭内而已"⑤。乾德元年(963年),开始以京朝官出任县级的差遣,"命大理正奚屿知馆陶县,监察御史王祐知魏县,杨应梦知永济县,屯田员外郎于继徽知临清县"⑥。"命户部侍郎吕余庆权知潭州。""始命刑部郎中贾玭通判湖南诸州。"⑦此后,"方镇阙守帅,稍命文臣权知;所在场院,间遣京朝官廷臣监临"⑧。这样,以往的地方职事官均由差遣取代,"而节度、承宣、观察、团练、防御、刺史则俱无职任。特以为武臣迁转之次序"⑨。

差遣在北宋初期,对巩固封建国家的统一,加强中央集权有一定积极作用。但是,差

① 《职官分记》卷15。

② 《文献通考》卷54《职官八》。

③ 《宋史》卷169《职官九》。

④⑤ 《续资治通鉴长编》卷3"建隆三年"。

⑥⑦ 《续资治通鉴长编》卷4"乾德元年"。

⑧ 《续资治通鉴长编》卷6"乾德三年"。

⑨ 《文献通考》卷59《职官十三》。

遣制也随着社会形势的变化而弊端百生。

一是官、职、差遣分授制，往往出现封建官员“差遣罢，而官、职尚存，职落而官如故”①。从而出现大批挂空衔、食优俸而无所事事的官员，导致北宋官僚队伍急剧膨胀。从宋真宗景德年间（1004—1007 年）到宋仁宗皇祐年中（1049—1054 年），不足五十年时间，官员人数就由万余人增至二万余人，整整翻了一番②。冗官问题成为困扰统治阶级而又始终无法克服的严重社会问题。

二是实行分授制，三省六部、九寺五监等中央职能机构渐变为闲散之所，而又保留不废，新的掌实权的机构又不断滋生。北宋神宗以前官僚机构的庞杂臃肿、职事混乱算得上“享有盛名”。

三是分授制度推行后，官、职、差遣名称相混，“于三者之中，复有名同实异，交错难知”。使北宋的官僚制度紊乱，特别是以幕职令录作为选人阶官的名称，“而幕职令录则各有所系属之监司、州县，遂至有以京西路县令为阶官，而为河北路转运司勾当公事者；有以陕西路某军节度判官为阶官，而为河东路某州州学教授者；有以无为军判官为阶官，而试秘书省校书郎者。其从杂可笑尤甚”③。

经百余年的经营，宋朝君主专权之态势已很牢固，官、职、差遣分授制也完成了其历史使命。宋神宗元丰改制，将官名与其职掌合二为一，寄禄官成为名副其实的职事官，另外杂取唐代及此前的散官旧名，制定阶官，成为新序列和新名称的寄禄官。

神宗元丰时改定官制表

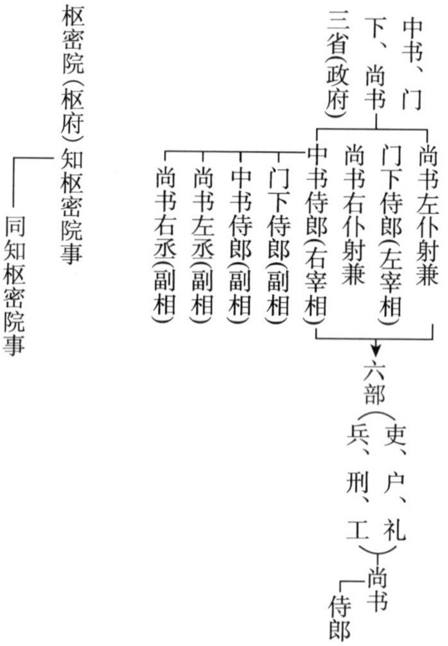

① 《潜研堂文集》卷 34《答袁简斋书》。

② 《文献通考》卷 47《职官一》。

③ 《文献通考》卷 64《职官十八》。

二、有关任用的限制条款

1. 出身、荐举、考试与资格在任用中的重要作用

这几项规定分别或综合地对初仕者入仕或现任官员的调动升迁发生重要作用,有的还对官员一生仕宦起决定性作用。

一是出身,即指某一官员在入仕前的身份和入仕途径。有出身人,是指各科举人经殿试合格,由朝廷赐予及第、出身或同出身;其他诸科举人和太学上舍生入仕合格者,赐本科、上舍出身或同出身。或因文才出众,未经殿试,而被赐进士出身或同进士出身者,均为"有出身人"。而其他经荫补或杂流入仕者,统称为"无出身人"。有出身人和无出身人,在任用方面的差异十分明显,并对以后的升迁有至关重要的作用。如充任地方官职,"有出身:进士、明经入望州判、司,次畿(县)簿、尉。九经入紧州判、司,望县簿、尉。诸科、明法入上州判、司,紧县簿、尉。学究、武举得班行人换授,入中州判、司,上县簿、尉。无出身:太庙斋郎入中下州判、司,中县簿、尉。郊社斋郎、试衔白衣送铨注官,司士、文学、参军、长史、司马、助教得正官,并班行试换文资,入下州判、司,中下县簿、尉"①。有无出身在迁调时所起作用也不一样,如地方中级官员的迁调,"判、司、簿、尉有出身两任四考,无出身两任五考,摄官出判、司三任七考,并入录事参军。但有举主四人或有合使举主二人,并许通注县令。流外出身四任十考,入录事参军。进纳出身三任七考,曾省试下第二任五考,入下州令、录,仍差监当"②。

二是荐举,是宋朝广泛运用于任用官员的一种方式,尤其在官员任职与升迁方面有普遍性和特殊作用。一般情况下,下级官员都需要由一定数目的上级官员荐举,才能荣升更高一级的职位或寄禄官阶。

宋初荐举更多地运用于任用地方官。建隆三年(962 年)诏,翰林学士和文班常参官曾经任幕职、州县官者,各举能为幕职、令录一人③。太平兴国七年(982 年)诏:"翰林学士承旨李昉及库部员外郎杨徽之等十一人,举三司判官及转运使各一人。"④

从宋真宗开始,扩大了荐举官种范围。大中祥符三年(1010 年)以后,为使荐举更加符合官、职、差遣分授的实际,将差遣荐举与磨勘⑤举主做了区分。仁宗即位后,为缓减冗官的增加速度,对荐举人数和其身份的规定更为严格。"初,选人⑥四考,有举者四人,得磨勘迁京官"⑦。天圣后"始诏增为六考,举者五人,须有本部使者"。"被举者须有本部

---

①② 《宋史》卷 169《职官九》。

③ 《续通鉴长编》卷 3"建隆三年"。

④ 《续通鉴长编》卷 23"太平兴国七年"。

⑤ 磨勘:宋寄禄官迁转皆有定年,任内每年勘验其劳绩过失,吏部复查后决定迁转寄禄官阶,称磨勘,选人唯改京官时才实行磨勘。

⑥ 选人,低级文官寄禄官,即幕职州县官,未入流而参加吏部铨选者,如斋郎、试寄衔等,亦称选人。

⑦ 京官,宋将军、宰相以下在朝廷做官者中,常参官称为朝官,未常参者称京官。

监司、长吏、按察官，乃得磨勘。”①此外，还多次诏令限定中央或地方官员每年荐举的数额，防止荐举权的滥用，因为在荐举中徇私情和滥竽充数的情况严重。“荐吏者岁限定员，务充数而已。如郡守岁许荐五人，而岁终不满其数，则人人以为遗己。当举者避谤畏讥，欲止不敢，此荐者所以多，而真才实廉未免浊于无能也。”又“旧举官往往缘求请得之”。英宗时诏减荐举人数。神宗一度“诏内外举官法皆罢”②。但死抱成法不变的宋朝统治者“明知不可为而为之”，哲宗“复内外举官法”③。以后，荐举章法一变再变，然而始终无济于事，因荐举本质上不是一种好的方式。

三是考试，是初仕者和低级官员获得差遣、职事、迁升、武职转文职的重要途径。

宋代凡选人（包括官员所荫补亲属，同进士出身，特奏名者等）及宗室子弟须赴吏部流内铨应试，或赴吏部长官厅前帘试，合格者方能授予差遣之职。如余靖“举进士起家，为赣县尉，试书判拔萃，改将作监丞”④。又蒋堂“擢进士第，为楚州团练推官。满岁，吏部引对，真宗览所试判，善之，特授大理寺丞、知临川县”⑤。真宗时，仿唐制，命近臣与判吏部流内铨官以身、言、书，判试选人，判词优等，授京官知县或大理寺丞，其次循一资或授职官知县，并引对便殿。如掌禹锡，“中进士第，为道州司理参军。试身言书判第一，改大理寺丞”⑥。又周湛“进士甲科，为开州推官。中身、言、书、判，改秘书省著作郎、通判戎州”⑦。

由于试判在实施中累生弊端，引起不少非议，宋神宗熙宁中，改试判为铨试。“熙宁四年（1071 年），遂定铨试之制：凡守选者，岁以二月、八月试断按二，或律令大义五，或议三道，后增试经义。法官同铨曹撰式考试，第为三等，上等免选注官，优等升资如判超格，无出身者赐之出身。自是不复试判。”⑧

武职转文官须考试，及格后再转。如“诸武臣试换文资，于《易》、《诗》、《周礼》、《礼记》各专一经，仍兼《论》、《孟》；愿试诗赋及依法官条试断案、刑统大义者，听”⑨。

四是资格，即在某一或某几种官职中时间长短和政绩情况而形成的身份。宋制，各类差遣皆有任期，满一任即得一资，又称资任。资作为考察官员、注授差遣的一种依据，选人递迁之法称循资，也就是指选人依不同出身、考、任数及举主人数，自下而上递升，依格铨授，不得逾越。宋朝官员任用中普遍运用资格原则，尤其在差遣、升迁方面有主导作用。

2. 任官年龄

宋朝任官年龄，“今世出仕者，年至二十始许莅官，才登七旬，即盍致仕”⑩。“京官年

①②③ 《宋史》卷160《选举六》。
④ 《宋史》卷320《余靖传》。
⑤ 《宋史》卷298《蒋堂传》。
⑥ 《宋史》卷294《掌禹锡传》。
⑦ 《宋史》卷300《周湛传》。
⑧ 《宋史》卷158《选举四》。
⑨ 《宋史》卷169《职官九》。
⑩ 《愧郯录》卷6《官华实年》。

二十五以上，岁首赴试于国子监，考法如选人，中格者调官。”“任子年及二十，听赴铨试。其试不中或不能试，选人满三岁许注官，惟不得入县令、司理、司法。任子年及三十方许参注，若年及二十授官，已及三年，出官亦不用试。”①宗室子弟年二十五岁以上者，出官前由礼部贡院加以考试，称“量试”。及格者授保义郎或承节郎，不合格者，四十岁以上，授承信郎，四十岁以下者，许省试时再试②。

由于年龄限制对于平民和品官子弟的任用效力相反，故多数人均在年龄上做文章，而有了官年和实年（即实际年龄）的区别。

官年，官员上报朝廷的年龄。宋平民初次应举，必虚减岁数，以期及第后得与富室为婚；若不幸潦倒场屋，得特奏名恩典，亦可趁六十岁以下当官。品官子女、亲属、则多虚增岁数，以便荫补后早登仕籍。以此，遂有“官年”和“实年”的差别，并得到朝廷准许，形于制书。

完善的履历文件。如“初入仕，必具乡贯户头、三代名衔、家口年齿、出身履历，若注授转官，则又加举主，有无过犯。崇观间即书不系元祐党籍，绍兴间即云不系蔡京、童贯、朱勔、王黼等亲属，召保官结罪，庆元间人加即不是伪学。近渐次除去”③。

3. 保举连坐

保举连坐，即选人出官和被荐官员的官告上须明白登记举主姓名；如任职期间不如举状，有“违犯名教”，犯贪赃罪等，则举主连坐。天圣六年（1028 年）“右谏议大夫，权判吏部流内铨胡则坐失保任，降为太常少卿、知池州”④。政和年间，“专用通仕、登仕、将仕三阶奏补未出官人，承直至修职须六考，迪功七考，有官保任而职司居其一，乃得磨勘。坐愆犯，则随轻重加考及举官有差”⑤。包拯为刑部郎中“坐失保任，左授兵部员外郎、知池州”⑥。

4. 回避

一是避亲，即任命官员时，对有亲属或婚姻所做的限制规定。如北宋宰相、执政亲属就不能任用为翰林学士、知制诰、中书舍人等官。南宋改为只避本省官，如宰相和尚书左右丞亲属不得任尚书侍郎等官。再如，宋还实行两府亲戚回避。“国朝旧制，父子兄弟及亲近之在两府者，与侍从执政之官，必相回避。熙宁初，吕公弼为枢密使，其弟公著除御史中丞，制曰：‘久欲登于近用，尚有避于当涂。’公弼闻之，义不能安，遂乞罢枢府。久之，以观文学士知并州。”又“韩魏公掌诰，奏父入参大政，引唐独孤郁、权德舆故事，恳求解职，太宗览奏称叹，除集贤殿修撰。赵公罢，公复职，诏冠西掖，亲择犀带以赐之。今丞相陈公尧叟作相，婿王举正；曼殊作相，婿杨察；忠献韩公执政，婿李淑，皆引公之请为法，改以他职”⑦。

---

①⑤ 《宋史》卷 158《选举四》。

② 《宋史》卷 157《选举三》。

③ 《朝野类要》卷 3《脚色》。

④ 《续通鉴长编》卷 106“天圣六年”。

⑥ 《宋史》卷 316《包拯传》。

⑦ 《宋朝事实类苑》卷 28《官职仪制》。

为使亲戚回避不产生异议，特对亲戚范围作了明确限定。“诸称亲戚者，谓同居（无服同）若缌麻以上（本宗袒免同）母、妻，大功以上亲（姑、姊、妹、侄女、孙女之夫，侄女、孙女之子同），女婿，子妇之父祖兄弟（孙女婿及孙妇之父、兄弟、妻及姊妹夫之父同），母、妻、姊妹、外孙及甥之夫（妻之姊妹之子，若外祖父及舅同）。”①

宋朝关于回避的记载多如牛毛：

王旦，淳化四年（993 年），“同判吏部流内铨，知考课院。会妻父赵昌言参知政事，旦上奏，以知制诰中书属官，引唐独孤郁避权德舆故事，因求解职，上嘉而许之。以礼部郎中充集贤殿修撰，掌铨课如故”②。

沈作宾，“除大理正，亲嫌，改太府丞，迁刑部郎”。

韩亿，“真宗尝欲召试，而与王旦有亲嫌，特召见，改一官知洋州”③。

赵屼“避执政亲嫌，改都官员外郎，出提点京东刑狱”④。

绍兴十八年（1148 年），“秦熺乞避父子共政，以为观文殿学士、提举万寿观、兼侍读、提举秘书省”⑤。

陈贵谊“迁太常博士。以兄贵谦兼礼部郎官，引嫌，迁将作监丞兼魏惠宪王府小学教授”⑥。

“诸职事相干或统摄有亲戚者，并回避。虽非命官而任使臣、差遣者亦是。其转运司帐计官于诸州造帐官，提点刑狱司检法官于知州、通判、签判、幕职官、司理、司法参军、录事司户兼鞫狱检法者同，亦避。即尚书省及六曹于外任官知州带钤辖提举兵甲贼盗，于本路官，宗室于本宗袒免亲。各不选。”

“诸经略，安抚，监司属官与本路逐司官系亲嫌者，并回避。经略安抚司主管机宜文字官，非。”

“诸州推法司于提点刑狱司吏人有亲戚者，并自陈回避。”⑦

二是名姓回避，是在任用方面的表现形式之一。据李焘奏疏载：“雍熙二年（985 年），有诏凡除官内有家讳者，三省御史台五品、文班四品以上，许用式奏改，余不许。嘉祐六年，翰林学士贾黯知审官院，奏准下太常，礼院，大理寺同议，言祖父之名，子孙所不忍道，不系官品之高下，并当回避。乃诏凡府号官称犯祖父名而非嫌名及二名者，并听回避。其后韩绛除枢密副使，自言枢字与祖名下一字同，乞避免，不许。”“宋敏求提举万寿观，敏求父名绶，自言寿字犯父嫌名，诏改醴泉观。”又有“《朝野类要》云‘授职任而犯三代名讳者，许避之’。而天禧初，张嗣右除起居郎，以犯讳辞免，改名修注官。其余若一名

① 《庆元条法事类》卷 8《亲嫌》。

② 《宋朝事实类苑》卷 12《名臣事迹》。

③ 《宋史》卷 315《韩亿传》。

④ 《宋史》卷 316《赵抃传》。

⑤ 《宋史》卷 30《高宗纪七》。

⑥ 《宋史》卷 419《陈贵谊传》。

⑦ 《庆元条法事类》卷 8《亲嫌》。

偏犯，则不避”①。吕希纯“迁著作郎”，因其父姓名吕公著，“以父讳不拜”②。

为了保证名讳回避的执行，宋朝统治者还运用了法律武器。宋律文规定，“诸府号官称犯祖父名而冒荣居之……徒一年”。具体规定，“府号者，假若父名卫，不得于诸卫任官，或祖名安，不得任长安县职之类。官称者，或父名军，不得作将军，或祖名卿，不得居卿任之类”③。

官员在被任命或接受差遣时，如需姓名回避，则不得接受任命或改地、改官、换官等。

改地，即改换所授差遣地方。宋敏求提举万寿观公事，因观名犯其父嫌名，改为提举醴泉观。贾易知寿州，因州名犯其祖讳，改知宣州。马骘任权发遣衡州，因本州安仁县名犯其父讳，改差主管台州崇道观。

改官，淳熙十五年（1188 年），“罗点自户部员外郎为起居舍人，避其祖讳，乃以为太常少卿兼侍立修注官”④。

换官，已授差遣官员因姓名回避，可与资序相同官员互换，经有关铨选机构审验认可，即生效。已经对换，就不得再换。

官员升迁转官、官序名犯家讳，官衔则暂带“寄理”二字，待以后一并升转。更有因此而升品者。“国初，枢密使吕延祚以父讳璋，加同中书门下二品，用升品也。”⑤

欧阳修像

三是职事回避，这一种回避所见的记载不多。阎询“诏治王素狱，坐有姻嫌不以闻，降监河阳酒税”⑥。“诸被差请鞫狱，录问、检法而与罪人，若干系人有亲嫌应避者（亲，谓同居或袒免以上亲，缌麻以上亲之夫、子、妻，或大功以上婚姻之家，或母、妻大功以上亲之夫、子、妻，或女婿、子妇缌麻以上亲，或兄弟妻及姊妹夫之期以上亲。嫌，谓现任统属官，或经为授业师，或曾相荐举，有仇怨者，及缘亲者，仍两相避。）自陈改差。所属勘会，诣实保明及具改差讫，因依申刑部，仍报御史台。即录问，检法与鞫狱，若检法与录问官吏有亲嫌者，准此。”⑦

宋朝文官任用的回避，在皇帝干扰下，有时形同虚设。如晏殊“善知人，富弼、杨察，皆其婿也。殊为宰相兼枢密使，而弼为副使，辞所兼，诏不许，其信遇如此”⑧。英宗对辅臣曾公亮、欧阳修、韩琦、赵概说：

① 《池北偶谈》卷 4《阶官避家讳》。

② 《宋史》卷 336《吕公著传》。

③ 《宋刑统》10《职制律》。

④ 《宋史》卷 161《职官一》。

⑤ 《宋朝事实类苑》卷 25《官职仪制》。

⑥ 《宋史》卷 333《阎询传》。

⑦ 《庆元条法事类》卷 8《亲嫌》。

⑧ 《宋史》卷 311《晏殊传》。

“卿等为朕各举才行兼善者数人，虽亲戚世家勿嫌，朕当亲阅可否。”①

此外，宋朝的地区回避执行也不力。如包拯为庐州人（今安徽合肥），后徙“庐州”，即在原籍任知州。

5. 关于任用宗室、外戚、伎术官的限制

宋代对宗室防范很严，想方设法以尽力限制宗室的权势。

一是规定亲王不能世代承袭。“皇子之为王者，封爵仅止其身。而子孙不问嫡庶，不过承荫入仕，为环卫官，廉车节钺，以序而迁，如庶姓贵官荫子入仕之例。必须历任年深，齿德稍尊，方特封以王爵，而其祖、父所受之爵则不袭也。”②

二是对宗室出任要职限制颇严。尤其是北宋时期，规定宗室不得为宰相，不得参与机事等。宗室出任外州，要么不允，要么仅为挂名。宗室王赵颢“自熙宁以来，颢屡请居外，章上辄却”③。宋太宗令其侄子德恭、德隆分别出任济州、沂州。又“命起居舍人韩检、右补阙刘蒙叟分任二州通判。上临遣之，曰：德恭等始历郡，善裨赞之。苟有阙失而不力正，止罪尔等”④，“郡事皆决于蒙叟”⑤。

三是规定诸王之间“过从有禁，非朝谒从祠不得会见”⑥。它官与宗室王交结更属严禁之列。太宗即位，赵普再相，“廉得（考察，视察）卢多逊与廷美交通事上闻。上怒、责授多逊兵部尚书，下御史狱”⑦。仁宗时，宰相吕夷简“私交荆王元俨”，受弹劾⑧。

四是为防止外戚扰乱政治。仁宗皇祐二年（1050年），“诏后妃之家毋得除二府职任”⑨。徽宗崇宁二年（1103年），诏：“自今戚里宗属勿复为执政官，著为令。”⑩

孝宗朝，钱端礼为参知政事兼权知枢密院事，“时久不置相，端礼以首参阙相位甚急。皇长子邓王夫人，端礼女也，殿中侍御史唐尧封论端礼帝姻，不可任执政”。“吏部侍郎陈俊卿抗疏……且谓本朝无以戚属为相，此惧不可为子孙法。逮进读《宝训》，适及外戚，因言：祖宗家法，外戚不与政，最有深意，陛下所宜守。”后来“邓王立为太子，端礼引嫌，除资政殿大学士、提举德寿宫兼侍读，改提举洞霄宫”⑪。建炎二年（1128年）诏：“凡后族毋任侍从官，著为令。”⑫

五是对伎术官任用的限制。“开宝中，教坊使卫某年老，当补外，援后唐故事，求领小郡。太祖曰：‘伶人为刺史，岂治朝事，尚可法耶？第令于本部中迁叙’……乃以为太常太

① 《宋朝事实类苑》卷5《祖宗圣训》。
② 《文献通考》卷277《封建十八》。
③ 《宋史》卷246《宗室三》。
④ 《宋史》卷244《宗室一》。
⑤ 《宋史》卷263《刘熙古传》。
⑥⑧ 《续资治通鉴长编》卷117“景祐二年”。
⑦ 《宋史》卷244《宗室一》。
⑨ 《宋史》卷12《仁宗纪四》。
⑩ 《宋史》卷19《徽宗一》。
⑪ 《宋史》卷385《钱端礼传》。
⑫ 《宋史》卷25《高宗纪二》。

乐令。”①

“秦国长公主尝为子庄宅使世隆求正刺史，真宗曰：‘正刺史系朝廷公议，不可。’鲁国长公主为翰林医官使赵自化求尚食使兼医官院事，上谓王继英曰：‘雍王元份亦尝为自化求遥郡，朕以遥郡非医官所领，此固不可也。”②

“祥符中，诸王有以翰林使医有效，乞除遥郡，真宗曰：‘医工为郡，非治朝美事，厚赐之可也。’仍令宰相面谕此意。”③

仁宗天圣元年（1023年），“禁伎术官求辅臣、宗室荐举”④。嘉祐三年（1058年）诏：“吏人及伎术官职，毋得任知州军，提点刑狱，自军班出至正任者，方得知边要州军。”⑤

“应伎术官不得与士大夫齿，贱之也。至道二年（996年）正月，申严其禁，虽见任京朝，遇庆泽只加勋阶，不得拟常参官。此与书学、画学、算学、律学并列，于文武两学者异矣。”⑥

6. 任职经历的限制

宋朝强调京官须有地方行政的经历，这对京官的全面行政素质的充实和提高大有益处，这是宋代文官任用的一大进步与发展。

一是实行须入制。选人初次选任京官，必须要曾有任过知县或县令经历者，谓之“须入”。庆元初规定，除殿试头三名，省试第一名外，其余人等皆须出任县令。庆元五年（1199年），又命大理评事已改官而未历县令者，必须补课，作一次自知州、知县至监镇、知寨等亲民官。乾道元年诏：“今后非曾任监司、守臣，不除郎官，著为令。”⑦“今世选人改官，必实历知县三年，谓之亲民……余非被朝廷识擢，无不由此途者。”⑧

地方任职经历成为中央郎官、卿监、侍从等官的必备条件。徽宗宣和六年（1124年）诏：“自今非历台阁、寺监、监司、郡守、开封府曹官者，不得为郎官、卿监，著为令。”⑨

绍兴元年（1127年），“诏京宫、知县并堂除，内外侍从各举可任县令者二人，犯赃连坐。自今不历县令者勿除监司、郎官，不历外任者勿除侍从，著为令”⑩。

绍兴二十八年（1158年），诏：“自今用人，选帅臣、监司曾任郎官以上者为侍从，监司、郡守有政绩者为卿监、郎官，朝官二年乃迁，卿监、郎官未历监司者更迭补外。”⑪

乾道二年（1166年）诏：“县令非两任，毋除监察御史。”又诏：“改官人实历知县一任，方许关升。著为定式。”⑫

---

① 《宋朝事实类苑》卷1《祖宗圣训》。
②③ 《宋朝事实类苑》卷3《祖宗圣训》。
④ 《宋史》卷9《仁宗纪一》。
⑤ 《宋史》卷12《仁宗纪四》。
⑥ 《燕翼诒谋录》卷2《伎术官不得拟常参官》
⑦ 《宋史》卷116《职官三》。
⑧ 《愧郯录》卷9《作邑之制》。
⑨ 《宋史》卷22《徽宗纪四》。
⑩ 《宋史》卷26《高宗纪三》。
⑪ 《宋史》卷31《高宗纪八》。
⑫ 《宋史》卷33《孝宗纪一》。

汪应辰“绍兴五年(1135年),进士第一人,年甫十八……上欲即除馆职,赵鼎言:‘且令历外任,养成其材。’乃授镇东军签判。故事,殿试第一人无待次者,至是,取一年半阙以归”①。

吏部尚书汪应辰,幼为南宋罕见的神童,五岁知书,属对应声语惊人,多识奇字

二是南宋形成的文官两条升迁主线,尤能反映任职条件的重要。乾道四年(1168年),有臣僚进言:“‘天下之事,必历而后知,试而后见。为县令者必为丞簿,为郡守者必为通判,为监司者必为郡守,皆有等差。自今职事官及局务官,必任满方许求外,未历亲民任使,即未得拟州郡,且授通判。’诏从之。”②一条是“由出升而关升,由关升而改官知县,由改官知县而为四辖六院③,由四辖六院而为察官,由察官而为卿监,由卿监而为侍从,由侍从而为执政大臣”,另一条是“由知州、监、司而为郎,由郎而为卿、监、侍从、执政”④。

据史籍记载:淳熙六年(1179年),“诏特奏名毋授知县、县令”⑤。七年(1180年),“诏特奏名年六十人毋注县尉”⑥。理宗宝庆三年(1227年),诏:“凡试邑两经罢黜,更勿授知县、县令。”⑦绍定二年(1229年),诏:“郡县官缺,毋令艺术人、豪民、罢吏借补权摄。”⑧景定三年(1262年),“诏应知县罪罢,虽经赦,毋注紧、望阙,著为令”⑨。

三是流外入流的限制。宋代的官员分流内与流外。流外,指朝廷诸司吏职及诸州、监司等吏人,均在九品之外。吏人数量大,必须严加限制,以防其挤进已经人满为患的流内官队伍。“重士大夫之选,其视待流外者,霄壤不侔矣。”⑩这一基本思想使流内与流外在任用方面有了重大差异。

流内官的任用先后由吏部主持:“皇朝吏铨不曰尚书吏部,而曰考课院,其上著京朝官、幕职、州县官以别之。淳化四年(993年)二月丙戌,诏改考课京朝官院为审官院,考课幕职、州县官院为考课院,而总谓之流内铨。”⑪元丰改制后,改为吏部侍郎左选。

流外则由吏部郎中主持。流外人在选拔上需考试。“凡择流外职有三:一曰书,二曰计,三曰时务。其工书工计者,虽时务非长,亦叙。三事皆下,则无取焉。”⑫流外人补正

① 《宋史》卷387《汪应辰传》。

② 《宋史》卷34《孝宗纪二》。

③ 四辖六院:四辖,即指南宋掌管榷货物都茶场、杂买务杂卖场、文思院、左藏东西库的提辖官。六院,即指登闻检院、登闻鼓院、粮料院、审计院、官告院、进奏院。六院长官例以京官知县者充。

④ 《水心别集》卷12《资格》。

⑤⑥ 《宋史》卷35《孝宗纪三》。

⑦⑧ 《宋史》卷41《理宗纪一》。

⑨ 《宋史》卷45《理宗纪五》。

⑩ 《燕翼诒谋录》卷1《吏铨主事用选人》。

⑪ 《燕翼诒谋录》卷2《考课院更名》。

⑫ 《职官分纪》卷9。

名，亦要参试，才能补正。“凡流外补选，五省、御史台、九寺、三监、金吾司、四方馆职掌，每岁遣近臣与判铨曹，就尚书同试律三道，中者补正名。”①“诸吏人衙前不曾犯徒及赃罪者，州每三年一次，于二月前许投状乞试刑法。本州体访行止，召职级五人委保，四月前申，转运司类聚，别月内差官锁院考试。”②

流外入流则有多方限制，尤其是最高官阶的和官种的限制带有歧视性色彩。

流外入流主要采取“年劳出官法”，又称“流外出官法”，即朝廷内外各司吏职及各州监司吏人，任职至法定年限，可补授将仕郎（即迪功郎，为文官散官中最低一阶，从九品下），并可免铨试而注授差遣。吏人出职，升至承直郎（正六品）即到达顶点。

流外入流，须三任七考，举主六员，可充任县令、通判。但是，吏人出身者不得充任司法参军，监盐场、盐仓及主簿兼县尉等职③。“旧制，堂后官外任止于通判，不得为知州。”④堂后官，宋初，中书门下五房各置堂后官三人，其中一人登录皇帝指示，一人抄写公文，一人校对印发，原选吏人充任。太祖开宝六年（973年），“诏流内铨于前任令、录、判、司、簿、尉，选谙练公事一十五人，补堂后官，三年一替，令、录升除朝官，余上县”。堂后官元丰改制后废。“寇准为宰相，刑部、大理寺、三司法直、副法直官，旧例以令史迁补，准悉用士人。”后因吏与士人杂用，“士大夫耻与为伍”而改变⑤。

三、任用凭证和任期

1. 官员凭证、到任期限与官印

宋代官员取得官员资格或职务升迁均发“告身”，即委任状以为凭证。如受差遣，则发“印纸”以为凭证。

宋制，官员已授差遣，须于十日内缴真本告札、付身（任差遣官员的功过历），赴吏部本选照检，请二日内于所交纸二十张上用印。中书门下省，枢密院所授官和外移差遣者，则直接由官府给付。此纸在铨选制中称“印纸”，有行程历、保官、选人、使臣、京官、捕盗官并捕盗人及御前、尚书吏部印纸之分。官员出行，即填写所经地点、月日于行程历印纸，至目的地交官府检验。如系担任差遣，即在选人或京官、使臣印纸上填写到任月、日，替罢则填写有无不了事件、在任功过等项。印纸均由本人随身携带。使臣及遥郡、横行印纸，终身不得改换。官员若弃毁批书印纸后空纸，则降半年名次注拟官阙。另，如选人初次授官，若被注授幕职官差遣，则得“职状”；被注授县令、县丞、则得“令状”。

官员接受差遣后，是否及时到任是职事不出现真空的重要条件，为此规定了到官期限。“诸之官者（宗室注授宫观岳庙及添差不厘务窠缺，同），川广福建路限六十日（本路待缺者，减半），余路三十日（自外赴在京官，依所在路程限），下班抵应事干急速，放朝辞者，限五日到，以上并除程（副旨催发或令兼程发者，不在此限），在京以朝辞日，在外以授

①③　《宋史》卷159《选举五》。

②　《庆元条法事类》卷52《解试出职》。

④　《燕翼诒谋录》卷4《堂吏不得为知州》。

⑤　《燕翼诒谋录》卷1《堂吏用士人》。

敕告宣礼日,待缺者以缺满日,非次缺,以得报日为始。"①

如果违限不上任,则以有无缘由分别受不同的处分。"诸之官,限满,无故不赴者,罪止杖一百。""诸之官违限一年,(在任请假逾年不还任,同;缘边主兵官,半年)不以有无疾故,限三十日内申,所属别差官(奏举者乃报奏举处),若限外至者,不许放上。""诸之官限满不赴",除申报尚书吏部,"仍令所委官,置籍销注","帅守监司常切检察"②。

职事官到任后,官印是其权力的象征和任职凭证。

印制,《宋史·舆服六》载:"两汉以后,人臣有金印、银印、铜印。唐制,诸司皆用铜印,宋因之。诸王及中书门下印方二寸一分,枢密、宣徽、三司、尚书省诸司印方二寸。惟尚书省印不涂金,余皆涂金。节度使印方一寸九分,涂金。余印并方一寸八分,惟观察使涂金。诸王、节度、观察使、州、府、军、监、县印,皆有铜牌,长七寸五分,诸王广一寸九分,余广一寸八分。诸王、节度、观察使牌涂以金,刻文云'牌出印入,印出牌入'。其奉使出入,或本局无印者,皆给奉使印。景德初,别铸两京奉使印。又有朱记,以给京城及外处职司及诸军将校等,其制长一寸七分,广一寸六分。""中兴仍旧制,惟三省、枢密院用银印,六部以下用铜印,诸路监司、州县亦如之。寺监惟长贰给焉,属则从其长……监司、州县长官曰印,僚属曰记……或衔命出境者,以奉使印给之。复命则纳于有司。后以朝命出州县者,亦如之。新进士置团司,亦假奉使印,结局还之。此常制也。"

官印是权力的象征,在行政中有防奸伪的作用,对官印使用有严格规定。大中祥符五年(1012年),"帝览河西节度使、知许州石普奏状,用许州观察使印,以问宰臣王旦。对曰:'节度州有三印:节度印随本使,使缺则纳有司;观察印,则州长吏用之;州印,昼则付录事掌用,暮纳于长吏。节度使在本镇,兵仗则节度判官、掌书记、推官书状,用节度印;田赋则观察判官、支使、推官书状,用观察印;符刺属县,则本使判书,用州印。故命帅必曰某军节度、某州管内观察等使、某州刺史。言军,则专制其兵旅;言管内,则总察其风俗;言刺史,则莅其州事。石普独书奏章,当用河西节度使印"③。官员"罢免迁死皆上印绶"④。

2. 任职期限

宋朝实行三年一任制。"凡内外官,计在官之日,满一岁为一考,三考为一任。"⑤

"乾德四年(966条),诏御史台、吏部流内铨南曹、刑部大理寺,自少卿郎中员外郎知杂侍御史以下,及丞簿司直评事等,并以三周年为满。须常在本司莅事者,至月限满,即与转官。"⑥

崇宁元年(1102年),诏"省、台、寺、监及监司、郡守,并以三年成任"⑦。

---

①② 《庆元条法事类》卷5《之官违限》。

③ 《宋史》卷154《舆服六》。

④ 《梦溪笔谈》卷19《器用》。

⑤ 《宋史》卷163《职官三》。

⑥ 《宋朝事实类苑》卷28《官职仪制》。

⑦ 《宋史》卷19《徽宗纪一》。

政和三年(1113年),“诏百官奉祠禄者并以三年为任”①。

重和元年(1118年),诏“监司、郡守自今须满三岁乃得代,仍毋得通理”②。

宣和六年(1124年),“诏内外官并以三年为任,治绩著闻者再任,永为式”③。

度宗咸淳二年(1266年),“诏郡守两年为任,方别授官”④。

四、任用的失误

宋朝任用制度较前代更为细密,却出现了更为厉害的“冗官”问题。这其中不乏社会的、政治的等大环境的诸多因素影响,而任用的失误则是这诸多因素的表现形式之一。

1. 入仕门径过于宽泛

宋统治者利用科举网罗和笼络知识分子,大肆扩充取士名额;同时又广开其他入仕门径,而官僚机器的有限容量难以接受,只好增设机构,扩大编制人员数量,以致造成政权机构的重叠臃肿、人浮于事。

宋代贡举的“特奏名”是皇帝恩泽的怪物,也是宋朝冗官的来源之一和吏治腐败的渊薮之一。宋朝举人年高而屡经省试或殿试落第者,遇殿试时,许由礼部贡院另立名册奏上,参加附试,称“特奏名”。景德二年(1005年)殿试,将合格的特奏名进士科举人,分赐本科及第、出身或同出身;诸科举人赐同学究出身,授试衔官。以后特奏名成为定例,人数增多,引起了统治者的担心。元祐初,知贡举苏轼、孔文仲言:“今特奏者约已及四百五十人,又许例外递减一举,则当复增数百人。此曹垂老无他望,布在州县,惟务黩货以为归计。前后恩科命官,几千人矣,何有一人能自奋厉,有闻于时?而残民败官者,不可胜数。”⑤王禹偁言:“臣籍济州,先时止有一刺史,一司户,未尝废事。自后有团练推官一人,又增置通判、副使、判官、推官,而盐酒榷税又增四人,曹官之外又益司理。一州如此,天下可知。杨亿疏言,员外加置,无有限数,今员外郎至三百余人,郎中亦百数,自余太常国子博士等又不下数百人,率为常参,不知职业之所守,祗以恩泽而序迁。宋祁疏言,朝廷有三冗,天下官无定员,一冗也。州县不广于前而官倍于旧。”⑥

2. 补官寅吃卯粮

北宋末,“士大夫列于版籍者,可谓至冗矣。京官自承务郎以至朝议大夫,凡二千八百余人,选人一万余人,大使臣二千五百余人,小使臣一万三千余人,举天下之员缺不足以充入仕之人”⑦。于是让大量等待补缺的官员提前补缺。元祐元年(1086年)已经动用了元祐四年(1089年)夏秋季的补缺名额。

执行官员营私舞弊,利用官阙,公然贩卖,索取贿赂,败坏任用制度。

宋太宗雍熙中赵及判吏部流内铨,“初,铨吏匿员阙,与选人为市,及奏阙至即榜之,

①② 《宋史》卷21《徽宗纪三》。

③ 《宋史》卷22《徽宗纪四》。

④ 《宋史》卷46《度宗纪》。

⑤ 《宋史》卷155《选举一》。

⑥ 《廿二史札记》卷25《宋冗官冗费》。

⑦ 《续资治通鉴长编》卷386“元祐元年”。

吏部榜阙自及始”①。仁宗皇祐年间，吏部流内铨设立阙亭，凡州县报官阙，即时出榜颁布，称为“吏部阙榜”。但部吏往往隐匿不告，甚至公然评价，卖给选人。

“部吏卖阙之弊，自昔有之。皇祐中，赵及判流内铨，始置阙亭。凡有州郡申到阙，即时榜出，以防卖阙，立法非不善也。然部吏每遇申到，匿而不告。今州郡寄居，有丁忧事故数年不申到者，亦有申部数年，而部中不曾改正榜示者，吏人公然评价，长贰、郎官为小官时皆尝有之，亦不暇问。太宗皇帝曰，倖门如鼠穴，不可塞也。”②

南宋仅存半壁河山，官员数目仍高居不下。光宗绍熙二年(1191年)，“合四选之数，共二万三千五百一十六员”。仅隔五年，宁宗庆元二年(1196)，又已“无虑四万三千员”③。

3. 官员只升不降

宋任用官吏死守“资格”，以致只升难降。“资”，即宋朝各种差遣职务的任命，均有一定任期为先许条件，满一任就算“资”。“资”成为考察官员、授予职务的有决定性的依据，就是依资递升。因此，官员们在职位上主要的就是熬满时日。真宗咸平二年(998年)，巡抚江南使裴庄，巡抚“使还，言池州、兴国军得良吏，余无足称者。且言：‘朝廷所命知州、通判，率以资考而授，至有因循偷安，无政术而继得亲民者；其素蕴公器有政绩者，偶缘公坐，则黜司冗务，真伪莫辨，侥幸滋甚。’自今望慎选其人，勿以资格补授，有政绩者加以恩礼”④。

更有，荐举不公或不实，钻营之风盛行。荐举由于荐举人不明真实情况或对人仅以文章诗赋为标准，致使被荐举人毫无政绩或犯过错。“吴冲卿初作相，亦以收拾人物为先，首荐齐谌亮采。洎二人登对，咸不称旨，又荐李师德为台官，而师德不才……而三人者，亦竟无闻于时也。”又“杜祁公帅长安……然而一庸生张，忘其名，亦堂堂人……持一诗代刺，摇袖以谒杜公曰：‘昨夜云中羽檄来，案兵谁解扫氛埃？长安有客面如铁，为报君王早筑台。’祁公亦异之，奏补乾祐一尉，而胸无一物。未几，以赃去任”⑤。

“京师诸司库务，皆由三司举官监当。而权贵之家子弟亲戚，因缘请托，不可胜数，为三司使者常以为患。田元均为人宽厚长者，其在三司，深厌干请者，虽不能从，然不欲峻拒之，每温颜强笑以遣之。尝谓人曰：‘作三司使数年，强笑多矣，直笑得面似靴皮。’”⑥

孝宗时，御史中丞黄洽奏：“荐举请托，必竞于宰执、台谏之门，若宰执、台谏不为人觅举，使士大夫咸自率厉，以公道得之，岂不甚善。或果知其人，露章以荐，亦何不可。”⑦对此建议，皇帝未置可否。因为在当时荐举是选任重要官员的一主要途径，没有更有效的方法来取代，同时，作为高级官僚的一种特权，要取消也不是容易的事，尽管不少人都知

① 《宋史》卷304《赵及传》。
② 《燕翼诒谋录》卷5《吏部阙榜》。
③ 《容斋四笔》卷4《今日官冗》。
④ 《宋史》卷277《裴庄传》。
⑤ 《宋朝事实类苑》卷74《诈妄谬误》。
⑥ 《归田录》卷2。
⑦ 《宋史》卷387《黄洽传》。

道荐举中的请托、奔竞的弊端,仍无可奈何地沿用之。“上下相为与市,均付于不可知而已;故奔竞成风,干谒盈门,较权势之轻重,不胜其求。”①

宋徽宗崇宁以来,“孟昌龄、朱勔父子、童贯、梁师成、李邦彦等,凡所请求皆有定价,故不三五年,选人有至正郎或员外……而蔡京拨用从官,不论途辙,一言合意,即日持橐。又优堂吏,往往至中奉大夫,或换防御、观察使。由此任子百倍”②。

绍兴三十年(1160年),洪遵“试吏部侍郎。异时选人诣曹改秩,吏倚为市,毫毛不中节,必巧生沮阂,须赂饷满乃止。遵明与约,苟于大体无害,先行后审”③。

庆元七年(1201年),监察御史陈垓建言:“乞申戒饬铨法十弊:一曰添差数多,破法耗财(谓倅贰、幕职、参议、机宜、总戎、钤辖、监押之类);二曰抽差员众,州县废职(谓监司、帅守幕属多差见任州县他官权摄);三曰摄局违法,蠹政害民(谓监司,帅守徇私差权幕属等职);四曰‘须入’不行,侥幸挠法(谓初改官人必做知县,今多规免,苟图京局、躐求倅贰,遂使不曾历县之人冒当郡寄);五曰奏辟不应,奔竞日甚(谓在法未经任人不许奏辟,今或以初任或以阙次远而改辟见次者);六曰改任巧捷,紊乱官常(谓在法已授差遣人,不得干求换易。今既授是官,复谋他职,辞卑居尊,弃彼就此);七曰荐举不公,多归请托;八曰借补繁多,官资泛滥;九曰瘝旷职守,役心外求;十曰匿过居官,玩视国法(谓曾经罪犯,必俟赦宥。今则既遭弹劾,初未经赦者,经营差遣)。”④由此可见,整个任用制度的败坏已达无以复加的程度。

第二节　辽金元文官的任用

一、分级任用与程序

1. 辽朝

辽“以国制治契丹,以汉制待汉人”⑤,即以奴隶制统治契丹广大畜牧业地区,以封建制统治占领的渤海幽云十六州等较为发达的汉人农业生产地区。“以国制治契丹”,既没有脱离契丹社会生产力发展的水平,没有超越时代而采用汉制即封建制,又在原有的基础上尽量吸取先进的文化,有利于契丹的进步和强大;另一方面,“以汉制待汉人”,使具有先进的封建生产方式的地区得到继续发展,防止了这些地区的社会倒退。历史证明,辽北、南分制的双轨制度适应了政治经济极不平衡的辽代统治,是成功而值得借鉴的一份宝贵遗产。

北、南分制,即契丹人与汉人“因俗而制”,这是辽代统治的一大特色,在文官任用上也充分地体现了这一特色。汉文化对契丹的影响,从经济领域逐渐渗透到政治文化领

① 《水心别集》卷13《荐举》。
② 《宋史》卷159《选举五》。
③ 《宋史》卷373《洪皓传》。
④ 《宋史》卷158《选举四》。
⑤ 《辽史》卷45《百官志》。

域,从而加速了契丹社会发展的进程。在所俘尤其是逃亡汉人中,有相当一部分汉族地主知识分子,如康默记、韩延徽、韩知古等,都受到阿保机的重用。据《契丹国志》载,阿保机"多用汉人。汉人教之以隶书之半增损之,作文字数千,以代刻木之约。又制婚嫁,置官号,称皇帝"①。到了辽太宗耶律德光时期,仍然对汉文化采取吸收融合的态度,"公卿百官皆效中国,参用中国人"②。

随着汉文化的深入,契丹固有的各种制度受到了深刻的影响,逐渐向封建制转化,北、南双轨制度呈现融合趋势。阿保机和辽太宗都重用汉人,但从他们到景宗时,辽汉官制度的基本特点是谨慎利用、严密控制。辽圣宗时进行封建化改革,改变了以往汉官受监视、压制和歧视的地位,采取蕃汉并用"唯在得人",重用有才能的汉官。圣宗时韩德让、张俭、邢抱朴、马得臣等都是很有作为的汉官,其中以韩德让最为突出。在圣宗改革过程中,韩德让对圣宗帮助很大,并以其才干在辽廷维持三十年的掌权地位。提拔汉官,整顿吏治,推动了契丹社会的发展进程。

辽圣宗太平中,进士初任官多为秘书郎及校书郎。兴宗时,优等者直接任命为右补阙,次者则为太子中舍③。按《辽史》有关列传记,新科进士除少数分配至中央各行政机关任职外,其余则使之掌文教业务或州县幕僚工作。

2. 金朝

金代文官任免由吏部主管。"吏部……掌文武选授、勋封、考课、出给制诰之政。"④

章宗承安四年,仿宋立"审官院","掌奏驳除授失当之事。随朝六品、外路五品以上官员除授,皆送本院审之。补阙、拾遗、监察虽七品,亦送本院"⑤。审官院设知院一人总领,下设掌书四人。此官署在大安二年罢。

金代文官任命权限因任官品级的不同,由吏部、尚书省和皇帝分别掌握。如"金制,文武选皆吏部统之。自从九品至从七品职事官,部拟。正七品以上,呈省以听制授"⑥。世宗诏尚书左丞纪石烈良弼说:"已有五品以上官者,闻奏。六品以下及无官者,尚书省约量迁除。"⑦章宗明昌六年(1195年),"命随朝五品之要职,及外路三品官,皆具入阙进呈,以听制授"⑧。

金代十分注重对中第进士的使用,制定出更为严密的制度,主要加强地方行政机构,几乎都担任过地方的县令、丞、簿、尉,或幕职等官。正隆(1156—1160年)以前,初任官不分进士名次先后,正隆以后按进士名次高下任官。

"贞元元年(1153年),制南选,初除军判、丞、簿(从八品),次除防判、录事(正八品),三除下令(从七品),四(除)中令、推官、节察判(正七品),五六(除)皆上令(从六品)。

① 《契丹国志》卷23《国土风俗》。

② 《契丹国志》卷2《太宗》。

③ 《续通典》卷27《职官五》。

④⑤ 《金史》卷55《百官一》。

⑥ 《金史》卷52《选举二》。

⑦ 《金史》卷88《纥石烈良弼传》。

⑧ 《金史》卷54《选举四》。

北选,初(除)军判、簿、尉,二(除)下令,三(除)中令,四(除)上令,已后并上令,通注节、察判、推官。"①

"正隆元年(1156 年)格,(进士)上甲者,初上簿军判、丞、簿、尉,中甲者初中簿军判、丞、簿、尉,下甲者初下簿军判、丞、簿、尉。第二任皆中簿军判、丞、簿、尉。三、四、五、六、七任皆县令。"②

世宗"大定二十三年(1183 年)格,进士,上甲,初录事、防判,二下令,三中令。中甲,初中簿,二上簿,三下令。下甲,初下簿,二中簿,三下令。试中策者,上甲,初录事、防判,二中令,三上令。中甲,初上簿,二下令,三中令。下甲,初中簿,二录事、防判,三中令"③。

大定二十六年(1186 年),"遂定格:上甲,初录事、防判,二中令,三、四、五上令。中甲,初中簿,二下令,三中令,四、五上令。策试进士,初录事、防判,二、三、四、五上令。其次,初上簿,二中令,三、四、五上令。又次,初中簿,二下令,三中令,四、五上令。下甲,初下簿,二下令,三中令,四、五上令"④。

3. 元朝

(1)任用权限。元朝文官依据官品差等分别由吏部、中书省和皇帝任用。"从七品以下属吏部,正七品以上属中书,三品以上非有司所与夺,由中书取进止。"⑤

元中书省设左右司,左司设吏礼房。知除房主选任事务,其科有五:"一曰资品,二曰常选,三曰台院选,四曰见阙选,五曰别里哥选。"⑥

吏部"掌天下官吏选授之政令。凡职官铨综之典,吏员调补之格,勋封爵邑之制,考课殿最之法,悉以任之"⑦。元制,"中书省、枢密院、御史台、宣政院许得自选其人,他司悉从中书铨择,近臣不得辄奏"⑧。自世祖至元末,均反复重申此制。

大德七年(1303 年)诏:"枢密院、宗正府等,自今每事与中书共议,然后奏闻;诸司不行擅奏迁调;官员虽经特旨用之,而于例未允者,亦听覆奏。"⑨

三品以上文官则由皇帝亲自掌任用权。"自今(至元二十年)三品以上,必引见而后授官。"⑩大德三年(1299 年),"完泽等奏铨定省部官,以次引见,帝皆允之"⑪。天历二年(1329 年),"以台宪官除目来上,(明宗)并从之"⑫。

(2)官员任职。铨选包括初入仕者的任官和已为品官者的升迁罢免。

一是初入仕者的任官,因其入仕途径的差异,略有差别,一般来说还是相对固定的。

①②③④ 《金史》卷 52《选举二》。

⑤ 《元史》卷 83《选举三》。

⑥ 《元史》卷 85《百官一》。

⑦ 《元史》卷 85《百官一》。

⑧ 《元史》卷 22《武宗纪一》。

⑨ 《元史》卷 21《成宗纪四》。

⑩ 《元史》卷 173《崔彧传》。

⑪ 《元史》卷 20《成宗纪三》。

⑫ 《元史》卷 31《明宗纪》。

兹以科举中第后的士子初任官职为例。

元制，殿试中第后，进士皆叙官品，一律自从六品至正八品起叙。“第一名赐进士及第，从六品，第二名以下及第二甲，皆正七品，第三甲以下，皆正八品，两榜并同。”①在授官品时，还要授予中央或地方职事官。任中央职官者大多从事研究著述的文字工作，只有极少的任事务性质的职官，如大多初任翰林国史院的应奉翰林文字、翰林修撰、编修官，集贤院修撰，秘书监校书郎、秘书郎，等等。任地方职官者有：初任诸州同知、判官，初任诸路司达鲁花赤；初任县丞、县尹，初任路总管府录事；等等。

元代州县官的铨选，边远地区则由行省主之，后又派使监选，即共同铨选。“至元二年(1265 年)，始罢州县官世袭，遣宋子贞、耶律铸至山东，迁调所部官。及平宋后，诏两广、福建，五品以下官，从行省就便铨注。寻又诏云南省所辖州县官，依福建、两广例，省、台委官铨选，以名姓闻，随给授宣敕。此各行省自选之制也……其后以省选多弊，乃有遣使监选之例。成宗初，命中书省遣使监云南、四川、海北、海南、广西、两江、广东、福建六品以下选。文宗时，敕中书省、御史台，遣使至江浙、江西、湖广、四川、云南诸行省，迁调三品以下官，则并及于三品大员矣。顺帝时，中书省臣言，江南因盗贼阻隔，所在缺官，宜遣人与各行省及行台官，以广东、广西、海北、海南三品以下通行迁调，五品以下先行照会之任，福建等处亦依此例，从之。则并邻省通融迁调，亦委之监选者矣。”②

二是已为品官者涉及现任官员的升迁和卸任官员的再任。

凡参加铨选的官员必须要有解由为据才有资格。“凡内外官之政绩，所历之资考，更代之期，去就之故，秩满皆备陈于解由，吏部据以定能否。又撮解由之要，于铨拟时读之，谓之铨头。又会历任铨头，而书于行止簿。行止簿者，以姓为类，而书各人平日所历之资考功过者也。又为簿，列百司官名，有所更代，则以小黄绫书更代之期，及所以去就之故，而制其铨拟之要领焉。”③

铨注须是任满官员，按规定：“凡官资以三十月为考，职事官每任以三十月为满，群牧使及管课官以三周岁为满，防御使以四十月、三品以上官则以五十月、转运则以六十月为满。”④在正常情况下，一旦考满，阶升一等。如“凡内外官皆以三十月为考，随朝官以三十月为任，升职一等”⑤。为了使官员不致升迁太快，又规定有的需两任，三任始升一等，“其常调制，正七品两任升六品，六品三任升从五品，从五品两任升正五品，正五品三任升刺史”⑥。

元朝文官迁转之法开始施行并逐渐制度化：“至元元年(1264 年)，转官法行，(刘秉恕)改嘉议大夫，历彰德、怀孟、淄莱、顺天、太原五路总管。”⑦“(至元)七年(1270 年)(徐

---

① 《元史》卷 81《选举一》。

② 《廿二史札记》卷 30《元州县官多在外铨选》。

③ 《金史》卷 55《百官一》。

④ 《金史》卷 52《选举二》。

⑤⑥ 《金史》卷 54《选举四》。

⑦ 《元史》卷 157《刘秉恕传》。

世隆）迁吏部尚书，世隆以铨选无可守之法，为撰《选曹八议》。”①

元代文官的升迁，实行“内任以三十月为满，外任以三岁为满，钱谷典守以二岁为满。而理考通以三十月为则。内任官率一考升一等，十五月进一阶。京官率一考，视外任减一资。外任官或一考进一阶，或两考升一等，或三考升二等”②。职官充任吏员者，称之为“职官吏员”，如职官在京城任吏，三十月即考满出职；在外地者，三周岁即三十六个月考满出职。职官吏员的考满期相当于其他吏员考满时间的三分之一。

元代文官迁转的具体规定是：

按品分管，以月铨次。如史载：“凡吏部月选……则部解由，即行照勘，合得七品者呈省，从七以下，本部注拟，其余流外人员，不拘多寡，并以一月一次铨注。”③有解由，符合晋升年月的官员，还需参照功罪以定其是否升降。“官员功罪，并送吏部初注，到选之日，于应得资品上，视其功罪，斟酌议拟。有蔽匿其罪，增饰其功者，从监察御史纠弹。”④

对边远地区官员则三年一派专使铨注，并实行加品之制以鼓励去边远地区任职。如，“凡迁调闽广、川蜀、云南官员：每三岁遣使与行省铨注，而以监察御史往莅之”⑤。又，“腹里（中书省所辖之地区）常调官员迁入两广、福建溪洞州郡省，于本等资历亡，例升二等，其余州郡，例升一等”。“甘肃、中兴行省所辖，系西夏边地，除本处籍贯现任官外，腹里迁去甘肃省，拟升二等，中兴府拟升一等。”再，“管民官腹里迁去四川升一等，接连溪洞升二等。四川见任官迁往接连溪洞升一等，若迁去溪洞诸蛮夷，别议定夺”⑥。

三是对于监察官、地方长官、达鲁花赤、学官的任用升迁，均实行符合一般规定下的特别规定。

监察官的铨选。世祖时规定：“中书省、枢密院、御史台、宣政院许得自选其人。”⑦以后时有变化，成宗大德元年（1297 年）规定“台省”互选。省议：“台官旧无选法，俱于民职选取，后互相保选，省、台各为一选。宜令台官、幕官听自选择，惟廉访司官，则省、台共选。若台官于省部选人，则与省官共议之，省官于台宪选人，亦与台官共议之。”⑧为鼓励监察官员忠于职守，在迁升时往往给以优迁。“监察御史任满，在职无异政，元系七品以下者例加一等，六品以上者升擢。其有不顾权势，弹劾非违，及利国便民者，别议升除。或有不称者，斟酌铨注。”⑨

肃政廉访司官居外任，按照“京官率一考，视外任减一资”原则，其职官如书吏等“历三十月，减一资”⑩。

地方长官的铨选。规定得更细、更具体。至元二十八年（1291 年），诏“路府州县，除达鲁花赤外，长官并宜选用汉人素有声望，及勋臣故家，并儒吏出身，资品相应者，佐武官

① 《元史》卷 160《徐世隆传》。

②⑤⑥⑩ 《元史》卷 83《选举三》。

③ 《新元史》卷 66《选举志》。

④ 《元典章》卷 8《吏部二》。

⑦ 《元史》卷 22《武宗纪一》。

⑧⑨ 《元史》卷 82《选举二》。

遴选色目、汉人参用”①。地方长官的铨选标准。如选举守令,“至元八年(1271 年),诏以户口增、田野辟、词讼简、盗贼息、赋役均五事备者,为上选。九年,以五事备者为上选,升一等。四事备者,减一资。三事有成者为中选,依常例迁转。四事不备者,添一资。五事俱不举者,黜降一等”②。顺帝至正四年(1344 年),申令黜陟之事,“六事备者升一等,四事备者减一资,三事备者平迁,六事俱不备者降一等”③。

达鲁花赤的铨选。达鲁花赤汉名为断事官。元朝建立后,路、府、州、县录事司及南方少数民族地区长官司皆设此职。

世祖至元二年(1265 年)规定,各路达鲁花赤必须由蒙古人或个别出身高贵的色目人担任,汉人、南人一律不得任此职。迁调规定为:“御史台呈:各投下分拨至路、府、县达鲁花赤人员,要选用正蒙古人充。各处达鲁花赤任满,与管民官一体给由,申复上司。拟于本投下分拨到腹里、江南州郡内,三年互相迁调。”④

延祐五年(1318 年),敕“安远王丑汉分地隶济宁者七县、汀州者三县,达鲁花赤听其自辟”⑤。

天历二年(1329 年),“令诸王封邑达鲁花赤,推择本部年二十五以上、识达治体、廉慎无过者以充;或有冒滥,罪及王傅”⑥。

教官升迁规定。“教谕、(学)录历两考,升(学)正、(山)长。正、长一考,升散府上中州教授。上中州教授又历一考,升路教授。教授之上,各省设提举二员,正提举从五品,副提举从七品,提举凡学校之事。”⑦此外,还规定“屯田官以三岁为满,互于各屯内调用”⑧。

二、有关任用的限制条款

1. 金朝

铨选要以解由为据,解由中如有“追官”、“解任”、“犯赃”等记录,则为犯选格。如“诸曾犯公罪追官、私罪解任,及犯赃、廉访不好,并体察不堪临民者,谓之犯选格”⑨。倘若再仕官员犯了选格、就不得再任。“其有犯公私罪赃污者,谓之犯选格,则虽遇恩而不得与。”⑩后来皇帝加恩,定制,“每追一官则殿一年”⑪。即在官员应铨选之年而不予铨注。此外,还有“停铨”的办法,即停止铨注,任满不予再任。

“回降”制度,即地方官因增加课赋升迁,或察廉升迁,后因检核不实,下一任回降。

---

①② 《元史》卷 82《选举二》。
③ 《元典章》卷 41《顺帝纪四》。
④ 《元典章》卷 9《吏部三》。
⑤ 《元史》卷 26《仁宗纪三》。
⑥ 《元史》卷 33《文宗纪二》。
⑦ 《元史》卷 81《选举一》。
⑧ 《元史》卷 16《世祖纪十三》。
⑨ 《金史》卷 53《选举三》。
⑩⑪ 《金史》卷 52《选举二》。

“凡增课升至六品者，任回复降。既廉升而再任复察不同者，任回亦降。”[①]回降办法，如“正七品，一任回降从七品，再任正七品升六品”[②]。

金世宗大定七年(1167年)，“近闻蠡州同知移剌延寿在官污滥，询其出身，乃正隆时鹰房子。如鹰房、厨人之类，可典城牧民耶？自今如此局分，不得授以临民职任”[③]。

世宗大定元年(1161年)，“求仕官毋入权门，违者追一官降除，有所馈献而受之者，奏之”。大定二十九年，又取消此制[④]。

海陵王“贞元二年(1154年)，命拟注时，依旧令，求仕官明数谓面授也，不许就本乡，若衰病年老者毋授繁剧处”[⑤]。

世宗大定七年(1167年)，命有司：“年老者勿授县令。”[⑥]

金荐举中无回避章法。“旧时，臣下虽知亲友有可用者，皆欲远嫌而不引荐。”金宣宗兴定三年(1219年)，定辟举县令制。但“举官或私其亲，或徇于请求，或谬于鉴裁而妄举，数岁之间以滥去者九十余人，乃罢辟举县令之制”[⑦]。为了使奖惩有真凭实据，实行核实方法。

大定七年(1167年)，“命有司，自今每季求仕人到部，令本部体问，政迹出众者，及赃污者，申省核实以闻，约量升擢惩断”[⑧]。

金对犯赃罪的职官实行不再任职的限制。大定十二年(1172年)，尚书省言：“‘内丘令蒲察台补自科部内钱立德政碑，复有其余钱二百余贯，罪当除名。今遇赦当叙，仍免征赃。’上以贪伪，勿叙……故咸平尹石抹阿没剌以赃死于狱，上谓其……三品职官以赃至死，愚亦甚矣，其诸子可皆除名。先是，诏自今除名人子孙有在仕者并取奏裁。”[⑨]

2. 元朝

元代实行过任官的籍贯和亲属回避制度。“诸吏员迁调，廉访司书吏、奏差避道，路府州县吏避贯。”[⑩]“中书省至元二十八年五月初八日奏……迁转官员，自己地面里休做官。”[⑪]“有父兄居宪台、察院之职，子侄为按察司官者，或父兄为按察司官，子侄于别道为官，有似此类，理宜回避。”[⑫]至元二十九年(1292年)，“设云南诸路学校，其教官以蜀士充”[⑬]。

地方官任职不回避路。至元五年(1268年)，议：“各路地里阔远，若更避路，恐员阙有所碍，止宜斟酌避籍铨选。”[⑭]

元制，官员司法职事回避。“诸职官听讼者，事关有服之亲并婚姻之家及曾受业之师与所仇嫌之人，应回避而不回避者，各以其所犯坐之。”[⑮]

---

①② 《金史》卷52《选举二》。

③ 《金史》卷6《世宗纪上》。

④⑤⑥⑦⑧ 《金史》卷54《选举四》。

⑨ 《金史》卷45《刑法》。

⑩ 《元史》卷102《刑法一》。

⑪⑫ 《元典章》卷8《吏部二》。

⑬ 《元史》卷17《世祖纪十四》。

⑭ 《元史》卷83《选举三》。

⑮ 《元史》卷102《刑法一》。

"行省官久任,与所隶编氓联姻,害政。诏互迁之。"①

官员在丧事内已去职者不许求起复。至顺三年(1332年),"禁冒哀求叙复者"②。

元代举荐范围广,从诏举山林隐逸与通晓儒、医、僧、道、天文、历数、阴阳、艺术的白身人到守令等地方官员,亦实行连坐之法。如:元世祖中统二年(1261年)"诏十路宣抚使……举文学才识可以从政及茂才异等,列名上闻,以听擢用"③。袁桷"为童子时,已著声节。部使者举茂才异等,起为丽泽书院山长"④。

成宗大德九年(1305年),"令御史台、翰林、集贤院、六部,于五品以上,各举廉能识治体者三人,行省、行台、宣慰司、廉访司各举五人"⑤。

英宗即位,令"监察御史、廉访司岁举可任守令者二人。七品以上官,有伟画长策可以济世安民者,实封上之。士有隐居行义,明治体,不求闻达者,有司具状以闻"⑥。

元统二年(1334年),顺帝"命台宪部官各举材堪守令者一人"⑦。

元贞元年(1295年),诏"有儒吏兼通者,各路举之,廉访司每道岁贡二人,省台委官立法考试,中程者用之,所贡不公,罪其举者"⑧。

至治三年(1323年),"监察御史拜住、教化,坐举八思吉思失当,并黜免"⑨。元泰定帝时曾取消荐举守令、推官。泰定元年(1324年)二月,"选守令、推官。旧制,台宪岁举守令、推官二人,有罪连坐;至是言其不便,复命中书于常选择人用之"⑩。

至顺二年(1333年),"监察御史万家闾尝荐中丞和尚,脱脱尝举廉访使卜咱儿,今和尚、卜咱儿俱以赃罪除名,万家闾、脱脱难任台省之职。并从之"⑪。

元也有对犯赃罪的职官实行不再任职的限制。至正六年(1146年),诏"犯赃罪之人,常选不用"⑫。"诸职官及有出身人,因享受财枉法者,除名不叙;不枉法者,殿三年,再犯不叙。""诸匿过求仕,已除事觉者,笞四十七,追夺不叙。"⑬

二、任用凭证、赴任规定与任期

1. 任官凭证

官员一经取得资格,即有证明文件和官告,而任职者则以官印为凭证。官印有二:一是官府之印,一是官员之印。

---

① 《元史》卷21《成宗纪四》。

②⑤ 《元史》卷36《文宗纪五》。

③ 《元史》卷4《世祖纪一》。

④ 《元史》卷172《袁桷传》。

⑥ 《元史》卷27《英宗纪一》。

⑦ 《元史》卷38《顺帝纪一》。

⑧ 《元史》卷18《成宗纪一》。

⑨ 《元史》卷28《英宗纪二》。

⑩ 《元史》卷29《泰定帝纪一》。

⑪ 《元史》卷35《文宗纪四》。

⑫ 《元史》卷41《顺帝纪四》。

⑬ 《元史》卷102《刑法一》。

辽朝官府之印："吏部印，文曰'吏部之印'，银铸，以印官制诰。""兵部印，文曰'兵部之印'，银铸，以印文军职制诰。""契丹枢密院、契丹诸行军部署、汉人枢密院、中书省、汉人诸行宫都部署印，并银铸。文不过六字以上，以银朱为色。""南北王以下内外百司印，并铜铸，以黄丹为色，诸税务以赤石为色。"①

金太宗天会六年（1128 年），统一百官之印。"其前所带印记无问有无新给，悉上送官，敢匿者国有常宪。"海陵王"正隆元年（1156 年），以内外官印新旧名及阶品大小不一，有用辽、宋旧印及契丹字者，遂定制，命礼部更铸焉"。"三师、三公、亲王、尚书令并金印，方二寸，重八十两，驼钮。一字王印，方一寸七分半，金镀银，重四十两，镀金三字。诸郡王印，方一寸六分半，金镀银，重三十五两、镀金三字。国公无印。一品印，方一寸六分半，金镀银，重三十五两，镀金三字。二品印，方一寸六分，金镀铜，重二十六两。东宫三师、宰执与郡王同。三品印，方一寸五分半，铜，重二十四两。四品印，方一寸五分，铜，重二十两。五品印，方一寸四分，铜，重二十两。六品印，一寸三分，铜，重十六两。七品印，一寸二分，铜，重十六两。八品印，一寸一分半，铜，重十四两。九品印，一寸一分，铜，重十四两。凡朱纪，方一寸，铜，重十四两。"②

元世祖即位，实行印制。"皇太子金宝……诸王印三寸二分，赤金二百十三两九钱；金印三寸一分五厘，赤金二锭六两；金镀银印准上，白银八十三两，镀金赤金八钱；驸马印正二三台，银五十六两四钱。金印三等，兽钮、螭钮、驴钮。金镀银印二等，驼钮、龟钮。银印龟钮。正一品印，三寸三台，银八十两五钱；从一品，二寸八分三台，银八十两；正二品，二寸六分两台，银六十五两；从二品，二寸五分两台，银六十五两；正三品，二寸四分银五十五两；从三品，二寸三分，铜三斤十二两；正四品，二寸二分，铜三斤八两；从四品，二寸一分，铜三斤四两；正五品，二寸五厘，铜三斤；从五品，二寸，铜二斤十四两；正六品，一寸九分五厘，铜二斤十一两；从六品，一寸九分，铜二斤十两；正七品，一寸八分五厘，铜二斤八两；从七品，一寸八分五厘，铜二斤四两；正八品，一寸七分五厘，铜二斤四两；从八品，一寸七分，铜二斤二两；正九品，一寸六分五厘，铜二斤；从九品，一寸六分，铜一斤十四两。凡印文皆用蒙古文字。"③

"元朝一品衙门用三台金印，二品三品用两台银印。其余大小衙门印，虽大小不同，皆用铜。其印文皆用八思麻帝师所制蒙古字书，惟宣命之宝用玉，以玉箸篆文。此其异也。"④

2. 赴任规定与任期

元朝对官员赴任作了带一定强制性的规定。凡接到任命的官员，必须在规定期限内赴任所视事。为免官员的后顾之忧，给予处理家事假。"凡赴任程限：大德八年（1304 年）定赴任官在家装束假限，二千里内三十日，三千里内四十日，远不过五十日。马日行

① 《辽史》卷 57《仪卫志三》。

② 《金史》卷 58《百官四》。

③ 《新元史》卷 96《舆服志二》。

④ 《草木子》卷 3 下《杂制篇》。

七十里,车日行四十里。乘驿者日两驿,百里以上止一驿。舟行,上水日八十里,下水百二十里……违限百日外,依例作阙。"①

至元八年(1271年),省准:"其之任官果因病患事故,不能赴任,自授除日为始,限一十二月后听仕。"部拟:"凡外任官日久不行赴任,除行程并装束假限外,违者计日断罪。"②

为保证官员能服从调动,"诸职官已受宣敕,以地远官卑,辄称故不赴者,夺所受命,谪种田"③。

大德元年(1297年),"诏边远官已尝优升品级而托他事不赴者,夺其所升官"④。

成宗大德五年(1301年),"诏廉访司官非亲丧迁葬及以病给告者,不得离职;或以地远职卑受任不赴者,台宪勿复用"⑤。

大德六年(1302年)重申,官员"既受命而不时赴者、病故不行者、被差事毕不即还者……违限六月选人代之。被代者期年始叙"⑥。

延祐六年(1319年),敕"诸司有受命不之官及避繁剧托故去职者,夺其宣敕"⑦。泰定帝致和元年(1328年),诏谕百司:"凡不赴任及擅离职者,夺其官;避差遣者,笞之。"⑧至顺二年,御史台臣劾奏:"大都总管刘原仁称疾,久不视事,及迁同知储政院事,即就职,侥幸巧宦,避难就易。"有旨罢之⑨。

元朝官员以三年为一任。至大二年(1309年),"令州县正官以九年为任诏天下"⑩。仁宗即位,诏"路、府、州、县官,三年为满"⑪。

三、任用类型

1. 任命形式

拜是皇帝亲自任命高级官僚的专用名称。如韩知古,太祖"拜左仆射"⑫。金徒单公弼"拜参知政事,进右丞,转左丞。至宁初,拜平章政事……贞祐初,进拜右丞相"⑬。王维翰"改刑部尚书,拜参知政事"⑭。元"定宗即位,以镇海为先朝旧臣,仍拜中书右丞

---

①② 《元史》卷83《选举三》。
③ 《元史》卷102《刑法一》。
④ 《元史》卷19《成宗纪二》。
⑤⑥ 《元史》卷20《成宗纪三》。
⑦ 《元史》卷26《仁宗纪三》。
⑧ 《元史》卷30《泰定帝纪二》。
⑨ 《元史》卷35《文宗纪四》。
⑩ 《元史》卷23《武宗纪二》。
⑪ 《元史》卷24《仁宗纪一》。
⑫ 《辽史》卷74《韩知古传》。
⑬ 《金史》卷120《徒单公弼传》。
⑭ 《金史》卷121《王维翰传》。

相”①。玉昔帖木儿“至元十二年(1275年),拜御史大夫”②。

授,即任命之意。如李澣,“归辽……授翰林学士”③。陈规,“朝授一官,暮升一职”④。塔海“大德四年(1300年),授中书直省舍人”⑤。伯颜不花的斤“至正十六年(1256年),授衢州路达鲁花赤”⑥。

除,对一般文官任命的称呼。如伯德梅和尚“典尚厩者十余年,积劳特迁官二阶,除复州刺史”⑦。乌古论荣祖“明昌二年(1191年)进士,历官补尚书省令史,除都转运司都勾判官”⑧。

元制有“真拜”和“真除”的形式。如资历浅的官员任较高职位时,先“特授”,然后“真拜”该职。如李孟“特授荣禄大夫、中书平章政事……仁宗嗣立,真拜中书平章政事”⑨。真除,即官员已被报请任用某官,并实际任职,因此在正式任用时,称为“真除”。如陈祐“穆哥王府……表祐为河南府总管,中统元年(1260年),真除祐为总管”⑩。

2. 关于升迁调动的形式与称呼

征,专门用于把地方有才识的白身人和政绩突出的地方官调至中央任职。如耶律隆运“拜辽兴军节度使,征为南院枢密使”⑪。宗浩“改曷苏馆节度使。世宗谓宰臣曰‘宗浩有才干,可及者无几’。(至元)二十三年,征为大理卿”⑫。“至元十九年(1259年),有诏征因,(刘因有学行)擢承德郎、右赞善大夫。”⑬又李德辉“授太原路总管……(至元)五年,征为右三部尚书”⑭。

改,即改调他职。姚景行“重熙五年(1036年),擢进士乙科,为将作监,改燕赵国王教授”⑮。完颜宗秀“入为刑部尚书,改御史中丞”⑯。脱烈海牙“起为吏部尚书,量能叙爵,以平允称,改礼部尚书”⑰。元代把武阶官员转为文官,称为改。如脱因纳“进阶怀远

---

① 《元史》卷120《镇海传》。
② 《元史》卷119《玉昔帖木儿传》。
③ 《辽史》卷103《李澣传》。
④ 《金史》卷109《陈规传》。
⑤ 《元史》卷122《塔海传》。
⑥ 《元史》卷195《伯颜不花的斤传》。
⑦ 《金史》卷121《伯德梅和尚传》。
⑧ 《金史》卷121《乌古论荣祖传》。
⑨ 《元史》卷175《李孟传》。
⑩ 《新元史》卷169《陈祐传》。
⑪ 《辽史》卷82《耶律隆运传》。
⑫ 《金史》卷93《宗浩传》。
⑬ 《元史》卷171《刘因传》。
⑭ 《元史》卷163《李德辉传》。
⑮ 《辽史》卷96《姚景行传》。
⑯ 《金史》卷66《完颜宗秀传》。
⑰ 《元史》卷137《脱烈海牙传》。

大将军，寻改中奉大夫、太仆少卿”①。又忽刺出“进镇国上将军、淮东宣慰使。奉旨屯守上都，改嘉议大夫、行台御史中丞”②。

迁，即晋升高职。韩延徽“改南京三司使。世宗朝，迁南府宰相”③。韩知古“拜左仆射……有功，迁中书令”④。完颜郑家“天德间，为右谏议大夫（正四品），累迁会宁尹（正三品）”⑤。阿里海牙“世祖即位，渐见擢用，由左右司郎中，迁参议中书省事”⑥。有的时候，同级职位相转，亦称迁。如和尚子千奴“授江北淮东道肃政廉访使，（至元）三十一年，迁江东建康道肃政廉访使”⑦。

转，大多为由低职转调为高职。王竞“迁尚书礼部员外郎（从六品）……天德初转翰林待制（正五品）”⑧。完颜宗秀“授翰林学士（正三品）。天德初，转承旨（从二品）”⑨。

召，元代地方官员至中央任职的另一专称，与“征”意同。如杨桓“中统四年（1263年），补济州教授，后由济宁路教授召为太史院校书郎”⑩。“世祖即位……（史）天泽时宣抚河南，帝即召拜右丞相以默为翰林侍讲学士。”⑪迭里威失“成宗时……迁淮西廉访副使，召为中书左司员外郎”⑫。

升、进均为由低职升迁为高职。如太平“元统初，命为枢密副使，寻升同知枢密院事”⑬。铁木儿塔识“至元六年（1269年），拜中书右丞。至正改元，升平章政事”⑭。又立智理威“迁四川行省参知政事……（大德）八年，进左丞”⑮。塔海“迁中书客省副使……寻进和林行省理问所官”⑯。

调，调转职务。如胡祗遹“至元元年（1264年），授应奉翰林文字，寻兼太常博士，调户部员外郎”⑰。又邓文原“行省辟署杭州路儒学正，秩满调崇德州儒学正”⑱。

---

① 《元史》卷135《脱因纳传》。
② 《元史》卷133《忽刺出传》。
③ 《辽史》卷74《韩延徽传》。
④ 《辽史》卷74《韩知古传》。
⑤ 《金史》卷65《完颜郑家传》。
⑥ 《元史》卷128《阿里海牙传》。
⑦ 《元史》卷134《和尚传》。
⑧ 《金史》卷125《王竞传》。
⑨ 《金史》卷66《完颜宗秀传》。
⑩ 《元史》卷164《杨桓传》。
⑪ 《元史》卷158《窦默传》。
⑫ 《元史》卷124《迭里威失传》。
⑬ 《元史》卷140《太平传》。
⑭ 《元史》卷140《铁木儿塔识传》。
⑮ 《元史》卷120《立智理威传》。
⑯ 《元史》卷122《塔海传》。
⑰ 《元史》卷170《胡祗遹传》。
⑱ 《新元史》卷206《邓文原传》。

3. 兼职与代职

（1）兼职，就是有本职，又兼理某种职事和职务。如萧思温“保宁初，为北院枢密使，兼北府宰相，仍命世预其选”①。金世宗以“璋为统军使……以本官兼京兆尹”②。元世祖召高鸣“为翰林学士，兼太常少卿”③。又，李昶“授南京路总管兼府尹”④。兼职还有以下几种形式：

摄，即兼理某种官职。韩匡嗣“改南京留守。保宁末，以留守摄枢密使”⑤。高衎“起复吏部员外郎，摄左司员外郎”⑥。赵元“改左司员外郎，摄吏部事”⑦。齐履谦，大德“九年冬，始立南郊，祀昊天上帝，履谦摄司天台官”⑧。

权，主要表示暂时兼职。刘伸“擢枢密都承旨，权中京副留守”⑨。又，都尔弥势，“宋平，授安丰路达鲁花赤，权处州达鲁花赤”⑩。

知，就是以本职兼任他职，并以所知职事为主。权知，就是以较低官职兼任较高职事。如武白“迁尚书左丞，知枢密事”⑪。耶律隆运“为上京留守，权知京事”⑫。张行信“兴定元年（1217 年）……权参知政事，六月，真拜参知政事”⑬。完颜合达“权参知政事，行省事于京兆，未几真拜”⑭。赵秉温“迁昭文馆大学士、知太史院侍仪司事”⑮。董文用“迁翰林、集贤二院学士，知秘书监”⑯。

领，以本职兼领另一官职。耶律隆运“代为北府宰相，仍领枢密使”⑰。耶律突吕不“为文班林牙，领国子博士、知制诰”⑱。世祖授张文谦“昭文馆大学士，领太史院，以总其事”⑲。顺帝初即位，“诏太师、右丞相伯颜，太傅、左丞相撒敦，专理国家大事，其余官不得兼领三职”⑳。

---

① 《辽史》卷 78《萧思温传》。
② 《金史》卷 65《完颜璋传》。
③ 《元史》卷 160《高鸣传》。
④ 《元史》卷 160《李昶传》。
⑤ 《辽史》卷 74《韩匡嗣传》。
⑥ 《金史卷》90《高衎传》。
⑦ 《金史》卷 90《赵元传》。
⑧ 《元史》卷 172《齐履谦传》。
⑨ 《辽史》卷 98《刘伸传》。
⑩ 《新元史》卷 136《都尔弥势传》。
⑪ 《辽史》卷 82《武白传》。
⑫ 《辽史》卷 82《耶律隆运传》。
⑬ 《金史》卷 107《张行信传》。
⑭ 《金史》卷 112《完颜合达传》。
⑮ 《元史》卷 150《赵秉温传》。
⑯ 《元史》卷 148《董文用传》。
⑰ 《辽史》卷 82《耶律隆运传》。
⑱ 《辽史》卷 75《耶律突吕不传》。
⑲ 《元史》卷 157《张文谦传》。
⑳ 《元史》卷 38《顺帝纪一》。

商议，即在某职位兼理另一职事。如张炤至元十三年(1276年)“升太中大夫，扬州总管府达鲁花赤，商议行中书省事”①。又，和尚子千奴“武宗即位……功为多。拜荣禄大夫、平章政事、商议枢密院事”②。

(2)代职

假、借，就是暂时代理，使用范围较广，大多表示暂时代理或非正式的官职。冯延登“正大七年(1240年)十二月，迁国子祭酒。假翰林学士承旨，充国信使”③。纥石烈良弼“天德初，累官吏部郎中，改右司郎中，借秘书少监为宋主岁元使”④。“大德二年(1298年)，武宗镇抚北庭，军事悉委乞台普济……诏武宗入继大统，即日假乞台普济平章政事。武宗即位，拜荣禄大夫、中书平章政事。”⑤

守，以低官代理高官之称。如辽太祖任命韩延徽“为守政事令、崇文馆大学士”⑥。

提点，以本职代理其他官府之事。耶律俨“同知宣徽院事，提点大理寺”⑦。刘伸“为三司副使，加谏议大夫，提点大理寺”⑧。

署，以本职代理其他官府之事。许扆“成宗即位，迁中书右丞，行太常卿。力辞，乃命以中书右丞署太常事”⑨。

行，使用范围广，复杂，大致有三种情况：①为代理或兼行本机关职事。李复亨“迁翰林直学士行三司事”⑩。至元十四年(1277年)塔出“授资政大夫、中书右丞，行中书省事”⑪。张孔孙“俄拜侍御史，行御史台事”⑫。②以散高阶兼任级别低的职务。“凡台官、御史、部官、京尹、少尹、守令、丞、簿、尉、录事，诸卿少至协律、评事、谏官、国子监学官，诸监至丞郎、符宝郎、东宫詹事、率府、仆正副、令丞、王府官，散官高于职事者带‘行’字，职事高于散官一品者带‘守’字、二品者带‘试’字，品同者皆否。”⑬“马剌，(武宗)遥授左丞相，行大宗正府也可札鲁忽赤。”⑭武宗“拜曲枢荣禄大夫、平章政事，行大司农”⑮。③以中央官行地方官职事。游显“(至元)十六年(1279年)，迁中奉大夫、中书右丞，行浙

① 《元史》卷170《张炤传》。
② 《元史》卷134《千奴传》。
③ 《金史》卷124《冯延登传》。
④ 《金史》卷88《纥石烈良弼传》。
⑤ 《新元史》卷199《乞台普济传》。
⑥ 《辽史》卷74《韩延徽传》。
⑦ 《辽史》卷98《耶律俨传》。
⑧ 《辽史》卷98《刘伸传》。
⑨ 《元史》卷168《许扆传》。
⑩ 《金史》卷100《李复亨传》。
⑪ 《元史》卷135《塔出传》。
⑫ 《元史》卷174《张孔孙传》。
⑬ 《金史》卷55《百官一》。
⑭ 《新元史》卷121《塔剌海传》。
⑮ 《元史》卷137《曲枢传》。

西宣慰使”[1]。史格“拜参知政事，行广南西道宣慰使”[2]。

4. 加官、加职与加阶

加，使用范围广，与一般兼职、代职不相同。

加官，即在原有官职之外，再加上一种官称，使之拥有一定的专门权力，或担任某种特殊任务，或具有一种特殊身份。韩绍芳“重熙间参知政事，加兼侍中”[3]。邢抱朴“累迁翰林学士，加礼部侍郎”[4]。刘伸“为三司副使，加谏议大夫”[5]。韩昉“累迁少府少监，乾文阁待制。加卫尉卿，知制诰，充高丽国信使”[6]。忽都虎“授浙西道宣慰使，加招讨使”[7]。

辽、金还有一特殊加官，以娶公主为条件，称驸马都尉。萧撒八“以柴册礼恩，加检校太傅、永兴宫使，总领左右护卫，同知点检司事。尚魏国公主，拜驸马都尉”[8]。萧孝先“统和十八年（1000 年），补祗候郎君。尚南阳公主，拜驸马都尉”[9]。乌古论元忠“世宗在潜邸以长女妻之……世宗即位辽阳……大定二年（1162 年），加驸马都尉，除近侍局使”[10]。徒单公弼“初充奉御，大定二十七年（1187 年），尚世宗女息国公主，加定远大将军、驸马都尉”[11]。

加职，所加职务不是正式官称，本身无阶品，只是加上某方面的权力，如“总知军国事”、“录军国重事”、“商议中书省事”、“知制诰”之类。

加职的名称和种类在辽、金、元各朝略有差异。

辽知国事、总知军国事，是对亲信重臣的加职，可于北南宰相府参与国家重事或军国大事。“察割弑帝。（耶律）屋质……召诸王，及喻禁卫长皮室等同力讨贼……遂诛察割。乱既平，穆宗即位，谓屋质曰：‘朕之性命，实出卿手。’命知国事。”[12]萧海璆以“近戚，嘉其勤笃，命预北府宰相选。顷之，总知军国事”[13]。

同平章事，辽加给南面官有宰相之权任的专称。王郁“从太祖平渤海，战有功，加同政事门下平章事”[14]。韩德源“保宁间，官崇义、兴国二军节度使，加检校太师……后加同政事门下平章事”[15]。

---

① 《新元史》卷 167《游显传》。
② 《元史》卷 155《史格传》。
③ 《辽史》卷 74《韩延徽传》。
④ 《辽史》卷 80《邢抱朴传》。
⑤ 《辽史》卷 98《刘伸传》。
⑥ 《金史》卷 125《韩昉传》。
⑦ 《元史》卷 123《忽都虎传》。
⑧ 《辽史》卷 87《萧撒八传》。
⑨ 《辽史》卷 87《萧孝先传》。
⑩⑪ 《金史》卷 120《世戚传》。
⑫ 《辽史》卷 77《耶律屋质传》。
⑬ 《辽史》卷 78《萧海璆传》。
⑭ 《辽史》卷 75《王郁传》。
⑮ 《辽史》卷 74《韩德源传》。

杨佶“除吏部尚书，兼门下侍郎，同中书门下平章事”①。

知贡举，即对他官加此职，使之主管礼部选拔科举人才事。圣宗“诏裴玄感、邢祥知礼部贡举，放进士史简等十九人及第”②。

商议中书省事，中书省为元代最高行政机关，如以他官加此职，就有与宰相同等议政的权力。大德八年（1304 年），程钜夫“召拜翰林学士，商议中书省事”③。大德九年（1305 年），刘敏中“授集贤学士、皇太子赞善，仍商议中书省事”④。

录军国重事，加职者多为天子的亲重大臣，有总领军政大事之权。阿沙不花“复平章事、录军国重事”⑤。曲枢，至大四年（1300 年），“授太保、录军国重事”⑥。“至正元年（1264 年），遂命脱脱为中书右丞相、录军国重事。”⑦

知经筵事、同知经筵事，加此职，每日上朝为天子讲授经书，并以格言启导太子，被加者多为元代的宰执大臣，如身份较低，则以“同知经筵事”为名。

知制诰，加是职即掌为天子草制诰。辽、金、元均有此加职。室昉“会同初，登进士第，为卢龙巡捕官。太宗入汴受册礼，诏昉知制诰”⑧。邢抱朴“好学博古，保宁初，为政事舍人、知制诰，累迁翰林学士”⑨。金、元均规定翰林院官员加此职，其他有才华的官员亦可加之。金称“加”为“带”，并规定：“翰林学士院……凡应奉文字，衔内带知制诰……翰林学士，正三品。翰林侍读学士，从三品。翰林侍讲学士，从三品。翰林直学士，从四品，不限员。翰林待制，正五品。不限员，分掌词命文字，分判院事，衔内不带知制诰。”⑩元仁宗皇庆元年（1312 年），召李孟，“授翰林学士承旨、知制诰”⑪。奕赫抵雅尔丁“迁翰林侍讲学士、知制诰”⑫。泰不华“改翰林侍读学士、知制诰”⑬。如若官职较低的有才华者，则称“同知制诰”。蔡珪“中进士第……丁父忧，起复翰林修撰，同知制诰”⑭。王恽，中统二年（1261 年）“春，转翰林修撰，同知制诰”⑮。袁桷“升应奉翰林文字，同知制诰”⑯。

---

① 《辽史》卷 89《杨佶传》。
② 《辽史》卷 15《圣宗纪六》。
③ 《元史》卷 172《程钜夫传》。
④ 《元史》卷 178《刘敏中传》。
⑤ 《元史》卷 138《阿沙不花传》。
⑥ 《元史》卷 137《曲枢传》。
⑦ 《元史》卷 138《脱脱传》。
⑧ 《辽史》卷 79《室昉传》。
⑨ 《辽史》卷 80《邢抱朴传》。
⑩ 《金史》卷 55《百官一》。
⑪ 《元史》卷 175《李孟传》。
⑫ 《元史》卷 137《奕赫抵雅尔丁传》。
⑬ 《元史》卷 143《泰不华传》。
⑭ 《金史》卷 125《蔡珪传》。
⑮ 《元史》卷 167《王恽传》。
⑯ 《元史》卷 172《袁桷传》。

加阶，隋唐以后不大普遍，辽、金、元往往是给有功之臣加上一些荣誉性的虚称。韩昉"拜参知政事……再表乞致仕……以仪同三司致仕。天德初，加开府仪同三司"①。月赤察儿有功，"成宗即位……加开府仪同三司"②。其他加荣誉性虚职，韩德源"加检校太师"③。耶律羽之"为中台省右次相……以功加守太傅"④。玉昔帖木儿在至元二十四年(1287 年)，统蒙古兵，捉获反叛的乃颜，"诏赐内府七宝冠带以旌之，加太傅"⑤。至元十七年(1280 年)，纽的该"以太尉总山东诸军"⑥。

① 《金史》卷 125《韩昉传》。
② 《元史》卷 119《月赤察儿传》。
③ 《辽史》卷 74《韩德源传》。
④ 《辽史》卷 75《耶律羽之传》。
⑤ 《元史》卷 119《玉昔帖木儿传》。
⑥ 《元史》卷 139《纽的该传》。

第六编　明清

1368年,朱元璋建立明朝。1644年,清军入关,明清两朝历经五百四十余年,是中国历史上一个十分重要的时期。这一时期,统一的多民族国家进一步发展,封建专制制度达到了历史的顶峰。明朝在制度建设方面,不仅全面地、系统地整合了前朝的制度,而且在制度的设计和建设上呈现了新的特点。清承明制,建立了一套臻于完善的高度集权的君主专制体制,而它自创的一些制度又独具特色。诸如理藩院、军机处、南书房、内务府等,为前代所无;六部满汉复职制,实为它的独创;八旗制融军政为一体,发挥着独特的功能。清朝的制度严密、完备、井然有序,历代封建专制弊端,如宦官之乱、后宫干政、外戚专权、朋党祸国等祸患,在有清一代基本没有重演。最高统治集团保持了长期的稳定,社会亦获得较长时间的安宁。在经济发展方面,明清经济仍以自给自足的农业经济占主体地位,但明代工商业、航海业、金融业等相比前代有了巨大发展,在许多方面已走在世界前列;清朝已建立了"大一统"的多民族国家,并在前代的基础上,进一步确定了作为东方大国的地位。

这一时期的世界局势经历了前所未有的变化,这一变化不仅关系着当时中国的国际地位,而且直接影响着中国此后的发展道路,也惊醒了中国这个沉睡的巨人,其间蕴涵着深刻的教训和历史启示。

第一章　学校教育和文官培养

明清统治者尊重儒家学说,推崇程朱理学,实行文化专制政策。明清时期,在君主专制制度和文化专制政策的推动下,封建中央集权制的教育制度更加完备,管理措施更加具体得力,其显著特点就是国家对教育的宏观调控程度更加集中。

晚清时期的教育改革,作用力来自于内外两个方面的因素:内是由于传统教育的没落。明清时期,传统教育完全被镶嵌于程朱理学与科举八股文糅合的模具之中,学校完全成为一个封闭的科举预备场所。整个教育机制驱使着学子嗜利苟得,醉心于无用之空文,陷溺人才,不周时用,从而最终窒息了传统教育中的生机活力,使之完全不能适应和满足社会发展的需要,于是产生了近代教育改革的内动力。外是由于西方教育的传入。随着西方文化的不断渗入,西方的资本主义教育制度也开始影响有几千年传统文化的中国。这一影响从教育内容到教育制度、教育观念都给中国教育改革注入了新的因素和新的活力,成为晚清教育改革的外动力。

第一节　明清的文教政策

明清时期是中国封建社会的最后阶段。明清两朝都以武力开国，然而都面临着文化秩序重建的问题。明代建立，如何迅速恢复儒家纲常秩序成为头等紧迫的问题。清代为满洲贵族掌权，如何传承中华文化成为其稳固统治根基的关键。正因为此，明清统治者深切认识到“世治宜用文”的道理，因而坚持“文以治天下”的政策，通过“文治”把中央集权的专制主义更向前推进了一步。

一、坚持崇儒兴学的教育方针

明朝开国皇帝朱元璋虽是大老粗出身，然而在其行伍生涯中，他刻苦好学，手不释卷，每遇闲暇总与一帮儒臣道士讲论经史，列坐赋诗，对儒家治国思想有了大致的了解。早在建国前夕，朱元璋下诏指出：“今天下初定，所急者衣食，所重者教化……明教化者，在于兴学校，学校兴则君子务德。”①可见明太祖的治国方略是把兴学校与恢复经济放在了同等重要的地位。以后在治国过程中，朱元璋身体力行，大倡兴学，多次强调了“大学育贤之地，所以兴礼乐，明教化，贤人君子之所自出”的道理②，坚持推行“当以孔子之道为教”的教育方针③。建都金陵后，他又要求粉饰宫殿不用丹青画壁，而是遍书《大学衍义》以供出入省览。

顺治元年（1644 年），清世祖定都北京。清朝统治者认识到，要维持统治，仅靠炫耀武力是不够的，要想在汉族人口居多、汉族文化根基深厚的中国维持统治，不推行“崇儒兴教”的文教政策根本行不通。顺治元年十月，清政权在立足未稳的情况下，便下令袭封孔子第六十一代孙孔允植为“衍圣公”。次年，加封孔子为“大成至圣文宣先师”，并着手各级学校的创建工作。顺治九年（1652 年），世祖亲临国子监视学，并邀请孔子与其他先贤之后裔赴京观礼，“嗣是历代举行以为常”。顺治十年（1653 年），“崇儒重道”作为一项基本国策被确定下来。顺治十二年（1655 年），世祖晓谕天下：“帝之敷治，文教是先，臣子致君，经术为本。”明确宣告了“兴文教，崇经术，以开太平”的治国方略④。康熙八年（1669 年），消除了以鳌拜为首的顽固守旧势力，文化建设重上正轨。不久重申了世祖制定的“崇儒重道”政策，提出了以“文教是先”为核心的十六条治国纲领⑤。康熙二十二年（1683 年），康熙帝还御书“万世师表”悬于孔庙大成殿。清朝统治者的这些努力，是为了显示满洲贵族继承中国传统文化的正统地位，以抵制弥漫于知识界“严夷夏之防”的思想倾向，也为清朝文教政策奠定了基础。

---

① 《明太祖实录》卷 26“吴元年十月”。

② 《明太祖实录》卷 39“洪武二年二月”。

③ 《明太祖实录》卷 145“洪武十五年五月”。

④ 《清史稿》卷 106《选举志一》。

⑤ 《清世祖实录》卷 90“顺治十二年三月庚子”。

二、大力推崇程朱理学

明朝统治者竭力推崇程朱理学的正宗地位，屡次表彰程朱后裔及其门人。明太祖曾规定，“国家取士，说经者以宋儒传注为宗”。并与刘基首创八股文式，规定从“四书”与“五经”中命题，以八股制义为定式，“代圣人立言”，一切要以朱熹的《四书集注》为标准答案。明成祖永乐十三年，敕命翰林学士胡广等编纂《五经大全》《四书大全》《性理大全》，颁行天下，作为钦定的教本。

清朝统治者也在“崇儒重道”中极力推崇程朱理学，使程朱理学成为支配人们思想行为的最高权威。世祖诏朱熹第十五代孙朱煌承袭翰林院“五经博士”，康熙帝封朱熹为十哲之一，在大成殿配享孔子，强调“孔孟之后，有裨斯文者，朱子之功最为弘钜”①。又御书匾额“学性达天”赐五曲书院和紫阳书院，书匾额“大儒世泽”并对联“诚意正心阐邹鲁之实学，主敬穷理绍廉洛之心传”赐考亭书院，并组织人编纂《朱子大全》，康熙帝亲自为之作序。至此，朱学独尊成为“崇儒重道”的具体体现，成为朝廷控制思想、抚镇人心的有力武器。

三、文化专制，禁锢思想

明清两朝是封建君主专制制度达到鼎盛的时代。在文化思想领域也大力推行文化专制主义，实行了种种禁锢思想的措施。

明清统治者在推崇程朱理学的同时，对思想、文化和教育领域中的不同学派，则横加排斥和压制。明朝统治者明令非“四书”、“五经”之书不准读，非程朱理学之说不许讲。当时有一儒士朱季友上书指责程朱之说，明太祖看后大怒：“此德之贼也！”令杖遣，焚其书。清代统治者将理学奉为君主专制的工具。规定读书人凡言不合朱子，率鸣鼓而攻之。雍正时期，有一儒生注解《大学》，只用《礼记》本，而未从朱熹本，被地方官奏告。雍正帝按奏要求大臣论罪，大臣无一敢非议，结果议罪该斩首。

为了强化君主专制，明清两朝的思想禁锢达到登峰造极的地步。明太祖读《孟子》，看到“君之视臣如草芥，则臣视君如寇仇”一语，勃然大怒，以为不是臣子之言，于是将孟子撤出孔庙，罢废其配享的资格。后来在大臣的死谏下不得不恢复孟子地位，但却令人将《孟子》一书中不利于君主专制的语句共八十五条尽行删去，并规定这些内容“课试不以命题，科举不以取士”。清代则对不合己意的书籍尽行销毁，仅乾隆一朝，就焚书二十四次、五千余种，近十四万部，其中借编修《四库全书》禁焚三千余种，六千七百余部。这最典型地体现了君主专制统治已容不得丝毫的民主气息了。

明清两朝对官学师生进行了严格的管理与控制。国子监特设“绳愆厅”，对违规师生有执行刑罚的权利。凡有不守监规者，轻则廷杖，重则发配边疆乃至处死。洪武二十七年（1394年），监生赵麟因受不了虐待，贴了“帖子”提出抗议，被处以极刑，并在国子监前立一长竿，悬首示众。这根竿子一直竖了一百六十二年，方才撤去。对各级学校还颁有

① 《清圣祖实录》卷249“康熙五十一年正月上谕”。

"卧碑文",制定了八条剥夺人权、钳制思想的措施。

明清文化专制的体现,还在于文字狱盛行。明清两代统治者对不同意见进行镇压,尤其是对臣民的奏章、著作、诗文,吹毛求疵,摘录片言只语,任意罗织罪名,大行杀戮。明太祖洪武年间弄得举国上下,人人自危,"京官每旦上朝,必与妻子诀。及暮无事则相庆,以为又活一日"。清朝顺治、康熙、雍正、乾隆四朝的文字狱,株连极广,不仅父母、妻子、兄弟受到牵连,而且学生、出书者、读书者也难以幸免,连死人也不放过,要剖棺戮尸。在高压政策下,学者噤若寒蝉。"避席畏闻文字狱,著书只为稻粱谋",成为当时文人学者的普遍心理。明清代统治者为消耗学者精力于考据上,组织他们编纂大型类书,如明朝成祖时解缙主持编纂了一部庞大的《永乐大典》,清康熙时张玉书主持编纂《康熙字典》,乾隆时纪昀主持编纂我国最大的一部丛书《四库全书》等。

可见,一个时代文教政策的颁行,本质上体现为统治者驱使人们认同和遵守特定的文化秩序。这种文化秩序以人际关系为基点,通过政治和教育的手段,达到人与人之间对政治权力和经济利益分配的平衡和认同。构建文化秩序实质就是文化选择问题,而决定文化选择的力量由政治权力的意志和文化权力的追求,以及二者之间的关系这三种因素构成,三种因素的相互作用决定了这一时期文化选择的价值取向,而人的发展成为衡量这一文化秩序合理与否的核心问题。简略地回顾中国古代文教政策的演变历程,有一个问题很值得我们深思,虽然其间多有变化反复,但这一过程的总趋势却是由最初的"敬敷五教,在宽"最后走到了文化专制。原因在于,中国古代文教政策是建立在血缘宗法制度的基础之上的,以维护宗法制度和封建国家整体利益为施教的出发点,通过道德政治化来强化国家意志。中国古代的这样一些特点,导致各朝代的文教政策总是从国家统治的角度来规定教育发展的方向,这就必然强化了教育的国家功能和政治功能,忽视了人在教育中的主体地位,忽视了教育的独立地位,压抑和扭曲了教育的经济功能和文化功能。所以,从总体讲,在大一统的政治氛围下,中国古代的文教政策具有单一性和专制性的特色,由此也形成了中国教育发展一刀切的传统,缺乏多元性和灵活性。

第二节　明朝的学校教育与文官培养

明朝学校体制的完备,得力于明太祖朱元璋的重视。明以前,学校仅是士子参加科举的途径之一。到了明代,学校便成为参加科考的必由途径。《明史·选举志一》云:"科举必由学校,而学校起家可不由科举。"明朝中央的官学主要看国子监,地方有府、州、县学。这些学校培养了大批的文官,为明朝的发展做出了重大的贡献。

一、健全的学校体制

朱元璋在选拔、培养和任用人才方面是非常慎重的,荐举、学校、科举"三途并用"政策是在实践中逐步形成的。

朱元璋在创立明王朝的过程中,他分析了大元帝国迅速土崩瓦解的原因,其中,元朝对官吏过于宽纵和过于依赖吏员,而"吏多狡狯,好舞文弄法"。因此,他就思考并试图把官员的主要来源放到"知古今,识道理,非区区文法吏可比"的儒士身上,他确信"治国之要,教化为先;教化之道,学校为本"的儒家政治理想。

明朝立国之前,即朱元璋在灭元战争的末期,就十分注意搜罗知识分子以备顾问,"下金陵,辟儒士范祖干、叶议。克婺州,召儒士许元、胡翰等日讲经史治道。占处州,征耆儒宋濂、刘基、章溢、叶琛至建康,创礼贤馆处之"。占领区内各州县奉命举荐来的"民间俊秀年二十五岁以上、资性明敏、有学识才干者"就更多。由于这些征聘举荐来的大量人才在明王朝创建过程中发挥了重要作用。朱元璋便想到了扩大征聘荐举规模,并由此确立了举荐人才的策略,为此他曾多次命中央及各地官吏推举人才。洪武元年,命令"有司以聘礼致贤才","征天下贤才至京,授以守令。其年冬,又遣文原吉、詹同、魏观、吴辅、赵寿等分行天下,访求贤才,各赐白金而遣之"。可是,这次荐举来的人员和朱元璋理想化的"贤才"标准相距甚远。

针对举荐人才的不理想,如何才能"必得于全才"呢,在比较了历代选官制度后,朱元璋将学校及科举立为举才策略。洪武二年(1369 年)十月三十日,朱元璋下诏命令在全国广泛兴建学校:要求各地郡县全都要按规定设立学校。为了使地方贯彻执行立校兴学政策,明政府明确规定:府学设教授一人,训导四人,生员定额为四十人;县学设教谕一人,训导二人,生员二十人,州学三十人。洪武八年,他又令天下建立社学,即乡村小学和社区小学。各级学校的功课,由皇帝直接指定,内容是《御制大诰》(即皇帝语录),《大明律令》(即刑法),此外还有四书五经和《说苑》。规定:太学学生每日写字一幅,每三天背下《大诰》一百字,本经一百字,四书一百字。每个月作文六篇。

学校制定了教学规章等一些相应的教学措施。校规一共五十六款,比如必须穿校服,不许点名迟到,不许夜里饮酒,不许结社,文学社、诗会之类一律严格取缔,不许议论学校食堂的饭菜好不好吃。这些规定,一旦违反,轻则杖责,重则充军。

朱元璋大幅提高学生的待遇,明朝学生的待遇创历代之冠。府、州、县各级学生,都可以享受国家补贴,每人给米六斗,额外还有鱼肉供应。京师的太学学生待遇更好,一旦考上太学,国家包发校服,包供食宿。结了婚的,还可以带家眷入学。家眷们的生活供应,由马皇后亲自负责。学生们离家日久,朱元璋发给他们新衣服一套,路费钞五锭,让他们回家看望父母。过春节、元宵,朱元璋还专门给学生们发过节补助金。

学生学习,专治一经,以礼、乐、射、御、书、数设科分教,必须使学生具有真才实学。地方学校培养出来的学生,达到一定水平的,可以定期保送到京师国子监继续学习,亦可参加科举考试,获取功名;入学十年以上还没出路的,学校有权推荐或保送到吏部,充任下级官吏。当时,北方的一些学校教育特别落后,远远赶不上南方。为了改变这种局面,朱元璋于洪武二十年(1387 年),命令吏部在南方挑选教学经验丰富的教官充实北方学校,以提高北方的教学水平。明朝前期,地方社学也聘请儒士教授民间子弟,兼读《御制大诰》和本朝律令;地方武学也请武师专教武臣子弟学习武艺。

二、中央官学——国子监

朱元璋非常重视学校教育,重视文官的培养。早在元顺帝至正二十五年(1365 年),

朱元璋还在对元战争中，就在应天府创办了国子学，以元故集庆路儒学改建，有博士、助教、学正、学录、典乐、典书、典膳等官。在建学的前一年，尚无校址，就已任命了国子博士和国子助教，在内府大本堂教皇子和胄子（贵族大官僚子弟）。元顺帝至正二十七年（1367年），又定国子学官制，祭酒正四品、司业正五品、博士正七品、典簿正八品、助教从八品、学正正九品、学录从九品。

1. 国子监的规模

明朝建立后，朱元璋于洪武元年（1368年），就令品官子弟及民俊秀通文义者，并充学生。洪武二年，他又诏令各府、州、县设立学校，规定凡是才学优秀的学生，可以入学读书。洪武四年，户部特定国子学官禄，祭酒二百七十石、司业一百八十石、博士八十石、典簿七十石、助教六十五石、学正六十石、学录五十石。十四年，又更定官员品数，祭酒一员、从四品，司业二人、正六品，监丞二人、正八品，博士五人、助教十五人、典簿一人，均从八品，学正十人、正九品，学录七人、从九品，掌馔二人、杂职。从祭酒到掌馔都是朝廷命官，任免都出于吏部。国子学各官职事，据孙承泽《天府广记》云："祭酒掌国学举人、贡生、官生、恩生、功生、例生、夷生、幼勋臣教训之事。司业为之贰。修古学正、成均之政令，造以明体适用之学，以孝悌、礼义、忠信、廉耻为之本，以六经诸史为之业，以升堂、积分、及格、叙用之法而励翼之，不率者扑之，不悛者徙谪之。以廪馔膳师生，以力役给厨膳，以赐予示恩赉，以宁假悉人情，以拨历练吏事，以考选汰冗滥。岁仲春秋上丁日祀先师，则总其威仪。上谒先师幸太学，祭酒司业执经进讲，有讲章。其属有监丞，坐绳愆厅，参领其事，诸师生怠教、不率教及膳廪不洁，并纠惩书识之，而坚明其约束。博士坐博士厅，分经训授。助教、学正、学录坐正义、崇志、广业、修道、诚心、率性六堂，专教诲，严程课，讲说经义，导纳之规矩。典簿典出纳文移，受支金钱，为师生馔，季报诸生课业仿书，以听于翰林，岁杪奏上。典籍掌经史子集及制书。掌馔掌饮食。"①

此外，膳夫则由朝廷统一分拨囚徒充役。洪武十五年，朱元璋特谕监丞等："囚徒膳夫，俱系死囚，若不听使命，三更五点不起，有误生员饮食，一两遍不听，打五十竹篦，三遍不听处斩。做贼的割了脚筋，若监丞、典簿、掌馔管束不严，打一百圆棍，如不死，仍发云南。有通了学里学外人偷了学里诸物者处斩，家下人发云南，钦此！"②

洪武十四年（1381年）别建国子监于鸡鸣山下。十五年（1382年）三月，改国子学为国子监③。国子监是中央一级的学校，其建筑规模非常壮观，《天府广记》详细记载了学舍的结构："正堂七间，曰彝伦堂，元之崇文阁也。中一间，列帝幸学，俱设座于此，上悬敕谕五通。东一间，祭酒公座面南，司业座面西。堂前为露台，台南中为甬路，前至太学门，长四十三丈，圣驾临幸由之。东西为墀，诸生列班于此。后堂三间，东讲堂三间，西讲堂三间，折而东为绳愆厅三间，鼓房一间，率性堂、诚心堂、崇志堂各十一间，西为博士厅三间，钟房一间，修道堂、正义堂、广业堂悉如率性堂，六堂乃诸生肄业之所。东折而南，为

① 《天府广记》卷3"国学"。

② 《南雍志》卷9《谟训考》。

③ 中都凤阳也于洪武八年（1375年）设国子学，到洪武二十六年停罢，以其师生并入南京国子监。

廊房九间,门一间,西亦如之。太学门三间,门东敕谕碑一通,洪武十五年申明学制一通,洪武初年定学规碑一通,洪武初年钦定,永乐三年(1405 年)申明学规碑一通,洪武十六年(1383 年)并三十年钦定庙学图碑一通,庙学规制地界四至丈尺尽勒焉。正统十二年(1447 年)十一月初四日立。外东井亭一,又东为持敬门以入庙,自中少北为储才门,以通启圣祠、土地祠及典簿、典籍、掌馔厅仓库之路。祭酒东厢亦由此入。西井亭一,又西为退省号门,自西少北为广居门,以为司业入厢及诸生入号之路。堧内杂树槐柏共二十株。前为集贤门三间。门前为通衢,东西碑坊各一,题曰'国子监'。监衢东西碑坊各一,题曰'成贤街'。彝伦堂后齐明所九间,格致诚正号,每号计三十七间。嘉靖七年,作敬一亭,御制圣谕,共碑七座。前为大门,题曰'敬一之门'。祭酒厢房在亭东,司业厢房在亭西,会馔堂一所在监东北,土地祠五间在馔堂门之右,典籍厅五间在馔堂门之左,典簿厅三间,掌馔厅五间,退省号及广居门之西为天、地、人、知、仁、勇、文、行、忠、信、规、矩、准、绳、纪、纲、法、度凡一十八号,并退省房三连,混堂、净房各一所。"①可以想象,这个学校占地之大,范围之广,结构之复杂,实前所未见。

国子监的规模相当大。洪武十七年(1384 年),天下府州县岁贡生员及四夷酋长遣子入学者,"凡数千人,学舍不能容",只好再增筑国子监舍五百余间于集贤门外,谓之"外号房"②。永乐元年(1403 年),又设北京国子监,永乐十八年(1420 年),迁都北京,称原来的国子监为南京国子监,从此以后,太学生也有南北监生之分。

2. 国子监的学生

在国子监学习的学生,通称为"监生"(或称国子监生、太学生)。监生又分官生和民生两类。黄佐《南雍志·储养考上》记载:"太祖高皇帝初定国子为官生民生两等,官生取自上裁,民生则由科贡……洪武元年(1368 年),生徒选入国子学者,品官子弟为官生,民间俊秀为民生。"

官生又分两等,一是品官(一品至七品)子弟,一是土司子弟和海外学生(留学生)。官生入学目的,是因为"皇子将有天下国家之责,功臣子弟将有责任之寄"。皇子在内府大本堂、功臣子弟入国子监,教之以道,以正心为本。他们所学的是如何统治人民的"本领",因此,不必像文士那样记诵辞章,民生是郡县中诸生"论其秀而岁升之者"。洪武三年(1370 年),始设科举取士。五年,选会试下第年少质美者,入国子监,皆称为民生③。洪武十六年,文渊阁大学士宋讷任国子监祭酒,明太祖特派太师韩国公李善长,礼部尚书任昂和谏院、翰林院等官到监,举行特别考试,考定教官生员高下,分别班次。又以公侯子弟在学读书,怕不服教员教诲,特派重臣曹国公李文忠兼领国子监事,将军做校长,扑罚违教的官生,整顿学风④。

据《大明礼令》载:"凡国学生员,一品至九品文武官子孙弟侄,年一十二岁以上者充

① 《天府广记》卷 3"国学"。

② 《明太祖实录》卷 161"洪武十七年四月"。

③ 《南雍志》卷 1《事纪》。

④ 《明史》卷 69《选举一》。

补，以一百名为额，民间俊秀年十五岁以上，能通《四书》大义，愿入国子学者，中书省闻奏入学，以五十名为额。”可见在洪武四年以前国子学时代，官生与民生的比例是二比一。官生为主，民生为辅。明太祖建立国子学的目的，是为了教育贵族官僚子弟，甚至在改组为国子监以后，还特派重臣勋戚李文忠兼领，管束官生。既然如此重视官生，为什么从洪武二十四年以后，官生人数反而逐年减少，而失去主体地位呢？首先，公侯子弟凡成年的，可袭爵任官，不必入学；凡未成年的要入学，得经圣旨特派，纨绔少年入国子监受经，不过虚应故事而已，因为他们的官职爵位原来不必靠书本辞章，所以，愿入学受约束者，为数极少；其次，从洪武十三年胡惟庸党案发后，功臣老将连续被杀，到洪武末年，除汤和、耿秉文、李景隆、徐辉祖几个外，其余差不多被杀干净了。功臣被杀，其子弟自然不能入学；最后《大明礼令》规定官僚子弟入学一百名的限额，其期限恐怕只适用于洪武四年以前，此后限制极其严格，非奉特旨不得入学，因此，人数就不可能多。

民生有贡监、举监和例监三类。凡生员入监的，称为贡监；举人入监的，称为举监；捐资入监的，称为例监。

监生在监，都属官费学生，国家按月发给每人一定的廪膳费。岁时节令又有布帛、衣着、赏钱等。妻子有给养，探亲有路费。在监学生要受监规的约束，凡回籍探亲或完婚，均须办理请假手续，依路途远近，限期回监。

3. 分堂课业

国子监的功课，有《四书》《五经》《御制大诰》《大明律令》以及刘向《说苑》等书。《四书》《五经》是维护封建秩序的经典著作，自然是封建士子的必读课本。

朱元璋深知法令的重要意义，对自己参与制订的《明律》和《大诰》十分重视。洪武十九年正月，朱元璋“以御制《大诰》颁赐诸生”；洪武二十四年三月，又规定“今后科举岁贡生员俱出题试之”，并要“国子监正官严督诸生熟读讲解，以资录用，有不遵者，以违制论”①。

明代国子监分六堂。国子司业两人分左右，各提调三堂，依课业内容按程度高低教导。“凡是通《四书》未通经者，居正义、崇志、广业。一年半以上，文理条畅者，升修道、诚心。又一年半，经史兼通、文理俱优者，乃升率性。”②规定监生每日须学习二百余字，其功课由各斋长负责监督。

监生坐监三年而至“率性”后，就用积分法计算成绩。积分办法是在每季度的孟月（即一、四、七、九月）试本经一道，仲月（即二、五、八、十一月）试论一道，还试诏、诰、表、内科各一道，季月（即三、六、九、十二月）试经史策一道，判语二条。每次考试，若是文理俱优者，给一分，理优文劣者，给半分，纰缪者不给分。一年之内积八分者为及格，给予“出身”。若不及格，则继续坐堂学习。若有才学超异者，可奏请皇帝裁决，优先录用。

4. 监生历事

监生必须在政府各部门学习吏事，称为“历事生”（犹如今之“实习生”）。监生历事始于洪武五年（1372 年）。建文时期，规定由所在历事部门对“历事生”进行考核，成绩分

① 《南雍志》卷 2《事纪之二》。

② 《明史》卷 69《选举一》。

为上、中、下三等。上等,送吏部候补叙用,中、下等,仍历一年,再经考核,若至上等者,依上等叙用;中等者,不拘品级,随才任用;列于下等者,令其再回监读书。监生历事名额具体分配是:吏部四十一名,户部五十三名,礼部十三名,大理寺二十八名,通政司五名,行人司四名,五军都督府五十名。分配在这些部门历事的,称为"正历"。这些人只要历事三个月,就可上选。此外,又有一种是诸司写本,名额分配是:户部十名,礼部十八名,兵部二十名,刑部十四名,工部八名,都察院十四名,大理寺四名,通政司四名,随御史出巡四十二名。这些历事生称为"杂历",要历事一年才能上选。还有诸色办事,名额分配是:清黄一百名,写诰四十名,续黄五十名,清军四十名,天财库十名。这些历事生最初规定要历事三年,称为"长差",后来改为一年上选。此外,在这类中尚有承运库十五名,司礼监十六名,尚宝司六名,六科四十名,最初作为"短差",后来改定历事一年上选。再有随御史刷卷一百七十八名,工部清匠六十名。这类人无历事年限,事情办完即可上选。又有礼部写民情条例七十二名,光禄寺刷卷四名,修斋八名,参表二十名,报补二十名,赍俸十二名,锦衣卫四名,兵部查马册三十名,工部大木厂二十名,后府磨算十名,御马监四名,天财库四名,正阳门四名,崇文、宣武、朝阳、东直各三名,阜城、西直、安定、德胜各二名。监生历事是依其在监学习成绩高下安排到各个部门的,"以半年满日回监"①。

5. 监生种类

在明代,一个读书人,如果取得了监生的身份,在科举考试中就取得了一些有利条件,例如,监生可以直接参加乡试而不必先考取秀才。明洪武以后入国子监学习的对象有所扩大,大致有如下几种:

举监:会试落第举人,入监读书,以待下科再试者。这种制度始于明成祖永乐中,当时把参加会试落第的举人,令翰林院选择其中成绩优异者入监学习,以待下科。举监在学期间,由朝廷发给相当于教谕的俸禄。宣德八年(1433年),宣宗命礼部尚书胡濙与大学士杨士奇、杨荣,选会试副榜举人龙文等二十四人送国子监学习,翰林院每三个月对他们考试一次,一切待遇与庶吉士相同。

杨荣像

杨士奇像

① 《明史》卷69《选举一》。

荫监:因父祖做官被荫而成监生者。明初沿袭前代任子之裁,规定文官一品至七品,均可以荫一子以世袭其禄。宪宗成化三年(1461 年),采纳助教李伸的建议,荫监范围有所限制,规定京官三品以上才可请荫,又谓之官生。

例监:以捐纳钱粟而得监生者。这种制度始于明代宗景泰元年(1450 年),当时因边事比较紧张,国家财政亏空,令天下愿纳粟纳马者可入监读书,限额一千人,四年后即废止。成化二年(1466 年),因南京大饥荒,守臣曾建议令官员军民子孙纳粟送监,但遭到礼部尚书姚夔的反对,他认为"太学乃育才之地",不能"以货为贤",而使得"士风日陋"。宪宗赞同姚夔的看法,故纳粟送监之制未再推行。但此后或遇荒年,或因边警,或大兴土木,均援前例实行捐纳,朝廷无法制止。

恩生:凡文武官员为国捐躯者,其子一人可恩准为监生。惠帝建文元年(1399 年),吴云死节于云南,而录其子吴黼为国子生。武宗正德十六年(1521 年)定条例,凡文武官员死于忠谏者,一子入监,其后守土官死节亦皆得荫子。东宫侍班官满三年者,可准一子入监。

明中叶以后,监生甚至不一定都到国子监去读书,他们只要挂个名,取得了监生的称号,就有一定的社会地位。但是,"科举必由学校,而学校起家者可不由科举",凡府、州、县学学生入国子监者,便可以此直接得官。所以,国子学也是入仕的一个途径。由于监生的出身不同,考选官职也有差别。大抵举监、贡监可以选为府的佐贰(如府丞、同知、通判)或州、县官;或府、州、县学官。荫监得选为部、院、府(詹事府)、寺(太常寺)、司(通政司)等处的小京官。例监则只得选为州、县的佐贰(州同、州判、县丞、主簿),布、按、府的首领官(如典史之类),小京官如光禄寺、上林苑等属官。

6. 贡生

明代又有贡生之例,就是由秀才(生员)作监生的,亦称贡监。洪武十六年(1383 年),设定例:府、州、县学,每岁贡生员各一人,经翰林院考试经、书义各一道,判语一条,中试者一等入京都国子监,二等送中都凤阳国子监,不中者遣还。那时各直省士子云集京都。云南、四川皆有土官生,日本琉球、暹罗诸国也有官生入监读书。至成化、正德时,尚有琉球生到京师入监读书的。

在贡生之中又分下列几种:

岁贡:贡生入监,明初由生员选择,命府、州、县学每岁按定额贡士于京师,故称为岁贡。其贡例屡有变化,洪武二十一年(1388 年),定府学岁贡一人,州学二岁贡一人,县学三岁贡一人。二十五年,更定府学岁贡二人,州学二岁贡三人,县学岁贡一人。永乐八年(1410 年),定州县户不及五里者,州岁贡一人,县间岁一人。正统六年(1441 年)更定府学岁一人,州学三岁二人,县学间岁一人。弘治、嘉靖间,又定府学岁贡二人,州学二岁贡三人,县学岁贡一人。此后便成定例,终明一代未曾更改。岁贡最初是考评学行端庄、文理优良者贡,后来各府、州、县学,把生员食廪时间长短,依次排队,循序推贡,故又称岁贡为"挨贡"。因此,岁贡多是年老衰颓之士。

选贡:于岁贡之外,考选学行俱优者入监,称为选贡。洪武、永乐间,国子生数千人,到弘治中,在监科贡总共才六百余人。南京祭酒章懋认为,"两岁贡挨次而升,衰迟不振者十常八九……近年有增贡之举,而所拔亦挨次之人,资格所拘,英才多滞”。他建议“于常贡外令提学行选贡之法,不分廪膳、增广生员,通行考选,务求学行兼优,年富力强,累试优等者,乃以充贡”①,明孝宗把他的意见下达部议推行。选贡大约三五年举行一次,因为是经过考试挑选的,所以人才优于岁贡。

恩贡:凡遇国家庆典,或皇帝登极之时,特诏增加出贡名额,称为恩贡。通常是将当年的岁贡转充恩贡,而这一年的岁贡名额则由下列的人员递补提前出贡。

副贡:即乡试的副榜。明万历五年(1577 年),以乡试备取卷填入副榜,称为副贡。

例贡:秀才通过捐纳钱粟而取得贡生资格的,称为例贡或纳贡。例贡的待遇比例监稍优。

7. 国子监学规

洪武十五年(1382 年)颁学规于国子监,又颁禁例十二条于天下,镌石卧碑,置明伦堂之右,监生若有不遵者,以违反制度论处。第一次,记录在《集愆簿》上;第二次,决竹篦五下;第三次,决竹篦十下,绳愆厅上的两条红凳,就是让犯规的学生伏着挨打的②;第四次,发遣安置,就是开除或充军,或罚充吏役。其中约束学生最严重的一条是:“在学生员,当以孝悌、忠信、礼义、廉耻为本,必先隆师亲友,养成忠厚之心,以为他日之用。敢有毁辱师长及生事告讦者,即系干名犯义,有伤风化,定将犯人杖一百,发云南地面充军。”③

明太祖把培养官僚的全部责任寄托在国子监,这一条款就是授权国子监教官,用刑罚处治所有不听从教诲、不遵守学规的分子。所谓“毁辱师长”的含义是非常广泛的,无论是语言、行动、思想、文字上的不同意,以至于批评当政等,都可以用这条来解释。至于“生事告讦”,更可随便联系,例如教官认为不遵循学规者、不满意现状者、要求对教学或生活有所改进者,都可以用“生事告讦”的罪状加以惩处。

三、其他中央官学

中央官学除国子监以外,还有太医院、四夷馆、宗学等。

太医院、南京太医院,是有明一代中央医学教育机构之一。明永乐十九年(1421 年)迁都北京后,太医院也迁北京,但于南京仍然留置。分别设院判一人,吏目一人。下设生药库、惠民药局,各设大使一人。

四夷馆,亦称“四译馆”,是明朝专门翻译边疆少数民族及外国语言文字的官署,也是培养翻译人才的专科学校。明朝与西域、俄罗斯、日本、高丽等诸多地区和国家在经济文化方面的交流日渐频繁。为此,明成祖于永乐五年(1407 年)在京城设四夷馆,教授西域、北方等地区少数民族,以及缅甸、暹罗等国的语言文字,培养译员。四夷馆初隶翰林院。弘治四年(1491 年)四夷馆设太常寺卿、少卿各一人,为其主官,遂改隶太常寺。内分蒙古、女直(真)、西蕃(藏族)、西天(印度)、回回(回族)、百夷(傣族)、高吕(维吾尔

① 《明史》卷 69《选举一》。

② 《南雍志》卷 16《储养考下》。

③ 《南雍志》卷 9《谟训考》。

族)、缅甸八馆。后增八百、暹罗二馆,只设少卿一人。招收国子监生及官民子弟入馆学习,称“译字生”,并设专员掌教学和稽查。据《明史·职官志三》记载:“提督四夷馆,少卿一人,掌译书之事……创设四夷馆,隶翰林院,选国子监生习译。宣德元年(1426 年)兼选官民子弟,委官教肄,学士稽考程课。弘治七年(1494 年)始增设太常寺卿、少卿各一员为提督,遂改隶太常。嘉靖中,裁卿,止少卿一人。”

宗学。《明史·选举志一》说:“宗学之设,世子、长子、众子、将军、中尉年未弱冠者俱与焉。”这是专为宗室子弟建立的学校。教师是从王府长史、纪善、伴读、教授等官中选择学行优秀者除授。万历中,定宗室子弟十岁以上,俱入宗学。若宗室子弟众多,便分别设教,并在宗室中推举一人作为宗正,负责总管。教学内容有《皇明祖训》《孝顺事实》《为善阴骘》等书,而《四书》《五经》《通鉴》等也必须诵读。

四、地方学校

明代地方学校的设立,始于洪武二年(1369 年)。由于统治者对国子监生的重视,大力提倡办学,所以各地府、州、县学均有较大的发展。当时兴学之盛,正如《明史·选举一》所说的:“盖无地而不设之学,无人而不纳之教。庠声序音,重规叠矩,无间于下邑荒徼,山陬海涯。此明代学校之盛,唐宋以来所不及也。”一时间,在全国各地出现了“家有弦诵之声,人有青云之志”的社会现象①。

1. 地方公学

明王朝控制地方学校的办法完全和国子监一致。洪武十五年颁禁例十二条,对全国学校及生员做出各种禁令和限制。禁例中最重要的有:“今后州县学生员,若有大事干于已家者,许父兄弟侄具状入官辩诉;若非大事,含情忍性,毋轻至于公门。”其意是不许生员交结地方官吏。又说,“生员之家,父母贤智者少,愚痴者多,其父母欲行非为,当再三恳告”。这条规定就是要求生员平时要对父母进行劝告,无使其行为越规。再就是规定“军民一切利病,并不许生员建言。果有一切军民利病之事,许当该有司,在野贤才,有志壮士,质朴农夫,商贾技艺皆可言之,诸人毋得阻挡。惟生员不许”。所谓“军民一切利病”,是指政治问题,地方官、在野人士、农工商甚至艺人都可以提出建议,唯有在学生员不许随便讲话。还一再强调“不许生员建言”,“惟生员不许”。明太祖为什么如此剥夺生员讨论政治的权利呢?因为他害怕群众,害怕有组织的人群,而“士为民之秀”,知识分子在群众中是最有基础,最有组织能力和鼓动作用。

按规定,明代在各地府、州、县、卫所兴办的学校,府设教授一人,训导四人;州设学正一人,训导三人;县设教谕一人,训导二人。府、州、县学的学生名额,明初规定,府学四十人,州学三十人,县学二十人。每人每月由国家发给食米六斗。后来又几次下令增加名额。生员入学,最初由巡按御史、布政使、按察使和府、州、县官主持考试。正统元年(1436 年),才又在各行省特置提学官。提学官的职责是,“专督学校,不理刑名”②,不干

① 《始丰稿》卷 5《送赵乡贡序》。

② 《明史》卷 69《选举一》。

涉地方政治,地方长官也不得侵犯提学官的职权。提学官三年一任,任内举行两次考试,一次是岁考,一次是科考。岁考和科考,都按成绩优劣分为六等。三等不赏不罚,三等以上受赏,四等以下受罚。明人江盈科的《雪涛谐史》就记载了一件处罚四等生员的故事:"钱塘金省吾先生,来督楚学,所拔应试诸生,多弱冠者。盖少年人自才妙,非以其年也。余邑一生闻其风,遂割去须髯入试。及至发落,凡四等生员,皆应加扑,割髯者与焉。先生见四等人多,不欲尽扑,乃曰'四等中生员,齿长者姑恕之,其少年不肯努力,各扑如教规'。割髯生竟得扑。其侪嘲之曰'尔须存,当得免扑,奈何割为? 冤哉须也'。割须生亦复自笑。"

提学官对各府、州、县的童生(府试及格者)和秀才(院试及格者)进行岁考和科考之后,凡童生成绩及格的,可进为秀才,秀才成绩在一、二等者,就取得参加乡试的资格,称为"科举贡生";并依照一定条件,定期向国子监保送一些学生。

此外,明代地方学校还有社学、武学、儒学等。社学是地方官奉诏在乡村设立的教育幼童的学校。弘治十七年(1504 年),孝宗令各府、州、县建立社学,选择明师教习,规定民间幼童十五岁以下送入社学读书,讲习冠、婚、丧、祭之礼。各地方行政机构还在所在地设置都司儒学、宣慰司儒学等有司儒学。洪武十七年(1384 年),还分别设立了诸府、州、县地方医学,作为地方医学教育机构,兼管医药行政方面的事项。

府、州、县学和社学都以《御制大诰》和《律令》作为主要必修科。明太祖把《大诰》作为治国平天下、统一思想的"圣经宝典",他在书末指出:"朕出是诰,昭示祸福,一切官民诸色人等,户户有此一本,若犯笞杖徒流罪名,每减一等,无者每加一等。所在人民,熟观为戒。"①又说:"朕出斯令,一曰大诰,一曰续编,斯上下之本,臣民之至宝,发布天下,务必户户有之。敢有不敬而不收者,非吾治化之民,迁居化外,永不令归,的不虚示。"②明太祖尽管严令切戒,把《大诰》列为学校的必修课,责令家家户户必备一本。

明代府、州、县学生员,凡按国家定额食廪的,称为"廪膳生员";再增的,称为"增广生员";额外增收、附于诸生之末者,称为"附学生员"。凡是初入学的,只能称为附学,经过岁试和科试两次考试成绩的优劣,依次补上增广和廪膳。

士子未入学的,不论年纪大小,通称"童生"。每当乡试之年,可在童生之中选取一两个奇才异敏,经三场考试成绩优秀者,与诸生员一体参加乡试,称为"充场儒士",如中试者,同样称为举人;不中试者,仍须候提学官岁考合格后,才准予入学。

2. 地方私学

除公办学校外,闾里又有一种私塾、书院。私塾是私人兴办的,有师儒施教,受有司督察。书院多属地方绅士自设,为学者的讲学之所。私塾、书院都不属学校科举的系统,学生不是生员,若非经提学官考试录取,不得进入府、州、县学。明代的书院兴起于宪宗成化年间(1465—1487 年),这与当时的理学大师王守仁的提倡有关。王守仁学说是与程朱不同。他利用书院开展讲学活动。此后,私人创办书院进行讲学活动也随之兴盛起

① 《御制大诰·颁行大诰第七十四》。

② 《御制大诰·大诰续编第八十七》。

来。明统治者为了加强文化专制,曾几次下令禁毁书院,打击自由讲学之风。特别是天启年间,顾宪成、高攀龙等人利用东林书院讽议朝政,指斥宦官魏忠贤专权,激起了许多读书人的政治热情,使得当权的阉党十分恐慌,因而对东林党人大肆迫害杀戮。此后,全国以讲学为主的书院便大遭禁毁,幸存的书院也只是讲习举业仕进而已。明朝末年,又出现了一种所谓"洞学科举",这是天启年间(1621—1627 年),在江西白鹿洞书院主持人李应昇的建议下,朝廷允许每逢乡试之年,由书院保送若干名学生参加科考。当时规定白鹿洞书院可送八个名额,江西白鹭洲书院可送四十二个名额。从此,才把书院授业直接纳入科举制度中。

永乐以后,科举取士很快取得主导地位,荐举便逐渐衰落,而学校则成为科举的必由之路了。

第三节 清朝学校教育与文官培养

清代学校体制因袭明代。《清史稿》说:"有清学校,向沿明制。京师曰国学,并设八旗、宗室等官学。直省曰府、州、县学。"①后又令"每乡置社学一区,择其文义通晓、行谊谨厚者,补充社师,免其差役,量给廪饩养赡"②。由此看来,清代学校体制也十分完备,从中央到地方形成了一个宝塔形的学校教育体系。

一、中央官学

清代的中央官学非常之多,名称也为历代之最。现分述如下:

1. 国子监

清代的国子监兼具国家教育管理机构和最高学府两重性质。

清代国子监,亦称"国学"或"太学",始设于顺治元年(1644 年),置祭酒、司业、监丞、博士、助教、学正、学录、典簿等学官,沿设明之六堂为讲学之所,又设号房五百二十一间为学习读书之处。

清将明朝的南京国子监改为江宁府学,只留北京国子监。一因其旧制,不过六堂士子肄业有内、外班之分。内班住宿,外班走读,每月赴监应课,均有定额。《清史稿·选举一·学校一》:"六堂肄业,分内、外班。初,内班共百五十名,每堂各二十五名;外班共百二十名,每堂各二十名。户部岁发帑银,给膏火,奖励有差,余备周恤。乾隆初,改内班堂各三十名,内、外共三百名。既而裁外班百二十名,加内班膏火,拨内班二十四名为外班。"肄业生徒有贡生(岁贡、恩贡、拔贡、优贡、副贡、例贡)和监生(恩监、荫监、优监、例监)之分;有时并可靠捐纳取得监生名义,不必在监读书。

据《清史稿·选举一·学校一》记载:"世祖定鼎燕京,修明北监为太学。顺治元年,

① 《清史稿》卷 106《选举志一》。

② 《钦定学政全书》卷 64《义学事例》。

置祭酒、司业及监丞、博士、助教、学正、学录、典籍、典簿等官。设六堂为讲肄之所，曰率性、修道、诚心、正义、崇志、广业，一仍明旧。少詹事李若琳首为祭酒，清仿明初制，广收生徒，官生除恩荫外，七品以上官子弟勤敏好学者，民生除贡生外，廪、增、附生员文义优长者，并许提学考选送监就学。又言学以国子名，所谓国之贵游子弟学焉。前朝公、侯、伯、驸马初袭授者，皆入国学读书。满洲勋臣子弟有志向学者，并请送监肄业。诏允增设满洲司业、助教等官，是为八旗子弟入监之始。厥后定为限制，条例屡更，益臻详备。肄业生徒，有贡、有监。贡生凡六：曰岁贡、恩贡、拔贡、优贡、副贡、例贡。监生凡四：曰恩监、荫监、优监、例监。荫监有二：曰恩荫、难荫。通谓之国子监生。”

作为最高学府的国子监，其教学制度、教育内容都有明确之规定，既有儒家经学，亦有书学、律学、算学等专科教育，目的在于培养出“忠君”的官僚、“致治”的文臣。校长则称国子祭酒，而博士则有教授的性质，其下有助教等以为之助。学生称“国子”或“监生”。清代以纳粟入监者则称“例生”或“萌生”。国子监是培养官僚的场所，而科举则是选拔官僚的途径，即所谓“科举必由学校，而学校起家不可不由科举”。所以清朝的国子监趋成科举的附庸，徒有太学之名，实则成为科举的预备机构，不施教育，唯习考试。国子监的学生如明朝制度，也分坐监与历事两种，坐监生即指在监内读书之生，监外历练政事者称历事生（实习生）。

辟雍，是现存北京的“六大宫殿”之一。乾隆四十八年（1783年），在国子监内彝伦堂之南建辟雍，以为皇帝临雍讲学之所。辟雍是国子监的中心建筑，专为皇帝临雍讲学而建，其建筑风格独特，为重檐黄琉璃瓦攒尖顶的方形殿宇。外圆内方，环以圆池碧水，四座石桥能达辟雍四门。构成“辟雍泮水”之制，以喻天地方圆，传流教化之意。殿内为窿彩绘天花顶，设置龙椅、龙屏等皇家器具，以供皇帝“临雍”讲学之用。

南学，是清乾隆时期对太学生居住肄业学舍之特称。雍正九年（1731年），国子监祭酒孙嘉淦奏准，获赐毗邻国子监南官房一所，供助教等教官及肄业生居住，遂称南学。南学设正副管辖各一人，管理学内事务。南学学生计六十名。据《国子监志》载，国子监位在成贤街，官房在署南方家胡同，故称南学，额曰“钦赐学舍”。据《清史稿·选举一·学校一》记载：“先是太学生名为坐监肄业，率假馆散处，遇释奠、堂期、季考、月课，暂一齐集。监内旧有号房五百余间，修圮不时，且资斧不给，无以宿诸生。（乾隆二年，即1737年）（孙）嘉淦言‘各省拔贡云集京师，需住监者三百余人。六堂只可诵读，不能栖止。乞给监南官房，令助教等官及肄业生居住。岁给银六千两为讲课、桌饭、衣服、赈助之费’。允之。是为南学。”又云：“道光末，诏整饬南学，住学者百余人，监规颓废已久，迄难振作。咸丰军兴，岁费折发，章程亦屡更。同治初，以国学专课文艺，元裨实学，令兼课论、策。用经、史、性理诸书命题，奖励留心时务者。明年，增发岁费三千两。九年（1870年），乃复旧额。选文行优者四十人住南学，厚给廪，文风稍稍兴起。光绪二年（1876年），增二十名。十一年（1885年），许各省举人入监，曰举监。其后无论举人、贡监生，凡非正印官未投供，举、贡未传到教习，均得入监，以广裁成。”

清代国子监虽为独立的教育行政机构和教学场所，但中央官学中的八旗官学、琉球官学、俄罗斯学和算学在乾隆四年（1739年）后均属国子监管辖。到清光绪三十一年

(1905 年)设学部,国子监遂废。

2. 宗学

清在入关之前即设有宗学。满族皇室以“显祖宣皇帝本支为宗室,伯叔兄弟之为觉罗”①。清代专为宗室子弟设立之中央官学沿称宗学。

太宗天聪五年(1631 年)令八至十五岁皇族子孙入宗学读书。

顺治十年(1653 年)八旗各设宗学,遴选满洲生员充任教师。凡尚未受封的宗室子弟,年满十岁以上者,皆须入学,学习满族之书。清代八旗分为左右两翼,镶黄、正白、镶白、正蓝为左翼,正黄、正红、镶蓝、镶红为右翼。宗室亦如之。是故宗学亦称左右翼宗学。隶宗人府。

雍正二年(1724 年)增定宗学制度,改设左、右翼满、汉宗学各一。王、公、将军及闲散宗室子弟十八岁以下者,入学分习满、汉文,兼习骑射。每学各以王、公一人总其事,并设总管、副总管、满教习、汉教习、骑射教习,分别管理学务和教学。雍正十一年(1733 年)改由翰林官充任教习。乾隆四年(1739 年)规定宗室学生每十名配备一名教习,由朝廷选拔在朝官员中学行兼优者充任,满、汉教习各半。乾隆十年(1745 年)规定,宗学学生不能习汉文者,娴习武艺,储为国家有用之器。清宗学设有较为严格的考试制度。规定月考经义、翻译和骑射;年试翻译经义,试时务策。

乾隆十一年(1746 年)定学额,左翼七十,右翼六十。后增为各百人,入学年龄也改为十至三十岁。学制五年。学满可参加殿试,赐进士甲第,用于宗人府、翰林院等衙门。

光绪三十四年(1908 年),裁左、右翼宗学,设八旗高等学堂及八旗左、右翼高等小学堂、初级小学堂。

3. 八旗官学

清代满族有一种军事、社会组织形式,即八旗制度。早在努尔哈赤统一女真各部过程中,特于明万历二十九年(1601 年)在原有牛录组织的基础上,初创黄、红、蓝、白四旗(旗皆纯色,后称正黄、正红、正蓝、正白),万历四十三年(1615 年),又增添镶黄、镶红、镶蓝、镶白四旗(旗色黄、蓝、白三旗镶红边,红旗镶白边),合为八旗(满语称“固山”)。每旗下辖五甲喇(参领),每甲喇又下辖五牛录(佐领),每牛录初为三百人。每旗所辖牛录的数目,以及牛录下的丁数,时有变化,凡八旗成员分别隶于各牛录之下,平时从事生产,战时负戈从征。出征时,军械粮草自备。皇太极时,新降附的蒙古人和汉人增多,分别编为“八旗蒙古”和“八旗汉军”,与“八旗满洲”共同构成八旗组织的整体。入关后,于摄政王多尔衮死后,世祖福临收掌其所领之正白旗,于是称镶黄、正黄、正白三旗为“上三旗”,余称“下五旗”。从清初起,满族统治者以大部分八旗兵丁屯驻北京附近,俗称“京旗”或“京旅”,而将其余部分分别派到全国各地若干重要城市和据点驻防。利用八旗兵丁加强对本民族和各族人民的控制,并规定发给八旗兵丁一定饷额,出征时坐饷之外还有行粮,但其生产职能日益缩小。作为军事组织,八旗兵和绿营兵共同构成清统治全国的强有力工具;作为行政机构,在东北地区,八旗各级衙署与州县地方官并存,直至清末,八旗成员

① 《钦定国子监则例》卷 36《八旗学务》。

与州县所属“民人”，虽同受清统治阶级的统治和奴役，但又有所不同，在政治待遇上民人远低于旗人，清亡，八旗制度随之全部瓦解。

八旗官学亦称“京师八旗官学”，特指清代设于京师专供八旗子弟读书肄业之中央贵胄学校。顺治元年(1644 年)始设于京师，隶国子监，并分八旗为四处，每处各立官学一所，即每两旗共立一学。专教亲贵以外的八旗子弟，入学者称为“八旗官学生”。康熙时定额为满洲、蒙古生员各四十名，汉军生员二十名。雍正六年(1728 年)规定每旗各置一学。乾隆时规定，每学满洲学生六十名，蒙古、汉军学生各二十名。后又在下五旗包衣中，每旗各添设满洲学生六名、蒙古学生二名，汉军学生二名。凡在八旗官学肄业的学生统称为“八旗官学生”。八旗官学设满、汉、蒙、骑射教习。教学内容包括满、汉、蒙古文字语言、汉经书文艺外，兼习骑射。凡八旗满洲、蒙古、汉军及下五旗包衣之文职五品、武职三品以上者，均可挑取子弟入官学肄业。各学设助教、教习等，掌教满、蒙、汉文字及骑射诸课。十年学习期满。生徒学成后可参加岁、科试及乡、会试，经考核分别选用。嘉庆、道光后逐渐废弛。清末改为“八旗学堂”。

雍正元年(1723 年)，又在八旗教场设八旗教场官学，每旗一所。其后，又陆续办起景山官学、八旗义学、咸安宫官学、八旗算学馆、八旗蒙古唐古忒官学、盛京官学等八旗子弟学校。所以广义的八旗官学又指清代官府设立的八旗子弟学校的总称。《清会典事例·国子监·八旗官学》：“顺治元年定：八旗每佐领下各取官学生一人，八旗各择官房一所建为学舍，以教八旗子弟。每旗设学长四人，以国子监二厅、六堂教官为教习。除每月逢六日各师长率各旗肄业子弟赴监考课外，令祭酒、司业等不时稽察，分别勤堕。”以下为八旗官学的具体情况：

一为八旗教场官学，省称“教场官学”，是清代旗学之一种。雍正元年(1723 年)立，每教场各设一学，每学各设教习二人。招收教场兵丁子弟习清书、清话及骑射等。据《钦定八旗通志·学校志五·教场官学》(卷 98)记载：“是年(雍正十年，即 1732 年)四月，果亲王允礼等议覆‘八旗及内府三旗营房，向因地势建造，故相隔远近不一。今蒙圣恩设立学舍，当视营房之远近建造。查镶黄、正黄、正白、镶白四旗，营房相近，应造学舍一所，设教习二名，正红、镶红二旗，营房相近，应造学舍一所，设教习一名。正蓝、镶蓝二旗，营房相隔甚远，不便设立一学，每旗各应造学舍一所，各设教习一名。其内府三旗既同一营房，应造学舍一所，设教习一名。共造学舍五所，挑取教习六名。其教习，于八旗及内府生员内，择其能训诲者为之。四年一换，每月给钱粮二两，每年三季共给米二十一斛二斗。如有善于教训、诚属优等者，咨行吏部，以笔帖式补用。其平常者，驳回该旗。其教诲甚劣者，将生员革退，其缺另行挑取’。”

二为雍正六年(1728 年)建立的圆明园官学，系清代中央贵族学校，也是清代旗学之一。镶黄、正黄、正白、镶白四旗共立一学。设教习二人；正红、镶红二旗共立一学，设教习一人；正蓝、镶蓝二旗及内务府护军营，各立一学，各设教习一人。咸丰九年(1859 年)，定每旗各立一学，设教习一人。选护军营子弟入学，主要学习清书。

三为雍正七年(1729 年)建立的咸安宫官学，系清代隶属内务府的专收八旗子弟入学之中央贵胄学校。因设于京师西华门咸安宫，故称。学校设管理事务大臣、协理事务大臣、总裁、总管、翻译教习、弓箭教习、汉书教习等员。选内府三旗及外八旗满洲举贡生、监生、官学生及闲散入学。入学者称为“咸安宫官学生”。具体名额为内务府三旗佐领下每旗十名，八旗满洲每旗十名，总共一百一十名，分别习满书、汉书、骑射、翻译等。其要求为凡闲散出身之学生，入学后十年之内、应取中生员；由贡生、监生挑补入学者，须在三届（每届三年）乡、会试内中试。否则咨回本旗。在学期间除供给生活及学习用品外，每月给银二两，每季另给米五石三斗，待遇优厚。学成选充翻译、中书、笔帖式、库使。雍正十二年（1734 年）又于其中专设蒙古学房。据《清史稿·选举一·学校一》记载：“雍正六年（1728 年），诏选内府三旗佐领、管领下幼童及八旗俊秀者九十名，以翰林官居住咸安宫教之。汉书十二房，清书三房，各设教习一人，教射、教国语各三人，如景山官学考取例。五年钦派大臣考试，一、二等用六、八品笔帖式。汉教习三年，清语、骑射教习五年，分别议叙。乾隆初，定汉教习选取新进士，不足，于明通榜举人考充。期满，进士用主事、知县，举人用知县、教职。雍正十三年（1735 年）以后，不论年份，许学生考取翻译中书、笔帖式、库使。定教习汉九人，满六人。”

四为雍正七年（1729 年）建立的满洲蒙古清文义学，系清代满洲、蒙古旗分所设立的学习满文和蒙古文之贵胄学校。每学置师二人，于每旗前锋护军领催马甲内挑老成通晓清文、能教诲者充任。除大臣官员子弟入官学、义学读汉书或在家学习外，其佐领以下官员子弟、年十二岁以上余丁，俱令学习清文清语；伦理、骑射另派员教导。蒙古旗分所，亦照此设立学舍，并教蒙古语。

五为雍正十二年（1734 年）建立于咸安宫官学的蒙古学房，设管理事务大臣一人，比理藩院尚书充任。总裁三人为主官，教习蒙古二人，额外教习一人。遴选八旗子弟入学，习蒙古经书及阿里嘎里字韵。学成选充笔帖式。学校事宜由咸安宫官学事务大臣统管，理藩院另派二人稽察教习功课。据《清会典事例·内务府·官学·蒙古官学》记载：“乾隆十二年（1747 年）覆准，咸安宫官学内，设立蒙古学房，于八旗蒙古官学生内，每旗拣选三名，共二十四名，令其在学熟读蒙古经书及阿里嘎里字韵，并书写乌木克蒙古翻译等学业。教习于八旗蒙古翻译举人、生员、护军、领催内，遴选学问优者充补。理藩院委派司员二人，稽察教习功课。该学生内，如果学有可观、考试时列一、二等者，奏请引见，以中书、笔帖式用。其教习等，亦照官学例议叙。凡应行事宜，俱由专管咸安宫官学事务大臣管理。其监视考试、挑补学生，由理藩院奏派大臣专管。嘉庆十五年（1810 年）奏准，官学生定以十年为满，开缺另补。又奏准：蒙古学官学生内，择其在学年久、勤慎学优者一人，作为额外教习。嗣后蒙古教习二缺，一缺仍为八旗公缺，照旧考取充补；一缺即为本学额外教习坐补。道光八年（1828 年）奏定，添设蒙古官学，现考有闲散旗丁二十名，即作为学生定额，一年后有能翻写者，尽先挑选马甲。其教习等，即以委署骁骑校等缺尽先拔补。如遇蒙古来文暨控告呈词，已挑选马甲之学生，有能译清文者，即作为额外贴写笔帖式，以示鼓励。”

六为乾隆二年（1737 年）在留都盛京（今辽宁省沈阳市）设立的“盛京宗室觉罗官学”，合宗学、觉罗为一学，省称“盛京宗室觉罗学”。觉罗学创设于京师，择宗室及觉罗子弟十至二十岁者入学肄业。设宗学总管二人，副管四人，兼管觉罗事。另设满、汉、骑射教习，员数无常，教学内容仍为满、汉文字，经史文艺及弓马骑射。生徒肄业五年后选充盛京三陵及五部将军等衙门笔帖式，亦可与旗人同应岁、科试及乡会试。据《清朝文献通考·学校考一》记载："乾隆二年(1737 年)设立盛京宗室觉罗官学。宗室、觉罗子弟其为一学，凡二十岁以下，十岁以上愿入学者，分清、汉书肄业，兼习骑射。不限额。于盛京宗室觉罗分尊年长行止方正者充宗学。总管二人，副管四人，兼管觉罗学事。于现任司官笔帖式内选长于翻译者四人教习满书；于闲散官员以下领催、骁骑以上选善于骑射者四人教习骑射；于奉天府举贡内选学问优长者四人教习汉书。"

七为乾隆十四年(1749 年)建立的健锐营学，系清代中央贵胄学校，旗学之一种。健锐营，清代禁卫军之一，即云梯兵。掌香山静宜园日常守卫、行宫巡逻及巡幸扈从，大阅则为翼队。一分左、右两翼，于香山建营房以居。营兵创设时一千人，后增至三千人，并设养育兵八百三十三人，除演习云梯及骑射、鸟枪、相扑、舞鞭、舞刀等技艺外，并于昆明湖操演水战。设掌印总统大臣一人，总统大臣无定员，掌全营政令。下设左、右翼翼长各一。设翼长前锋参领、前锋参领、副前锋参领、署前锋参领、前锋校、副前锋校等分辖营众，协理事务章京、笔帖式等掌章奏文移事务。另置番子佐领、防御各一人，骁骑校二人掌辖番兵；水师教习、委署千总、把总各四人，掌教演习水操；官学清语、骑射教习各八人，教授营中幼丁。又于乾隆年间，置教习八员，选健锐营八旗幼丁入学，习清文、清语及骑射，学成选补笔帖式。

八为乾隆十七年(1752 年)建立的世职官学，亦称"八旗世职幼官学"、"世职幼学"。系清代专门为未及岁之世爵设立之中央贵胄学校，也是旗学之一种。八旗两翼各立两所，简命一、二品大臣专管学事，每翼各设参领、章京轮班在学稽查课程，每学设清语、骑射教习。凡世职及世袭佐领年十岁以上、十八岁以下者皆令入学。习清语、骑射。三年期满考核，列一等者或在各部行走，或授侍卫；二等者在该旗印房学习行者；三等者留校再学三年，若仍不堪造就，则革除。乾隆三十三年(1768 年)后，改为每五年考核一次。咸丰七年(1857 年)定，内务府世职幼官亦入学肄业。《钦定八旗通志·学校志五·世职幼学》："是年，管理左右翼世职官学大臣议奏'臣等将八旗米局酌量就近之处，镶黄、正白会立一学，镶白、正蓝会立一学，正黄、正红会立一学，镶红、镶蓝会立一学。每翼派参领二员，轮流稽察所有学务，令其管理。每学派领催二名、马甲八名，分作三班，听候差遣传事。臣等不时到学考察，庶不至于怠惰废弛矣。至于挑选满教习，查汉军义学例，在该旗满洲闲散官员、笔帖式或革职降级人员内挑取。每月给银二两。若无米石者，折给米价银一两。今幼官学教习，请照例于每翼挑选四人，每学分设二员，均给公费。其教习骑射之人，在护军校、骁骑校、前锋护军内，每翼各选四人，照国子监助教例，每月给公费银一两五钱。如果教导有方，俟三年期满，交部议叙。不善教诲者，即将该员驳回本旗，系职官则交部察议，兵丁则鞭责革退'。"

九为道光八年(1828 年)建立热河官学，系清代特设以专授蒙古文、蒙古语为目的之八旗官学之一。设教习一员、帮同教读一人。选热河驻防闲散旗丁二十人入学。习蒙古翻译文字。学成后一是考翻译清汉文，二是等一年后挑选能翻译者为马甲。如一年后，遇蒙古来文，以及有控告之词，学生能翻译清文者，作为额外贴写笔帖式，以示鼓励。据

《清会典事例·礼部·学校·热河官学》记载:“道光八年(1828 年)谕,松筠奏请添设蒙古官学一折,热河都统衙门,常有各扎萨克蒙古字来文及各旗蒙古控案。”

4. 觉罗学

觉罗学亦称“八旗觉罗学”①,是清初专为觉罗氏子弟设立之中央贵胄学校,隶宗人府。天聪九年(1635 年)规定:以清太祖努尔哈赤之父显祖宣皇帝塔克世的伯叔兄弟诸系为旁支,称为觉罗。腰系红带子,俗称红带子,身份仅次于宗室,享有政治特权和优厚的经济待遇。

清室因宗学学生日多,未能遍容觉罗氏,是故在宗学之外又另立觉罗学,辟为觉罗子孙就学之所。入学者条件同宗学。

据《清史稿·选举一·学校一》记载:“雍正七年(1729 年),诏八旗于衙署旁设满、汉学各一,觉罗子弟八岁至十八岁,入学读书习射,规制略同宗学。总管王、公,春秋考验。三年钦派大臣会同宗人府考试,分别奖惩。学成,与旗人同应岁科试及乡、会试,并考用中书、笔帖式。学额,镶黄旗六十一,正黄旗三十六,正红旗、正白旗各四十,镶白旗五十,镶红旗六十四,正蓝旗三十九,镶蓝旗四十五。满、汉教习,旗各二人。惟镶白族各一。”又云:“光绪二十八年(1902 年),翰林院侍读宝熙奏请援同文馆归并大学堂例,将宗室、觉罗、八旗等官学改并中、小学堂,均归管学大臣办理。”

5. 琉球官学

琉球官学亦称“琉球学馆”,省称“琉球学”。中国清代培养琉球国留学生之中央官学。康熙二十三年(1684 年),琉球陪臣子弟四人赴京受业,均准入国子监就读,始称官学。其后,康熙二十六年(1687 年)、雍正二年(1724 年)、乾隆二十五年(1760 年)、嘉庆十年(1805 年)、道光二十一年(1841 年)、同治八年(1869 年)均派有陪臣子弟三至八人不等入监就读。设教习、博士、助教等,讲解经书,传习道艺。其学生之衣、食、学费等,统由国子监供给,学习三年毕业归国。同治十二年(1873 年)废黜。《钦定国子监志·学志十·外藩入学》:“外藩就学国子监者,有琉球学,有俄罗斯学。俱不常设。或该国王奏请奉旨俞允,乃令其陪臣子弟入学读书,由监臣遴贡生为教习,又派博士、助教等官薰之,学成遣回。”

6. 景山官学

景山官学,省称“景山学”,是清代专收八旗子弟入学之中央贵胄学校。康熙二十五年(1686 年)始设于景山北上门两旁官房内,故名。隶内务府。有清书三房,每房各设教习三人,于内务府执事人及闲散人内选取老成可为师范者补授;汉书三房,每房各设满、汉教习四人,移咨礼部,于生员内考取文理优通者补授。再委府属司官五人,管理学房事务;督率骁骑四名,看守六房。设服役人十二名,以备洒扫。《清会典事例·内务府·官学·景山官学》:“凡内务府人等,有家贫不能读书者,听其入学读书肄业。”入学者称为

① 清雍正七年(1729 年)立八旗觉罗官学,正白旗觉罗学即设于此处。光绪八年(1882 年)整顿官学,东四旗中其他三旗官学改址,只此学仍在旧址。光绪二十七年(1901 年)改革学制,此学更名为八旗第三高等小学堂,1914 年更名为第一平民学校。

“景山官学生”。学房招内府三旗（镶黄、正黄、正白）佐领、管领以下子弟学习满、汉书礼。创设学额三百六十名。乾隆四年（1739年）规定三年委官考试一次，一等授笔帖式，二等以库使、府守用，三等留学复读，四等革退。乾隆四十四年（1779年）添补回童四名。嘉庆年间定额，镶黄、正黄各一百二十四名，正内旗一百四十名、回童四名。

7. 上书房

上书房亦称“尚书房”，是清代皇子皇孙读书肄业之中央贵胄学校。上书房位于乾清宫左。皇子自六岁开始入学，学习内容有清书、汉书、蒙古语及骑射。一年内只有端阳、中秋、万寿、自寿日放假五日。

据商衍鎏《清代科举考试述录》第三章记载：“凡诸皇子与近支王公六龄及岁读书，必特简翰林官使授读。康熙三十二年（1693年）徐元梦入直上书房，‘上书房’之名始见于此。”雍正间特建上书房于乾清宫南熏殿西长房兆祥所，近在禁御，以便稽察。教师由皇帝亲自选定，称授读师傅。择大臣二至三人为之。复有总师傅以时督察课程，有事则入，非如师傅之日日入直。师傅之外，别有谙达教满、蒙文者，由八旗翻译进士出身人员选派，名“内谙达”；教弓箭者，由各旗营参佐领选派，名“外谙达”。“总谙达”亦以贵臣充之。上书房有伴读，功课与皇子不同，另派伴读师傅。唯同治、光绪两朝，皆以冲龄践位，读书不经上书房，师傅称为“弘德殿毓庆宫行走”，皆由特旨以尚书、侍郎、大学士之翰林出身者为之，如李鸿藻、孙家鼐、翁同龢等。

清代昭梿在《啸亭续录·上书房》中记载：“皇子六龄，即入上书房读书。上书房在乾清宫左，五楹，面向北，近在禁御，以便上稽察也。”又据清陈康祺《燕下乡挫录》卷13记载：“李学士中简，值上书房最久，诸皇子皆服其品学。”

8. 长房官学

长房官学，又称蕉园官学（蕉园亦称“芭蕉园”，本明清时期皇家园林，明代称“椒园”，园内有万善殿、千圣殿等建筑），是清代宫廷学内专门教习太监学习识字之中央官学。康熙二十五年（1686年）设于中南海万善殿长房一带。学员开始仅十三人，至乾隆三十四年（1769年）后遂无定额。创设满洲教习二人，汉教习一人，蒙古教习一人，教授满、汉、蒙古文。乾隆三十四年裁汉教习，改置内务府笔帖式二人教习汉字。

据《钦定大清会典·内务府·长房官学》记载：“长房官学，教习，满洲二人，蒙古一人。满洲于内务府笔帖式内挑补，蒙古由理藩院笔帖式内容补。掌教内监。满洲教习二员，分授清书、汉书；蒙古教习授蒙古书。止须令其识辨字画。其内监无定数。教习每月各给银二两。五年期满，由总管大臣稽察，其差役勤慎者，酌量升用。”《清会典事例·内务府·官学·长房官学》：“嘉庆二十五年（1820年）奏准：长房教习笔帖式，初次五年期满，赏给从六品官，食六品单俸，将笔帖式开缺，留学行走。如果勤慎无过，再五年期满，议叙正六品官。遇有年富力强、才堪策使者，照应升之缺选用。”

9. 俄罗斯学

俄罗斯学亦称“俄罗斯馆”，是清代专为教习俄国使臣子弟和俄国留学生学习满、汉语言文字而开设之中央官学。初名“俄罗斯学”，后改称“俄罗斯文馆”，创设于康熙四十七年（1708年），下辖于国子监。学额无常，雍正五年（1727年）《恰克图条约》签订后，定俄国学习语言学生名额为四人，十年更代。于监中选满、汉助教各一人，教习满、汉语文及经史典籍，学堂每月发给银米，学成遣归。

据《皇朝政典类纂·学校五·太学·俄罗斯学》记载："雍正六年（1728 年），俄罗斯遣其陪臣子弟观光国学，特命即旧会同馆设俄罗斯馆教之。乾隆六年（1741 年），俄罗斯国遣其子弟来学。于监中满、汉助教内，简发文理通明者各二人引见简用，满、汉各一人，教习清、汉书。衣服、饮食等项，由理藩院给发。九年（1744 年）奏准：俄罗斯学汉助教为额外助教，咨部别行铨补。后复裁去，仍照满助教例，以六堂内助教，兼管俄罗斯学事务。"

此外，清廷又于乾隆二十二年（1757 年）在理藩院下建立俄罗斯学堂，聘请驻京俄人教授汉、满贵族子弟学习俄文，隶属内阁。选八旗在京官子弟入学，学额定为二十四人。学堂每五年考试一次，一等者授予八品官职，二等者授予九品官职，三等者不予授官，继续留学肄业。初由俄国人充任教职，后由授予品位之留堂学生担任。并设助教二人，于教习内奏补。另外，尚以蒙古侍读学士或侍读一人充任提调官，专司稽察课程。同治元年（1862 年），裁撤有关俄罗斯学堂。

10. 回缅官学

回缅官学，是清代中央贵胄学校。据《清会典事例·内务府·官学·回缅官学》记载："乾隆二十一年（1756 年）奏准，于内务府衙门之南，设立学房，拣选来京居住之回子二人，充补教习。其学生，于内务府幼丁内，拣选十人，学习回语文字。学生等应得钱粮饭食，照咸安宫官学例给发。再委府属司官二人管理学房事务。设领催二名、服役人八名，以备洒扫。应用器物，于各该处支取。二十六年（1761 年）奏准，于回子学生内拣选二人，咨送理藩院，在笔帖式上行走。如果五年期满，行走好，以应升之缺升用。遗缺另选充补。二十九年（1764 年）奏准，嗣后回子学生定为五年一次，奏委官考试，一等以笔帖式用，二等以库使、府守用，三等以执事人用。三十三年（1768 年）奏准，增设缅子教习，附于回子官学，令回子学生，兼习缅子语言文字。嘉庆五年（1800 年）奏准，嗣后缅子教习，定为五年更换。豫期咨行云贵督抚，选择熟悉缅文之人，送京更替。二十二年（1817 年）奉旨，回子教习呢雅索丕萨·玛什底（音），著加恩照各官学满洲教习初次五年期满之例，给予七品职衔，食七品单俸。俟四年期满后，照满洲教习二次期满之例，给予六品职衔，仍食七品单俸，以示奖励。"

11. 东陵官学

东陵官学始置于乾隆年间。在内务府人员内选教习一人。招收东陵官役子弟入学，习满、汉文及骑射。嘉庆二十三年（1818 年）又于景陵、裕陵各设官学一所。

12. 算学馆

算学馆系清代特设以教习算学知识之中央专科学校。康熙五十二年（1713 年）始设算学馆于畅春园之蒙养斋，选八旗子弟入学（称为八旗算学生）。至乾隆四年（1739 年），算学馆隶属国子监，称"国子监算学馆"（入学者则称为"国子监算学生"）。馆内设教习十六人，并从每八旗中挑选资质聪异者约三十人为算学生。雍正后采用清廷编辑的《数理精蕴》和《律吕正义》为教材。乾隆三年（1738 年）停办八旗官学算学馆，而于钦天监附近专立算学一所。次年,奏准算学隶属国子监管辖,称"国子监算学"。至此首先引用西方几何学为教学内容,同时兼习天算和历算知识。乾隆五十年(1785 年)后至嘉庆、道光年间国子监算学馆由钦天监兼管。

晚清同治五年(1866 年)恭亲王奕䜣等奏请获准增设算学馆于京师同文馆,次年开始招生。又次年聘请李善兰任教习。学习内容有天文、算学、化学、物理、几何、代数、微积分、机器制造、航海测算等自然科学。同时,算学馆尚建有观象台、格致馆等,以供教学、实验之需。学生在学八年为限。同治九年(1870 年),闽浙督臣英桂等奏开算学科。光绪元年(1875 年)礼部奏请开算学科。这标志着自然科学开始渗入科举,从而改变了以经学为唯一考试内容的旧科举。光绪二十八年(1902 年)算学馆随同文馆并入京师大学堂。

据《钦定大清会典·国子监·算学》记载:"算学。管理大臣,满洲一人(内特简)。助教,汉一人;教习,汉二人。掌教算法:额设算学生,满洲十二人,蒙古六人,月给银一两六钱;汉军六人、月给银一两;汉六人,月给银一两五钱。凡线、面、体三部,各限一年通晓;七政,共限二年通晓。每季小试,岁终大试,会钦天监考试。五年期满,管算学大臣同钦天监考取。凡满洲、蒙古、汉军,充补各旗天文生。汉人,若举人引见以博士用,贡、监、生童亦以天文生补用。其有通习经史者,照官学生例,候考取恩监生时,仍咨送本监一体考验,文理明通者,即为监生。"又据《清史稿·选举一·学校一》记载:"算学隶国子监,称国子监算学。乾隆四年,额设学生满、汉各十二,蒙古、汉军各六。续设汉肄业生二十四。遵《御制数理精蕴》,分线、面、体三部。部限一年通晓,七政限二年。有季考、岁考。五年期满考取者,满、蒙、汉军学生咨部,以本旗天文生序补。汉学生举人用博士,贡、监、生童用天文生。"

13. 四译馆

清顺治元年(1644 年)分设会同、四译两馆,会同馆隶礼部,以主管满、汉主事提督馆事。四译馆隶翰林院,以太常寺汉少卿提督馆事。沿置明时回回、缅甸、百夷、西蕃、高昌、西天、八百、暹罗八馆。以译远方朝贡文字。乾隆十三年(1748 年)将四译馆归并礼部,合会同馆曰"会同四译馆"。同时,改八馆为西域、百夷二馆,以礼部郎中一人兼鸿胪寺少卿,御摄馆事。后增设满洲稽察大臣二人摄馆事。并设大使汉一人,序班汉二十人,朝鲜通事官六人,掌治馆舍积聚,翻习外国语言文字。光绪二十九年(1903 年)罢黜。

14. 太医院

清初,太医院内设教习所教授学生,学生来源由医官保送。顺治年间(1644—1661 年)将医学分为十一科,后由于合并或取消而逐渐减少。清代太医院置院使及左、右院判各一人,以掌院事,下设御医、吏目等。乾隆五十八年(1793 年)置管理院务大臣一人,由满大臣内特简。下设御药房、生药库及培养宫廷医生的教习厅等。嘉庆二年(1797 年)分医学为九科,嘉庆六年(1801 年)为八科,道光二年(1822 年)为七科,同治五年(1866 年)为五科。学生分科学习,各科均以《内经》《伤寒论》《金匮要略》《本草纲目》等为基本教材。另外,各科均有本科重要医书。同治六年(1867 年)又附设医学馆。

15. 唐古特学

唐古特学亦作“唐古忒学”。清代特设教习唐古特（忒）文字（藏文）之中央专科学校。顺治十四年（1657 年）始置。隶理藩院。官学设六品教习一人为主官，后改为司业。又设助教一人，教习、副教习各二人，管理学务和教学。学生（称为“唐古特官学生”或“唐古忒官学生”）四十人，分为正额二十四名，额外十六名。学制五年。学习期满由达赖考试。雍正六年（1728 年）规定，凡通过理藩院考试，能够顺利翻译藏文者，即授主事、员外郎、中书等职。成绩低劣者，令其继续学习一至二年，再更换新生。

二、地方学校

清沿明制，依其地方区划设有府学、州学、县学。并于乡间置社学。各地均设专职学官。如顺治初年（1644 年），各省设提学道，直隶、江南各设提学御史。至康熙年间改为提督学政，各管本省学政事务。各学教官，府设教授，州设学正，县设教谕各一人。皆设训导佐之，员额不定。学生资格亦分为附学生、增广生、廪膳生三等。每次录取生员名额皆有定数。生员入学前称童生，童生入学需经县、府、院三级考试合格才有入学资格，俗称“秀才”。生员在学，并非以读书课业为主，其主要任务在于参加岁、科考试以取得乡试资格。除此之外，地方学校还有以下几种：

1. 盛京八旗官学

盛京八旗官学省称“盛京官学”，亦称“盛京两翼官学”，系清代地方之贵胄学校。因于康熙二十年（1681 年）在清留都盛京（今辽宁省沈阳市）所设，故名。当时于盛京八旗左右两翼（清代八旗分为左右两翼，盛京宗室亦如之，故称两翼官学）各设满、汉学一所，选八旗子弟入学肄业。雍正十年（1732 年）增收盛京内务府幼童为生。教授满、汉文字及弓马骑射。满学设满文助教一员，教授满文；汉学设满、汉文助教各一员，教习二员。

据《清朝文献通考·学校考二》卷 64 记载：“盛京官学于两翼各设官学两所，各旗选取俊秀幼童十名，每翼四十名，满学内各二十名，教读满书；汉学内各二十名，教读满、汉书，并习马、步、箭。”

2. 八旗义学

八旗义学系清代京师八旗小学。康熙三十年（1691 年）设立。凡八旗子弟年满十岁，由佐领于本佐领内挑选一人入学。满洲幼童习满书满语，蒙古幼童习满洲、蒙古书（语）汉军幼童习满书满语，并习骑射。由各佐领、骁骑校稽查学业。乾隆四年（1739 年）定每学师生每年用赡银三两。乾隆二十三年（1758 年）裁撤。

3. 书院

顺治十四年衡阳石鼓书院获准恢复，这一事件给各地发出了一个弛禁信号，各地的书院也随之悄然兴起。康熙三年（1664 年）山西潞安府知府肖来鸾建正水书院。康熙四年云南沾益州知州王祚楫建西平书院。康熙五年湖南会同县知县何林建三江书院。康熙九年湖南祁阳县知县王熙建文昌书院。康熙二十二年（1683 年）云南楚雄府知府刘奂建雁峰书院。陕西华阴县绅士王山史等建云台书院。康熙二十四年（1685 年）湖南新宁县知县牟国镇建清泉书院。康熙三十五年(1696年)福建漳浦县知(县)陈汝咸建明诚书院。康熙四十六年福建巡抚张伯行建福州鳌峰书院。康熙五十五年(1716年)浙江嘉兴府知府关永芳捐义田建鸳湖书院。康熙年间恢复的书院见诸记载的还有:江南省省城苏州的紫阳书院,常熟县的游文书院;浙江海宁县的县城暨长安镇、硖石镇、袁花镇、郭店镇等都建有书院;安徽合肥的斗文书院,定远县的能宏书院;福建漳浦县的垢洗书院;湖南安仁县的洁爱书院等。

康熙年间虽然尚未正式解除对书院的禁令,但实际上政策却相当宽松。有些官员或士人的讲学亦未受到干预,如康熙年间贵州印江县知县马士芳在龙津书院讲学。康熙七年(1668年),以强烈的反清意识著称的黄宗羲在浙江宁波府甬上证人书院讲学亦未受到制裁。有些巡抚大吏还亲自指令建立书院,如江南巡抚张伯行亲自主持兴建了苏州紫阳书院,湖南巡抚周召南令各府县建立书院等。康熙皇帝还亲自给书院题额,康熙二十四年,湖南长沙岳麓书院扩建竣工后,巡抚丁思孔担心书院禁令未开,他日或许有人以禁令为由毁坏书院,便两次上疏请皇帝题额。这两份奏疏送到朝廷,礼部开会讨论如何答复。康熙赐予其“学达性天”的匾额并十三经,岳麓书院得到赐额很快兴旺起来。此次赐额是在国内已无战事的安定情况下题写的。为了表示扶植理学,康熙还将同样文字的题额赐予江西庐山白鹿洞书院,及以周敦颐、张载、程颢、程颐、邵雍、朱熹等宋代名儒祠堂为名的书院。接着又给济南白雪书院赐额“学宗洙泗”,给苏州紫阳书院赐额“学道还淳”,给胡安国书院赐额“经术渲士”,等等。康熙的御赐匾额象征着书院禁令已经失效。

雍正年间书院恢复的速度加快,雍正元年(1723年)河南新乡县改会馆为书院。雍正六年浙江乐清县改长春道馆为梅溪书院。至雍正十年(1732年)各省会及学政官所在地的书院均已恢复,这些书院是:

顺天(北京)金台书院	直隶(保定)莲池书院
山东(济南)泺源书院	山西(太原)晋阳书院
河南(开封)大梁书院	陕西(西安)关中书院
江西(南昌)豫章书院	浙江(杭州)敷文书院
福建(福州)鳌峰书院	湖北(武昌)江汉书院
湖南(长沙)岳麓书院	湖南(长沙)城南书院
四川(成都)锦江书院	甘肃(兰州)兰山书院
广东(肇庆)端溪书院	广东(广州)粤秀书院
广西(桂林)秀峰书院	广西(桂林)宣城书院
云南(昆明)五华书院	贵州(贵阳)贵山书院
奉天(沈阳)沈阳书院	江苏(江宁)钟山书院

一般说来,省会的规模比较大、人口比较多,学派也不止一家,所以有些省会所在地也不只一处书院。清朝著名的书院有东林书院等。福州鳌峰书院是清朝最知名、影响最大的书院建筑,由福建巡抚张伯行创办于1707年,是“清代福建学者的讲学中心”。

第四节　明清教育体制评述

表面看,明清两朝的学校体制与前代并无二致。以往各朝的学制大都具有中央与地方两级,社学、义学这样的设置也不是清朝首创的。然而,明清两朝的学校体制的特点却表现得单一而完整。

单一,是指明清两朝时期的官学主要是儒学。虽然明代学校还有宗学、武学、医学、阴阳学等,清朝开设了宗学、觉罗学、旗学、算学馆、俄罗斯学馆等,但其影响均不是很大。学制的主体是儒学。

完整,一方面是指清朝时期学校网络齐整。中央是国子监,地方的府、州、县,以及地方行政机构所在地都有儒学,学校网点分布很广,使国家教育的辐射面遍及全国。即使是未列入学制的社学、义学等,在当时也不是徒有虚名。另一方面是学校的生员涵盖了社会各阶层的人士。国子监的学生来源有贡、监之分。贡生凡六:有岁贡、恩贡、拔贡、优贡、副贡、例贡。岁贡为各省每年选送上来的学生。恩贡为国家遇有典庆吉事,特发恩旨,由各省选送上来的学生。拔贡为地方学校在科试一二等生员中选拔上来的学生。优贡与拔贡性质相近。副贡为乡试取得副榜者。例贡为通过纳捐而取得生员资格者。监生凡四:有恩监、荫监、优监、例监。恩监为八旗官学生考取者。满汉文官京四品、外三品以上,武官二品以上,送一子入监,为荫监生。优监、例监与优贡、例贡完全相同。从国子监生的成分看,这里既有科举下第的举人,也有以各种名目选拔上来的地方生员;既有因家人有功而被恩准入学的子弟,也有靠纳资捐财而获取资格的俊秀。虽然其中有正途与异途之别,考选官职的机会也有差别,但起码给予了社会各阶层人士以获取资格的机会。这对于吸引各阶层人士,稳定统治基础是有利的。

明清时期构筑的这种单一而完整的学制,其目的是为了取得教育权限高度集中的效果,以利于有效地推行国家文教政策,实现对全国教育的控制。为了达到这一目的,明清的统治者主要从以下四方面加强了对教育的控制力度。

一、加强学校的选才职能

为了保证学校为养士之所这一方针的实施,明清统治者从制度上加强了学校的选才职能,将育才与选才有机沟通。其中最突出的做法就是将国子学改为国子监,将教育行政管理职能与教学职能合二为一,把培育人才与选拔人才的职能集于一体。

隋唐初立国子监,主要是行管理之职。其所辖六学,主要是行教学之职。明朝自洪武四年开始,将二者统一起来,实质是肯定了学校与科举、荐举同为入仕之途径,这对于加强官学教育是十分有利的。对于地方官学,明朝自洪武四年开始,规定选士于地方学校。科举第一级考试与地方学校入学考试实为一体。童试及第者须入府州县学学习,学习成绩优良者方可取得乡试或出贡的资格。而府、州、县学的生员,非应乡试或出贡,不能以正途入仕。因而地方官学的教学便必须围绕着这一宗旨而展开,季考、月考也就成为地方学校督促学生学习的唯一法宝。清代甚至还有"不应月课三次者戒饬,无故终年不应者黜革"的规定。这就较好地解决了历代在选才与育才关系上的矛盾和失控现象,肯定了选才首先须经培养,须经考核后方可人仕的基本原则。这样有利于将科举目标直接渗入学校教育中,有利于将统治者的意志有效地贯穿于人才培养和人才选拔的过程中。

二、加强中央与地方教育的衔接和控制

明清都规定,府州县学定期推荐少量生员入国子监,其余则多通过科举。这就从体制和目标上保证了中央与地方教育的同步运行。

明清时期地方学校建立了贡监制度,负责向国子监选送学生。贡监制分"岁贡"和"选贡"两种。"岁贡"指地方学校定期向国子监选送学生,洪武二十一年(1388 年)定府、州、县学以一、二、三年为差,洪武二十五年定府学岁贡二人,州学二岁贡三人,县学岁贡一人。以后各朝基本以此为定例。"选贡"则规定在岁贡之外,"不分廪膳、增广生员,通行考选,务求学行兼优、年富力强、屡试优等者,乃以充贡"。选贡一般是三五年举行一次。这种贡监制在一定程度上促进了地方学校的兴盛,使地方学校紧紧围绕着国家教育目标改善教学质量。据《南雍志》卷 15 所载,洪武初年,国子监生员中官生与民生的比例是二比一。以后官生比例逐渐减少,民生则逐渐成为国子监生员的主要部分。这说明以落第举人和贡生为主体的民生成为国子监生员的主要来源。这也说明明清中央学校与地方学校的联系更为紧密,更为制度化。这种高度集中的学校体制,为国家对教育的宏观调控提供了制度上的保证。

三、教育管理权力高度集中于中央

明清的最高学府为国子监,国子监隶属礼部,受朝廷的直接控制和管理。清雍正三年(1725 年),皇帝在大学士或尚书侍郎中派出一名大臣管理国子监事宜,"世宗宪皇帝特命康亲王、果郡王领监事。由是,兼管大臣或用满洲或用汉人,并奉特旨简用"①。至此,朝廷对国子监的控制更为直接。

明清地方教育的管理权也直接由朝廷掌握。明代在布政使司下设立儒学提举司,专门管理地方学校。内设提学官一名。提学官由朝廷任命,定期代表朝廷巡视所辖区域的地方官学,考核教师和生员,督促其学业,决定其进退。"奉敕专督学校。不许借事枉道,奔趋抚按官,干求荐举。各抚按二司官,亦不许侵伊职掌行事。"②也就是说,提学官的职责是代表朝廷管理地方教育,将选才与育才的大权集中于皇帝手中。清代的做法也是如此。提学官(后改学政)的任务主要有三:一是主持各地的童试。各地童生经地方官府初试合格后,再由提学官考试,合格者录取为府、州、县学生员。二是主持地方学校的岁考和科考。岁考是地方学校的成绩测验,提学官按六等分优劣,它关系到生员能否补入正

---

① 《钦定国子监志》卷 44《官师志》。

② 《明会典》卷 78《学校》。

式生员资格或受到降级、除名和扣除补助的惩罚。科考可以算得上是地方学校的毕业考试。提学官也按六等分优劣，一、二等者方取得乡试资格或出贡资格，三等不得应乡试，四等以下者有罚。三是检查和考核地方教官的工作。“教官计典，分别优劣，必由学政。”①这种体制使地方学校教育统统一在中央的管理之下，避免了以往各朝各自为政参差不齐的散乱现象，进一步强化了国家教育的宏观调控机能。

四、严格国子监的教学管理制度

明清国子监的教学管理制度主要有四大内容。

第一，以六堂管理来加强对学生的控制。明清国子监内设六堂并分三级：正义、崇志、广业三堂为初级班，修道、诚心二堂为中级班，率性一堂为高级班。监生入学，依堂依级而递进，至高级班结业方算坐监期满。

第二，以量化管理来规范教学活动。明清国子监的教学安排以月为单位，教学活动主要有讲书、习字、背书、作文四项。讲书即教官讲解经书。明代于每日清晨，清代于朔、望二日，举行隆重的全校会讲。其他则由博士、助教、学正、学录分班复讲。习字即每日练字。明代规定每日须写二百余字，清代则规定每日数百字。背书即背诵经书及其他规定教材。明代规定每二日一次背书，每次须读《大诰》一百字，《本经》一百字，“四书”一百字，不仅要求熟记文辞，而且要求通晓大义。清代则在会讲之期随时挑背，验其生熟。作文即练习各种文体的写作。明代规定每月务要作四书义一道，本经义一道，论一道，诏诰表章等公家文书一道，策论一道。要求按月送改，不得拖延。清代对作文抓得更紧。月望，为大课，由祭酒、司业主持，考以四书、五经文，并诏、诰、表、策论、判。月朔，为博士厅课，考以经文、经解及策论。月三日，助教课，十八日，学正、学录课，各试四书文一、诗一、经文或策一。从这些活动来看，明清国子监的教学做到了计划与检查相结合，正课与自习相结合，教师指导与生员练习相结合。由于学有内容，考有标准，使整个教学活动有章可循。

第三，以严格考核来评判学生的优劣。明清国子监对生员的升留级也有具体的规定。明代有三条标准。一是坐监的日期，起码要四年。其中初级班一年半，中级班一年半，高级班一年。后来为了防止有人无故不到学，便在各堂设立勘合文簿。学生每坐堂一日，印红圈一个。规定监生在初级班和中级班须坐堂圈七百个以上，方可升入率性堂。二是考课的成绩，月考、季考起码要合格。初级班者要达到“文理条畅”方可升级。中级班者要达到“经史兼通文理俱优”方可升级。三是积分的要求，这是进入率性堂后的学业衡量标准。率性堂学制一年，每月考试一次，按三等给分。文理俱优者一分，理优文劣者半分，纰缪者无分。监生在全年十二次考试中须积八分方算及格。清代基本沿袭了这一做法。它规定生员修业年限以连同闰月在内实足三年为毕业期限。这其中，实际坐监天数又依各类贡、监生有不同的规定。恩贡六月，岁贡八月，副贡廪膳六月，增、附八月，拔贡廪膳十四月，例贡廪膳十四月，增附十六月，俊秀二十四月，例监即捐监三十六月。也就是说，清代国子监的修业年限分为修业期限和实际坐监期限两部分。在年学制中，各

---

① 《钦定大清会典事例》卷369《礼部・学校》。

类监生都必须坐监读书若干月。这恐怕是官学已沦为科举附庸,生员无心向学而施之的无奈之策。清代国子监也曾实行过积分法,但不久便停止了。

第四,明清国子监还一度实行过历事制度。明代国子监生在率性堂积分及格后还不能马上出官,须送到吏部实习吏事一段时间,以锻炼和考查其政务才能。明洪武年间对这项工作抓得较紧。监生历事三个月,勤谨者送吏部附选,平常者再历,才力不及者送监读书,奸懒者发充吏。到建文年间,历事时间定为一年,考核分三等,中下等者允许再给一次机会。这是明代培养官僚的一项重要举措,也是明代国子监始创的一项很有特色的教学管理制度。但是,明代中后期,科举日重,历事制度也渐成例行公事。希图历事者,也只视其为入仕之跳板,教育的意义已逐渐丧失。清初曾沿袭这一做法,但到康熙年间便停止了。

从明清国子监的教学制度来看,对如何通过学校教育来培养官吏,明清统治者的考虑是深思熟虑的。这套制度有计划,也有检查,有知识的灌输,也有实际才能的培养,通过各种考核有效地把学生控制在国子监内,因而也就能有效地贯彻国家的教育宗旨了。

明清时期(不含晚清)的教育制度是中国古代学校体制发展的终结。因此,从古代教育的发展脉络看,中国古代的教育制度呈现着这样几个特点:

一是中国古代学校体制的发展经历了由单一化到多样化再到单一化这样一个过程,体现了国家教育的宏观调控机能不断强化的总趋势。

二是中国古代的学校教育以培养统治人才为目的,因而其学校的建构重视高等教育,忽视基础教育。

三是中国古代教育突出学校教育的政治功能,忽视经济功能和文化功能。

四是中国古代的地方学校由中央集中控制。

五是中国古代学校体制的变化实质上体现为统治集团对社会成员教育权利的调控。

第四节　晚清教育的改革

19 世纪中叶,强大的资本主义近代化潮流“把一切民族甚至最野蛮的民族都卷到了文明中来了”①。中国当然也不能例外。从中国封建统治者的利益来说,他们极希望孤立于这股世界潮流之外,因为“与外界完全隔绝曾是保存中国的首要条件”②。但是,从 1840 年英国侵略者发动侵略中国的鸦片战争起,中国闭关锁国的封建统治格局就被打破了,进而开始了中国现代化的艰难历程。中国的教育发展也开始了由传统教育向现代教育的过渡。

一、晚清教育改革因素的孕育

中国传统教育的腐朽没落到清朝后期已达极致。文字狱的盛行使封建士大夫埋首

①② 马克思,恩格斯.共产党宣言//马克思恩格斯选集(第 1 卷).北京:人民出版社,1995:276.

故纸堆,空疏无用的学风弥漫着整个学术教育界。八股取士制度完全窒息了士子对知识及外部世界的求知欲望。整个士大夫官绅阶层孤陋寡闻,而又妄自尊大,已难以起到维护封建社会生存发展的作用,更难以对抗国门被迫打开后西方文化教育的挑战。在这一背景下,以龚自珍、林则徐、魏源为代表的地主阶级改革派愤然而起,力倡"更法"、"变古",以适应挽救民族危机之需要。西方传教士在不平等条约的庇护下又获得在中国内地传教的合法地位,他们在各地开办的教会学校也为传统教育带来了冲击。这一时期国内爆发了太平天国运动,在教育上,他们提出了许多独具眼光的改革主张。这些因素共同孕育着晚清教育改革潮流的到来。

1. 地主阶级改革派的教育主张

在鸦片战争前后,由于封建社会内部危机的加深和外国资本主义势力的侵入,地主阶级内部出现了一批力主改革的官僚士大夫。林则徐是第一次鸦片战争时期地主阶级抵抗派的首领,也是向西方学习进步技术的开风气之先者。魏源是一个积极寻求有关资本主义世界的知识和热心研究当时中国实际问题的学者,是鸦片战争后第一个提出"向西方学习"的思想家。地主阶级改革派主张抵抗外国侵略,反对妥协投降,批判清政府的腐朽无能,要求改革现状和主张了解西方资本主义国家的情况,学习西方的某些进步技术,以达到强国御侮的目的。他们是近代中国开眼看世界的第一批代表人物。他们关于教育改革的主张主要有如下三点。

(1)"不拘一格降人才"

对人才状况的关注是地主阶级改革派揭露批判现实社会各种弊端的基本着眼点。龚自珍以春秋公羊学的三世说为依据,将公羊学原来提出的"据乱之世"、"升平之世"与"太平之世"的三世变化,修改为"盛世"、"衰世"与"乱世"的三世变化。而衡量社会治乱和观察时代兴衰的一个重要标准就是人才状况。他说:"书契以降,世有三等,三等之世,皆观其才;才之差,治世为一等,乱世为一等,衰世别为一等。"①龚自珍以清朝康乾盛世为基点,指出当世正处于衰世状态,并与乱世相去不远。龚自珍指出:"自珍少读历代史书及国朝掌故,自古及今,法无不改,势无不积,事例无不变迁,风气无不移易,所恃者,人材必不绝于世而已。"②而当今清朝之所以沦为衰世,就是因为当今时代是一个"无才之世"。"左无才相,右无才史,阃无才将,庠序无才士,陇无才民,廛无才工,衢无才商,抑巷无才偷,市无才驵,薮泽无才盗。则非但鲜君子也,抑小人甚鲜。"③这是一个多么平庸、鄙俗的时代,不仅"才相"、"才史"、"才将"、"才士"、"才民"、"才工"、"才商"极度缺乏,而且连"才偷"、"才驵"、"才盗"这类人物都不能产生。这种对整个社会智能程度低下的揶揄与嘲讽表达了龚自珍难以压抑的愤激情感。

导致无才之世的根源在人才的选拔制度。龚自珍集中批判了以八股取士制度为主体的官吏选拔和晋升制度。首先,他指责科举制度以单一的儒家经义和八股文作为选才的标准。士人们在功名利禄的引诱下不惜成年累月埋首于故纸堆中,去读那些空洞而无

①③　龚自珍.龚自珍全集.上海:上海人民出版社,1975:6.

②　龚自珍.龚自珍全集.上海:上海人民出版社,1975:319.

实用价值的文章，使士人的头脑僵化，智能与人格都得不到正常的发展，更不利于多种类型人才的涌现。其次，他指责重出身、重资格、熬年月的官吏进用制度剥夺了优秀人才脱颖而出的机会，无数有才之士在官阶递进的漫长岁月中耗尽了青春与精力而无所作为。“今之士进身之日，或年二十至四十不等，依中计之，以三十为断。翰林至荣之选也，然自庶吉士至尚书，大抵须三十年或三十五年；至大学士又十年而弱。非翰林出身，例不得至大学士。”①这样即使个别有才之士依靠这种官阶递进的方式进入官僚机构的上层，得以参与管理国家大事，但“其发齿固已老矣，精神固已惫矣”②。所以他不无感慨地总结道：“限以资格，此士大夫所以尽奄然而无生气者也。”③缺乏竞争，论资排辈的官吏进用制度是酿成整个官僚机构缺乏活力的根本原因。更为可悲的是在这种制度面前往往是有才者终不得重用，而不才者却得以媚上而致显。而这些不才者一旦得势，又凭借着政策上制度上的种种手段，将一批又一批真正的人才予以束缚与扼杀。龚自珍愤怒地指出：“当彼其世也，而才士与才民生，则百不才督之缚之，以至于戮之。戮之非刀、非锯、非水火，文亦戮之，名亦戮之，声音笑貌亦戮之。戮之权不告于君，不告于大夫，不宣于司市，君大夫亦不任受。其法亦不及要领，徒戮其心，戮其能忧心，能愤心、能思虑心、能作为心、能有廉耻心、能无渣滓心。又非一日而戮之，乃以渐，或三岁而戮之，十年而戮之，百年而戮之。”④得势的不才者手段之狠毒不仅在扼杀士人的才智，而且从精神上将士人的忧国之心、愤世之情、人生志向、人格追求等一律剿杀。

龚自珍希望能彻底改变这种毫无生气的人才成长环境，鼓励发展人才品质中可以“经世致用”的智能因素，并能从社会实际需要出发，形成一个由相、史、将、士、民、工、商等组合起来的人才群体，以挽救这个危机四伏的社会。面对这种人才现状和恶劣的人才成长环境，龚自珍呼喊出时代的强音：“九州生气恃风雷，万马齐喑究可哀！我劝天公重抖擞，不拘一格降人才。”⑤

(2)“以经术为治术”

恢复古代“以经术为治术”的经学教育传统，发扬“经世致用”的学风，是地主阶级改革派突出的教育主张。龚自珍认为，中国古代学用一致的传统并没有得到很好的继承，唐、宋、元、明以降，学用分离的现象愈演愈烈，至清代更为严重，结果培养出来的是一批学用脱节、不通业务的书生。魏源对此很有同感，他认为，长期以来经学教育的弊病在于“经本之教”与“政事之教”相分离，造成“有位与有德”的割裂，治经之儒、明道之儒、政事之儒各自对立⑥。他说：“自周而上，一代之治，即一代之学也；一代之学，皆一代王者开之也……是道也，是学也，是治也，则一而已矣。”⑦像《周易》《洪范》《春秋》这些上古经典，

①② 龚自珍.龚自珍全集.上海：上海人民出版社，1975：33.

③ 龚自珍.龚自珍全集.上海：上海人民出版社，1975：34.

④ 龚自珍.龚自珍全集.上海：上海人民出版社，1975：6.

⑤ 龚自珍.龚自珍全集.上海：上海人民出版社，1975：521.

⑥ 魏源.魏源集.北京：中华书局，1976：23.

⑦ 龚自珍.龚自珍全集.上海：上海人民出版社，1975：4.

魏源像

都是三代“以其事笔之方策，俾天下后世得以求道而制事，谓之经”①。因而他主张“以经术为治术”，把学与治统一起来。要做到这一点，龚自珍和魏源都明确主张，研究古代学术典籍，应该和“经世致用”联系起来，选取教育内容时应趋于事功的价值取向，要求学者必须研究社会政治的现实问题。龚自珍认为对于儒家经书不能视为一成不变的教条，而应该随世变通，因时制宜，根据当代的实际进行取舍。“经史之言，譬方书也，施诸后世之孰缓、孰亟，譬用药也”，“至夫展布有次第，取舍有异同，则不必泥乎经、史”②。为此，他希望知识界能从烦琐的考据学和空疏的宋学中解放出来，敢于自由思索，冲破传统的束缚。魏源也十分痛恨考据之学和义理之学之远离政治、不着实际的治经方法，指斥它们耗费中国人的聪明智慧于无用之途，于国于己皆无益处。他反对把经书神秘化和纯学术化。他在《皇朝经世文编叙》中说，“善言心者，必有验于事矣”，“善言人者，必有资于法矣”，“善言古者，必有验于今矣”，“善言我者，必有乘于物矣”③。通过对心与事、人与法、古与今、我与物等关系的理论阐述，他将“经世致用”的“用”确立在现实与事功的层面上。

为了反对空疏无用的学风，魏源很重视实际生活的体验，强调通过亲身实践来积累直接经验和提高技能。他说：“披五岳之图，以为知山，不如樵夫之一足；谈沧溟之广，以为知海，不如贾客之一瞥；疏八珍之谱，以为知又味，不如庖丁之一啜。”④又说：“善琴弈者不视谱，善相马者不按图，善治民者不泥法；无他，亲历诸身而已。”⑤亲身经历有利于直接经验的获得，也有利于在学习间接知识时唤起心理联想，加深理解。更重要的是，它有利于学者贴近社会，贴近现实，获得对现实的亲身感受，为“经世致用”奠定基础。

在分析造成这种学治分离、学用脱节局面的原因时，龚自珍和魏源都对八股取士制度以及作为科举附庸的封建教育进行了坚决的批判。科举制度以划一的儒学经义和不切实用的八股时文为标准对士子进行取舍，驱使学子疲精神耗日力于无用之学。龚自珍说：“今世科场之文，万啄相因，词可猎而取，貌可拟而肖，坊间刻本，如山如海，四书文禄士五百年矣，士禄于四书文数万辈矣，既穷既极”，这无异于是在“摧锄天下人才”⑥。魏源说：“其造之试之也，专以无益之画饼，无用之雕虫，不识兵农礼乐工虞士师为何事；及

① 魏源. 魏源集. 北京：中华书局，1976：23.

② 龚自珍. 龚自珍全集. 上海：上海人民出版社，1975：117.

③ 魏源. 魏源集. 北京：中华书局，1976：156—158.

④ 魏源. 魏源集. 北京：中华书局，1976：7.

⑤ 魏源. 魏源集. 北京：中华书局，1976：49.

⑥ 龚自珍. 龚自珍全集. 上海：上海人民出版社，1975：116.

一旦用之也，则一人而遍责以六官之职，或一岁而遍历四方夷民之风俗。”①所以，魏源认为国家欲兴除数百年之利弊，应从综核名实开始。而要综核名实，则首先要士大夫抛弃楷书帖括的选拔模式。

（3）“师夷长技以制夷”

地主阶级改革派在寻求经世之方时，较早地将眼光投向了国外，他们敏锐地意识到，能否有效地向西方学习是一个关系到民族前途和命运的大事。西学不仅是可以师、可以学，而且是必须师、必须学的知识。“善师四夷者，能制四夷，不善师外夷者，外夷制之”②，明确表达了向西方学习的紧迫感和必要性。

林则徐是清代开眼看世界的第一人。他主张抵抗外国侵略，但不排斥学习敌人的长处。他认识到只有从外国侵略者的身上学习资本主义国家的军事生产技术的长处，才能制胜于敌。为此，林则徐十分重视了解国外情况。他曾在广州设立译馆，翻译外国书籍和报纸。正如魏源所说的：“林则徐自去岁至粤，日日使人刺探西事，翻译西书，又购其新闻纸。”③林则徐自己也说：“沿海文武员弁，不谙夷情，震于英吉利之名，而实不知其来历。”因此“必须时常探访夷情，知其虚实，始可定控制之方”。林则徐主持把翻译过来的外国讲中国的言论，辑成《华事夷言》。他又将日常积累和翻译的材料编成《四洲志》草稿，叙述各国的历史、疆域和政治情况。这是近代中国介绍各国概况最早的一部著作。魏源写的《海国图志》，就是根据他这部草稿编成的。

林则徐像

魏源是林则徐的好友。他在继林则徐《四洲志》编《海国图志》时，对林则徐了解敌情以御敌的思想做了更进一步阐述：“同一御敌，而知其形与不知其形，利害相百焉。同一款敌，而知其情与不知其情，利害相百焉。”④在认识到悉夷程度与御夷功效之间的关系后，魏源总结说：“欲制外夷者，必先悉夷情始。欲悉夷情者，必先立译馆、翻夷书始。”⑤在《海国图志》中，魏源就详细介绍了“夷情”，并逐个分析其相互间的“夷形”，即列强与列强之间、列强与各殖民地国之间的矛盾，希望能利用其矛盾达到“以夷制夷”的目的。

如果魏源仅仅停留在“悉夷”的层次，则属于中国兵家文化中“知己知彼，百战不殆”的水平，还谈不上对华夏文化本位观点的突破。在知识观上突破华夏之辨、突出“用”的标准，把被人们视为奇技淫巧的西方近代科技知识当成可以师、可以学的内容，这是促使

① 魏源. 魏源集. 北京：中华书局，1976：37.

② 魏源. 海国图志·大西洋，欧罗巴洲各国总叙. 郑州：中州古籍出版社，1999：268.

③ 魏源. 魏源集. 北京：中华书局，1976：174.

④ 魏源. 海国图志·叙. 郑州：中州古籍出版社，1999：67.

⑤ 魏源. 海国图志·筹海篇·议战. 郑州：中州古籍出版社，1999：99.

中国教育由以民族文化为中心的传统封闭型向与世界文化平等交流的开放型转变的重要一步。魏源在编著《海国图志》时，其思想已经完成了由“悉夷”向“师夷”的转变。他在序言中就明确了此书的写作目的：“为以夷攻夷而作，为以夷款夷而作，为师夷长技以制夷而作。”①魏源的“师夷长技”，主要是指军事技术的内容。魏源认为：“夷之长技三：一战舰，二火器，三养兵、练兵之法。”②这说明他的“师夷”，不仅注意到西方船、炮、军火物的因素，还注意到其“养兵练兵之法”这些组织、纪律等人事制度方面的因素。魏源还希望通过改革科举制度，以选拔精通西洋军事技术的人才。他建议在福建、广东两省的武试中能增加水师一科，“有能制造西洋战舰、火轮舟，造飞炮、火箭、水雷、奇器者，为科甲出身，能驾驶飓涛，能熟风云沙线，能枪炮有准的者，为行伍出身”③。这已经表现出欲将对“夷之长技”的学习纳入正规教育制度的趋向了。

魏源还将学习西方科学的范围由军事技术方面扩展至民用技术方面，主张如“量天尺、千里镜、龙尾车、风锯、水锯、火轮机、火轮车、自来火、自转碓、千斤秤之属，凡有益民用者，皆可于此造之”④。他还提倡如果沿海商民有自愿仿设厂局以造船械者，应鼓励他们或自用，或出售。

尽管魏源当时对西学的了解是不彻底的，但他表现出了比较全面的学习态度。他希望能尽得西洋之长技为中国之长技。正是出于这一动机，魏源对《海国图志》不断增补，由最初的五十卷增至六十卷，最后定本为一百卷。

地主阶级改革派人数虽然不多，但是他们力主“更法”，改革现状，主张向西方资本主义国家学习，抵抗外国侵略，在鸦片战争前后颇有影响。他们提出的教育思想具有一定的进步意义。他们在探讨人才衰竭的原因时，批判锋芒直指八股取士的科举制度和封建专制制度。他们在教育和人才目标上倡导“经世致用”的价值取向，强调人才培养的事功能力和多样化结构，强调学习儒学典籍的致用功效，这些都触及到了传统教育的要害问题。尤其是面对外强入侵的现实，他们突破了中国文化中心的观念和封闭的传统，明确提倡学习西方科技知识，表明了近代意识的觉醒。他们的这些教育主张在当时是具有启蒙意义的。他们抵抗外国资本主义侵略的思想，是近代中国人民爱国主义思想的组成部分；他们对封建主义文化教育的揭露和批判，成为“废八股，变科举”的先声；他们提出向资本主义国家学习的思想，是近代中国“向西方国家寻找真理”历史潮流的先导。总的来说，地主阶级改革派的上述思想，成为后来资产阶级改良主义思想的先驱。

2. 外国传教士在中国开办文化教育事业

清康雍年间，因“中国礼仪之争”而导致清廷“禁教”政策的出台，外国传教士失去了在中国内地布道的合法地位。鸦片战争后，外国侵略者强迫清廷签订了一系列不平等条约。清廷在西方列强的胁迫下，取消了长达一百多年的教禁，由“弛教”发展到“护教”，

① 魏源. 海国图志 · 叙. 郑州：中州古籍出版社，1999：67.

② 魏源. 海国图志 · 筹海篇 · 议战. 郑州：中州古籍出版社，1999：99.

③ 魏源. 海国图志 · 筹海篇 · 议战. 郑州：中州古籍出版社，1999：101.

④ 魏源. 海国图志 · 筹海篇 · 议战. 郑州：中州古籍出版社，1999：103.

外国传教士又再度取得了在中国进行传教、办学校、设报馆、开医院、出版书刊、吸引留学生等各项事业的合法权利。

(1)传教士的文化教育活动

《南京条约》是英国侵略者强加给中国的第一个不平等条约,它虽然没有直接提出传教的条文,但正如一位天主教传教士事后所评价的:"《南京条约》对传教一事只字不提,英国人关心的只是通商。可是五口通商势必导致前来进行贸易的英国商人提出在商埠奉行宗教生活的权利。"①

继《南京条约》之后,美、法两国依据"利益均沾"原则,分别威逼清政府签订了中美1844年《望厦条约》和中法1844年《黄埔条约》。《望厦条约》规定:"合众国民人在五港口贸易,或久居,或暂住,均准其租赁民房,或租地自行建楼,并设立医馆、礼拜堂及殡葬之处。"在《黄埔条约》中,法国除了轻易地取得英、美侵略者已经取得的各项重大特权外,而且还夺取了一些新的特权。其中在第22款规定:"凡佛兰西人按照第二款至五口地方居住,无论人数多寡听其租赁房屋及行栈贮货或租地自行建屋、建行。佛兰西人亦一体可以建造礼拜堂、医人院、周急院、学房、坟地各项……倘有中国人将佛兰西礼拜堂、坟地触犯毁坏,地方官照例严拘重惩。"

第二次鸦片战争后,清朝政府又与英、美、法等国签订了《天津条约》和《北京条约》。依据这些条约,外国传教士获得了更多的传教特权。《北京条约》规定:"天主教原以劝人行善为本,凡奉教之人,皆全获保佑身家,其会同礼拜诵经等事概听其便,凡按第八款备有盖印执照安然入内地传教之人,地方官务必厚待保护。凡中国人信崇天主教而循规蹈矩者,毫无查禁,皆免惩治。"又规定:"嗣后中国人欲入美国大小官学,学习各等文艺,须照相待最优国之人民一体优待","美国人可以在中国按约指准外国人居住地方,设立学堂"。

外国传教士开办文化教育事业主要表现为设立教堂、开办学校、设立报馆、开办医院等方式。设立教堂是外国传教士布道的直接举措。鸦片战争后,各国教会纷纷派遣传教士进入中国,到处建立教会、教堂,要"把光辉的十字架插得满山遍谷"。这些教堂"直如一国之中,有无数自专自主之敌国者"。

教育是在华传教事业的重要组成部分。早在鸦片战争前,各国传教士已经在中国开始了创办学校的活动。例如1839年,美国传教士布朗夫妇在澳门设立了马礼逊学校。在鸦片战争后,在香港和五个通商口岸等东南沿海一带陆续设立了更多的学校,接着逐渐深入到京、津、长江沿岸和内地。其中较早的如1843年英国伦敦教会在香港设立的英华书院;1844年英国东方女子教育协进社在宁波设立的女塾;1849年法国天主教在上海设立徐汇公学;1850年英国圣公会在上海创立英华学塾,在香港设立圣保罗书院;1853年美国公理会在福州创办男童寄宿学塾(后发展成格致书院);1856年美国公理会在厦门设立真道学堂。据统计,1860年以前,仅基督教新教在香港及五个通商口岸开设的各式学校就有五十所,有学生一千余人。在开始阶段,教会学校主要以初等教育为主,学校

① 顾卫民.基督教与近代中国社会.上海:上海人民出版社,1996:123.

规模一般都比较小,学校学生的人数也较少。但它们有着中国传统学校所不曾有的新鲜气息,它们一般设有数学、天文、地理等课程,有的还开设了外语课,不习科举;多数学校免收学费和膳宿费,有些还供给衣服、路费。至于女学的开设,更是空前之举①。

外国传教士还在中国设立出版机构和报馆,刊印报纸、图书、杂志。较早的出版机构有:1843年英国资本家在上海创办的墨海书馆,1845年美国资本在宁波经营的美华书馆,1878年成立的圣教书会等。它们通过这些出版机构,在中国翻译、编著和出版了许多自然科学、政治、宗教和其他方面的书籍。至于杂志,在中国境内发刊最早的是1833年外国人在广州创办的《东西洋考每月统记传》。其他的还有1862年的《上海中外杂志》,1865年的《广州中外新闻七日录》和1868年基督教在上海创刊的《万国公报》等。外资经营的中文报纸,最早的是1858年《中外新闻》。重要的报纸有1862年的《上海新报》(字林西报的中文版),1872年的上海《申报》等。此外,外国传教士还在中国开办了医院、孤儿院、育婴堂等机构。例如,美国传教士巴驾在1834年就来到广州,不久,他便在当地开设了一所眼科医院(博济医院)。这是美国在中国开创的第一所医院,目的乃是"用刀针来开放中国"。其他办得较大的还有1861年的北京协和医院,1865年的上海同仁医院等。

外国传教士在中国开办文化教育事业,主要是为了传播西方宗教,扩大西方教会的影响。正如在福州传教多年的麦克雷所说:"我们希望,我们的学校成为基督教的宣传工具,从这里将培养出具有信徒般的热情和信心的青年,在这个辽阔的帝国传播耶稣福音。"但我们也要看到,外国传教士在中国开办文化教育事业,它在客观上为晚清教育改革注入了新鲜的文化因子。它将西方现代学校的办学模式带到中国,从课程、方法乃至规章制度,都对中国社会及其教育界产生了深刻的影响。特别是在晚清教育改革的前夜,"教会学校首先把欧美先进的教育方式输入中国,其新的课程设置,高效率的管理体系,冲荡了日趋衰败的学塾书院制度,成为旧教育最早的历史否定物"②。

自鸦片战争后,英、美、法等国各派教会以培养为教会服务的牧师、教师和为外国在中国经营企事业服务的人员为目的,在中国创设的各级学校,通称为"教会学校"。19世纪90年代后,世界自由资本主义进入了帝国主义阶段,对外扩张与侵略也得到加强,在华的外国教会势力随之得到很大的发展。为了适应征服世界的需要,"造就服从他们的知识干部",在华的外国教会开始创办教会学校。教会学校具有多种办学类型,从教派的角度可分为基督教教会学校、天主教教会学校和东正教教会学校三种类型;从创办者的国别角度来看,有传教士独立创办的学堂及传教士与中国信徒所合办的学堂两种;从教会学校的教学内容分析,又可分为三种类型:一是以传授宗教为主课的学校,此即为"天道院"(神学院)性质;二是以传授宗教知识和科学知识并举的学校;三是以传授中学、西学知识的学校,宗教气息淡薄。教会学校作为外国对中国文化教育侵略的组成部分,它是中国半殖民地半封建社会的产物。尤其是不平等条约的缔结,给各国教会在华传教办

① 熊月之. 西学东渐与晚清社会. 上海:上海人民出版社,1994:287—290.

② 何晓夏,史静寰. 教会学校与中国教育近代化. 广州:广东教育出版社,1996:10.

学以合法的权利。清光绪三十二年(1906年)清政府学部颁布了《咨各省督抚为外人在内地设学无庸立案文》,为外国人在中国国内设学大开绿灯,以至于教会学校的发展速度超过了中国自办学校的发展速度。

(2)西教对洪秀全的影响

太平天国是19世纪在中国爆发的一次全国性的农民运动。太平军席卷十八个省份,并定都南京,建立了农民政权。太平天国所进行的文化教育改革,不仅带有批判甚至否定传统尊孔教育的色彩,而且带有西方宗教文化的因子。

太平天国的领袖洪秀全以基督教的"一神论"和"上帝面前人人平等"以及中国古代"天下为公,三代大同"的朦胧理想为号召,在《原道醒世训》中疾呼:"乱极则治,暗极则光,天之道也。于今夜退而日升矣,惟愿天下凡间我们兄弟姊妹……相与挽已倒之狂澜。行见天下一家,共享太平。"①这种思想与维护专制统治的儒家宗法思想根本对立,于是太平天国树起"反儒反孔"的旗帜,作为其文化教育的基本指导思想。以孔子为代表的儒家思想是维护封建统治的精神支柱,也是传统教育的灵魂。洪秀全为了教育群众解除孔孟之道的思想束缚,他编造了一个鞭挞孔子的故事,记载在《太平天日》一书中:"推勘妖魔作怪之由,总追究孔丘教人之书多错……天父上主皇上帝怒甚,命天使鞭挞他。孔丘跪在天兄基督前,再三讨饶。鞭挞甚多,孔丘哀求不已。"②最后,孔子被送到了天上的菜园里劳动。在这里,洪秀全借用"皇上帝"的名义,对孔子展开了猛烈的批判和斗争,指出封建社会种种罪恶,都是由于孔子及其儒家的《五经》《四书》这些典籍所造成的祸害。金田起义后,太平军所到之处,凡崇奉孔子的庙宇、学宫、偶像、牌位和儒家典籍,大都尽行焚毁,有的地方将学宫改为马厩、屠宰场,并将《五经》《四书》宣布为"妖书邪说","不准买卖藏读",称儒生为"妖儒",掀起了"敢将孔孟横称妖,经史文章尽日烧"的群众反孔热潮③。

定都南京后,太平天国对反儒反孔政策稍做修正。它设立了删书衙,对儒家经典进行删改,将"一切鬼话、怪话、妖话、邪话一概删除净尽"④。删改的原则是,"凡前代一切文契书籍不合天情者概以删除"⑤。所谓"不合天情",是指与太平天国原则相违背者。《金陵省难纪略》中载:"始以《四书》、《五经》为妖书,后经删改准阅,惟《周易》不用。他书涉鬼神丧祭者削去,《中庸·鬼神为德章》、《书·金滕》、《礼丧服》诸篇、《左传》'石言神降'俱删。《孟子》'则可以祀上帝','上帝'上加'皇'字,《诗》'荡荡上帝'、'上帝板板'皆加'皇'字。《论语》'夫子'改孔某,'子曰'改'孔某曰'。"⑥对儒家经典以删代焚,表明了太平天国文化教育方针的变通。

另一方面,太平天国则用太平天国教义对太平军和革命群众进行思想教育。革命群

---

① 中国近代史资料丛刊《太平天国》(一).上海:上海人民出版社,1957:92.

② 中国近代史资料丛刊《太平天国》(二).上海:上海人民出版社,1957:635—636.

③ 太平天国史料丛编简辑(第六册).北京:中华书局,1963:386.

④ 中国近代史资料丛刊《太平天国》(三).上海:上海人民出版社,1957:190.

⑤ 中国近代史资料丛刊《太平天国》(二).上海:上海人民出版社,1957:616.

⑥ 中国近代史资料丛刊《太平天国》(四).上海:上海人民出版社,1957:719.

众的教育内容和形式在太平天国颁布的《天朝田亩制度》中有明确的规定：①"其二十五家中童子俱日至礼拜堂，两司马教读《旧遗诏圣书》、《新遗诏圣书》及《真命诏旨书》"；②"凡礼拜日，伍长各率男妇至礼拜堂，分别男行女行，讲听道理，颂赞祭奠天父上主皇上帝"；③"每七七四十九礼拜日，师帅、旅帅、卒长更番至其所统属两司马礼拜堂讲圣书，教化民，兼察其遵条命与违条命及勤惰"①。从这几项规定中，可以清楚地看到太平天国教育制度的基本轮廓。太平天国以二十五家为社会的一个基层单位，由乡官两司马统管。这种政治、军事、宗教和教育合一的组织形式，是太平天国实施教育的一个重要特点。"礼拜堂"不仅是举行宗教仪式的场所，而且也是群众性的教育场所；宣讲"教义"由两司马和军队中的将领负责，所有群众，不分男女老幼都必须参加。在这种社会教育中，"讲道理"是一种较常用的形式："贼逆所据之地，动辄鸣锣传集贼众百姓，于何日何时齐集何处听讲道理……凡刑人必讲道理，掳人必讲道理，仓卒行军，临时授令必讲道理，选妇女为伪嫔妃必讲道理，驱使群贼为极苦至难之役必讲道理，逃者日多必讲道理，将欲搜掳必讲道理，逼人贡献必讲道理"②；"贼所据之地，必鸣金集众，筑坛场，张灯彩，鼓吹，推老贼一人升高座，论说天条，名曰讲道理"③。此外，太平军还重视政治教育和军事训练，"天晴则操练士兵，下雨则习读天书"④。凡入营士兵都要"熟识天条赞美，朝晚礼拜，感谢规矩，及所颁行诏谕"⑤；"限令军中朝夕诵读，士兵不识字，遂责识字者诵习口授之，视之甚为重要"⑥。军事技术的训练主要是根据太平天国所颁行的《武略》一书，这本书是把"孙子、吴子、司马法合刻"而成，此外，《真圣主诏明大小兵法水旱战法》和后期洪仁玕所颁谕的《兵法四则》，也都是操练所依据的材料。

太平天国实施儿童教育还有另一种形式，就是"带徒弟"制度。太平天国各级领导人"常有带童子者，多至数十人，认为义子"。这些儿童早晚跟随义父，"行则背负刀剑，谨步后尘"，在实践中学习武术，"住则环侍左右，寸步不离"，或学习"天条书"⑦。

太平天国教育儿童采用的主要教材除《天朝田亩制度》所规定的三本书外，《天条书》《赞美经》等也是儿童要熟读默记的。此外，还编写有《三字经》《幼学诗》《御制千字诏》等儿童课本。上述教材内容，多偏重于政治和宗教性质，自然有识字的作用。其目的在于向儿童灌输太平天国思想，例如《三字经》就有教育儿童"敬上帝"、"守天条"、"遵天诫"、"战胜妖"、"制服妖"等内容。

从太平天国的教育形式和教育内容来看，它基本否定了以《四书》《五经》为代表的儒家经典，改用太平天国的宗教教义；它采用政教合一形式，强调成人教育和妇女教育，这些都是与封建统治教育的不同之处。但从本质上看，太平天国教育的性质依然是封建

① 中国近代史资料丛刊《太平天国》(一). 上海：上海人民出版社，1957：322—326.

② 中国近代史资料丛刊《太平天国》(三). 上海：上海人民出版社，1957：266.

③ 太平天国历史博物馆. 太平天国资料汇编(第1册). 北京：中华书局，1980：315—316.

④ 中国近代史资料丛刊《太平天国》(一). 上海：上海人民出版社，1957：383.

⑤ 中国近代史资料丛刊《太平天国》(三). 上海：上海人民出版社，1957：128—129.

⑥ 中国近代史资料丛刊《太平天国》(三). 上海：上海人民出版社，1957：261.

⑦ 中国近代史资料丛刊《太平天国》(三). 上海：上海人民出版社，1957：307—308.

的和专制的。太平天国虽然猛烈地反对过儒家思想,并给予沉重的打击,但是,农民不可能创造新的生产方式,从而不可能创造新的意识形态,以摆脱封建主义的影响。太平天国使用的思想武器只是农民朴素的平等思想和拜上帝教的教义,因此它对封建主义的文化教育的批判和改造就不可能彻底。例如,在太平天国制定的礼制中依然贯彻"贵贱宜分上下,制度必判尊卑"的原则,在《幼学诗》等教育内容中,仍保留着像"妻道在三从,无违尔夫主"等封建纲常的观点。他们对儒家经典的删改,有时也只是把"国"改为"邦","王"改为"相"。如"孟子见梁惠王"改为"孟子见梁惠相",而在内容上并没有更动。

需要强调的是,太平天国后期领导人洪仁玕在《资政新篇》中提出了一些新的教育建议。洪仁玕是洪秀全的族弟,他在金田起义后去了香港。1859 年,洪仁玕辗转来到天京,被封为干王,总理朝政,并任主持文教工作的文衡正总裁。他在《资政新篇》中大力提倡学习西方科技知识,强调"火船、火车、钟表、电火表、寒暑表、风雨表、日晷表、千里镜、量天尺、连环枪、天球、地球等物,皆有夺造化之巧,足以广闻见之精,此正正堂堂之技"①。这一观点表达了对西方科技的肯定和推崇。他主张凡技艺精巧的外国人,只要不干涉天国内政,都准其"教导我民"。

二、晚清教育改革的起步

鸦片战争的失败,终于使一部分封建士大夫从"天朝上国"的迷梦中惊醒。由御侮而求自强,学习西方逐渐形成为一股社会潮流。清朝统治集团中的一部分人,在内忧外患的双重威胁下,也感到不能再照老样子统治下去了,洋务派便是这部分人中的代表。他们以"数千年来未有之变局"和"数千年来未有之强敌"来阐述这一局势的严重性,从而提出了"我朝处数千年未有之奇局,自应建数千年未有之奇业"的设想②,于是开始了近代史上的"洋务运动"。他们是当时中国最清醒的一部分人,出于切身的阶级利益,并利用手中的统治权利,担负起艰难的历史使命。他们企图借西方科技作为清帝国的强心剂,以巩固封建统治。但正是这些做法,导致了中国封建社会的板块开始缓慢松动,新的经济因素和政治因素也随之萌芽,从而揭开了中国资本主义历史的序幕。中国教育近代化的第一步,正是在这一背景下迈开的。

1. 洋务教育的开展

洋务派在创办洋务的过程中,迫切期望能有一种既能恪守封建之道又能懂点西文西艺的洋务人才。于是,他们在不改变传统教育体制的前提下,办了一些新式学堂,又派遣了数批留学生,之后又对科举考试做了一点变通,以补救传统教育之不足。洋务教育的内容主要有:

(1)举办新学

办新式学堂是一项主要工作。洋务派最早创办的新式学堂是京师同文馆,时间在1862 年。在以后的三十几年时间内,洋务派先后又创办了几十所新式学堂。这些学堂大

---

① 中国近代史资料丛刊《太平天国》(二).上海:上海人民出版社,1957:256.

② 《李文忠公全书·奏稿》卷 39。

致可以分为三类：一类为外国语学堂，如京师同文馆（1862 年）、上海广方言馆（1863 年）、广州同文馆（1864 年）等；一类为技术学堂，如福州船政学堂（1866 年）、上海电报学堂（1882 年）等；一类为军事学堂，如天津水师学堂（1881 年）、天津武备学堂（1885 年）、广东水陆师学堂（1887 年）等。从这些学堂的类型，我们大致可以看出洋务派对洋务人才的基本要求，也可以看出洋务教育对西方文化的基本选择。

随着近代资本主义经济的发展，近代资本主义文化也在上海产生。1863 年，江苏巡抚李鸿章奏请清廷，仿北京同文馆设上海同文馆，作为学习外国语言的学馆，后改称“广方言馆”。1869 年后迁入江南制造总局。广方言馆招收十四岁以下的学童，聘请外籍学者教习外语、算术，后来增设经史、天文、地理、机械等，成为一所培养多方面科技人才的综合学校。

这一时期，一批新式的大学也陆续办起来。上海最早的一所由中国人自己办的大学是南洋公学，即交通大学的前身。1905 年，耶稣会创办的震旦书院闹学潮，学生相继离校，马相伯脱离震旦，创办复旦公学，是复旦大学的前身。此外，上海也出现了一些教会大学和外国人办的大学，如 1905 年美国圣公会办的圣约翰大学；1906 年美国南北浸会创办的浸会大学，即沪江大学前身；1907 年德国人宝隆创办的同济德文医学校，即同济大学前身。

外国语言文字的重要性为洋务派所认识。奕䜣在奏请开设京师同文馆时说：“与外国交涉事件，必先识其性情。今语言不通，文字难辨，一切隔膜，安望其能妥协。”①又说：“欲悉各国情形，必先谙其言语文字，方不受人欺蒙。”②李鸿章也指出：“遇中外大臣会商之事，皆凭外国翻译官传述，亦难保无偏袒捏架情弊。中国能通洋语者仅恃通事。凡关局军营交涉事务，无非雇觅通事往来传话，而其人遂为洋务之大害。”③这些通事，多为通商口岸的商人或外国传教士所办“义学”的学生，他们唯利是图，“惟知藉洋人势力拨弄挑唆以遂其利欲，蔑视官长，欺压平民，无所忌惮”④。因此，洋务派认为必须培养一批可靠的翻译人才，才足以应付洋务诸事。尤其是《中英续增条约》中规定，以后一切文书俱用英文书写，仅在三年内配汉文。故而使外国语言的教育显得更为紧迫和必需。京师同文馆就是在这样的背景下开办的。京师同文馆开始只是清政府“总理各国事务衙门”的附属机构，以培养翻译人员为宗旨。开办之初，仅设有英文馆，后增设法文馆、俄文馆、德文馆、东文馆。从 1866 年起，由于奕䜣的建议，增设了算学馆，讲习天文、算学、化学、物理、万国公法和外国史地等。同文馆从此就由一个外国语学校变成一个综合性的学校。“馆中功课以洋文、洋语为要。洋文、洋语已通，方许兼习别艺”；“西语则当始终勤习，无或间断；而天文、化学、测地诸学，欲精其艺者，必分途而力求之”；“汉文经学，原当始终不已，故于课程并未另列”⑤。可见这类学校的教学内容，是在以学习外国语言文字为主的基础

① 中国史学会主编. 洋务运动（一）. 上海：上海人民出版社，1961：8.
② 中国史学会主编. 洋务运动（二）. 上海：上海人民出版社，1961：7.
③ 中国史学会主编. 洋务运动（二）. 上海：上海人民出版社，1961：140.
④ 中国史学会主编. 洋务运动（二）. 上海：上海人民出版社，1961：10.
⑤ 中国史学会主编. 洋务运动（二）. 上海：上海人民出版社，1961：76.

上,兼学一些自然科学知识,为办理外交和承办洋务服务。

由于发展近代工业,自然科学知识的重要性也为洋务派所认识。奕䜣在奏请于京师同文馆增设天文算学馆时说:"因思洋人制造机器、火器等件,以及行船、行军,无一不自天文、算学中来。现在上海、浙江等处讲求轮船各项,若不从根本上用著实工夫,即习皮毛,仍无裨于实用。"①左宗棠在奏请开设福州船政局时说:"兹局之设,所重在学造西洋机器以成轮船,俾中国得转相接受,为永远之利,非如雇买船之徒取济一时可比。"②后又针对外国有意刁难阻挠之事说:"如果轮船学造已成,夺彼所博,彼将弭耳帖伏,不敢妄有恫喝矣。"③福州船政学堂是中国近代最早的造船与驾驶的技术学校。这个学校分为两部:一部为"前堂",学习法文,又称"法国学堂",以训练造船的技术为目的;一部为"后堂",学习英文,又称"英国学堂",以训练驾驶的技术为目的。

因创建新式军队的需要,洋务派又开办了一些军事学堂。李鸿章在奏请开设天津武备学堂时说:"我非尽敌之长,不能致敌之命,故居今日而言武备,当以其人之道,还治其人;若仅凭血气之勇,粗疏之材,以与强敌从事,终恐难操胜算";"查泰西各国,讲究军事,精益求精,其兵船将弁必由水师学堂、陆营将弁必由武备书院造就而出;故韬略皆所素裕,性习使然。"④张之洞在奏请开设广东水陆师学堂时说:"特是时势不同,船炮机算诸端至今日而巧者益巧,烈者益烈。若欲应时制度,固非设学不可。"⑤天津武备学堂是近代开办陆军学校的开始,学校分为两部分:一部分是轮训各营挑选的士兵,学习"西洋后膛各种枪、炮、土木、营垒及行军、布阵、分合、攻守各法";另一部分则是培训军官,"学成后再调营带队,俾资历练,庶乎有本之学,将材日出而不穷"。

可见,洋务派认为西方的强盛根本在于船坚炮利,在于先进的科学技术。因而学习和引进这些先进成果,培养一批精于此道的专门人才,是中国自强的根本之途。故而科学技术教育得以冲破传统教育的框架,在近代中国争得一席之地。应该说,洋务教育对西方文化的选择仅限于"西方"和"西艺",是相当肤浅的。然而这又是近代教育变革必须要走的第一步。任何文化的变革,总是从物质文化的层面开始的。近代中国认识西方文化,是由武力接触开始的,因而最直观的印象便是西方的船坚炮利。这种认识反映到教育上,便首先表现为教学内容的改革。这一变化打破了传统教育以儒家经典一统天下的局面,在一定程度上更新了人才培养的目标,为新教育发展打开了一个缺口。

(2)留学教育培养

派遣留学生也是洋务教育的一项重要内容。容闳最早提出了这一倡议,立即得到洋务派的赞同。在曾国藩、李鸿章看来,派人出外学习与国内创办学堂应是同时并举的两件事。因为对科技知识"苟非遍览久习,则本源无由洞彻,而曲折无以自明",如能亲临其地,则更可得其精奥。故如能选派一批"聪颖幼童,送赴泰西各国书院,学习军政、船政、

① 中国史学会主编.洋务运动(二).上海:上海人民出版社,1961:23.

② 《左文襄公全集·奏稿》卷20。

③ 中国史学会主编.洋务运动(五).上海:上海人民出版社,1961:28.

④ 《李文忠公全书·奏稿》卷53。

⑤ 陈学恂.中国近代教育史教学参考资料(上册).北京:人民教育出版社,1986:89.

留学生之父容闳

步算、制造诸学，约计十余年，业成而归，使西人擅长之计，中国皆能谙悉，然后可以渐图自强”①。在曾国藩等人的推动下，从 1872 年至 1886 年，洋务派共组织和派遣了数批留学生，分赴美国和欧洲学习。这些留学生回来后，绝大多数人热心报效祖国，成为栋梁之材。如詹天佑成为著名的铁路工程师，主持修建了京张铁路；邝荣光成为著名的采矿工程师，发现了湘潭煤矿；唐国安成为著名的教育家，曾为清华学堂校长。派遣留学生这一举动，在中国教育史上开了风气之先。古代中国一直满足于先进文化输出国的地位，乐意对外国崇拜者送往迎来。明朝及清朝前期更是以天朝大国自居，闭关锁国，把西方先进文化拒之于国门之外。而洋务派此举则与传统的做法大相径庭，它打破了传统教育的封闭格局，展示了教育要顺应世界潮流的发展方向。

(3)改革科举

洋务派为保证洋务人才能学以致用，又在变革科举上进行了一定的尝试。随着洋务运动的深入，八股取士的弊端愈益显露，深为洋务派不满。因而他们纷纷上奏折建议变通科举。先是有沈葆桢请设算学科，丁日昌奏请武科改试枪炮，其后有李鸿章请开洋务进取科，礼部奏请考试算学，沈葆桢奏请停止武科，张佩伦奏陈武科改试洋枪，潘衍桐请开艺学科，陈琇莹奏请将明习算学人员归于正途考试，给予科举出身。1787 年，总理衙门会同礼部商议，要求各省允许考生报考算学。1888 年的戊子乡试，总理衙门将各省送到的考生及同文馆学生三十二人，试以算学题目，取中举人一名。尽管这些变革微乎其微，但它毕竟打破了盛行数百年的八股取士的僵死格局，表达了要选拔新式人才的意向。

从洋务教育的上述三项内容来看，虽然其规模小、起点低、人数少，但它却顺应了历史潮流，在一定程度上推动了中国教育近代化的进程。从洋务派的本意来看，它并不想走得太远，更不想改变传统教育体制。但是，新事物在旧体制内总是一股较有活力的因素。人们虽想把它限制在原来许可的范围内，但却很难完全如愿。随着历史的发展，人们对教育改革的要求已不停留在教学内容上了，也不满足于西文、西艺那些皮毛的西学了。人们开始从“广民智”的角度，要求在更大范围内批判封建教育，发展资本主义教育制度。兴学校，建学制的呼声汇成一股强大的社会潮流，以致在 1901 年清政府也不得不宣布变法，实行“新政”，从而导致了 1904 年“癸卯学制”的出台。1905 年科举制度被废除，这就宣告了传统教育在体制上的结束。从这一意义上讲，洋务教育揭开了中国教育近代化的序幕。它的实践，为晚清教育改革做了大量的积累。

2. 洋务教育过程中的论争

洋务教育的创办，撕开了传统教育的一个口子，同时也导致了中西文化、新旧文化之间的撞击和冲突，从而引出了教育战线上新旧思潮的大论争。论争的双方为洋务派和顽

① 《筹办夷务始末》(同治朝)卷 82。

固派。双方在洋务教育问题上展开了三次针锋相对的论争。

(1)三场论争的概况

第一场论争在1867年,时间前后达半年之久。洋务派要在京师同文馆增设天文算学馆。这一举动,使洋务教育由语言方面扩大到了科技方面,这就使顽固派再也忍无可忍。1866年,当奕䜣提出在同文馆添设算学馆的建议,朝廷内外非议蜂起。奕䜣不得不于一个月后借上奏天文算学馆章程之机,再度重申了洋务派的主张。他指出:“论者不察,必有以臣等此举为不急之务者,必有以舍中法而从西人为非者,甚至有以中国之人师法西人为深可耻者,此皆不识时务之论也。”什么是时务?他认为图谋自强是当今最为紧迫之事,因此,“识时务者,莫不以采西学,制洋器为自强之道”。接着,他逐一反驳了人们的“种种非议”①。顽固派当然不会善罢甘休。1867年3月,先是监察御史张盛藻上折,坚决反对招录正途人员学习天文算学。他认为:“若令正途科甲人员习为机巧之事,又藉升途、银两以诱之,是重名利而轻气节,无气节,安望其有事功哉?”②后是大学士倭仁亲自出马,坚决反对师事夷人。他强调说:“今复举聪明隽秀,国家所培养而储以有用者,变而从夷,正气为之不伸,邪氛因而弥炽,数年以后,不尽驱中国之众咸归于夷不止。”③时隔半月,倭仁针对洋务派的反驳,再度上折要求罢停天文算学馆。他认为:“夫欲求制胜,必求之忠信之人;欲谋自强,必得之礼义之士,固不待智者而后知矣。”因此,开设天文算学馆为多此一举,“转致于人才政体两无裨益也”④。后来,由于上谕的干预,倭仁才不得不认输,但他坚持认为:“天文算学只为末议,即不讲习,于国家大计亦无所损,并非谓欲求自强必须讲明算法也。”⑤

顽固派在第二回合中则改变了策略。1867年5月间,通政使于凌辰以中立者身份,摆出了一副忧虑两派论争会导致朋党危险的面孔重新挑起论争。他说:“夫天文算学本属技艺之末,其果能得力与否尚不知,而先令臣子别户分门,开国家未有之风气,所关实非浅鲜。”⑥其中意向当然很明显。接着,崇实也貌似公允,摆出了一副赞同推广科技的姿态,说:“其正途各员,有向来讲求此业者,听其自行呈请效用。或有深心之人,愿与西士互相考证者,亦不必朝廷为之设馆授餐,但使各直省精选数人,将其实用已足以风示天下,而好学之士即能转相作述,得所师承。既无须限定正途,亦无庸尽师西士,如此办理,庶合时宜,而息物论。”⑦

这个话说得很明白,就是没有必要办天文算学馆。而显得最荒唐而又最露骨的是直隶州知州杨廷熙,他借故天象不吉,久旱不雨,上折请求撤销同文馆。他说:“然天象之变,必因时政之失。京师中街谈巷议,皆以为同文馆之设,强词夺理,师敌忘仇,御夷失策

① 朱有瓛.中国近代学制史料(第1辑上册).上海:华东师范大学出版社,1983:14—17.

② 中国史学会.洋务运动(二).上海:上海人民出版社,1961:29.

③ 朱有瓛.中国近代学制史料(第1辑上册).上海:华东师范大学出版社,1983:553.

④ 中国史学会.洋务运动(二).上海:上海人民出版社,1961:35.

⑤ 中国史学会.洋务运动(二).上海:上海人民出版社,1961:38.

⑥ 中国史学会.洋务运动(二).上海:上海人民出版社,1961:40.

⑦ 中国史学会.洋务运动(二).上海:上海人民出版社,1961:41.

所致。”因而主张撤销同文馆“以弭天变而顺人心，杜乱萌而端风教”①。这一谬论，终于激怒了慈禧，之后清帝谕旨此事毋庸再议，才结束了这一场论争。

李鸿章

第二场论争围绕着是否应变通科举展开。从1874年至1888年，前后相沿十几年。洋务派变通科举的一个基本观点，就是“以章句弓马施于洋务，隔膜太甚”，“小楷试帖，太蹈虚饰，甚非作育人才之道”，造成“所用非所学”。因此，在“科目即不能骤变，时文即不能遽废”的情况下，应另开辟一科以选拔洋务人才②。这一主张对触动传统教育价值观念又更深入一层。自古以来为儒者不屑一顾的工匠之事，不仅要列为官学的教学内容，而且还要列为科举的正式科目，使那些从事雕虫小技之人也能与儒者同列，获得正途出身，这对顽固派来说更是接受不了。因而洋务派的这个建议屡奏不准。通政使于凌辰认为：“人才是今日作事根本，如李鸿章、丁日昌讲求洋学，实愈加败坏，尚何人才之可言？”③大理寺少卿王家璧认为：“李鸿章以我朝取士，惟以章句弓马所学非所用，无以御敌，遂议变科目以洋学。臣惟本朝以弓马开基，文德武功，远轶前代。枪炮固可兼习，本业岂可全忘？”④徐致祥则害怕此例一开，将有一发而不可收之虞，因而反对开设艺科，以防其微渐⑤。但顽固派的阻挠并未奏效，这一争论以1888年乡试增设算学科而告结束。

第三场争论是围绕着留学教育而展开的。这一场论争似乎不如前两场那么针锋相对，但顽固派的破坏终于使留美教育半途而废，足可见其激烈程度并不亚于前两场争论。据容闳的《西学东渐记》载：早在留学生赴美之前，丁日昌推荐了刑部主事陈兰彬协助容闳率队赴美。丁日昌对容闳说：“君所主张，与中国旧学显然反对。时政府又甚守旧，以个人身当其冲，恐不足以抵抗反动力，或竟事败于垂成。故欲利用陈之翰林资格，但旧学派人共事，可以稍杀阻力也。”但丁日昌没料到，陈兰彬本身就是极力破坏留学教育者。留学生到达美国后，好为种种健身运动，跳掷驰骋，这在陈兰彬看来也不为正当。尤其是陈兰彬推荐吴子登接任留学生监督后，陈兰彬、吴子登二人更是加快了破坏留学教育的步子。吴子登视中国学生留学外洋为离经叛道之举。他赴任美国后，对留学教育处处吹毛求疵，苛求其短，并捏造种种谣言，密通消息于北京。据李鸿章说：“迩年以来，颇有议纯甫偏重西学，致幼童中学荒疏者，鸿章尝寓书诫勉，不啻至再至三。”⑥纯甫即容闳。李鸿章之所以要再三诫勉容闳，就是因为吴子登在中学西学这一要害问题上告了容闳的刁

① 中国史学会.洋务运动(二).上海:上海人民出版社,1961:43.
② 陈学恂.中国近代教育史教学参考资料(上册).北京:人民教育出版社,1986:206.
③ 陈学恂.中国近代教育史教学参考资料(上册).北京:人民教育出版社,1986:209.
④ 陈学恂.中国近代教育史教学参考资料(上册).北京:人民教育出版社,1986:210.
⑤ 陈学恂.中国近代教育史教学参考资料(上册).北京:人民教育出版社,1986:218.
⑥ 陈学恂.中国近代教育史教学参考资料(上册).北京:人民教育出版社,1986:120.

状。第一批留美学生容尚谦后来回忆说，吴子登"存心破坏出洋局，捏造出种种不利于出洋局的事实，欺蒙政府。据他报告，留学生都已美国化，都已忘却了祖国，这种人如容其毕业，则将来不但不能为祖国出力，而且有大害于国家，并称容博士实是在暗地故意纵容他们"①。温秉忠也在回忆中说："当时有两位'委员'，其中一位是翰林(即吴子登)，深感幼童因环境蜕变之速，且正方兴未艾，他们将成为'美化'之人，不复为卑恭之大清顺民矣！他上奏朝廷，如不迅速行动，幼童均将成为'洋鬼'矣。皇帝照准其请，立刻下令全体幼童即日撤局回华。"②第三场论争亦就以幼童留学半途而废结束。

(2)论争观点的分析

洋务派和顽固派在教育观点上的分歧主要体现在教学内容和人才培养两个方面。

一是关于教学内容的论争。洋务派开设新式学堂，传授西文和西艺，首次从教学内容上开始了对传统教育的改革。这一做法在顽固派看来，至少有两个方面悖逆了传统：一是违背了"道本器末"的原则，二是违背了"用夏变夷"的原则。

道者，通俗地讲就是封建统治之道。它是由儒家经典阐发并经历代封建士大夫逐步完善的礼乐刑政及纲常名教。器者，具体讲就是技艺及器具。儒家和法家虽不否定社会需要工艺技巧，但鄙视的态度是显而易见的。道家则索性把工艺技巧看成是社会祸乱的隐患，"绝巧弃利，盗贼无有"，"民多利器，国家滋昏；人多技巧，奇物滋起"。封建社会奉道为本，视器为末。"奇技淫巧"成为封建士大夫鄙视技艺的基本观点。因而，当洋务派公然奉自然科学知识为教育内容，顽固派的愤怒便可想而知了。杨廷熙在要求撤销同文馆的奏折中讲得十分明白："自来奇技淫巧，衰世所为，杂霸欢虞，圣明无补。"所以自古圣贤就"未闻令庠序学技习工师之事"。假如"事事委诸气数，而或息其忠孝节义之习。学之不精，则逆理违天，道听途说，必开天下奇邪诳惑之端，为世道人心风俗之害"③。倭仁也认为："立国之道当以礼义人心为本，未有专恃术数而能起衰振弱者。"④王家璧讲得更干脆："今欲弃经史章句之学，而尽趋向洋学，试问电学、算学、化学、技艺学，果足以御敌乎?"⑤

洋务派所倡导的技艺之学，又全是西人之所为，这就根本触犯了"夷夏之大防"的古训。于凌辰说："是古圣先贤所谓用夏变夷者，李鸿章、丁日昌直欲不用夷变夏不止!"⑥顽固派不了解西方科技的先进性，盲目自大。倭仁说："如以天文、算学必须讲习，博采旁求，必有精其术者，何必夷人，何必师事夷人?"⑦杨廷熙认为："历代之言天文者中国为精，言数学者中国为最，言方技艺术者中国为备。如浑天仪、乾凿度、太玄、洞极、潜虚、星纪、九章、三率、周髀、皇极诸书，相继而起，恐西学之轮船机器未必有如此幽深微妙矣。"

---

① 陈学恂. 中国近代教育史教学参考资料(上册). 北京：人民教育出版社，1986：140—141.

② 陈学恂. 中国近代教育史教学参考资料(上册). 北京：人民教育出版社，1986：147.

③ 中国史学会. 洋务运动(二). 上海：上海人民出版社，1961：43—50.

④ 中国史学会. 洋务运动(二). 上海：上海人民出版社，1961：38.

⑤ 中国史学会. 洋务运动(二). 上海：上海人民出版社，1961：129—130.

⑥ 中国史学会. 洋务运动(一). 上海：上海人民出版社，1961：121.

⑦ 朱有瓛. 中国近代学制史料(第1辑上册). 上海：华东师范大学出版社，1983：552.

因而有什么理由“自卑尊人，舍中国而师夷狄”①？

洋务派认为近代中国的落后，并不是因为本身的社会制度有什么不好，更不是因为中国纲常名教有什么缺陷，而仅仅是由于器具技艺的落后。面对“数千年来未有之变局”，他们认为适当“变通成法”，学习和引进西方的科技成果，是求得清朝统治“强”和“富”的根本之途。因此，他们据理反驳。

左宗棠像

第一，他们认为，要救亡图存，教育必须讲求实效，以应时务之急。李鸿章主持的上海广方言馆的课程章程中写道：“今日士大夫之通患，莫大乎所学非所用，所用非所学，毕生竭虑殚精，汲汲以求工于帖括，及至筮仕之日，则茫然罔有依据，善学不求其实用，究不知所学何事也。兹建设广方言馆，苦心经营，立教之本意，无非储真才以收实效。”②他们通过对比中西教育，看到了中国教育的缺陷在于“务虚”。左宗棠认为：“中国之睿知运于虚，外国之聪明寄于实。中国以义理为本，艺事为末；外国以艺事为重，义理为轻。”③这就肯定了西方教育的可取之处。

两广总督张树声也认为：“泰西之学，覃精锐思，独辟户牖，然究其本旨，不过相求以实际，而不相骛于虚文。格物致知，中国求诸理，西人求诸事；考工利用，中国委诸匠，西人出诸儒……故今日之西学，当使人人晓然于斯世需用之事，皆儒者当勉之学，不以学生步鄙夷不屑之意，不使庸流居通晓洋务之名，则人才之兴，庶有日也。”④

洋务派看到，中学务虚，西学务实。务虚者败，务实者胜。所以“今日所急惟在力破成见，以讲求实际而已”⑤。

第二，他们认为师事洋人是迫不得已的权宜之策，并非终用洋人。奕䜣说：“近年臣等与各疆臣悉心讲求，仍无所获，往返函商，不得以议奏招考天文学算学，请用洋人，原欲窥其长短以收知彼知此之效。”待将来人才长成，便可自相授受。况且，“雇觅洋人不过与之讲究其法，并奏明不修弟子之礼”⑥，所以绝对不是主张“用夷变夏”。

二是关于人才培养目标的论争。教育内容的改革直接影响到人才培养的目标。顽固派看来，洋务教育以西学育人，必将破坏“重义轻利”的传统育才方针，驱使学子埋首机巧之事，滋生利欲之心，最终丧尽忠孝节义之气节。依传统教育观，君子必是“重义轻利”之人。“君子喻于义，小人喻于利”，自古以来就成为区分劳力者与劳心者的重要标准。顽固派正是依恃这一观点，攻击洋务派的人才目标严重背离了传统。张盛藻认为：“臣民

① 中国史学会.洋务运动（二）.上海：上海人民出版社，1961：45.

② 朱有瓛.中国近代学制史料（第1辑上册）.上海：华东师范大学出版社，1983：223.

③ 《左文襄公全集·奏稿》卷18。

④ 朱有瓛.中国近代学制史料（第1辑上册）.上海：华东师范大学出版社，1983：477.

⑤ 《李文忠公全书·奏稿》卷24。

⑥ 中国史学会.洋务运动（二）.上海：上海人民出版社，1961：36.

之强则惟气节一端耳。朝廷能养民之气节,是以遇有灾患之来,天下臣民莫不同仇敌忾,赴汤蹈火而不辞,以之御灾而灾可平,以之御寇而寇可灭,皆数百年深仁厚泽的尧、舜、孔、孟之道为教育以培养之也。"所以,"臣愚以为朝廷命官必用科甲正途者,为其读孔、孟之书,学尧舜之道,明体达用,规模宏远也。何必令其习为机巧,专明制造轮船、洋枪之理乎"?如果令人才去学习这些技艺,必使其"重名利而轻气节"①。倭仁则认为:"立国之道,尚礼义不尚权谋;根本之图,在人心不在技艺。"所以,"夫欲求制胜,必求之忠信之人,欲谋自强,必谋之礼义之士"②。而奉夷人学末艺,"所成就者不过是术数之士",靠这些人是不可能有所作为的③。杨廷熙则说得更直接,假如令学子师事仇敌,"而忠义之气自此消矣,廉耻之道自以丧矣,机械变诈之行自此起矣"④。王家璧直言不讳:"以章句取士,正崇重尧舜周孔之道,欲人诵经史,明大义,以敦君臣父子之伦也。人若不明大义,虽机警多智,可以富国强兵,或恐不利社稷。"⑤所以他坚持一点:"慎重科目以养明大义之人才,毋令佥壬之徒巧为尝试。"

洋务派所期望的人才,并不如顽固派所攻击的那样,只是能于机巧的工匠之才,更不是丧尽"忠义之气"、"廉耻之道"的名利之徒。天文算学馆创办之初,洋务派刻意从科甲正途出身的人员中挑选学生,就表明洋务人才首先就必须是忠实的封建卫道士。用洋务派的话说,这些学生"皆先由读书明理考校出身,其心地必皆可信"⑥。奕䜣在反驳倭仁时问道:"试问所为卧薪尝胆者,姑为其名乎?抑将求其实乎?如谓当求其实,试问当求之愚贱之人乎?抑当求之士大夫乎?此臣衙门所以有招考正途之请也。"⑦也就是说,洋务派认为,担当救亡大任的,应该是心地可信的士大夫,而不应该是从事工艺的愚贱之人。

但是,这些士大夫必须要有真才实学。而要讲求实学,就必须学习西学。洋务派认为,假如如顽固派所宣称的那样,"仅以忠信为甲胄,礼义为干橹等词,谓可折冲樽俎,足以制敌之命,臣等实未敢信"⑧。潘衍桐对此讲得十分明白:"近世士大夫操守廉洁、材略开敏者尚不乏人,所难者边才耳。夫边才莫要于知兵,而知兵莫先于制器。自泰西各国专以船坚炮利为长雄,于是谈兵者,苟炮不利、船不坚,虽韩白之才亦不能折冲御侮。"⑨

洋务教育的论争,是中西文化、新旧文化的斗争在教育上的反映。论争的双方都属于封建统治阶级成员,因而其论争程度虽然激烈,但并没有形成新文化对旧文化的讨伐力量。相反,比较双方实力,倒显得顽固派理论基础雄厚,处处显露出咄咄逼人的锋芒。

---

① 中国史学会.洋务运动(二).上海:上海人民出版社,1961:29.
② 中国史学会.洋务运动(二).上海:上海人民出版社,1961:34.
③ 朱有瓛.中国近代学制史料(第1辑上册).上海:华东师范大学出版社,1983:552.
④ 中国史学会.洋务运动(二).上海:上海人民出版社,1961:43—45.
⑤ 中国史学会.洋务运动(一).上海:上海人民出版社,1961,129—130.
⑥ 中国史学会.洋务运动(二).上海:上海人民出版社,1961:69.
⑦ 朱有瓛.中国近代学制史料(第1辑上册).上海:华东师范大学出版社,1983:554.
⑧ 朱有瓛.中国近代学制史料(第1辑上册).上海:华东师范大学出版社,1983:555.
⑨ 陈学恂.中国近代教育史教学参考资料(上册).北京:人民教育出版社,1986:214.

而洋务派在理论上明显处于劣势，他们仅有招架之功，其还手之力则十分单薄和微弱。这是因为洋务派并不是新生阶级的代表。他们不可能也不愿意从西方资产阶级那儿去寻求理论武器。加之中国近代化的实践也才刚刚起步，还不可能提供促进新文化蓬勃发展的土壤和环境。因此，洋务派只能从封建理论武库中去翻找武器。它既不可能对封建文化做出有力的批判，也不可能对西方文化做出自觉的选择。正如于凌辰所讥讽的："导之以甚可耻之事，而曰尔之礼义廉耻其守而勿失，此必不能之势也。"①

3. 洋务派的教育改革主张

(1)洋务派主要人物介绍

洋务派的中坚力量是清政府中的一部分负责外交事务的中央官员和封疆大吏。其中的奕䜣、曾国藩、左宗棠、李鸿章等人被时人视为洋务派首领。洋务教育也主要得力于他们的推动和经营。这些人从阶级性质来看，都是封建地主阶级的出类拔萃之辈。

奕䜣，清朝皇室成员，系孝静成皇后所生，是清道光帝的第六子。他从小生活在皇宫，受到了极为严格而又特殊的封建教育，六岁进乾清宫读书。他的老师，前一位是大理寺少卿翁心存，进士出身，为光绪帝的老师翁同龢之父；后一位是翰林院侍讲贾桢，系道光六年(1826 年)榜眼。奕䜣在名师的指点下，学习儒家典籍十余年，对以三纲五常为基干的儒家伦理是颇为精通的。他在咸丰帝登基后被封为恭亲王，1853 年转任军机大臣，不久又任都统、宗人府宗令、内阁府大臣等职，是权重一时的铁腕人物。

曾国藩

曾国藩出身地方豪族。自小诵习五经，埋首时文帖括，二十八岁时会试中进士，经殿试，获同进士出身。之后参加朝考，致翰林院庶吉士。经散馆学习，考到二等十九名，被留在翰林院供职。翰林七年，曾国藩按理学家修身养性之条规，刻苦攻读，历次考试成绩均优等，由七品的翰林院侍讲一直升迁到从二品的内阁学士，具备了担当大任的官阶与资格。在翰林期间，他将原名曾子城改为曾国藩，以示自己孝忠天下国家之志。在太平天国风起云涌的局势下，他忠心耿耿效忠于清廷，以镇压太平天国的功臣而名播朝野，奠定了他在清政府中举足轻重的地位。

李鸿章的科举生涯也是一帆风顺。由举人、进士到庶吉士，时年二十四岁，少年高科。散馆考试成绩优良，充任翰林院编修，同时师事曾国藩。在镇压太平天国的过程中，他先是在安徽办理团练，不久到江西投奔曾国藩，自后官运亨通，飞黄腾达，是继曾国藩去世、左宗棠调任陕甘总督后最重要的洋务大臣。

左宗棠的科举生涯不如曾、李那么亨通。二十岁中举人之后，会试屡试不中，只好在地方以教书为业。后经人推荐，左宗棠又进入仕途。在镇压太平军和捻军的过程中，他为清王朝建立功劳。以后又在恢复新疆，抗击俄、法侵略者中屡建功勋，使其成为颇有声

① 中国史学会. 洋务运动(一). 上海：上海人民出版社，1961：121.

望的封疆大吏。

由此观之，奕䜣、曾国藩、李鸿章、左宗棠都是深受封建统治思想熏陶，从思想上到行动上都立志维护封建统治的地主阶级代表。但是，晚清中国的历史条件又使他们身不由己地接受了西方科技。按他们的本意来说，是容不得任何诋毁封建礼教的异端存在的。曾国藩在镇压太平天国的《讨粤匪檄》中，对太平天国奉行西方的上帝深恶痛绝。他说："举中国数千年礼义人伦诗书典则，一旦扫地荡然。此岂独我大清之变，乃开辟以来名教之奇变，我孔子、孟子之所痛哭于九原。凡读书识字者，又乌可袖手安坐，不思一为之所也。"①然而，当外国侵略者用炮舰轰开中国的大门，以轮船大炮耀武于"天朝大国"之中时，他们却无所措足了。双方差异的悬殊使他们"四更成寐，五更复醒。念夷人纵横中原，无以御之，为之忧悸"②。这种由仓皇失措而萌发的危机感，使他们又不得不屈从于有碍"夷夏大防"的西方文明了。尤其是在镇压太平天国的过程中，他们"借师助剿"，这不仅承认了西方科技的优势，而且也从中萌发了"将来师夷智以造船炮，尤可期永远之利"的念头③。

这一选择，使他们卷进了中西文化冲突的矛盾之中。同治九年(1870 年)，曾国藩奉旨处理天津教案。他心中明知教案的激烈冲突凝结着中国民众反侵略的愤怒和自卫的愿望，但作为清王朝的外交代表，他又屈服于列强的压力，严拿凶手、弹压士民，以慰各国之心。他并不喜欢天主教，但又不得不庇护天主教。因而他倍感"目眩头晕，心胆俱裂"，只能用"内疚于神明，外得罪于清议"来表达灵魂在矛盾中的呻吟④。李鸿章也同样如此。当陈兰彬、吴子登有意破坏留学教育时，"李文忠此时不愿为学生援手，即顺反对党之意而赞成其议"，导致了留学教育半途而废⑤。然而十五年之后，李鸿章与容闳再度相遇，在谈及国家人才之缺乏时，李鸿章突然向容闳问道："你何以忽然将出洋局停办了呢？"⑥这表面似在推卸责任，实际上正反映了李鸿章本身矛盾的不可摆脱。可见，这是一群由时代造就的矛盾人物。

洋务派的这种矛盾心理，奕䜣曾作如下表述："臣等查阅倭仁所奏，陈义甚高，持论甚正，臣等未曾经理洋务之前，所见亦复如此，而今日不敢专恃此说者，实有不得已之苦衷。"⑦这种"不得已之苦衷"，既来源于他们对西方科技的无可奈何，又来源于他们对中国旧文化的真诚留恋。他们都是靠着捍卫传统起家的，然而，揭开否定传统序幕的也正是他们。

(2)折中新旧的教育改革主张

奕䜣、曾国藩、李鸿章、左宗棠的教育主张也充满着新与旧相冲突的矛盾色彩。一方

① 陈学恂. 中国近代教育史教学参考资料(上册). 北京：人民教育出版社，1986：21.

② 曾国藩. 曾国藩日记(上册). 北京：宗教文化出版社，1999：673.

③ 《曾文正公全集·奏稿》卷 12。

④ 曾国藩. 曾国藩家书(下册). 北京：宗教文化出版社，1999：1227.

⑤ 容闳. 西学东渐记. 郑州：中州古籍出版社，1998：165.

⑥ 陈学恂. 中国近代教育史教学参考资料(上册). 北京：人民教育出版社，1986：142.

⑦ 中国史学会. 洋务运动(二). 北京：上海人民出版社，1961：31.

面,他们是一群识时务者,在培养人才方面大声疾呼"破拘挛之故习,求制胜之实济",体现出清醒的时代眼光。另一方面,他们又背负着几千年的历史沉积,始终坚持着以传统伦理纲常教育为本的原则,力图维护中国文化的尊严。新学与旧学,中学与西学的矛盾冲突就这么交织在他们的教育改革主张之中。

一是"破拘挛之故习,求制胜之实济"。李鸿章在奏请科举增开洋务进取科时较集中地表述了洋务派首领们主张教育改革的理由。他说:"抑臣更有陈者,用人最是急务,储才尤为远图。洋人入中国已三十余年,驻京已十余年,以兵胁我,殆无虚岁,而求练达兵略精通洋法者恒不数观,由于不学之过,下不学由于上不教也。军务肃清以后,文武两途,仍舍章句弓马末由进身,而以章句弓马施于洋务,隔膜太甚,是以沈葆桢前有请设算学科之奏,丁日昌前有武试改枪炮之奏,皆格于部议不行。而所用非所学,人才何由而出?近时拘谨之儒,多以交涉洋务为浼人之具,取巧之士,又以引避洋务为自便之图。若非朝廷力开风气,破拘挛之故习,求制胜之实济,天下危局,终不可支。日后乏才,且有甚于今日者。以中国之大,而无自强自立之时,非惟可忧,抑亦可耻。"①

由中国之落后而可忧可耻,进而图谋自强自立,进而思虑人才的学用一致,进而要求教育的改革,这一思路在洋务派中是共通的。洋务派认为,西方国家自恃其船炮横行海上,每以其所有傲我所无,因此不得不师其长,培养专门人才,以学作枪炮、学造轮舟为下手工夫,方可根本制服他们。奕䜣认为:"中国之宜谋自强,至今日而已亟矣。识时务者,莫不以采西学、制洋器为自强之道。"②这一观点,就是强调教育改革是图谋自强的必要措施。为此,洋务派认为必须从三方面着手。

第一,必须破除传统教育的空疏无用。传统教育学非所用,这是洋务派首领深感忧虑的。他们在办洋务的过程中,不断地批判了传统教育的这一弊端。李鸿章提出:"小楷试帖,太蹈虚饰,甚非作养人才之道。"③左宗棠对这一问题的不满更为直接,他说:"近来时事日坏,都由人才不佳。人才之少,由于专心做时下科名之学,留心本原之学者少。且人生精力有限,尽用之科名之学,到一旦大事当前,心神耗尽,胆气薄弱,反不如乡里粗才,尚能集事,尚有担当。试看近时人才,有一从八股出身否?八股愈做得入格,人才愈见庸下。此我阅历有得之言,非好骂时下自命为文人学士者也。"④这些言论,都表达了洋务派对传统教育空疏无用学风的不满。在创办洋务教育中,奕䜣爱讲"从根本上用著实功夫",曾国藩多次强调"实力讲求",李鸿章反复重申"讲求实际",都是主张教育改革首先应该在学风上有一番革新。

第二,主张引进西方科技之学,这是求实学风在教学内容上的体现。洋务派在交涉洋务的过程中,深深为西方的船坚炮利所折服,因而认定学习西方科技乃是中国富强之根本。奕䜣说:"华人之智巧聪明不在西人以下,举凡推算格致之理,制器尚象之法,钩河

①③ 朱有瓛. 中国近代学制史料(第1辑下册). 上海:华东师范大学出版社,1986:17.

② 朱有瓛. 中国近代学制史料(第1辑下册). 上海:华东师范大学出版社,1986:14.

④ 左宗棠. 左宗棠全集. 长沙:岳麓书社,1987:19—20.

摘洛之方,倘能专精务实,尽得其妙,则中国自强之道在此矣。”①正是基于这一认识,洋务派在创办洋务学堂,及派遣留学生赴美、欧等事务上,表现出了积极的姿态。他们认为,人才必由学术而成,因而要求各省督抚对已设学堂者要量为展拓,而未设学堂者则要迅速择要仿行。曾国藩说:“设局制造,开馆教习,所以图振奋之基也。远适肄业,集思广益,所以收远大之效也。西人学求实际,无论为士、为工、为兵,无不入塾读书,共明其理,习见其事,躬亲其事,各致其心思巧力,递相师授,期于月异而岁不同。”②

第三,主张稍变成法,选拔洋务人才,这是求实学风在人才选拔上的体现。为推行洋务的需要,洋务派主张对选拔人才的制度有所改革。首先,他们认为在科举项目上应该增开洋务科目,以使洋务人才也能获得与儒学人才同等的地位,以改变社会对科技人才的传统偏见。其次,为了广出人才,他们主张对新式学堂的毕业生大胆使用,格外优奖,对确有成效者,应按军务保举章程,奏奖升阶,其出身应与正途无异,以保证洋务人才能学以致用,而不致被八股取士制度所扼杀。再次,他们主张人才的选拔不必局限于八旗子弟或士大夫阶层,应扩大范围,不论何等阶层,只要有真才实学,就要破格提拔。李鸿章认为:“惟多途以取之,随地以求之,则习其语言文字者必多;人数既多,人才斯出。”③左宗棠也认为,真正可用之才不必局限在士大夫中访求。西方国家技巧卓绝古今者,均由匠人推择,并非由士类中求之。很显然,洋务派的选拔人才主张与传统人才观是很不相同的。顽固派以不合祖宗成法的罪名来诘难他们,他们则认为时代条件不同了,选拔人才的制度也应有所改革,绝不可拘泥于祖宗之成法。若事事必拘泥于成法,必将日即危弱而终无以自强。

二是“西语西文之暇,仍以正学为本”。洋务派虽然力主对传统教育有所变革,以培养一批洋务人才,但他们认为人才之根本,依然还是传统的忠孝节义之气节。他们对传统教育不满的只是其空疏无用,而对传统教育之封建伦理纲常,他们是坚决不允许丢弃的。

奕䜣认为:“自古御夷无上策,大要以修明礼义以作忠义之气为根本。”④洋务派的施政方针,用奕䜣的话说,是“以和好为权宜,战守为实事”;用李鸿章的话说,是“外须和戎,内须变法”。怎样“和好”?他们认为根本的是要用中国传统的礼义名教。奕䜣认为只要“以信义笼络”,便可“驯服其性”⑤。曾国藩从外国侵略者入京“不伤毁我宗庙社稷”和“助我攻剿发匪”两件事上,认为西人素重信义,颇有君子之行。因此主张用“忠信笃敬”去处理华洋交涉。李鸿章在谈到他办洋务的体会时,极度推崇曾国藩对他的训导:“不论英、俄、德、法,俄只捧着这个锦囊,用一个‘诚’字,同他相对。”⑥从这里可以看出在他们的思想深处,依然保留着“天朝上国”的优越感。他们虽然承认了西方科技的先进,但他

① 朱有瓛.中国近代学制史料(第1辑上册).上海:华东师范大学出版社,1983:13—14.
② 舒新城.中国近代教育史资料(上册).北京:人民教育出版社,1961:164.
③ 朱有瓛.中国近代学制史料(第1辑上册).上海:华东师范大学出版社,1983:215.
④ 朱有瓛.中国近代学制史料(第1辑上册).上海:华东师范大学出版社,1983:553.
⑤ 郑享清.论奕䜣的洋务思想.山东师范大学学报,1988.
⑥ 吴永.庚子西狩丛谈.上海:道德书局,1943:131—132.

们坚信中国的纲常名教是西人所缺乏、所不如的。诚如李鸿章所言:“必谓转危为安、转弱为强之道,全由于仿习机器,臣亦不存此方隅之见。顾经国之略,有全体,有偏端,有本有末。如病方亟,不得不治标,非为培补修养之方,即在是也。”①

洋务派在培养洋务人才时,始终把中国义理之学放在为先、为纲、为本的位置。曾国藩在论述中国传统之学中义理、考据、词章、经济四科关系时,就明确指出义理之学最大,义理之学是一切学问之本。因而在主办洋务教育时,他也是以这一思想来处理中学与西学的关系。在奏请开设留学教育时,曾国藩提出:“随时课以中国文义,俾识立身大节,可冀成有用之材。”②李鸿章在派遣学生出洋的“应办事宜”中指出:“查考中学西学,分别教导。将来出洋后,肄习西学仍兼讲中学,课以孝经、小学、五经及国朝律例等书,随资高下,循序渐进。每遇房、虚、昴、星等日,正副二委员传集各童宣讲《圣谕广训》,示以尊君亲上之义,庶不至囿于异学。”③上海广方言馆在所订章程中也有一条,讲习“分经学、史学、算学、词章为四类,而以讲明性理敦行立品为之纲……西语西文之暇,仍以正学为本”④。

综上所述,我们可以看到,奕䜣、曾国藩、李鸿章、左宗棠等人的教育主张是以传统的“经世致用”思想为主线,企图折中新学与旧学、中学与西学,达到道器兼举、本末并存的教育改革目的。他们主张引进西学以改革传统教育,这是他们较之前人的先进之处。但是他们又不能摆脱封建教育的信条,始终坚持以传统纲常伦理教育为本的原则,又表现出他们教育主张中保守落后的一面。这种集新与旧、革新与保守于一体的教育思想,表现了晚清中国人对中西文化冲突而进行选择的初步尝试。

奕䜣、曾国藩、李鸿章、左宗棠等人虽然对教育改革提出了许多看法,但他们的这些主张尚未形成一个完整的体系。洋务教育思想理论体系的完成,只有落到中后期崛起的洋务派首领张之洞的肩上了。

4. 张之洞的《劝学篇》

洋务教育思潮的代表作是张之洞的《劝学篇》。这部产生于19世纪末叶的著作系统地阐述了洋务派对中国近代化的基本观点。它通过总结三十多年的洋务运动实践,把“中学为体,西学为用”的思想进行了高度的概括和理论化,形成了完整的理论体系。

张之洞,字孝达,号香涛,中年后别号壶公、香岩居士、无竞居士等,晚年自号抱冰老人,死后追谥文襄。直隶南皮(今河北省南皮)人。张之洞自幼研习封建旧学,博闻强记,淹贯群书。二十六岁中探花,赐进士及第,授翰林院编修,从此步入仕途。

张之洞步入仕途的起点,就是担任主管教育的官职。从此,教育事业伴随了他的一生。他早年从事旧教育,积极整顿地方科举,清除历史积弊,秉公甄选人才,并兴办了一些旧式书院,如湖北的经心书院、四川的尊经书院、广东的广雅书院等,大力倡导经史实

---

① 《李文忠公全书·奏稿》卷9。

② 舒新城.中国近代教育史资料(上册).北京:人民教育出版社,1961:165.

③ 中国近代教育史资料汇编·留学教育.上海:上海教育出版社,1991:91.

④ 朱有瓛.中国近代学制史料(第1辑上册).上海:华东师范大学出版社,1983:216—217.

学。自从开始筹办洋务以后,开始转向发展新教育,主持兴办了一系列的学习西学为主的新式学堂。在工业方面有湖北的自强学堂、矿业学堂、工业学堂、工艺学堂等;在农业方面有湖北农务学堂、江西高安蚕桑学堂等;在军事方面有广东水陆师学堂、黄埔水雷学堂、江南陆军学堂、湖北武备学堂、湖北陆军小学堂等;在商业方面有湖北方言商务学堂;在师范方面有湖北师范学堂、两湖总师范学堂、支那师范学堂、湖北师范传习所等。另外,他还办有湖北女学堂、湖南育婴学堂等,并派遣学生出国留学,派遣学务官员出国考察,并在日本办起了湖北驻东京铁路学堂,真正实践了他所主张的工农兵商无业无学的设想。20世纪初,他与袁世凯一起奏请递减科举,以作为由学堂取才的过渡。1901年,他在湖北创设了全国第一个省级的新式教育行政管理机构——湖北省学务处。1904年,他与张百熙、荣庆一起,拟订了较为完备的新学制——“癸卯学制”。由此,张之洞成为我国清末教育制度的重要奠基人。

《劝学篇》是张之洞的代表作,它成书于戊戌变法的前夜,但它绝不是为维新变法推波助澜,而是相反。

中日甲午战争以清军惨败告终,清政府与日本于1895年签订了割地赔款的《马关条约》。一时国人瞠目,舆论哗然,责难怨恨之声不绝于耳,其中以康有为的《公车上书》最具创见。它明确指出,中国的根本出路在于变法,其中重点就是要在政治、经济、军事、文化各个方面进行资本主义改革。它标志着中国近代一个新兴阶级开始登上历史舞台,一种新的社会思潮开始涌现。于是人们纷纷办学会,办报纸,天下人士咸谓维新变法,一时风气大开。

张之洞对这一新的社会思潮深感忧虑。虽然他不很赞同陈腐守旧的顽固派论调,但他对维新派所宣扬的倡民权、废三纲、立议院等主张更为惧恨。为此,他断绝了与维新派的联系。他有感于当时“学者摇摇,中无所主,邪说暴行,横流天下”的动乱局势,感到有必要系统地阐述洋务派的观点,以“规时势,综本末”①,以反击维新派对洋务运动的攻击。

张之洞权衡再三,以“劝学”为篇名,以教育为主张来附和“救亡图存”的时代主题,借以宣扬“臣民咸怀忠良以保国”的主旨,用心可谓良苦。在他看来,“今日之世变,岂特春秋所未有,抑秦汉以至元明所未有也”,因而稳住人心是维持封建秩序的关键。而当时扰乱人心者主要有两种倾向:“图救时者言新学,虑害道者守旧学,莫衷于一。旧者因噎废食,新者歧多而羊亡。旧者不知通,新者不知本。不知通则无应敌制变之术,不知本则有非薄名教之心。”由此相互攻讦,造成“恢诡倾危乱名改作之流遂杂出其说以荡众心”。因而要救亡必先救心,“吾恐中国之祸,不在四海之外,而在九州之内矣”。要救心,就必须既反“病新”之心,又反“厌旧”之心。所以,只有以“劝学”来开道了。在张之洞看来,“古来世运之明晦,人才之盛衰,其表在政,其里在学”,“盖政教相维者,古今之常经,中西之通义”②。讲政治离不开讲教育,讲教育实际上就是讲政治,这就是张之洞写《劝学篇》

---

① 张之洞.劝学篇·序.郑州:中州古籍出版社,1998:42.

② 张之洞.劝学篇·内篇·同心第一.郑州:中州古籍出版社,1998:49—51.

的本意。

光绪二十四年(1898 年)是资产阶级维新运动达到高潮的一年。张之洞“日撰一首，率以灯下为之，黎明而就。次日复改，易稿至于六、七。书成镂板，风行海内”，终于有了《劝学篇》的问世。

《劝学篇》一书分内外两部分。《内篇》由九篇文章组成，主旨在教育人们恪守孔孟之道，遵奉三纲五常，忠于清朝统治者。《外篇》由十五篇文章组成，主旨在教育人们在不妨害封建制度的前提下，变通旧制，开阔眼界，学习西政和西艺，以达到富国强兵、挽救危亡之目的。内外两篇的思想，有机相连，“《内篇》务本，以正人心；《外篇》务通，以开风气”①，以此高度概括了洋务派面对近代化大潮所采取的基本对策。

所谓正人心，就是要人们在国难之时信赖朝廷，尊奉朝廷，服从朝廷。凡是不尊奉朝廷，不忠爱清廷的言论行为，都属不正。

怎样才能使人心纯正？张之洞说了九点意见。归纳起来，主要有三个方面：第一，要培植忠爱之心。因为人们与清廷同国、同种、同类，在“今日五洲大通”之时，尤应合为一心，保国保教保种。第二，要坚定三纲五常之信念。因为此乃“五伦之要，百行之原，相传数千年，更无异议。圣人所以为圣人，中国所以为中国，实在于此”②。因此，维新派所宣扬的民权之说、议院之设都是荒诞可嗤、有违三纲的。“使民权之说一倡，愚民必喜，乱民必作，纪纲不行，大乱四起”，造成“子不从父，弟不尊师，妇不从夫，贱不服贵，弱肉强食，不尽灭人类不止”③。张之洞并非反对一切变法，但变法决不可违背三纲之本。“夫所谓道本者，三纲四维是也。若并此弃去，法未行而大乱作矣。若守此不失，虽孔孟复生，岂有议变法之非者哉！”④第三，要坚持中学，据为根本。张之洞认为：“今欲强中国，存中学，则不得不讲西学。然不先以中学固其根柢，端其识趣，则强者为乱首，弱者为人奴，其祸更烈于不通西学者矣。”⑤中学的核心是孔孟之学，其主旨便是阐述“尊尊而亲亲”的纲常名教。所以，“今日学者，必先通经以明我中国先圣先师立教之旨”⑥，才可固人心，保国家。

张之洞又认为，在“正人心”的基础上，还必须“开风气”。所谓开风气，就是要更新一些观念。在封建统治不变的前提下，适当地学习和引进西方的某些成果，改革一些不合时宜的制度，以应敌制变，自保自强。张之洞认为：“知外不知中，谓之失心。知中不知外，谓之聋瞽。夫不通西语，不识西文，不译西书，人胜我而不信，人谋我而不闻，人规我而不纳，人吞我而不知，人残我而不见，非聋瞽何哉？”⑦因此，在五洲大通之际，张之洞反

---

① 张之洞. 劝学篇・序. 郑州：中州古籍出版社，1998：42.
② 张之洞. 劝学篇・内篇・明纲第三. 郑州：中州古籍出版社，1998：70.
③ 张之洞. 劝学篇・内篇・正权第六. 郑州：中州古籍出版社，1998：86.
④ 张之洞. 劝学篇・外篇・变法第七. 郑州：中州古籍出版社，1998：135.
⑤ 张之洞. 劝学篇・内篇・循序第七. 郑州：中州古籍出版社，1998：90.
⑥ 张之洞. 劝学篇・内篇・循序第七. 郑州：中州古籍出版社，1998：90.
⑦ 张之洞. 劝学篇・外篇・广译第五. 郑州：中州古籍出版社，1998：128.

对深闭固拒,一味地坐井自囿,“天自牖之,人自塞之,谓之何哉!”①

张之洞认为,正人心和开风气的目的,是要人们知耻、知惧、知变、知要、知本。在风气日开的国际形势下,既不会因噎废食,又不会歧多亡羊,达到同心齐力保国保教保种的目的。可见,正人心与开风气,是一个有机相连的理论体系。“正人心”是纲,“开风气”是目。二者位置不可颠倒,亦不可偏废。这样,张之洞一方面为封建旧学张本,另一方面又为西学开道,使中学西学合轨同道,并行不悖。这一思想集中地表述了洋务派在中国教育近代化进程中的基本决策。

《劝学篇》在阐述“正人心”和“开风气”的重要性的过程中,始终贯穿了一个主旨,那就是“中学为体,西学为用”。在张之洞那里,中学和西学,新学和旧学并无褒贬之意。他认为,无论是“正人心”还是“开风气”,新学与旧学都是十分重要的,新式学堂应该坚持“新旧兼学”的原则。但二者的作用绝对不同,“旧学为体,新学为用,不使偏废”②。这一思想,他于同一年在一份奏折中也有明确的表述:“两书院分习之大旨,皆以中学为体,西学为用,既免迂陋之讥,亦杜离经畔道之弊。”③这是张之洞通过总结三十几年的洋务教育经验而集中强调的教育指导方针。

张之洞的《劝学篇》一问世,在社会上就引起了巨大反响。光绪皇帝和慈禧太后认为,这部书“持论平正通达,于学术人心大有裨益”,于是便以圣谕的形式,下令军机处颁各省督抚学政各一部,并要求广为刊布。《劝学篇》的影响因此而风行海内,欧美以英、法两种文字出版此书,纽约版本竟易其名为《中国唯一的希望》。但这一书也遭到了维新人士的尖锐批评。何启、胡礼垣一针见血地指出:“终足以阻新政之行者,莫若《劝学篇》。”梁启超的批评更为激烈,谓其“不十年将化为灰烬,为尘埃。其灰其尘,偶因风扬起,闻者犹将掩鼻而过之”。

综上所述,我们可以看到,张之洞的《劝学篇》是一本集新与旧、先进与落后于一体的著作。它独尊儒学、固守封建礼教、否定民主民权,这是其落后保守的一面;它高度重视教育,大力提倡新学,积极鼓吹开风气,则又是其开明进步的一面。这种矛盾的现象反映了时代新旧交替和错综复杂的局面,也反映了洋务派在历史转折关头的前进与落伍。

三、晚清教育改革的深入

1. 维新运动的兴起

晚清教育改革之所以必须突破洋务教育的框架,是因为19世纪90年代中国面临的民族危机进一步加剧,而民族资本主义此时有了初步的发展。挽救民族国家危亡,进一步发展资本主义,就成为十分紧迫的时代要求。

在洋务运动时期,有一批受资本主义文化影响较深的知识分子力主深化社会改革。他们要求扩展民办企业,发展民族工商业以与西方资本竞争。他们不满君主独断,要求

---

① 张之洞. 劝学篇・外篇・益智第一. 郑州:中州古籍出版社,1998:112.

② 张之洞. 劝学篇・外篇・设学第三. 郑州:中州古籍出版社,1998:121.

③ 《张文襄公奏稿》卷29。

君民一体,设立议院。他们重视人才培养,主张全面学习西学,改革科举制度,构建上下衔接的学校系统。他们的这些主张已经带有明显的发展资本主义的意识,对近代社会变革起到了启蒙作用。历史上将这一思潮称之为早期改良主义,其代表人物有王韬、何启、胡礼垣、郑观应等。不过这些人只是做了一些个人活动和文字宣传,还没有形成为群众性的政治运动,但他们提出的一些资本主义性质的改革主张,深刻地影响了后来的维新变法思潮。

中日甲午战争后,由于帝国主义列强加紧对中国进行侵略,从前的改良主义思想,很快地就由个人传播的社会思潮开始转向一种带有一定群众性的以"救亡图存"为目的的维新变法政治运动。这个运动主要代表了民族资产阶级的利益和要求。他们企图在取得封建统治者支持的情况下,实行自上而下的改革,来发展中国的工业、商业、文化教育事业,使中国走上资本主义的道路。资产阶级维新派就是他们的政治代表,其代表人物主要有康有为、梁启超、谭嗣同、严复等。

康有为,字广厦,号长素,广东南海人,出身于封建官僚地主家庭,早年受过严格的封建传统教育,后来他到香港、上海等地,接触了一些西方资本主义的事物,浏览了一些介绍西学的书,思想逐渐转变。1888 年,康有为在北京应试时,看到清政府腐败无能,外患日益严重,于是愤然上书皇帝,主张变法图强,结果被顽固派的官僚所扣压。1891 年,康有为在广州长兴里创办万木草堂,梁启超、麦孟华、徐勤等都先后来到这里学习。康有为是著名的今文经学家,在几年的教学中,写了不少书,其中最重要的是《新学伪经考》和《孔子改制考》。这两部书是康有为变法维新的理论武器,对当时整个思想界、教育界产生了巨大的影响和震动。

梁启超,字卓如,号任公,广东新会县人,出身于封建地主知识分子家庭。幼年受封建主义的传统教育,十五岁中举。经同学陈千秋的介绍,拜康有为为师,思想上深受康有为的影响。1894 年,随康有为入京会试,并帮助康有为从事各种维新活动,如公车上书、组织强学会等。他是康有为的主要助手,历史上并称为"康梁"。

康有为

梁启超

谭嗣同,湖南浏阳人,生性豪迈,少年时喜游历,好任侠,颇能体察国情民性。谭嗣同后著有《仁学》一书中,以冲决一切封建罗网的战斗精神与维护封建"三纲五常"的儒学展开了斗争。他尖锐地指出,封建统治者用"三纲"来杀人,用"名教"来压制思想,残酷到了极点,必须坚决打破。他把维护"三纲"、"五常"的宋明理学,宣布为亡国之学,指出"宋明腐儒之书"把中国变成了"人间地狱"。他认为君臣、父子、夫妇都应当是朋友,主张用自由、平等代替"三纲"、"五常"。

严复,字几道,福建侯官县(今闽侯县)人。他在青少年时代,曾考入福州船政学堂,毕业后在海军工作,由朝廷保送到英国留学。在那里,他亲身接触到西方资本主义社会,研究了西方资产阶级社会的政治学说和近代自然科学技术。回国后,曾任北洋水师学堂总教习。严复是中国最早系统地介绍西方资本主义经济、政治理论的著名人物,特别是他所宣传的"物竞天择,适者生存"的进化论思想,在当时的中国得到了广泛的传播,影响和教育了好几代的知识分子。

1895年,《马关条约》签订时,康有为和梁启超正在北京应试,他们联合了各省应试举人一千三百多人联名上书请愿,要求清政府拒和、迁都、变法,提出了"下诏鼓天下之气"、"迁都定天下之本"、"练兵强天下之势"、"变法守天下之治"等一整套救国纲领①。这就是著名的"公车上书"。按规定,读书人是不能议政的,公车上书打破了这一禁令,也是资产阶级维新派正式登上政治舞台的第一幕,也可以说是晚清中国具有资产阶级倾向的知识分子以一种社会政治力量呈现的群众性爱国行动。

"公车上书"后,资产阶级维新派为了积极争取朝廷官僚的支持,于是采取向皇帝上书、组织学会、兴办学校、设立报馆、著书、翻译等办法,介绍西方资本主义的政治、经济情况和文化思想,企图以此向统治阶级上层和知识分子宣传维新变法的道理。

办学是维新派培养人才扩大宣传的重要举措。1891年康有为创办万木草堂,与学生一起研究中国几千年来的学术源流和世代政治的沿革得失,探讨维新变法的理论。谭嗣同与湖南巡抚陈宝箴、按察使黄遵宪、学政江标等共同努力,在长沙创办了时务学堂,组织了"南学会",出版了《湘学新报》和《湘报》。1897年冬天,他们又聘请梁启超由上海来到长沙,担任长沙时务学堂的中文总教习。1896年,严复帮助张元济在北京创办了"通艺学堂",学生大约有四五十人,其中有一部分还是北京的官吏。严复为通艺学堂登台"宣讲西学源流旨趣,并中西政教之大原"。

在维新派所创办的学校中,广州万木草堂与长沙时务学堂办得很有特色。康有为这样标揭了他的办学宗旨:"鄙人深思古义,综约教旨,下学上达,原始要终,尊德道学,由内及外,群言淆乱,则折衷于洙泗之圣,末世昏浊,则上采于三代之英。道器兼包,本末并举,盖皆人道之宜,天理之节,始于为士,终于圣人,由斯道矣,诸子勖焉。"②面对国难深重的时代,康有为呼唤人格的回归。他认为传统教育的精髓便是教而为人,教而为仁。然而这一优良传统已失传日久,利禄之风已积习深重,故而传统人格所倡导的忠肝热血之

① 中国史学会.戊戌变法(二).上海:上海人民出版社,1957:133.

② 康有为.长兴学记.广州:广东高等教育出版社,1991:13.

人，忧国忧民之士，相救相周之侠已不复多见。近代中国多灾多难之根源正在于此。康有为创办万木草堂，以弘扬孔子讲学传统为依托，实质是要为适应新时代变革潮流而张目。他为万木草堂制定的学纲是“志于道，据于德，依于仁，游于艺”，就是要从“仁、智、勇”三大人格素质的培养着手，达到人格重塑的目的。康有为对学生反复强调，人格的重塑并不是简单意义上的一己修身，而是要树立为国为民的历史使命感和民族责任感。他要求学生时刻要以民以国为念：“我有饥溺，望人拯之；人有饥溺，我坐视者，虽禽兽其忍之哉！”他认为：“若坐视朋友、姻党之患难，甚或深言正色以阴锄之，则亦将卖国而不动其心也。”①

梁启超草拟了《湖南时务学堂学约》，向学生立定了十条学则，即立志、养心、治身、读书、言理、学文、乐群、摄生、经世、传教。这十条学则以经世致用精神为主线，以变法维新为目标，以立志修身为根本，将中国传统的治学立身精神推陈出新，使其富有鲜明的时代特色。梁启超要求学生在服儒者之服、诵先王之言时，“当思国何以蹙，种何以弱，教何以微，谁之咎欤”，据此而立定志向。立志的目的是加强修身，而读书治学正是修身的过程。在梁启超的十条原则中，占主要的部分就是要求学生修身。其所谓养心、治身，讲的是德育功夫。其所谓读书、穷理、学文、乐群，讲的是智育功夫。其所谓摄生，讲的是体育功夫。修身的目的是为了效用天下。梁启超以“己欲立而立人，己欲达而达人”勉励学生，进而提出了经世与传教两条学则。所谓经世，即学以致用，学以求治今日天下所当有事。尤其是政治之学政治之才，当是学生学习的重点。所谓传教，即共矢宏愿，传孔子太平大同之教于养，强调只有具有健康的人格，才可能具有健康的国格。这种从一己做起，推己及人，以至于治国平天下的教育步骤和自我教育的方法，是中国传统教育的精髓。梁启超给这一传统注入了时代的新内容②。

译书也是维新派宣传维新理论的重要举措，严复在这方面贡献尤著。从 1895 年到 1898 年，他陆续翻译了赫胥黎的《天演论》、亚当・斯密的《原富》、斯宾塞的《群学肄言》等书。其中《天演论》对当时的中国思想界、教育界影响最大。《天演论》一书借宣传达尔文主义，论证了人类社会的进化也贯穿了“物竞天择”、“优胜劣败”、“适者生存”的原则。这一思想给身处列强蚕食的中国人民敲响了警钟。在“弱肉强食”的资本主义世界里，中国如果再不奋发图强，就难以生存，就有亡国的危险，它极大地激发了当时中国人挽救民族危亡的爱国意识。正因为这个缘故，《天演论》一出版，就风行海内，名噪一时。

经过资产阶级维新派思想宣传和组织活动，各地学会、学堂、报馆纷纷兴起。据梁启超在《戊戌政变记》所载，三年内，全国设立学会、学堂、报馆等五十一所，其中学会二十四所，学堂十八所，报馆七所，书局两所。学会、学堂、报纸的纷纷创立和出版，推动了维新思想的传播与普及，为戊戌变法做了思想上和组织上的准备。

---

① 康有为. 长兴学记. 广州：广东高等教育出版社，1991：30—32.

② 朱有瓛. 中国近代学制史料（第 1 辑下册）. 上海：上海华东师范大学出版社，1986：293—298.

2. 资产阶级维新派的教育改革主张

在资产阶级维新派的变法主张中，教育改革是其核心的内容。他们顺应时代潮流，高举起“变科举，兴学校”的旗帜，教育改革的思路直接触及封建教育的科举制度，明确要求按照资本主义教育制度来构建新的教育。他们的教育主张表明近代教育改革已经深入到制度层面，为近代新学制的建立铺平了道路。他们的教育观点主要有如下几点：

(1)“欲任天下之事，开中国之新世界，莫亟于教育。”资产阶级维新派认为，人才素质是体现一个国家实力的主要因素。才智之民多则国强，才智之民少则国弱，所以一个国家的强弱是以文化教育是否发达为转移的。他们在对比中外差异的过程中，看到西方强国学校林立，教育普及，故而科技发达，人才辈出，国力强盛。康有为说：“尝考泰西之所以富强，不在炮械军兵，而在穷理劝学。”①对比之下，中国贫穷落后的根由在于学术与科技的落后；学术与科技的落后又在于人才的缺乏；而人才的缺乏则在于教育的不良。因此，追根寻源，只有一个结论，即唯有抓住教育改革这一根本，才可能使中国真正走向富强之路。康有为认为“欲任天下之事，开中国之新世界，莫亟于教育”②。梁启超说：“世界之运，由乱而进于平，胜败之原，由力而趋于智，故言自强于今日，以开民智为第一义。智恶乎开，开于学；学恶乎立，立于教。”③严复说：“是以今日要政，统于三端：一曰鼓民力，二曰开民智，三曰新民德。”④

维新派的“教育救国”主张是以他们的历史进化理论为依据的。他们从传统的今文经学中汲取了“变易”的哲学，以《易经》中“穷则变，变则通，通则久”的名言来论证社会变易进化的合理性，又以春秋公羊说中的“通三统，张三世”观点作为随时因革的历史依据。康有为认为，人类社会的发展必然要经历据乱世、升平世和太平世三个阶段。据乱世是人类社会的恶浊乱世，升平世是渐有文教、物质生活进入小康水平的时期，太平世则是大同之世。人类社会就是由据乱世向升平世、太平世不断发展，它既不是日趋日下的崇古之变，也不是沿着一个封闭式的圆圈之变，而是日进日盛的上升之变。“因革改制”便是社会进步的推进剂。梁启超进一步发挥这个观点，认为据乱世推崇“力”，升平世推崇“力”与“智”的结合，太平世则推崇“智”。因而“开民智”并不仅仅是救亡图存的应急措施，而且是社会发展的一种必然。严复更从“物竞天择，适者生存”的角度强调了民智闭塞是导致竞进能力衰微破败的根源，所以教育国民乃是自存自强之命脉。

维新派的“教育救国”主张也是他们追求人才素质更新的理论结晶。当时遍布中国的数百翰林，数千进士，数万举人，数十万秀才，数百万童生，也算得上是一批数量相当可观的读书人，但绝不是维新派所期望的人才。维新派认为，这些所谓人才，一无所志，二无所知，惟利禄之是慕，惟帖括之是学，根本担当不起维新变法救亡图存的重任，因此“非别制造新国之才，不足以救国”⑤。维新派所呼唤的“才智之士”，具有维新理想和维新能

① 康有为. 上清帝第二书//中国近代教育文选. 北京：人民教育出版社，1983：97.

② 梁启超. 南海康先生传//长兴学记. 广州：广东高等教育出版社，1991：81.

③ 梁启超. 学校总论//中国近代教育文选. 北京：人民教育出版社，1983：125—126.

④ 严复. 原强//中国近代教育文选. 北京：人民教育出版社，1983：174.

⑤ 陆乃翔等. 南海先生传//追忆康有为. 北京：中国广播电视出版社，1997：47.

力，他们通晓中外之故，了解救中国之法，更具备“劲挺有立，刚毅近仁，勇者强矫，务在任道”的人格①。梁启超十分赞同这一看法。他认为“开民智”绝非开奴隶之智，育汉奸之才，而是要以公理公法、政治之学为立身立国之本，这是“兴民权”的前提和根本。只有这样，人有一分之智即有一分之权利，有十分之智即有十分之权利。专制社会欲抑民权，必定塞民智。民主社会欲伸民权，必须开民智。严复认为国家盛衰强弱主要基于国民是否具备三大要素：一是血气体力之强，二是聪明智虑之强，三是德行仁义之强。因而鼓民力，开民智，新民德是提高国力的根本。

戊戌变法失败后的梁启超对这一问题进行了更为深入的探讨，进而提出了“新民”的人才理想。梁启超指出，政府及官吏的素质，对国家的强盛固然关系极大。但国民素质却是一个不可忽视的因素。国民文明程度不高，难以产生高素质的政府及官吏。即使有明主贤相执政，也只能是一时而兴，人亡而政息。如果国民文明程度很高，即使偶有暴君污吏，则其民力自能补救之而整顿之。所以维新之本在新民。苟有新民，则何患无新制度、新政府、新国家。如不抓根本，只是今日变一片，明日易一人，则无济于事。梁启超曾在《清议报》发表《中国积弱溯源论》，以敏锐的洞察力，在中国近代较早地提出了国民性的改造问题。他在文章中，列举中国人心风俗之愚陋，总结为六个方面，即奴性、愚昧、为我、好伪、怯懦、无动。他强调一国之兴亡，乃至维新之成败，不仅取决于当局诸人，更主要是取决于国民自己，取决于国民本身的素质更新。因此，新民是求全体国民的自新，按照时代精神各自提高自己的素质，不要责人不责己，望人不望己。

在梁启超看来，中国传统人格中最缺乏的，便是国民之资格。他认为，自古以来吾民常视国为天下。耳目所接触，脑筋所濡染，圣哲所训示，祖宗所遗传，都淡化了国家在世界中的地位。而处于今日列国并立，弱肉强食，优胜劣败之时代，国人缺乏国民之资格，国家必难屹立于世界之林。

梁启超心目中的“新民”形象，最可贵的品格就是独立性。因为这一品格对推动社会进步具有特别重要的意义。梁启超认为，人有三等：有困缚于旧风气之中者，有跳出于旧风气之外者，有跳出旧风气后能造新风气者。梁启超十分赞赏、十分推崇的正是第三种人。世界之进化，全赖这些能造新风气之人。所以，独立性乃是孕育世界之原料。反之，如果人人缺乏独立性，人人皆依附于古人，依赖于他人，则全世界之人皆为木偶，人类也无复一人了。由是，无独立性，乃是毁灭世界之毒药。

梁启超心目中的“新民”形象，还有一个可贵的品格就是合群之德。人类之所以要结成群体，是由于生存发展的需要。因此，要增强群体的结合力、凝聚力、团体力，就必须养群德。为此，梁启超大力提倡社会公德。梁启超指出，公德是相对私德而言者。人人独善其身，是谓私德，人人相善其群是谓公德。无私德不能立身，无公德则群将不群，国将不国。一个人道德修养的好坏，最根本的还是要看他是否尽了报群之义务、报国之责任。

面对物竞天择、优胜劣败的世界大潮，身处救亡图存开创新世界的时代，梁启超热情地呼唤着进取冒险精神。数千年来，中国传统人生观宣扬着一套“知足不辱”、“知止不

① 康有为．长兴学记．广州：广东高等教育出版社，1991：17．

殆”、“不为物先,不为物后”、“无多言,多言多患;无多事,多事多败”等处世哲学。这样的处世哲学浸之亿万辈,导致社会上下鬼脉阴阴,病质奄奄,女性纤纤,暮色沉沉,完全扼杀了进取冒险精神。所以梁启超主张人们须从三方面下功夫来养成进取之气:第一是心力,即立定志向,抱定必死决斗的信念;第二是胆力,天下无往非难境,唯有胆力者无难境,胆力来自于自信力,它是智慧与勇气的结晶;第三是体力,有健康强固之体魄,然后有坚忍不屈之精神,自古开拓世界之伟人,皆能负荷艰巨,耐非常之苦。

这种追求人的解放、人的独立的思潮不断深入,正是中国教育近代化最强劲的动力。

(2)“得才之道多端,而莫先于改科举。”要根本提高国民的整体素质,培养新国之才,维新派认为首要的是要变革科举制度,坚决废除八股取士的选才模式。

维新派坚定地认为,要抑制君权,必须废除八股取士;要开启民智,必须废除八股取士。康有为愤怒地指出:“然则中国之割地败兵者,非他为之,而八股致之也。”因此,“臣窃惟今变法之道万千,而莫急于得人才;得才之道多端,而莫先于改科举;今学校未成,科举之法,未能骤废,则莫先于废弃八股矣”①。梁启超也尖锐地指出:“故秦始皇之燔诗书,明太祖之设制艺,遥遥两心,千载同揆,皆所以愚黔首,重君权,驭一统之天下,弭内乱之道,未有善于此者也。”②他也认定:“故欲兴学校、养人才,以强中国,惟变科举为第一义。”③严复列举了八股取士的三大祸害:锢智慧、坏心术、滋游手,他在《救亡决论》中开宗明义地指出:“今日中国不变法则必亡而已。然则变将何先?曰:莫亟于废八股。”④

维新派关于废除八股的主张,对封建教育的批判和冲击是具有时代特色的。首先,废除八股的主张,是针对封建专制的“愚民之术”而提出的。维新派认为,八股取士是投举国才智于盲瞽,是聚百万瞽者、跛者而鞭挞指挥之,这是封建专制统治赖以维持的前提条件。而废除八股正是为了“开民智”,使举国人士立可扫云雾而见青天矣。这对于救亡图存,立国育才,所关至大,这样做正是发展资本主义所必需的。其次,废除八股的主张,是针对封建教育的空疏无用而提出的,是为提倡西学,发展资本主义教育鸣锣开道。维新派认为,八股取士的要害在于造成至陋极愚之人,这些人目不通古今,耳不知中外,于国于己皆无用。维新派企盼全社会自幼童至弱冠,皆教之以图算、古今万国历史、天文地理及化光电重、格致法律、政治公法等,形成农工商贾皆有专门之学的教育新格局,形成人人有学,人人有才的教育新氛围。所以维新派主张废八股,考以策论;主张摒弃空疏,试以时务;主张停止弓刀石武试,改设兵校;主张创学堂以育专门之才,开经济特科以网罗通才,其目的就在强调学有用之学,人才各得其用。

梁启超依据当时的国情,提出了变通科举的上、中、下三策。所谓上策,就是合科举于学校,以学校的培养人才来取代科举的选拔人才,将培养人才与选拔人才的职能归之于一身。这是一种彻底的改革,其意欲将自明以来的取士之具,取士之法,千年积弊,一

① 康有为.请废八股试帖楷法试士改用策论折//中国近代教育文选.北京:人民教育出版社,1983:101.

② 梁启超.学校总论//中国近代教育文选.北京:人民教育出版社,1983:127.

③ 梁启超.论科举//中国近代教育文选.北京:人民教育出版社,1983:139.

④ 严复.救亡决论//中国近代教育文选.北京:人民教育出版社,1983:188.

旦廓清而辞辟之。若一时不能尽变,则可采用中策,即在科举中增设实学实用之科目,以广揽天下有用之才,促进人们用心于有用之学。如若还不然,则用下策,也就是在保留目前取士之法的前提下,变革考试内容,废除八股之具。在三场考试中,增设中外史地、声光化电、农矿商兵的专门知识,并加重这些专门知识在考试中的地位,以引导人们向心于实学。综合这上、中、下三策,我们可以看到,这实际上就是改革选拔人才制度的近期和远期的目标。梁启超的近期改革目标是废除八股,考以实用知识,而改革的最终目标,是根本废除科举制度,将选拔人才的职能归并于学校,以大力发展学校教育,有效地培养合格人才。这个主张,在当时来讲,是独具慧眼的。

当然,从总体来说,维新派关于废除八股的主张,主要是要求改革科举的文体及考试内容,而不是要求根本废除科举制度。在当时的历史条件下,维新派始终把废八股放在核心地位,通过批判八股取士制度将矛头指向了封建专制的愚民之术和封建教育的空疏无用,这正是抓住了封建教育制度的要害。由于维新派的痛加声剿,封建教育的支柱科举制度受到了致命的冲击。这是在教育领域进行的除旧布新的阶级大搏斗,是为发展资本主义教育扫清障碍。这个历史意义应该得到充分的肯定。

(3)"远法德国,近采日本,以建学制。"维新派主张应按资本主义教育模式大力发展学校教育。"新国之才"的成长不仅取决于如何"取",更重要的还是取决于如何"养"。康有为指出:"夫养人才,犹种树也,筑室可不月而就,种树非数年不荫,今变法百事可急就,而兴学养才不可以一日致也。故臣请立学亟亟也。"①

一是兴学观。维新派认为要培养"新国之才"首要的是要在中国建立一整套新型的教育制度,让教育之成效不仅普及于士,而当下逮于民;学校不仅应立于国,而且应遍及于乡。康有为在《请开学校折》中建议:"遍令省府县乡兴学。乡立小学,令民七岁以上皆入学,县立中学,其省府能立专门高等学、大学,各量其力,皆立图书仪器馆。京师议立大学数年矣,宜督促早成之,以建首善而观万国。"②

按康有为的设想,小学和中学的目标是教所以为国民,高等专门学则是教人民之应用,大学则精之深之,以为长为师为士大夫。只有这样,才能使全国四万万之民皆出于学。梁启超也认为:"亡而存之,废而举之,愚而智之,弱而强之,条理万端,皆归本于学校。"因此应"采西人之意,行中国之法,采西人之法,行中国之意"③,即要按资本主义教育模式大力发展中国教育。他在《教育政策私议》中模仿日本教育制度,根据学生身心发展状况,设计了一个由幼稚园、小学、中学至大学组成的学校系统。这是中国近代第一个根据学生身心特点而制订的教育制度。严复也大力提倡三级教育制度,主张通过小学、中学、大学培养社会需要的人才。这种构建三级相互衔接的学校教育制度的设想,反映了晚清教育改革已进入到制度改革的层面。

第一,为了使这一套新型的学校教育制度得以贯彻落实,维新派首次提出了"义务教

① 康有为. 请开学校折//中国近代教育文选. 北京:人民教育出版社,1983:109.

② 康有为. 请开学校折//中国近代教育文选. 北京:人民教育出版社 1983:109.

③ 梁启超. 学校总论//中国近代教育文选. 北京:人民教育出版社,1983:130.

育”的建议。康有为在《请开学校折》中就明确指出小学阶段应“令民七岁以上皆入学”，并介绍了西方国家对不入学者而罚其父母的做法。梁启超十分赞同这一做法，他在《教育政策私议》中说：“然遍观各国小学，皆行义务教育。义务教育者何？凡及年者皆不可逃之谓也。故各国之兴小学，无不以国家之力干涉之，盖非若此，则所谓义务者必不能普及也。”①

第二，维新派重视并倡导女子教育。梁启超认为，女子占人口的一半，将这半数的人口排除于教育之外，所谓开民智便是一句空话。而且女子担负着相夫教子的任务，女学不开，其后果是相当严重的。所以梁启超认定天下积弱之本，必定源自妇女教育不发达。于是在光绪二十三年（1897 年），他首倡创设女学堂，计划先在上海开办女学堂一所，然后逐步推广至各省府州县。严复对这一创举十分赞赏。他在《论沪上创兴女学堂事》中指出：“使国中之妇女自强，为国政至深之根本。”②

第三，维新派大力倡导创办师范学堂。康有为在《日本变政考》中就强调了师范学校为小学发展之根的道理。梁启超在《论师范》中则进一步指出：“故师范学校立，而群学之基悉定。”因此，“欲革旧习，兴智学，必以立师范学堂为第一义”③。按梁启超的设想，自京师至各省府州县皆设小学，而辅之以师范学堂。以师范学堂之生徒，边学习教术边兼任小学教习，这样既可解决广设小学而师资不足的问题，又可着实培养合格师资。

第四，维新派在兴学校的主张中，为解决兴学过程中的经费短缺、校舍缺乏、师资不足等困难也提出了许多具体的建议。康有为指出，各省府州县多有书院，民间也有义学、学塾。如果能利用这些现成的校舍，将之改为兼习中西的学校，则广设学校便指日可待。至于办学经费，一方面可以利用原书院、义学的办学经费，另一方面严旨戒饬各疆臣，将清查善后局及电报、招商局各溢款、陋规滥费等尽拨为各学堂经费。还可以鼓励各地绅民捐款办学。梁启超提出，筹措教育经费一靠国家拨款，二可通过国家颁布法令，用征收“学校税”的办法来解决初等教育的经费问题，并具体提出了如何征收学校税和经费如何管理等详细建议。这些意见反映了维新派在教育管理改革中的务实精神。

由此看来，维新派的兴学主张以资本主义教育模式为蓝本，他们强调广开民智，人人有学，是以普及教育为基础的。这是与封建特权教育直接对立的，也是与洋务派教育改革思想区别的本质所在。

二是课程观。要培养“新国之才”，教学内容的更新势在必行。在课程设置上，维新派并不反对“中体西用”这一原则。梁启超在《清代学术概论》中回忆当时情形还承认，中体西用的口号为当时维新派的“流行语”。他在拟定《京师大学堂章程》时，就将这一口号明明白白地写进了宗旨。但是，维新派的中体西用课程观的内涵与洋务派是有质的区别的。维新派主张在更广大的范围内发展资本主义，主张运用西方资产阶级的政治体制和民权思想来改良封建专制统治，以图从根本上救中国于水火。

① 梁启超．教育政策私议//中国近代教育文选．北京：人民教育出版社，1983：163．

② 严复．论沪上创兴女学堂事//中国近代教育文选．北京：人民教育出版社，1983：213．

③ 梁启超．论师范//中国近代教育文选．北京：人民教育出版社，1983：144．

第一,维新派而对课程设置力主在“西文西艺”的基础上增加“西政”的内容。虽然张之洞后来也接受了“西政”的概念,但其内容只包括学校、地理、度支、赋税、武备、律例、劝工、通商等,而坚决反对维新派关于议会政治和民权思想的内容。维新派认为要培养维新人才,关键是培养政治人才;引进西学,首先应该引进西方的治国之术。他们认为洋务学堂的课程对西学“仅袭皮毛,震其技艺之片长,忽其政本之大法”,并未抓住西方文化的命脉之所在①。因而在课程设置上坚持“以政学为主义,以艺学为附庸”的原则,坚持要把西方资产阶级政治学说引入学校课程。严复在这一基础上更进一步。他认为,中体西用、政本艺末的提法都是十分荒谬的,是错乱颠倒的,因为“政艺二者乃并出于科学”②。科学才是真正的立国之本,才具有疗病起弱之实力。他认识到资本主义国家之所以富强,并不仅仅因为它们船坚炮利,而首先是科学、文化教育先进和发达;而中国之所以贫穷,尽受人欺侮,原因在于腐朽的封建主义文化禁锢了人们的头脑,阻碍了社会的进步。因此,他大声疾呼地说:要救亡,要富强,“则不容不通知外国事。欲通知外国事,自不容不以西学为要图。此理不明,丧心而已。救亡之道在此,自强之谋亦在此”③。所以,严复认为,只有用“西学”代替“中学”,认真地向西方资本主义国家学习,这才是“救亡图存”的唯一正确途径。因而他主张全面学习西学,主张在课程设置上阔视远想,统新故而视其通,包中外而计其全,坚决反对那种学西学“只得诸耳剽之余”的学风。这一课程观给了近代中国人一个全新的视野,为近代课程改革展示了新的方向。

第二,在中学和西学的关系上,维新派强调中西并重、观其会通的原则,并且对“中学”课程进行了批判改造,无论中学、西学,所选择的内容都必须是以致用为原则。维新派认为,面对当时国家命运危亡的局势,教育的内容就应该是对救亡图存有用,对维新变法有用。康有为在万木草堂讲学,“每论一学,论一事,必上下左右,以究其沿革得失,又引欧美以比较证明之”④。他讲孟子,就把孟子说成是提倡民权学说的祖师,他讲孔子、墨子,就把他们说成是大倡平等主义的先驱。这种充满时代气息的“中学”,显然与传统教育大相径庭。不管这种做法的程度如何,但起码有一点可以肯定,维新派已经在找寻中国传统文化的精华,并力图与西方先进文化相会通。这应该说是近代课程改革大大前进了的明证。

第三,为了普及教育及培养专门人才,维新派将教学内容分为普通学和专门学两个类别。梁启超在主持长沙时务学堂时,第一次在课程设置上提出了普通学和专门学的概念。他将经学、诸子学、公理学、中外史志及格算等基础知识归为普通学,要求学生人人皆当通习。又将公法学、掌故学、格算学三门定为专门学,要求学生各选修一门。后来在制订京师大学堂章程时,梁启超再一次发挥了这一思想。他提出应将各种人人所当掌握的普通学知识,按小学、中学、大学程度分别编成功课书。他提出京师大学堂学生在前三

---

① 梁启超.上南皮张尚书论改书院课程书//中国近代教育文选.北京:人民教育出版社,1983:153.

② 严复.与外交报主人论教育书//中国近代教育文选.北京:人民教育出版社,1983:218.

③ 严复.救亡决论//中国近代教育文选.北京:人民教育出版社,1983:198.

④ 朱有瓛.中国近代学制史料(第1辑下册).上海:华东师范大学出版社,1986:237.

年人人当习普通学十门，并在英语、法语、俄语、德语、日语中自择一门必修。普通学毕业后进修专门学。这一思想为近代教育体制的改革奠定了基础。

三是教学管理观。欲求国民素质的更新，维新派主张教育教学应从德智体三个方面着手。康有为在主办万木草堂时，其教学管理的原则是“志于道，据于德，依于仁，游于艺”。以后梁启超将其归类为德育、智育、体育，认为万木草堂的教学“德育居十之七，智育居十之三，而体育亦特重焉”①。第一个较规范阐述德、智、体三育的教育家是严复。他接受西方斯宾塞的教育观点，认为要救亡图存，就必须鼓民力、开民智、新民德。因此教育的任务“常分三宗：曰体育，曰智育，曰德育，三者并重。顾主教育者，则必审所当之时势而为之重轻”②。与此同时，康有为在《大同书》中依据不同年龄阶段学生的身心特点，对各级学校教学如何贯彻德、智、体三育兼顾的原则提出了明确的看法。康有为认为，育婴院务在养儿体、乐儿魂、开儿知识为主；小学院则因儿童年幼嫩稚，性情未定，知识甫开，因而当以育德为先，熏德善良，以养体为主，开智次之；中学院则因学生脑气未充，身体尚弱，故养体开智之外，又以育德为重；大学院则因学生脑髓已通，所以于育德强体之后，专以开智为主。这样各级教育既有重点，又兼顾全面。而各级教育的综合，便形成一个统一的完整的素质培养方案。应该说，是维新派在近代教育史上首倡德、智、体三育兼顾。

为贯彻这一教育理想，维新派严厉批判了传统教育对儿童身心的摧残，主张教育教学应遵循教育规律，促进学生的德智体健康发展。梁启超对中国私塾的教学十分不满。他认为这些私塾从两方面摧残儿童：一是盛行体罚，直接摧残儿童的肢体和智力；二是在教学中不顾学生接受程度，不按教学内容的深浅程度，一味填鸭式地向学生灌输。他说：“未尝识字，而即授之以经。未尝辨训，未尝造句，而即强之为文。开塾未及一月，而‘大学之道，在明明德’之语，腾跃于口，洋溢于耳。”③这种违背儿童心理规律的教学只会使学生以学为苦而疾其师，根本起不到教育的作用。梁启超愤怒地呼吁：非尽取天下之学究而再教之不可，非尽取天下蒙学之书而再编之不可。否则任其发展下去，不仅可以亡国，甚至足以灭种。

梁启超在《论幼学》一文中介绍了西方资本主义国家有关儿童教育的做法。他说：“西人之为教也，先认字，次辨训，次造句，次成文，不躐等也。识字之始，必从眼前名物指点，不好难也。必教以天文地学浅理，如演戏法，童子所乐知也。必教以古今杂事，如说鼓词，童子所乐闻也。必教以数国语言，童子舌本未强，易于学也。必教以算，百业所必用也。必习音乐，使无厌苦，且和其血气也。多为歌谣，易于上口也。多为俗语，易于索解也。必习体操，强其筋骨，且使人人可为兵也。日授学时不过三时，使无太劳致畏难也。不妄施扑教，使无伤脑气，且养其廉耻也。”

四是校园建设观。维新派十分重视校园环境建设在教学管理中的作用，这一思想突

① 梁启超.南海康先生传//长兴学记.广州：广东高等教育出版社，1991：82.

② 严复.论教育与国家之关系//严复集（一）.北京：中华书局 1986：267.

③ 梁启超.论幼学//中国近代教育文选.北京：人民教育出版社，1983：149.

出地体现在康有为的《大同书》中。康有为认为校园的环境是不可忽视的教育因素。校园环境又可分为两类，一类为校园外部环境，即校址的择定和校内环境布置；一类为校园人文环境，即学生衣食住行的氛围。康有为认为，校址的择定切不可掉以轻心。如果在林暗谷幽、岩洞崎岖、低洼湿润之地设立小学院，则于儿童养业、活动、精神皆不宜，他对择定校址提出了几个原则：一要远离戏馆、酒宴之地，二要远离坟墓葬所，三要远离工厂、车场、市场等喧哗之地。其目的是使非礼不祥之事不接于耳目，哗嚣杂乱之物不扰于神思，保其静正之原，乃可广其知识之学。而大学院则因大学生已达不待束缚，不事防检的程度，故其校址要根据专业特点而择定。农学设于田野，商学设于市肆，工学设于作场，矿学设于山巅，渔学设于水滨。这样与社会融为一体，不统一而分居，乃所以亲切而有用，征实而可信。

校园内部的环境则要有利于学生的学习和生活，使其尽心于学，尽情于游。康有为认为，学校内部教学设施应该齐全，体操场、游步园、藏书楼、实验室、食堂等都应齐备。校园皆有游园，水草花木无不茂美，亭池舟楫莫不毕备。

康有为十分重视校园人文环境的建设。早在创办万木草堂时，他就特别强调“检摄威仪”一条，为形成独特的良好学风打下了基础。而对大同社会的学校，他同样注重这一教育因素。尤其是对中学院和大学院，他认为应实施军事化生活。所有学生，衣服应同式，饮食皆同时。起居、出入、吃饭、上课上操，皆有部位，分班序列。大师如将帅，分教如偏裨，小教习、小分教如队长。要做到人数万千，部署整肃，俨如军队。这样做可以起到两方面的教育效果：一是道德易一，风化易同。其有过失者，终身不容于众，以为愧耻，故亦寡矣；二是有利于培养大同观念。康有为强调，大同社会每一院如一小国，学者即其人民，教习司理即其公卿、士夫。这样，学生毕业便能很快适应大同社会的秩序。这种注重集体的教育力量，注重校园文化建设的思想，不愧为开风气之先。

严格地说，维新运动的兴起，才真正开始了中国资产阶级自觉地向西方寻求救国真理的进程，形成了新的社会舆论和风气，成为中国民族民主革命的先声。他们的宣传，引导国人放眼世界，从中西对比中去思考问题，寻求答案，有力地冲破了封建文化和封建礼教的藩篱，为人们打开了长期形成的僵化闭塞的社会心理和狭隘守旧的思想方法，给近代中国人展示了一个崭新的世界和全新的视野。在近代教育改革进退维谷之时，资产阶级维新派高举起“变科举，兴学校”的旗帜，推动近代教育进入制度层面的改革。他们在教育体制、教育内容、教育目的等方面对封建教育开始了较为深入的攻坚战，为废除八股，构建学制推波助澜，为义务教育、师范教育、女子教育而奔走呼号，为国民素质的更新而大声疾呼。他们的宣传启蒙为中国新式教育的进一步发展奠定了良好的基础。

3. 晚清教育体制改革的初步尝试

我们强调维新派对晚清教育体制改革的推动作用，但并非指唯有他们在促进着教育体制的改革。在他们之前，已经有人注意到这一改革趋势并为之呼号，甚至有人在实践上已经开始了有益的尝试。

1881 年，马建忠奏《上李伯相复议何学士如璋奏设水师书》，有感于海军人才的急需，强调必须加速培养，但如果没有中小学的基础，仅靠大学堂的四五年时间不可能培养出合格的海军人才。为解决"造就之途太隘,成材或恐不多"的困难,建议"于沿海省份,如广州、福州、上海、天津等处设立水师小学","每岁由水师衙门派员临学按程考试,中程者送入大学院"①。

1884年,郑观应在《盛世危言·考试》中直截了当指出:"或谓同文馆如外国小中学塾,非大学堂也。"认为日本广设大小学堂值得效仿,建议"设于各州县者为小学,设于各府省会者为中学,设于京师者为大学"②。1892年,又在《学校》一文中再次介绍西方以初学、中学、大学为体系的学校体制。

1896年,陈其璋上《请整顿同文馆疏》,认为同文馆"所学者只算术、天文及各国语言文字。在外洋只称为小中学塾,不得称为大学堂"。建议"仿照外洋初等、中学、上学办法,限以年岁为度,由粗及精,以次递进"③。

同年,李端棻上奏《请推广学校折》,建议设立京师大学堂,凡各省府州县遍设中小学堂,分斋学习④。当时此折流传甚广,影响颇大。

与此同时,盛宣怀于1895年上奏《拟设天津中西学堂禀》。按创办者的想法,中西学堂内分头等、二等两级。头等学堂属高等教育性质。二等学堂则相当于外国小学堂,但学生入学年龄却要求十三至十五岁。每级学制四年,要求分级分班逐步递升。这一设想立即得到朝廷批准⑤。钟天纬受其启发,于1896年在上海创办了三等学堂,专设小学教育这一级,并开设英语课,以便为南北洋大学堂输送合格生源。钟天纬在《公塾原启》中说:"欲其国富兵强,人才辈出,则莫如令民间广设小学堂,使闾阎家自为学,人自读书,子弟胜衣,即勒令入塾,则于自强之道思过半矣。"⑥1897年,盛宣怀在上海创办的南洋公学正式开学。南洋公学以外院、中院、上院、师范院四个部分组合,构成小学教育、中学教育、大学教育和师范教育这样一个学制体系。新学校系统的胚胎已初见端倪。

这些建议与实践同维新派的努力形成一股合力,标志着晚清教育改革已深入到制度改革的层面。1898年6月11日,光绪皇帝颁布《明定国是诏书》,宣布维新变法。在以后的日子里,光绪皇帝陆续颁布了一系列维新变法的诏令,将自甲午战争以来的维新运动推向高潮。在这些诏令中,属于教育改革的内容主要集中在"废八股"和"兴学校"两个方面。

一方面,废除八股,改革科举制度。

1898年6月23日,光绪皇帝下诏"著自下科为始,乡会年试及生童岁科各试,向用《四书》文者,一律改试策论"⑦。以后又下诏催立考试经世致用学问的"经济特科",选拔新政人才,强调以后一切考试、取士,均以讲求实学实政为主,不凭楷法(写字)好坏为取

① 朱有瓛.中国近代学制史料(第1辑上册).上海:华东师范大学出版社,1983:580.
② 朱有瓛.中国近代学制史料(第1辑下册).上海:华东师范大学出版社,1986:12.
③ 朱有瓛.中国近代学制史料(第1辑上册).上海:华东师范大学出版社,1983:590.
④ 朱有瓛.中国近代学制史料(第1辑上册).上海:华东师范大学出版社,1983:593.
⑤ 朱有瓛.中国近代学制史料(第1辑下册).上海:华东师范大学出版社,1986:490—500.
⑥ 朱有瓛.中国近代学制史料(第1辑下册).上海:华东师范大学出版社,1986:577.
⑦ 朱有瓛.中国近代学制史料(第1辑下册).上海:华东师范大学出版社,1986:82.

舍标准。

另一方面，设立京师大学堂，并在各地筹办高、中、小各级学堂及专门学堂。

1898 年 6 月 11 日，光绪皇帝在《明定国是诏书》中强调："京师大学堂为各行省之倡，尤应首先举办。"在此严令下，总理衙门委托梁启超拟定章程。7 月 3 日光绪皇帝批准《京师大学堂章程》，命吏部尚书、协办大学士孙家鼐为管理大学堂大臣，主管京师大学堂。大学堂在课程方面采取中西并重的方针，并把课程规定为普通学和专门学两类。普通学包括经学、理学、掌故学、诸子学、逐级算学、初级格致学、初级政治学、初级地理学、文学、体操学等十门，并须从英、法、俄、德、日五国语言文字中选习一种，学制三年。专门学则分为高等数学、高等格致学、高等政治学、高等地理学、农学、矿学、工程学、商学、兵学、卫生学等十门，学制三年。京师大学堂既是全国最高学府，也是全国最高的教育行政机关。很显然，这一管理思路还是依据古代国子监的模式。

地方学校则由各省督抚督办，将各地旧有的大小书院，一律改为兼习中学和西学的学堂；省会的书院改为高等学堂；府城的书院改为中等学堂；州县的书院改为小学堂。地方捐办的义学、社学，亦令中西兼习，奖励绅民兴学。中学应读之书由官书局颁发，民间祠庙不在祠典者，由地方官晓谕，一律改为学堂。此外，还要求各地筹备设立铁路、矿务、农务、茶务、蚕桑、医学等专门学堂。广派人员出国游学游历，建立译书局，鼓励自由创立报馆、学会，开放言论。

1898 年 9 月 21 日，慈禧太后发动政变，软禁光绪皇帝，"百日维新"所颁布的教育改革法令，除京师大学堂外，其他一律废止。

晚清兴办的学校还有很多，举例如下：

利济医学堂，中国近代史上民间最早出现的中医办学机构。该校由温州名医陈虬（字忠三，号蛰庐）创办于清光绪十一年（1885 年），校址位于今浙江省瑞安县。学校下设利济医院，以备临床实习之用。该学堂所用的课本除《内经》《伤寒论》外，多为自编，如《利济教经》《利济元经》《卫生论》《医历》《蛰庐诊录》等。学堂还给每个学生拟定一个《医藏书表》，把医书分为必读、必阅和必备三类。列有必读书二十一种，必阅书五十种，必备书三十二种。学生自编《利济学堂报》，以交流中医学术，传播兴教办学新思想。该校课程设置突破了中国古代医学经典著作的学习和中医理论的探讨，但又不像旧式中医带徒取原著习诵，所用教材采用表格等形式，讲论中医理论和临床各科的重要内容，使之深入浅出，易于教授。此外，学校还设置了国文、历史、音韵等课程，以提高学员的文史水平。陈虬自任校长兼主讲习。学校组织管理、课程设置严密，并有严格的作息及考试制度，办学宗旨体现在为排世系而拟定的十六字上："道济群生，泽衍万世，律梁广启，执圣之权。"利济医学堂在当时已采用新式教学，内设医院、药房，而且还办有《利济学堂报》，在全国各大城市及港、澳地区发行，在社会上影响很大。由此可见，该校已是具有现代意义的中医学校。该校前后持续了十余年之久，培养学生三百余名，师生们为扑灭温州地区的疫疾发挥了很大的作用。显示了办学成就。

满蒙文高等学堂，晚清中央高等学校。光绪三十四年（1908 年）宪政编查馆创设于京师北京，以"造就满蒙通才、保存国粹而裨要政"为办学宗旨。学堂设满蒙文科，并附设藏文科，两科各设预科及正科。预科、正科学额以一百二十名为限，预科二年，正科三年，凡年在二十五岁以下不分满汉一律考收。除满蒙文、藏文为主课外，辅以普通及法政、测绘各科学。另附设别科，三年毕业。

三等公学，亦称"沪南二等公学堂"。清代小学学校。光绪二十二年二月一日（1896年3月14日）钟天纬等人创办于上海经正书院旧址。公学分蒙馆、经馆两种，实皆仿外国之小学堂。依南北洋头等、二等学堂例，经馆相当于三等学堂；蒙馆可名为四等学堂。蒙馆以识字明义为主，八岁入学，十岁毕业，修业三年期满。经馆以读经书为正，习西文为辅，选拔蒙馆毕业学生入馆肄业，十一岁入馆专读"四书"、"五经"，兼习英文，学习三年毕业，成绩优秀者咨送南北洋二等学堂。

万竹小学，晚清小学学堂。宣统三年（1911年）上海城自治公所拨款五千两银创设于城内小北门。因明末清初学者顾炎武曾在此筑万竹山居（后称万竹山房），故称"万竹小学"。招收贫寒子弟入学肄业。创办之初学校实行男女分校制。男校由李廷翰出任校长。分初等小学和商业小学（相当于高等小学）二科。商业小学设有国文、英文、历史、修身、公民教育、地理、算术、珠算、体操、商业、商业地理、手工等课程。女校由李廷慧出任校长。分初等小学和幼稚舍二科。学生毕业后一般可以直接参加社会商业行业工作。1923年男女二校合并，为现今上海市实验小学之前身。

南开学校，中国现代大教育家张伯苓（1876—1951年）在1904年创办天津南开中学，此后建起南开大学、南开女中、南开小学；1937年以前，南开已形成了从小学、中学到大学的完整体系。他提倡教育救国，先后担任校长四十余年。"七七"事变后，南开被日军飞机炸成废墟，大学部先迁长沙，继迁昆明，与北大、清华合组成西南联大，张伯苓任校委会常委。1936年迫于抗战形势的生存发展，张伯苓亲自到重庆，在沙坪坝先后购地八百余亩，创办了重庆南开中学。

第二章　明清时期文官的选拔

隋朝开始的中国科举考试制度,持续了一千三百余年,对中国和世界的影响巨大而久远。西方学者 S. 威廉斯说:“古代中国文武官吏所由产生的这种……无可比拟的制度,被东亚邻邦所仿效,并被西方社会借鉴采用,形成西方的文官考选制”,被西方学者誉为中国“第五大发明”。至今,从联合国到大多数国家,官员仍须由考试擢选。

明清时期文官选拔的主要方式是科举制。此时的科举制度已达鼎盛并走向衰亡。清末,科举制度的弊端和危害日益严重,最终废除。

第一节　明朝时期文官的选拔

一、科举入仕

1. 明朝科举概述

明朝建国初年,各级各类官员十分缺乏,严重妨碍着明王朝的巩固和社会的重建恢复。明统治者借鉴前代的用人经验,以“三途”选拔官员。“选人自进士、举人、贡生外,有官生、恩生、功生、监生、儒士,又有吏员、承差、知印、书算、篆书、译字、通事诸杂流。进士为一途,举贡等为一途,吏员等为一途,所谓三途并用也。”①“选举之法,大略有四:曰学校,曰科目,曰荐举,曰铨选。学校以教育之,科目以登进之,荐举以旁招之,铨选以布列之,天下人才尽于是矣。明制,科目为盛,卿相皆由此出,学校则储才以应科目者也。其径由学校通籍者,亦科目之亚也,外此则杂流矣。然进士、举贡、杂流三途并用,虽有畸重,无偏废也。”②

通过“三途”入仕,初任官员一般是:“京官六部主事、中书、行人、评事、博士,外官知州、推官、知县,由进士选。外官推官、知县及学官,由举人、贡生选。京官五府、六部首领官,通政司、太常、光禄寺、詹事府属官,由官荫生选。州、县佐贰,都、布、按三司首领官,由监生选。外府、外卫、盐运司首领官,中外杂职、入流、未入流官,由吏员、承差等选。”③

在抓学校教育的同时,朱元璋对科举制度也进行了改革。洪武三年五月,他正式颁诏:“自今年八月为始,特设科举,以起怀才抱道之士,务在经明行修,博古通今,文质得中,名实相称。其中选者,朕将亲策于廷,观其学识,第其高下,而任之以官,果有才学出众者,待以显擢,使中外文臣皆由科举而选,非科举者,毋得与官,俾游食奔竞之徒自然易行。”并让礼部尚书陶凯制定了“科举式”。是年八月,京师及各行省举行了乡试。次年正

①③ 《明史》卷71《选举三》。

② 《明史》卷69《选举一》。

月,朱元璋又“诏设科取士连举三年,嗣后三年一举”。三月,在京师“策试天下贡士,赐吴伯宗等进士及第、出身有差”。“时开科之始,帝亲制策问,得伯宗甚喜,赐冠带袍笏,授礼部员外郎,与修《大明日历》。”

可是,这些科举选拔的人才“多后生少年,能以所学措诸行事者寡”。鉴于此,洪武五年朱元璋创立“监生历事”、进士观政制度,让新科进士先到各衙门锻炼,熟悉政务后再授以实职。其后经常直接选派监生到各种岗位任职,甚至一度形成“布列中外者太学生最盛”的局面。他甚至以严刑峻法惩治那些不愿了解实际事务的迂儒。

朱元璋在实践中深刻洞察了儒士们的弱点。他采取了一些措施加以弥补,这主要包括以下三个方面:一是选拔时严格把关,“严选举之禁,有滥举者逮治之”。二是在科举方面,则力求使考试内容务实有用。三是录取后因材使用。

洪武十八年廷试后,“擢一甲进士丁显等为翰林院修撰,二甲马京等为编修,吴文为检讨”,开创了进士入翰林院的定例。任用中补救其短。为了使选拔的儒士们获得必需的为政知识,朱元璋命令“在京官初入仕者,且令试职,一年后考核,堪用者与实授,不堪用者降黜,量才录用”。

明科举没有年龄限制。洪熙元年(1425 年),俞廷辅提出乡试人应是“博古通今,行止端重,年过二十五者,许令入试。上纳,而未果行”①。

2. 科举考试方式

明朝科举实行乡试、会试和殿试的三级考试方式:

(1)乡试

乡试,是由南北直隶和各布政使司举行的地方考试,又称乡闱,每三年一次,于子、卯、午、酉年举行。“三年大比,以诸生试之直省,曰乡试。中式者为举人。”②乡试地点,直隶在南京府、北京府试;各省在各布政司驻地试。按规定:“乡试,直隶于京府,各省于布政司。”③明朝的乡试有以下内容:

一是乡试的人员。“国子学生、府州县学生员之学成者,儒士之未仕者,官之未入流而无钱粮等项粘带者,皆由有司保举性资敦厚,文行可称者,各具年甲籍贯三代本经。县州申府,府申布政司。”④符合上述规定者才能参加乡试。

二是科举有身份限制。洪武四年(1371 年)定:“惟吏胥心术已坏,不许应试。”⑤其后也有规定:“其学校训导专教生徒,及罢闲官吏,倡优之家、与居父母丧者,俱不许入试。”⑥以后放宽限制。万历三十三年(1605 年),解除不许宗室子弟应试的禁令,“以皇长孙生,诏赦天下,开宗室科举入仕例”⑦。

三是乡试主考官员的选任。“初制,两京乡试,主考皆用翰林。而各省考官,先期于儒官、儒士内聘明经公正者为之,故有不在朝列累秉文衡者。景泰三年(1452 年)令布、

---

① 《日知录》卷 17《年齿》。

②③⑥ 《明史》卷 70《选举二》。

④⑤ 《明会典》卷 77《礼部三十五》。

⑦ 《明史》卷 21《神宗纪二》。

按二司同巡按御史，推举见任教官，年五十以下、三十以上、文学廉谨者，聘充考官。于是教官主试，遂为定例。”以后乡试主考官的来源渐广，作为定例的教官反居次要地位。嘉靖二十五年（1546 年）“各省乡试精聘教官，不足则聘外省推官、知县以益之。四十三年又从南京御史奏，两京同考用京官进士，《易》、《诗》、《书》各二人，《春秋》、《礼记》各一人，其余乃参用教官。万历四年（1576 年）复议两京同考，教官衰老者遣回，北京取足于观政进士、候补甲科，南京于附近知县、推官取用”。

乡试设主考二人，同考四人，提调一人。此外，还有负责受卷、弥封、誊录、对读、巡绰、监门、搜检怀挟的官员。主考官的职责是出题、审定试卷，决定去取，核定名次，并负责将取中者的名单连同试卷一并上报。同考官协助主考官工作，负责分房阅卷。

四是乡试分三场进行。“八月初九日试四书义三，经义四。四书义主《朱子集注》。经义、诗主《朱子集传》，《易》主程朱传义，书主蔡氏传及古注疏，《春秋》主左氏、公羊、谷梁、胡氏、张洽传，《礼记》主古注疏。十二日试论一、判语五，诏诰章表内科一。十五日试经史策五。”①永乐间，颁《四书五经大全》，废注疏不用。其后，春秋亦不推官取用。万历十一年（1583 年）“浙江、江西、福建、湖广皆用编修、检讨，他省用科部官，而同考亦多用甲科进士，教职仅取一二而已”②。

五是为防止科考作弊，费尽心机。考生入场时要“搜检”，以防夹带。入场要讲问，严禁冒名顶替。入场后，每一名考生由一名号军监视，防止作弊。应举人必须用墨笔答卷。答卷要回避御名、庙号，并不准自序门第，更不准有诽谤天子，“离经畔道，诡辞邪说”的言辞。黄昏时交卷，如未作完，给烛三支，烛尽收卷。考生交卷后，经过弥封、誊录、对读等程序，然后送主考、同考评阅。由于试卷多，试官往往“止阅前场，又止阅书义”。这就是说前三篇《四书义》作得好坏，是成功的关键，其他就无关紧要了。

主持乡试的主考、同考官实行地籍回避。“各省乡试，皆由监临会同提调官聘他省有文名之教职，及居家之士大夫主之。”③

御史监察之，林鹗“景泰二年（1451 年）进士，授御史，监京畿乡试”④。

六是礼部对乡试举人有疑者进行复审。万历十六年（1588 年），“庶子黄洪宪典顺天试。大学士王锡爵子衡为举首，申时行婿李鸿亦预选。礼部主事于孔兼疑举人屠大壮及鸿有私，尚书朱赓、礼科都给事中苗朝阳欲寝其事。礼部郎中高桂遂发愤谪可疑者八人，并及衡，请得复试……而从桂请，命复试”⑤。

七是乡试主官如有过错均要受不同惩处。韩邦奇“入为春坊右庶子。（嘉靖）七年（1528 年）偕同官方鹏主应天乡试，坐试录谬误，谪南京太仆丞”⑥，焦竑“万历二十五年

① 《明史纪事本末》卷 14《开国规模》。

② 《明史》卷 70《选举二》。

③ 《陔馀丛考》卷 29《乡闱用京官主试》。

④ 《明史》卷 157《林鹗传》。

⑤ 《明史》卷 230《饶伸传》。

⑥ 《明史》卷 201《韩邦奇传》。

(1597年),主顺天乡试,举子曹蕃等九人文多险诞语,竑被劾,谪福宁州同知"①。

八是乡试录取名额,各省不同。"洪武十七年(1384年),诏不拘额数,从实充贡。"②洪熙元年(1425年),始定名额。乡试,"南京国子监及南直隶共八十人,北京国子监及北直隶共五十人,江西如之,其次浙江、福建,又次湖广、广东,又次河南、四川,又次陕西、山东、山西,各三十人,广西二十人,云南、交阯各十人,贵州应举者,就试湖广"③。正统年间,南北直隶定为一百,江西六十五,其他省份按五递减,至云南二十为最少。嘉靖间,云南增至四十,贵州定二十。至明末,南北直隶各增至一百三十余,其他省份的名额也有所增加,但均未超出百名。

九是由于乡试的地域及名额的固定,不允许跨地区参加考试。陈鼎"正德四年(1509年)授礼科试给事中。镇守河南中官廖堂,福建人也,弟鹏之子铠冒籍中河南乡试。物议沸腾,畏堂莫敢与难,鼎上章发其事,铠遂除名"④。万历初,顺天府尹沈思孝"坐宽纵冒籍举人,贬三秩视事"⑤。

十是乡试举人的出路。乡试取中称为举人,夺魁被尊称为解元,乡试中举称乙榜,又叫乙科。考中举人即具备了做官的资格,社会地位发生了很大变化。

明太祖恢复科举时,"令各行省连试三年,且以官多缺员,举人俱免会试,赴京听选"⑥。"又擢其年少俊异者张唯、王辉等为翰林院编修,萧韶为秘书监直长,令入禁中文华堂肄业……宠遇之甚厚。"⑦从明代举人入仕来看,主要是担任地方官职,如知县、知州和教职。王允成"万历中举于乡,除获鹿知县"⑧。曹鼐于"宣德初,由乡举授代州训导,愿授别职,改太和县典史"⑨。

贾俊"以乡举入国学。天顺中,选授御史"。成化二十一年(1485年),由工部右侍郎,"转左,数月拜尚书。时专重进士,举人无至六卿者,俊独以重望得之"⑩。

明代考生通过乡试中举后,其资格终身有效,可以参加以后历届会试,这对稳定举人的社会地位是至关重要的。弘治时,曾一度规定举人只能参加三次会试,时大学士刘吉风闻监中老举人讥其为"刘棉花"(耐弹之意。久经言官弹劾而不倒),"吉因奏举人三次不中者,不许会试"⑪。由于此项奏令损害了一大批举人的既得利益,根本就没法执行,只好立即取消。

(2)会试

会试是由礼部主持的全国考试,又称礼闱,在乡试的第二年举行,也就是在丑、辰、

---

① 《明史》卷288《焦竑传》。

②⑥⑦ 《明史》卷70《选举二》

③ 《明通鉴》卷18"洪熙元年"。

④ 《明史》卷188《陈鼎传》。

⑤ 《明史》卷229《沈思孝传》。

⑧ 《明史》卷246《王允成传》。

⑨ 《明史》卷167《曹鼐传》。

⑩ 《明史》卷185《贾俊传》。

⑪ 《明史纪事本末》卷42《弘治君臣》。

未、戌年于京师举行。凡“乡试,中式者为举人。次年,以举人试之京师,曰会试”①。会试亦分三场,“以二月初九日为第一场,又三日为第二场,又三日为第三场”。会试的主要内容有:

一是会试场所设在礼部“贡院”。“试士之所,谓之贡院。诸生席舍,谓之号房。人一军守之,谓之号军。试官入院,辄封锁内外门户。在外提调、监试等谓之外帘官,在内主考、同考谓之内帘官。”②

二是考试的内容和程序,基本和乡试一样,因为会试比乡试规格更高,明统治者对此更加重视。所以,同考官的人数比乡试增加了一倍。主考、同考以及提调、监试等官,都由级别较高的官员担任。会试,主考二人,同考八人。提调一人,在内是京官担任,在外是布政司官担任。礼部官监试二人,在内是御史担任,在外则是按察司官担任。御史供给收掌试卷;弥封、誊录、对读、受卷及巡绰监门,搜检怀挟,俱有定员,各执其事③。

会试主考官均以殿阁学士充任。“中极殿大学士,建极殿大学士,文华殿大学士,武英殿大学士,文渊阁大学士,东阁大学士……会试充考试官。”④

殿阁学士是担任皇帝或太子的顾问和秘书的五品职官,但其升迁快,所迁任的官往往是尚书、侍郎;后皆兼六部尚书,这样大学士以其才华,与皇帝亲近和“二品尚书”的显贵地位,充任主考官。

同考,主司各房判卷。景泰以前,由礼部临期奏用,在翰林和学官中选择,景泰以后,学官已失去担任同考的资格。“初制,会试同考八人,三人用翰林,五人用教职。景泰五年从礼部尚书胡濙请,俱用翰林、部曹。”其后同考人数增加。“至正德六年(1511 年),命用十七人,翰林十一人,科部各三人。分《诗经》房五、《易经》、《书经》各四,《春秋》、《礼记》各二。嘉靖十一年(1532 年),礼部尚书夏言论科场三事,其一言会试同考,例用讲读十一人,今讲读止十一人,当尽入场,方足供事。乞于部科再简三四人,以补翰林不足之数。世宗命如所请。然偶一行之。辄如其旧。万历十一年(1583 年),以《易》卷多,减《书》之一以增于《易》。十四年,《书》卷复多,乃增翰林一人,以补《书》之缺。至四十四年,用给事中余懋孳奏,《诗》、《易》各增一房,共为二十房,翰林十二人,科部各四人,至明末不变。”⑤

会试录取人数,明初没有定额,“会试之额,国初无定,少至三十二人,其多者,若洪武乙丑、永乐丙戌,至四百七十二人。其后或百名,或二百名,或二百五十名,或三百五十名,增损不一,皆临期奏请定夺。至成化乙未而后,率取三百名,有因题请及恩诏而广五十名或百名者,非恒制也”⑥。

三是明代初年,会试取士不分地区,南北榜案后,以后逐渐发展为“分地而取”。这使明政权的各级成员构成有了各阶层、各地域的广泛代表性。洪熙元年(1425 年),仁宗命杨士奇等定取士之额,南人十六,北人十四。宣德、正统间,分为南、北、中卷,以百人为率,则甫取五十五名,北取三十五名,中取十名。景泰初曾一度恢复永乐中不分南北取士的原则,但不久又恢复“分地取士”。景泰五年(1454 年)会试,“分南、北、中卷;南卷,应

---

①②③⑤⑥ 《明史》卷 70《选举二》。

④ 《明史》卷 72《职官一》。

天及苏、松诸府，浙江、江西、福建、湖广、广东；北卷，顺天、山东、山西、河南、陕西；中卷，四川、广西、云南、贵州及凤阳、庐州二府，滁、徐、和三州也。成化二十二年(1486年)，万安当国，周洪谟为礼部尚书，皆四川人，乃因布政使潘稹之请，南北各减二名，以益于中。弘治二年复从旧制。嗣后相沿不改"。后在刘瑾当政时，"增陕西为百，河南为九十五，山东、西俱九十。而以会试分南、北、中卷为不均，乃增四川额十名，并入南卷，其余并入北卷，南北均取一百五十名"。刘瑾、焦芳败后，又恢复南、北、中三卷制①。

四是规定凡主持和参与考试事务的官员必须秉公办事，不得徇私舞弊，否则将受惩处。凡举人参加会试有舞弊行为，一经发觉，除取消已中进士名次，另有惩罚。"弘治十二年(1499年)会试，大学士李东阳、少詹事程敏政为考官。给事中华昶劾敏政鬻题与举人唐寅、徐泰，乃命东阳独阅文字。给事中林廷玉复攻敏政可疑者六事。敏政谪官，寅、泰皆斥谴。"②

嘉靖中，阁臣翟銮"子汝俭、汝孝与其师崔奇勋所亲焦清同举二十三年进士，(严)嵩遂属给事中王尧，王尧日劾其有弊。帝怒，下吏部、都察院。銮疏辨，引西苑入直自解。帝益怒，勒銮父子、奇勋、清及分考官编修彭凤、欧阳暎为民，而下主考少詹事江汝璧及乡试主考谕德素鸣夏、赞善浦应麒诏狱，并杖六十，褫其官"③。袁继咸"崇祯三年(1630年)冬，擢御史，监临会试，坐纵怀挟举子，谪南京行人司副"④。"(万历)四十四年(1616年)会试，吴江沈同和第一，同里赵鸣阳第六。同和素不能文，文多出鸣阳手，事发觉，两人并谪戍"⑤。

监察御史，乡试"所试生徒若有情弊，听行纠举，亦不得生事诬执……其在京乡试及会试合用监察御史监试，如有兄弟子侄之类在内应举者，亦须回避"⑥。

五是会试结束后，由主考官与同考评卷和确定名次，在二十八日将录取者姓名填写成的"榜"颁布。榜发之后，皇帝赐"恩荣宴"于礼部，招待新进士及各位考官。翌日，还举行一个谢恩的仪式。

明会试"正榜"以外，一般还有"副榜"，录入副榜的仍为举人，但可授予学校教官或其他较低级官职，或吸收入国子监为"监生"，得到一定的俸禄。"会试有副榜，大抵署教官……宣德八年尝命礼部尚书胡濙与大学士杨士奇、杨荣选副榜举人龙文等二十四人，送监进学。"⑦

(3)殿试

殿试，是明代科举的最高一级考试，因考场在奉天殿或文华殿而得名，又因"天子策于廷，曰廷试"。凡是会试中式者均要参加。殿试时间按规定是三月初一日。殿试的有关内容有：

一是殿试名义上由皇帝主持，实际的各种事务由读卷官操办，读卷官从进士出身的高级朝官中选拔。"中极殿大学士，建极殿大学士，文华殿大学士，武英殿大学士，文渊阁

①②⑤ 《明史》卷70《选举二》。

③ 《明史》卷193《翟銮传》。

④ 《明史》卷277《袁继咸传》。

⑥ 《明会典》卷210《都察院二》。

⑦ 《明史》卷69《选举一》。

大学士，东阁大学士……殿试充读卷官。”①

读卷官人数不少。乾隆时人钱大昕记：“文肃公震孟，天启二年（1622 年）殿试卷，今藏吴中袁氏，后列读卷官……凡十有八人，皆朱字钤印。卷中太祖成祖神祖列圣字样皆不出格，读卷官于文之佳者以红圈断句，与今式异。”②

由于殿试结果一律不黜落，读卷官主要就是负责从试卷中挑选出六份优等试卷，以供皇帝亲览和确定前三名，其他名次就不大要紧了。

由于读卷官直接向皇帝负责，一般不敢轻举妄动。永乐五年（1407 年），解缙“坐廷试读卷不公，谪广西布政司参议”③。廷试前几名的确认使一些权臣也无能为力，只得另辟他径。

焦芳为吏部尚书，“入阁辅政，累加少师、华盖殿大学士”。焦芳“子黄中，亦傲很不学，廷试必欲得第一。李东阳、王鏊为置二甲首，芳不悦。言于（刘）瑾，径授翰林检讨，俄进编修”④。

刘宇“子仁应殿试，求一甲不得。厚贿（刘）瑾，内批庶吉士，逾年迁编修”⑤。

二是殿试结果一般两三天后即发榜公布，“分一、二、三甲以为名第之次。一甲止三人，曰状元、榜眼、探花，赐进士及第。二甲若干人，赐进士出身。三甲若干人，赐同进士出身”⑥。

三是发榜以后，还要举行一系列仪式，以示隆重。这些仪式包括唱名、张榜、授职、谢恩、赐宴、及向先圣行礼等；后又增加“状元归第”、“鸿胪习仪”、“赐朝带冠服”、“立石题名”等。

从万历以后，规定辅臣（内阁大学士）子弟，会试中试后，不得参加殿试，必待辅臣“致政”之后，方可参加殿试。据史载，万历时，御史魏允贞上言：“自（张）居正三子连登制科，流弊迄今未已。请自今辅臣子弟中式，俟致政之后始许廷对，庶倖门稍杜。”“允贞虽谪，然自是辅臣居位，其子无复登第者。”⑦

四是进士中第后的初任官职。进士中第后均授予官职。“状元授修撰，榜眼、探花授编修，二、三甲考选庶吉士者，皆为翰林官。其他或授给事、御史、主事、中书、行人、评事、太常、国子博士，或授府推官、知州、知县等官。”⑧嘉靖八年（1529 年），限进士入翰林名额，“侍读、侍讲、修撰各三员，编修、检讨各六员。著为令”⑨。

五是进士在任职与升迁上较其他仕途更为优越。京官的清要之职，多由进士担任；京外重要的官职，也必选用进士。尤其是进入翰林院者更是顺理成章的必手握大权。“成祖初年，内阁七人，非翰林者居其半。翰林纂修，亦诸色参用。自天顺二年（1458 年），李贤奏定纂修专选进士。由是，非进士不入翰林，非翰林不入内阁，南、北礼部尚书、侍郎及吏部右侍郎，非翰林不任。而庶吉士始进之时，已群目为储相。通计明一代宰辅

① 《明史》卷 72《职官一》。

② 《十驾斋养新录》卷 10《文文肃殿试卷》。

③ 《明史》卷 147《解缙传》。

④⑤ 《明史》卷 306《阉党传》。

⑥⑧⑨ 《明史》卷 70《选举二》。

⑦ 《明史》卷 232《魏允贞传》。

一百七十余人,由翰林者十九。盖科举视前代为盛,翰林之盛则前代所绝无也。”①

3. 八股取士

科举制度诞生以后,关于科举考试的科目、范围、程序、内容、形式、文体、时间、人员、待遇等相关内容都做了严格的规定,包括文字的数量也都有严格的要求。到了明朝对文章的格式也做了硬性规定,并创造了论说体文八股格式,称之八股文。有关八股文的一些内容为:

(1)何为八股文

八股文,又叫制艺、制义、时艺、时文(相对于古文而言)、八比文等。明朝出题的题目虽有出自五经的,但主要还是出自四书(《论语》《孟子》《大学》《中庸》)。特别是清代,所以八股又叫“四书文”。皇帝的命令称为“制”,八股是皇帝命作的文艺,所以又叫“制艺”、“经义”、“制义”。

八股文的产生经过漫长的历史过程。历代学者多数认为,它滥觞于北宋的经义。经义是宋代科举考试的一种文体,以经书中的文句命题,应试者作文阐明其中义理。宋代的经义虽无固定的格式,但在代圣人立言这点上,已奠定了八股文的写作原则。经义后来吸收了南宋以后的散文和元曲的一些成分,到明初被确定为一种独立的八股文体。

在明朝,八股文经历了创制、完善、定型、鼎盛的发展演变过程,明朝洪武元年(1368年),诏开科举,对制度、文体都有了明确要求。成化年间,经王鏊、谢迁、章懋等人提倡,八股文更为兴盛,并逐渐形成比较严格的程式。到明末已发展至极致,诸体皆备,作法齐全,臻无施不可之境,在技巧上达后世不可企及之高峰。

(2)八股文的产生

八股文的出现与确立和朱元璋有关。据说一个叫茹太素的官员给朱元璋曾写了一封万言书,结果朱元璋读了四个小时也没读到正题,失去耐心的朱元璋忍无可忍,就命令金甲武士把茹太素打了一百大板,打得茹太素皮开肉绽。朱元璋命令臣下制定一种简洁明了的文体,来规范公文写作,于是八股文出现了。

(3)八股文的题目、内容

一是关于八股文的题目。八股文的题目出自四书、五经,八股文的内容,不许超出四书、五经范围,要模拟圣贤的口气,传达圣贤的思想。如果题目是摘取孔子的一句话,那么这篇文章的主人公就是孔子,考生就要以孔子的口吻来写文章。如果是摘取孟子的话,那考生相应地就变成了孟子。要求立言必须用古人的语气,议论的内容也必须根据宋代理学家朱熹写的《四书章句集注》,绝对不允许自由发挥。

八股文的格式非常标准,基本格式首先是破题,其次是承题,再是起讲和入手,其后是核心部分:起股、中股、后股、束股(或提比、中比、后比、束比,也就是四比)八部分,文末是收合。每一部分,句子的长短、字的繁简、声调高低等都要相对成文,字数字体也有明确规定。每四股之中,一反一正,一虚一实,一浅一深。每一部分的句数、句型也都有严格的限定。八股文的字数不能多也不能少。明初制度:乡试、会试,用《五经》义一道,五

① 《明史》卷70《选举二》。

百字。《四书》义一道，三百字。清初要写够四百五十字，后来又逐步增加，清康熙时要求五百五十字，乾隆以后一律以七百字为准。

八股文的前部分内容，类似于引言导语部分，有破题、承题、起讲、入手部分。

破题，即“解开”、“分析”的意思，点明题义。只能用两句话概括，这两句话要概括题义、解释题义，绝不能直说题义。破题是作八股文最重要的一关，破题好坏直接影响到整篇。有一篇题为《子曰》的八股文很有名，其破题是——匹夫而为天下法，一言而为天下师。前句破“子”字，后句破“曰”字，文思机巧，才华横溢。这便是最标准的破题。有一则笑话，题目是《三十而立》，其破题是——两当十五之年，虽有椅子板凳而不坐也。前句破“三十”，后句破“而立”。

承题是对主题的进一步补充，类似“副标题”的作用，具有承上启下的作用，以三句为限。

起讲，较深入地说明这个问题的用意所在，内容大意，最多不超过十句。

八股文的中间部分内容是文章的核心部分，分为起股、中股、后股、束股（或提比、中比、后比、束比，也就是四比）等四部分内容。

四比就是提比、小比、中比、后比（或者说是提比、中比、后比、束比），四比一正一反，形成八股，逐条分析，正反论说。这部分是文章的正文，也是最难的部分，因为每两股必须成为一副对联，共四联。如对子一般，词性相对，平仄相对。长篇大论的句子，句句都能对上佳联，不太容易。

收合，文章的结束语，一般约八句之内。

明清时代的各级科举考试，规定考三场。第一场是八股文，是从四书五经里边选择材料来出题；第二场考的是官场应用文，分两种，一种是上下往来的公文，一种是根据案例来撰写司法判文；第三场考策问，会涉及很具体的国计民生问题，要求考生给出对策和办法。明清两代八股文做得高下，决定了应考者的命运。从某种意义上说一篇好的八股文便会给一个士子带来锦绣前程。

（4）八股文对考生的影响

八股文形成之后，大多数学生与科举的应试者终其一生都在学习研究“八股文”。士人为了挣得功名，皓首穷经，揣摩圣贤的言行和时文的程墨。到了后来，连经书也不读了，只“记其可以出题之篇，及此数十题之文而已”。八股文缺乏实用的价值。一味代圣贤立言，远离现实，只能作为博取科举功名的“敲门砖”，别无他用。

同时也应看到，士人从研习八股文中受到了儒家伦理道德的熏陶。他们浸淫于四书、五经之中，服膺儒家“修身治国平天下”的理论，并以此作为人生的言行准则。八股文的写作理论和技巧也值得后人借鉴。八股文为后世提供了言简意赅的典范。明清两代，长文极为罕见；就是抒情叙事，也都玲珑剔透，促成了明朝小品文的繁盛。

光绪二十八年（1902年），废八股，乡、会试虽尚有四书义、五经义，文章格式已不受限制。

4. 著名的考场——北京贡院和江南贡院

贡院是礼部举行会试的考场，即开科取士的地方。“贡”的意思指的是各地举人来此应试,就像是向皇帝贡奉名产。在古代,凡是献给皇帝的物品叫贡品。唯独"贡院"是贡献人才的。贡院最早始于唐代,明清两代发展至盛,江南贡院、北京贡院为全国考场之冠。

(1)北京贡院

北京明清两代的贡院建立于明永乐十三年(1415 年)。因当时京城的城垣和皇宫尚未完成,财力物力有限,就用木板和苇席等搭盖成考棚,四周是用荆棘围成的墙。

北京贡院原系元代礼部衙门的旧址,坐北朝南。贡院为三进院落,贡院内中路的主要建筑有大门五楹、二门五楹、五魁祠、明远楼、致公堂、内龙门、聚奎阁、会经堂、十八房等处。大门五楹对开,称为第一龙门,上面高悬着三块牌匾,东首那块牌匾上写着"明经取士",中间高悬着的是一块"开天文运",西首则是块"为国求贤"。进得贡院第二龙门,也称为"内龙门",门内东西两旁则是低矮的考棚,又叫"号棚"。最初号棚不多,经多次扩建,到了后来,号棚发展到九千多间,专门供考生在贡院内答卷、吃饭、住宿。贡院的四角还有瞭望楼。

在贡院的明远楼前有一棵元代古槐,称文昌槐。相传这里是文王射斗牛的地方,所以叫它"文昌槐"。它的根部生在路东,主干弯曲向西,所以树冠呈在路西边。此槐长势如卧龙,相传此槐与考生的文运有关。因此考生们都要膜拜,以登龙门,故此槐为京城的名槐。

北京贡院既是全国会试的考场,也是顺天府(北京)乡试的地方。乡试每三年一次。在秋天,故叫"秋试"又叫"秋闱",九天、三场,每场三天。全国的会试科考也是每三年一次,在春天,故叫"春试",又叫"春闱",也为九天、三场,每场三天。

当考生进入考场的考棚后,就要锁门,称为"锁院贡试",因贡院的外围四周是用荆棘围圈的,所以又叫"锁棘贡试"。考生每人一间考棚、一盆炭火、一支蜡烛。待试题发下来,明远楼上响起鼓声,因当时还没有钟表,就以点香为计时。

"锁院贡试"最怕着火,而着火的事件却经常发生,因此院内有很多大缸盛水以备救火。贡院着火的事件很多,如在明正统三年(1438 年)的秋试,首试的头一天,就着了大火。最严重的一次,是明天顺七年(1463 年),春试的第一天夜晚,贡院考场着火,烧死了九十多个考生,伤者无数。明英宗给死者每人一口棺材,埋葬在朝阳门外的空地,并立碑"天下英才之墓",人们称为举人冢。贡院屡屡失火,不得不改建,明正德年间的大学士张居正上疏皇帝,于是贡院改木板房为以砖瓦结构为主的建筑,使防火性能加强。在清乾隆时期,又把贡院修葺一新,竣工时乾隆还亲自去视察,并作诗,诗句中有:"从今不薄读书人。"

(2)江南贡院

江南贡院,位于南京城的东南隅,它东接桃叶渡,南抵秦淮河,西邻状元境,北对建康路,为古之"风水宝地"。据《南窗纪谈》所载:建康(南京)贡院始建于南宋孝宗乾道四年(1168 年),由知府史正志创建,起初为县府学考试场所。占地不大,应考人数亦不多。若遇考生增多时,则借用僧寺举行考试。1368 年,明太祖朱元璋定都南京后,集乡试、会试于南京举行。明成祖永乐十九年(1421 年),朱棣迁都于北京,但南京仍为留都。因江南地区人文荟萃,参考士子日益增多,原有考场便越来越显得狭小。永乐皇帝便没收犯臣纪纲的私邸，又取怀来卫指挥陈彬家人陈通、忠勇伯家人侯清等人的房舍以及府尹黄公永元祠、秦桧之子贝喜祠等改建“江南贡院”。后经明、清两代的不断扩建，至清光绪年间，江南贡院已形成一座拥有考试号舍两万多间，另有主考、监临、监试、巡察以及同考、提调执事等官员的官房千余间，再加上膳食、仓库、杂役、禁卫等用房，更有水池、花园、桥梁、通道、岗楼的用地，规模之大，占地之广，房舍之多为全国考场之冠。

贡院内考试期间，考场内戒备森严，然作弊之事，仍层出不穷。虽然会试时的监考官都由皇帝从大学士、尚书、都御史等高官中钦定，可在顺治十四年，仍然出现了震惊朝廷的“受贿案”。

明代状元、会元、登科人数一览表

庙号	年号	年数	科名	会元	状元	登科人数
太祖	洪武	四	辛亥	俞友仁	吴伯宗	118
		十八	乙丑	黄子澄	丁显	472
		二一	戊辰	施显	任亨泰	47
		二四	辛未	许观	许观	31
		二七	甲戌	彭德	张信	100
		三〇	丁丑（春榜）	宋琮	陈䢿	52
		三〇	丁丑（夏榜）	任伯安	韩克忠	61
惠帝	建文	二	庚辰	吴溥	胡广	110
成祖	永乐	二	甲申	杨相	曾棨	472
		四	丙戌	朱缙	林环	219
		九	辛卯	陈燧	萧时中	84
		十	壬辰	林志	马铎	106
		十三	乙未	洪英	陈循	351
		十六	戊戌	董璘	李骐	250
		十九	辛丑	陈中	曾鹤龄	201
		二二	甲辰	叶恩	邢宽	150
宣宗	宣德	二	丁未	赵鼎	马愉	101
		五	庚戌	陈诏	林震	100
		八	癸丑	刘哲	曹鼐	99
英宗	正统	元	丙辰	刘定元	周旋	100
		四	己未	杨鼎	施槃	99
		七	壬戌	姚夔	刘俨	149
		十	乙丑	商辂	商辂	150
		十三	戊辰	岳正	彭时	150

续表

庙号	年号	年数	科名	会元	状元	登科人数
代宗	景泰	二	辛未	吴汇	柯潜	201
		五	甲戌	彭华	孙贤	345
英宗（复辟）	天顺	元	丁丑	夏积	黎淳	294
		四	庚辰	陶选	王一夔	156
		八	甲申	吴钺	彭教	247
宪宗	成化	二	丙戌	章懋	罗伦	353
		五	己丑	费訚	张昇	247
		八	壬辰	吴宽	吴宽	251
		十一	乙未	王鏊	谢迁	300
		十四	戊戌	梁储	曾彦	350
		十七	辛丑	赵宽	王华	298
		二〇	甲辰	储巏	李旻	300
		二三	丁未	程楷	费宏	351
孝宗	弘治	三	庚戌	钱溥	钱福	298
		六	癸丑	汪俊	毛澄	298
		九	丙辰	陈澜	朱希周	298
		十二	己未	伦文叙	伦文叙	300
		十五	壬戌	鲁铎	康海	297
		十八	乙丑	董玘	顾鼎臣	303
武宗	正德	三	戊辰	邵锐	吕柟	349
		六	辛未	邹守益	杨慎	349
		九	甲戌	霍韬	唐皋	396
		十二	丁丑	伦以训	舒芬	349
		十六	辛巳	张治	杨惟聪	350
世宗	嘉靖	二	癸未	李舜臣	姚涞	410
		五	丙戌	赵时春	龚用卿	301
		八	己丑	唐顺之	罗洪先	323
		十一	壬辰	林春	林大钦	316
		十四	乙未	许穀	韩应龙	325
		十七	戊戌	袁炜	茅瓒	320
		二〇	辛丑	林树声	沈坤	298

续表

庙号	年号	年数	科名	会元	状元	登科人数
		二三	甲辰	瞿景淳	秦鸣雷	328
		二六	丁未	胡正蒙	李春芳	301
		二九	庚戌	傅夏器	唐汝楫	320
		三二	癸丑	曹大章	陈谨	401
		三五	丙辰	金达	诸大绶	296
		三八	己未	蔡茂春	丁士美	303
		四一	壬戌	王锡爵	徐时行	299
		四四	乙丑	陈栋	范应期	394
穆宗	隆庆	二	戊辰	田一儁	罗万化	403
		五	辛未	邓以讚	张元忭	396
神宗	万历	二	甲戌	孙鑛	孙继皋	299
		五	丁丑	冯梦祯	沈懋学	301
		八	庚辰	萧良有	张懋修	302
		十一	癸未	李廷机	朱国祚	341
		十四	丙戌	袁宗道	唐文献	345
		十七	己丑	陶望龄	焦竑	347
		二〇	壬辰	吴默	翁正春	304
		二三	乙未	汤宾尹	朱之蕃	304
		二六	戊戌	顾起元	赵秉忠	292
		二九	辛丑	许獬	张以诚	301
		三二	甲辰	杨守勤	杨守勤	308
		三五	丁未	施凤来	黄士俊	298
		三八	庚戌	韩敬	韩敬	302
		四一	癸丑	周延儒	周延儒	344
		四四	丙辰	沈同和（作弊谪戍）	钱士升	344
		四七	己未	庄际昌	庄际昌	345
熹宗	天启	二	壬戌	刘必达	文震孟	409
		五	乙丑	华琪芳	余煌	300
思宗	崇祯	元	戊辰	曹勋	刘若宰	353
		四	辛未	吴伟业	陈于春	349

续表

庙号	年号	年数	科名	会元	状元	登科人数
		七	甲戌	李青	刘理顺	302
		十	丁丑	吴贞启	刘同升	301
		十三	庚辰	杨琼芳	魏藻德	296
		十五	壬午	（未会试）	史惇(特赐)	263
		十六	癸未	陈名夏	杨廷鉴	395

据《续文献通考》《明史·选举志》制。

二、学校学生入仕

明代公办学校体系较为完备，中央设“国学”，地方设“府、州、县学”。尤其是“国学”，不仅是教育机构，为科举输送人才，而且是明初的重要入仕途径之一。

“科举必由学校，而学校起家可不由科举。学校有二：曰国学，曰府、州、县学。府、州、县学诸生入国学者，乃可得官，不入者不能得也。”①“其后开进士科，所取士由太学进者率三之一。”②

1. 国学

明初监生出任，官职优，升迁快。如“洪武二十六年（1393 年）尽擢监生刘政、龙镡等六十四人为行省布政、按察两使，及参政、参议、副使、佥事等官。其一旦而重用之，至于如此。其为四方大吏者，盖无算也。李扩等自文华、武英擢御史，扩寻改给事中兼齐相府录事，盖台谏之选亦出于太学。其常调者乃为府、州、县六品以下官”③。洪武八年（1375年），“上命御史台官选国子生分教北方”，所选为“太学诸生，年长德优者”。“于是选国子生林伯云等三百六十六人，给廪食，赐衣服而遣之。”④太祖“虽间行科举，而监生与荐举人才参用者居多，故其时布列中外者，太学生最盛”⑤。

茹瑺“洪武中，由监生除承敕郎，历通政使”⑥。

吕震“洪武十九年（1386 年）以乡举入太学。时命太学生出稽郡邑壤地，以均贡赋。震承檄之两浙，还奏称旨，擢山东按察司试佥事。入为户部主事，迁北平按察司佥事”⑦。

洪武十六年（1383 年），“鄞人陶垕仲，以国子监生擢监察御史”⑧。

洪武二十六年（1393 年），“擢国子生刘政、龙镡等六十四人，授行省布政、按察使及参政、参议等官”⑨。

①③⑤ 《明史》卷 69《选举一》。

②⑧ 《明通鉴》卷 8“洪武十六年”。

④ 《明通鉴》卷 5“洪武八年”。

⑥ 《明史》卷 151《茹瑺传》。

⑦ 《明史》卷 151《吕震传》。

⑨ 《明通鉴》卷 10“洪武二十六年”。

李骥“举洪武二十六年(1393 年)乡试。入国学,居三年,授户科给事中”①。

李湘“永乐中,由国子生理刑都察院”②。

杨信民,“乡举入国学。宣德时,除工科给事中”③。张骥,“永乐中举于乡,入国学。宣德初授御史”④。

杨浩“初以乡举入国学,除官未行,(景泰四年)遂抗疏,声誉籍甚。累官右副都御史,巡抚延绥”⑤。

霍瑄,“由乡举入国学,授大同通判。正统十二年(1447 年),以武进伯朱冕荐,就擢知府”⑥。

以后,监生来源多样化,监生入仕以其出身为区别,同是太学生,出身不同,任官亦异。“举、贡得为府佐贰及州县正官,官、恩生得选部、院、府、卫、司、寺小京职,尚为正途。而援例监生,仅得选州县佐贰及府首领官;其授京职者,乃光禄寺、上林苑之属;其愿就远方者,则以云、贵、广西及各边省军卫有司首领,及卫学、王府教授之缺用,而终身为异途矣。”⑦

以后科举地位日益重要,加之监生流品杂、素质低,出路日益狭窄。

天顺初,学校情况糟糕。“师儒鲜积学,草野小夫夤缘津要,初解兔园之册,已厕鹗荐之群。及受职泮林,猥琐贪饕,要求百故,而授业解惑,莫措一词。生徒亦往往玩愒岁月,佻达城阙,待次循要,滥升太学。侵寻老耋,倖博一官。但厘身家之谋,无复功名之念。”⑧

自孝宗朝,监生在国子监的少,在吏部听选者多达万余人,有十余年不能得官者。就是能补官,也是任教官。总的说,明代监生一直都具有选官的资格,也有为数不多的监生入仕为其他官员的。如“正德末……(文)征明亦以岁贡生诣吏部试,奏授翰林院待诏”⑨。又“何良俊亦以岁贡生入国学。当路知其名,用蔡羽例,特授南京翰林院孔目”⑩。

2. 府、州、县学

生员入学“专治一经,以礼、乐、射、御、书、数设科分教”。假若“入学十年,学无所成者,及有大过者,俱送部充吏,追夺廪粮。至正统十四年(1449 年)申明其制而稍更之。受赃、奸盗冒籍、宿娼、居丧娶妻妾所犯事理重者,直隶发充园子监膳夫,各省发充附近儒学膳夫、斋夫,满日为民,俱追廪米。犯轻充吏者,不追廪米”。

明代地方学校的学生形成了高低不同的等级。明初生员名额有一定数目,以后逐渐增加不拘额数,“于是初设食廪者谓之廪膳生员,增广者谓之增广生员。及其既久,人才愈多,又于额外增取,附于诸生之末,谓之附学生员。凡初入学者,止谓之附学,而廪膳、

---

①② 《明史》卷 281《循吏传》。

③ 《明史》卷 172《杨信民传》。

④ 《明史》卷 172《张骥传》。

⑤ 《明史》卷 164《杨浩传》。

⑥ 《明史》卷 171《霍瑄传》。

⑦ 《明史》卷 69《选举一》。

⑧ 《明史》卷 164《张昭传》。

⑨⑩ 《明史》卷 287《文苑三》。

增广,以岁科两试等第高者补充之。非廪生久次者,不得充岁贡也。士子未入学者,通谓之童生"①。

生员的出路,优秀者参加乡试,如中举,或参加会试即有了做官的资格。其余的为廪膳生(即正式学生),"年久充贡,或选拔为贡生。其累试不第、年逾五十、愿告退闲者,给与冠带,仍复其身"②。

乡村中另有社学,军队中有武学,宗室有宗学,宗学学生也可参加乡试。正统中在南北二京建武学。成化中又创设卫学。士官子弟许入附近儒学。崇祯十年(1637 年)令天下府、州、县皆设武学生员,提学官一体考取。

三、其他仕途

明朝其他仕途较重要者有:荐举,门荫,纳赀,吏员出仕,工匠授官等。其中有的是一代之制,有的则为临时性的。

1. 荐举

明初人才匮乏,统治者迫切需要网罗人才。洪武元年(1368 年),"诏征天下贤才至京,授以守令"③。"令有司每岁举贤才,及武勇谋略,通晓天文之士,其有兼通书律吏亦得荐举。得贤者赏,滥举及蔽贤者罚。""命学士詹同等十人分行十道,旁求隐逸之士。"④

当时科举初行,选拔人才出现偏差,洪武六年(1373 年),遂罢废科举。"别令有司察举贤才,以德行为本,而文艺次之。其目,曰聪明正直,曰贤良方正,曰孝悌力田,曰儒士,曰孝廉,曰秀才,曰人才,曰耆民。皆礼送京师,不次擢用。"⑤洪武十七年(1386 年)恢复科举,荐举之法并行不废。综合来看,洪武及以后时期,荐举人才的情况分为:

(1)荐举的人数多、官品高、官职种类多

一是人数多。"盖是时,仕进无他途,故往往多骤贵者。而吏部奏荐举当除官者,多至三千七百余人,其少者亦至一千九百余人。又俾富户耆民皆得进见,奏对称旨,辄予美官。"⑥

二是官品高。《明史·选举三》载:"山林岩穴,草茅穷居,无不获自达于上,由布衣而登大僚者不可胜数。耆儒鲍恂、余诠、全思诚、张长年辈年九十余,征至京,即命为文华殿大学士。儒士王本、杜敩、赵民望、吴源特置为四辅官兼太子宾客。贤良郭有道,秀才范敏、曾泰,税户人才郑沂,儒士赵翥起家为尚书。儒士张子源、张宗德为侍郎。耆儒刘堉、关贤为副都御史。明经张文通、阮仲志为佥都御史。人才郝从道为大理少卿。孝廉李德为府尹。儒士吴颙为祭酒。贤良栾世英、徐景升、李延中,儒士张璲、王廉为布政使。孝悌李好诚、聂士举,贤良蒋安素、薛正言、张端,文学宋亮为参政。儒士郑孔麟、王德常、黄桐生,贤良余应举、马卫、许安、范孟宗、何德忠、孙仲贤、王福、王清,聪明张大亨、金思存

---

①② 《明史》卷 69《选举一》。

③ 《明通鉴》卷 1"洪武元年"。

④ 《明史纪事本末》卷 14《开国规模》。

⑤⑥ 《明史》卷 71《选举三》。

为参议，凡其显擢者如此。其以渐而济贵仕者，又无算也。”

“会稽僧郭传，由宋濂荐擢为翰林应奉。”

三是官职种类多。“时中外大小臣工皆得推举，下至仓、库、司、局诸杂流，亦令举文学才干之士。”①兹再举数例以为佐证。

吴沉“洪武初，郡以儒士举……授翰林院待制”②。

贝琼，洪武六年(1373年)“以儒士举，除国子助教”③。

范敏“洪武八年(1375年)举秀才，擢户部郎中”④。

洪武十五年(1382年)，“擢秀才曾泰为户部尚书”⑤。十七年“以秀才宋矩等十七人为监察御史”⑥。

兰芳，“洪武中举孝廉。累迁刑部郎中”⑦。

李至刚“洪武二十一年(1388年)举明经。选侍懿文太子，授礼部郎中”⑧。

仪智“洪武末，举耆儒，授高密训导”⑨。

(2)鱼龙混杂，缺乏才干

荐举易使鱼龙混杂，又因急于用人，往往使一些缺乏才干者任地方亲民官而不能称职。洪武中曾对荐举加以整顿，使之有效。“会都御史赵仁言，者以贤良方正、孝悌力田诸科所取士列置郡县，多不举职，宜核其去留。(开)济条议，以经明行修为一科，工习文词为一科，通晓书义为一科，人品俊秀为一科，练达治理为一科，言有条理为一科，六科备者为上，三科以上为中，不及三科者为下。从之。”⑩

建文、永乐间犹存太祖荐举余绪。颜伯玮“建文元年(1399年)以贤良征，授沛县知县”⑪。永乐十八年(1420年)，“擢人才，布衣马麟等十三人为布政使、参政、参议”⑫。李信圭“洪熙时举贤良，授清河知县”⑬。范希正“宣德三年举贤良方正，授曹县知县”⑭。

仁宗“诏中外举贤才，严举主连坐法”⑮。

荐举总的趋势是走下坡路，并转向于官员的升迁。“自后科举日重、荐举日益轻，能

---

① 《明史》卷71《选举三》。
② 《明史》卷137《吴沉传》。
③ 《明史》卷137《宋讷传》。
④ 《明史》卷138《范敏传》。
⑤ 《明史》卷3《太祖纪三》。
⑥ 《明史纪事本末》卷14《开国规模》。
⑦ 《明史》卷153《兰芳传》。
⑧ 《明史》卷151《李至刚传》。
⑨ 《明史》卷152《仪智传》。
⑩ 《明史》卷138《开济传》。
⑪ 《明史》卷142《颜伯玮传》。
⑫ 《明史》卷7《成祖纪三》。
⑬⑭ 《明史》卷281《循吏传》。
⑮ 《明史》卷8《仁宗纪》。

文之士率由场屋进以为荣;有司虽数奉求贤之诏,而人才既衰,第应故事而已。”①

因荐举而初入仕者,所授官职多为职繁事剧或清冷衙门。“万历中,湖广举人瞿九思亦授待诏,江西举人刘元卿授国子监博士,江西处士章潢仅遥授顺天府训导。而直隶处士陈继儒四川举人杨思心等虽皆被荐,下之礼部而已。”②无出身人被荐举已难以得到一官半职。崇祯一朝,社会急剧动荡,尽管当时“荐举纷纷遍天下,然皆授以残破郡县,卒无大效”③。

2. 门荫

门荫,凭借父兄官品、功绩或因死于王事按规定入官的方式。据史籍记载:“明初,自一品至七品,皆得荫一子以世其禄。洪武十六年定职官子孙荫叙。正一品子正五品用。从一品子,从五品用。正二品子,正六品用。从二品子,从六品用。正三品子,正七品用。从三品子,从七品用。正四品子,正八品用。从四品子,从八品用。正五品子,正九品用。从五品子,从九品用。正六品子,于未入流上等职内叙用。从六品子,于未入流中等职内叙用。正从七品子,于未入流下等职内叙用。”④

成祖以后发生变化。“在京三品以上满考著绩,方得请荫。遇国家有大典礼,如登极奉徽号,册后建储并皇子生,屡有加恩,亦率皆勋戚及政府大臣得之。而阵亡克敌及卒于王事者,或以功荫,或以难荫,例皆录用其子孙,此则终明之世不变者也。至武宗正德五年,以宁夏、山东、河南贼平,大学士李东阳、杨廷和、刘忠、梁储等,各皆晋秩荫子。是时,内臣欲大有封殖,而以是饵阁臣。盖自是,边功亦推恩矣。世宗嘉靖间,辅臣以赞元功,往往藉拒虏之功,厚加世赏,即方士亦与恩……内臣受荫,始于英宗,时王振荫其从子山、林,并都督指挥,而曹吉祥嗣子钦,至封昭武伯。自此,貂珰子弟遂滥膺勋爵矣。”“迄熹宗朝,逆阉肆焰,魏客两家,虽襁褓之子,无不拖朱曳紫,其谬恩冗滥乱政,概不足述也。”⑤

明代规定,若官员因无子或因子已有官,及其他原因,可荫叙其侄、弟、孙等。洪武初,廖永安死于张士诚之手,他“无子,授其从子昇为指挥佥事”⑥。洪武十年(1377 年),“录故功臣子孙五百余人,授官有差”⑦。余子俊为兵部尚书加太子太保,“当荫子,移以荫弟……子寰,举进士,终户部员外郎。(子)寘,就武荫为锦衣千户,终指挥同知”⑧。

建文帝时,始实行荫监之例,凡死难御敌、阵亡及殁于王事者,不问官品外内,皆可荫,遂成制度。经筵进讲、储闱辅导、考满及效绩勤劳,皆可荫子入监。宣宗时,臣僚可乞令其子入监。成化以后,三品以上大员,均可送子孙三人入监。嘉靖十三年(1534 年),令大臣应荫一子入监,而未有子者,以亲弟改荫。

弘治十年(1497 年),“诏荫子未仕亡殁,许其补荫。若应得荫子恩,而身故,许其子孙自陈。其有子而愿荫其兄弟子者听”。正德八年(1513 年)定制,补荫只许一人。已补

①②③ 《明史》卷 71《选举三》。

④ 《明史》卷 72《职官一》。

⑤ 《续文献通考》卷 40《选举考》。

⑥ 《明史》卷 133《廖永安传》。

⑦ 《明史》卷 2《太祖纪二》。

⑧ 《明史》卷 178《余子俊传》。

而又故者，毋得再补。穆宗隆庆五年(1517年)，诏凡以荫入监，后中科目者，仍令补荫一人。万历十一年(1583年)，“诏凡荫子未仕而故，年远亲近者，毋得补荫”①。

明代门荫授官，“文荫如国子生、中书舍人、尚书丞、光禄丞、通政知事、大理评事之类，大抵文臣三品以上子孙为之。武荫，则勋戚之家与阃帅，及文臣有军功者。其荫如锦衣各卫、千百户、指挥佥事、同知，及都指挥佥事之类。或世袭，或一世、二世、三世，其功之大小，取旨裁定，无常制焉”②。

门荫任文职清贵官难度很大。黄绾“承祖荫官后府都事”。嘉靖初，“遂用绾为少詹事兼侍讲学士，直经筵。以任子官翰林，前此未有也”③。

3. 赀选

赀选，即以捐款、纳物以求官的途径。明自景泰元年(1450年)始实行赀选，凡输纳即补官，给冠带。其后纳粟、输草、捐款、纳马等，均可充任官吏，或为监生。

“景泰元年以大同、宣府马草不敷，令听选官承差，有能输草千五百束，辨事官输二千束即予选用。应降者，加输千五百束，复其原职。当该吏输千五百束，辨事吏输二千束，给与冠带，以次选用。应重历者，加输五百束，亦给以冠带。八月以山西、代州粮缺，募民能自出己资，赴临清官仓，运米三百石至代州者，给以冠带。仍诏在京办事官吏、承差，比军民加一百石；吏部听选官、并在京当该吏典及官应降等，吏应重历者，加五十石；俱至临清运至代州。办事听选官，承差不拘资次除授，官降等者，复其职，其当该吏，不待实拨考覆，给予冠带，应重历者，亦给冠带，满日依例出身。”④

天顺五年(1461年)，“以西边用兵，令河南、山西、陕西士民，纳马者予冠带”⑤。

成化二年(1466年)，以湖广兵兴，岁饥，陕西榆林、神木各处粮草不继，定官吏纳米免考复职等例。六年，榆林、宁夏诸营刍粮缺，令陕西考满官纳草五百束，免其赴京给由。其山西、河南阴阳、医学、僧道官纳豆百石，径送吏部选用。复令凡一应听考吏典纳米五十石，免其考试，给冠带办事。在外两考起送到部未经分拨者，在京辨事未经考试者，均可纳米就便实拨并给予冠带，各以资格以次选用。“捐纳事例，自宪宗始。生员纳米百石以上，入国子监；军民纳二百五十石，为正九品散官，加五十石，增二级，至正七品止。武宗时，富民纳粟振济，千石以上者表其门，九百石至二三百石者，授散官，得至从六品。世宗令义民出谷二十石者，给冠带，多者授官正七品，至五百石者，有司为立坊。”⑥

武宗正德二年(1507年)，工部以接济工程，奏请：“军民客商人等纳银，许授七品以下散官，荣其终身，仍免杂徭，其等有三。”⑦

嘉靖八年(1529年)，以备荒为名，又行劝纳法。

---

①② 《续文献通考》卷40《选举考》。

③ 《明史》卷197《黄绾传》。

④ 《续文献通考》卷43《选举考》。

⑤ 《明史》卷12《英宗后纪》。

⑥ 《明史》卷78《食货二》。

⑦ 《明通鉴》卷42“正德二年”。

万历三十年(1602年),“扬州富民吴时修献银十四万两,诏授其子弟各中书舍人”①。

明代赀选始终兴盛,并有了发展。

景泰四年(1453年),“始令生员纳粟为国子生”②。至穆宗隆庆时,只要纳银,可免除严重违反学规者的处分,已经“黜退者”也可保留学籍或重新入学,不论其是否可以造就培养。

纳资已开始在选官中起决定作用。赀选官员已涉足“清秩之官”。万历中,“序班刘文润迁詹事府录事,(大学士申)时行又劾文润由输粟进,不当任清秩”。可是,当时“殿阁中书无不以赀进者”③。

纳赀弊端突出,但又无法革除。首先,纳赀普遍降低了官员文化素质,以金钱代替学识。成化十九年(1483年),王瑞等上言:“今倖门大开,鬻贩如市。恩典内降,遍及吏胥。武阶荫袭,下逮白丁。或选期未到,超越官资;或外任杂流,骤迁京职。以至厮养贱夫、市井童稚,皆得攀缘,妄窃名器。”又御史宝应张稷等言“比来末流贱伎妄厕公卿,屠狗贩缯滥居清要。文职有未识一丁,武阶亦未挟一矢。白徒骤贵,间岁频迁。或父子并坐一堂,或兄弟分踞各署。甚有军匠逃匿,易姓进身;官吏犯赃,隐罪希宠”④。其次,毁坏选法。弘治十五年(1502年),吏部尚书马文升说:“边圉多警,许生员纳马入监,有七千余名。川、陕荒歉,守臣又具奏上粮入监,通前共有数万余人。大害选法,人民受害。”⑤最后,败坏吏治。景泰元年(1450年),监生郭佑上言,纳粟在“军旅稍宁”时,仍“行之如故”。“农工商贩之徒,不较贤愚,惟财是授,骄亲戚,夸乡里,长非分之邪心。而赃污吏罢退为民,欲掩闾阎之耻,纳草纳粟,冠带而归。前已冒货去职,今以输货得官,何以禁贪残而重名器。”⑥

4. 吏员出仕

吏员出仕是明代选拔途径之一。明初,吏员设置承元制,有“掾史、令史、书吏、司吏、典吏。旋又设提控、都吏、通吏、胥吏、狱典、攒典,各以政事繁简为额。其签充之例,以农民身家无过,年三十以下,能书者选用。若曾经各衙门主写文案,攒造文册,及充隶兵与市民,并不许滥充”。“凡在外藩、臬、卫、府、州、县任自辟举,以六年或三年为满限,至部分拨。在内诸司,以三年为考,依资格叙用。”⑦五军都督府各有提控、掾史、典吏若干人。六部及都察院、通政使司、大理寺等各有都史、令史、典吏、承发、司吏、攒典等。各府有司吏、典吏、承发、狱典等。各州县有司史、承发。

地方吏员一为主官聘用,一为贡生和监生差者。赵璜“出为济南知府。猾吏舞文,积岁为蠹。璜择愿民教之律令,得通习者二十余人,逐吏而代之”⑧。

吏员的来源除“农民身家无过,年三十以下,能书者”外,就是以“生员”充任。洪武

① 《明史纪事本末》卷65《矿税之弊》。

② 《续文献通考》卷43《选举考》。

③ 《明史》卷224《宋纁传》。

④ 《明史》卷180《王瑞传》。

⑤ 《明史纪事本末》卷42《弘治君臣》。

⑥ 《明通鉴》卷25“景泰元年”。

⑦ 《续文献通考》卷44《选举考》。

⑧ 《明史》卷194《赵璜传》。

四年(1371年),定吏典以考退生员参充。十六年,定岁贡生员至京,考试不中者,罚充吏。以后在洪武二十四年、二十八年又颁令,以岁贡不中试生员充吏。违反监规的国子生也是来源之一。

明初吏员人数众多,随其他入仕途径定型,就显得有点格格不入。永乐二十年(1422年)及正统元年,曾先后较大规模地裁减吏员,但各部门仍有为数不少的吏员。如何稳定并发挥吏员的作用,裁减并非良法,较为可行的就是吏员出仕,晋升为入流之官。

洪武中,吏部尚书翟善"定吏役考满给由法以为司、卫、府、县首领"①。

洪武三十一年(1398年),定吏员以九年考满,其出身资格,一品衙门提控正七品出身,三品衙门典吏、四品衙门司吏从九品出身,四品以下衙门典吏等,杂职出身。从这个规定可见,当时吏员出仕,品秩较高。提控为正七品,而进士第一甲第一名从六品,第二、三名为七品。明初吏员可升任一二品大员,如况钟初为吏,后为苏州知府。黄子威亦吏员出身至松江知府。腾懋德等以掾史,官至尚书、侍郎、都御史、参政等。"其时资格未行,选用之途尚宽,士之艰于进取者,不以就吏为耻。而吏员、儒士均得应举,虽为两途,未悬绝也。及去开创稍远,流品渐重,士多以科目进,高自矜许,轩轾判然。"②以后吏员入仕限制日严,日益萎缩,"与科第高下天渊矣"。

明代对吏员的任用、升迁亦有部门和地区限制。如"国朝立法太严,如户部官不许苏松浙江人为之,以其地多赋税,恐飞诡为奸也"③。又永乐七年(1409年),"斥御史洪秉等四人,诏自今御史勿用吏员"④。宣宗宣德四年(1429年),定"自今,赃吏坐死,但许赎罪,不许复官"⑤。

5. 工匠、方伎与锦衣卫入官

宪宗时,"群奸中外蟠结,士大夫附者日益多。进士郭宗由刑部主事,以篆刻为中人所引,擢尚宝少卿,日与市井工技伍,趋走阙廷"⑥。"梁璟传,(弘治)八年(1495年),修隆善寺。工竣,授工匠三十人官,尚宝少卿任道逊等,以书碑亦进秩……工匠授官已滥觞于此。正德初,刘健等疏中有画史工匠滥授官职,多至数百人……刘瑾擅权,《通鉴纂要》成,诬诸翰林纂修官誊写不谨,皆被谴,而命文华殿书办张骏等改誊。骏擢至礼部尚书,他授京卿者又数人,装潢匠役亦授官秩……世宗时,匠役徐杲以营造擢官工部尚书,其属冒太仆少卿、苑马卿以下职衔者以百数……又工匠赵奎等五十四人,亦以中官请,悉授职。"⑦

方伎入官是封建社会的丑陋现象之一,以此入官者,"口含天宪,威福在手,天下士大夫靡然从风"。明朝成化、嘉靖二帝尤好方术,造成"方伎授官之滥"。"兵科左给事中张善吉谪官,因秘术干中官高英,得召见,因自陈乞复给事中,士论以为羞。大学士万安亦

---

① 《明史》卷138《陈修传》。
② 《续文献通考》卷14《选举考》。
③ 《日知录》卷8《吏胥》。
④ 《明史》卷6《成祖二》。
⑤ 《明通鉴》卷20"宣德四年"。
⑥ 《明史》卷307《佞倖传》。
⑦ 《廿二史札记》卷34《吏役至大官》。

献房中术以固宠。"①"李孜省以符箓进,官主礼部侍郎,邓常恩、赵玉芝、凌中、顾玒亦皆以方术得幸,官至太常卿,其他杂流加侍郎、通政、太常、太仆、尚宝者,不可胜计……一日而数十人得官,一堂而数百人寄俸也。""其后嘉靖中,又有方伎滥官之秕政……陶仲文,以符水治鬼……累进礼部尚书、少保、少傅、少师。明代一人兼三孤者,惟仲文一人而已。"②以后又封"恭诚伯","荫子、婿、从孙官"。

锦衣卫的人员也可以入仕。"锦衣卫升授勋卫、任子、科目、功升,凡四途。嘉靖以前,文臣子弟多不屑就。万历初,刘守有以名臣子掌卫,其后皆乐居之。"③

第二节　清朝时期文官的选拔

一、科举考试

清军进入北京后,立即采取了争取人心、稳定局势的一系列措施,其中之一就是接受历代传统实行开科取士。

1. 清代科举概况

清代的科举考试几乎完全承袭明朝的制度,进士科考试是清代科举考试常举的唯一科目。进士科的正式考试分为三级:乡试、会试和殿试。在此之前,必须通过童试(岁试),即由学政主持的院试、知县主持的县试和由知府主持的府试,以取得童生的身份。取得了童生身份才有资格参加正式的科举考试,童试是科举前的预备性考试。

"童试",明朝由提学官主持,清代由各省学政主持的地方科举考试,包括县试、府试和院试三个阶段,院试合格后取得生员(秀才)资格,方能进入府、州、县学学习,所以又叫入学考试。应试者不分年龄大小都称童生。

在清朝,县试多在二月举行,而府试则在四月开考。县试由各县县官主持,在各县进行,一般连考五场,也有四场或六七场者,各场分别考八股文,试帖诗、经论、律赋等。第一场取录者即有参加上一级考试即府试的资格。要取得出身的童生,向本县礼房报告,填写姓名、籍贯、年岁、三代履历,并取得本县廪生保结。府试由知府(或直隶州知州、直隶厅同知)主持。县试已录取的士子得以参加,报名等手续与县试略同。一般连考三场,第一场为正场,取录者即可应考院试。通过县、府试的便可以称为"童生",参加由各省学政或学道主持的院试。

清代的院试是每三年举行两次,由皇帝任命的学政到各地主考。辰、戌、丑、未年的称为岁试;寅、申、巳、亥年,称为科试。

院试考试的科目,分帖经、杂文、策论三场,分别考记诵、辞章和政见时务。卯时一刻,贡院开门,考生依次接受初查,鱼贯入场,在四名执灯小童的带领下分别进入四个考

① 《明史》卷307《佞倖传》。

② 《廿二史札记》卷34《成化嘉靖中方伎授官之滥》。

③ 《明史》卷95《刑法三》。

场，又在门口再次接受军士的搜身检查后方才最后进入考场，按考引（即准考证）到自己的位子，这次考试除考引外，考生不准带入任何物品，笔、墨、特用纸张等都由考场提供，头两场各考一天，第三场策论需考两天，过夜的棉被也由考场提供，每名考生都被隔开，各占一席之地。

院试考试要求考生要通三经以上，通五经者为上，《孝经》和《论语》为必选；大经的《礼记》《左传》可选一，也可都选；中经的《诗经》《周礼》和《仪礼》可选一经或二经；小经的《易经》《尚书》《公羊传》和《谷梁传》可选一经，按指定段落默写，这既可考记忆，又可考书法。一天里可休息三次，有人会送来饭食和清水，要如厕的，也有人专门引导并监视。黄昏时分，开始有考生交卷，只要拉动身边的小铃，就会有两人过来糊名，将考卷放入专用匣内，并收走一切物什，考生即可离开。

院试一般录取五十人，分甲、乙两等，前十名为甲等。得到第一名的称为“案首”。通过院试的童生都被称为“生员”，俗称“秀才”，算是有了“功名”，进入士大夫阶层；有免除差徭，见知县不跪、不能随便用刑等特权。

童生获得“入学”的资格后，可以到官办的府、州、县学读书，录取“入学”后称为生员。清代有府学、州学和县学，统称为儒学，儒学和孔庙在一起，称为学宫。生员“入学”后即受教官（教授、学正、教谕、训导）的管教。不过明清入官学基本上只是一种形式，并没有多少真正的知识传授。清初生员尚在学宫肄业，有月课和季考，后来变成有名无实了。入学后经过学政的选拔，便可以参加下一级乡试。成绩特佳的生员，有机会被选为贡生，成为国子监的学生。与国子监其他“监生”不同，“贡生”是正途所出，属一种荣誉。生员分为三种：成绩最好的是廪生，有一定名额，由公家发给粮食；其次是增生，也有一定名额；新“入学”的称为附生，每年由学政考试，按成绩等第依次升降。

童试三场并非易事，有些读书人要多次尝试才能通过最基本的县、府试成为童生。也有人得到童生的身份后，院试多次落第，到了白发苍苍仍称“童生”者不乏其人。清道光年间广东曾经多次有百岁童生参加院试的纪录。

顺治元年（1644 年），正式确立科举考试制度。每三年一举行，分为乡试、会试、殿试三级。每“子午卯酉年乡试，辰、戌、丑、未年会试。乡试以八月，会试以二月。均初九日首场，十二日二场，十五日三场。殿试以三月”。

雍正五年（1727 年），“春三月，改会试期于三月举行。以本年闰月节气稍迟，二月尚寒故。后遂为例”①。乾隆间“改会试三月，殿试四月，遂为永制”②。

顺治八年（1651 年），入考人选范围渐次扩大。“许满洲、蒙古、汉军子弟科举，依甲第除授。”③清宗室起初不许参加科考。乾隆八年（1743 年），“宗人府试宗学，拔其尤者玉鼎柱等为进士，一体殿试，是为宗室会试之始。未久即停。嘉庆六年（1801 年），宗室应

① 《清史纪事本末》卷 23《雍正英察》。
② 《清史稿》卷 108《选举三》。
③ 《清史稿》卷 5《世祖二》。

乡、会试始著为令”①。

禁止参加科举者有:“倡优、隶、皂之家,与居父母丧者,不得与试。”②雍正十三年(1735年),“禁八旗开户家奴子孙考试”③。

乾隆三十六年(1771年),“陕西学政刘嶟奏请山、陕乐户、丐户应定禁例。部议凡报官改业后,必及四世,本族亲支皆清白自守,方准报捐应试。广东之蜑户,浙江之九姓渔船,诸似此者,均照此办理。嘉庆十四年,又以徽州、宁国、池州三府世仆捐监应考,常为地方所讦控,上谕:此等名分,总以现在是否服役为断。如年远文契无考,著即开豁”④。

“如人户于寄居之地置有坟庐逾二十年者,准入籍出仕,令声明祖籍回避。”⑤

“军流人等子孙随配入籍者,准其考试。”⑥

科举考试按例不许现任官员参加,清朝“惟内阁中书舍人贡、监出身者许应乡试,举人出身者许应会试,他即无之”⑦。

2. 三级考试

(1)乡试

清代乡试各省都在省城举行,顺天乡试则在北京。考试场所称为贡院,又称作“考棚”。是科举时代士子们应试的考场。每三年举行一次称为正科。凡特旨举行的称为恩科。如恩、正二科在同一年,就以正科为恩科,正科或提前或延后举行。

参加乡试人员,“先期提学考试精通三场生儒录送,禁冒滥。在监肄业贡、监生,本监官考送”⑧。考官分内帘、外帘官,“试官入闱封钥,内外门隔以帘。在外提调、监试等曰外帘官,在内主考、同考曰内帘官。亦有内监试,司纠察,不与衡文事。以大员总摄场务,乡试曰监临”⑨。

一是为了保障乡试的权威性、严肃性,对考官选任注重其资格,明确其职责,另有回避等限制性规定:

第一,正副考官主一省乡试的考务。“旧例:翰林、给事中同为考试官,则翰林为正,给事中为副。吏部与五部同为考试官,则吏部为正,五部为副。”⑩

房考为协助主考分科目问卷。“康、雍间,顺天房考,停用京员,止用直隶科甲知县。各省停用本省现任知县,专调用邻省在籍候选进士、举人。大省十八,中省十四,小省十二至十,均分经校阅。”⑪

“凡考官,乡试正副各一人,由部列侍郎以下,编检中赞科道中书评事博士以上官。”

“凡同考官,乡试,顺天十有八人,由部列员外郎以下,评博以上官。”

“各省乡试,江南十有八人,浙江十有六人,江西十有四人,山东、河南各十有二人,福建十有一人,湖北、陕西、广东、广西各十人,山西、湖南各九人,云南、贵州各八人,由监临

---

①②⑧⑨ 《清史稿》卷108《选举三》。

③ 《清朝通典》卷18《选举一》。

④⑤⑥ 《清史稿》卷120《食货一》。

⑦ 《池北偶谈》卷3《七品衔》。

⑩ 《池北偶谈》卷3《正副考试官》。

⑪ 《清史稿》卷108《选举三》。

官于所属府同知、通判、知州内选择入闱。凡慎选考官，除三品以上简自宸衷外，吏部咨取四品以下由进士出身官。”

“凡经理试事、乡试，顺天监临以府尹，提调以府丞，内外监试以御史。各省监临以巡抚，提调监试以道员，内监试亦以道员或府佐。”

“凡执事乡试、会试，受卷、弥封、誊录，对读四所暨收掌试卷，均以主事等官。各省乡试、受卷、弥封、誊录、对读、收掌，以知县，对读以岁考降青生，誊录以州县掾吏。”①

第二，清朝乡试有严格的回避制度。“乡、会试考官、房考、监临、知贡举、监试、提调之子孙及宗族，例应回避。雍、乾间，或另试，或题由钦命，另简大臣校阅。乾隆九年(1744年)停其例，并受卷、弥封、誊录、对读等官子弟、戚族亦一体回避。”②

“主考同考之子弟，回避不入场，顺治间旧制也。雍正元年(1723年)癸卯乡试，内外帘官子弟应回避者，别派大臣拟题请旨，考试于内阁，取中四人。二年，命回避者仍一体应试，将试卷封呈，别派大臣校阅。自后每科以应否准试请。至乾隆九年(1744年)，命仍回避，遂为定例。”道光二十七年(1847年)，“其另行考试一事，命永远停止”③。

顺天乡试因有京都监生及达官贵人子弟参加，关系错综复杂，为防作弊，“顺天乡试主考，凡籍隶顺天直隶者，应回避”④。乾隆六年(1741年)敕：“顺天乡试同考官，南省人回避南皿卷，北省人回避北皿卷，边省人回避中皿卷，满洲、汉军概令回避满字合字卷，以清弊窦，以息浮议。”⑤乾隆四十八年(1783年)，“定顺天乡试同考官、南北两籍应回避者，不得专看中皿卷。并申严同考官不得互相阅卷之例”⑥。“会房则同省相回避。”⑦

第三，乡试有弄权舞弊，则依情节轻重而惩处之。“康熙辛卯，江南乡试，物议沸腾，有左丘明两目无珠，赵子龙一身是胆语。谓主司左必蕃，赵晋也。而苏州士子复迎财神入文庙。”“科场作弊之人，寻亦正法。”⑧

“戴学士瀚，雍正元年一甲二名进士。乙卯主顺天乡试，解元许秉智，书吏子也，通贿得元。时有‘顾司空，顾人情不顾脸面；戴学士，戴关节不戴眼睛’之语。顾谓正主考工部侍郎顾镇也。事闻，革秉智举人，镇免官，瀚杖徒。”⑨

咸丰八年(1858年)，陈孚恩“会鞫顺天乡试关节狱，牵涉其子景彦，自请严议，并回避，得旨，褫景彦职”⑩。

二是清代乡试，共分三场。清乡试在秋八月举行，又称“秋闱”，“初九日首场，十二日二场，十五日三场”。“先一日点名放进，次一日交卷放出。”⑪

顺治初，首场试四书三题，只能用朱熹注；五经各四题，必须严格遵守朝廷指定的“经

① 《大清会典》卷31《礼部》。

②⑦ 《清史稿》卷108《选举三》。

③ 《养吉斋丛录》卷9。

④ 《养吉斋丛录》卷10。

⑤⑥⑪ 《清朝通典》卷18《选举一》。

⑧ 《养吉斋从录》卷8。

⑨ 《养吉斋从录》卷4。

⑩ 《清史稿》卷387《陈孚恩传》。

注”,否则为离经叛道,考生于五经可自选一经。二场论一道、判五道,诏、诰、表内科一道。三场经史时务策五道(会试同)。

由于首场考试系用八股文,其空虚抄袭之弊难革除。康熙二年(1663年),对考试内容有所改变。首场试策五道,二场增论一篇,表、判与前一样,实为两场。这又有不能“阐发圣贤之微旨”和“太简易”之嫌,康熙七年(1668年),恢复三场,仍用八股文。乾隆二十一年(1756年),对考试内容作了较大调整。“敕更定乡试之制,第一场只试书文三篇,第二场经文四篇,第三场,策五道,其论、表、判概行罢去。”又二十二年(1683年),又确定从“己卯(1685年)科乡试为始,于第二场经文之外,一体试以五言八韵排律一首”①。以后仍时有变化。至乾隆五十二年(1787年),始定五十三年的乡试开始,“乡、会五科内,分年轮试一经。毕,再于乡、会二场废论题,以五经出题并试。永著为令”②。

三是试卷由内容到形式均有规定:

答题内容不得离经叛道,不允许超出指定的四书五经范围,应有益时务等。答题亦有字数规定。“初场文原定每篇限五百五十字,康熙二十年(1681年)增百字。五十四年,会元尚居易以首艺字逾千二百,黜革。乾隆四十三年(1778年),始定乡、会试每篇以七百字为率,违者不录。自是遵行不易。三场策题,原定不得逾三百字。”后因考官拟题有至五六百字者,考生只需对考题加以剪裁取舍,即可成文。“(乾隆)五十一年(1786年),定答策不满三百字,照纰缪例罚停科”③。

答题形式上,“卷首书姓名、籍贯、年貌、出身、三代,所习本经。试卷题字错落,真草不全,越幅、曳白、涂抹、污染太甚,及首场七艺起讫虚字相同,二场表失年号,三场策题讹写,既行文不避庙讳、御名、至圣讳,以违式论,贴出。士子用墨,曰墨卷。誊录用硃,曰硃卷。主考墨笔,同考蓝笔。乾隆间,同考改用紫笔。未几仍用蓝”。

四是考试结束,进行改卷。为保证阅卷标准能认真贯彻执行,杜绝徇私舞弊,又有试卷磨勘之法。

“定例各省乡试揭晓后,依程限解卷至部磨勘,迟延者罪之。盖防考官闱后修改试卷避吏议也。磨勘首严弊倖,次检瑕疵。字句偶疵者贷之。字句可疑,文体不正,举人除名。若干卷以上,考官及同考革职或逮问。不及若干卷,夺俸或降调。其校阅草率,雷同滥恶,杂然并登,及试卷不谙禁例,字句疵蒙谬类,题字错落,真草不全,誊录错误,内、外帘官、举子议罚有差……磨勘官初礼部及礼科主之,康熙间,始钦派大臣专司其事。解额渐广,试卷日多,于是令九卿公同磨勘。”因六部官公事多,难以专事。“乾隆初,改任都察院科、道五品以上,科甲京堂、中、赞以上翰、詹官,集朝房磨勘。嗣后增编、检,额定四十人,以专责成……乾隆二十一年(1755年),始令磨勘官填注衔名。二十五年,复增大臣覆勘例,分别议叙、议处,功令始严。”④

五是乡试录取名额,依各省大小,文风高下,人口多寡,丁赋轻重而定,所以各省录取人数多少不一。“乡试解额,顺治初定额从宽,顺天、江南皆百六十余名,浙江、江西、湖

① 《清朝通典》卷18《选举一》。

②③④ 《清史稿》卷108《选举三》。

广、福建皆逾百名，河南、山东、广东、四川、山西、陕西、广西、云南自九十余名递杀，至贵州四十名为最少。"后定为以字号录取，乾隆九年（1744 年），"定顺天南、北皿各三十六，中皿改二十取一，贝字百二，夹、旦各四，江南上江四十五，下江六十九，浙江、江西皆九十四，福建八十五，广东七十二，河南七十一，山东六十九，陕西六十一，山西、四川皆六十，云南五十四，湖北四十八，湖南、广西皆四十五，贵州三十六。自是率行罔越"①。

商人科考受歧视，乾隆四十二年（1777 年），"九卿议准，各省商籍应仍编卤字号，于该省中额内，五十名取中一名，虽卷多，不得过二名"②。

乡试按名额被录取的称为正榜。但亦有"文理优长"的考生因名额有限而落选，就"取作副榜"，与正榜同时颁发。但只是正榜者才成为真正的举人，副榜还须在以后的乡试中取入正榜，才算具有举人资格。由于考取举人即具备做官的资格，乡试成为科举选拔中至关重要的一环。

六是乡试还有复试之制："顺治十五（1657 年）年，帝以顺天、江南考官俱以贿败，亲复试两闱举人，是为乡试复试之始。""康熙三十八年（1699 年），帝以北闱取士不公，命集内廷复试。""乾隆间，或命各省督、抚、学政于乡试榜后复试，或专复试江苏、安徽、江西、浙江、广东、山西六省丙午前三科俊秀贡监中式者，或止复试中式进士，或北闱举人，临期降旨，无定例。"可见这时的复试尚属抽查性质。"道光二十三年（1843 年），定制，各省举人，一体至京复试，非经复试，不许会试。以事延误，余下三科补行。除丁忧展限外，托故不到，以规避论，永停会试与赴部铨选。"③

此外，清代科举考试中有项特别规定叫"发还落卷"。在乡试、会试发榜后十日内允许落第者领回自己的试卷（即落卷）阅看评议。康熙七年（1668 年）正式形成条例：所有落卷必须注明不录取的缘由，开榜后十日内令考生领取原卷阅看，不许藏匿勒索。如果考官妄批佳文，允许考生赴礼部控告，验实后严查考官。实践证明，"发还落卷"政策是保证公平取士、安抚落第者的重要措施，至少从形式上表明了清政府公平取士的决心和勇气。

（2）会试

清初会试时间因特殊原因而例外。顺治三年（1646 年），"诏本年八月再举行乡试，来年二月再行会试，其未归附地方生员举人，来投诚者，准一体应试"。十六年"春二月，命于今年秋再行会试，以云南荡平故也"④。乾隆定制于乡试后第二年的三月初九至十五日在京城礼部举行，又称"礼闱"、"春闱"。会试三场的内容与乡试一样，只是要求更高，规定更繁密。

"云贵举人会试给驿马，自顺治间始。嘉峪关以外，新疆举人给驿马，自乾隆间始。会试举人给路费，自顺治八年始。"⑤

---

①③ 《清史稿》卷 108《选举三》。

② 《清朝通典》卷 18《选举一》。

④ 《清史纪事本末》卷 5《顺治入关》。

⑤ 《养吉斋丛录》卷 9。

会试题目，第一场四书，诗题均由皇帝亲自命题，第二、三场考试题由考官拟定。康熙二年（1663 年），“秋八月，诏乡会试停止八股文，改用策论表判”①。可是，在八股文深入人心的氛围中，此诏无法得到执行而马上失效。

“科场旧例：凡兼作五经文字者，以违例贴出。”特殊情况者需皇帝恩准才能中式，康熙时“遂有旨：以后愿作五经文字者听。乙酉，各直省习五经者骤多，顺天解元张南龄、陕西解元王承烈皆五经，而吾山东中式者亦三人，可谓盛矣。又第二场，故事，有诏、诰二道，乃具文自明，相沿已久。至是，九卿议，凡习五经，并令全作诏、诰。直省进呈试录增诏、诰两篇，自康熙乙酉科始也。丙戌会试第十一名索太，满洲人，亦五经中式”②。

考官，“会试正副各二人，间用正一人、副二人或正二人、副一人，均俟钦命。列大学士、学士、尚书、左都御史、侍郎、左副都御史”。

同考官，“会试十有八人，列翰詹给事中，部曹各疏请简用”。

“会试知贡举以本部侍郎，提调以仪制司官。”

供给官，“会试以本部精缮司官率京县丞史”③。

“康熙四十五年（1706 年）丙戌会试，总裁官止用二员：吏部左侍郎李录予、工部右侍郎彭会淇。房考皆新差直省督学科道官，余止部属二人。盖所以杜揣摩之弊也。会试总裁，近例用四人，正考皆大学士、尚书为之，变例自是科始。”④

“乾隆元年（1736 年）正月议准，会试与顺天乡试内帘主考、同考官，其有服之同姓及翁婿甥舅，皆令回避，如应回避之人，不行开出者，革职。又敕内外帘官子弟应回避者，著另行考试。”⑤

会试录取无定额，顺治三年（1646 年），取中四百名。顺治九年（1652 年），仍取四百名，仿明代旧制，分为南、北、中卷。“浙江、江西、福建、湖广、广东五省，江宁、苏、松、常、镇、淮、扬、徽、宁、池、太十一府，广德一州为南卷，中二百三十三名。山东、山西、河南、陕西四省，顺天、永平、保定、河间、真定、顺德、广平、大名八府，延庆、保安二州，奉天、辽东、大宁、万全诸处为北卷，中百五十三名。四川、广西、云南、贵州四省，安、庐、凤、滁、徐和等府、州为中卷，中十四名。十二年，中卷并入南、北卷。厥后中卷屡分屡并，或更于南、北、中卷分为左、右。或专取川、广、云、贵四省，各编字号，分别中一、二、三名。（康熙）五十一年，以各省取中人数多少不均，边省或致遗漏，因废南、北官、民等字号，分省取中。按应试人数多寡，钦定中额。历科大率三百数十名，少或百数十名，而以雍正庚戌四百六名为最多，乾隆己酉九十六名为最少。”⑥

会试放榜至乾隆十年（1746 年）定在四月十五日内，中式的前十名，由会试总裁初定，由皇帝钦定名次。放榜有严格程序和隆重的礼仪，会试中式者，称为贡士，第一名称

① 《清史纪事本末》卷 12《康熙勤政》。
② 《古夫于亭杂录》卷 1《五经中式》。
③ 《大清会典》卷 31《礼部》。
④ 《古夫于亭杂录》卷 1《会试考官》。
⑤ 《清朝通典》卷 18《选举一》。
⑥ 《清史稿》卷 108《选举三》。

为会元。

放榜后，新贡士还须经磨勘、复试，合格者取得殿试资格。二者均与乡试条理相似，只是磨勘由皇帝选派大臣主之，殿廷复试，往往由皇帝主之。

会试在取中名额外，由皇帝下诏增加额外录取人数，称为“副榜”，又称为“恩榜”。主要赏赐那些年龄大、多次在会试中名落孙山的举人。“会试副榜免廷试，咨吏部授职。”①康熙三年(1664 年)“裁会试副榜”②。

由于民族与政治诸原因，“先是乡、会试，殿试，均满洲、蒙古为一榜，汉军、汉人为一榜。康熙二十六年(1687 年)，诏同汉人一体应试”。但乡、会试需试马步箭，总的讲，文化考试的内容较汉人简单。

宗室“会试”，“考官酌取数卷候亲裁，别为一榜”。“宗室应翻译试，自乾隆时始，别为一题，中额钦定。”③翻译科亦有乡、会试，其设置废停及内容较多，主要在于培养、选拔通语言的人才，汉人不能参加。

(3)殿试

殿试，是会试中式者，即贡士，经皇帝亲试于殿廷，为最后一级考试。“乾隆间，改会试三月，殿试四月，遂为永制。”④

“殿试读卷官，十有四人，列大学士、学士、九卿、詹事，各疏请简用。”“殿试提调以本部尚书、侍郎、监试均以御史……殿试受卷、弥封、收掌，以翰林、给事中、内阁侍读、中书、本部仪制司官。”⑤

为防止交通关节，乾隆四年(1739 年)，“敕，禁止新进士于殿试前呈送颂朕，阅卷大臣务清白乃心，绝请托之私”。二十五年，改变读卷官住公所不锁院之制，“读卷官及监察之王大臣、科道收掌等官，请于文华殿两廊并传心殿之前后房住宿”，以免“潜通消息”⑥。

殿试初未确定专门地点。乾隆五十四年(1789 年)始确定在保和殿殿内进行。

殿试内容是经史时务策一道，每策包括三至五题，须一日内完成，否则列末等。当日收卷，由阅卷官在两日内看完，并初评出名次，由皇帝定夺。

殿试原则上不黜落，只是区分等次高下。“分一、二、三甲。一甲三人，曰状元、榜眼、探花，赐进士及第。二甲若干人，赐进士出身。三甲若干人，赐同进士出身。”⑦

殿试放榜及其他一些仪式十分隆重，与前代无较大差异。

3. 科举考试的限制与法制

一是有关科举考试的限制规定：

第一，为限制达官世族子弟，利用权势，交通关节，“中式独多”的弊端，增开“寒畯进身之路”。康熙三十九年(1700 年)，“定官、民分卷之法”，即分卷取中式名额。“乡试满、合字号二十卷中一，直省视举额十分中一，副榜如之。会试除云南、贵州、四川、广西四省

---

①③④⑦　《清史稿》卷 108《选举三》。

②　《清史纪事本末》卷 12《康熙勤政》。

⑤　《钦定大清会典》卷 31《礼部》。

⑥　《清朝通典》卷 18《选举一》。

外,编官卷二十人中一。未几罢会试官卷。乾隆十五年(1750 年)……始议中额二十五中官卷一,吏、礼部司员及内阁侍读子弟停编官卷。明年再议,以京官文四品、外官文三品、武二品以上及翰、詹、科、道等官为限。并减中额,顺天十四、浙江六,余省五至一名。二十三年……令官生大省二十卷中一,中省十五卷,小省十卷中一,满、蒙、汉军如小省例,南、北皿如中省例,中皿额中一名,不足一名入民卷。永以为例。"①

乾隆三十九年(1774 年),定官卷,"顺天乡试,在京三品以上及大小京堂、翰林、科道、吏礼二部司官;在外督、抚、提镇、藩、臬等官子弟,俱编官字号,另入号舍考试。各照定额,每十卷,民卷取中九卷,官卷取中一卷。其官卷或止数人者,不必另编字号"②。

尽管会试官卷、乡试官生分别占总录取额的二十分之一或十分之一,仍有明显优势,但是要比无限制好,于此可见清朝统治者具备了十分成熟的政治经验。

第二,为了保证乡、会试能如期结束,质量较高,康熙十五年(1676 年)定《科场条例》,主要内容有:

"一解卷迟延,司府官每十日罚俸两月。一磨勘试卷,字句可疑,主考同考降级罚俸有差,重者革职提问。一文体不正,主考分别罚俸降革,同考官降革提问有差。一举子试卷字句可疑、文体不正者,俱褫革;有蒙词累句者,罚停会试二科,不谙禁例者,罚停会试三科。一用墨笔蓝笔添改字句者,主考同考及同经共阅,分别降级。一取中卷内二三场,同考官蓝笔、主考官墨笔,不全点阅者,分别降罚。一各考官轻率辄改原墨者,降三级。一硃卷应先填举子名次,后填姓名,墨卷虽有姓名,亦应填写名次,违者降一级;墨卷错落及违式,应贴不贴者,受卷官降一级;本生文内笔误一二字,不碍禁者,罚停会试一科;错落题目者,罚停会试二科;其文内有不谙禁例,字句稍涉可疑者,罚停会试三科。一誊写错落数行者,誊录对读官罚俸。"③

清朝还以法律形式来防止科考作弊:

"一乡会试考试官、同考官及应试举子有交通嘱托,贿买关节等弊,问实斩决。"

"一岁贡生员册报到部,遇有事故,不许补贡,其未经报部,遇有事故者,勘明准令次考补,贡若丁忧及患病,勘明仍补该年之贡,如托故延至三年之外者,亦不准收,有司朦胧送补者,各治罪。"

"一应试举监生儒及官吏人等,但有怀挟文字银两并越舍与人换写文字者,枷号一个月,满日杖一百,发为民。其夫匠军役人等受财代替夹带传递及不举察捉拿者,发边外为民。官纵容者,交部议处,受财以枉法论。"

"一凡学臣考试,如提调官通同作弊及引诱为非者,同学臣一并革职提问,其学臣暗通关节、私鬻名器,提调官虽无通同引诱情弊而防范不严者,交部议处。学臣应用员役,倘有招摇撞骗及受贿传递等弊,提调官不行访拿究治者,亦交部议处。若学臣操守清廉,杜绝情弊,而提调官不得遂其引诱,反行挟制把持者,该学臣即行指参审实,将提调官照贪官例治罪。"

---

① 《清史稿》卷 108《选举三》。

②③ 《清朝通典》卷 18《选举一》。

"一凡考试官毫无情弊，下第诸生不安义命，逞忿混行搅闹者，发附近充军。"

"一官生录科，该学政瞻徇情面，滥行录送，如官卷内有文理荒谬，倖邀科第者，发觉之日，将送考官，一并严加议处。"

"一考职贡监生如有包揽代作等弊，察出题究，若监试御史隐匿瞻徇，照例议处。其假冒顶替者，本犯照诈假官律治罪，互结监生，照知情诈假官律治罪，出结之官，照例议处。若身故未经缴照者，限四个月准家属自首，如逾限不首查出，严行治罪，该地方官于已革已故未经缴照之人，徇隐故纵，不严行追缴，事发之日，照例议处。其先经考职，未经拣选，复行顶名重考，希图引见者，许出结互结首告，将本犯照律治罪，如知情不举，将出结互结人员一并严加治罪。"①

顺治九年(1652 年)"三月，革退会试中式第一名举人程可则名。并治考官胡统虞等罪。以阁臣范文程奏可则文理荒谬，首篇尤悖戾经注也"②。

顺治十四年(1657 年)"冬十月，杀大理评事张我朴、李振邺，中式举人田耜等。因本年北闱通关节，为御史任克溥所纠也"③。

"康熙已卯京闱，以贿赂公行，士子为文揭于市。逮治主考姜宸英、李蟠。姜瘐死，李谪戍。"④

4. 最后一次科举考试

光绪三十年(1904 年)是科举考试的甲辰年，是会试的正科年，又是慈禧七旬万寿庆典的恩科年，为庆贺太后寿诞，将两科合并称为恩科。尽管这次科举考试是在要求革除科举制的背景下举行的，但当时距改革派废除科举的时间要求还有相当一段年限，谁也没想到这将是一千三百年科举史上的末科会试。

会试主考官为日讲起居协办大学士兵部尚书翰林院掌院学士裕德、经筵讲官吏部尚书政务处大臣张百熙，副考官为经筵讲官尚书衔赏穿黄马褂都察院左都御使南书房行走陆润庠、吏部右侍郎兼管钱法堂事务戴鸿慈。

由于被八国联军烧毁的顺天贡院这一年还在修复中，此科会试考试地点仍确定在开封举行。

1902 年制定的科举改革办法中的其中一项是科举乡试、会试的考试废八股文改为论策试士，采用中外政治史论和具有现代性的考试题目，要求在四书五经之外增加"中国政治史"、"五洲各国之政"等内容。

甲辰恩科会试的试题内容灵活多样，注重现实、着眼改革，共考三场：

第一场考论五道，内容是中国政治史论问题，题目为："周唐外重内轻、秦魏外轻内重各有得失论"；"贾谊五饵三表之说，班固讥其疏。然秦穆尝用之以霸西戎中行说，亦以戒单于，其说未尝不效论"；"裴度奏宰相宜招延四方贤才与参谋议请于私第见客论"；"诸葛亮无申商之心而用其术，王安石用申商之实而讳其名论"；"北宋结金以图燕赵、南宋助

---

① 《大清律例》卷 6《吏律》。

②③ 《清史纪事本末》卷 5《顺治入关》。

④ 《养吉斋从录》卷 4。

元以攻蔡论”。

第二场考策五道，内容都是关于当时内政外交的重要问题，题目为：“学堂之设，其旨有三，所以陶铸国民，造就人才，振兴实业。国民不能自立，必立学以教之，使皆有善良之德、忠爱之心、自养之技能、必需之知识，盖东西各国所同。日本则尤注重尚武之精神，此陶铸国民之教育也。讲求政治、法律、理财、外交诸专门，以备任使，此造就人才之教育也。分设农、工、商、矿诸学，以期富国利民，此振兴实业之教育也。三者孰为最急策”；“周礼言农政最详，诸子有农家之学。近时各国研究农务多以人事转移气候，其要曰土地，曰资本，曰劳力。而能善用此三者，实资智识。方今修明学制，列为专科，冀存要术之遗，试陈教农之策”；“泰西外交政策往往藉保全土地之名收利益之实，盖缕举近百年历史以证明其事策”；“日本变法之初，聘用西人，而国日以强，埃及用外国人至千余员，遂失财政裁判之权，而国以不振。试详言其得失利弊策”；“美国禁止华工，久成苛刻，例今届十年期满，亟宜援引公法，驳正原约，以期保护侨民策”。

中式试卷要求能联系中国实际，提出自己的见解。许多考生能够联系国内实际，陈述己见。如傅增湲的答卷便对当时中国的交通铁路受制于他国，侨民不受保护等状况忧心如焚，痛陈建议。

考官评卷也与过去不同，注重考察应试者对新学的了解和运用。如对舒元璋墨卷的批语是：“西哲尝据重学以研究政治，盖天下大势，趋注于权，权所偏倚，即势所积重……驰观域外，旁通别录，于教育关系、国际关系，言之切切，而一种磅礴之气，尤觉飞动纸上。”

对章梫的推荐批语是：“第二场首篇，于国民教育之宜急，与大学专科实业学校不得不从缓之故，能抉其所以然，其论推广国民教育之普及及其课程学制，万缕千经，了如指掌，知作者热心教育，研求有素矣。以下四作，于古今中外情形，洞若观火，故所言皆切中情事，平实可行，非剌取浮词支撑门面者可比。”

第三场考四书、五经义，首题为“大学之道，在明明德，在亲民，在止于至善义”，次题为“中立而不倚强哉矫义”，三题为“致天下之民，聚天下自货，交易而退，各得其所义”。出题范围虽然与过去一样，由于不用八股文程式，各人的答卷较放得开。如舒元璋在第三题的答卷，一开头就说“间尝览五大洲之典籍，披环瀛之舆图”，力图出奇制胜。考官的批语则称赞说该卷“淹母古今，博通中外”。

末科会试，无论从内容还是题目形式，都已开始由古代选士考试制度向现代文官考试制度转型。

会试于四月初十日放榜，共取中二百七十六名，会元为湖南茶陵人谭延闿。

清乾隆二十六年（1761 年）以后，科举考试时间固定为：三月会试，四月二十一日殿试。因 1904 年会试地点在开封，恐中式贡士无法按时赶到北京，于是延期在五月二十一日于保和殿举行殿试。

殿试考官：王文韶（字夔石，浙江仁和人），鹿传麟（字滋轩，直隶人），陆润庠（字凤石，江苏元和人），张英麟（字振卿，山东历城人），葛宝华（山阴人），陈璧（字玉苍，福建侯官人），李殿林（字春丞，山西大同人），绵文（宗室）。

殿试策题四道：

第一道："世局日变，任事需才，学堂、警察、交涉、工艺诸政，皆非不学之人所能董理。将欲任以繁剧，必先扩其见闻，陶成之责，是在长官。顾各省设馆课吏，多属具文，上以诚求，下以伪应。宜筹良法，以振策之。"

第二道问汉唐以来兵制，并要求回答："能以今日情势证之欤？"

第三道策题为中国古代理财问题："此与各国之预算决算有异同否？"

第四道则直接问教育、科举与名节问题："士习之邪正，视乎教育之得失。古者司徒修明礼教，以选士、俊士、造士为任官之法。汉重明经，复设孝廉贤良诸科，其时贾董之徒最称渊茂。东汉之士以节义相高，论者或病其清议标榜，果定评欤？唐初文学最盛，中叶以后，干进者至有求知己与温卷之名，隆替盛衰之故，试探其原……今欲使四海之内，邪慝不兴，正学日著，其道何之从？"

这些殿试策问题目要求联系当时社会实际，为政治经济和教育改革出谋划策。从流传下来的殿试卷看，多数答卷能符合要求，可见末科会试和殿试已具备一定的现代文官考试性质。

二十二日读卷大臣在文华殿共同阅卷，评阅完毕定好初步名次之后，依例将前十名试卷进呈，由皇帝最后钦定名次。主考官最初进呈的名次是朱汝珍第一、刘春霖第二、张启后第三、商衍鎏第四，光绪看了进呈殿试卷，认为第二卷比第一卷更好，第四卷比第三卷更好，于是将一、二卷名次对调，三、四卷对调，结果钦定名次变为刘春霖、朱汝珍、商衍鎏、张启后。

殿试之后，五月二十四日（7月7日）是小传胪的日子，即所有进士在乾清门外阶下听候唱榜。阅卷大臣列甲第名次，进呈前十名殿试卷钦定，此制始于康熙二十四年（1685年），当日帝御养心殿，前十卷阅毕亲订名次，即于御前用朱笔一甲三名次序，二甲七名也依钦定名次，随即传前十名引见，叫小传胪。这一天所有进士在乾清门外阶下听候唱榜。民众也可随亲友入内看热闹，听宣的前十名进士，如传呼不到致误引见者，降至三甲末位。至于十名以下的试卷，由读卷官在内阁拆弥封，照排定名次，于卷面书第二甲、第三甲第几名，据以填榜，谓之填"金榜"。金榜用黄纸表里二层，以中书四人填写小金榜，恭存大内，供皇帝御览，四人写大金榜须请用"皇帝之宝"（盖皇帝玉玺），在传胪日张挂。

五月二十五日（1904年7月8日），在太和殿举行庄严隆重的甲辰科大传胪典礼，按照规制，开中和门、敲钟楼、韶乐齐奏鼓乐齐鸣，鸣鞭响彻云霄。正式宣布某年某月某日，策试天下贡士某某等若干名，第一甲赐进士及第，第二甲赐进士出身，第三甲赐同进士出身。唱出第一甲第一名状元、第二名榜眼、第三名探花之姓名。此榜共有二百七十三名进士，状元刘春霖（出身于河北省肃宁县一个普通农民家庭），榜眼朱汝珍，探花商衍鎏，传胪张启后。

当时不仅他们自己，而且谁都没有想到这竟是一千三百年中国科举史上的最后一榜进士（状元刘春霖后来戏称自己是"第一人中最后人"）。该科殿试发榜后的各种庆祝典礼隆重而又热烈。唱名之后，自大学士至三品以上官和新科进士向光绪皇帝行三跪九叩礼。礼毕，由礼部尚书将大金榜放置彩亭中的云盘内，导以黄伞，鼓吹前行，由太和中门送至东长安左门外彩棚张挂。

状元、榜眼、探花随榜至东长安门内，顺天府尹于此处相迎，为他们进酒、簪花、披红，亲自送三人上马。由午门中道而出，用鼓乐、彩旗、牌仗等引路前导，出午门后转向东城北行至新街口，在顺天府尹衙门宴饮后，经地安门外，由西城出正阳门至南门。

二十六日新科进士参加礼部举行的恩荣宴。发榜数日以后，所有新科进士都参加，选拔翰林的朝考。谭延闿排名第一，王庆麟、刘春霖、朱汝珍、商衍鎏等六十人名列一等。

朝考后的进士举行入进士馆仪式，入进士馆肄业。由于清政府视"新进士为从政之初阶"，将他们当作未来政府的栋梁之材，因此着意加以培养造就。特设进士馆学习新的世界知识。张之洞曾说到设立进士馆的目的为："欲使向业科举之士，增益普通学识，讲求法政、方言，以期皆能通时务而应世变。"从制度上设立进士馆是在1904年1月，在《奏定学堂章程》中便专门列有《进士馆章程》，该章程说明进士馆的立学总义为："设进士馆，令新进士用翰林部属中书者入焉，以教成初登仕版者皆有实用为宗旨，以明彻中外大局，并于法律、交涉、学校、理财、农、工、商、兵八项政事皆能知其大要为成效。每日讲堂功课四点钟，三年毕业。"进士馆于1904年5月26日开馆，开馆之始将所有仕学馆学生迁入。甲辰科进士是进士馆设立后发榜的唯一一科进士。1904年9月26日，政务处奏《更定进士馆章程》八条，对于1904年1月之进士馆章程作了补充修改，将新进士入学时分为内外两班，内班住馆肄业，外班到馆听讲，内外班学员考试毕业均一律办理。由于当翰林和中书职司的进士较清暇，故作为内班学员，而分在六部任职的进士则作为外班到馆听讲。然而，进士馆设立一年多，1905年9月科举制便被废止了，该考虑进士馆的结束事宜和学员的出路。到1906年8月26日，清朝学部奏请所有甲辰科进士在内班的学员，均送入日本东京政法大学补修科，其外班之部分学员有志留学者则分别选择送该大学速成科。学满毕业回京时一律考试，按照定章分别奖励。考试完毕之后，根据成绩分派各类政府职务。

科举中第，入馆学习，留学归国，走向岗位，甲辰科的进士们在大变革的时代或随波逐流，或逆风飞扬，进士们在后来的人生历程中分道扬镳。有的飞黄腾达青史留名，有的沉迹下僚默默无闻。

进士们第一次投入社会洪流中是因为日俄战争的爆发。日俄战争前后，留日的留学生组织了"拒俄义勇队"准备回国抗俄。结果清政府亲俄反日，学生们遭到了申斥。失望的留学生们于是走向了政府的反面，大半蜕变为革命党，回国搞反清运动，湖南的黄轸（黄兴）组织了华兴会，浙江的龚宝诠（章太炎的女婿）组织了光复会，湖北的吴禄帧办了个花园山机关，日后同盟会里的四大派系，有三派竟是同出一门的甲辰科进士。这批进士出身的留学生就这样成了埋葬清政府的革命家。

甲辰进士后来在政界、文化界都有杰出人物出现。在政界著名的有沈钧儒、谭延闿、汤化龙……沈钧儒身仕三朝，位极人臣，后来成为中华人民共和国第一任最高法院院长。谭延闿辛亥革命时，提笔写了篇讨袁檄文，开场两句就是："驱穷虏于塞外，定霸图于亚洲。"这位湖南都督登高一呼，各地湖湘子弟云集响应。十七个省至少有三分之一起来响应。民国以后，谭任国民政府主席，行政院长。汤化龙回国后任吏部主事，回乡任谘议局议长。曾任北洋政府教育总长、众议院议长等。辛亥年,武昌变,汤化龙献计于军政府:“事如此,当传檄于天下,并告友邦,以收人望。”民国后,曾出为湖北民政部长,进步党党魁,众议院议长。叶恭绰,北洋政府交通总长,五路财神之一。辛亥后追随中山先生参加革命,任交通部次长兼邮政总局局长,交通部总长,政绩辉煌。王庚在民国时曾任参、众议院议长。潘龄皋,曾任甘肃省省长,亲书《明思宗殉国三百年纪念碑》以志复国。江绍杰在安庆道响应辛亥革命,后任民国安徽省省长。江绍铨,民初组“中国社会党”,并以中国社会党代表身份出席莫斯科共产国际代表大会。会晤过列宁等。邵从恩,四川五老之一。甲辰进士蒲殿俊。留学归国后,先于京任法部主事兼宪政编查馆行走,后返乡,任省咨议局议长;民国以后,蒲殿俊任大汉蜀军政府都督。颜楷回国后供职翰林院加侍讲衔,二十五岁回川任保路同志会干事长。辛亥年间,四川路事起,与蒲殿俊领导四川人反对铁路国有,引发保路运动。晚年崇信佛学,为四川佛教协会会长。

甲辰科进士在文化界出名者较多,有不少人在中国文化史上留下了痕迹,如,叶恭绰致力艺术运动五十余年,至老不倦,是中国现代书画大师,20世纪著名文人、收藏家,重要的美术活动家和组织者。状元刘春霖以所谓“第一人中最后人”随许多同年先入进士馆,后留学日本,入东京法政大学深造。1907回国,历任咨政院议员、福建提学使、北洋师范学校监督等职。民国初年任袁世凯大总统府内史。袁崩后,淡出政坛。1937年“七七”事变后,日本侵略军占领北平,建立了伪政权,日伪企图借重刘春霖的高名,派人动员他出任北平市市长,被他严词拒绝。身处铁蹄之下,刘春霖坚贞不屈,始终不愿出来为日本侵略者做事,保持了晚节,于1942年卒于北平。刘春霖的书法,尤其是小楷在民国时期名重一时,可谓是一字千金。

榜眼朱汝珍也曾游学东京法政大学,回国后曾任国史馆编修、实录馆纂修,民国时期所编《词林辑略》由中央刻经院印行,该书对清代翰林的科分、出身、字号、籍贯、简历、著作等都有详细的记载。

探花商衍鎏20世纪50年代曾任中央文史研究馆副馆长,受国家领导人的指示,于1956年以八十三岁之高龄,写出了《清代科举考试述录》一书,于1958年由三联书店出版。

从末代科举进士的人生轨迹来观察,末科进士的文化素养很高,大多数人在变革的时代成了时代的弄潮儿,为社会的进步和发展做出了与其身份相符的贡献。

5. 科举入仕

(1)清代乡试考中的举人已经具有了任官的资格,只是不能马上获得任职,需要经过各种不同方式的挑选和吏部的铨选后,再候选任职。从清代举人的铨选方式上看,有拣选、截取、大挑、捐纳、加捐花样等形式。

清前期举人除授知县,实行拣选制、截取制。拣选制,即对会试三科不中的举人拣选其貌、言、书、判优秀者除知县。截取制,即按中试科分画线,截取部分举人除知县。举人经拣选或截取取得知县资格后,均须经吏部铨选方能得缺。由于拣选、截取的举人数量众多,铨补艰难。

乾隆十七年(1752年)开始实行大挑制,每六年举行一次。根据这一制度,举人参加正科会试三科(闽、粤、川、贵、滇、湘等边远省份一科)不中者,可参加面试大挑,十人取五,一等用知县,二等用教职。大挑仪式郑重,皇帝指派王公大臣在内阁主持,但主要以貌取人。具体由吏部堂官先行察验,再由数名王公大臣共同挑选,选取形貌和应对较好者任用为知县等职,分发各省试用。举人送国子监肄业三年后,经吏部考职优秀者也可以知县任用,参加吏部铨选。据《清稗类钞》描述,其时二十人一班站立一排,大挑官一眼望去,便先挑出相貌魁伟的三人,唱为用以任知县的"一等"人选,接唱俗称八仙不派实差的八人,随唱随出,下一班再进,依次循环。举人中不被挑为"一等"人选者,便常常采取加捐花样,以达到"不积班",尽快得到授职。

清代中后期又实行了捐纳、加捐花样两种铨选方式,加捐花样左右了铨选。

捐纳,又叫赀选、开纳,也称捐输、捐例,即人们所说的卖官鬻爵。它通常由政府条订事例,定出价格,公开出售,并成为制度,这就是捐纳制度。清代捐纳可捐实官,其中包括州县官。

清代捐纳始于顺治朝,完备于康熙、雍正、乾隆三朝,冗滥于咸丰、同治两朝,终于宣统朝。初时称作"暂行事例"。但内战军费猛增,黄淮决口导致南粮北运中断,旱涝地震造成哀鸿遍野,如不救济将化作暴动,于是清廷越来越广开捐纳。它与科举、荫袭、保举同为清朝选拔官吏的四个重大途径,存在了两百多年,对于清代的社会政治,尤其是晚清的社会政治、经济、文化产生过非常广泛而深刻的影响。

自康熙以后朝廷明订价格实行捐纳。后来由于空缺不足造成捐纳官职十分不易,使捐纳者畏缩不前,据陈康祺《郎潜纪闻》中记:"然开例三载,所入仅二百万有余,捐纳知县五百余人。始则缺多易得,后见非数年不能选授,亦后观望徘徊。"为此,清廷一度停罢加捐,此举受到人们的欢呼。昭梿在《啸亭杂录·纯皇初政》中记:"罢开垦,停捐纳,重农桑,汰僧尼之沼累下,万民欢悦,颂声如雷。"

加捐花样。据《清史稿·选举志七·捐纳篇》记载:"捐纳官或非捐纳官,于本班上输资若干,俾班次较优,铨补加速,谓之花样。"清代举人进士候选人数班次极多,按部就班需很多年才可能得到授职,加之捐纳得官者多,补缺不易,为了尽快获得授职,才又定出捐花样的办法。有清一代加捐花样名目繁多,有遇缺先、前先、尽先等。康熙朝,知县可花钱捐入"先用、即用班"。乾隆年间虽屡开捐例,在"月选"中有"不论双月选用及双月先用,不论双单月即用"等。道光时增加"插班间选"、"抽班间选"、"遇缺"、"遇缺前"等名目;咸丰时又增"分缺先"、"本班尽先"、"分缺间"、"不积班"、"新班遇缺"、"新班尽先"、"分缺先前"、"分缺间前"、"本班拟先前"、"不论班尽遇缺选补"等,又有"保举捐入候补班"、"候补捐本班先用"例,所谓"花样繁多,至斯已极"。不但"花样"班次多,而且"打折"鼓励加捐,实际纳捐成数不及定额之半,甚至只有一成至二成。

同治后,清廷对肯多出钱(输银在定额六成以上)的人,另立"银捐新班"、"新班尽先"、"新班遇缺"等。同治八年(1869年),吏部以"银班遇缺"占缺太多,改分班轮用,删"不积班",在"新班遇缺"上设立交纳十成实银的"新班遇缺先",叫作"大八成花样",统称"银捐"。五缺一轮,先用"新班遇缺先"三人,再以"新班遇缺"及各项轮补班各得其一,然后周而复始。无论选、补,"大八成花样"、"得缺最易,统压'正途'、'劳绩'各班"。

加捐花样的盛行,使吏制更加腐败。

清代中后期铨选之后的官员“候选”职位,出现了极度紧张的问题。清代各种官职均有定额编制。在任官员如亡故、告病(还乡)、休致(退休)、丁忧(父母之丧回乡守制)、终养(还乡奉养年迈父母)、参革(被参劾革职)等,便出现了编制缺额的现象,称为“出缺”,其相应的官职则称为“缺”。有资格的人,按出身、资历等分为进士、举人“班”,依次排序,候选补“缺”入仕。候选者“资格”的取得,分“正途”与“异途”。其中通过科考途径取得功名的进士、举人(称“科甲出身”)、贡监生、荫生、有特权的旗人以及国家大员保举的为“正途”;通过科考以外考试途径的吏员、生员,以及捐纳、军功途径的为“异途”。

铨选初期以科举为前提和基础。当时全国知县中“正途”出身占绝大多数。清初规定,举人参加会试三次未中进士,即准其挑选知县;若就教职,不拘年份。但是,举人每科中额一千两百余人,十年积累五千余人,铨官不及十分之一。加上有优于举人班的进士班(进士班选官也有迟至十余年的),乾隆间,“举人知县铨补有迟至三十年者”。

清初规定,候选者需到京赴部按月投供点卯。后一度取消,令各回原籍,由吏部查核年月前后,掣签拣选,然后将凭照寄发给当选者。然寄凭恐顶冒,遇有事故缴凭更选,都不方便。远省选人往返动辄经年,不能悬缺过久,于是“人文到部,按次铨选”终成“永制”。其间,清廷也看到候选者数年十数年“选期难料”,“往往饥寒旅邸”,而采取变通措施,允许部分应选者回籍。但候选者通常不回,因为需要按月投供点卯;而且毕竟京师交际多、信息多、机会多。乃至有十余年间寓京候选者,当事者生活压力、精神压力无以复加,无法掌控自己的命运,前途渺茫,乃至于进香拜神、求签问卜。

光绪二年(1876 年),江苏巡抚吴元炳等以银捐“序补过速,有见缺指捐之弊”,请停“以救其失”。四年(1878 年),各项花样一律停捐。但积重难返,连“进士即用知县”班不加捐花样都难以补缺,更无论其他人了。

清代捐纳的施行,加剧了吏治腐败,成为清代科举吏治的一大弊政,使得贪污腐败盛行,丧失民心,文人更是颜面扫地。

(2)清代取得进士资格后,立即授职。“一甲状元授修撰,榜眼、探花授编修,二、三甲进士授庶吉士、主事、中书、行人、评事、博士、推官、知州、知县等官有差。”①顺治十六年“冬十月,定进士除庶吉士外,著俱以推官、知县用,不得除授知州,因品级太悬也”②。

进士的另一重要途径就是参加考试而成为前景更光明的庶吉士。

庶吉士,即在中第进士中加以拣选而再进行深造的后备官员人才。雍正五年(1727年)规定“殿试后,集诸进士保和殿考试,仍令九卿确行保举。考试用论、诏、奏议、诗四题”。乾隆时,除“慎校文艺,复令大臣察其仪止、年岁,分为三等,钦加简选。三年,罢大臣拣选例,依省份甲第引见,临时甄别录用。后世踵行其制。嘉庆以来,每科庶常率倍旧额,各省无不入选者矣”。

中选者须入馆学习三年,“凡用庶吉士曰馆选。初制,分习清、汉书,隶内院,以学士

① 《清史稿》卷 108《选举三》。

② 《清史纪事本末》卷 11《开国法制兵制及官制》。

或侍读教习之。自康熙九年专设翰林院，历科皆以掌院学士领其事，内阁学士间亦参用。三十三年，命选讲、侍读以下官资深学优者数人，分司训课，曰小教习。六十年，以礼部尚书陈元龙领教习事。厥后尚书、侍郎、阁学之不兼掌院事者，并得为教习大臣，满、汉各一。雍正十一年，特设教习馆，颁内府经、史、诗、文，户部月给廪饩，工部供张什物，俾庶吉士肄业其中，尤为优异”。

庶吉士经三年学习，大多数经考试合格，正式授予多为人所羡慕的正式官职，仕途的坦荡前景令人鼓舞。“三年考试散馆，优者留翰林为编修、检讨，次者改给事中、御史、主事、中书、推官、知县、教职。其例先后不一，间有未散馆而授职编、检者。或供奉内廷，或宣谕外省，或校书议叙，或召试词科，皆得免其考试。凡留馆者，迁调异他官。有清一代宰辅多由此选，其余列卿尹膺疆寄者，不可胜数。士子咸以预选为荣，而鼎甲尤所企望。”①

二、其他仕途

1. 制科

制科，“天子亲诏以待异等之才”。清制科有三：博学鸿词科、经济特科、孝廉方正科。另有经学、巡幸召试与制科性质接近。

(1)博学鸿词科

康熙十七年(1678年)，诏开此科。“凡有学行兼优、文词卓越之人，不论已仕、未仕，在京三品以上及科、道官，在外督、抚、布、按，各举所知，朕亲试录用。其内、外各官，果有真知灼见，在内开送吏部，在外开报督、抚，代为题荐。”第二年，召试体仁阁，凡百四十三人，试赋一、诗一。

乾隆元年(1736年)，增试一场，诗、赋试外加试策、论一。二年，首场赋、诗、论各一，二场制策二。试卷由皇帝看阅。

考试完毕，按等取中，一、二等授职，“俱授为翰林官。以光禄少卿邵吴远为侍读。道员、郎中汤斌等四人为侍讲。进士出身之主事，中、行、评、博，内阁典籍，知县及未仕之进士彭孙遹等十八人为编修。举、贡出身之推、知、教职，革职之检讨、知县及未仕之举、贡、荫、监，布衣倪灿等二十七人为检讨。俱入史馆，纂修《明史》”。乾隆元年(1736年)，取一等五人，授编修，二等十人，检讨或授庶吉士。二年，“取一等万松龄，授检讨。二等张汉，授检讨。朱荃、洪世泽，授庶吉士”②。

经此科“以得第者，授官过优。至外间有野翰林之目”③。

(2)经济特科

经济特科，意在选拔“志虑忠纯、规模宏远、学问淹通、洞达中外时务者”，由“各部、院堂官及各省督、抚、学政保荐”，被保荐者于保和殿由皇帝亲策。“凡试二日，首场入选者，

---

① 《清史稿》卷108《选举三》。

② 《清史稿》卷109《选举四》。

③ 《清史纪事本末》卷21《鸿博经学诸特科》。

始许应复试，均试论一、策一。简大臣考校。"取一、二等授职，授职者，"京职、外任，仅就原阶略予升叙，举、贡用知县、州佐"。已与"特科"大相径庭。

此科只在光绪二十七年（1901 年）施行一次，正值清王朝风雨飘摇之际，于选拔无意义。

（3）孝廉方正科

雍正登位后诏开此科，以后凡遇皇帝即位均行之。此科是保举、审核与考试相结合。乾隆元年（1736 年），"吏部议准府、州、县、卫保举孝廉方正，应由地方绅士里党合辞公举，州、县官采访公评，详稽事实。所举或系生员，会学官考核，申送大吏，核实具题，给六品章服荣身。果有德行才识兼优者，督、抚逾格保荐赴部，九卿、翰、詹、科、道公同验看，候旨擢用。滥举者罪之"。乾隆五年（1740 年），"定考试例。除朴实拘谨、无他技能、不能应试者，例予顶戴，不送部外，其膺荐赴部者，验看后，试以时务策、笺、奏各一于太和殿门内。道光间，改于保和殿，如考试御史例"。

此科授官，初用知州、知县。后"分别以知县、直隶州州同、州判、佐杂等官及教职用。知县得缺视拔贡，教职视大挑二等举人，余均分省试用序补"①。

经学，选拔经学专门人才。"大学士、九卿、督、抚，其公举所知，不限进士、举人、诸生及退休、闲废人员，能潜心经学者，慎选毋滥。"以著述为取舍，乾隆十四年取四人，吴鼎、梁锡玙授国子监司业，陈祖范、顾栋高"以年老不能供职，俱授司业衔"②。

巡行召试，为皇帝巡行时，召试所到之地的读书人，中选者"赴京录用有差"③。

2. 学校与监生入仕

清代的国学和地方学基本上承袭明代旧制，又有变化。京师设国学，地方设府州县学，另设八旗、宗室等官学。

清朝统治者办学目的一是为各级学校输送人才，二是服务于科举考试，三是培养出一些下级官吏。第三点限于中央各学，与选拔紧密相关，即为监生入仕。

监生入仕，起初采用"拨历"、"积分"与"考职"，因其有脱离实际之不足，后遂以吏部考试与廷试结合来纠学校考试注重书本知识之偏。监生入仕，因其来源、出身、资格等差异，又定出不同的条例来规范之。

拨历，为监生坐监期满，分拨各部院实习，三月考满，一年期满，送廷试录用之制。"顺治三年（1646 年），祭酒薛所蕴奏定汉监生积分法。"即"常课外"，每月试经义、策论各一篇，一年中考一等十二次者，免拨历，直接参加廷试，破格录用。顺治十五年（1658 年），又定"积分法一年为限。常课外，月试一等与一分，二等半分，二等以下无分……积满八分为及格"。积分人数每年不超过十人。"恩、拔、岁、副，咨部历满考职，照教习贡生例，上上卷用通判，上卷用知县。例监历满考职，与不积分贡生一体廷试。每百名取正印八名，余用州、县佐贰。"

因贡途壅塞，科举日益成为正途，顺治十七年（1660 年），"停积分法，后遂不复行。康熙初，并停拨历，期满咨部考试，用州同、州判、县丞、主簿、吏目。自是部院诸司无监生"。

---

①②③　《清史稿》卷 109《选举四》。

"乾隆元年(1736年),定考职以乡试年,恩科不考。恩、拔、副贡考列一等以州同、二等以州判、三等以县丞选用。岁贡一等以主簿、二等以吏目选用。愿就教者听。捐纳贡监考取如岁贡例。五十六年停考职。嘉庆五年(1800年),仅一行之。"①

温承惠,"乾隆四十二年(1777年)拔贡,朝考首擢,除七品小京官,分吏部。拔贡内用自是始"②。

八旗官学学生"期满,择优保荐,考选录用"。宗学生,在乾隆九年(1744年),"定每届五年,简大臣合试两翼学生,钦定名次,以会试中式注册。候会试年,习翻译者,与八旗翻译贡生同引见,赐进士,用府属额外主事。习汉文者,与天下贡士同殿试,赐进士甲第,用翰林部属等官"。

觉罗学生"学成,与旗人同应岁、科试及乡、会试,并考用中书、笔帖式"。

景山官学生"肄业三年,考列一等用笔帖式,二等用库使、库守"。

咸安宫学生,乾隆二十三年(1744年)以后,"不论年份,许学生考翻译中书、笔帖式,库使"③。

3. 荫叙

清代按官品、爵位将达官贵族子弟分为"荫生"与"监生",这些人可经实习考试后授职或直接任职。

"雍正初,定例荫生、荫监生通达文义者,交吏部分各部、院试验行走。其十五岁以上送监读书者,年满学成,咨部奏闻,分部、院学习。又令文、武荫、监生通达文理者,遵例考试,以文职录用。"

考试之法,"雍正三年(1725年),令荫生到部年二十以上者,奏请考试引见。乾隆十一年(1746年),定考试以古论及时务策,钦派大臣阅卷,评定甲乙,进呈御览。文理优通者,交部引见。荒谬者,发回原籍读书,三年再试。历代遵例行"。

清荫叙的具体方法有内用、外用、改武职三种:

内用,雍正七年(1729年),"改定正一品用员外郎、治中,从一品用主事,正二品用主事、都察院经历、京府通判,从二品用光禄寺署正、大理寺寺副,正三品用通政使司经历、太常寺典簿、中、行、评、博,从三品用光禄寺典簿、銮仪卫经历、詹事府主簿、京府经历,四品荫生与捐纳贡监考职者一例,轮班选用"。

外用,"乾隆间定制,正一品用府同知,从一品用知州,二品用通判,三品用知县"。

改武职用,"雍正间定制",按品分任各级武官④。

"汉军录用,康熙十二年(1673年)原定一品用员外郎,二品用大理寺寺正、知州。雍正七年,用知州者以主事改补。乾隆五年(1740年),定三品用七品笔帖式,四品用八品笔帖式。"

"初制,非现任官不得荫,内务府佐领以下官不给荫。康熙六年(1667年),定各官不

---

①③ 《清史稿》卷106《选举一》。

② 《清史稿》卷358《温承惠传》。

④ 《清史稿》卷110《选举五》。

论级衔,均依实俸荫子,是年始许内务府佐领以下官子弟给荫。十二年,并许原品解任食俸者给荫。”

“乾隆四十五年(1780 年)改定嫡长子孙有科名尚未选用,及有职衔愿承荫者,许补荫。”①

以上为常荫,所有这些荫官,均作为正途出身。

难荫,顺治三年(1646 年)定制,“官员殁于王事者,依应升品级赠衔,并荫一子入监读书,期满候铨”。康熙十八年(1679 年)禁赠衔荫子。雍正十二年(1734 年),“奏定官员因公差委,在大洋、大江、黄河、洞庭、洪泽等湖,遭风飘殁者,依应升品级荫、赠,在内洋、内河飘殁者,减等荫、赠,八品以下,赠衔不给荫”。道光二十三年(1843 年)规定,八品以下官子弟,不得因难荫而得铨选。光绪二年(1876 年)定,现任官员如遇贼殉难或在军营病故者,可按该升之阶、衔赠给实官补荫,或依现任官荫赠。

特荫,“凡我朝宣劳辅治完全名节之臣”的子孙“送部引见加恩”。实际是与明代的“恩荫”一样。至于特荫的缘由,荫何人,授何官,均无定制②。

4. 捐纳

清始行捐纳尚有节制,“其后陕西赈荒、出塞运饷等事,则渐泛滥矣。始商人巴某等,初捐即补知府,言官论之,因革去。其后于振甲为运饷都统,则不由户部及九卿集议,径移吏部铨补。于是佥事方面显官亦在捐纳之列,初任即得补授,不惟知府矣。后左都御史张鹏翮疏言州县守令、教职,捐纳冗滥,九卿集议,遂欲通改幕职、佐贰等官”③。

清代广开捐纳之门,公开卖官鬻爵,严重破坏了正常的官员管理规则。又以捐纳换取官位者素质低、贪欲重,他们为了捞回已纳的捐款,在任内敲诈勒索,加紧搜括,无所不用其极。捐纳进一步推动清朝吏治滑向腐败的极端。清代的捐纳又分为以下几种情况:

(1)捐纳入仕

“清制,入官重正途。自捐例开,官吏乃以赀进。其始固以搜罗异途人才,补科目所不及,中叶而后,名器不尊,登进乃滥,仕途因之淆杂矣。捐例不外拯荒、河工、军需三者,曰暂行事例,期满或事竣即停,而现行事例则否。捐途文职小京官至郎中,未入流至道员;武职千、把总至参将。而职官并得捐升、改捐、降捐、捐选补各项班次、分发指省,翎衔、封典、加级、纪录。此外降革留任、离任、原衔、原资、原翎得捐复,坐补原缺。试俸、历俸、实授、保举、试用、离任引见、投供、验看、回避得捐免。平民得捐贡监、封典、职衔。大抵贡监、衔封、加级、记录无关铨政者,属现行事例,余属暂行事例。历代捐例,时有变更,惟捐纳官不得分吏、礼部,道、府非由曾任实缺正印官,捐纳仅授简缺,则著为令。铨补则新捐班次视旧班为优。此通例也。捐事户部捐纳房主之,收捐或由外省,或由部库,或省、部均得报捐。咸丰后,并由京铜局。凡报捐者曰官生。部予以据,曰执照。贡监并给国子监照。俊秀纳贡监或职衔,贡监纳职衔,由原籍地方官查具身家清白册,季报或岁报。纳职官者,查明有无违碍,取具族邻甘结,依限造报。逾限或查报不实,罪之。其大

①② 《清史稿》卷 110《选举五》。

③ 《古夫于亭杂录》卷 1《捐纳为官》。

略也。"①

捐纳在清朝前期作为解决临时性财政困难的一种手段,有所节制。顺治时,不准卖官爵,不时重申"无因输纳授官之理"②。六年(1649年),"以岁用不足,开监生吏典承差等捐例"③。

康熙年间,捐官大致是为垦荒、河工、军需三事需要,有钱者交纳额定银两或粮食,成为实职官员,职员或拥有职衔,总的讲是时行时停,至乾隆朝变化不大。"文官捐始康熙十三年(1674年),以用兵三藩,军需孔亟,暂开事例。十六年,左都御史宋德宜言:'开例三载,知县捐至五百余人。始因缺多易得,踊跃争趋,今见非数年不克选授,徘徊观望。宜限期停止,俾输捐恐后,既有济军需,亦慎重名器。'帝纳其言。"④可见此时,捐纳实官尚需待派,并对所捐品级有所限制。

雍正二年(1724年),"停止各项捐纳事例,以西边军务将次告竣也"⑤,可是难以持久。乾隆元年(1736年)"停京师及各省捐纳事例"⑥。七年,因上下江水灾又开捐例,京官中行评博以下,外官同知、通判以下,均属可捐之列。三十五年规定:"京官自未入流,从九品及一应小京官以上,至郎中为止。外官至未入流以上,至道员为止。至武职,旧例系捐至游击职衔,已属三品,毋庸再议。俱准其捐纳职衔,不准选用。"⑦

乾隆五十八年(1793年),谕说选用人才当"以正途为重",应停捐纳。"倘复有奏请开捐者,即为言利之臣,更当斥而勿用。惟贡监一途,乃众所愿,弗占正途,不过给予顶戴,无碍铨政,亦仿古人纳粟之意,事尚可行。"⑧尽管有此谕,但已坏以往之法。如顺治时,定准贡、例监出身官,不得捐补正印官。康熙时,定捐纳官到任三年称职者,具题升转,不称职者题参。又为避免捐纳人员升迁过快,"寻议郎中,道、府以下,小京官、佐杂以上,于现任内试俸三年,题咨实授,方许升转"⑨。

嘉庆以后,捐纳流行。道光时更加泛滥,除恢复以往的一切捐纳外,还增加贡生捐中书,增生、附生捐教职。捐纳可免初任官的实习,已任官员可以加级,可迅速补缺,可代替保举等,不一而足。

(2)捐纳复职

捐纳还可使革职之人官复原职。乾隆二十一年(1756年),"定革职人员,概准捐复例"⑩。

李奉翰"入资授县丞,补沂水……坐事罢,复入赀,还原官"⑪。

(3)捐纳指分

本来官员分派何地是由吏部决定,但捐纳者如捐官后再出一定数额之钱,就可以自

①④⑨ 《清史稿》卷112《选举七》。

② 《清史稿》卷4《世祖一》。

③ 《清史纪事本末》卷5《顺治入关》。

⑤ 《清史纪事本末》卷23《雍正英察》。

⑥⑩ 《清史纪事本末》卷28《乾隆极盛》。

⑦⑧ 《清续文献通考》卷93《选举十》。

⑪ 《清史稿》卷325《李奉翰传》。

选省份，名为“指分”。

咸丰二年（1852年），“定各省捐赀助饷，准文武乡试中额及文武试学额例”①。即由一省或府、州、厅按规定数额捐输，就可以在科举考试中增加中式人员及地方学校的人数。

5. 吏员出职

吏员系指在官府各部门承办具体杂项事务之最低级行政人员。清吏员来源有二，一为考取，一为募充。

吏员任期满后，主要以考职形式进入品官，即为吏员出职。清制，“凡吏员授职，在京书吏、供事，在外吏攒，均五年役满考职。分四等，一等以府经历用，二等以主簿用，三等以从九品杂职用，四等以未入流杂职用。在京事繁书吏，役满，勤慎无过。仓书、役满，无亏空，均免考，以从九品、未入流兼掣选用。礼部儒士，三年期满，免考职，以铸印局大使及外府检校、京外典史选用”②。

顺治五年（1648年），“定内外各衙门办事吏员，实历五年者，即与考取佐贰杂职等官”③。

雍正元年（1723年）谕：“自后书办五年考满之后，各部院堂司官查明，勒令回籍听选。如有逗留不归者，饬令五城司坊官，稽查遣逐。”④

嘉庆十二年（1807年）规定：“考职人员如有因铨选无期，情愿注销职衔，另图别业者，准其注销。仍行文该吏原籍地方，不得再行充吏。”⑤

同治六年（1867年），通政司于凌辰奏：“凡系派书吏差使，永不得层层递保至正印官阶，以示限制，而杜冒滥庶。”⑥

三、科举的终结

从现代一般的视角看，常人了解的科举大多是明清时期的情况。清代科举“沿明制二百余年”用八股文取士。所谓八股文，据《明史·选举志二》记载：“专取四子书及《易》、《书》、《诗》、《礼》、《春秋》五经命题取士，盖太祖与刘基所定。其文略仿宋经文，然代古人语气为之，体用排偶，谓之八股，通谓之制义。”考生必须仿古人口气而不能发挥自己的见识，文体只用排偶不能创新，不讲当时之事只叙秦汉以前三代故事的做法，僵化了读书人的思维，成为统治者控制士人思想的有效工具。清对此有之而到极致，将科举的八股文制度发展到了无以复加的地步，走上了比明代更为思想封闭、视野狭小的保守落后道路，如在考试内容上更加强调“四书文”必须以程朱注释为准，绝不允许士人有自己的思想。使大多数读书人“两耳不闻窗外事，一心只读圣贤书”，终身困于场屋，虚耗了毕生精力。许多举人、进士一旦以八股文过关，摘取了科举功名，成为国家的管理者，但他们对国家大事、社会经济、文化学问知之甚少。不仅如此，还有一些科举中试者，连学

---

① 《清史纪事本末》卷45《咸丰时政》。

② 《大清会典》卷5《吏部》。

③ 《清史纪事本末》卷11《开国法制兵制及官制》。

④ 《清朝文献通考》卷54《选举八》。

⑤⑥ 《清续文献通考》卷89《选举六》。

术上的事情也不太搞得清楚。清初的王士桢在其《香祖笔记》中记载了一个故事:一个读书的幼儿读私塾时,家乡的一位甲科的前辈路过,看见幼儿就问:“读的何书?”幼儿答:“《史记》”。问:“何人所著?”答:“司马迁。”问:“他是哪科进士?”答:“司马迁是汉代的太史令,不是进士。”这位前辈将书拿过去,翻了翻,看了一两行,对幼儿讲:“这本书不怎么样,你为什么要看这种书?”八股取士对于中国社会发展却起到了十分不利的作用,使长期引领世界的中华文明停滞下来,并不断受到海外列强的侵略和干扰。

与前朝不同的是:清中期以后,四书、五经的题目在历次科举考试中已经出尽了,但最高统治者为了自身的利益,又不想改变八股考试方法,只得对科举考试的做法进行了一些有限的修正和调整。如在乡试、会试加试“试帖诗”。针对考试作弊越来越严重的情况,建立了比明朝更为复杂的、各种形式的回避制度,复试、复查制度和施以重刑惩治科举考试案件的制度。清代规定:

一是对乡试、会试后的中试者进行复试,始于顺治十四年(1657年)发生的乡试南北闱案。当时,将江南和顺天的新举人押到宫中瀛台,每名举人由两名士兵持刀押护进行复试。到嘉庆年间,复试成为制度。

二是对清初就对新举人进行复查,即磨勘。要求乡试结束后,依距离京师的远近为时限,将考生试卷送到吏部进行复查。检查考试有无作弊的情况,视看考卷有无瑕疵。如发现考卷有字体不正、文句可疑、内容有误的情况,就将举人除名。如查出考官阅卷错误、抄录草率等情况,则追究有关人员的责任。因复查量很大,乾隆年间确定:选六部官员充任磨勘官员,命令磨勘官员在所复查的考卷后签名以防遗漏并定奖惩依据。

三是建立范围广泛的回避制度。在确立科举制的唐代,就有了“别头试”的回避制度,即考官的子弟应试,由吏部另行出题考试。到了明代,科举的回避更为严格,发展到凡担任考官的子弟不准参加当年的考试。清代则将科举回避的范围扩大了很大,据《清史稿·选举志》记载,科举考试时,不仅主考、同考等直接的考官,凡是参与考试事宜的知举、监临、监试、提调以及负责受卷、弥封、抄录、对读官员的子弟和亲族人员,均一律不得参加本届科举考试。违反者,一经查出,就追究有关人员的责任。

四是实施严刑峻法的惩戒制度。顺治十四年对乡试南北闱案的处理,是科举以来历代最惨烈的。为了阻止日益严重的科举作弊事件,皇帝大开杀戒,不但受贿的考官和行贿的考生立即被处死,还将父母妻子以及相关亲属全部流放。从此,开严惩科举考试作弊的先例,处死受贿的考官和行贿的考生成为法律。

虽然如此,随着封建社会走入死胡同,与之相伴相生的科举考试,其积极作用越来越难以见到,其弊端反而更易显现。如到了清代后期,尽管制定的科举考试的防范措施已经十分严密,但作弊现象难以去除,许多作弊的新招数成为当时公开或半公开的秘密,如怀夹考题、替人代考、泄露试题、暗示范围等。考官与考生的回避本意是避免发生不公平的事件,然而,花样繁多的“通关节”却可以使回避制度发生质变,即考官和考生在考前约定暗号,就可以将试卷的作者识出,从而在严密的防范措施中找出漏洞。据《清稗类抄》记载:为了只让考官知道又不让别人发现约定的秘密,就巧妙地运用在试帖诗中的某一联里加“水烟袋”三字作为暗号,当答题中出现“烟水潇湘地,人才夹袋储”一句时,考官与考生就自然地联系上了。又如考官出题，经常出现“黔驴技穷”的情况，就源于四书、五经的题目因反反复复、历朝历代地出，早就出完了。没有办法，考官就只有采用“窃取、搭配”的方法来对付考生，即用四书五经中的一句话或半句话，有时用几个字，与不同章节的另一句话或半句话进行组合成一个试题。这种情况，不仅让考生摸不着头脑，考官又何以阅卷评分？堂堂的科举选人成为糊弄士人的工具，科举还有存在下去的必要吗？维新人物康有为在《请废八股折》中就说：“譬如《中庸》‘及其广大，草木生之’……但取‘大草’二字为题。如此之例，不可殚书。”这种出题法，让“举国人士伏案揣摩，皆不出此‘大草’文法也”。与此同时，统治集团中的许多台面人物如张之洞、袁世凯等，也成为兴新学、废科举的倡导者。他们提出了废止科举考试的具体建议：在光绪二十九年(1904 年)以后的十年，停止科举考试，文官的选用全用新式学堂的学生。次年，袁世凯又会同盛京将军赵尔巽、湖广总督张之洞、两江总督周馥、两广总督岑春煊、湖南巡抚端方等地方大员会奏：科举阻碍学堂，妨碍人才，应立停科举，广开学堂。清政府面对如此局面，不得不下诏停止科举。

清代各科状元、会元、录取人数一览表

庙号	年号	科名	状元	会元	登科数	备注
顺治	三	丙戌	傅以渐	李奭棠	373	
	四	丁亥	吕宫	李人龙	298	
	六	己丑	刘子壮	左敬祖	295	
	九	壬辰	麻勒吉	麻勒吉	50	满洲榜
	九	壬辰	邹忠倚	张星瑞	397	汉人榜
	十二	乙未	图尔宸	查亲	50	满洲榜
	十二	乙未	史大成	秦鉽	449	汉人榜
	十五	戊戌	孙承恩	张贞生	343	
	十六	己亥	徐元文	朱锦	376	
	十八	辛丑	马世俊	陈常夏	383	
康熙	三	甲辰	严我斯	沈珩	200	
	六	丁未	缪彤	黄仍绪	155	
	九	庚戌	蔡启僔	宫梦仁	299	
	十二	癸丑	韩菼	韩菼	166	
	十五	丙辰	彭定求	彭定求	209	
	十八	己未	归允肃	马教思	151	
	二一	壬戌	蔡升元	金德嘉	179	
	二四	乙丑	陆肯堂	陆肯堂	164	
	二七	戊辰	沈廷文	范光阳	146	
	三〇	庚午	戴有祺	张瑗	157	

续表

庙号	年号	科名	状元	会元	登科数	备注
	三三	甲戌	胡任舆	裴之仙	168	
	三六	丁丑	李蟠	汪士铉	150	
	三九	庚辰	汪绎	王露	305	
	四二	癸未	王式丹	王式丹	166	
	四五	丙戌	王云锦	尚居易	290	
	四八	己丑	赵熊诏	戴名世	292	
	五一	壬辰	王世琛	卜俊民	277	
	五二	癸巳	王敬铭	孙见龙	196	万寿恩科
	五四	乙未	徐陶璋	李锦	190	
	五七	戊戌	汪应铨	杨尔德	165	
	六〇	辛丑	邓钟岳	储大文	163	
雍正	元年	癸卯	于振	杨炳	246	登极恩科
	二	甲辰	陈德华	王安国	299	
	五	丁未	彭启丰	彭启丰	226	
	八	庚戌	周澍	沈昌宇	399	
	十一	癸丑	陈倓	陈倓	328	
乾隆	元	丙辰	金德瑛	赵青藜	344	
	二	丁巳	于敏中	何其睿	324	特恩开科
	四	己未	庄有恭	轩辕诰	328	
	七	壬戌	金甡	金甡	313	
	十	乙丑	钱维城	蒋元益	313	
	十三	戊辰	梁国治	郑忬	264	
	十六	辛未	吴鸿	周沣	243	
	十七	壬申	秦大士	邵嗣宗	231	皇太后万寿恩科
	十九	甲戌	庄培因	胡绍鼎	241	
	二二	丁丑	蔡以台	蔡以台	242	
	二五	庚辰	毕沅	王中孚	164	
	二六	辛巳	王杰	陈步瀛	217	皇太后万寿恩科
	二八	癸未	秦大成	孙效曾	188	
	三一	丙戌	张书勋	胡珊	213	
	三四	己丑	陈初哲	徐烺	151	

续表

庙号	年号	科名	状元	会元	登科数	备注
	三六	辛卯	黄轩	邵晋涵	161	皇太后 万寿恩科
	三七	壬辰	金榜	孙辰东	162	
	四〇	乙未	吴锡龄	严福	158	
	四三	戊戌	戴衢亨	缪祖培	157	
	四五	庚子	汪如洋	汪如洋	157	万寿恩科
	四六	辛丑	钱棨	钱棨	169	
	四九	甲辰	茹棻	侯健融	102	
	五二	丁未	史致光	顾钰	141	
	五四	己酉	胡长龄	钱楷	108	
	五五	庚戌	石韫玉	朱文翰	97	万寿恩科
	五八	癸丑	潘世恩	吴贻咏	81	
	六〇	乙卯	王以衔	王以铻	110	恩科
嘉庆	元	丙辰	赵文楷	袁樾	144	登极恩科
	四	己未	姚文田	史致俨	220	
	六	辛酉	顾皋	马有章	275	恩科
	七	壬戌	吴廷琛	吴廷琛	248	
	十	乙丑	彭浚	胡敬	243	
	十三	戊辰	吴信中	刘嗣绾	261	
	十四	己巳	洪莹	孔傅伦	241	万寿恩科
	十六	辛未	蒋立镛	朱壬林	237	
	十九	甲戌	龙汝言	瞿溶	226	
	二二	丁丑	吴其濬	庞大奎	255	
	二四	乙卯	陈沆	费庚吉	225	万寿恩科
	二五	庚辰	陈继昌	陈继昌	246	
道光	二	壬午	戴兰芬	吕龙光	222	登极恩科
	三	癸未	林召棠	杜受田	246	
	六	丙戌	朱昌颐	王庆元	265	
	九	己丑	李振钧	刘有庆	221	
	十二	壬辰	吴钟骏	马学易	206	恩科
	十三	癸巳	汪鸣相	许楣	220	补行正科
	十五	乙未	刘绎	张景星	272	

续表

庙号	年号	科名	状元	会元	登科数	备注
	十六	丙申	林鸿年	夏子龄	172	恩科
	十八	戊戌	钮福保	王振纲	194	
	二〇	庚子	李承霖	吴敬羲	180	
	二一	辛丑	龙启瑞	蔡念慈	202	恩科
	二四	甲辰	孙毓溎	焦青宇	209	
	二五	乙巳	萧锦忠	蒋超伯	217	恩科
	二七	丁未	张之万	许彭寿	231	
	三〇	庚戌	陆增祥	邹石麟	212	
咸丰	二	壬子	章鋆	孙庆咸	239	登极恩科
	三	癸丑	孙如僅	吴凤藻	213	
	六	丙辰	翁同龢	马元瑞	216	
	九	己未	孙家鼐	马传煦	239	
	十	庚申	钟骏声	徐致祥	187	恩科
同治	元	壬戌	徐郙	李庆沅	193	
	二	癸亥	翁曾源	黄体芳	200	补行登极恩科
	四	乙丑	崇绮	廖鹤年	265	
	七	戊辰	洪钧	蔡以瑺	270	
	十	辛未	梁耀枢	李联珠	323	
	十三	甲戌	陆润庠	秦应逵	338	
光绪	二	丙子	曹鸿勋	陆殿鹏	324	登极恩科
	三	丁丑	王仁堪	刘秉哲	329	
	六	庚辰	黄思永	吴树棻	330	
	九	癸未	陈冕	宁本瑜	308	
	十二	丙戌	赵以炯	刘培	319	
	十五	己丑	张建勋	许叶芬	296	
	十六	庚寅	吴鲁	夏曾佑	326	恩科
	十八	壬辰	刘福姚	刘可毅	317	
	二〇	甲午	张謇	陶世凤	314	
	二一	乙未	骆成骧	陈海梅	279	
	二四	戊戌	夏同龢	陆增炜	348	
	二九	癸卯	王寿彭	周蕴良	315	恩科
	三〇	甲辰	刘春霖	谭延闿	273	恩科

据《清朝文献通考》《清朝续文献通考》制。

第三节 晚清文官选任的新思想

1840年英国以武力叩开了中国的大门，西方列强蜂拥而至，中国进入半殖民地半封建的社会阶段。以武力为后盾的文化侵略，将各种各样的社会思潮和文化教育模式带进中国社会。封建地主阶级的知识分子和统治集团中的能人志士对此或惊喜，或困惑，或忧虑，或恐惧，各种心态交织在一起。

一批地主阶级的有识之士开始用新眼光去认识世界，用新思维方式思考本阶级的利益。在当时历史条件下，他们只能将眼光盯在“人才”或“实业”等方面，不可能去认识更深层次和更本质的问题。尽管如此，他们对旧的职官选任制的抨击和对新的选任制的构想及实践也有深远的历史意义。

民主革命的先行者孙中山放弃医生职业，立志救国救民。1894年，年轻的他北上来到天津，上书李鸿章，提出“人尽其才，地尽其利，物能尽其用，货能尽其流”的革新主张。

一、龚自珍、魏源等人对科举制的抨击

近代地主阶级爱国知识分子龚自珍、魏源、姚莹等人首先向科举制发难。他们认为：人才是治理国家之根本所在，而在当时，内政无相才，军事无将才，教育文化方面亦是人才匮乏到极点，这造成了国家的积贫积弱。姚莹《康辅纪行》载，中国知识分子孤陋寡闻，“狃于不勤远略，海外事势夷情，平日置之不讲，故一旦海舶猝来，惊若鬼神，畏若雷霆”。考察人才不济的原因，除清王朝专制统治和实行民族压迫外，主要是科举制的腐朽而埋没人才。因此，他们一面抨击科举制的流弊，一面又提出一些新的主张。

龚自珍、魏源等人研究现实问题变革科举、经世致用等看法和主张，是符合时代发展的潮流和规律的，得到了一些有志之士的赞同。如《随园诗话》载吴江徐灵胎的诗文云：“读书人，最不济，滥时文，烂如泥。国家本为求才计，谁知道变做了欺人技。三句承题，两句破题，摆尾摇头，便道是圣门高弟。可知道三通四史，是何等文章？汉祖唐宗，是那一朝皇帝？案头放高头讲章，店里买新科利器；读得来肩背高低，口角唏嘘，甘蔗渣儿，嚼了又嚼，有何滋味？辜负光阴，白日昏迷，就教骗得高官，也是百姓朝廷的晦气。”又如《皇朝续文献通考》云：“孔子曰：推十合一曰士，不知今日之彪彪然以士自号者，其能推而合之者有几也？国家之礼士，不为不重，凡以为治民耳。夫岂不欲得经义治事者而任之？乃者所习非所用，所取亦非所用，所谓文章之士，不可以治国者，意在斯乎！顾皇朝开国二三百年，挟时文以进者，亦每有魁垒鸿石磊落乎鼎钟，此特亭林谓士之能得科目，非科目能得士也。”正因为如此，虽然当时龚自珍、魏源的主张未得到当政者鄂尔泰的认可与采纳，但对后来的影响却十分深远。

二、洋务派培养新式人才的思想

“船坚炮利”，是西方列强取得对清朝军事胜利的原因，逐渐成为近代士人的共识。继龚自珍、魏源等人之后，地主阶级的地方实力人物代表曾国藩、李鸿章等人开始将“师

彼之长,去我之短”的思想逐步深化为实践①,即分别进行练兵、购船、制器,以后则统为办洋务。曾国藩虽然是科举出身的士大夫,但对于考卷之误人终身的道理却知之极深,他在家书中说:“吾谓六弟(国华)今年入泮固佳,万一不入,则当尽业前务,一志从事于先辈大家之文。年过二十,不为少矣,若再扶墙摩壁,役役于考卷截搭卜题之中,将来时过而业仍不精,必有悔恨于失计者,不可不早图也。余当日实见不到此,幸而早得科名,未受其害,向使至今未尝入泮,则数十年从事于吊渡映带之间,仍然一无所得,岂不腼颜也哉?此中误人终身多矣!温甫以世家之子弟,负过人之姿质,即使终不入泮,尚不至于饥饿,奈何亦以考卷误终身也!”②出于对科举制扼杀人才的认识,他们主张应大力培养能办理洋务的新式人才,曾国藩认为,旧式科举培养出的士人,因所学的是崇尚空谈的儒家经典,因此,这些人办事一般都是退缩、琐屑、敷衍了事,“但求苟安无过,不肯振作有为,将来一遇艰钜,国家必有乏才之患”③。李鸿章也说:“居今日而欲整顿海防,舍变法与用人别无下手之方,伏愿我皇上,顾念社稷生民之重,时势艰危之极,常存焰然不自足之怀,节省冗费,讲求军实造就人才,皆不必拘执常例,而尤以人才为亟要,使天下有志之士,无不明于洋务,庶练兵、制器、造船各事可期逐渐精强。积诚致行,尤需岁月,迟久乃能有济。”④对于培养造就新式人才的方式,洋务派从维护封建统治的愿望出发,主张对科举制度进行若干方面的改良,前文已叙。

三、维新派关于人才选任的新思想

19世纪后期出现的资产阶级维新派,主张全面废除科举制,建立西方式的人事制度。康有为、梁启超等人发展了郑观应等人的思想,比较系统地提出了全面变革封建人事制度的主张。

第一,改变在人事问题上的专制做法,实现民众对人才的选择。维新派人士首先揭露了吏治发展到19世纪90年代后表现出的各种弊端。康有为形象地描述了当时吏治的状况是,“窃观内外人情,皆酣嬉偷惰,苟安旦夕,上下拱手,游宴从容。事无大小,无一能举。有心者叹息,而无所为计;无耻者嗜利,而藉以营私”。这样下去如不加以改变,必然会使“大厦将倾,而处堂为安;积火将燃,而寝薪为乐”的现象发生。因此,必须从根本上对造成这种现象的原因进行纠正,必须对现实“知其害而反之”⑤。其次,维新派人士找出了中国吏治弊病的根源,他们指出,封建皇帝及其控制的人事机构完全掌握了选择、任用官吏的权力,而未给广大民众丁点选择与监督官吏的权利。因此,必须使用一种全新的方法来取代这种传统做法,以根除造成吏治腐败的弊端。最后,维新派人士借鉴西方国家人事制度的模式,提出了行公举、设议院、大集群才的主张,即仿照欧美各国,建立资产阶级的选举制度。

---

① 《李文忠公全集·奏稿》卷24。

② 萧一山. 曾国藩传. 南京:江苏人民出版社,2014:39.

③ 《曾文正公文钞》首卷。

④ 筹议海防折//李鸿章全集(第2册). 长春:时代文艺出版社,1998:1211.

⑤ 余音选编. 康有为睿语. 合肥:黄山书社,2010:26.

第二,探求各种选拔、使用及提拔人才的办法。首先,维新派指出了改变传统做法的必要性和必然性。如早期维新派代表人物郑观应就已经在其撰写的《盛世危言》中指出,中国自秦汉以来的制度,“科条非不密也,其奉行而持守之者,非不严明也”,但这种制度“适以束缚天下之君子,而便利于天下之小人”,因此,应将这种制度一扫而空,更好的办法就是开设议院,使“选举之权操于议院”,“百僚升降之权归于议院”。其次,维新派提出了在中央和地方设立议会的设想。陈虬主张在京师设置都察院,其中设议员 36 人,由中央各部推举,以此机构议论国事。何启、胡礼恒等人提出设立地方议会的问题,主张省、府、县各设议员六十名,由公举产生,“凡二十岁以上,非残疾而能读书明理者”都具有公举权,由他们推举“其平日最心悦诚服者,书其名以献有司”,而“有司将多人书名者取之”成为议员;或由秀才举举人为府议员,举人举进士为省议员。这些公举人才的设想,已具备了资产阶级选举制度的特点。最后,维新派提出“广开功名之路”,搜求各种“才识闳达”和有能力的人的具体办法①。除设议院、实行公举以外,康有为还提出了开武英殿的设想,即每十万户举一人为“议郎”,由皇帝“广悬图书,俾轮班入值,以备顾问”②,并“大集群才而谋变政”③。1898 年以后,维新派又提出建立制度局的主张,使政府机构中有了带有咨询性质的机关。

第三,大力提拔创新人才。首先,维新派指出封建统治者用人的传统和弊端是论资排辈,窒息了人才的生机。如康有为认为,“大臣皆非以才能进用,率以年资累官”这种制度,必然导致官吏不思进取,得过且过,按部就班地进行升迁。因此,当时的官吏多“以安静为良图,或年已耆耄,精神渐短,畏言兴革,多事阻挠”。这样的官吏,绝不可能“责以旋乾转坤之任”,更不可能“为拨乱之任”④。其次,提出破除旧制,创立新的提拔制度设想。维新派主张在提拔重用人才方面去“常格”,“凡有高才,不次拔擢”;采用凡各方面推荐的人才均“悉令引见,询以时事”的办法,从中发现真才实学的人员,予以任用并行提拔,使“天下之士,既怀国耻,又感知遇,必咸致死力”⑤。最后,主张完善对地方官员的选拔。维新派认为,中国地域辽阔,人才众多,许多有用之才藏匿于地方,要把这些人才充分发掘出来并委以重任,就应设立一个专门机构来进行这项工作。康有为提出,“每道设一民政局,妙选通才”,该局官员自一品至七品京朝官皆可为之,准其专折奏事,体制与督抚平;每县设立民政局,由督办派员,会同地方绅士,共议新政,行政经费则“以厘金与之”。实行这些改革之后,便可做到“内外本末,指臂灵通”⑥。

第四,改革官制,精简机构,裁减冗员。维新派针对清政府机构重叠、职能交叉的弊端,提出了“变官制”的主张。中央机构中的“太常、光禄、鸿胪可统于礼部,大理可并于刑部,太仆可并于兵部,通政可并于察院,其余额外冗官皆可裁汰,各营一职,不得兼官”⑦。

---

① 姜义华编.康有为全集(第二集).上海:上海古籍出版社,1987:192.

② 《康有为政论集》上册。

③ 余音选编.康有为睿语.合肥:黄山书社,2010:36.

④ 翦伯赞等.戊戌变法(第二册).上海:神州国光社,1953:187,185.

⑤ 黄晶.康有为传.北京;北京联合出版社,2013:101.

⑥ 孔祥吉.康有为变法奏议研究.沈阳:辽宁教育出版社,1988:177.

⑦ 翦伯赞等.戊戌变法(第二册).上海:神州国光社,1953:151.

因此康有为认为,地方机构的改革重在减少中间层次,“层次既寡,宜治较易”①。与此同时,康有为还提出了裁减冗员的办法,他说:“大校天下官吏贤否,其疲老不材者,皆令冠带退休。”②对于军队冗员,康有为也提出了裁减的办法,他指出“营兵必须精强”,“吾将才不足,宜令各州县皆立武备学堂,选士肄业,天文地理、布阵绘图、测量算法,选其高等,乃授兵官。其近支王公少年英迈者,宜皆令入堂学习,以备统师,自余旧卉,不通文义韬略者,除勋望大臣及剽悍劲将外,皆予沙汰。规模即变,精神一新,既无践武之风,自收干城之用,是谓广学堂以练将才”③。

此外,维新派还想借鉴当时英美等国实行的文官制度,提出了建立官吏专职化,即提出了相当于西方文官制度中的常任官制度的问题。如康有为在《上清帝第五书》中就指出,“吏胥之宜易用士人,百官之官终身专职”,明确地表达了舍弃封建人事制度,建立仿西方资产阶级人事制度的愿望。

维新派关于人事变法的主张,随着整个变法运动的失败而流产了,但它在各个方面触动、影响甚至一定程度的改变了人们传统的思维方式和生活方式,一些资本主义的观念被介绍到封闭的中国社会中来,唤醒了一大批沉迷于故纸堆中和科举场中的知识分子,为清末沉闷的社会带来了一派新风气,这就使统治集团内部原来就有的矛盾进一步扩大。同时,维新派关于人事变法的主张虽然在当时遭到封建顽固势力的扼杀,但对以后的影响却相当深远,如废八股、兴学校,无论谁、不管是愿意不愿意,“皆不得不舍其兔园册子帖括讲章,而争讲万国之故,及各种新学,争阅地图,多购译出之西书”,以满足求知欲望并进行创新思维。“八股既废,数月以来,天下移风,数千万之士,皆不得不舍其兔园册子帖括讲章,而争讲万国之故,及各种新学,争阅地图,争讲译出之西书,昔之梦梦然不知有大地,以中国为世界上独一无二之国者,今则忽然开目,憬然知中国以外,尚有如许多国,而顽陋倨傲之意见,可以顿释矣。虽仅数月,八股旋复,而耳目既开,民智骤进,自有不甘于谬陋者,旧藩顿决,泉涌涛奔,非复如昔日之可以掩闭抑遏矣。故此数月废八股之效,其于他日黄种之存亡,实大有关系也。”④1900年,清政府在内外交困的情况下宣布实行“新政”,其中一项重要内容就是改革吏治。如清政府在下达的变法诏议中就要求各级官员应“就现在情形,参酌中西政要,举凡朝章、国故、吏治、民生、学校、科举、军政、财政,当因当革”,并要求中央和地方官员“各举所知,各抒所见,通限两个月,详悉奏议以闻”⑤。此后,废八股变科举以及改革吏治之议又重新被提了出来,最明显的是全国一致要求以模仿西方教育制度的新式学校取代传统的旧式学校,使大规模培养人才的设想终于变为现实。

---

①② 《戊戌变法》第2册《上清帝第四书》。

③ 上清帝第三书//汤志钧编.康有为政论集.北京:中华书局,1981:139.

④ 梁启超.戊戌政变记“新政诏书恭跋”//中国史学会编.戊戌变法(第2册).上海:神州国光社,1953:25—26.

⑤ 中国史学会主编,徐特立、范文澜等编辑,荣孟源、王其榘等编.中国近代史资料丛刊《义和团》(四).上海:上海人民出版社,1957:82.

第三章　明清时期文官的选任

明朝文官任用的机构仍然是吏部，但权力又广为分散和高度集中。任用权力高度集中在皇帝手里。清朝的“任官之法，文选吏部主之”，“吏部四司，选司掌推选，职尤要”。晚清任用文官出现新的特点：任用新式学堂的学生、任用归国留学生、任用洋人、对科举出身的人士进行善后处理。

第一节　明朝文官的任用

一、明初监生的任用

明朝初年，急需大批人员充实各级官僚机构，因此，以监生而出任中央和地方大员的多不胜数，现据吴晗考证，选其列举如下：

洪武二年（1369 年）择国子生试用之，巡行列郡，举其职者，竣事复命，即擢行省左右参政，各道按察司佥事及知府等官。

五年四月，以国子监生王铎摄监察御史，擢浙江布政司左参政。

六年九月，纂修日历，选善书者誊写，国子生陈益旸等与焉。令吏部选国子生之成材者，量材授主事、给事中、御史等官。

八年三月，命丞相往国子学，考校那些老成端正、学博经通者，分教天下，令郡县廪其生徒而立学焉。又命御史台精选以分教北方。于是选国子生林伯云等三百六十六人，给廪食、赐衣服而遣之。六月，以国子生李扩等为监察御史。

九年三月，以武英堂纪事国子生黄义为湖广行省参政；赵信为考功监丞。九月，遣国子生往陕西祭平凉卫指挥秦虎。国子生奉命出使自此始。寻命国子生分行列郡，集事之未完者，如古行人之职，皆量道路远近，赐钞为费而遣之。

十年正月，国子生在列郡试用者，皆授县丞主簿，人赐夏衣一袭，宝钞三十贯。命中书省臣，凡有亲在者，量程给假归省，然后赴行。十月，召国子生分教郡县者还京师，令吏部擢用。

十九年四月，吏部奏用监生十四人，皆为六品以下官。五月，上以天下郡县多吏弊民蠹，皆由杂流得为牧民官。乃命祭酒司业择监生千余人送吏部，授知州、知县等职。

二十年二月，鱼鳞册成。此前，上命户部核实天下土田，而苏松富民，畏避徭役，以田产诡寄亲邻佃仆，相习成风，奸弊百出。于是富者愈富，贫者愈贫。洪武闻之，遣国子生武淳等往，随税粮多寡，定为若干区，每区设粮长四人，使集里甲耆民，躬履田亩以量度之。量其方圆，次其字号，悉书主名及尺丈，编类为册，绘状若鱼鳞。故名“鱼鳞册”。至是年，浙江、直隶、苏州等府县册成进呈。上喜，赐淳等钞锭有差。三月监生古朴奏言，家贫愿仕，冀得禄以养母，上嘉之，除工部主事，迎养就京师。十二月，擢监生李庆署都察院右佥都御史。

二十六年十月，诏祭酒胡季安选监生年三十以上能文章者三百四十一人，命吏部除授教谕等官，拔擢监生刘政、龙镡等六十四人为行省布政使、按察使及参政、参议、副使、佥事等官。

吴晗《读史札记》曾把明初近三十年监生任官的情况作如下概括：

第一，监生并没有一定的任官资序，最高的可擢至地方大吏布政司使（从二品），最低的只作县主簿（正九品）以至教谕（不入品）。

第二，监生也没有一定的任官性质，部院官、监察官、地方最高的民政财政官、司法官以至无所不管的府州县官和学校官，几乎无官不作。

第三，在学监生还有奉命出使的，有奉命巡行列郡的，有稽核百司案牍的，有到地方督修水利的，有执行大量记录土地面积定粮任务的，有清查黄册的，有写本的，有在各衙门办事的，有在各衙门历事的。

第四，监生的任官以洪武二年和二十六年官阶最高，十九年人数最多。这是因为，开国初年，人才缺乏，只好以国子生出任高官。二十六年二月，大将蓝玉被杀，牵连致死的文武官员、地方官吏为数极多，许多衙门都缺正官，因此国子生就被大量拔擢充缺。故《明史·选举志》说："其时布列中外者，太学生最盛。"至洪武十九年监生被任用达千余人之多，这是由于前一年发生郭桓贪污案，供词牵连到直省官吏，连坐系死者达几万人，下级官吏缺得太多的缘故。

第五，自洪武十五年以后，监生做官的出路每况愈下。这是因为此后科举考试定期举行，三年一次，得第进士立即授官，想做官的多应科举考试，甚至有的国子生也通过进士科而得官，国子监已不再是唯一的官僚培养所了。监生原来的出路为进士所夺，只好改作基层技术工作和到诸司去历事了。

二、分级任用

明朝的文官任用权力高度集中于皇帝。如皇帝特简，九卿、阁臣参加高级官员的推升，均使重要官员的任用权被皇帝垄断；吏部则主中下级官员的听选，径取考选；保举制使吏部对中下级官员的升调权力有所削弱；明代的任用制度较前代更为复杂。

吏部是主管人事任用的最高机构。具体讲，官员编制的多少，是否有缺，资格审查，拟定人选等均由吏部主持。

吏部尚书主管人事大权，为六卿之长，责专权重，"表率百僚，进退庶官，铨衡重地，其礼数殊异，无与并者"，尤为皇帝所重，任是职者必须是"学问博洽，才德兼美之士"①。

"洪武四年（1371 年）五月，以李守道、詹同为吏部尚书，谕之曰：'吏部者，监衡之司……盖政事之得失在庶官，任官之贤否在吏部，任得其人则政理民安，任非其人则瘝官

① 《明史》卷72《职官一》。

旷职。卿等居持衡秉监之任，宜在公平以辨别贤否，毋但庸庸碌碌充位而已。”①

为了防止吏部越权任用和其他官员插手任用权，明制规定：“凡除授官员须从朝廷选用，若大臣专擅选用者，斩。”②“宣宗尝谕吏部兵部臣曰：‘今后凡中官传旨，除授官员，不问职之大小有敕无敕，但要复奏明白，然后施行。’”③

吏部的任用权限：永乐之前，地方要员如布政使、知府等由吏部选任；宣德以前，“六部堂官亦由吏部推用”；成化中，“巡抚等官皆吏部所用”④。以后，高级官员的任用权渐次转移至皇帝、内阁和权臣手中。

吏部的文选司“掌官吏班秩迁升、改调之事，以赞尚书”；考功司“掌官吏考课黜陟之事，以赞尚书”⑤。

明朝，“镇江腾毅首长吏部，佐省台裁定铨除考课诸法略具。至是（陈）修与侍郎李仁详考旧典，参以时宜，按地冲僻，为设官烦简。凡庶司黜陟及课功核实之法，皆精心筹划，铨法秩然……其后部制屡创。令入觐官各举所知，定内外封赠荫叙之典，自浮山李信始。天下朝正官各造事迹文册图画土地人民以进，及拨用吏员法，自昆山余熂始。仿《唐六典》，自五府、六部、都察院以下诸司设官分职，编集为书曰《诸司职掌》，定吏役考满给由法以为司、卫、府、县首领，选监生能文章者兼除州县官及学正、教谕，自泰兴翟善始。三年一朝，考核等第，自沂水杜泽始”⑥。

三、任用凭证

明朝各级机关印信如下：

内阁，银印，直钮，方一寸七分，厚六分，玉箸篆文。

征西、镇朔、平羌、平蛮等将军，银印，虎钮，方三寸三分，厚九分，柳叶篆文。

宗人府、五军都督府，俱正一品，银印，三台；方三寸四分，厚一寸。

六部都察院、各都司，俱正二品，银印，二台，方三寸二分，厚八分。

衍圣公、张真人、中都留守司，俱正二品，各布政司，从二品，银印，二台，方三寸一分，厚七分。后赐衍圣公三台银印。

顺天、应天二府，俱正三品，银印，方二寸九分，厚六分五厘。

通政司、大理寺、太常寺、詹事府、京卫、各按察司、各卫，俱正三品，苑马寺、宣慰司，俱从三品，铜印，方二寸七分，厚六分。

太仆寺、光禄寺、各盐运司，俱从三品，铜印，方二寸六分、厚五分五厘。

鸿胪寺、各府，俱正四品，国子监、宣抚司，俱从四品，铜印，方二寸五分，厚五分。

翰林院、左右春坊、尚宝司、钦天监、太医院、上林苑监、六部各司、宗人府经历司、王

---

① 《典故纪闻》卷3。

② 《明会典》卷162《刑部四》。

③ 《典故纪闻》卷9。

④ 《廿二史札记》卷33《明吏部权重》。

⑤ 《明史》卷72《职官一》。

⑥ 《明史》卷138《陈修传》。

府长史司、各卫千户所，俱正五品，司经局、五府经历司、招讨司、安抚司，俱从五品，铜印，方二寸四分，厚四分五厘。

各州，从五品，铜印，方二寸三分，厚四分。

都察院经历司，大理寺左右司，五城兵马司，大兴、宛平、上元、江宁四县，僧录司、道录司，中都留守司、经历司、断事司，各部司经历司、断事司，各卫百户所，长官司，王府审理所，俱正六品，光禄司各署，各布政司经历司、理问所，俱从六品，铜印，方二寸二分，厚三分五厘。

六科行人司、通政司、经历司，工部营缮所，太常寺典簿厅，上林苑监各署，各按察司、经历司，各县，俱正七品；中书舍人，顺天、应天二府经历司，京卫经历司，光禄寺典簿厅，太仆寺主簿厅，詹事府主簿厅，各卫经历司，各盐运司经历司，苑马寺主簿厅，宣慰司，经历司，俱从七品，铜印，方二寸一分，厚三分。

户部、刑部、都察院各照磨所，兵部典牧所，国子监绳愆厅、博士厅、典簿厅，鸿胪寺主簿厅，钦天监主簿厅，各布政司照磨所，各府经历司，王府纪善、典宝、典膳、奉祀、良医、工正各所，宣抚司经历司，俱正从八品，铜印，方二寸，厚二分五厘。

刑部、都察院各司狱司，顺天、应天二府照磨所、司狱司，鸿胪寺各署，国子监典籍厅，上林苑监典簿厅，内府宝钞等各库，御马仓，草仓，会同馆，织染所，文思院，皮作局，颜料局，鞍辔局，宝源局，军器局，都税司，教坊司，留守司，司狱司，各都司司狱司，各按察司照磨所、司狱司，各府照磨所、司狱司，王府长史司典簿厅、教授、典仪所，各府卫儒学、税课司、阴阳学、医学、僧纲司、道纪司，各巡检司，俱正从九品，铜印，方一寸九分，厚二分二厘。

各州县儒学、仓库、驿递、闸坝批验所、抽分竹木局、河泊所、织染局、税课局、阴阳学、医学、僧正司、道正司、僧会司、道会司，俱未入流，铜条记，阔一寸三分，长二寸五分，厚二分一厘。

已上俱直钮，九叠篆文。

监察御史，铜印，直钮，有眼，方一寸五分，厚三分，八叠篆文。

总制、总督、巡抚并镇守、公差等官，铜关防，直钮，阔一寸九分五厘，长二寸九分，厚三分，九叠篆文①。

“初，太祖重御史之职，分河南等十三道，每道铸二印，文曰‘绳愆纠谬’，守院御史掌其一，其一藏内府，有事则受以出，复命则纳之。洪武二十三年，都御史袁泰言各道印篆相类。乃命改制某道监察御史，其奉差者，则曰‘巡按某处监察御史’，铜印，直钮，有眼，方一寸五分，厚三分，八叠篆文。”②

如对印信保管不慎，发生丢失，则受严厉处置。英宗正统三年（1459 年），“下礼部尚书胡濙等于狱。初，行在礼部印失，上以濙故，诏勿问，命改铸。至是又失之，遂被劾下

---

① 《明史》卷 72《职官一》。

② 《明史》卷 68《舆服四》。

狱。未几印获，释之，复其官”[①]。

第二节　清朝文官的任用

一、分级任用

清朝的“任官之法，文选吏部主之……吏部四司，选司掌推选，职尤要”[②]。吏部“尚书掌铨综衡轴，以布邦职。侍郎贰之。堂主事掌文案章奏。司务掌出纳文移。文选掌班秩迁除，平均铨法。官分九品，各系正从，级十有八，不及九品曰未入流。选人并登资簿，依流平进，踵故牒序迁之”[③]。

顺治十年（1653 年），吏部尚书成克巩提出地方官的任用之法。“臣部四司，分省设官，原以谘访本省官评。请令各司人注一簿，详列本省各官贤否，参以抚按举劾，备要缺推选。督抚旧无考成，请令疏列事迹，消弭盗贼，开垦荒田，清理钱粮，纠除贪悍，定为四则，以别赏罚。文选推升，概从掣签。但地方繁、简、冲、僻不同，如江南苏、松等郡积弊之区，非初任邑令所能振刷。请取卓异官，或升或调，通融补授。行之有效，即加优推擢，亦于选法无碍。”[④]

清初，所封南方的汉人藩镇权势很大。平西王吴三桂在康熙六年（1667 年），“上疏，诡称目疾，疏辞（云贵）两省事务”，以试探中央意图，康熙“令将该藩所管各项事务，责令该省督抚管理，其大小文官，均由部题授”[⑤]。可见，地方藩镇先前曾拥有对地方官的任命权。

清朝的督抚有部分用人权，但亦有限制。顺治八年（1451 年），“谕督抚甄别有司才德并优兼通文义者擢之，不识文义任役作奸者黜之，吏部授官校试文义不通者除名”[⑥]。

康熙四十三年（1704 年），云南道御史田从典疏言：“督抚不拘成例，请调州县，有秉公者，即有徇私者。州县求调，其弊有三：图优缺，避冲繁，预为卓荐地。督抚滥调，其弊亦有三：徇请托，得贿赂，引用其私人。名为整顿地方，简拔贤良，实乃巧开捷径。屡经败露，有骇听闻。嗣后请除江、浙等省一百一十余县钱粮难征，及边远烟瘴地，仍旧例调补，其他不准滥调……下部议行。”[⑦]

雍正元年（1723 年），“谕各省总督巡抚”，应将“幕客姓名造册报部”[⑧]。司马驹，“乾隆中，大学士高晋为两江总督，辟佐幕司章奏。习河事，以从九品留工效用，授山阳主簿。

① 《明通鉴》卷 22“正统三年”。
② 《清史稿》卷 110《选举五》。
③ 《清史稿》卷 114《职官一》。
④ 《清史稿》卷 238《成克巩传》。
⑤ 《清史纪事本末》卷 13《三藩起事及孙延龄》。
⑥ 《清史稿》卷 5《世祖纪二》。
⑦ 《清史稿》卷 289《田从典传》。
⑧ 《清史纪事本末》卷 23《雍正清察》。

累迁淮安同知,仍兼幕职"①。嘉庆五年(1800年),"申谕各省督抚,毋奏留升任他省人员"②。楼超万,"道光十二年(1832年)进士,以知县发江苏。署阳湖四十日,巡抚林则徐贤之,补荆溪"③。

二、任用凭证

"雍正元年(1723年),谕:印信乃一应事件凭据,不惟藩臬印信,即州县印信亦属紧要。"④

官府印信,由礼部铸印局"范冶之"。其制如下:

一是银质,又分为:

直钮三台者:宗人府、衍圣公,清、汉文尚方大篆,方三寸三分,厚一寸。六部、户部盐茶、都察院、行在部院,清、汉、蒙三体字,清、汉文尚方大篆,蒙文不篆,方三寸三分,厚九分。

直钮二台者:盛京五部、户部三库,清、汉文尚方大篆,方三寸三分,厚八分。军机处、内务府、盛京内务府、翰林院、銮舆卫,清、汉文尚方大篆,方三寸二分,厚八分。

虎钮三台者:提督、总兵。

虎钮二台者:侯、伯、领侍卫内大臣、都统、前锋统领、护军统领、步军统领,总管火器营神器营、圆明园总管八旗包衣三旗官兵、经略大臣、大将军、镇守将军、科布多参赞大臣、镇守挂印总兵,清、汉文柳叶篆。西宁办事大臣、驻藏办事大臣,清、汉、回三体字。伊犁将军,清、汉、回、托忒四体字。定边参赞大臣,清、汉、托忒三体字,清、汉文柳叶篆,塔尔巴哈台参赞大臣,清文、托忒二体字,清文柳叶篆。库伦办事大臣,清、汉、蒙三体字,清、汉文柳叶篆。外藩扎萨克各盟长,清、蒙二体字,不篆,并方三寸三分,厚九分。乡导总领,驻防副都统,清、汉文柳叶篆,方三寸二分,厚八分。

直钮者:布政使司,清、汉文小篆,方三寸一分,厚八分。通政使司、大理寺、太常寺、顺天府,奉天府,清、汉文小篆,方二寸九分,厚六分五厘。

二是铜质,又分为:

直钮者:詹事府、按察使司,清、汉文小篆。额鲁特总管,清、汉、蒙三体字,清文殳篆;宣慰使司、指挥使司,清、汉文殳篆,并方一寸七分,厚九分。光禄寺、太仆寺、武备院、上驷院、奉宸苑,清、汉文小篆。盐运使司,清、汉文钟鼎篆。旗手卫、城守尉,清、汉文殳篆。卫守备,清、汉文悬针篆。察哈尔总管,清、蒙二体字,清文殳篆,并方二寸六分,厚六分五厘。府,清、汉文垂露篆,方二寸五分,厚六分。宗人府左右司、左右春坊、司经局、六部理藩院各司、銮舆卫各所、钦天监、太医院、盛京五部各司,清、汉文钟鼎篆。宗人府经历、盐课提举司,清、汉文垂露篆,并方二寸四分,厚五分。宣抚使司副使、安抚使司、领运千总,清、汉文悬针篆,方二寸四分,厚五分五厘。州,清、汉文垂露篆,方二寸三分,厚四分五

① 《清史稿》卷360《司马騊传》。

② 《清史纪事本末》卷37《嘉庆中衰》。

③ 《清史稿》卷478《循吏三》。

④ 《清朝通典》卷54《宝印》。

厘。土千户,清、汉文悬针篆,方厚如州。内务府各司、銮舆卫驯象等所,清、汉文钟鼎篆。吏户二部稽俸厅、都察院经历、大理寺太仆寺左右司、光禄寺四署,乐部和声署、五城兵马司、大兴宛平二县、盛京承德县、布政使司经历、理问、清、汉文垂露篆。旗手卫左右司、九姓长官司、指挥佥事,清、汉文悬针篆,并方二寸二分、厚四分五厘。六科,钦天监时宪书,清、汉文钟鼎篆。中书科太常寺光禄寺典簿、詹事府太仆寺主簿、部寺司务、县銮舆卫、通政使司、按察使司、盐运使司、各卫宣慰使司诸经历,并方二寸一分,厚四分四厘。国子监三厅、鸿胪寺钦天监各主簿、京府儒学、坛庙祠祭署、布政使司照磨、府经历,清、汉文垂露篆,方二寸,厚四分二厘。刑部司狱、国子监典簿、神乐观牺牲所、光禄寺银库、太医院药库、宝泉宝源二局,清、汉文垂露篆,方一寸九分,厚四分二厘。京府照磨、司狱、布政使司司库、按察使司照磨、司狱、府照磨、司狱、库大使、府卫儒学、巡检司、都税司、税课司、茶马司,清、汉文垂露篆,并方一寸九分,厚四分。

直钮有孔者:监察御史、稽察宗人府内务府御史,清、汉文钟鼎篆,方一寸五分,厚三分①。

第三节　晚清文官任用的新特点

一、新式学堂学生的任用

1. 学生任用的初期形式

洋务派奏请举办的新式学堂,数量不多,规模较小,学堂学生多数实行定向分配,一般分到学堂附属的厂局担任技术人员,真正任“官”的不多。这是因为,这一时期虽然举办了一些新式学堂,但选拔任官仍然以科举制为主,其他则有捐纳、恩荫等途径。

洋务派为了使新式学堂培养出兴办洋务所需的各种人员,对新式学堂的学生实行严格的考试制度,学生考试一般分为月考、季考、岁考、三年大考等。如同文馆每三年举行的大考,按规定由总理衙门执行,凡优秀者授七、八、九品官,劣者则降革留馆。又如船政学堂所实行的季考,由教习分别等第,优者奖银十元,二等无奖无罚,三等戒惰一次。

经过各次考试合格的新式学堂毕业生,一般都分配去从事与所学专业相同或相近的工作。当时的情况是:同文馆毕业的学生,其在北京的,仍留馆肄业参加译书等工作,并在总理衙门充当翻译;其课业较精的,选派随使出洋;余下部分则派往各地方为外差人员,分别充当教习或翻译。广州方言馆毕业的学生,多数被分配到驻各国领事馆从事外务工作。而船政学堂的毕业生,则一般留在船厂作技术人员,“如习管轮驾驶者,准以水师员弁擢用,习制造者,准照军功人员例议奖,薪水一律从优”②。

这一时期新式学堂毕业学生的分配与任用,既无统一的规定,又无承袭之法,因而属于草创阶段。但是,由于新式学堂无论规模大小,还是学生多少,都以一门专业为主,因

① 《清史稿》卷114《职官一》。

② 王信忠. 福州船厂之沿革命//林代昭. 中国近现代人事制度. 北京:劳动出版社,1989:43.

此，毕业学生在专业学习和工作岗位两个方面趋于一致，对封建传统学校“学非所用”的状况多少有一些改观。同时，新式学堂的毕业生到各专业技术工作岗位以后，对西方科学技术在近代中国的传播起到了一些有益的作用。

2. 科举制废除后的学生任用

科举制废除以后，清政府各级官吏的主要选拔对象正式转向新式学堂毕业学生。在此之前，有1901年10月由清廷政务处与礼部奉旨议复的《学堂选举鼓励章程》，以及由张百熙进呈的《钦定学堂章程》，对当时新式学堂毕业生的任用做出了较详细的规定：

一是关于教育与任用的关系。清政府在《钦定小学堂章程》中规定，无论任何民族人员“皆受此七年教育，然后听其任为各项事业”；在《钦定中学堂章程》中规定，中学毕业获得文凭以后，任本人志愿升入高等学堂或另赴各处的农工商医初等学堂学习实业。中学堂附设的师范学堂，则“拟招贡监廪增附五项生员入堂肄业。卒业出身，如原系廪增附及捐纳贡监者，准其作为贡生；原系正途贡生者，准其由省咨送京师大学堂复试，作为举人；不及格者分别留学，或咨回原处；原系举人者，不必入此项师范学堂肄业”。高等学堂实际上是大学堂的预科，学生毕业，经大学堂复考，获得文凭以后，任本人志愿或升入大学分科，或赴各处之农工商医高等学堂学习实业。其有愿赴外国游学者，根据情况或官派，或自费临时决定。对大学堂四年毕业生的任用，清政府颁布《钦定京师大学堂章程》特立“学生出身”一章，以此作为选用毕业学生的准绳。章程规定：小学堂卒业者先由本学堂总理或教习考过后，送本府官立中学堂复加考试合格，中学堂给予附生文凭，留学肄业，并准其一体乡试。如果成绩不及格者，或留中学堂补习，或仍送回小学堂补习，待补习完复考后再给予出身。其中学堂卒业生，送本省官立高等学堂参加考试，如果考试合格，由高等学堂给予贡生文凭，如果成绩不及格则令照例补习。大学堂分科卒业生，由本学堂教习考过后，再由管学大臣复考如格，带领引见，候旨赏给进士。

二是关于教育与分配的关系。清政府的“新政”，在教育方面，是以借助旧日科举的科目之名来鼓励新式教育制度的发展，对新式学堂毕业的学生给予出路，使多数知识分子逐渐放弃科举而进入学堂。《钦定学堂章程》规定，大学堂预备、速成二科学生毕业后，分赏给举人进士。速成科仕学馆人员，应俟三年毕业，由教习考验后，管学大臣复考合格，择优录奖，予应升之阶，或给虚衔加级，或咨送京外局所当差，统俟临时量才酌用。速成科师范馆毕业生，由教习考验后，管学大臣复考如格，择优带领引见，分别给予准为各处学堂教习文凭。各省师范毕业生，与京师大学堂师范生一样，一律从优分配。1906年学部成立后，清政府又将学堂学生的毕业考试奖励录用办法重新进行了修订。规定如下，大、中、小学堂毕业后，必须定期会考，考试成绩中等以上的学生，方能分别予以奖励。凡大学分科毕业会考及格，奖给进士出身；大学预科、优阶师范、高等学堂、专门学堂毕业会考后及格者奖以举人出身；中学堂及相当于中学的学堂毕业会考成绩合格的学生，则根据所考成绩等级分别授奖，成绩最优者，授予拔贡，优者授予优贡，中等授予副贡；高等小学堂毕业后不进行会试，分别由各学堂自行考试，根据所取成绩授予廪生、增生、附生等资格。大学分科、预科及同等学堂的会试，由学部主持；中学堂及同类学堂的会试，由各省的提学司主持。凡在会考中取得进士、举人身份的，可按成绩等级授予官职。进士授予翰林院编修、检讨、庶吉士、各部主事、内阁中书等职；举人则授予中书、七品小京官、部司务等职分发任用。如有要求改任外省官职者，可以依照吏部的有关规定按其应得之品级，改任知县、通判、州判等外官。

二、归国留学生的任用

1. 洋务运动时期对留学生的任用

按照当时的规定，留学生归国之前，必须经专门洋教习严格考核。在留学期间，“每三个月由华洋监督会同甄别一次，或公请专门洋师甄别”，考核甄别的情况必须详注日记，印出副本。在考册中不仅要写明留学生历经各洋官考核的成绩和记优的次数，而且要详述该生肄业于何校，从何工程师，曾游历过何厂，领有何等官凭，可充何项监工，等等①。留学生回国以后，还必须经受洋务派官僚的检验和考试，李鸿章曾多次对留美学生进行考查，认为“所习各艺，均能融会贯通，各有心得”。外国教习也称赞他们“造诣有得，足供任使”②。

根据国外、国内两次考试的成绩，由清政府分别对留学生授予官职顶戴，然后再按照所学专业，将留学生分配于各洋务企业作为技术骨干。如第一代留学美国的九十四人归国以后，均由清政府分别派用，其中二十一人送电报局学传电报，成为中国电报业最早的骨干人才，并使电报系统摆脱了外国的政治干预。这批人中，有许多成了各省首任电报局局长，有的甚至当了国家电报总局局长。又如第二、三批归国留学生除由船政局、上海机器局留用二十三名以外，其余五十名分拨天津水师、机器、鱼雷、水雷、电报、医馆等处实习，成为各行各业的骨干。再如留欧学生归国后，大部分被分派到北洋海军工作，分别在造船、驾驶、制造武器、培养人才等方面发挥重要作用。此外，北洋海军中主要船舰的管带也基本上由留学生充任。

2. 科举制废除后归国留学生的任用

科举制废除以后，留学生成为当时官吏选拔任用的另一重要途径，他们与国内新式学堂毕业生一样，一部分人担任各级行政官吏，另一部分人担任专业技术工作。清政府规定，凡各国正式高等以上学校毕业的留学生回国以后，一律要经过考试，按照考试成绩的优劣来进行分配，并量以官职以资鼓励。学部奏议的章程规定，“其由同文馆派出者，归臣衙门考试，评定优劣，奏请分发沿海省份差委。其由各省派任者，归各督抚考试，一体量材委用，俟有成效，然后准其保奖，酌予升降”③。具体考试和任用的情况是：

(1)行政官吏的任用及其考试

归国留学生如要充任行政官吏，按规定必须参加国内组织的两次考试：一是学部考试。学部考试又分为两场，第一场就各毕业生所学科目，每科各命三题，做两题为完卷；第二场试中文、外文各一题，做一题为完卷。根据考试成绩分为最优等、优等、中等发榜。

---

① 《约章成案汇览》第 2 编卷 32。

② 《洋务运动》(2). 上海人民出版社，1961：167—168.

③ 北洋洋务局. 约章成案汇览：乙篇卷 32 上. 台北：华文书局股份有限公司，1969.

最优等给予进士出身,优等、中等给予举人出身,然后由学部开单带领引见请旨,并在身份前冠以所学科目,以作认可。二是廷试。每年春季集合归国留学生中得进士、举人身份者,进保和殿举行"廷试";试题为经义、科学论说各一篇。学理工科的留学生如仅以科学见长而不工文字的准许不做经义,经义题由皇帝"钦命",科学题由阅卷大臣根据学科门数,每门各拟两题,呈皇帝"钦定"。试卷评定后,分为一、二、三等,中文、科学兼优者列一等,中文平妥科学优长者列二等,科学优长未作中文者列三等,一律引见授官。进士列一等授以翰林院编修或检讨,列二等用翰林院庶吉士;列三等与举人列一等者以主事按所学科目分部学习;优等举人列二等、中等举人列一等者,授内部中书之职;优等举人列三等者以知县分省即用;中等举人列二等给七品小京官,列三等者以知县试用。如有原官愿回本班者,经廷试前呈明准予归本班。

(2)专业技术官员的任用

归国留学生除通过"部试"、"廷试"担任行政官吏外,更多的是实行专业对口,根据"所习何项专门,应即用以充当何项差使,历试有效,即仿日本变法政策,畀以重任"的规定①,归国留学生所从事的专门工作,一是充当各地学堂的教习之职,由他们取代原来聘请的西洋教习;二是充当"新军"的头目,如守备、次千总、次把总等,并规定原带有文武官阶的留学生,回国后可晋一秩,入营后以相当武职备补。其由大学校以及专门学校毕业回国者,还要比照加升授职,分回本省以营队官及陆海军学堂教习酌用。

为了鼓励各省派出留学生,保证归国留学生为各省所用,清政府规定:"凡各省选派官费学生出洋游学,俟毕业回国后,无论得何奖励,均须在本省当差五年以尽义务。五年期内,概不准另就他省差使,他省亦不得遽请调往差委。"②此外,对于自费留学归国的人员,只要是学有成效,经过回国复试,也一律比照官费留学归国人员分等级赐予出身,赏与官职,并一体录用。

三、洋员的聘任

1. 洋员聘任的初期形式

鸦片战争以前,清政府实行"闭关"政策,一方面抵御了外国侵略势力对中国沿海的侵扰;另一方面又阻碍了国与国之间的正常交往。当时来华的外国人极少,中国政府又将他们看作是朝拜"天朝"的使者,因此即使授予他们之中个别人以官职,也仅是一种名誉头衔而已。鸦片战争以后,西方资产阶级用大炮轰开了中国的大门,使中国的政治形势发生了变化。沿海一些地方官吏和绅商,羡慕国外的"船坚炮利",募款制造战舰,并开始聘任外国工匠。随着战舰的造成,中国官员又开始聘任外国军事技术人员。聘任的洋员虽逐渐增多,但并未制定正式的规章和管理制度。

1853年9月,上海小刀会起义捣毁了上海海关。外国侵略者乘机夺取了上海海关管理权,并胁迫清政府上海道道员吴健彰签订了《上海海关章程》。根据这一不平等章程,

---

① 奏议复派赴出洋游学办法章程折. 湖南官报,1903-02-24.

② 《戊戌政变记》第1编第1章《新政诏书恭跋》。

1854 年 7 月 12 日以上海道台吴健彰名义聘任英国驻上海副领事威妥玛、美国驻中国公使馆武官卡尔、法国驻上海领事馆翻译斯密司组成关税管理委员会，由他们共同管理上海海关，总负责人为威妥玛。上海关税管理委员会的成立，是清政府聘任洋员的开始。当然，这类聘任，与地方官员和绅商聘任外国工匠及军事技术人员有很大区别，根本的一点就在于：这类聘任实际上是外国侵略者的要挟而不是清政府自愿进行的。因此，上海海关洋员的聘任，又是半殖民地性质的洋员聘任制度的开端。

2. 大规模的洋员聘任

l861 年，清政府成立总理各国事务衙门，成为这一时期大规模聘任洋员的标志。洋务派兴起的洋务运动，其重要工作的一项，就是大量地聘任洋员。聘任洋员的工作按类分如下：

（1）为新式学堂聘任教习

洋务派开办的新式学堂，在初设时一般都聘任洋员担任主要课程的教习，以后才逐渐由归国留学生接替，当时汉人教习只教授四书五经等课程。如京师同文馆初设时，原想聘请广东、上海等地谙熟外语的中国商人担任教习，但后来“广东、江苏既无咨送来京之人，不得不于外国中延访”①。清政府遂分别聘任英、俄、法、德等国人员为教习。根据《同文馆题名录》记载，从 1861 年到 1898 年，历任同文馆的汉教习有三十人，洋教习则达五十四人。又如福州船政学堂，中国人所管事务只是经济之筹划，材料之出入及中国工人的工资、纪律等项，而“指导工作，教授学生，乃洋人之责任”②，凡关于洋员的管束、工作的指导以及学堂教育事宜，均指定洋人负责。据统计，福州船政学堂当时共聘任洋员五十人，洋员实际上成为该学堂教习和教务管理的主体。

（2）为军事工业和民用工业聘任技术人员

洋务运动期间，洋务派先后兴办了一批军工企业和民用性企业。军工企业大都是在外国支持下兴办起来的，技术、设备和原材料都主要依靠外国，企业的实际管理权也操持在外国管理人员和技术人员手里。如著名的江南制造总局所造的船，“大宗物料无非购自外洋，制造工作亦系洋匠支持，与购买外洋船只略同”③。其中造炮厂、造枪厂、造弹厂等厂长都由英国人担任。民用性企业的创办，大都是与外国人有密切关系的买办进行的。

（3）为新式海军和陆军聘任技术人员

洋务派为了镇压人民和抵御外国侵略，在“自强之术，必先练兵”的口号下，大量购买西洋枪炮，组成新式海、陆军。1862 年初，奕䜣聘请英国人训练天津兵勇，操练阵式，并训练洋枪洋炮。以后，清政府大量聘请英法教官，帮助训练防军和练军。一些地方军队，如湘军、淮军也先后改用西洋枪炮，使一支新式陆军得以建立起来。此外，洋务派在大量购置外国船舰的基础上，聘任外国教官训练海军官兵，到 1884 年，洋务派筹建的近代化海军已初具规模，以后才逐渐由归国留学生取代洋员在海军中的各种位置。

---

① 高时良. 洋务运动时期教育. 上海：上海教育出版社，1992：38.

② 王信忠. 福州船政学堂//林代昭. 中国近现代人事制度. 北京：劳动出版社，1989：53.

③ 张国辉. 洋务运动与中国近代企业. 北京：中国社会科学出版社. 1979：33.

(4)为海关官署聘任洋员

1858年,外国侵略者抓住中英《通商章程善后条约》中"各口划一办理"的含混规定,硬把半殖民地性质的上海海关制度推行到其他各口岸,要求中国海关各口必须请外国人帮办,并威胁说:"各口所用之外国人,皆由五口通商总理大臣选募,事多窒碍;如别口不用外国人帮办,又恐事不画一,洋商必致借口,易启事端"①。清政府在外国侵略者的逼迫下,接受了这种无理要求,1859年,由两江总督何桂清任命英国人李泰国为总税务司,并授权他"选募"其他各口所用的外国人。1861年总理衙门成立后,总税务司改由其任命。1865年,在北京正式设立总税务司署,由英国人赫德常驻北京统辖全国各海关。总税务司之下,是控制中国沿海各商埠和长江沿线各口岸的外国税务司。到19世纪末,"聘任"外国人担任税务司的口岸达三十余处,几乎遍及全国,聘任的海关洋员也多达数千人。

3. 洋员聘任制度的建立

聘任的洋员,以海关官署为最多,对洋员的管理,逐渐提上清政府的议事日程,外国侵略者也多次提出要清政府订立海关洋员管理章程。1864年,清政府在英国人赫德的要求下,订定《通商各口募用外国人帮办税务章程》(下称《章程》),分别对海关洋员的募聘、等级、待遇、特权等项作出规定。具体内容如下:

(1)募聘

总税务司对海关洋员的聘任具有人事行政方面的全部权力。各关所有外国人帮办的人选,"均由总税务司募请调派",其调往各口及应行撤退,均由总税务司做主。如有办理不妥之人,亦应由总税务司查办。募聘的海关洋员,应具备的资格是:学习并掌握汉语。一般说,级别越高,对汉语程度要求越高。"凡内班洋员,非经汉文考试及格,及遇特别事件,非需通译襄助者,不得为税务司及副税务司。"内关人员,不通中语中文者,无接受皇帝恩俸的权利。凡外关人员,不通中语中文者,不能担任总巡及验货等职务。此外,章程还规定,遇特别事件,非借通译不能妥办者,不能总理一口岸之事;任帮办三年,而不能操汉语的洋员,或任帮办五年,而不能通汉文的洋员,一律除名。因此,聘任的洋员初到中国时,先到北京学习两年汉文,每年支取薪俸,满两年就填补海关职位。任职后的洋员,应继续学习中文中语,每年在例薪之外,津贴学费银一百五十两。如果"不能操正音,仅习某地方言者,年给津贴银七十五两"。对这部分人,每年经过中文考试,"年有进步者,乃许复给。否则,得停止之"。

(2)等级

按《章程》规定,在各海关官署办事的洋员分为六等:即税务司、总办、头等帮办、二等帮办、三等帮办、四等帮办。实际情况则分为七等:即税务司、副税务司、超等帮办、头等帮办、二等帮办、三等帮办、四等帮办。这些人员的录用、革职、升级、降级,均由总税务司办理,清政府无权过问。清政府仅有根据洋员工作成绩赏其品衔的权力,如光绪四年(1878年),由总理各国事务衙门奏请将各关税务司赏加三品衔、副税务司四品衔。1904年,清政府赏副总税务司裴式楷二品衔。1907年,清政府又赏总税务司赫德头品顶戴,外

---

① 文庆等编纂. 筹办夷务始末(咸丰朝)(卷71). 北京:中华书局,1979:2687.

加尚书衔，赏裴式楷布政使衔。

(3)特权

洋员在海关的特权，主要表现在以下几个方面：一是“每每同一职务，而洋人优于华人”。如超等帮办一职，年薪金洋员为五百两银，华员则只有三百五十两银。此外，洋员还有恩俸之给，享受额外薪俸、假期待遇、各种补贴，包括房租、家具、川资、学费、医药补贴等。二是海关各主管人员和重要职位，均由洋员包揽，华员只担任下级职位。如清末统计，各海关帮办以上，洋员多达三百零八人，华员仅二十五人。其中，税务司四十三人、副税务司二十四人，全由洋员担任；超等帮办洋员二十五人，华人五人；头等帮办洋员四十人，华员二人；二等帮办洋员五十一人，华员四人；三等帮办洋员八十人，华员九人；四等帮办洋员四十三人，华员五人。三是海关各项重要事务对华员保密，华员备受歧视和奴役。洋员职位高级者，将所有经办之事皆详细记载，于卸任时，以半官式的手续移交给后任洋员，而对华员保密。“此等日记，积之多年，成为巨册。洋员调任时，先行取得支册读熟，该关一切办法，赖以明了，华员无从测其高深。闻是项制度，保持极严，盖欲使海关内情，惟洋员乃能谙悉，华员绝无与闻此事之机会。”①华洋员的地位也极不平等，“办事，则华员任其实，洋员承其名；权位，则洋员享其实，华员任其役”，“同为帮办，华班受洋班解制；同为钤子手，华班供洋班驱役”②。这就充分说明清政府屈服于外国侵略势力而制定的《章程》，不但满足了外国侵略势力侵华的需要，而且完全是为外国侵略者服务的。同时，它的制定也使西方资产阶级明目张胆地将中国海关行政大权攫为己有披上了“合法”的外衣，有了“合理”的借口。

四、对科举出身人员的善后处理

清政府下令废科举后，使上百万的举人、秀才、贡生和生员失去了登进之路。一部分人进入新式学堂，另一大部分既无法进新式学堂，又没有寻觅职业的技能。为此，清政府对其实行考职，解决其安置问题。

1. 生员补考优贡、拔贡

为给生员出路，将原先选拔优贡、拔贡的严格条件一并删除，所有生员，除年轻力壮、可入师范学堂及已入师范学堂者不准应考外，其余均可以参加考试。按照清政府政务处《奏定举贡生员出路章程》规定，1909 年秋在各省举行优贡、拔贡补考，凡地方廪生、增生、附生均由各府、州、县官会同教官报送，八旗在京及各省驻防生员由各管辖区地区的都统、将军、副都统备文分别选送。优贡按原例额（每省取四名）加四倍考取，拔贡按原例额（每府取两名、每县取一名）加一倍考取。考官由各省提学使担任，并调用进士、举人、优贡、拔贡出身考者为分阅官。优贡、拔贡补考分为两场进行，应试者可以连续参加考试。试题以史论一篇，四书义或五经义一篇，均要求即日交卷。

新取的优贡、拔贡出身者于次年向该省督抚领取咨文投呈学部，于五月到北京，六月

---

① 贾士毅. 关税与国权，1926：68—69.

② 潘忠甲. 解决关税十大问题意见书. 京报，1925－10－13.

参加朝考。由于参考人数多,先在学部组织一次各省优贡、拔贡的考试,试题是四书一篇,史论一篇,然后派大臣阅卷,分别去取。录取者由学部通知,定期在保和殿举行朝试,试题仍然是经义、史论各一篇,钦派阅卷大臣评定,录取一、二、三等。一等及二等前十名,中年以下者委以七品小京官,年龄较大者则授以知县;二等第十名以后,一部分授京官在各部司任职,另外一部分则授以外官,如盐库大使、州判、判同、经历、县丞等;三等者不予授官。同时,岁贡在本省举行的,比照原例额加倍录取,不送京试。

2. 生员的考职

生员未取得优贡、拔贡出身的,准许比照已满吏考职,以作为佐贰杂职分发试用。除挑入学堂及见充教员、出洋游学不予送考外,其余生员均于优贡考试之年,由各州、县官会同教官遴选保送应试。保送人数可以按照录取名额的十倍送出,每府、县分送若干名,由督抚酌定并先予以通知。考试于优贡试完以后,在省城由提学使分为两场进行,头场试经义、史论各一篇,二场试时务策两篇。考试前在算学、舆地、财政、兵政、交涉、铁路、矿务、警察、外国政法等科目中,认考某一科目报明,再试以专门题目,合校两场以定是否录取。试卷照岁考、科考式酌加篇页,严密弥封。大省取一百名,中省取七十名,小省取五十名。取定后将试卷呈送督抚核办,并造具各生姓名、籍贯、三代、年貌清册,分送吏、礼二部,试卷即随优贡卷并解礼部。考试成绩列为一等的以巡检任用,二等的以典史任用,由吏部分别铨选派送,并准许分省或在本省试用。考职限三科以后即行停止。

3. 举贡会考

举贡会考,即给予考取者州同、州判、县丞、主簿、吏目等职,或给予教职。这种考职制度已于道光年间(1840 年左右)废置,停科举以后,为了拓宽原举人、贡生的出路,仿照旧制,举行举人与恩、优、拔、副、岁贡的会考。

1906 年清政府学部成立后,奏定在三科内,每三年一次,保送举贡若干名,按举人四名、贡生一名计算,照戊戌(1898 年)科会试中额,于本额外再加三倍送京考试。各举贡无论游学、游幕、随任及出洋游历,还是在各衙门担誊录、录事等职以及未得奖者,均可应保送之试。但是,已经有正式官职,或是学堂教官、学生定有奖励者,或实缺教官、与未经朝考的优贡、拔贡人员,均不准保送。

考试期前,由学部酌定月份通饬晓谕,各省举贡在本省本处地方报名送考,宗室举人在宗人府报名送考,八旗举贡与翻译举人在本旗内报名送考,北京归值年旗大臣送考,各省驻防由将军、都统送考。考试官为各省提学使,在优贡、拔贡补考和生员考职以后,限十一月以前,各按照应送人数如额考选。应考的举贡,在算学、地理、财政、兵事、交涉、铁路、矿务、警察、外国政法等科目中,各择一门在投卷时注明。考场分为两场,头场试以经义、史论各一篇,第二场试各报考专门题目,合校两场如额取定。取定后造具有年貌、籍贯、科分、报考科目等内容的清册,随同试卷题纸于年内送学部。第二年二月,取定者赴京进行会考。如有在外省未及考送的举贡人员,可以到京取具同乡京官印结,由学部甄录一场,亦可酌情保送。

1907 年 4 月,清政府在保和殿举行了举贡会考,考试内容、方法与朝考相同。考试期间,由皇帝指派阅卷大臣六人、襄校官六人、内监试二人、外监试四人,这次会考共录取三百六十七人，根据考试成绩分为三等。举人取一等及二等前十名者，分别在北京充任主事、中书、七品小京官等职，在外省则充任知县；二等十名以后者，分别任用为州判、监库大使、府经历、县丞等职。贡生一等者在北京充任七品小京官，在外省则充任知县；二等者在北京充任部司务，在外省则充任县丞等杂职。三等者落选，不予委派任用。

第七编　中华民国

1905 年 8 月,由中国民主革命的先行者孙中山先生所领导的第一个资产阶级革命政党——中国同盟会成立。在同盟会的领导和影响下,人民群众反抗清朝封建统治的斗争风起云涌,席卷全国。在革命时机成熟的基础上,1911 年 10 月 10 日,武昌起义爆发了,打响了辛亥革命推翻清朝统治的第一枪。辛亥革命以摧枯拉朽之势,将早已腐朽不堪的清王朝扫进了历史的垃圾堆。

1912 年 1 月 1 日,孙中山在南京宣誓就职,宣告中华民国临时政府正式成立。定国号为"中华民国",象征五族共和的五色旗为国旗,并建立了中央政府机构。当天,孙中山即发布《临时大总统宣言书》和《告全国同胞书》,提出临时政府的任务是:"尽扫专制之流毒,确定共和,普利民生,以达革命之宗旨。"①并规定了对内对外的各项方针。在 1 月 2 日发布《改历改元通电》规定:中华民国改用阳历,以民国纪元。

本编重点是探索和研究中华民国这一历史时期的文官选任制度,应以中华民国自身的发展脉络和各政权体制的特点为中心,因此,对于本时期错综复杂的政治制度应当有一个梳理。比如各种敌伪政权,其丑恶嘴脸早已被钉上历史的耻辱柱,为中国人民所唾弃。临时政府虽然执政时间短暂,但是因为它是中国历史上第一个共和政权,它的政治制度中,渗透了孙中山民主共和的思想,对后来南京政府产生了重大的影响,十分重要。广州、武汉两个政权,乃是北洋政府向国民政府过渡的两个阶段,时间短暂且主要是首都迁徙之异,在文官选任方面并无特别的建树,只宜放在国民政府的大框架中加以阐述。而在各革命根据地先后诞生的新生民主主义政权,因为它们是后来的新型的中华人民共和国民主政治的雏形和基础,虽然对当时的国民政府产生过重大的影响,为保证阐述的连续性,最好放到中华人民共和国政治制度史的范畴之内去研究。因此,本编所研究的文官选任,主要涉及以下三个方面:

其一,文官的教育培养。国民教育是提高国民素质的基础工程,也是培养吏治人才的重要手段,孙中山先生历来重视教育在国家建设中的作用。指出"教育为立国的要素"。在建国之初,尤显重要。"民国的人民,人人都是主人翁,人人都要替国家做事的,所以建设一个新地方,首先在办教育。"学校是培养人才的源泉,也是培养官吏的基地。本编特辟专章进行探讨。

其二,文官的考试选拔。这是本书研究的主体。着重从考选制度、考选机构、考选内容和考选方法等方面详加研讨。

其三,文官的任用。这是官吏考选的结果,也是官吏管理工作的起始。本书着重研讨关于初任的等级、资格和待遇等基本内容。

---

① 孙中山. 孙中山选集. 北京:人民出版社,1981:90.

我们还应当充分认识，一个国家政权对自己官吏的选任，只是整个国家政治制度的一个组成部分，我们对民国时期官吏选任工作的研究，也是整个民主政治制度研讨的有机组成部分之一。

民主政治的建立对于有数千年封建专制历史的中华民族来说，是一个崭新的课题，因此它的建立发展和巩固完善，走了一条十分曲折复杂的道路。从中华民国自身的发展来看，它具有明显的阶段性。其中的每一个时期，共和制度都不是直线发展的，而是充满意外和变数。比如，民主共和建立初期就有袁世凯称帝和张勋复辟的闹剧，孙中山先生就曾几次组建过中央政府，各路军阀也都建立过不同类型的共和政体，即使执政时间最长的南京国民党政府，也经历过多次整组。中华民族共和之路，坎坷不平，后来者的历史考究，尤可深思。

再从国家政治制度本身的体系完整来看，中华民国中央政府面临了来自空前复杂的内外环境的挑战。1912 年元月建立的中华民国政府，对它所辖的版图，似乎从来就没有实现过完整的一府统治。中华民国的政治现实，其实是十分混乱的和充满危机的。与它同时期还先后存在过数次军阀窃取政权或分裂割据的阵痛，还有日本帝国主义者的入侵及其扶持的汉奸政府、伪满、伪蒙等傀儡政府的丑剧。他们或者拉历史的倒车，多行不义而自毙；或者充当卖国的汉奸，被钉上历史的耻辱柱，都是历史长河中浮现的腐败残渣余孽。

在这样动乱复杂的政治局面下，还发生了一个令历史惊叹的事实，即从 1927 年起，在四周白色政权的包围之中，由中国共产党领导的一小块或若干小块的红色政权诞生了，而且如星星之火，发展成燎原之势，在各红色根据地曾先后建立了中华苏维埃政权、抗日民主政权、人民民主政权，它们是中华大地上新生的一种民主政治的体现。它们由小变大，由少变多，由弱变强，最后成为埋葬蒋家王朝独裁统治的不可抗拒的历史力量。这是任何一个现代史研究者都不能不为之动容的。

为了更好地叙述民国时期文官选任的特点和发展状况，必须对本时期的历史分段和政治制度特点做出相应的界定和阐释，对此国内外专家学者曾有不同的见解和理论，不乏真知灼见。有主张大刀阔斧直接分为北洋政府和国民政府前后两阶段者；有趋于细分的四阶段、五阶段之说。四阶段者，为临时政府时期、北洋政府时期、广州政府与武汉政府时期和南京国民政府时期；五阶段者，为临时政府时期、北洋政府时期、南京国民政府时期，抗日战争时期、中华民国覆亡时期。斟酌再三，本书将本时期文官选任的研究分为孙中山临时政府时期、北洋政府时期和南京国民政府时期三个章节论述。

第一章　孙中山临时政府时期

第一节　临时政府时期文官选任思想

辛亥革命,是中国政治历史上的一个重要转折点,它推翻了在中国延续两千多年的封建王朝制度,敲响了共和黎明的钟声。正如孙中山自己所说:“予三十年如一日之恢复中华、创立民国之志,于斯竟成。”中华民国的建立,标志中国历史进入一个新时期。从辛亥革命爆发起,到中华人民共和国成立为止,共三十八年,史学界称之为“中华民国时期”。

一、共和政体的建立

中华民国时期的政治历史是非常重要而又非常特殊的。他开了中华民族共和政治的先河,建立了与世界潮流相适应的民主共和的国家制度,这是中国政治的大转折,是中华民族的一个大进步。中华民国的民主共和制度,虽然脱胎于西方流行的“三权分立”的政治体制,但是孙中山却有自己独特的创造,其中尤为突出的则是建立独立的考试院,实行“五院分权”的大胆尝试。这是孙中山开展民主政治,实行吏治改革的一个重要贡献。

孙中山先生建立的南京临时政府是中国历史上第一个采用民主制度的国家政权。他最大的特点就是“五权分立,总统独权”。“五权分立”的政体是孙中山先生的一个创造。孙中山曾对西方的议会制度和活动进行过详细地考察,认为西方以议会掌握纠察权,容易造成“挟制行政机关”、“议院专制”的局面,因此主张这种权力“也要独立”。早在1906年他就表示:“将来中华民国的宪法,是要创立一种新主义,叫做五权分立。”“那五权除刚才所说的三权(即立法权、行政权、司法权——编者注)之外,尚有两权:一是考选权……一为纠察权。”①“总统独权”是指总统有时可以越过议会行使权利。这是由于辛亥革命刚刚结束,临时政府初建时特殊的国际国内形势造成的。这种突出总统权力的制度,并非完全按照西方三权分立的政府方案进行设计,并且亦非孙中山先生革命的初衷,而是为中华民国民主制度所独有的。这种情况之所以出现而且被临时政府所接受采纳。从主观上说,是中国资产阶级革命的领导人对此有一些特殊的想法,是为了加强孙中山先生的地位,以与篡权野心家袁世凯对抗。从客观上说,由于孙中山的政治经验和个人魅力,在长期革命斗争中得到充分显现,已被绝大多数人所接受与拥戴,不规定议会对总统的完全监督权,包含着革命党和国民对他的信任。无可否认的是,在“独立的纠察权”尚未建立之前,不对总统的这种权力做出规定,国家权力的行使与监督就是不

① 广东省社会科学院历史研究室等.孙中山全集(第9卷).北京:中华书局,1985:59—61.

够完善的。这种以民众对元首的信任代替立法的监督，为个人专制埋下了隐患。袁世凯上台的所作所为，就是最直接的例证。这一点是中国民主制度建立初期的一个沉重历史教训。

因此我们可以说，南京临时政府建立了一个不完全的五权分立的资产阶级式的民主共和政体。它突出了总统的权力，又保证了资产阶级民主革命性。从政治制度的角度来看，南京临时政府的组织形式否定了占领中国政治舞台两千多年的封建君主专制制度。从此，民主共和的思想逐渐深入人心，并在中国形成了"敢有帝制自为者，天下共击之"的民主主义观念。这不仅影响了整个国家政权的行使，而且深刻地影响了临时政府文官制度的制定和运用，甚至影响到北洋政府时期和南京国民政府时期。

二、吏治改革的思想

在吏治改革的问题上，孙中山先生有许多精辟的见解。首先，他根据三民主义的民权思想，在《临时大总统宣言书》中就庄严宣布"国家之本，在于人民"，而且在《中华民国临时约法》中明确规定"中华民国之主权，属于国民全体"。人民即是一国之主，而"国中之百官，上而总统，下而巡差，皆人民之公仆也"①。官吏即是公仆，这一重要思想，尤其闪烁着民主政治的光辉。他不仅要求临时政府的官吏要"有才，有德，有能"，当好"公仆"，而且要求"本党现在的党员，人格高尚，行为正大。不可居心发财，想做大官；要立志牺牲，想做大事，使全国佩服，全国人都信仰"。"到了全国人民的心理都被本党统一了，本党自然可以统一全国，实行三民主义，建设一个驾乎欧美之上的真民国。"②这种政治理想是十分崇高和可贵的，反映了共和制度对官吏的基本要求。

再者，孙中山先生创造性地将西方的"三权分立"，变为"五权宪法"，特设考试院负责国家官吏的考试选拔工作。他认为："大小官吏必须考试，定了他的资格，无论那官吏是由选举的抑或由委任的，必须合格之人，方得有效。"③他说："凡是我们人民的公仆都要经过考试，不能随便乱用。"④他希望通过考试，及时发现最优秀的人才，准确判定合格"公仆"的人选，让各行各业群贤毕至，组成高效的万能政府，充分发挥国家机器的作用，以促进共和大同的崇高理想的早日实现。

最后，孙中山先生确认，人民有监察和罢免国家官吏的权利，将监察权、罢免权与选举权、被选举权一起列为人民所享有的四大直接人权之一。他认为，任何经由选举产生的代表会议和行政机关，只有承认和切实实行选举人对代表（及官吏）的罢免权，才能被认为是真正维护民主和确立代表人民意志的机构。因此他特将监察权从三权中独立出来，与考试权一样，成为五权宪法的重要内容。

这些是孙中山吏治思想的精髓，也是中华民国文官制度的核心内容。

---

① 广东省社会科学院历史研究室等. 孙中山全集(第6卷). 北京：中华书局，1985：211.

② 孙中山. 孙中山选集. 北京：人民出版社，1981：527—528.

③ 广东省社会科学院历史研究室等. 孙中山全集(第1卷). 北京：中华书局，1985：331.

④ 孙中山. 孙中山选集. 北京：人民出版社，1981：495.

第二节　临时政府官吏的选拔和任用

吏治措施是一个国家整个政治制度的重要组成部分，作为民主革命的先行者，孙中山对民主政治时代官员的选拔和任用制度非常重视，南京临时政府成立后，在1912年1月2日他主持修订的《修正中华民国临时政府组织大纲》中就明确规定："临时大总统得制定官制、官规兼任免文武职员。"孙中山在当选为临时大总统时，是以"公仆"的身份向全国宣誓的。以国家元首而自称"公仆"，充分显示了资产阶级共和国和封建帝制的根本区别。中山先生的"公仆观"令人称道。有当代学者曾将其归纳为：一是"只知道做救国救民事业"，不可为个人谋权夺利。二是"上而总统，下而巡差，皆人民之公仆"。三是"为民服务"，不管是文官还是武将，都必须十分称职。这无疑是在中国传统的德才兼备人才观的基础上，融入了现代民主的新观念，具有很大的进步意义。

为了认真选拔有用的人才，实现吏治改革的主张，孙中山对西方和日本等国培养和选拔人才的制度作了详细的考察和研究，并以独到的眼光看到了我国历史上长期实行的以科举制度为核心的人才选拔制度具有重要的历史作用。他说："考试本是一个很好的制度"，"从前各省举行考试的时候，将试场的门都关上，监试看卷的人，都很认真，不能够通关节、讲人情，大家想想是何等郑重"。又说："中国虽乞丐之子，凭考试取功名，实平等已极。"孙中山在这里所说的"平等"，就像人们通常所说"在知识面前人人平等"一样，即在统一的标准下，科举考试制毕竟为庶民子弟的入仕提供了可能，打破了贵族对政治的垄断。

孙中山还特别论述了我国的科举考试制度对世界文明的贡献。他在考察欧美各国考试制度后指出："现在各国的考试制度，差不多都是学英国的。穷流溯源，英国的考试制度，原来还是从我们中国学过去的。所以中国的考试制度，就是世界中最古最好的制度。"①

英国文官制度的创建人诺斯科特和杜维廉也曾承认，他们在19世纪50年代提出并在英国实行的"公开竞争—公平考试"的文官选拔制度，就是从中国学过去的。

关于南京临时政府对官吏的选拔和任用，可从以下几方面加以认识。

一、临时政府的教育改革

南京临时政府成立后，充分认识到"教育为立国之本，振兴之道，不可稍缓"。在教育方面，制定了各项改革教育的法令和措施，决定了振兴教育的基本纲领。民国元年8月25日同盟会改建为国民党，在其《国民党政策宣言》第八条明确宣布："主张振兴教育。其今日所宜振兴者：一曰法政教育，一曰工商教育，一曰中等教育，一曰小学师范教育，一曰女子教育。法政教育所以使国民多得法政常识；工商教育，所以输进工商新知识，发达

① 孙中山.孙中山选集.北京：人民出版社，1981：485—498.

工商；中学教育，为小学之模范、大学之基础；小学师范教育，所以普及教育之第一步，而养成师范人才；女子教育，所以增进女子知识，发达女权。此数者，为本党振兴教育之计划。”①这些主张顺应当时中国政治经济发展需要，符合时代潮流，具有进步性。

教育宗旨是教育的灵魂，它决定了教育的方针政策、教育的培养目标和办学的方向。清末民初，上层有志之士对中国的教育宗旨有许多探索。他们的目光投向国外，首当其冲的便是日本明治维新后迅速崛起的事实。对此有所感悟者不乏其人。比如著名的蔡锷将军便提倡国民教育应培养具有“国魂”的中国国民。他曾署名“奋翮生”发表文章强调：“中国居今日而不以军国民主义普及四万万，则中国其真亡矣！……而欲建造军国民，必先陶铸其国魂。国魂者，国家建立之大纲，国民自尊自立之种子，其与国民之关系也，如战阵中之司令官，如航海之指南针，如枪炮之照星，如星辰之北斗，夜光不足喻其珍，干将不足喻其锐，日月不足喻其光明，海岳不足喻其伟大，聚数千年之训诂家，而不足以释其字义，聚凌云雕龙之词人骚客，而不足以形容其状貌，聚千百里之理化学士，而不足以剖化其原质，孟子之所谓浩然之气，老子之所谓道也。”②

“国魂”成为清末民初为扫除国耻、振兴中华而盛行的一种教育理念。

孙中山先生则是以其三民主义为理论基础的。他在致南洋王宝雁学校的祝词中就明确表达：“吾党主义，是曰三民；揭奖理则，地义天经。敷为教育，本正源清。陨哉诸子，竭撅陶成。”

临时政府没有来得及制定新的教育方针，但时任教育总长的蔡元培先生在《教育杂志》上发表的《新教育意见》，奠定了民国初年教育改革的基本方向。他说：“共和时代，教育家得利于人民之地位以定标准，乃得有超轶政治之教育。”③他主张修正清末制定的以忠君、尊孔为核心的教育方针，而代之以“五项教育”，即军国民教育、实利主义教育、公民道德教育、世界观教育、美感教育。军国民教育是为了塑造强健的“国魂”；实利主义教育是使受教育者获得谋生的手段；公民道德教育在于培养人具有自由、平等、博爱的思想；世界观教育是要打破两千年尊孔的旧习；美感教育是实现教育目的的手段。

蔡元培的“五育”思想有对中国传统教育精华的继承，又体现了上升时期资产阶级对新型人才的需求，顺应了当时现代化潮流的主张，揭示了民国初年国民教育的本质内容和特征，对教育产生了重大影响。

为尽快落实孙中山对国民和官吏的教育，临时政府建立之初即着手对清末学校教育制度进行改革，民国元年 1 月 19 日，教育部颁发了《普通教育暂行办法》和《普通教育暂行课程标准》。这两个暂行条令，对普通学校和师范学校的名称、教育内容、课程设置、教学要求等都做了明确规定。同时公布了初等小学、高等小学、中学和师范学校的课程表。使普通学校的教育教学工作有了统一的标准。为学校教育教学工作的正常开展创造了条件。

① 孙正邦. 六十年来的中国教育. 台北：正中书局，1971：3.

② 吴家莹. 中华民国教育政策发展史. 台北：五南图书出版公司，1990：34—35.

③ 高平叔. 蔡元培全集（第 2 卷）. 北京：中华书局，1984：9.

两个条令体现了临时政府对学制进行改革的措施。比如《普通教育暂行办法》将清代各级学堂的统管官名，一律改称校长，废止学校对毕业生世袭出身的奖励，旗帜鲜明地破除了腐朽的封建等级残余。它还规定初等小学允许男女同学，亦是破除封建思想。小学废止读经科和中学废止文实分科制，一是结束了封建经学对学校的统治，二是开辟了注重科学，注重实用的崭新的教学内容。此外，中学及初级师范的修业年限由五年减为四年，也都为平民接受教育打开了方便之门。

《普通教育暂行课程标准》所颁布的课程内容，读经科一律废止，以修身、国文（初小称语文）、算术和体操为基本课程，初小加游戏，高小加历史、地理，女子加裁缝，中学加外国语以及博物、理化、法制经济等，体现了时任教育总长的蔡元培先生关于“五育”的内容。

本书提供有清末民初的两张毕业文凭，可以考察到历史交接时期教育方面的变化。

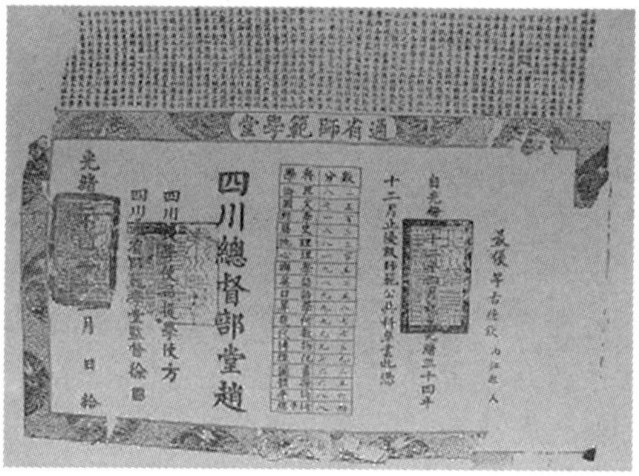

清末光绪年间毕业文凭

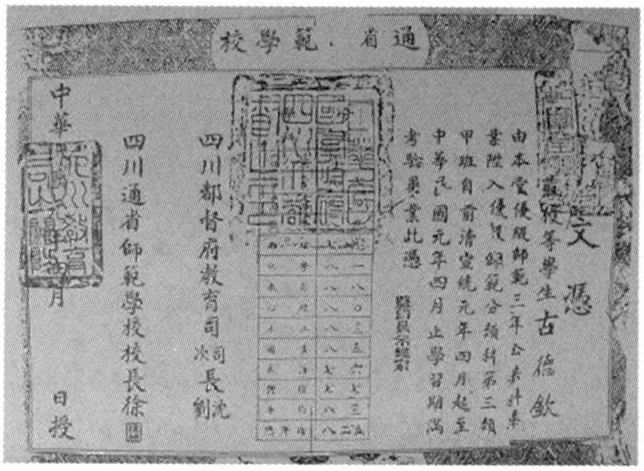

中华民国初年之毕业文凭

清末文凭的上方有一份通栏文告是根据慈禧太后的懿旨所下达的严禁学生不安本分、纠集生事、逾越范围、干预外事的训诫令，从训令中可看到，清末学生纷纷关心国家政事，成为反对封建王朝腐败统治的斗争前哨。学生毕业文凭上也要印上训诫令，说明清朝统治者内心已是十分恐惧。掌管教育的官员，分别是总督部堂、提学使和学堂监督，反映出清廷对学校的严厉控制。

持民初文凭的学生是在宣统元年（1909 年）入学，民国元年（1912 年）毕业的，其文凭的基本格式与前清相同，但训诫令取消了，管理教育的官员中军人总督被取消，提学使变为教育司司长，学堂监督变为校长，反映了学校内部制度改革的端倪。

两份文凭中所记之学业成绩，可看出不同时期课程发生很大变化。清末学堂共开设伦理、国文、经学、历史、地理、心理、办学、英语、日语、算学、几何、代数、博物、理化、图画等十五门，而民初则为伦理道德、经学大义、中国文学、数学、物理、化学、教育、心理、手工、图画、英语、体操等十二门。民初的课程有所精简，将算学、几何、代数合为数学，又将理化分为物理、化学两门，一合一分，反映了现代科学的理念，同时民初增加了手工和体操两门课程，体现了现代教育对国民素质全面发展的客观要求。

临时政府也十分关注高等教育和专门教育。1912 年 3 月 5 日教育部通知各省速令高等学校、专门学校开学，接着3月14日孙中山特以大总统的名义令教育部通知各省优级师范一并开学。命令中说："惟教育主义，首贵普及，作人之道，尤重童蒙。中小学校之急应开办，当视高等专门为尤要。顾欲兴办中小学校，非养成多数教员不可。欲养成多数中小学校教员，非多设初级、优级师范学校不可。虽一时权宜，与永久经制自殊，而统筹全局，亦不可顾此失彼。此时注重师范，既能消纳中学以上之学生，复可隐植将来教育之根本，是真当务之急者。"①3月21日，孙中山又批准将源丰润钱号抵押款拨充中国公学的经费。

除教育部重视教育的振兴之外，其他各部也计划办理培养干部的学校。如陆军部拟办陆军军官学校，内务部办有警务学校，陆军部还曾经拨款资助过南京光复军女子队改组为复兴女子学校。

临时政府采取的各项振兴教育的措施，是为了适应中国民族资本主义迅速发展的需要，革除封建专制主义遗俗旧规。对学校学制和教学内容进行改革，禁用清政府学部颁行的教科书，重新编写"合乎共和国民宗旨"的教科书，学校不拜孔子，不读四书五经，改设语文课，提倡"自由平等、友爱为纲"的资产阶级公民道德。普通学校的课程设置，加强了自然科学的课程，增加了农工商业、法制经济等新课，提倡理性化和科学化。在学校制度上，提倡男女平等，初等小学可以男女同校。这些措施贯穿着反对封建主义的精神，都体现了民族工商业发展的要求，为培养新兴资产阶级和民主政治需要的人才开辟了道路，奠定了基础。

二、官吏的考试和选拔

为了保证相对公平公正地为国家选拔人才。孙中山还提出考试权独立的思想，认为这是"中国的良制"。南京临时政府因为仅存在数十天，来不及正式施行考试院制度，为了"拔取真材"，对铨选官吏刷新吏治的工作，也有一番革新。

1. 考试铨选制度

通常人们将按照规定的资历、考绩核定官员的官等官级，对官员进行甄别、登记，以及任用、分发等的一系列叙官制度称为铨叙。铨选制度的核心是考试铨定任选资格。《临时约法》明文规定："要设独立机关专掌考试权，大小官吏必须考试，定了他的资格，无论哪级官吏是由选举的，抑或内委任的，必须合格之后，方得有效。"同时，《建国大纲》第十五条中规定："凡候选及格任命官员，无论中央与地方，皆经中央考试铨定资格。"南京临时政府将中央行政官和武官分为特任、简任、荐任、委任四种。《中华民国临时约法》的第十一条规定："人民有应任官考试之权。"实行考试权的方法有三种，即任命、选举、造就新官员。这三者都需要经过考核。考核的主要手段是考试。考试分为两种类型：一是公职候选人的考试，一切人民代表机构的候选人，都需要经过考试才能取得被选举权。二是任命官员的考试。这种考试又分为三种规格：高等考试，普通考试，特种考试。高等考

---

① 中国第二历史档案馆．中华民国史档案资料汇编（第二辑）．南京：江苏古籍出版社，1981：477.

试和普通考试分别进行,即一方面以教育程度为根据;另一方面以任用等级为依据,两者是互相结合的。

2. 非考试铨选制度

南京临时政府还建立了一些特别制度和采取特殊办法选拔可用人才,共图建设民国的大业。择要介绍如下:

(1)群举:群举制度即是不拘一格的由群众推选文武人才,襄助军政。例如长江水师的将士曾呈请孙中山接纳他们共同选举的李传芬为水师二十二营统制,孙中山后来委任了李传芬为水师将军。

(2)招贤:南京临时政府还对确有真才实学的贤才,广为招纳。例如近代中国著名的改良主义者容闳,学有专长,早年投奔太平天国,未能展其英才,后又投于清政府的洋务运动,亦未如愿。当孙中山被选为临时大总统后,容闳徘徊在美国。孙中山毅然发出敦聘,请他回归祖国,为振兴中华做出贡献。

(3)顾问:南京临时政府使"人尽其才"的另一个表现,就是顾问的聘任。孙中山先生曾说:"推到春秋战国的时候,有很多国家都是聘用官卿治国,像李斯相秦、楚材晋用,都是用外来的人治国家。"①1912 年,孙中山任南京临时大总统时,在宣布第一任内阁成员的简任中,就聘请了四位顾问。其中有三名是客卿,即法制顾问寺尾享、副鸟义一,政治顾问犬养毅。并礼贤下士聘章太炎为枢密顾问。不但中央设有顾问,有些地方同样设有顾问。

(4)弹劾:孙中山在《中国革命史》中说:"各院人员失职,由监察院向国民大会弹劾之。"《中华民国临时约法》第十九条也规定:"参议院对于临时大总统,认为有谋叛行为时,得以总员五分之四以上之出席,出席员四分之三以上之可决弹劾之。""参议院对于国务员,认为失职或违法时,得以总员四分之三以上之出席,出席员三分之二以上之可决弹劾之。"孙中山任临时大总统时,曾发生过参议院弹劾司法次长吕志伊违法事件。

3. 地方官吏的考举

关于地方官考举办法,因历时太短,并无全国统一行政。根据湖北、江苏、福建等省有关地方官草案规定,可做一些概括了解。

(1)湖北省自武昌起义后,即设立军政府,将该省分为府、县。府设于省会,其余一律称县。府县设知事及书记、科长、科员、工师、掾史等职,分为总务、内务、税务、警务诸科。省县官员亦是通过考试铨选,其办法有明确的规定。如《鄂省暂行府县知事任免章程》规定:武昌府及各县,设知事一人,由内务部请考试师考选后,按其名次,呈由都督核准任命。考试分两项:一是文理,二是口问。考试师由二十人组成,由都督直接任命。考试人的资格有五条,凡本省民国人,具备下列条件者,即可参加考试:①年龄在三十岁以上,六十岁以下者;②确有法律、政治、文学知识者项;③通晓地方情形者;④办事有成绩者;⑤无他种嗜好者。而考生只要取中二、三、四项中两者,皆得为知事。

① 孙中山. 孙中山选集. 北京:人民出版社,1981:525.

(2)江苏、江西、福建等省,其州县民政长,由该州县议会公举,报请都督府核准委任,但有违法及不称职时,除经议会纠举外,都督府得行文免职,由议会另行公举(州县议会未成立的地方,暂由都督府委任)。各州县佐治职,由该州县民政长量才授职,电报都督府核准委任。

三、官吏的任用和考绩

1. 官吏等级制度

南京临时政府对其官吏采取了分等任用的方式。各级官吏分为文官和武官两种。

文官方面:南京临时政府的官员除特任外,分为三等九级,即简任、荐任、判任(或称委任)三等。第一级至第二级为简任官,第三级至第五级为荐任官,第六级至第九级为判任官。

武官方面:军队编制为军、师、旅、团、营、连、排、班。军官分三等九级。一是将军级,分为大将军、左将军、右将军;二是都尉级,分为大都尉、左都尉和右都尉;三是军校级,分为大军校、左军校和右军校,此外还有额外军官。陆军官佐,补官者有四:一是例官,二是特补,三是升补,四是考补。

2. 俸禄制度

南京临时政府对俸禄制度从中央到地方,从文官到武将都作了规定。将中央各部局官佐的俸给分为三等九级(见下表)。对于军队,南京临时政府还有一些临时规定:如除出征外,凡留守军队一律发现金七成,三成作公债票。

临时政府武官月俸表　　单位:元

官等级别	上等:将军级		中等:都尉级		初等:军校级	
	现金	公债	现金	公债	现金	公债
一级:大将军(总长)	160	70				
二级:左将军(次长)	140	60				
三级:右将军(局长)	120	50				
四级:大都尉(科长)			100	40		
五级:左都尉(科员)			80	30		
六级:右都尉(科员)			60	20		
七级:大军校(科员)					40	10
八级:左军校(额外)					30	5
九级:右军校(额外)					20	5

此外还规定,凡官佐,士兵及军属人员有兼差者,不准兼俸。

地方官俸给不统一。例如《江苏军政府军部暂行章程》第五、十两条有这样规定:“各科视事繁简,酌用书记若干员,分为二等,其薪金如下:一等每月十二元,二等八元。本部各员,除书记工役照给薪工外,其余自部长至课员不给薪金,每月暂支津贴二十元。”《浙江各府县暂定编制简章》第十四条规定:“府县民事长均暂为名誉职,不支薪水,每月支津贴四十元。课员每月支津贴十六元,其因公费用,得由公费开支,每月核实报销。”《江西暂行地方官俸及公费章程》中规定府县知事俸给为:府知事月俸一百五十元,县知事月俸一百元;课长月俸二十四元,课员月俸十六元,司法课长月俸三十元,司法课员月俸二十元;府县知事自辟文牍、庶务、会计、收发等员,月俸照课员一律。府县内部各课分课录事,每人月薪六元或四元。

3. 官吏的考核和奖惩制度

孙中山任南京临时政府大总统期间,对官员的功过曾采取过有效的奖惩措施。它的原则是:以德为主,德才兼备,赏罚分明。建国不到两个月,就颁布了文官试验章程,慎重用人令、奖恤令及勋章章程等。凡有功将士,酌量赏以各等勋章,以示奖励。要求各机关长官要随时考核他们僚属部下,包括工作之勤惰、优劣,操行之公忠、廉洁,乃至学识是否胜任,有无增进等等。根据考核结果,对于所属的员司分别记功或记过,嘉奖或惩处。通过考绩,可以区分官员优劣,此种考核奖惩,成为激励官员向上和前进的好方法。

纵观临时政府时期的选任制度,我们可以发现其中闪现着孙中山先生民权主义的精神,在教育方面,改进教育制度,革新教育内容,促使各级学校陆续开学,奠定了民国时期学校教育的基础。在官吏制度方面,提倡“官厅为治事之机关,职员乃人民之公仆”,官民平等,廉洁奉公,任人唯贤。孙中山以身作则,不用亲属做官,主张通过考试选用人才。以孙中山为首的南京临时政府,努力在各方面体现发扬民主、反对专制的精神,使民主共和的思想深入人心。而临时政府关于官吏管理的许多重要观念和措施,开创了近代法制和职官管理的新纪元。对后来的民国政府也产生了巨大影响。我们可以从孙中山先生的政治举措中了解到中国民主建设的可贵探索和艰难步履。

《临时约法》宣布:“中华民国之主权属于国民全体。”以宪法明确规定“主权在民”。这在中国历史上是第一次,一定程度上反映了人民向往民主共和的意愿。在政体上,以三权分立为基本原则,参议院为立法机关。总统制与内阁制相结合,大总统和内阁各部组成行政机关,对总统权力实行限制,是从实际情况出发来考虑的。它所确立的一系列近代政治制度和原则,也影响到后来的整个民国时期。

但是临时政府存在不足百天,便被迫把政权交给袁世凯,中国政局进入了北洋军阀统治的时期,中国资产阶级民主共和制度的初次尝试,遭受严重挫折。临时政府文官考选的一切措施,也未能得以实施。对于临时政府官吏改革制度的失败,我们要放在中国资产阶级民主共和制度的大视野中来考察。轰轰烈烈的辛亥革命之后,中国民主宪政之所以不能实施,有其深刻的外部条件和自身原因。就外部条件而论,一是帝国主义要在中国维持殖民地统治,不容许建立资产阶级共和国;二是中国封建势力根深蒂固,还在各方面占统治地位,不容许出现民主政治。从资产阶级自身来看,由于其先天不足,十分软弱,并不具备彻底完成反帝反封建民主革命的力量,以下数条是以为训。

第一,《临时约法》的制定和临时政府的行政,它既不是完全的西方三权分立的政体,也没有完全实践孙中山五权宪法的理论,却反映出很大的封建人治主义色彩。最初南京临时政府建立的是突出总统权力的体制,后来因为要将临时大总统“议让”给袁世凯,改变为限制总统权力的体制。其良好愿望在于保护革命成果,但是在资产阶级民主共和政权建立初期,它首开了因人立法之风,法随人变,就造成了人的意志高于法的意志,也为野心家篡权留下隐患。这是中国资产阶级本脱胎于封建专制制度而一时无法洗去的印记。

第二,没有彻底铲除封建主义的社会基础,形成完整的反封建体系。辛亥革命集中在大城市发动,很少触及农村的封建经济关系。故辛亥革命以后,中国封建的经济基础并没有从根本上遭到冲击,旧的地方政权体制并未得到破除。临时政府来不及也不可能实现同盟会政纲中"平均地权"的口号,没有建立从经济基础到上层建筑的完整的资产阶级国家体系。而且《临时约法》第二章第十八条规定:参议员的选派方法由各地方自定之。这实际上给予尚有极大经济实力和政治影响力的封建军阀、官僚、地主、豪绅以很大的特权。缺乏实现资产阶级宪法的社会基础,资产阶级民主成为纸上谈兵的空话。

第三,地方权限没有得到明确规定,中央与地方的关系暧昧。地方政权本是中央政权的基础,但是南京临时政府乃至以后的北洋政府,对地方政府,实际上一直处于一种软弱无力的状况。全国各地军阀割据,中央政权不稳固,战乱不断,生灵涂炭,更何谈吏治改革和良好吏治的建设。

第四,临时政府存在的时间短暂,来不及实现孙中山吏治改革的主张。其通过考选方式,建立新的民主吏治体系的蓝图,并无历史经验可借鉴,也没有得到时间的检验,难以完善,更难彻底实现。

这个历史教训是很深刻的。辛亥革命赶跑了一个皇帝,改变了政府机关的组织和名称,但是没有根本打碎封建军阀官僚的国家机器,半殖民地半封建的经济基础原封未动,而且各省实权控制在各路都督手中,临时政府号令不出百里,大多数府县等地方政权更受制于前清旧官吏,所以它的官吏选任和管理制度,也同它的其他法令制度一样,难免流于形式,沦为一纸空文。孙中山先生曾痛心地评议当时的中国:"夫去一满洲之专制,转生出无数强盗之专制,其为毒之烈,较前尤甚,于是而民愈不聊生矣!"①

在这样的基础上建立的资产阶级官吏制度,无疑是沙滩上修建的一座高楼而已。

孙中山的临时政府,是辛亥革命的重大成果,是资产阶级民主共和的第一个预演方案,他主持制定的《临时约法》以及在这个约法的基础上产生的各种政治制度,包括文官选任制度,都是资产阶级民主革命派为唤醒人民、争取自由和建立彻底民主的制度而做出的开拓性尝试,将会在中国政治制度史上留下了醒目的一笔,也为后人留下深深的思考。

---

① 孙中山选集.北京:人民出版社,1981:483.

第二章　北洋政府统治时期

1912 年 1 月 22 日孙中山发表声明表示，只要清帝退位，袁世凯宣布赞成共和，即由参议院选举袁为临时大总统。于是袁世凯逼迫清帝退位，并假惺惺地表示赞成共和。2 月 15 日参议院选举袁世凯为临时大总统。窃国大盗袁世凯终于篡夺了辛亥革命的胜利果实，确立了北洋军阀集团的统治，史称北洋政府。在北洋政府时期，中央大权先后为皖、奉、直系军阀控制，全国各地为大小地方军阀盘踞，帝国主义侵华势力在神州横行无忌，国家政局一片混乱，直至 1928 年 6 月 3 日奉系军阀政府垮台，这一历史时期才算结束。

北洋政府统治时期也是中国民主运动高涨和近代法制发展的时期，其法律制度呈现出民主与专制、进步与倒退、文明与野蛮交织在一起的矛盾性。在文官选任问题上，同样出现了错综复杂的两重局面。

第一节　北洋政府文官的培养

我国最早推行文官制度的是北洋政府，1913 年 1 月，北洋政府颁布了《文官甄别法草案》《文官考试法草案》，后来又陆续颁布了《中央行政官官等法》《官吏服务令》《文官任用法草案》《文官惩戒条例》《文官高等考试法》《文官普通考试法》等一系列法律法规。本节起所述之官吏，非特指者即是文官。

北洋政府的文官分为：行政官、外交官、司法官、技术官、警察官五种。有特任、简任、荐任、委任四级九等。特任官由大总统特令任命，可担任总理、各部总长、大使、省长等职务；简任官可担任总统府局长、各部次长、各省厅长和道尹等职务；荐任官可担任各部的科处长、县知事等职；委任官可担任各部科员和主事等职。其中特任官、简任官、荐任官属高等文官，委任官则为普通文官。

为了提高文官队伍素质和行政效率，北洋政府亦有对文官的教育培养。对于文官的教育从两个方面着手：一是提高国民素质，为文官人才的选拔奠定坚实的基础；二是对官吏作专门的培训，提高文官队伍的业务水平。鉴于北洋政府统治十多年时间，政局非常动荡，政府对全国行政的实际掌控权十分脆弱，对文官队伍的控制管理也属于薄弱的环节，因此对文官人员的培训很难有效实施。因此本节着重从国家教育政策的角度阐述，透视北洋政府文官培养的蛛丝马迹。

一、教育宗旨与教育改革

1. 教育宗旨及其演变

辛亥革命推翻了清朝封建统治，建立了新的共和政权，北洋政府适时成立了教育部，以适应已经发生了巨变的社会形势。而这个时期教育宗旨的演变，经历了四个阶段，反映出这个历史巨变的时代，教育所经历的风雨洗礼。

第一时期是蔡元培的"五育"宗旨。蔡元培是北洋政府首任教育总长，留学欧洲归国，对西方教育有较深刻的了解。他提出了一个新的教育宗旨，认为在当时的中国，应该注重五个方面的教育，即"军国民主义，实利主义，德育主义，世界观和美育主义"，"五者，皆今日之教育所不可偏废者也"。

蔡元培

蔡元培的教育宗旨是在批判清朝封建教育宗旨的基础上提出的。1912 年 2 月，他发表了《新教育意见书》，指出："'满清'时代，有所谓钦定教育宗旨者，曰忠君，曰尊孔，曰尚公、曰尚武、曰尚实。忠君与共和政体不合，尊孔与信教自由相违（孔子之学术，与后世所谓儒教、孔教当分别论之。嗣后教育界何以处孔子，及何以处孔教，当特别讨论之，兹不赘），可以不论。尚武，即军国民主义也。尚实，即实利主义也。尚公，与吾所谓公民道德，其范围或不免有广狭之异，而要为同意。唯世界观及美育，则为彼所不道，而鄙人尤所注重，故特疏通而证明之，以质于当代教育家，幸教育家平心而讨论焉。"

同文中，蔡元培还对共和政体教育与专制政体教育做了判别："教育有二大别：曰隶属于政治者，曰超轶乎政治者。专制时代（兼立宪而含专制性质言之），教育家循政府之方针以标准教育，常为纯粹之隶属政治者。共和时代，教育家得立于人民之地位以定标准，乃得有超轶政治之教育。"①

他的这一观点，经由 1912 年 7 月教育部召集的"临时教育会议"讨论通过，并于 9 月 2 日以教育部《教育宗旨令》的形式公布，即"注重道德教育，以实利教育、军国民教育辅之，更以美感教育完成其道德"。蔡元培的上述见解以及教育部公布的《教育宗旨令》，对当时的中国产生了比较重要的影响，使人看到教育应如何在民主共和的旗帜下复兴，并为实现民主共和制度出力。但是，蔡元培的教育宗旨很快便被坚持封建专制反动立场的袁世凯予以彻底否定。

1915 年 1 月，袁世凯颁布《特定教育纲要》，批评"教育部前颁教育宗旨，注重道德、实利、军国民、美感各教育，惟未标明实用主义。且部令虽颁，国内并未奉行，教育迄今无一定趋向。是宜重加规定，以道德教育为经，以实利教育、尚武教育为纬；以道德实利尚武教育为体，以实用主义为用"②。紧接着，又由袁世凯颁定《教育要旨》，将教育宗旨概括为：①爱国；②尚武；③崇实；④法孔孟；⑤重自治；⑥戒贪争；⑦戒躁进。纵观袁世凯的七项教育宗旨，实际上是其封建思想的集大成。以"爱国"为建立帝制作思想准备；所谓"崇实"和"法孔孟"，则因袭清末教育宗旨之旧说；以"道德"来遮掩"忠君"与"尊孔"；以所谓

① 高平叔．蔡元培全集（第二卷）．北京：中华书局，1984．

② 舒新城．中国近代教育史资料（上册）．北京：人民教育出版社，1987：254．

“戒贪争”、“戒躁进”和“重自治”,影射当时政敌,而且对人民进行欺骗,掩饰其在政治上公然解散国会,取消地方自治等封建专制罪行。此为第二时期。

1916年袁世凯倒台后,9月,国务院议决撤销袁世凯提出的《特定教育纲要》和《教育要旨》,又对教育宗旨作了新的解释。

1918年12月,教育部组织的“教育调查会”提出,中国以共和政体应世界潮流,当吸取英、美、法三国的长处,故应以养成健全人格,发展共和精神为教育宗旨。所谓健全人格者,具备的条件为:①私德为立身之本,公德为服役社会国家之本;②人生所必需之知识技能;③强健活泼之体格;④优美和乐之感情。所谓共和精神者,具备的条件为:①发挥平民主义,俾人人知民治为立国根本;②养成公民自治习惯,俾人人能负国家社会之责任。可是以后,此教育调查会又认为,“施教育者,不应特定一种宗旨或主义,以束缚被教育者”①。这一见解始终未被教育部采纳,民国初年颁布的教育宗旨也没有废止。此为第三时期。

直到1922年11月,北洋政府又公布了《学校系统改革案》并附七项“标准”,实际上成为一种新的教育宗旨。这七项“标准”为:①适应社会的进化;②发挥平民教育精神;③谋个性的发展;④注意国民经济力;⑤注意生活教育;⑥使教育易于普及;⑦多留各地方伸缩余地。此为第四时期。

纵观蔡元培的“五育宗旨”、袁世凯的“七项宗旨”、教育调查会的“健全人格”和“共和精神”,以及北洋政府的“七项标准”,反映出北洋政府教育宗旨的举棋不定和摇曳多变,究其实质乃中国如何认识和学习西方的新兴教育思想,尤其是学习英、美、法等国渗透着民主精神的教育理念和教育制度。这是北洋政府时期国内外深层次的历史背景的折射反映。

从国内看,一方面中华民国的建立,毕竟打破了封闭的清朝封建专制,世界的新兴思潮在中国有了更广泛的传播,西方教育思想和教育体制对中国的教育界产生了更大的影响,国内教育界有志之士往往向国外展望教育模式,试图借鉴和吸取。但也不乏生硬照搬国外观念和做法之弊。另一方面袁世凯篡夺国家政权,反动政治势力嚣张,长时期的军阀混战,政局动荡不安。加上反动军事势力给予新兴的共和体制,以严重的打击。因而造成教育宗旨和方针多次反复,大政难定。

从国际看,第一次世界大战以德奥大败而告终,德国的军国民教育为后世人们所不齿,美、英、法的人格主义教育成为时髦术语,也为中国的教育方针增添了新鲜活泼的元素。尤其是美国国内经济势力陡增,在华的投资继英、日等国之后发展很快,越来越吸引中国人到美国留学。美国的教育制度在中国,无论就思想倾向,还是实际方面都成为当时的一种权威。因此,当时中国教育界讨论研究并变更教育宗旨,所提出的新型教育宗旨和方法难免顾此失彼;虽然包含着民主和专制之争,也包含追求进步和完善之举。

2. 学制改革

北洋政府时期由于政权的不断更替和教育宗旨的多次变易,直接影响到学制的改

① 教育调查会第一次会议报告,教育杂志,11(5).

革,其间可分三个阶段。首先,北洋政府将清末的“学部”改建为教育部。在蔡元培主持下,教育部吸收多位归国留学生,积极开展创办新教育、草拟新学制的工作。他们试图借鉴外国的教育经验,包括西方各国和东方日本的经验,结合中国的情况,拟出一套完美的新学制。但是,在没有很好总结实践经验的情况下,这种闭门造车的办法必然行不通。最后,只得仿照日本的制度,草拟出一个学制。1912 年 7 月起,教育部陆续颁发了《学校系统令》《教育部公布小学校令》《中学校令》《师范教育令》《专门学校令》《大学令》《实习学校令》等。

按照《学校系统令》的规定:①初等小学校四年毕业,为义务教育,毕业后可以入高等小学或实业学校;②高等小学校三年毕业,毕业后可以入中学校、师范学校、实业学校;③中学校四年毕业,毕业以后可以入大学、专门学校、高等师范学校,其中:大学本科四年毕业,预科一年;高等师范学校本科三年毕业,预科二年;专门学校本科三年或四年毕业。此为北洋政府对清末新学教育的改革。依照这个规定,从小学修至大学毕业,共为十八个学年。

1915 年 1 月,独揽一切大权的袁世凯又颁布了《特定教育纲要》,改革小学和中学学制。主要内容是:①改初等小学为两种:一种称国民学校,以符合义务教育的意义;另一种称预备学校,专为有志于升学的人设立。②改中学为文科、实科两种。这种改革就小学而言,主要在于“只求识字之平民子弟与有志深造之士族子弟,受同式之教育,于人情既有未顺,于教育实际亦多违碍”。就中学而言,主要取法、德制分为文科、实科两种,或分校,或一校兼备两科,“视生徒之志愿以入学,不特适于天性,且学科有所偏重,造诣自有专长,将来毕业后出任事业,能力较优,自足为社会之中坚人物,即升入专门大学亦易深造,较现制实为便利”①。

由于袁世凯推行帝制不久就失败,上述两项政令实际上没有实行。随后全国教育会联合会②分别于 1919 年、1921 年两次举行会议,对民国初年的学制进行修正,并于 1922 年 11 月,公布了新学制,主要内容如下:①初等教育六年,前四年为初级,后两年为高级;②中等教育六年,也分初级、高级两种,各三年;③高级中学,则划分为农、工、商、师范、家事等科;④师范学校单独设立,招收初级中学毕业生,学制二到三年;⑤大学校四年至六年;⑥专门学校三年;⑦民初的乙种实业学校,根据具体情况改为职业科。此外,大学院不立年限。新学制自初等小学修至大学毕业,共十八年。

1921 年 10 月,在第七届“全国教育会联合会”会议上,广东、湖南、浙江等十一个省的教育会提议改革学制,主张以美国式的学制取代日本式的学制。次年,以广东省教育会提出的草案为基础,教育部召集各种会议并征求全国意见,于 1922 年 11 月,以大总统令公布了《学校系统改革令》,在全国实施新的学校教育制度,其主要内容为:

一是纵向方面,整个教育仍分三大阶段。初等教育分为幼稚园和小学两级,其中,小

① 《政府公报》1915 年 11 月 8 日。

② 该会成立于 1914 年 8 月 28 日,由各省教育会及特别行政区域教育会组织而成,以体察国内教育状况,并顺应世界趋势,讨论全国教育事宜共同进行为宗旨。

学校为四二制，初小四年，等于以前的国民学校，高小二年，近似从前的高等小学；中等学校六年，采用选科制，即分为初级中学和高级中学；高等教育则废止大学预科，采用选科制，共四至六年，可以单科设立或综合各科设立。

二是横向方面，旧制的乙种实业学校改为职业学校；初级小学以上，可以进行相当年限的补习教育；对成人失学者，设立实习学校；中等教育阶段内的旧制甲种实业学校也改称为职业学校，或改为高级中学的农、工、商等科；旧制的师范学校改为六年，与中学并行；高等旧制师范学校和专门学校，可以招收高中毕业生，受四至五年的训练；大学或专门学校，可以根据情况增设专修科，修业年限不等。

1922 年 11 月 1 日以大总统令公布了《学校系统改革案》(史称 1922 年"新学制"，或称"壬戌学制")。该学制采用的是美国式的六三三分段法(即小学六年，初中三年，高中三年)。新学制基本上是依据我国青少年身心发展特点来划分的，这在我国近代史上是第一次。新教育体制对当时培养教育人才的事业产生了较重要的影响。这些影响主要是：①适应社会进化的需要；②发挥平民教育精神；③谋求学生个性的发展；④注意国民经济力；⑤注意生活教育；⑥使教育易于普及；⑦多留各地方伸缩余地。

按今天的观点看，学制改革就促进教育和培养人才事业的发展而言，有两个较大的进步。其一，选科制的采用。这种选科制既使受教育者的个性易于发展，又使各地方留有较大的自由活动余地，对后世职业教育的影响非常深远。其二，将初级中学与高级中学分开，为人才培养的分流开通了渠道，对中国后来的学制建设产生了巨大的影响①。

二、教育行政机构

北洋政府教育行政组织的大格局为分级制，即设立中央、地方两级教育行政组织。现分述如下：

1. 中央教育行政机构

1912 年 4 月 24 日，北洋政府正式接收清末学部事务，组建教育部为中央教育行政机关。按照 1912 年 8 月 2 日公布的《参议院议决修正教育部官制》的规定，教育总长管理全国教育、学艺及历象事务，监督全国学校和所辖各官署；教育部职员，依承政厅、普通教育司、专门教育司、社会教育司及下属各科的需要选任。此外还设置了视学、技正、技士等职员，承长官之命，处理具体事务。

1914 年 7 月 11 日，北洋政府又修正公布了《教育部官制》，将教育部及其职官的职能职责明确规定如下：

教育部直隶于大总统，管理教育、学艺及历象事务，下设一厅三司，即：

(1)总务厅：办理直辖学校及公立学校职员事项以及经费、会议、文件等综合性事项。

(2)普通教育司：办理师范、中学、小学、蒙养园、盲哑学校以及地方学务机关的设立变更事项。

(3)专门教育司：办理大学校、高等专门学校、实业教育学校、外国留学生事项以及历

---

① 蒋维乔. 民元以来学制之改革. 光华半月刊，1936，5(1).

象、学术、学位事项。

(4)社会教育司:办理通俗教育、演讲、感化、礼仪、博物馆以及图书馆等事项。

教育部置总长一人,简任;次长一人,简任。总长承大总统之命管理本部事务,监督所属职员,并所辖各官署,对各省巡按使及各地方最高级行政长官执行该部主管事务,有监察指示之责;次长辅助总长整理事务。

下置参事(简任)三人,掌拟有关本部主管的法律、命令案事务;置司长(简任)三人,分掌各司事务;置秘书(荐任)四人,掌管机要事务;置视学十六人,掌学务的视察;又置佥事(荐任)二十四人,分掌总务厅及各司事务;又置主事(委任)四十二人,助理总务厅及各司事务;又置技正(荐任)一人、技士(委任)两人,掌技术事务。此外,因缮写文件及其他特别事务,得酌用雇员。

当时,全国分为八个视学区:①直隶、奉天、吉林、黑龙江;②山东、山西、河南;③江苏、安徽、浙江;④湖北、湖南、江西;⑤陕西、四川;⑥甘肃、新疆;⑦福建、广东、广西;⑧云南、贵州。(蒙古和西藏暂为特别视学区。)

北洋政府设置的中央级教育行政组织体现了一定的现代精神,比如:职官设置相对精干,如总长一人,为内阁成员之一,是政务官;设次长一人,是事务官,将清末学部的"左右侍郎"、"左右丞"四人的职掌合并为一;下置司长三人,较清末减少三司;等等。蔡元培任教育总长时,眼见各国社会教育之发达,深信教育之责任,不仅在教育青年,须兼顾少数年长失学之成人,因而坚持设置社会教育司,主管成人教育,使社会教育在较长时期受到了国人的重视。这些都是有利社会进步和发展的。

2. 省级教育行政机构

民国初年,随着封建专制制度的解体,清朝各省教育行政机关完全被推翻,代之以在都督府、民政司或内务司之下设立"教育科",管理全省的教育行政事务。其间曾演变为"教育司"和"教育科",直到 1917 年 9 月,政府以教育为国家要政,才于各省特设了"教育厅"。

按照《教育部公布教育厅暂行条例》的规定:①各省教育厅直隶于教育部,设厅长一人,由大总统简任,秉承省长执行全省教育行政事务,监督所属职员并监督办理地方教育的各县知事。②教育厅公署内设三科,各置科长一人,第一科掌管印信、机要、会计等各项事务;第二科主管普通教育和社会教育;第三科主管专门教育及外国留学事项。③各科置科员不得逾三人,承长官之命助理各科事务。④设省视学四至六人,掌管视察全省教育事宜。

三、出国留学制度

北洋时代,中国的新兴企业乘第一次世界大战之机在几个大都市得到较快发展,许多民族资本家要求更快地发展民族经济、参与国际竞争,迫切需要教育的健康发展。他们甚至提出了发展教育的设想,不时地推动着北洋政府教育改革的进步。比如 1921 年,上海的烟草企业家委托招考留学生,成为这一时期改革教育的标志。中国近代留学制度的发展,为国家造就了大批人才。这些留学归国人员,大都成为国家政治、经济和文化方面的翘楚,为民族振兴做出了特别贡献,其中不乏在政界大有建树者,还有不少成为中国革命的先驱和骨干,值得史家探讨。

1. 勤工俭学的兴起

留法勤工俭学缘起于1912年,由吴稚晖、汪精卫、李石曾等七人发起组织了留法俭学会,以及由吴玉章等六人发起组织了"四川俭学会"。

后来,1915年由李石曾、李广安等人发起组织了"留法勤工俭学会";1916年,又由蔡元培、吴玉章等人联同法国学者、名流,先后在巴黎、北京成立了"华法教育会"。这个组织作为传递信息机构,为国内有志之士赴法留学提供方便的服务,极大地推动了留法勤工俭学运动的发展。据1920年上半年统计,留法勤工俭学学生已达一千余人。但是,1918年第一次世界大战结束后,在法国国内形势调整变化过程中,不少学生因失业而失去了生活和求学的物质来源,或自动或被迫返回国内。据1925年统计,在法国的勤工俭学学生只有四五百人了①。

留法勤工俭学运动,对当时的中国产生了很重要的影响。周恩来曾回忆说:"迨欧战既停,国内青年受新思潮之鼓荡,求知识之心大盛,复耳濡目染于'工读'之名词,耸动于'劳工神圣'之思,奋起作海外勤工俭学之行者因以大增。"②留学运动一是打破官费阔少留学成规,没有钱的有志青年,也能出国留学,拓展了人才成长之路径。二是打破文化程度的壁垒,中学甚至小学文化程度的有志之士也能出国留学,增加了国民出洋求高深学问的机会,也消除了当时人才教育贵精不贵多的流俗。三是破除了陈腐的封建观念,树立了新的士民观。作为中国封建传统"万般皆下品,惟有读书高"教育下出来的学士,参加勤工俭学,敢于脱去长衫,亲自到工厂、农场去做工,在思想感情上缩短了与工农之间的差距,是中国传统社会观念的重大转变。四是培养了一大批实用人才,所学专业的领域比较广阔,如师范、大学、工业、农业、商业专科、医学、路矿、河海工程、法政、陆军、外交等。尤其是培养了一批革命人才,如周恩来、邓小平等,后来都成为新中国党和国家的领导骨干。五是全国几乎所有省份都有学生出国留学,其中还有一些女学生,同时,出国留学人员在国内的职业种类也比较多,如工厂技师、学校教职员、新闻记者、政界人员、医院职员、军官以及农场职员等,无疑是给全国各省各地区的发展,提供了强大生力军。

2. 北洋政府的留学政策

(1)政府公派留学生。北洋政府的若干部门,实行特送留学方式,以培养专门人才。比如1912年10月,陆军参谋本部公布了"派遣陆军测量学校学生留学章程",派员出国学习测量技术。1918年11月,北洋政府海军部公布"驻外公使馆海军武官管理海军留学生规则",同时又公布"修正海军留英美学生规则"。除一般管理的规定,特别强调留学生不能自由选择,或改学海军之外的科目,违者除停止官费外,并应缴还所领的留学费用。交通部至1925年止(包括此前之清末邮传部),先后派出特送留学生六百多人,除在美二百三十五人,其余都在欧洲各国。

(2)中日双方的互送留学。1922年,日本外务省对华文化事务局特派入择博士率东

① 李联. 法国留学问题. 中华教育界,15(9).

② 周恩来. 留法勤工俭学之大波澜//赴法勤工俭学运动史料. 北京:北京出版社,1979:5.

京帝国大学学生二十人到中国各地参观，并提出中日双方交换教授学生的建议。1924年，北洋政府派“协和医校”的两名外国教授赴日交换讲演，并责成教育部在北京国立八校中选派教授、学生五十五人，赴日学习参观。1925年，又由南京各校选派教授、学生二十名赴日本参观学习。1926年又选派教师二十名赴日学习并实地参观考察。这些人员的经费全由日本政府提供，数量为每人每天五千日元。

（3）建立留学生经理制度。由于当时中国在国外的留学生比较多，而清末以来设立的留日、留欧游学监督处已被撤销，教育部于1913年8月颁布了《经理欧洲学生事务暂行规程》，将清末以来派驻各国的游学生监督处管理的若干事务划归欧洲各国留学生经理员负责，其主要职权是：①除俄国外，欧洲各国留学生事务由教育部特派留学生经理员负责；②经理员除经理学费事项外，教育总长可以随时饬令调查关于学生成绩、关于各校各处情形、关于学术等事项；③经理员设事务所于比利时，经理员在每学年开学一个月内，将官费留学生人数分别由学校呈报教育部或通报原派省区机关备查，并在每学年终，将官费留学生应毕业人数详细调查，呈报教育部或通报原派省区机关，方便留学生办理留学方面的交涉和管理事务。

1914年1月，教育部又颁布《经理留日学生事务暂行规程》。经理员的职权则高于留欧学生经理员，如：①留日学生事务，由教育部和各省行政公署分别派员经理，教育部委派一人，其余每省委派一人，或数省合派一人。②教育部委派的人员经理属于中央的官费留学生事务，省委派的人员经理各本省的官费留学生事务，自费留学生的管理，则参照上述分工进行。③各经理员应办事务，一是关于官费留学生送学事宜；二是关于官费留学生发费事宜；三是关于考核证明官费留学生出入留学国及验收证明公文事宜；四是关于考核官费留学生的品行及学业事宜；五是关于留学事项应报告的事宜；六是关于教育总长或各省行政长官或驻日公使临时委任的事宜。该年12月，教育部又公布了《管理留日学生事务规程》，对管理留日学生的问题进一步规定如下：①中央经理员改为教育部特派监督，各省经理员与部派监督为从属关系；②各省经理员如不称职，由部派监督详呈教育总长撤换；③部派监督负责办理日本文部省直辖高等专门学校和帝国大学的留学生事务，其他各校的留学生事务由部派监督或各省经理员分别办理；④设简任监督一人、荐任科长三人、委任科员十人。

1916年3月，北洋政府教育部又公布了《管理留美学生事务规程》，规定在美国设监督一人，监督在认为必要时，可以延用书记若干人，但书记的薪俸要在拨给监督的办公经费中列支，因此而限制了延用书记的人数。此外，由于中国的清华大学因美国退还庚子赔款而设，因此对清华大学事务的管理直属外交部。该校留美学生很多，因而由外交部特设驻美游学监督处负责清华大学留美学生事务的管理，具体情况如下：①驻美游学监督处为清华大学派出机关，其一切重要事务，应直接商准清华大学校长办理；②驻美游学监督处经理清华大学所派留美学生费用，发放自费留美学生的津贴，并对留学生进行考核、约束以及统计、报告等；③监督由清华大学校长选聘，呈外交部总长、次长核准，其余人员由清华大学校长选派；④监督的职责为代表校长总理该处一切事务、负责考核本校留美学生的德智体情况、代清华大学物色教职人才、协助清华大学职业介绍部的有关工作，并与美国大工厂和实业家互通信息，请求赞助。

(4)留学奖学制度。1918年10月，北洋政府教育部颁发《留日官自费生奖励章程》，奖金每年不超过三百元为限。奖励方式分勤学奖励和成绩奖励两种，具体条件是，勤学奖励：①高、专以上各校官费生一学年内不欠席并学年试验及第者（二十五至五十元）；②高、专以上各校官费生毕业时，合计三学年不欠席者（五十至一百元）。成绩奖励：①商、专以上各校官费生学年试验考列最优秀者（二十五至五十元）；②商、专以上各校官费生毕业试验考列最优等者（五十至一百元）。自费留学生有与上述条件相符者，可以发给同等数量的补助费或奖励金。

四、新型教育制度评述

从辛亥革命到北洋军阀统治结束，中国处于一个重要的大转折时期。政治上是从腐朽的封建君主制向开明的民主共和制的转化，文化上是资产阶级新文化新思想战胜封建阶级的旧文化旧思想的斗争。北洋政府对清政府的教育宗旨和教育制度进行了重大变革，采用外国已有成效的新型教育理论，加以改造和整合，建立了一种与世界潮流相适应的进步的教育体制系统，是资产阶级反对封建主义旧文化、旧教育的一个显著的胜利。虽然其间出现了袁世凯、张勋和段祺瑞三股封建复古势力的垂死挣扎，但是整体上，北洋政府在教育和教学改革方面取得了一定程度的进步，符合了资产阶级民主革命和资本主义生产发展的要求，在办学、讲学和学术、出版等方面都出现了比较宽松和民主的景象。这是因为一方面各路军阀将自己的主要精力都放在争权夺利的政治斗争中，对文化教育的控制相对较松，而且军阀头目们为了获得政治资本，还做了一些重视教育，发展教育的有益之事。比如，韩复榘在山东主政七年，山东的教育不仅不落人后，而且发展迅猛。对教育工作本身，韩复榘能放手让教育厅长何思源去做，从不横加干涉，更未向教育界安排过一个亲信。军阀张作霖主政东北期间，要求各县每年的教育经费务占全县岁出总数的百分之四十，并将此标准作为考核各县知事政绩的内容之一。他在孔夫子诞辰的时候，还脱下军装，换上长袍，亲自跑到各个学校，向老师们打躬作揖，恭谦地说："教育下一代，全靠诸位老师偏劳，特地赶来感谢。"这位视兵为命的军阀为办东北大学，竟宁可少养五万兵。在战争频仍、离乱不断的环境下，阎锡山率先在山西全省实行中小学免费义务教育。自1942年开始，山西全境适龄儿童入学率，每年都能达到百分之八十以上。这个比率，即使是当时，在世界上也是首屈一指的。

1912年至1923年全国各级学校及学生数量表①

年段	1912.8—1913.7	1913.8—1914.7	1914.8—1915.7	1915.8—1916.7	1922—1923
学校数	87277	108448	122286	119739	178981
学生数	2933387	3643206	4075338	4294251	6819486

① 中国第二历史档案馆．中华民国史档案资料汇编(第三辑)．南京：江苏古籍出版社，1991：927—930.

此时期教育界思想活跃，特别是1919年“五四运动”的爆发，开创了中国现代史的新纪元。新文化运动风起云涌，“民主”与“科学”成为中国走向现代化的两面旗帜，出现了陈独秀、李大钊、鲁迅等进步的思想家、教育家和大批具有共产主义思想的革命知识分子。为中国共产党的诞生准备了条件。由蔡元培任教育总长的教育部，制定并颁布了一系列教育法令，先后公布逐步完善的“壬子学制”、“癸丑学制”和“戊辰学制”，对后来的教育产生了重大影响。中国教育从单一向日本学习，扩大到向欧美各国学习，美国教育家杜威应邀来华讲课考察，为中国接受西方的现代教育思想起到良好作用。人民教育家陶行知的教育思想逐步成熟，私人办学得到发展，平民教育运动推向了一个新阶段。

1921年后，在中国共产党领导下，中国人民反帝、反封建军阀的革命斗争进入新高潮，教育揭开了中国现代教育史的新篇章。广大爱国进步的师生反对帝国主义和封建主义奴化教育的斗争不断取得新的胜利。“五四”时期开始的勤工俭学运动，是中国现代教育史上具有重大历史意义的事件，它首先把教育与生产劳动结合起来，而且极大地提高了中国知识分子群体对外部世界的认识水平，为国家的政治、科学和工程技术等各方面都做出了贡献。还产生了20世纪两个伟大的文化成果，发明汉语拼音和编订简化汉字，出现了一大批大师级的人文社科学者，对后世影响深远。

但是，文化教育的进步不能直接变成政治的进步，一方面统治中国两千多年的封建制度被推翻，民主共和制度在新生、在成长，许多地方都是后来民主政治的先声和雏形，具有重要参考价值。另一方面，制度的规定虽然努力做到尽善尽美，但是实行却是四分五裂，挂羊头卖狗肉。整个教育体系对北洋政府职官，特别是高级职官的影响，也是微不足道的。此时之中国社会，主要还是由军阀和政客把持政局。他们是帝国主义和封建势力豢养的走狗，并不能实践真正的强国富民。而且北洋政府以之为师的英、美、法、德、日等国之国情与中国当时的现状相差悬殊，新的教育制度在没有很好的实践经验总结情况下，主要靠闭门造车，实施难度很大。特别是北洋政府的执政者像走马灯似的频繁变换，各路军阀割据一方，战火纷扰，民不聊生，北洋政府的教育政策和发展计划，也是一改再改，极难实行彻底，亦难以贯彻至全国。但是我们能够从孙中山、蔡元培等先哲的教育理论中，感悟到他们强国富民的伟大理想和脚踏实地的奋斗精神，这是令人崇敬和值得效法的。

第二节　北洋政府文官的考试

北洋军阀统治时期，官吏的选拔仍根据孙中山“五权宪法”学说的理论，通过公开考试的方法来考查应考者的知识和才能，并以考试成绩的优劣为依据录取，方能委任职务。这种考试制度始于1913年，经1915年和1919年两次补充和修改，使之完善。未经考试而做官的，则以甄别、甄用方法决定其去留。

一、文官考试机构

1913年1月9日，北洋政府公布了《文官考试法草案》和《典试委员会编制法草案》，将文官考试分为高等考试和普通考试两种,在中央和地方分设考试机构。

1. 中央考试机构

(1)中央文官高等考试典试委员会

该委员会统一办理文官高等考试各项事宜,接受国务总理监督。设委员长一人、主试委员若干人、监试委员一至二人。1915年9月,又公布了《文官高等考试典试令》和《文官普通考试典试令》,规定设典试官一人、副典试官二人、襄校官一人、监试官四至六人。1919年8月,再公布关于文官考试的法令和施行细则,规定在高等考试典试委员会中设典试评议员,由国务院临时聘用,在口试有必要时作为襄校官的助手。在每届高等考试时,由国务总理开列名单,呈请大总统任命为该委员会委员或官职。一般地说,委员或官职由下列人员充任:①大学校长;②大学、法科大学校长和教授;③法制局长;④铨叙局长;⑤法制局参事;⑥各部参事;⑦大理院推事;⑧平政院评事。考试的预备和辅助事项,由铨叙局具体办理。考试结束后,由该委员会委员长将考试及格人员的姓名和成绩向国务总理报告。

(2)中央文官普通考试典试委员会

该委员会统一办理中央各官署及其直辖各地方官署需要人员的考试事项。设委员长一人、主试委员若干人、监试委员一至二人。1915年9月,设典试官、副典试官各一人,襄校官一人,监试官四至六人。1919年8月,增设副典试官一人,监试官减至两人。该委员会由中央各官署就署内荐任官中选派人员组成,接受所属官署长官监督。考试完毕以后,由委员长经所属官署长官向铨叙局报告考试及格人员的姓名和成绩。

2. 地方考试机构

(1)地方文官普通考试典试委员会

该委员会为地方各省区的机构,统一办理本省地方各官署所需人员的考试事宜。设委员长一人、主试委员若干人、监试委员一至二人。1915年9月,设典试官、副典试官各一人、襄校官一人、监试官二至四人。1919年8月,增设副典试官一人。该委员会由各省行政长官于所辖荐任官和公立中等以上学校教员中选派人员组成,接受省行政长官监督。考试完毕后,由委员长经行政长官向铨叙局报告考试及格人的姓名和成绩。

(2)县知事的考试机构

1914年4月大总统令发《修正知事试验条例》,条例规定,县知事试验以试验委员会组织进行。试验委员会由委员长一人,主任委员两人,监试委员四至六人,襄校委员多人组成。其中:委员长与内务总长或各部总长由大总统特任;主试委员以院部简任文官或曾任地方行政长官中富于学识经验者由大总统任命;襄校委员由内务总长在院部荐任文官、院部所属各局荐任文官以及曾任地方官富有学识经验者中开列,经由国务总理呈请大总统派充;监试委员由内务总长在总检察厅检察官、高等检察厅检察官以及地方检察厅检察官中开列,经由国务总理呈请大总统派充。试验委员会于每届试验事毕后予以解散。

(3)司法员的考试机构

司法官的考试,与司法制度一样,比较统一,即由中央到地方保持相应一致。

此外,1917 年 5 月公布了《县司法公署审判官考试任用章程》,规定县审判官的考试,由各省高等审判厅长于省会组织典试委员会执行。典试委员会设委员长一人,由高等审判厅长兼任;典试委员十人,由委员长于下列人员中延请或委任:①高等以下各级检察厅检察官;②公立和私立法政专门学校法律科教员;③高等以下各级审判厅推事。设监试委员四人,由委员长于下列人员中延请或委任:①各级检察厅检察官;②高等审判厅、检察厅书记官。

东省特别区域法院的法官,称为特种司法人员,由"甄拔特种司法人员委员会"负责主持甄拔。该委员会设委员长一人,由司法次长充任;设委员六人,由司法总长于司法部参事、司长、大理院推事、总检察厅检察官中选任;设监试委员一人,由司法总长于各级检察官中选任。

(4)外交官领事官的考试机构

北洋政府规定外交官领事官的考试和文官高等考试合并举行。襄校官则由外交部进选人员呈请大总统派充。典试官即由高等考试典试。

在正式考试之前,按规定要先进行甄录试,于外交部设置甄录委员会。设委员长一人,由外交部次长兼任;设委员六至八人,由外交部总长选派。

二、文官考试制度

1. 考试资格的要求

(1)文官高等考试资格。按照 1913 年 1 月公布的《文官考试法草案》,规定参加文官考试的资格,只限于年满二十一岁以上的中国男子。1915 年 9 月,北洋政府公布的《文官高等考试令》和《文官普通考试令》,报考资格规定为,凡年满二十五岁以上的中国男子,有下列各项条件之一的,均可以参加文官高等考试:①本国国立大学或高等专门学校修习各项专门学科三年以上,得有毕业文凭者;②教育部指定的外国大学或高等专门学校修习各项专门学科三年以上,毕业得有文凭者;③教育部认可国内私立大学或高等专门学校修习各项专门学科三年以上,并获有毕业文凭者。如有下列情况之一的,均不得参与考试:①剥夺或停止公权尚未复权;②品行卑污,被控有案,查明属实;③受破产宣告尚未复权;④有精神病或年力衰弱;⑤亏欠或侵蚀公款;⑥其他法令有特别规定的。

(2)文官初等考试资格。凡年满二十岁以上的中国男子,有下列条件之一者,可以参加文官普通考试:①有相应文官高等考试资格之一者;②教育部指定或认可的技术专门学校毕业并获得文凭者;③经地方考试及格取充"选士"者;④曾任委任以上文职。不能参与考试的规定,同文官高等考试的条件完全一样。1919 年 8 月,在新公布的考试法、典试令和考试法施行细则里,对参加文官高等考试的,增加了"文官普通考试及格分发学习期满"一项内容。对参加文官普通考试的,将"经地方考试及格取充'选士'的",改为"经甄录及格的",含甄录人员也可参与考试。

此外,北洋政府还对县知事、司法官参加考试的资格要求作了特别规定。按 1913 年 12 月公布的《知事任用暂行条例》《知事试验暂行条例》及其实施细则的要求,参加县知事考试的条件,必须是中国男子、年满三十岁以上,并具有下列资格之一的:①国内外大专学校学习法律、政治、经济毕业,或在上述专业学习一年半以上而办行政事务满两年以上;②曾任简任或荐任文官满三年以上,或有相当资格而办行政事务满三年以上;③具有上项文官的相当资格,并在前项学校学习过一年半,曾办行政事务满一年以上;④无上述各项资格,但由国务总理、各部总长、各地方最高行政长官特送的。

2. 考试方法

考试方法仍按高等考试和普通考试两种进行。

(1)高等考试由中央统一进行,典试委员会主持。典试委员会成员由国务院总理呈请大总统就下列人员任命:①大学校长;②大学、法科大学学长和教授;③法制局长;④铨叙局长;⑤法制局参事;⑥各部参事;⑦大理院推事;⑧平政院评事。委员会包括委员长一人,主试委员若干人,监试委员一人或两人。

高等考试的程序历年有所变化。1913 年分为甄录试、初试、大试三次。甄录试(笔试)的科目有:国文、历史、地理、笔算。凡在中等以上学校毕业或有相当资格者,可免此试。初试分主科和附科两种。主科包括国法学、民法、刑法、国际法、行政法、经济法、财政学;附科包括商法、政治学、民事诉讼法、刑事诉讼法、通商条约。主科全考,附科选考一种。考试合格者,授予学习员证书,两年后呈请大试。大试的科目有:现行法令解释,设案判断,草拟文牍。初试和大试先用笔试,再用口试。1915 年改为四试,前三试为笔试,后一试为口试。第一试考“经义”一道,史论一道,现行法令解释一道。第二、第三两试分别考专门学科,专业有:政治、经济、法律、文学、物理、数学、化学、冶金、机械、林学、兽医等二十二类(科目繁多从略)。第四试为口试。1919 年亦为四试,但内容有变化。第一试国文一题。第二、第三两试分别考专门学科,除以上所列二十二类外还有政治经济、地质、机织、染色、窑业、酿造、图书、商业、蚕业、水产等十类。第四试由典试官、襄校官三人以上,就应试人曾经笔试的各科再行口试。

高等考试应试者四试(1913 年为三试)平均合格者,方能录取,录取后再学习两年,成绩优良者,候补官职。因为高等考试是中央统一办理的,因此,这些人多半是担任简任以上的官职。

(2)普通考试分两种类型:一是中央各官署普通考试。一是地方各官署普通考试。前者由中央各官署就署内荐任官中选派组织典试委员会,后者由各省行政长官于所辖荐任官和官立中等以上学校教员中选派组织典试委员会。一般委员会包括委员长一人,主试委员若干人,监试委员一人或两人。

普通考试程序亦有变化。1913 年规定的考试科目有:国文、历史、地理、笔算、法学通论、经济学。此外,根据中央和地方各官署需要人员应掌事务增加一、二科目。1915 年改为三试:第一试国文一道,第二试分行政职和技术职两类,前者试宪法大纲、现行法令解释、策问、文牍等科,后者按各专业考试至少四题。第三试为口试。1919 年仍分之三试。第一、二两试为笔试,第三试由典试官、襄校官三人以上出席,就应试人曾经笔试的各科进行口试。

普通考试三试平均合格,方能录取。录取后先学习一年,期满学习成绩优良者,授委任职,以待候补。

凡未经文官考试而任用官吏者,需要"甄别"。其内容有五:①检验毕业文凭;②调查经历;③检查成绩;④考验学识;⑤考试经验。甄别合格者,给予合格证书。若不合格,或无文凭、无经历而服官后又无成绩可取者,予以免官。

值得注意的是1915年9月30日公布的《文官甄用令》规定:当官者必由现任官(包括特任文职,各特别行政区行政长官,依《文官任职令》规定得呈请荐任文职的简任长官)保荐。被保荐者要么已通过高等或普通文官考试的,要么任实职五年以上确有特别成绩的。

三、文官的甄别和甄用

依照1913年1月公布的《文官甄别法草案》的规定,凡未经文官考试任用的官吏,适用"甄别"办法,实际上是一种非考试选拔。1915年9月,北洋政府又公布了《文官甄用令》,规定确系经验丰富、经世致用的人员,可以由保荐官切实保荐,依法甄用。按规定,要建立相应机构来专司文官甄别和甄用的职能。

1. 文官甄别

文官的甄别由甄别委员会进行,委员会分为高等和普通两种。

文官高等甄别委员会于1914年1月17日建立,于1月25日开始甄别,到同年11月1日休会。该委员会由以下人员组成:国务总理,各部总长,各部次长,各厅局长官,各部局参事,各部司长。总理和总长均由大总统任命;其余人员均由国务总理呈请大总统任命。委员会以国务总理为会长,大总统可以在上述人员中特派一部分甄别特派委员,但数量不能超过委员总额(至少二十人)中的四分之一。

文官普通甄别委员会同时建立,该委员会由各官署长官在合格人员中选任十人,并指定其中一人为会长。

文官高等、普通甄别委员会的职能为,依法定程序对人员进行甄别,合格者可获得甄别合格证书。如甄别不合格,或无文凭、无经历而任命后又没有取得成绩的,简任官和荐任官由高等甄别委员会呈请大总统予以免官;委任官由普通甄别委员会报告所属长官予以免官。此外,规定甄别委员会的其他事项,交由铨叙局办理。

2. 文官甄用

文官甄用由保荐官和甄用委员会进行。保荐官由以下人员充当:①特任文官;②各特别行政区行政长官;③可以呈请荐任文官的简任长官。每人一次最多可以保荐两人,并将被保荐人的履历和证明文件等,呈请大总统令交文官甄用委员会甄用。文官甄用委员会设在首都,设委员长一人,由国务卿兼任;副委员长一人,由大总统特派;委员八至十二人,由大总统在简任文官中派充。

文官甄用委员会的职能是,依照法令程序对被保荐的人员进行审查,审查合格以后,由委员长将有关文件和经过,以及荐任以上官职的分发,呈报大总统核定,再由铨叙局带领这些人员"朝见"大总统。袁世凯死后不久,国务会议就议决停止这一沿袭清代的所谓恩赐仪制,并宣布废止"朝见",改为"谒见",为此,于1916年8月6日,又专门公布了《谒见礼》,具体规定也相应作了一些改变。

3. 司法官的甄别甄用

按照 1915 年 9 月 30 日公布的《司法官考试令》和《关于司法官考试令第三条甄录规则》规定，司法官考试和文官高等考试合并举行，典试人员均由高等考试管理人员兼任。司法官考试机构分为两种：

其一，甄录试和初试典试委员会。参加法官考试的人员，要经司法部甄录试验合格。甄录试由司法部甄录委员会主持，该会委员长由司法次长兼任，其他四名委员则由司法总长选派。另设置初试典试委员会，设委员长一人，由司法总长在司法部次长、参事、司长、大理院庭长、总检察长、高等审判厅、高等检察厅厅长中遴选，经国务总理呈大总统简派。设典试委员、襄校委员若干人，由司法总长在司法部参事、司长、大理院推事、高等审判厅推事、总检察厅和高等检察厅检察官中遴选，经国务总理呈大总统派充。设监试委员二至六人，由司法总长在高等及地方检察厅检察官中遴选，经国务总理呈大总统派任。设事务员若干人，由司法总长在部内主事级人员或各级法院书记官中委派。

其二，再试典试委员会。设委员长一人，由司法次长充任；设典试委员八人，其中四人常任，由司法总长就司法部参事、司长、大理院推事、总检察厅检察官中遴选，其余四人，由司法总长于司法部佥事、高等审判厅推事、高等检察厅检察官中遴选，临时呈请大总统派充；设监试委员两人，由司法总长于各级检察厅检察官中遴选派充。

北洋政府时期的第一次文官高等考试共录用一百九十四人，可是由于窃国大贼袁世凯暴毙，政局非常混乱，入选者多数没有被任用，可谓出师不利。

北洋政府在文官考试方面，秉承了孙中山“任官授职，必赖贤能；尚公去私，厥惟考试”①的思想，并在临时政府《文官考试令》基础上，建立了较为完备的文官考试制度和法规，这是近代民主制度发展的产物，是顺应时代潮流的开明之举，在一定程度上满足了社会现实的需要，并带动了社会风气的转变，具有一定的进步意义。而且继 1915 年首次举行留学生甄拔考试以后，又先后举行了两届四次文官高等和普通考试，将制度付诸实行，影响巨大。

北洋政府历次文官考试情况表②

考试名称	考试时间	应考人数	录取人数	录取比率(%)
留学生甄拔考试	1915. 2	239	151	63. 18
第一届文官高等考试	1916. 6		194	
第一届文官普通考试	1917. 4	2482	405	16. 32
第二届文官高等考试	1919. 10	5600	480	8. 57
第二届文官普通考试	1920. 10	3800	400	10. 53
合　　计		约 15000	1630	约 12. 54

① 广东省社会科学院历史研究室等．孙中山全集(第 2 卷)．北京：中华书局，1982：134.

② 鲁卫东．制度设计与实践的背离——北洋政府时期文官考试初探．安徽史学，2008(1).

历届考试共有来自全国二十四个省的一万五千多名考生参加,考试内容有用汉文和外国文关于政治经济之论述,还有解答反映近代工业文明的政治经济学问题(如:劳动家与资本家之冲突于国民经济之影响若何并有无调和之法),以及近代科学技术、数学、物理、化学的试题。考试内容比较科学,专业性强,考生水平也不低。充分反映出北洋政府进行教育改革,推进新文化教育的成果。而录取率最高的几个学校,如北洋大学、北京大学、上海工业大学和唐山工业大学等均是实行了新式教育的学府,而成绩最优的前三名均是欧美留学生,这实在是新文化运动的一个重要进步和收获。

同时,参加考试的人员所具备的专业知识和技能,涉及法律、政治、经济、文学、商学、数学、物理、化学、农学、农业化学、林学、蚕学、机械、机织、染织、电工、建筑、测量、水产、医学、制药、采矿、冶金、土木等①,洋洋大观三十多种,而在录用时也能尽量体现专业知识与部门相一致的原则,实属难能可贵。

北洋政府历届文官考试录用分发情形表(之一)

考试名称	分发中央各部院人数												
	外交部	内务部	财政部	陆军部	司法部	教育部	农商部	交通部	海军部	参谋部	审计院	蒙藏院	平政院
留学生甄拔考试	9	9	22	1	2	17	22	18			6		
第一届高等考试	16	19	10	7	22	19	18	18	6	6		5	
第一届普通考试	6	26	27	1	28	28	32	28			14	8	2
第二届高等考试	17	43	43	13	27	40	44	39	15		9	2	7
第二届普通考试	7	9	29	9	28	7	4	17	6		4	4	4

北洋政府历届文官考试录用分发情形表(之二)

考试名称	分发中央各机关及地方人数													
	盐务署	税务处	警察厅	国务院	法制局	铨叙局	统计局	印铸局	币制局	烟酒专卖局	侨工事务局	全国水利局	各省	全国总计
留学生甄用考试													37	143
第一届高等考试	7	11	8											194
第一届普通考试	10	14		3	3	2	2	2		7			159	404
第二届高等考试	13	3		6	3	5	3	3	12	11	2	3	106	420
第二届普通考试	6	6		5	2	2	2	2	3	4	4	3	174	346

但是,北洋政府的文官考试制度也有明显的局限性,首先它仍然保持了封建社会轻视女性的陈规陋习,在考试资格中排除了女性参加考试的可能。再者广大考生求学应考

① 野云. 文官考试余谈. 申报,1919－11－13.

的目的,也是十分鲜明,“学生以得官为求学之目的,以求学为得官之手段”①。因而“入人文学科者甚少,入理科者尤少,盖以法科为干禄之终南捷径也”②。两届文官高等考试录用的六千多人中:法律一百六十七人,政治五十二人,政治经济学三十九人,财经三十九人,文学三十九人,商业十八人,数学一人,物理五人,化学十四人,农业化学两人,林学十六人,蚕学六人,机械二十二人,色染一人,电工七人,建筑一人,测量三人,水产一人,医学十九人,制药三人,采矿十四人,冶金十四人,土木工八人,药业十九人,兽医两人③。由此可见,关乎国计民生和社会经济发展所需要之理、工和自然科学的人才受到一定偏废,不能满足社会发展的需求。而且读书人都以进入官场为进身之正轨,造成知识分子政治参与的强大压力,客观上加剧了北洋政府考试与任用之背离和政治的动荡。

---

① 梁启超.饮冰室合集.北京:中华书局,1984:41.

② 舒新城.中国近代教育史资料(下册).北京:人民教育出版社,1987:1038.

③ 静观.记文官考试.申报,1919-10-25.

第三章　南京国民政府时期

1927年4月16日，国民党内部分裂，在南京建立起与武汉政府对峙的国民政府。同年7月，双方经过激烈的政治交易，暂时妥协，于9月宣告“宁汉合一”，重新组织国民政府，1928年10月4日，根据国民党中央委员会通过的《训政纲领》，制定和公布了《中华民国国民政府组织法》，建立国民政府，10月10日，国民政府在南京宣告成立，史称南京国民政府。南京国民政府的成立标志着中华民国从四分五裂的军阀混战，进入了相对集中统一的共和国，民国历史也步入新的发展阶段。

南京国民政府是根据孙中山《五权宪法》的原则而设立的。孙中山先生的民主建国思想虽然源于西方“三权分立”的政治原则，但并不是照搬，而是有所突破的。首先，孙中山先生认为，如果“采用外国的行政权、立法权、司法权，加入中国的考试权和监察权，连成一个很好的完璧，造成一个五权分立的政府。像这样的政府，才是世界上最完全、最良善的政府”①。其次，早在1924年国民党第一次全国代表大会上，孙中山先生就确立了“以党建国”、“以党治国”的原则。他说“现在尚有一事可为我们的模范，即俄国完全以党治国，比英美法之政党握权更进一步”，“其能成功，即因其把党放在国上”②。在组织形式上孙中山主张仿效苏俄，采用民主集中的委员合议制，在实行过程中又确立了领袖制。这样“恰恰是通过‘圣化’领袖的方式——依靠对领袖本人及其主义的‘忠实’——来建立党内的以‘以人治党’，领袖独裁为核心内容的各种规章制度的”③。这种模式常常会被个人野心家利用，独揽国民党和南京政府大权的蒋介石，便是采用种种伎俩，逐步将孙中山所创立的民主共和原则破坏殆尽，将南京政府变成一党专政、个人独裁的法西斯政权。故在中央机构和职官设置方面，就不能不将国民党的中央机构和国民政府的国家机关一起讲述。为讲述方便又分作抗战前、抗战中和抗战后三个时期。

在孙中山的政治理想中，考试院的设立是一个非常重要的部分，由于临时政府时间很短，随后的北洋政府军阀混战，完全背离了孙中山先生的民主政治轨道，因此南京政府的建立是实现孙中山先生政治理念的重要时期。

但是南京政府的国家政权与国民党之间有极为特殊的关系。从形式上看，南京政府的各项政治制度，无不以孙中山所倡导的三民主义、“五权宪法”等民权、民主思想为理论依据，无一不是在孙中山《建国大纲》等名义下实现，并以此作标榜其统治的正统性与合法性的。但是我们从国民政府根本法的产生、国民政府的权力渊源、国民政府的组成和

① 广东省社会科学院历史研究室等．孙中山全集(第9卷)．北京：中华书局，1981：351.

② 中国第二历史档案馆．中华民国史档案资料汇编(第四辑)．南京：江苏古籍出版社，1991：230.

③ 杨德山．中国近代资产阶级政党学说研究．北京：人民出版社，2002：270.

职能施政等方面进行考察，就会发现，以大地主大资产阶级为代表的蒋介石，实际上是独裁专制制度的代表。他以“民主”、“民国”之名，行一党专制、一人专制之实，这是蒋介石政权统治的一大特点。

蒋介石政权的第二个特点是，在处理党政关系时实行“以党治国”、“以党统政”的根本政治原则。“党治”原则起初是由孙中山提出来的。孙中山在“二次革命”反袁失败后，痛感西方的两党制在中国行不通，因此认为在中国必须“以党建国”、“以党治国”、“一切军国庶政，悉归本党负完全责任”。但孙中山的“党治”思想的主旨是“训练人民行使选举、罢免、创制、复决四权，”以党治国是“以国民党的党义治国”。

孙中山曾把革命与建设民主共和国的程序分为军政、训政、宪政三个时期。1924年他在《建国大纲》中进一步详细阐述了革命与政权建设的三阶段理论：在军政时期，“一切制度悉隶于军政之下，政府一方面用武力以扫除国内障碍，一方面宣传主义以开化全国人心而促进国家之统一”。“训政时期”，根据“权能分治”理论，一方面由政府训练人民“行使”其选举、罢免、创制、复决四种“政治能力”，一方面由政府总揽行政、立法、司法、考试、监察这五种“治权”，通过地方自治达到“训政”目标；在“宪政时期”，地方自治完备，人民政治能力已经训练，召开国民大会，制定宪法，产生实行“五院之治”的政府，并以宪法来规范、调节人民与政府之间的关系和各自的活动，至此，民主建国大功告成。

蒋介石利用了孙中山这套民主建国理论的旗帜，形式上以“军政”、“训政”、“宪政”作为其建国的三个阶段。而实际则是根据形势的变化，不断变换手法，实现一党专政和个人独裁。

南京政权所颁布的具有根本法性质的规约、纲领如《训政纲领》《训政时期约法》等，都是由国民党制定及解释、修正的。如新的《训政纲领》规定，《国民政府组织法》的修正及解释权由国民党中央执行委员会政治会议行使，《训政时期约法》则规定，本约法的解释权在国民党中央执行委员会。“以党治国”的根本原则，使国民党凌驾于法律与国家政治之上，蒋介石集团则是利用“党治”口号实行独裁专制，把“党治”推向极端，使之成为一党专政的同义语。

再者，按孙中山“权能分治”学说和民权理论，政府五项“治权”来自于人民四权之“政权”，可国民政府在训政时期将国家的“政权”（即人民四权）由国民党全国代表大会代行，而“治权”五项则托于国民政府，使政府权力最终不过渊源于党。

再次，就国民政府的组成来看，除公务员依法由考试选用外，国民政府的主要官员如政府主席、五院院长、国府委员以及各部、委长官等都由国民党任命，国民政府的中枢要员往往同时就是党的上层干部。另外国民政府的组织形式、活动方式也都由国民党决定，如国民政府的组织法由国民党中央执行委员会常务会议通过。

最后，国民政府的一切纲领政策如施政方针、立法原则、军政和财政方面的重大决策等，也都由党所发源。具体担负指导政府、作为政府施政发动机关的，则是中央执行委员会特设的政治指导机关——中央政治委员会。

第一节　南京国民政府官员的教育和培养

一、教育制度和教育机构

1. 教育方针的演变

南京政府建立以后，仍然面临国内外的诸多矛盾，尤其是日本帝国主义的入侵，对国家的政治制度和经济文化，也对国民教育产生了重要影响。抗日战争延续八年，如果从日本军国主义发动“九一八”事变算起，影响中国长达十四年。因此在南京国民政府的教育方针和政策的演变也可以抗日战争为界，分为三个时期。

第一时期的教育方针：

早在1924年，国民党第一次全国代表大会在广州召开之时，孙中山重新解释三民主义，确定了“联俄、联共、扶助农工”三大政策，改组了国民党，并模仿苏俄“以党治国”模式，强调政治上一切举措都以党纲为依据，教育也不例外，因此推衍出“党化教育”的概念。

1929年3月在南京召开的国民党第三次全国代表大会上，确定中华民国教育方针的根本原则是“必须以造成三民主义的文化为中心”。依据这个根本原则，会议确定中华民国教育宗旨为：“中华民国之教育，根据三民主义，以充实人民生活，扶植社会生存，发展国民生计，延续民族生命为目的；务期民族独立，民权普遍，民生发展，以促进世界大同。”①

会议同时确定实施教育宗旨的八条：

(1)各级学校的三民主义教育，应与全体课程及课外作业相连贯，务使智识道德，融会贯通于三民主义之下，以收笃信力行之效。

(2)普通教育，须根据总理遗教，以陶冶儿童及青年忠孝仁爱信义和平之国民道德，并养成国民之生活技能，增进国民生产能力为主要目的。

(3)社会教育，必须使人民认识国际情况，了解民族意义。

(4)大学及专门教育，必须注重实用科学，充实科学内容，养成专门智识技能，并切实陶冶为国家社会服务之健全品格。

(5)师范教育，为实现三民主义的国民教育之本源，必须以最适宜之科学教育，及最严格之身心训练，养成一般国民道德上学术上最健全之师资，为主要之任务。

(6)男女教育机会均等。

(7)各级学校及社会教育，应一体注重发展国民之体育。

(8)由农业教育机关积极实施农业推广。

1931年9月，国民党第三届中央执行委员会的第一百五十七次常务会议，又通过了《三民主义教育实施原则》。规定：

---

① 民国政府教育部．第一次中国教育年鉴(甲编)．上海：开明书店，1934：10.

初等教育的目标是:“使儿童整个的身心融育于三民主义之教育中。”

中等教育则规定:“确定青年三民主义之信仰,并切实陶冶忠孝仁爱信义和平之国民道德……养成其从事职业所必具之知能。”

在高等教育方面规定:要使“学生应切实理解三民主义的真谛,并且具有实用科学的智能”①。

至此,“三民主义”教育宗旨及其实施原则与方针基本完备,直到1949年国民党败走台湾,上述宗旨和方针始终是国民政府实施教育的法定依据。

南京政府提出的“三民主义”教育方针,从发展教育的角度来看,有不少可取之处,它使国家实施教育变得有法可依,有序可循,在相当一段时期里对民国教育的稳定发展具有指导作用。

但是应当看到:国民党政府这个“三民主义”的教育方针,并不是孙中山在国民党第一次全国代表大会上重新解释的“联俄、联共、扶助农工”的革命三民主义,而是蒋介石对其“党化教育”的一种掩饰。

在南京政府建立之初,蒋介石就在他的国策中宣布说:“我们中国要在二十世纪的世界谋生存,没有第二个适合的主义,只有依照总理的三民主义,拿三民主义来做一个中心思想,才能统一中国……我们现在只有研究总理的三民主义,拿来做建设的方针,不要讲共产主义,不要讲国家主义,也不要讲无政府主义……以党治国,就是以党义治国,就是以本党的三民主义来治国。”②

1926年7月,广东国民革命政府成立教育行政委员会,曾通过《国民政府教育方针草案》,阐述所谓“党化教育”,就是在国民党指导之下,求得教育的“革命化”、“民众化”、“科学化”、“社会化”,即把教育方针建立在国民党的根本政策之下,按国民党的“党义”和政策的精神重新改组学校课程,要使学生走出学校后都能做党的工作。“四一二”政变之后,蒋介石还授意各省成立“党化教育委员会”,拟定“党化教育大纲”。

可见蒋介石的国策中所谓的“三民主义”,首先就是针对“共产主义”的。“以党治国”,“党化教育”,就是为反共反人民的“一个党、一个主义、一个领袖”服务的。只是因为“党化教育”出台后立即受到进步人士的抨击,甚至国民党内的吴稚晖也认为“党化教育”含义不明,容易为人假借利用。1928年5月,在南京召开的中华民国大学院第一次全国教育会议上,决定取消“党化教育”一词,以“三民主义教育”代之。但是,8月召开的国民党第二届第五次中央全会上,国民党中央委员于右任、蔡元培等人分别以个人名义提交的教育宗旨提案,却没有获得通过。可见“党化教育”虽在名称上被否决,但仍然阴魂未散。

第二时期的教育方针:

抗日战争爆发后,在日本大举入侵、民族生死存亡的关头,在中国共产党代表全国人民要求改革教育的旧制度、旧课程,实行以抗日救国为目标的新制度、新课程的形势下,国民党政府于1937年8月27日颁布了《总动员时督导教育工作办法纲领》,制定了“战

① 民国政府教育部. 第一次中国教育年鉴(甲编). 上海:开明书店,1934:6.

② 华东师范大学教育系. 中国现代教育史. 上海:华东师范大学出版社,1983:196.

时须作平时看”的教育方针政策。

1939年3月，在国民政府教育部在重庆召开第三次全国教育会议上，蒋介石作了《今后教育的基本方针》讲话，认为国家的生命力由教育、经济、军事三因素组成，教育是基本，是经济和军事的总枢纽。在进行抗日战争的同时，要致力于民族改造和国家复兴。教育的着眼点不仅在战时，而且还在战后。战后国家的建设需要无数专家学者、技工技师。因此“切不可忘记战时应作平时看，切勿为应急之故，而丢却了基本”。要“以非常时期的方法来达成教育本来的目的，运用非常的精神来扩大教育的效果”。这一讲话更为明确地表达了国民政府战时教育的指导思想。

对于国民政府“战时须作平时看”的教育方针政策，应作历史唯物的分析。它既顾及了教育为抗战服务的近期任务，也考虑了教育为战后国家重建和发展的远期目标，使得教育事业在艰苦卓绝的战争环境中仍能苦苦支撑，并在大后方西南、西北地区还有所发展。从长远来看，保持了中华民族教育的连续性和生命力。

第三时期的教育方针：

抗日战争胜利以后，国民政府的教育方针、政策基本上按照抗战前和抗战中的规定执行。主要是善后复员教育和国民教育两大课题。

1945年9月20日至26日，教育部在重庆青木关召开全国教育善后复员会议，部署抗日战争胜利后的全国教育善后复员工作，教育部长朱家骅在开幕词中提出会议的四项要点是：①将各级学校在地域上作比较合理的分布，使全国教育平衡发展；②肃清收复区光复区内敌伪奴化教育的流毒，逐渐恢复正常教育；③后方各学校的来自沿江沿海一带的教职员能安心工作；④救济鼓励因战争影响而失学的青年，使他们获得复学的机会。

蒋介石在会议上提出要把教育放在第一位，注意发展国民教育与师范教育，重视中学教育，要切合社会需要，特别是乡村建设需要，以及注意西部地区的教育文化建设等主张，注意了广大人民的情绪与愿望，考虑了教育界和社会上有识之士的要求，既是让历经战乱的教育恢复元气，也是从国民党的长远利益出发的。

1946年10月蒋介石召开的伪“国民大会”，通过了《中华民国宪法》，实行所谓“国民教育”。宪法要求“教育文化，应发展国民之民族精神、自治精神、国民道德、健全体格、科学及生活智能”，保证“国民受教育之机会一律平等”，“六岁至十二岁之学龄儿童，一律受基本教育，免纳学费”。“各级政府应广设奖学金名额，以扶植学行俱优无力升学之学生。”“全国公私立之教育文化机关，依法律受国家之监督。”“国家应注重各地区教育之均衡发展，亦推行社会教育，以提高一般国民之文化水准。”

但是这些冠冕堂皇的条文掩盖的却是蒋介石集团强化法西斯教育，积极发动内战的事实。全国人民越来越清楚地看到了国民党政府反共反人民的真面目，一些处于中间状态的改良主义教育家和教育团体也逐渐转向进步方面，接受中国共产党的领导，投入争取建立民主联合政府的正义斗争，发动了轰轰烈烈的民主教育运动和爱国学生运动。特别是国民党反动派在1947年片面撕毁与中国共产党签订的《双十协定》，并对解放区发动全面进攻之后，争取和平民主的道路被蒋介石集团全部堵死。中国人民在中国共产党领导下，民主教育运动和学生运动结合在一起，配合解放大军，埋葬了蒋家王朝。

2. 教育制度的改革

南京国民政府执政期间,在教育制度和教育行政方面,值得研究的问题主要有以下几点。

(1)抗日战争之前实行的大学院及大学区制

1927 年 6 月 27 日国民党中央政治会议通过了《大学院组织法草案》,国民政府于 7 月 4 日公布。大学院组织法规定,大学院为全国最高学术教育机关,隶属国民政府,管理全国学术和教育行政事宜。大学院设院长、副院长及大学委员会。院长一人,综理全院事务,为国民政府委员。首届大学院长为蔡元培。

大学委员会,为最高评议机构,有权推荐大学院院长及审议全国教育、学术一切重大方案。大学委员会由大学院院长、副院长、教育行政处主任、各学区国立大学校长和副校长,以及由大学院院长推荐的五至七名国内专家所组成,大学院院长为当然的委员长。

大学院下设秘书处、教育行政处、中央研究院、国立学术机关和各种专门委员会。

同年,国民政府训令在粤、浙、苏三省试行大学区。规定全国各地按教育、经济、交通等状况划分为若干个大学区,每区设大学一所,大学设校长一人负责大学区内一切学术和教育行政事务。大学区下设高等教育处、普通教育处、扩充教育处、秘书处、研究院等机构。大学区的最高审议机构为评议会,由学区内大学校长、教授,中学校长、教员,小学校长、教师,县教育行政人员,法定教育团体,扩充教育团体以及学术界有名望且热心教育者各若干人所组成。后由于争权夺利,又分设高等教育、普通教育、社会教育、总务四司。

首任大学院院长蔡元培认为,大学院是代替了教育部作为中央教育机关的,而大学区的实施则是替代地方的教育厅制度,大学区制度优于省教育厅与市教育局。以大学校长兼管区内教育行政及一切学术事宜,"改官僚化为学术化",以求"一事权,而利教育事"。他认为,大学院和大学区制可使学术与教育并重,可以促使教育与学术的结合,实现教育行政机构的学术化;又可以让教育摆脱官僚的支配,事权统一,使教育经费、图书设备、教职人员得到保障;还可以通过大学委员会和大学区评议会合议制度的建立,实现国家和地区教育决策、实施的民主化,并改正过去教育行政纯属簿书工作之不良。

大学院与大学区作为一种新制度,虽然创制宏远,设想完美,但实行不久,即遭到一些党政要员,甚至教育界人士的责问与反对,实际上全国只有江苏、浙江两省试行。

1928 年 8 月,大学院院长蔡元培辞职。11 月 1 日,国民政府下令:大学院改为教育部,隶属于国民政府行政院,所有原大学院一切事宜均由教育部办理。1929 年 6 月,国民党第三届执行委员会第二次全体会议决议废除大学区制,国民政府行政院决定浙江、北京两个大学区于暑假内停止试行,中央大学学区限年内停止试行,自 7 月起一律恢复教育厅制度。

(2)"戊辰学制"的颁行

北洋政府时期学制是采用 1922 年公布的《学校系统改革案》(史称 1922 年"新学制"或"壬戌学制")。出于推行"三民主义"教育的需要,1928 年 5 月,中华民国大学院第一次全国教育会议上,以"壬戌学制"为基础并略加修改,提出《整理中华民国学校系统案》,即"戊辰学制",其七项原则为:①根据本国实情;②适应民生需要;③增高教育效率;

④提高学科标准；⑤谋个性之发展；⑥使教育易于普及；⑦留地方伸缩之可能。

此后，国民政府的学制系统于1937年抗日战争时期分别作过修订，但“壬戌学制”和“戊辰学制”的基本框架未变。从中可以看到南京国民政府统治时期政治、经济发展的情况。如较为重视义务教育和成人补习教育；使占人口百分之八十以上的不识字儿童与成年人受到一定教育，中等教育和高等教育的工作重心定为整理充实，求质量的提高，不求数量的增加；认为师范教育应独立，高级中学应集中；加强职业学校，广设实习学校，使职业教育得到一定发展。这些固然是国民政府为了扫除“训政”和建国的障碍，但也适应了当时经济的增长和民生主义需要，对于提高教育效率和质量，提高民族文化程度，都起了积极作用。

3. 学校教育

(1)初等教育

南京政府统治时期的初等教育经历三个发展阶段。

第一阶段(1927—1937年)是稳定发展时期，一方面国民政府以“三民主义”为旗号，加强了对初等教育的控制，同时教育建设实行法制化，也给教育发展提供一定保障，民国初等教育于此时基本定型。

1928年2月，国民党二届四中全会宣言中提出“普及国民教育”，提高民众知识，以造成健全之国民。中央、各省区、各市县均设立义务教育委员会。1935年8月行政院批准并颁布教育部根据国民党四届五中全会精神制定的《实施义务教育暂行办法大纲》及实施细则，计划分三期实现全国普及四年制义务教育。规定1935年8月至1940年7月为第一期，使百分之八十以上学龄儿童都受到一年的义务教育；1940年3月至1944年7月为第二期，以使全国百分之八十以上学龄儿童受到两年义务教育；1944年8月进入第三期，达到全国范围内普及四年义务教育。后因抗日战争爆发，这一计划即告中断。

国民政府时期的初等教育沿袭1922年新学制的规定，分为初小四年、高小两年两级。明确规定小学是实施国民教育的场所，主办形式有市立、县立、区立、坊立、乡镇立、联立和私立等形式。设置的类型有：①完全小学：修业年限六年，初小、高小四二分段；②初级小学：修业年限四年；③简易小学与短期小学：专为推行义务教育而设，前者四年，后者一至二年。其间，因义务教育实施计划的变更而屡有改变。

第二阶段，抗日战争时期，国民党政府采取应变措施，提出“抗战建国”的口号，制定“战时须作平时看”的教育政策，实施国民教育制度，初等教育在时局动荡中仍能维持一定发展。

1940年3月，教育部公布《国民教育实施纲领》，推行儿童义务教育和失学民众补习教育合一的新国民教育制度，并将小学改为国民学校和中心国民学校，还制定了到1945年8月的第一次五年计划和分三步实施步骤。推行国民教育制度又是国民党实行“新县制”的组成部分。根据规定，每镇成立国民中心学校一所，至少每三保成立国民学校一所，成为政府实行“管、教、养、卫”的活动中心和国民教育制度的场所，以使地方上的政、教、军合一。国民教育制度在战时的实行，具有强烈的政治色彩。

第三阶段，抗战胜利后，国民政府虽提出全面普及国民教育的方案，但由于国民党随即发动了全面内战，国民教育的实施受到扼杀。国民政府的普及教育计划终成一纸空文，初等教育同样也走向衰败。

在整个国民政府统治时期，小学教育的发展呈曲折起伏状。

小学教育发展状况表

时间（年）	学校数（所）	学生数（人）
1929	212385	8882077
1936	320080	18364956
1937	229911	12847924
1945	269937	21831898

据《第二次中国教育年鉴》统计①。

（2）中等教育

国民政府统治时期的中等教育也先后经历三个发展阶段。

第一阶段，通过一系列中等教育法规的颁布，通过调整中等教育内部结构求发展，而非数量的增加。

1931 年 9 月，国民党中央通过的《三民主义教育实施原则》规定中等教育的目标为：确定青年三民主义之信仰，陶冶其忠孝、仁爱、信义、和平之国民道德，并养成其从事职业所必具之智能。

中学体制最初仍袭用 1922 年新学制，将普通教育、师范教育、职业教育在同一学校中并设。1932 年教育部整顿全国教育，相继公布《师范学校法》《职业学校法》。1932 年 12 月，公布《中学法》，进一步明确中学教育的目标为："继续小学之基础训练，以发展青年身心和培养健全国民，并为研究高深学术及从事各种职业之预备。"具体的要求是：①锻炼强健体格；②陶融公民道德；③培育民族文化；④充实生活知能；⑤培植科学基础；⑥养成劳动习惯；⑦启发艺术兴趣。民国政府的中学教育目标于此定型。

第二阶段，采取"抗战建国"方针，对中学教育采取了一些调整措施，中学数量增长较快。1939 年教育部还规定国立中央大学实验中学和中南、西南诸省教育厅各择一至三所办学优良的中学，试行六年一贯制，以提高学科程度为试行原则，以求重点办出一批高质量、能起表率作用的学校。国民政府教育部于 1937 年年底开始在四川、河南、贵州、陕西、湖南、甘肃、江西、安徽等地先后成立了二十二所国立中学及三所国立华侨中学，先后培养教育了十万"战区流亡学生"。不仅国民政府的许多政界科技界名人曾就读于这些救亡学校，中国共产党的许多杰出人才也是这些国立中学培养出来的，比如：国务院前总理朱镕基，中国"两弹元勋"邓稼先，当代著名经济学家董辅礽，著名诗人贺敬之，国防科工委主任、上将丁衡高等。抗战时期中等学校的教育成果，令人瞩目。

第三阶段，中等教育一度得到短暂发展。1946 年教育部开展国立中学复员工作，分别将国立中学交由各省教育厅办理，学生资送回乡入学。为充实大后方各省中学力量，

① 参见民国政府教育部编《第二次教育年鉴》，1947 年，下同。

部分国立中学留给所在省教育厅办理。中学教育的秩序逐渐恢复正常，使全国中学数量达到最高点。但由于国民党统治者的倒行逆施愈演愈烈，国民政府的中学教育也像教育其他方面一样，逐渐败落。

国民政府时期的中等教育发展状况

时间(年)	学校数(所)	学生数(人)
1928	1339	234811
1936	3364	627246
1937	1896	1389948
1945	4228	1495874

据《第二次中国教育年鉴》统计。

(3)高等教育

国民政府时期的高等教育，走了一条曲折的路。

第一阶段是稳步发展，逐步定型的阶段。1929 年 4 月，国民政府公布《中华民国教育宗旨及其实施方针》，当年夏天，国民政府和教育部根据大学教育“必须注重实用科学，充实科学内容，养成专门知识技能，并切实陶融为国家社会服务之健全品格”的目标，配套公布《大学组织法》《大学规程》和《专科学校组织法》《专科学校规程》，其中关于大学的办学目标是“研究高深学术，养成专门人才”，强调的是研究和学术性；大专的办学目标是“教授应用科学，养成技术人才”，侧重的是应用性。

根据上述大学法规，将全国大专院校分为国立、省立、市立和私立四种。大学分科改为学院，分设文、理、法、农、工、商、医各学院，并增设教育学院。大学修业年限除医学院为五年外，其他学院均为四年，采用学年学分制。为保证大学的研究和学术特性，大学和独立学院均得设立研究院或研究所。这些措施使高等教育结构趋于合理，能够更加适应社会需要，当然也不能排除其中包含了对高等教育强化控制的意图。

第二阶段政府遵循战时教育方针，对高等教育采取了应变措施，加强了对高校的统一管理和规范调整。1938 年 9 月，公布《文理法三学院各学系课程整理办法草案》，提出规定统一标准、注重基本训练、突出精要科目三条课程整理原则。1939 年，教育部公布《大学及独立学院各学系名称》，规定：文学院设中国文学、外国语文、哲学、历史学等系；理学院设数学、物理学、化学、生物学、地质学、地理学、心理学等系；教育学院仍设教育原理、教育心理、教育方法等系。全国高校院系名称由此趋于统一。1944 年 8 月，教育部修订并公布了文、理、法、师范学院的院、系必修科目表。课程的统一既是大学规范办学的措施，同时也是国民政府以国民党的意志加强控制大学教育的举措。所有这些措施，使抗战时期中国的高等教育呈发展态势，学校和学生人数比战前有较大增长。

在抗日战争这个极为特殊的历史时期，在日军大举进犯、国土相继沦丧的情况下，中国高等教育出现了一个奇迹。国民政府为保存教育实力，勉力应变，颇有成效地将一批重点大学迁往西南、西北地区，调整重组。国立北京大学、清华大学、私立南开大学迁至云南昆明，组成国立西南联合大学；国立北平大学、国立北平师范大学、国立北洋工学院迁往陕西汉中,成立国立西北联合大学;国立中央大学迁往重庆等。至1938年年底,共迁移调整大学五十五所。

第三阶段是抗战胜利后,高等教育也进行了复员工作。通过西迁大学回迁复原和改设、停办大学的恢复办学、内地在回迁大学遗址上重办新校、接收改造敌伪地区大学等方式,高等教育在短期内发展较快,1947年全国高等教育在数量上曾达到国民政府时期的最高点。但因国民党挑起反共内战,其对高等学校的思想控制和镇压也达到登峰造极、巨额的军费支出和猛烈战火,造成国民经济的严重破坏,以至于崩溃,高等教育已丧失生存和发展的基本条件,高校成为中国人民争取解放斗争"第二条战线"的主阵地,国民政府的高等教育走到尽头。

国民政府时期的高等教育发展状况

时间(年)	学校数(所)	学生数(人)
1928	74	25196
1936	108	41922
抗战时	91	31188
1947	207	155036

据《第二次中国教育年鉴》统计。

二、官员的培养训练

在对全民进行基础教育的同时,国民政府也对政府官员进行了各种形式的培养和训练。

1. 官员训练的基本理论

国民政府对官员的训练,较之晚清以及北洋政府时期有很大区别,具有以下三个特点:

其一,官员训练的宗旨。针对工作需要,侧重于各类人员任职后的训练,并逐步发展为一种"国策"。如在抗日战争时期,国民政府根据"训练重于作战"的原则,格外重视干部训练,不仅把官员训练看作是推行抗日建国政策的一种手段,而且为使将来抗日建国的政策能够顺利推行,而将训练本身视为与抗日建国平行的一项政策。

其二,官员训练的内容、方法。官员训练完全与普通教育分离,成为独立的、有特色的训练体系,并逐渐演化为训练制度。官员的训练课程一般按照工作人员在业务上的需要来分配;训练导师一般由在机关担负较高职务的官员担任,要求学识与经验丰富,能有效地指导参加训练的官员今后的具体工作。

其三,官员训练的方式。将官员训练作为人事管理的一个内在环节,并逐步演变为提高各级官员知识与才能的固定措施。训练方式有"以老带新"和集中调训等多种。"以老带新"即依照西方各国,尤其是英美等国的文官制度中的培训措施,分别任职后的不同情况,让新任职的官员在本机关经验丰富的人员指导下,尽快熟悉机关工作的业务程序,然后独立地行使职权。集中调训是在任职后一段时期内,由政府部门集中调训,学习某项专门知识；或参加各类临时性、短期性的讲习班，等等。

2. 训练机构的创设

(1)国民政府官员训练机构的起源

早在北洋政府统治时期，孙中山先生在反对新军阀统治的斗争中，在共产国际和中国共产党人的帮助下，认识到建立革命武装以反抗军阀暴行的极端重要性，于1924年在广州建立了黄埔军官学校，培养了大批进行北伐战争的骨干，为统一长江南北，推翻北洋政府的统治奠定了基础。

此后，蒋介石为建立和巩固国民党的独裁统治，先后于1933年建立了所谓“北路剿匪军军官训练团”，次年改名为“庐山暑期军官训练团”，1935年，又举办了“峨嵋军官训练团”。以上三个训练机构虽然是纯军事性质的，但对国民政府以后设置“文官”训练机构都有极其重大的影响。1937年7月在“军官训练团”基础上开设的“庐山暑期训练团”，就将训练对象由军官扩大到党、政、军、教等九种人员，并包括全国各部门和各省区的工作人员等。

当时，对“文官”训练的，大都是一些专业性、行业性的训练机构，大都按照行业的需要而自由发展。如财政部所属的“税务专门学校”肇始于海关，l929年在上海设立了分校，到抗战爆发，总计训练人数即达一千二百七十九人。到1936年秋季以后，国民政府才设立了“中央直接税税务人员训练班”，招考各大学财政、经济等系毕业生，交由教导总队予以严格训练。1937年秋，又设立了“全国财务人员训练所”，一方面拟定财务人员特种考试暂行条例，另一方面招考高初级学生，分税务、统计会计、银行三组训练，毕业后分发部属机关实习。此外，交通部、内政部、军事委员会、军政部均举办过专业人员训练所。地方上先后有西康、贵州、云南、广西、湖南、广东、江西、福建、安徽等地举办过县政人员、党务干部人员等的训练机构。

(2)统一的训练机构

1939年9月21日，国民党中常委会议通过了《全国各训练机关训练纲领》(下称《纲领》)，并明令在全国施行。《纲领》分别对训练目的、训练内容、训练纲要、实施原则以及教务、训育、组织与管理等问题做了详细规定和表述。比如：训练的目的，在于“使受训人员严格遵守总理遗教，服从革命领袖”；训练的内容“分为纪律训练、生活训练、行动训练、智能训练、服务训练、体格训练及军事训练七项”；训练的实施“应以受训人员之实际工作需要为中心”；训练的管理“注重积极启发受训人员自省、自反、自尊、自强之精神，避免消极的执行纪律”；等等。

综上可见，国民政府时期所实施的公务员训练，已经从基础教育中完全分离出来，有了自身的体系。这一时期的官员训练与历代职官的教育，无论指导思想、实施办法，还是在训练内容、训练机构等方面，都已具有本质的差异，而进入了近代人事管理体系。这对于国民政府的吏治建设发挥了重要作用，也对历史产生了深刻影响。

3. 各类人员的培训

(1)公务员的训练

公务员的训练除训练机关培训外，还有进修和考察两种：

一是在职进修。1943 年 12 月,由考试院公布施行的《公务员进修规则》规定,公务员在职进修采用的方式为:①设班讲习;②自修;③学术会议或小组讨论;④集会演讲;⑤其他进修方式。讲习班由各机关单独或联合设置,学术会议以及集会演讲应联合举行,由各机关指定职员若干人对进修者进行指导,集中研究。

在职进修的内容包括:国父遗教及总裁言论;中央重要宣言及决议案,现行法令,与职务有关之学术等。

公务员进修成绩优良者,给予奖品或一个月月俸以内的奖金,成绩特优者,应连同论文或研究报告报请铨叙部转呈考试院酌给奖励。

二是脱产进修和考察。国民政府先后颁布三个法规对公务员的进修考察作出规定。其中进修考察分为国内、国外两种。

进修及考察人员的条件为:凡现任简任、荐任或高级委任职公务员在同一机关继续任职满五年、三次考绩总分数均在八十分以上,兼合于下列各款规定者得选送进修或考察:①对于工作有特殊表现;②学识堪资深造;③品行优良;④体格健全。符合上述条件的人员,如赴国外进修及考察,还必须经高等考试及格或曾在公立或经教育部立案或认可的国内外专科以上学校毕业,并通晓该国文字。

国内外进修考察期间,还要求进修人员每满一年,应就其研究的情况提出报告呈原机关备核;考察期满后三个月内,应将考察结果提出报告,呈原机关核转铨叙部备查;进修及考察人员期满后应回原职或另调其他与进修及考察有关的职务,在三年内不得改任其他机关职务;进修成绩优良者可以另调较高职务,但应以其法定资格者为限。

(2)县各级干部人员的训练

按照国民政府《纲领》的规定,组织实施县各级干部人员的训练。

县长,由中央训练委员会训练团训练,在中央未调训前,得由各省地方行政干部训练团训练。县政府秘书、科长,由部训练团训练;指导员(督学)、警察局长或普佐、技士及区长等,由省地方行政干部训练班训练。区指导员、乡镇长、副乡镇长、中心小学校长、乡镇公所各级主任及干事,由区地方行政干部训练班训练,不设区训练班的,分别由省地方行政干部训练团或县地方行政干部训练所训练。保长、副保长、国民小学校长及干事,由县地方行政干部训练所训练。甲长的训练,得由县地方行政干部训练所斟酌情形,分别派员于适中地点集合训练。

县各级干部人员训练期满后,现任人员由训练机关造具成绩等第名册,请主管机关视其成绩优劣酌予奖惩;招收具有法定资格的非现任人员,受训及格后,及依法举行考试初试及格人员,受训期满举行再试及格后,由主管机关依法任用。受训人员经训练及格,依法任用后,应依法予以保障,非有过失或违法事件,不得撤换。

(3)人事管理人员的训练

国民政府将人事管理人员视为管官之官,因此对于人事管理人员本身的管理十分看重。国民政府在 1942 年 10 月公布《党政军各机关人事机构统一管理纲要》,1940 年 12 月公布了《各机关人事管理暂行办法》。规定“党、政、军各机关人事管理人员之训练,由考试院负责统一办理,并限于三年内办理完竣”。并于 1941 年 5 月在中央政治学校特设了

“人事行政人员训练班”，分期抽调人事管理人员到校集中训练。

1943 年 4 月，考试院又公布了《各省县政府人事管理员训练纲领》，规定人事管理人员调训的对象是“年龄在四十五岁以下，思想纯正，体格健全，并具有法定任用资格之现任或拟任各县县政府人事管理人员”，“于必要时，行政督察专员公署人事佐理人员，亦得酌量调训。其已经中央政治学校人事行政人员训练班或党政军人事管理人员训练班调训者，应予免调”。训练时间为五周。

训练课程分为四类：①一般政治训练，包括国父遗教、国民党重要宣言及决议案、总裁训示、中央行政制度、地方行政制度、官规概要、精神训话及特约演讲；②一般人事行政训练，包括行政管理学、历代人事行政制度概要、各国人事行政制度概要、铨叙制度概要、考选制度概要；③现行考铨制度训练，包括现行考选法规、现行铨叙法规，如任用、考绩、俸给、奖恤、人事管理等法规；④军事训练，包括军事学科、军事术科等。训练结束后，由训练机关将各员训练的成绩、平时考核记录等送由省政府密转铨叙部或铨叙处备查。

此外，还有一些行业或部门的专门训练，如财务人员的训练等，不赘述。

三、教育培训评述

纵观中华民国三十八年的教育历史，有三件大事值得评说。

第一，现代教育观念和教育制度的形成和初创。从临时政府、北洋政府到南京政府，中国的现代教育一直在摸索中前进，在动荡中挣扎。最突出的进步是教育宗旨和培养目标的演变。民国时期的受教育者，已经从封建帝国的臣民，变为共和国家的国民。孙中山反复强调，教育的目的是为了“爱国”。学生求学是“为国家服务，为社会服务”，“有才智者既研究各种学问，有政治之能力，有政治之权势，则当用其学问为平民谋幸福，为国家图富强”①。他主张建立以普及国民教育为中心的教育制度，大家都要有受教育的平等机会。只有这样才能恢复国民的人格，使他们成为国家主人翁；才能消除愚昧落后，培养出国家所需要的人才，从而使国家富强、人民幸福。孙中山先生多次论述国民教育应当包括思想品德教育、现代科学知识教育和军事教育；而在教学方法上则强调学与用的一致性。国民政府关于普通教育的“壬戌学制”和“戊辰学制”等，影响至今。

第二，由北洋政府开启，延续数十年的留学生制度，打开了中国面向世界的窗口，吹进了民主与科学的新风，为中华民族的复兴培养了一批有志之才。在中国革命历史上许多功勋卓著的革命家如周恩来、朱德、陈毅、邓小平、李富春、聂荣臻、蔡和森、赵世炎、王若飞、陈延年、向警予、蔡畅、徐特立、李维汉等无不是早期留学欧洲的优秀人才。许多留学生从国外学得先进的现代科学技术，也成为中国现代化建设的肇端。特别是新中国成立之后，他们的知识和才能有了用武之地，为祖国的繁荣兴旺，做出了不可磨灭的贡献。

第三，抗战不忘教育，以西南联大为代表的西迁高等学校的广大师生，在民族危亡的关键时刻，自强不息，奋斗爱国，愈挫愈勇，坚持真理，信仰学术，孜孜不倦地做学问，发扬中华民族刚毅坚卓的精神。请听这首西南联大校歌：

---

① 孙中山等．孙中山全集(第 2 卷)．北京：中华书局，1981：423．

万里长征，辞却了五朝宫阙，暂驻衡山湘水，又成离别。绝徼移栽桢干质，九州遍洒黎元血。尽笳吹、弦咏在山城，情弥切。

千秋耻，终当雪；中兴业，须人杰。便一成三户，壮怀难折。多难殷忧新国运，动心忍性希前哲。待驱除仇寇，复神京，还燕碣。

应当说，西南联大的精神已经变成为一种民族文明的力量，正是一批批以爱国为己任，具有中华灵魂和世界眼光，掌握科学之光和民主利器的中华脊梁，百折不挠地艰苦奋斗，才迎来民族解放的曙光，奠定了中华民族振兴的基础。

第二节　南京国民政府的官员选拔

一、考试机构与考试制度

职官选拔是政权建设的头等大事之一，民主革命先行者孙中山先生在从事推翻清朝封建统治的斗争中，就对古今中外的职官选拔进行过深入研究和考察，对新的民主共和国的职官建设有许多思考。他认为，国家的兴盛在人才，人才的选拔离不开人才的培养，人才的培养在于建立教育机制，有了好的教育机制，还要建立文官的任用制度和铨叙制度。任用制度是规定文官的任用资格和任用方式，“铨叙”是指对官吏进行考核、甄别、任免、升迁、抚恤等。孙中山认为西方的官吏都是通过选举和委任这两个途径来任职的，而选举可能作弊，委任则难免任人唯亲。他以为只有增加考选权，才能保证有合格的官吏使用；只有增加监察权，才能对不合格的官吏进行罢免。因此他明确提出：“凡候选及任命官员，无论中央与地方，皆须经中央考试铨定资格者乃可。”①在他担任临时大总统之时，还颁布过《文官考试委员会官职令》，积极筹划建立主管全国人事行政的考试院和各省考试分院。但是由于辛亥革命的不彻底性，新生共和国的大权先后被反动军阀篡夺，孙中山的理想并未得到充分体现。

广州国民政府于1926年5月公布《法官考试条例》，规定了参加法官考试或免试的资格。并规定设立典试委员会主持法官考试，典试委员会由典试委员长、典试委员、襄试委员、监试委员组成。考试分笔试和口试两种。笔试考三民主义、五权宪法、宪法史、行政史、刑法、民法等十四门政治和法律课程。口试有民、商、刑法及诉讼法等五门课程。

武汉国民政府所属湖北政务委员会也于1926年10月公布《湖北文官临时任用条例》，决定将荐任以下文官的任用经过推荐、考试、训练和任用等四个程序。

这些思想以及制度中不少重要内容后来为北洋政府和南京国民政府所沿用。孙中山完成了由科举考试制度到文官考试制度的对接，其贡献是划时代的。但是由于革命形势发展很快，而且政权形式屡次变化，因此这些考试制度均未能认真贯彻执行。

但是无论南京临时政府还是北洋政府，都没有把考试权独立出来，这是因为当时人们不懂得孙中山的“五权宪法”理论。到了南京国民政府时期，成立了“行宪”前的考试

① 孙中山．孙中山选集．北京：人民出版社，1981：601.

院和“行宪”后的考试院，考试权才真正独立起来。南京国民政府承续和完善了广州国民政府与武汉国民政府的职官管理制度，坚持德才兼备的原则，并于1928年颁布实行了公务员制度，设立了主管公务员考试和铨叙的专门机构，制订了有关公务员考选和铨叙的一系列法律法规，形成一整套较为严密的公务员考试和铨叙制度。1930年1月6日，考试院正式建立，并在考试院之下设立考选委员会，专门办理国民政府的考选工作。对于巩固南京政府的统治，曾起过一定作用。下面从考试机构、考试办法和铨叙制度等三个方面加以介绍。

1. 考试机构的设置

1930年1月6日，南京国民政府正式建立了考试院。首任院长关中，副院长伍锦霖。依据《中华民国宪法》，考试院为全国最高考试机关，并且是人事行政最高主管机关。除院本部外，还包括四个院属机关，分别是考选部、铨叙部、保训会和公务人员退休抚恤基金监理委员会（简称基金监理会）。

考试院置院长、副院长各一人，由总统提名，由国民党中央执行委员会选任，没有任期限制。考试委员十九人，亦由总统提名，经立法院同意任命之，任期六年。另置秘书长、副秘书长各一人。考试院院长主持全院，提请南京国民政府任命考试院所辖考试委员会委员长和委员及铨叙部部长、次长等。副院长协助院长工作。考试院的各项政策及有关重大事项，均需经过考试院会议讨论决定。

考试院下置常设的文官考选机构是：考试（选）委员会。考试委员会和铨叙部分工负责全国考选铨叙事项，专门办理国民政府的考选工作。并根据开展考选工作的需要，专门设立了典试委员会和检定考试委员会。考试（选）委员会，初建时设正、副委员长各一人，委员五至六人；下设秘书处，统辖六科，分别办理总务、文书、高等考试、普通考试、特种考试以及关于各种考试的调查统计和登记事项；考选委员会另设专门委员十六至三十二人，计划一切考选设施，并协办各项专门考试；在必要时可聘任编纂十二至二十四人，协助专门委员办理编译事宜。

1941年8月21日，国民政府修正公布了《考选委员会组织法》，规定设委员长、副委员长各一人，委员七至十一人，设秘书长一人，秘书四至六人；设视察四至八人，设专门委员二十至四十人，计划一切考选设施，编译有关考选资料，并办理各项考试事宜；聘任编纂十六至三十人，协助专门委员办理编译事宜。考选委员会下设四处，分别负责中央及地方公职候选人考试事项；任命人员的高等考试、普通考试及特种考试事项；各种依法应领证书的专门职业或技术人员考试事项；文书、议事、人事、出纳、庶务及调查、登记事项。各处下设数科，分科办理各种具体考选事项。同年10月29日，考试院又公布了《考选委员会处务规程》，对考选委员会所负责的考选行政事项作了具体规定。

1930年8月1日，国民政府制定并颁布《典试委员会组织法》，特设负责主持考试的临时机构——典试委员会，明确规定其职责是凡举行考试时，须组织典试委员会，以之掌管命题、阅卷、面试和成绩审查工作。典试委员会于考试完毕后即予以撤销。按组织法规定，典试委员会在法律上独立于考试院，其机构也不属于考试院；而是由国民政府出面聘请有关官员组成并办理考试工作，但实际上典试委员会的官员在决定考前有关事项的安排、决定命题和分配阅卷、审查应考人资格、决定录取标准等一系列重要问题上无不遵照考试院的决定,因而成为事实上的考试院下属机构。按组织法规定,典试委员会分为高等、普通、特种三种典试委员会,这就与公务员考试的类别完全一致起来,有助于推动考选工作的进行。此外还设有监试委员会和襄试处,分别负责考试监察工作以及考场内外的具体事项。

同时,国民政府还设立了检定考试委员会,负责高等考试和普通考试之前举行的、确认因学历不够而自修有成人员资格的检定考试事项。按照1930年12月考试院公布的《检定考试规程》的规定,普通检定考试委员会以省(市)教育厅(局)长为委员长,以该省(市)所属中等以上学校教职员若干人为委员;高等检定考试委员会以省(市)教育厅(局)长为委员长,以该省(市)区域内的大学或专科学校教职员若干人为委员。检定考试委员会与考试委员会一样,属临时机构,考前设置,试后撤除。

2. 考试法规的颁布

(1)基本法规

考试院先后颁发过一系列关于考选方面的法规,最重要的是四种基本法规:考试法、典试法、监试法和襄试法,皆经立法程序,由国民政府公布实施。

一是考试法。考试法最早于1929年8月1日公布,以后经过四次修正,较重要的是1938年4月30日修正公布的《考试法》。明确规定"公务人员之任用,与专门职业及技术人员之执业,均以考试定其资格"。

二是典试法。国民政府典试法规最早于1929年8月公布,1930年12月又公布了《典试规程》。其后较重要的修正是:1935年7月31日由国民政府公布的《典试法》;1936年7月6日由国民政府公布的《典试规程》。规定"典试委员会于考试前应将应考人之各种文件限期审查完毕,其资格合格者应行榜示"。

三是监试法。该法于1930年11月25日公布,规定"凡举行普通考试或高等考试时考试院应咨请监察院派定监试委员"。对于考场的警卫、考场内外的隔离等事项"加以检查,认为不合适通知襄试处改善之"。监试法稍后于1933年2月23日修正公布。

四是襄试法。1930年11月25日由国民政府公布《襄试法》,规定在举行普通考试、高等考试时,设襄试处办理"关于应考人之报名登记事项;试场之设备及警卫事项;考试人员膳宿及其他供应物之供给事项;试卷及弥封号册并其他考试文件之印制保管事项",等等。1931年6月,国民政府又公布了《修正襄试法》。

(2)专项法规

除以上基本法规外,国民政府和考试院等机构,还先后颁布了许多专项法规,概括起来,有以下四类:

一是任命人员考试法规。依考试法施行细则的解释,所谓"任命人员",就是指政务官以外的公务员,这类人员的考试分为高考、普考、特考三种。这类法规,由国民政府及考试院先后颁布、修正者不下八十余个。

二是公职候选人考试法规。依考试法施行细则的规定,所谓"公职候选人",是指有公职被选举资格的人员。国民政府先后公布了这类人员的考试条例、考试法以及施行细则,1941 年以后,又先后公布了一些候选人检覆办法等。

三是专门职业及技术人员考试法规。依考试法施行细则规定,依法应领证书的专门职业或技术人员是指律师、会计师、农工矿业技师与技副、医师、药师、兽医、助产士、护士以及其他法规规定的应领证书的人员。国民政府以及考试院、司法院等机构均颁布过这类人员的考试法、施行细则和检覆办法等法规。

四是其他重要法规,先后有由考试院于 1930 年 12 月公布,1935 年 9 月修正的《检定考试规程》;由考试院于 1932 年 1 月公布,后经两次修正的《应考人专门著作审查规则》;由考试院 1940 年 6 月公布的《应考人体格检验规则》等。

以上专门机构的设置和系列考试法规,形成一整套较为严密的公务员考试和铨叙制度,对于巩固南京政府的统治,曾起过一定作用。

二、考试的具体规定

1. 考试种类与应试资格

(1)按《考试条例》的规定,职官考试分为三类:

一是公职候选人考试;二是任命人员考试,即政务官以外的公务员;三是专门职业或技术人员考试,包括律师、会计师、农工矿业技师、医师、药师、兽医、助产士、护士及其他依法应领取证书的人员。

第一类公职候选人考试分甲、乙两种,前者经过考试合格得为省、县参议员候选人,后者考试合格得为乡(镇)代表、乡(镇)长、保长候选人。

第二、三类考试分为三等:普通考试、高等考试及特种考试。普通考试有普通财务、教育、外交、警察、卫生行政人员,以及建设、统计、会计、审计人员、法院书记官、监狱官等考试;高等考试也是指对上述人员的资格考试,但参加者的资格以及考取后的待遇不同(详后)。特种考试指邮政人员、边区行政、县长及司法审判官等考试。

除这三等考试外,又有检定考试,用以考选那些没有学历的“自修有得之士”,考试合格,可以参加高等或普通考试。

(2)各类考试的时间、应试资格均有不同的要求,现分述如下:

第一,荐任以上文官考试。凡年满二十二岁以上,并具有下列资格条件之一者,可以参加考试:一是本国国立大学或高等专门学校学习各专科三年以上并毕业者;二是经政府认可的外国大学或高等专门学校学习各专科三年以上并毕业者;三是经政府认可的本国公、私立大学或高等专门学校学习各专科三年以上并毕业者;四是委任职文官考试及格以后,经在行政官署服务三年以上者;五是学习政治、经济、法律,在上列各学校毕业,有同等学力,并有荐任以上相当资格,经考试院甄录试验及格者。

第二,外交官及领事官考试。凡年满二十二岁以上,具有下列资格条件之一者可以参加考试:一是在国内外大学或高等专门学校学习政治、经济、法律、商业各科的毕业生;二是在外国语专门学校学习,兼学政治、经济、法律三年以上的毕业生,可以参加外交官、领事官考试。

第三,司法官及律师考试。凡年满二十二岁以上,具有以下资格条件之一,可以参加司法官及律师的考试:一是在国内大学或高等学校学习法政学科三年以上的毕业生;二是在外国大学或高等学校学习速成法政学科一年半以上的毕业生,曾担任推事检察官一年以上,或曾在国内大学高等学校教授法政学科两年以上经报告政府备案者。

第四,荐任以上警官考试。凡年满二十二岁以上,有下列资格条件之一,可以参加荐任警官的考试:一是在政府认可的中外警察学校学习三年以上的毕业者;二是国内外大学或高等专门学校学习法政学科三年以上的毕业生;三是在本国或外国军官学校毕业,曾在本国军队服务二年以上,四是在警官传习所学习一年以上的毕业生,曾受委任办理警察事务两年以上;五是曾担任警官五年以上者。(以上属于高级文官考试,每三年举行一次考试,一般由中央统一举行)。

第五,委任职文官考试。凡年满二十岁以上,有下列资格条件之一者,可以参加委任职文官考试:一是在国内外大学或高等专门学校学习三年以上并毕业者;二是经政府认可的技术专门学校毕业者;三是学习政治、经济、法律与专门学校毕业具有同等学历经甄录试验及格者;四是曾任委任文官一年以上者。

第六,法院书记官考试。凡年满二十岁以上,有下列资格条件之一,可以参加法院书记官考试:一是在中外大学,高等专门学校预科的毕业生;二是在国内外中等以上学校的毕业生;三是有相当委任职务以上资格,曾办理行政或司法行政事务一年以上,或曾学习法政学科一年以上者;四是曾办理各级审检厅书记官事务一年以上者。

第七,委任职警官考试。凡年满二十岁以上,有下列资格条件之一,可以参加委任职警官考试:一是在警官传习所或相同警官传习所的学校毕业者;二是曾担任委任警官一年以上者;三是在警察教练所毕业,曾在警察署服务两年以上者;四是中等学校毕业生。

第八,监狱官考试。凡年满二十岁以上,有下列资格条件之一,可以参加监狱官考试:一是经本国政府认可的中外监狱学校或警监学校毕业生;二是中外法政学校的毕业生。

以上属普通文官考试,每两年举行一次,一般由考试分院在所在地举行。

(3)中、小学教员和医生考试

中学教员须年满二十二岁以上,小学教员须年满二十岁以上,相应的学历与从事教育工作的资历。医生考试,必须是年满二十五岁以上,医学院校的毕业生。

以上相当于普通文官考试,每年举行一次,一般由考试分院在所在地举行。

(4)考试的限制

按照《考试条例》规定,如有下列情形之一者,不得参加上述各类考试:一是被夺公权尚未清结者;二是有精神病者;三是亏欠公款尚未清结者;四是吸食鸦片者;五是宗教宣讲师。此外,如应试者违反考试规则者,也不得参加考试。

2. 考试程序与考试方法

按照《考试法》《考试条例》和《考试条例施行原则》的规定,考试的程序和方法是:

(1)报名与资格审查

主持考试的机构,如典试委员会、试务处等,要在考试之前两个月公布考试时间、地点、考试日程安排等具体事项,应试者在一个月之内报名,报名时即缴纳报名费、考试费、体格检查表以及各种证书文件；然后由主持考试的机构对申请考试的人员进行资格审查，合格者发给应考资格证。

(2)检定考试

凡参加高等、普通考试的应试者，因学历不够而自修有成绩者，在正式考试前先参加检定考试，合格者即取得参加正式考试的资格，并发给应考资格证。

(3)考试类型

考试类型又分为两种：一种是三试制，高等考试、普通考试均考三场：

第一试考基本科目，高等考试考六门，即国文、党义、中国历史、中国地理、宪法和与该项工作有关的基本知识；普通考试考四门，即将中国历史和中国地理合并，不设该项工作有关的基本知识考试。

第二试考专门科目，高等考试设必考科目五六门，选考科目一两门，应考人员须参加七个科目考试；普通考试应考人员须参加五个科目考试。

第三试为口试，就应考人员第二试必考科目的相关内容及其经验进行口试。

在三场考试中，前一场考试不及格者不能参加下一场考试，如有一场或两场考试及格，在下次举行同样考试时可免试及格内容一次。

另一种是再试制，即将考试分为初试、再试，初试实际上就是把原定的三试合并为笔试一试举行，初试及格，经训练期满，举行再试；再试以训练科目考试，如及格，则分发任用，不及格，则补行训练，给予一次再试机会。

(4)考试方法

考试方法一般分笔试和口试两种。前两试均为笔试(亦称初试)，第一试考基本科目，第二试考专业课程。然后进行口试(亦称第三试或复试)，对特种考试的人员进行口试有不同要求，如外交官、领事官的口试要加试第二外国语。

此外，司法官应试人员经过口试合格以后，还要分发各厅或法官学校实习，实习结束还要进行再试。

(5)考试纪律

为了严格考试纪律，条例和原则还规定，考试委员，监试委员于考前三天就得进入考场，严防与外人接触；书面考试后立即实行密封，并由监试委员会保管应试人姓名编册；口试时派专人笔录，当场由应试人、考试委员、监试委员署名盖章；口试时，考试委员、监试委员、考试主持人如与应试人有亲属关系，应事先声明回避。

(5)阅卷及放榜公布

考试结束以后，由典试委员以及典试委员长聘请的襄试委员一并办理阅卷，分初阅、复阅两种：初阅可以推荐襄试委员批阅，复阅则必须由典试委员亲自进行。每一科目试卷由两人以上分阅，并按照拟定评阅的标准记分。阅卷完毕后由典试委员长亲自抽查，并组织人员进行核算、审查，如发现有错，即可改正，改正以后要加盖印章，不得任意涂改。这些工作都完成以后，将应试者的总分数依次正式发榜公布，并向及格者颁发及格证。

三、其他过渡的选拔形式

1928年，南京国民政府在政权基本稳固的条件下，动议在全国逐步推行文官(公务员)制度,并积极着手开展职官考选工作。与此同时,国民政府由于对“人才”的急需,决定在实施文官(公务员)考试选拔之前,分别以各种途径选拔政府官员,作为职官考选的过渡,亦称非考试选拔途径。

1. 地方举士

1928 年 12 月 27 日,国民政府公布《各省县举士条例》,“特访各省县分别甄举人士以备询用”。按《条例》规定,负责地方举士指导的中央机关是国民政府秘书处下置的人事室,办理地方举士的基本程序是,由各省政府将各该省荐举人才汇报行政院核准后,转请国民政府备案。被荐举人士的资格条件是,凡年满三十岁并具有以下资格者为合格:①历办地方事业卓著、成绩允孚众望者;②国内外大学毕业有社会政治学识者;③曾在地方自治机关服务三年以上卓有成绩者;④学识丰富曾有著述者。

但如有下列情形者,按规定不得举荐:①有反对三民主义之言行证据确凿者;②被告为贪官污吏土豪劣绅,经法庭判决有罪者;③曾受刑事处分者;④亏欠公款尚未清结者;⑤被国民党开除党籍或受停止党籍之处分尚未恢复者;⑥有不良嗜好者;⑦心神丧失者;⑧现在委任职以上之公务员。

各省、县荐举人才的方法是:①省政府甄举人士应由省政府全体委员分别采访或由地方法团(系指按中央法令正式组织的职业团体)推选,无论何种方式荐举,都要呈送荐举保证书和各种证明文书,经省政府委员会详细考察并进行公决,各省按原设道为区域,每道名额为一至三人,如未设道的省则按省的大小酌量甄举。②各县荐举人才应由县长采访或由地方法团推选,连同保证书和各项证明文书送省政府核准,每县荐举名额为一至三人。③各省县甄举人士决定后,应由省政府造具履历、清册并附一张四寸近照,由省政府直呈行政院查核。

凡被甄举核准的人才,统称为待征员,无须来京,在必要时由人事管理部门召集。待征员如有特长者,由地方政府酌量选用为筹备地方自治或地方行政人员。待征员平时可以根据地方实际情况向省、县政府或经省政府转呈国民政府提出建议、意见。如发现待征员有冒名顶替或不符合条件者,经查属实,即取消其名义并给予原甄举者以相当处分。

自条例公布后,江苏、浙江、安徽、江西、福建、湖北、湖南、河北、河南、山东、山西、广东等省应在文试之日起两个月内呈报,其余各省应在文试之日起三个月内呈报。

2. 慎选县长

1929 年 11 月 20 日,内政部发布《慎选县长》的通令指出,内政的施行自内政部始,经省政府传达于县政府,再由县政府行之于各区乡镇,最后才传达到人民。因此,“县长为亲民之官,实即内政上之重要执行人员。县长好,则一切政治均好,人民享其利;县长坏,则一切政治均坏,人民受其害,故内政推行实以慎选县长为第一要义”。

按照内政部通令的要求,任用县长必须由民政厅长提出合格人员二至三人,经省政府议决其中一人委任。慎选县长的要求是,既要县长候选人合格,又要议决后委任的县长胜任本职工作。所以,在考试法未施行以前,对各省的县长也必须经过考试,只有这样,对县长的遴选才有充分准备,做到“胸有合格而胜任职务”。

县长考试分为笔试和口试两种:笔试科目,除党义为主要科目外,对县长必须具备的知识，如法学通论、政治经济学原理，现行法令、中国国民革命史等，应特别予以重视，这些科目应与其他科目的分数有所区别，以免有全才难得之虑。口试应与笔试并重，在一定条件下要以口试为主，主要是通过口试，考询其人的经历、办事能力，取得的成绩，观察应考人的态度、语言、精神、性情以及测量其知识。口试分数应由典试委员当场分别记录，平均合计，商酌决定，以认为能胜任县长职务者为满意。

同时，对县长的遴选应考虑县有大小、繁简、难易的区别，因此，凡县繁大而难者，可就现任县长中择才较优者，或在曾经历任大县县长成绩最著者中遴选委任；次等县分，则可在已考试合格且受训练后认为能胜任者中遴选委任。总之，通令规定遴选县长要“为地择人”，不宜“为人择地”。通令明确要求“省政府主席、民政厅长时常用心为各县人民遴选好县长”。指出，做好这件事，“实为省政府唯一重大事项”。

为了使慎选县长落到实处，国民政府又于1930年1月公布了《县长考试条例》，规定“县长考试在中央考试院未依法行使考试权以前，得由国民政府依本条例委托各省政府在各省举行”。该暂行条例有效时间到同年12月底止。按照条例规定，凡年满二十五岁以上的国民，具有下列资格之一者，即可参加县长考试：①国内外大学或专门学校修习法律、政治、经济，文、哲、社会学科三年以上并毕业；②党务学校学习一年以上并毕业；③中学或与有同等程度学校毕业并曾任行政职务满两年以上；④曾应各种文官法官考试及格者。经笔试、口试后，按平均成绩分等，八十分以上为甲等，七十分以上为乙等，六十分以上为丙等。按照县长考试及格人员学习规则，甲等人员可免除学习，乙、丙等人员均分发学习，待期满甄别及格后，以县长任用。

县长考试时，得设典试委员会负责主持考试。置委员长一人，委员二至六人，分别由省政府委员，国立大学及立案之私立大学担任讲授考试科目的教授以及其他富有政治学识和经验的专家充任。典试委员会以下置襄校委员，负责阅卷等事务。由省政府荐任以上官吏、国立大学及立案私立大学教授有政治学识和经验者担任。典试委员会还应聘监试委员，由高等法院检察官、地方法院检察官担任，监试委员如发现舞弊、妨害公务等不法行为，应依法向典试委员会报告或向法院检举。

第三节　民国文官选任制度评述

一、民国文官选任的成果

第一，民主革命先行者孙中山先生提出“五权宪法”的理论，是对中国民主建设的重大贡献。孙先生详细考察了西方各国的文官制度，洞悉官吏选举制度的流弊，萌发其以考试“矫代议之弊”的思想，民主共和创建之初，军阀政客纷纷登场，将国会选举变成他们分赃的合法场所的丑剧，坚定了他让考试权独立的理念。他在吸取中国科举考试制度的合理因素和借鉴了西方文官考试制度的基础上，正式建立考试院，明确了考试院的法律地位，创立了以考试权独立为主要内容的文官考试思想。孙中山把有才识、有才学、有才能的德才兼备的人称作人才。人才选拔的标准是德才兼备，以德为首。他所说的德，不是传统的以“三纲五常”为核心的封建道德,而是以符合三民主义、五权宪法、资产阶级的民主共和、官吏是人民公仆等思想为价值取向。这是比西方三权分立更为严格可靠的官吏铨选制度。

第二,孙中山的吏治思想并非全盘否定选举制度和委任制度。但是,他指出选举制、委任制有弊端,主张用考试制度补救之。他认为,是否具有候选人的资格,是否能够委任为政府官员,都要经过考试,才能决定。通过考试制度最严密、最公平地选拔人才,使优秀人士掌握国务。他说,要建立与人才选拔制度相配套的培养、任用、监察等运行机制。南京国民政府贯彻中山先生的吏治思想,制定和完善了一系列关于国民教育和文官选任的法律体系和规章制度。无论是文官的考试、甄别、分发、任用、培训以及薪俸、考绩、奖惩、退休、抚恤等,都有一套严密完整的法律法规。这是中国历史上第一套现代的文官管理体制,具有首开先河的历史意义。

第三,在实施文官考试的过程中,建立健全了严密的考试防弊措施,如扃闱监试制度、严印试题、试卷密封等,保证了考试的公正性和可信度,考试人员的质量得以保证。自 1931 年至 1948 年的十四年中,三类考试共有十五万九千多人考试合格,除少数外,大都在中等水平线以上。且能尽力于本职,以个人的品行、学识、才干和经验见重于世。

第四,考试及格人员得到较好的任用。从 1942 年底的统计,高等考试及格的一千四百五十四人中有一千一百一十二人,初等考试及格的一千六百零六人有一千五百四十六人得以分发任用。至 1949 年国民政府溃逃台湾之时,有一名大使,两名监察员,一名高等法院的院长,十名国大代表,五名立法委员,七名省政府厅长和省辖市市长等都是考试出身。

二、民国文官选任的启迪

我们更要清醒地看到,作为中国首个由资产阶级建立和领导的民主共和国,他从一开始就带上了本阶级的软弱性和不彻底性。严格完备的文官选任制度,一开始就举步维艰,最终也没有能发挥其巩固共和,富国强军的积极作用,在它实行仅仅十四年之后,很快就随国民党南京政府的覆灭而退出历史舞台。探究国民政府文官考试失败的原因,会给我们许多有益的启迪。

第一,缺乏保证制度有效运行的可靠机制。任何一种制度要能够发挥作用,必定要有保障其运行的有效机制。法律在国家的政治生活中具有最高的权威,其他任何权利,包括行政权力、武装力量、政党组织,都不能凌驾其上。否则法律会形同虚设,变为一纸空文。我们看到,南京国民政府虽然制定颁发了上百个关于文官考铨的法令,但是它首先受到的是各种行政力量的阻挠。由于蒋介石推行“以党治国”、“个人独裁”,国家权力日益私人化。各级党政机关或者漠视法令法规,拒不执行,或者采取实用主义态度,阳奉阴违,各取所需。五权分立,考试权实际上没有得到独立,没有彻底分权。这正是不彻底的民主制度的流弊。

第二,中央与地方运作不协调,作为中央控制地方的重要权柄的人事制度,最为各地方势力关注。因此,南京国民政府虽然统一了全国,但是中央对地方的控制能力甚至弱于晚清。连曾任职二十余年的国民政府考试院院长戴季陶也无可奈何地说:“近年来中央种种情况,即非常态。随党百事尚能敷衍太平,而中央组织之不健全,能力之薄弱,几于较清之咸同时代为逊。推原其故,由来已久,非一时一地之所致,更非仅事矫情隐讳勉强撑持所能为力。”①

第三,人事制度的“均权原则”造成“私人任用”盛行。国民政府的铨叙制度是建立在中央地方“均权原则”基础上的。铨叙部没有用人的全权,只能处于审查资格和监督的地位,用人大权实际掌握在各机关长官手中。在当时政局动荡,党派林立,国家权力私人化的复杂境况下,铨叙部的监察也容易变成虚设。民国时期,求职奔竞之风盛行。非亲即故,以长官好恶亲疏为进退之标准。考试院的铨叙监察,无法抗拒任人唯亲、任人“唯私”和任人“唯财”的风气。

第四,考试并不是国民政府选拔任用公务员的主要办法。按照孙中山的《建国大纲》“凡铨选及任命官员,无论中央与地方,皆得经中央考试铨定资格乃可”。但是首先国民政府中掌握实际大权的政务官就不是经过考试,而是由国民党政治会议特任的。除考试选拔外还有推荐、甄用等制度,为曾任官职或有“革命”资历的非考试人员大开方便之门。在各级官署中,大量的公务员是通过私人推荐录用的,这些人多数与主管长官有着特殊的关系,对于他们的考核有名无实。而且简、荐、委任官员中凭所谓“革命”资历任用的为数不少。这种党官转任文官的现象,在抗日战争时期尤其突出。1938 年 4 月到 12 月,通过国民党中央执行委员会主持的党务人员从政资格甄审,就有六千七百九十四名国民党党务人员取得了从政资格,被分派到各省、市、县政府。同时也使北洋军阀的旧官僚也大量通过甄别进入南京国民政府。尽管国民政府实行考试法十余年,但是据 20 世纪 40 年代末的统计,在当时全国七十多万官员之中,具有考试及格资格的,竟只占千分之三。而且并未登上国民政府的重要官位。国民政府行政院的各机关有简、荐、委任三级官员一千一百二十七人,其中荐任级中,高等考试及格者四十二人,普通考试及格者一人,其他考试及格者三人,委任级中,高级考试及格者六人,普通考试及格者八人,其他考试及格者十二人,共计七十人,仅占全部人数的百分之六点二②。按照民主的方式,经过严格考试而步入政坛者,能够发挥的作用就可想而知了,国民政府文官考选制度的流产,亦是不争的事实了。

第五,最重要的是,我们还必须将国民政府时期的文官考选制度的流弊,放到南京政府的政治制度中去加以考察,并给以历史唯物主义的认识。国民政府推行“公务员制度”,从名义上是继承孙中山提出的“官吏应是人民的公仆”的思想,是同当时西方国家建立的并日益完善的公务员制度相呼应,也是为了改变国民政府在吏治方面的弊端,加强对文职官吏的管理。但是,由于蒋介石其实只是大地主和官僚资本阶级的代理人(他本人是四大家族最大的头),他所标榜的民主平等是为其官僚统治服务的。比如关于党政关系,在形式上,党政机关是平等的和相互制约的。到 1938 年 3 月国民党临时全国代表

① 朱传贤. 戴季陶传记资料. 台北:天一出版社,1965.

② 曾志敏. 国民政府文官考选制度行之维艰的原因. 齐鲁学刊,2007(3).

大会召开,通过了中央执行委员会提出的《改进党务并调整党政关系案》,便将党政关系明确为:中央采取“以党统政”形态;省及各特别市采取“党政联系”的形态;县则采取“党政融化”、“融党于政”的形态。这就让蒋介石的倒行逆施取得了政党和法律的支持,于是他便可以肆无忌惮地置国家和民族的利益于不顾,在军事上发动全面内战,在政治上推行独裁统治。在文官选拔和吏治管理上更是武断专横,将国民政府变成蒋氏父子的家天下。即使在国内外形势的逼迫下,他邀请中国共产党中央主席毛泽东亲临重庆谈判,甚至签订了停止内战的协议。但是蒋介石认为时机一旦成熟,他就敢冒天下之大不韪,撕毁这些协议,全面发动内战。初期,他对其军事上的暂时优势踌躇满志,悍然在 1946 年 11 月 15 日单方面召开了非法的“国民大会”,标榜实行“宪政”。这次会议之后,蒋介石政府又做出准备“行宪”的姿态,于 1947 年 4 月宣布国民政府改组,在国民政府内引进了一些青年党、民社党人及无党派人士,声称已将政府改组成了“三党政府”。1948 年 3 月,蒋介石政府又召开了“行宪国大”,宣布“民主宪政”正式实施。这次伪国大仅选举蒋介石为总统、李宗仁为副总统。但是整个选举过程投票四次,金钱操作,丑闻百出,显示出国民党统治权力运作之无序化。这样民主的丑剧,正好暴露出蒋家王朝的色厉内荏。果然不久,蒋介石政权的统治也就走到了尽头。蒋介石反动政权,已将孙中山的“以国民党的党义治国”变成了国民党一党专政和蒋介石的一人专政。

毛泽东同志在《中国的红色政权为什么能够存在?》一文中有一段精辟分析:“现在国民党新军阀的统治,依然是城市买办阶级和乡村豪绅阶级的统治,对外投降帝国主义,对内以新军阀代替旧军阀。”①一针见血地剖析了国民党政府的阶级本质,指出了国民政府官吏制度失败的根本原因。

三、我们的思考

我们应当认真总结孙中山民主革命从理论到实践的经验教训。他的文官考选思想,是民国政治制度理论设计的重要组成部分,也是孙中山先生民主民权思想的重要组成部分。因此,我们把对国民政府文官制度的研究,放到中国现代化民主进程的高度上来研究、来考量,就具有特殊的历史价值和现实意义。

孙中山作为中国民主革命的先驱和领袖人物,毕生致力于中国民主建设,鞠躬尽瘁,死而后已,其历史功绩光昭日月。

孙中山是中国历史上第一位以选举的方式产生的国家最高领导人。1911 年 12 月 29 日,宣布独立的十七省代表共四十五人在南京开会选举临时大总统,每省一票,孙中山以十六票当选。1912 年元月 1 日,大总统庄严宣誓就职,政府各部的总长也都经各省代表会议通过,作为民意机构和最高权力机关的参议院宣告成立。这些都是开天辟地的大事件。

孙中山首创了“民国”这一民主政体。他在解释“民国”之名时说:“中华民国这个名词,是兄弟从前创造的……诸君自然知道,中华民国和中华帝国不同,帝国是以皇帝一人为主,民国是以四万万人为主。我们要想是真正以人民为主,造成一个驾乎万国之上的

① 毛泽东. 毛泽东选集(第一卷). 北京:人民出版社,1967:50.

国家，必须要国家的政治做成一个全民政治。”①

孙中山在1906年编定的《革命方略》中对新政体的最基本构想，一是平等，二是民主，即：“凡为国民，皆平等以有参政权。大总统由国民公举，议会以国民公举之议员构成之。制定中华民国宪法，人人共守。”数千年封建帝王的家天下，第一次成了全体国民的公天下。人们头脑中的皇权意识第一次被摧毁，社会思想得到一次空前的解放，其影响是无法估量的。

孙中山制定和规范了民主建设的章典制度，在他担任临时大总统的短短三个多月的时间内，制定、颁布了三十多项制度、法令，内容涉及发展政治、经济、文化、教育等许多方面。尽管临时政府的大权被北洋军阀所窃夺，但是这些规章制度还是促进了社会思想意识的进步，有的也为后来的北洋政府所遵照执行，这在一定时间内完善了国家的法制建设，也促进了民族工商业及文教事业等各项事业的良性发展。

孙中山还规划了国家民主建设的进程。他制定建国三阶段：第一阶段为“军法之治”，史称“军政”，即“军队与人民同受治于军法之下”；第二阶段为“约法之治”，史称“训政”，为“军政府授地方自治权与人民，而自总揽国事之时代”，国家政治生活悉由《约法》规定；第三阶段为“宪法之治”，史称“宪政”，军政府解除权柄，“一国之政事，依于宪法以行之”。虽然正式的《中华民国宪法》直到1946年才被制定通过，但民主共和观念早已深入人心，民主制度成为不可抗拒的历史潮流。后来袁世凯称帝和张勋复辟，都不得人心，迅速倒台就是最好的证明。而步袁世凯后尘的大小独裁者，纵使敢悍然践踏民主的内容，都不敢斗胆丢掉民主的形式（比如曹锟贿选总统）。可见孙中山的民主共和思想促进了人们社会意识的巨大进步。正是有了这种全民族的社会进步，才会有马克思主义在中国的广泛传播，才催生了新民主主义革命。从旧民主主义革命到新民主主义革命，从中华民国的建立到中华人民共和国的新生，是中国民主进步中不可分割的历史链条。

同时，我们也要清醒地看到，中华民国的建立是中国民主政治的肇始，但是辛亥革命的成果很快被北洋军阀窃取，而自诩为民国正统的南京国民政府，并没有真正实行孙中山先生的民主宪政。这亦是一面沉重的历史之镜，是需要我们严肃面对的。

第一，孙中山先生代表的民族资产阶级，脱离广大工农大众，在强大而顽固的帝国主义和封建主义势力面前，表现出明显的软弱性和妥协性。毛泽东同志指出：“要打倒帝国主义和封建主义，只有把占全国人口百分之九十的工农大众动员起来，组织起来，才有可能。”特别因为中国有百分之九十以上的人口生活在农村，国民革命需要一个大的农村变动，而辛亥革命没有这个变动，也就缺乏进行彻底地反帝反封建的斗争的力量和信心。南京临时政府成立仅仅三个月，他就不得不把临时大总统让给盘踞北京的军阀袁世凯，尽管革命党人对袁世凯有所防范，但是不彻底的民主制度根本无法遏制袁世凯当皇帝的野心。中山先生后来制定了“联俄、联共、扶助农工”的新三民主义，但是并未得到彻底实行，他逝世后，很快就被代表大地主大买办阶级的蒋介石所篡改，而将南京国民政府变成了帝国主义和封建地主、官僚资本主义的御用工具。

---

① 广东省社会科学院历史研究室等．孙中山全集（第2卷）．北京：中华书局，1981：303.

第二,孙先生为建立民主共和国家不遗余力,鞠躬尽瘁,但是他的民主理念和制度却带着先天的不彻底性。他在建立中华革命党时,就强调"首以服从命令为唯一之要件,凡入党各员,必自问甘愿服从文一人,毫无疑虑而后可"。他制定的临时政府《组织大纲》扩大了总统权力,从而使其失去了必要的监督。这种以党员对领袖、民众对元首个人的信任代替法制监督的做法,为个人独裁者破坏民主留下隐患。窃国大盗袁世凯利用过它,独夫民贼蒋介石更是将这种对元首的绝对服从,发挥到极致。蒋介石的南京国民政府,处处有中华革命党的遗风。比如蒋介石可以利用自己在党内的地位,确定国民政府主席的权利,林森任国民政府主席时,就没有实权,蒋介石恢复任职就有了实权。可见,孙中山理想中的民主宪政被独裁和专制所替代,国民革命只是给了少数人分赃的机会,这是孙中山始料不及的。

再如孙中山的"党治"思想,也容易被误解和利用。"二次革命"反袁失败后,孙中山痛感西方的两党制在中国行不通,因此在阐述其建国三阶段思想时指出,在"军政"、"训政"两时期,必须"以党建国","以党治国","一切军国庶政,悉归本党负完全责任"。本来孙中山"党治"思想的主旨"并不是用本党的党员治国,是以本党的主义治国"①,以建国三阶段来训练人民行使选举、罢免、创制、复决四权。但是他的这套民主建国理论却给个人专制留下隐患,蒋介石正是打着孙中山民主建国的旗帜,而实际上则是不断根据形势,变换手法,将"党治"推向极端,使之成为一党专政的同义语,实现其个人独裁。

第三,孙中山还把封建特权的观念带到国民党内。他将党员按入党时间先后分为三个等级,即首义党员、协助党员和普通党员。革命成功后他们被分别授予元勋公民、有功公民和先进公民的称号。元勋公民有一切参政、执政的优先权利,有功公民有选举和被选举的权利,先进公民则仅有选举权。而非党员在革命时期之内,甚至"不得有公民资格"。在公务员任用制度中,特别设置了对所谓有革命资历的"有功"人员的简荐委任,这些官员的数量远远多于经考试选任的人员。党龄成了当官的条件,直接破坏了公平考选人才的制度,也同孙中山终身追求的"自由、平等、人权"思想背道而驰。没有人权平等概念的广泛普及,没有形成公民社会,当然不可能有真正的民主制度。孙中山先生没有看到问题的要害所在,不能不说是一大败笔。

第四,孙中山先生创建了民主共和的国家制度,但是他没有充分重视和完善政体的建设,无论是临时政府,还是国民政府尽管制订了一系列完整详尽的政策法令,但是却没有完善和有效的行政机制保证这些政治制度的切实实行。国民政府铨选制度之流弊,正是因为缺乏保障实施的条件,而成为空文。比如"平均地权"和"节制资本"是孙中山"三民主义"的重要内容,可是在国民党执政的数十年间,他的理想一直没有得到实现。相反,国民党统治集团为帝国主义、封建地主和官僚买办阶级服务的反动本质,导致了封建残余的顽固不化,官僚资本无节制地扩张,工人日益贫困,农民大量破产。军阀割据,军人干政,党派林立,政局动荡,中央对地方失控,政治权利日益私人化,现代公务员制度完全失去了生存发展的土壤,最后也动摇了软弱的民主法制的国家体制。国民党也从民主

① 孙中山. 孙中山选集. 北京:人民出版社,1981:526.

革命的斗士，变成蒋介石独裁统治的工具。

追随孙中山先生数十年，对国民党和蒋介石有极为直接和深刻理解的民主革命家宋庆龄先生，面对国民党反动派的倒行逆施，有一段精辟犀利的论述："当作一个政治力量来说，国民党已经不复存在了。这是一件无法掩盖的事实。促成国民党灭亡的，并不是党外的反对者，而是党内自己的领袖……我不忍见孙中山四十年的工作被一小撮自私自利的国民党军阀、政客所毁坏。我更不忍见四万万七千五百万的中国，因国民党背弃自己的主义而亡于帝国主义……既然组织国民党的目的是以它为革命的机器，既然它未能完成它所以被创造起来的任务，我们对它的灭亡就不必惋惜。"①

我们更要看到：这一时期中国政治舞台上发生的最深刻的变化，是无产阶级的成长壮大，一种新的思想理论体系——马克思列宁主义在中国迅速传播，工人阶级的先锋队组织——中国共产党成立了，并在局部地区建立了名副其实的人民民主政权。这种共产党领导的人民民主政权，成为广大工农劳苦大众和民族资产阶级利益的代表，标志着中国民主的新生。

中华民国三十八年的历史发展表明：封建君主专制制度在中国已是一具被人唾弃的僵尸；资产阶级共和国的方案不适合中国的国情，在中国行不通；以帝国主义为靠山的大地主大资产阶级专政，与广大的中国人民为敌，必然落得覆亡的命运；唯有中国共产党领导的人民民主制度，才是中国历史发展的必由之路。从 1927 年建立湘赣边界茶陵县工农兵政府到取得全国胜利，只用了二十二年的时间。1949 年 10 月 1 日新中国诞生了，她让全世界看到："中国的命运一经操在人民自己的手里，中国就将如太阳升起在东方那样，以自己的辉煌光焰普照大地。"②

① 宋庆龄．宋庆龄选集（上集）．北京：人民出版社，1992：84—85.

② 毛泽东．毛泽东选集（第四卷）．北京：人民出版社，1967：1356.

中华民国时期政权形势略表(1911—1949)

<table>
<tr><th>时间(年)</th><th colspan="3">共和政权形式</th><th>伪政权</th></tr>
<tr><td>1911</td><td colspan="3">1911.10.10 辛亥革命</td><td rowspan="21"></td></tr>
<tr><td>1912</td><td>1912.1.1 中华民国成立,孙中山任临时大总统</td><td rowspan="5">1912.4.5 袁世凯就任临时大总统
1915.12 袁世凯称帝</td><td rowspan="19"></td></tr>
<tr><td>1913</td><td rowspan="5"></td></tr>
<tr><td>1914</td></tr>
<tr><td>1915</td></tr>
<tr><td>1916</td></tr>
<tr><td>1917</td><td rowspan="8">1916.6 张勋复辟帝制</td></tr>
<tr><td>1918</td><td rowspan="6">1917.9.10 起孙中山在广州三次建立军政府</td></tr>
<tr><td>1919</td></tr>
<tr><td>1920</td></tr>
<tr><td>1921</td></tr>
<tr><td>1922</td></tr>
<tr><td>1923</td></tr>
<tr><td>1924</td><td>广州国民政府时期</td></tr>
<tr><td>1925</td><td>武汉国民政府时期</td><td rowspan="4">至 1928.6 为北洋军阀政府时期</td></tr>
<tr><td>1926</td><td rowspan="23">1927.4.15 南京国民政府成立,国民党南京政府时期</td></tr>
<tr><td>1927</td></tr>
<tr><td>1928</td></tr>
<tr><td>1929</td><td rowspan="20"></td></tr>
<tr><td>1930</td></tr>
<tr><td>1931</td><td rowspan="7">1931 年中华苏维埃政权建立</td></tr>
<tr><td>1932</td><td rowspan="14">1932 年伪满洲国登场
1937 年伪华北临时政府出笼、1939 年伪华中维新政府出笼、1937 年伪蒙古联合自治政府出笼、1940 年汪伪国民政府登台
1945 年伪政权随日本投降而自行灭亡</td></tr>
<tr><td>1933</td></tr>
<tr><td>1934</td></tr>
<tr><td>1935</td></tr>
<tr><td>1936</td></tr>
<tr><td>1937</td></tr>
<tr><td>1938</td><td rowspan="8">1938 年,中共抗日民主政权建立</td></tr>
<tr><td>1939</td></tr>
<tr><td>1940</td></tr>
<tr><td>1941</td></tr>
<tr><td>1942</td></tr>
<tr><td>1943</td></tr>
<tr><td>1944</td></tr>
<tr><td>1945</td></tr>
<tr><td>1946</td><td rowspan="3">人民民主政权时期</td><td rowspan="3"></td></tr>
<tr><td>1947</td></tr>
<tr><td>1948</td></tr>
<tr><td>1949</td><td colspan="4">10 月 1 日中华人民共和国宣告成立</td></tr>
</table>

参考文献

1. 史记. 北京:中华书局,1959
2. 论语. 北京:中华书局,2006
3. 汉书. 北京:中华书局,1962
4. 后汉书. 北京:中华书局,1965
5. 通典. 北京:中华书局,2003
6. 初学记. 北京:中华书局,1962
7. 晋书. 北京:中华书局,1974
8. 文献统考. 北京:中华书局,1986
9. 宋书. 上海:汉语大词典出版社,2004
10. 南齐书. 上海:汉语大词典出版社,2004
11. 隋书. 北京:中华书局,1973
12. 北史. 上海:汉语大词典出版社,2004
13. 魏书. 上海:汉语大词典出版社,2004
14. 北齐书. 上海:汉语大词典出版社,2004
15. 周书. 上海:汉语大词典出版社,2004
16. 陈书. 上海:汉语大词典出版社,2004
17. 梁书. 上海:汉语大词典出版社,2004
18. 旧唐书. 上海:汉语大词典出版社,2004
19. 新唐书. 上海:汉语大词典出版社,2004
20. 唐六典. 北京:中华书局,1991
21. 唐律疏议. 北京:中华书局,1983
22. 唐会要. 北京:中华书局,1955
23. 资治通鉴. 北京:中华书局,1956
24. 册府元龟(校订本). 南京:凤凰出版社,2006
25. 旧五代史. 上海:汉语大词典出版社,2004
26. 廿二史札记校正(订补本). 北京:中华书局,1984
27. 玉壶清话. 北京:中华书局,1984
28. 元稹集. 北京:中华书局,1982
29. 宋史. 上海:汉语大词典出版社,2004
30. 燕翼诒谋录. 北京:中华书局,1981
31. 辽史. 上海:汉语大词典出版社,2004
32. 明史. 上海:汉语大词典出版社,2004
33. 元史. 上海:汉语大词典出版社,2004

34. 日知录集释(全校本). 上海:上海古籍出版社,2006 年
35. 清史稿. 北京:中华书局,1977.
36. 孙希旦. 礼记集解. 北京:中华书局,1989
37. 江灏等. 今古文尚书全译. 贵阳:贵州人民出版社,1990
38. 袁愈荌等. 诗经全译. 贵阳:贵州人民出版社,1981
39. 关贤柱等. 吕氏春秋全译. 贵阳:贵州人民出版社,1997
40. 杨伯峻. 孟子译注. 北京:中华书局,1960
41. 张觉. 韩非子全译. 贵阳:贵州人民出版社,1992
42. 黄永堂. 国语全译. 贵阳:贵州人民出版社,1995
43. 杨伯峻. 春秋左传注(修订本). 北京:中华书局,1981
44. 蒋南华等. 荀子全译. 贵阳:贵州人民出版社,1995
45. 谢浩范等. 管子全译. 贵阳:贵州人民出版社,1996
46. 杜经国. (文白对照)三国志. 郑州:中州古籍出版社,1995

后　记

《中国历代文官制度》就要付梓与大家见面了。经这么多人智慧的集结和辛勤的劳作,作为这套丛书的策划者、组织者、实施者,自始至终亲历了其间的过程,真切地感受到成就这么宏大的一部著述是多么的不容易!

记得2007年农历春节前夕,我们和几位友人聚集在位于成都东城根街的达州宾馆庆贺新年,先是一阵辞旧迎新的感叹,后来就不知不觉地谈到了中国古代文官制度源远流长的一些趣事。可能是大家长期从事人事管理工作的原因,对这份珍贵的历史遗产格外地亲切和珍惜,这种你一言我一语的交谈,最终竟达成了一项协议:从节后起,大家各尽所能、齐心协力并最大限度地利用空余时间,对历代文官制度的史籍加以整理并取其精华,充分借鉴古人、今人的研究成果,撰写一部完整、客观描述中国历代文官制度起源、发展和完善的过程,又便于人们进行分门别类查阅和有益经验借鉴的历史著述。

我们的这一想法得到了许多领导、同事的关怀和支持。中共四川省委宣传部、四川省文化厅经过认真研究,组织专家学者对"中国历代文官制度"课题进行详细论证后,将其作为重大历史、文化科研项目予以立项。由此,我们在完成本职工作的同时,积极约请了省内外的专家学者和从事机构编制、组织人事、纪检监察实际工作的同志,正式启动了这项规模宏大的著述工程。

中共四川省委副书记、四川省人民政府省长魏宏同志在百忙中于2009年10月30日专门复信粟时勇,认为《中国历代文官制度》"是一套有科研价值的丛书",并对开展这项工作做了高度肯定;中国行政管理学会会长王澜明同志热情洋溢地为本书作序,对我们编著好这套丛书给予了极大的鼓励。此外,在编著过程中,许多领导、专家学者和热心的友人对我们的工作也给予了高度关注与大力支持。如:国家图书馆名誉馆长周和平,中共四川省纪委副书记、监察厅厅长黄昌明,四川省纪委常委苏梅,四川省民族宗教事务委员会主任姚斌,中共四川省委编办副主任张明,四川省档案局局长丁成明,四川省文化厅副巡视员、省演艺集团董事长石勇,中共攀枝花市委常委、组织部部长熊伟,四川省人民政府办公厅副厅级秘书刘向鸿,中共四川省委编办处长任杰,中共四川省纪委处长杜世相,以及中共四川省纪委原副书记骆俊超,四川省民族事务委员会原主任敬全林等,在此一并对他们为本书编著所付出的辛劳和智慧致以衷心的感谢。

由于参与本书编著工作的人员收集资料的渠道多样、研究问题的方法不一、著述表达的语言独特,书中虽多有精彩的论述,但也有挂一漏万的遗憾。尤其是在编著的总揽方面,包括全书体例设计、内容分类、具体分章、定稿修改等,因学识、水平所限,肯定还有不如意、不完善的地方。这些,都需要在今后的研究中予以修正、补充和完善。俗话说:"万事开头难。"做好这项工作,就是在中国历代文官制度的研究方面再开一个好头。由此,我们热切地期盼更多的人士来研究和总结中国古代历史的经验,表达和展示中华文明在上层建筑方面的成果。但愿我们这群志同道合的同仁 2500 多个日夜的辛勤和努力,能得到社会各界的认可。如果是这样,我们将会感到莫大的欣慰!

粟时勇　李忠昊

2014 年 3 月于成都